2015
永嘉年鉴

YONGJIA YEAR BOOK 2015

永嘉县地方志编纂委员会　编

方志出版社
Publishing House of Local Records

图书在版编目（C I P）数据

永嘉年鉴. 2015 / 永嘉县地方志编纂委员会编. —
北京：方志出版社，2015. 12
ISBN 978-7-5144-1879-8

Ⅰ. ①永… Ⅱ. ①永… Ⅲ. ①永嘉县—2015—年鉴
Ⅳ. ①Z525. 54

中国版本图书馆CIP数据核字（2015）第306944号

永嘉年鉴（2015）

编　　者：永嘉县地方志编纂委员会
责任编辑：罗　滔
出 版 人：冀祥德
出 版 者：方 志 出 版 社
地址　北京市朝阳区潘家园东里9号（国家方志馆4层）
邮编　100021
网址　http: //www. fzph. org
发　　行：方志出版社发行中心
（010）67110500
经　　销：各地新华书店
印　　刷：温州市北大方印务有限公司
开　　本：889×1194　1/16
印　　张：27. 75
字　　数：819千字
版　　次：2015年12月第1版　2015年12月第1次印刷
印　　数：0001～1000册
ISBN 978-7-5144-1879-8　定价：180. 00元

永嘉县地方志编纂委员会

主　任　姜景峰
副主任　胡晓东　何莉平　胡明凯　周俊武　厉明富
委　员　黄天集　陈剑林　董庆标　汪少超　陈立新
谷胡方　缪士毅　麻久燎　郑焕益　冯学夫
麻伯崇　朱旭东　陈芝双　潘剑永　郑德思
李圣积　胡佐光　黄振才　黄大善　王晓峰
应海龙　郑顺益　虞建远　郑　阳

永嘉县地方志编纂委员会办公室

主　任　应海龙
副主任　郑　阳

《永嘉年鉴》编辑部

主　审　周俊武
主　编　应海龙
副主编　郑　阳（常务）　徐逸龙　高　远
编　辑　（以姓氏笔画为序）
孙天永　李昌贤　应海龙　郑　阳
金兰兰　金建秋　柯孙强　徐逸龙
高　远
编　务　金兰兰　金建秋　柯孙强
摄　影　李昌贤等

编辑说明

一、《永嘉年鉴》是中国共产党永嘉县委员会、永嘉县人民政府主办的具有公报性质的综合性地方年鉴。它记载永嘉县经济和社会发展的主要情况，收录年度性主要文献，具有汇集资料、信息、史实等功能。为各级党政机关、研究部门和社会各界人士及中外投资者了解、认识、研究永嘉提供较全面、系统的信息资料，并为永嘉积累史料。《永嘉年鉴》每年出版一部，由永嘉县地方志编纂委员会承办。

二、《永嘉年鉴（2015）》以邓小平理论和“三个代表”重要思想为指导，以中共十八大精神为指针，深入贯彻落实科学发展观，全面、客观地记载2014年永嘉人民积极投身改革开放和深入实施“大都市核心区、大生态旅游区、大统筹示范区”三大战略以及着力推进“三生相融·幸福永嘉”建设中所取得的新成就、新经验，以及在前进中所遇到的新情况和新矛盾，使年鉴既能为现实服务，又能为后人提供借鉴。

三、《永嘉年鉴》框架按类目、分目、条目设计，以条目为主要载体。2015年卷共设36个类目，依次是彩图、特载、特辑、大事记、总情、机构、中国共产党永嘉县委员会、中国共产党永嘉县纪律检查委员会（监察局）、永嘉县人民代表大会、永嘉县人民政府、中国人民政治协商会议永嘉县委员会、民主党派·社会团体、法治、武装、社会事务、农村经济、工业经济、永嘉企业、交通·邮政·信息产业、城乡建设、国土资源、环境保护、旅游、重点工程建设、商务、市场、财政·税务、金融·保险·证券、经济管理、教育、科学技术、文化·新闻、体育、卫生、功能区·镇（街道）、永嘉人物。除内文外，特留若干篇幅，刊载反映永嘉自然生态环境、人文景观、经济社会发展、人民生活、当年举办的大型活动和突发事件等照片资料。

四、《永嘉年鉴》所刊内容由永嘉县各有关部门、单位指定专人负责撰写。经供稿单位领导审核后由《永嘉年鉴》编辑部定稿。

五、《永嘉年鉴》所采用的数据，除国家统计部门正式公布的外，均由永嘉县各有关部门和行业协会提供，并经供稿单位领导审核。由于数据来源、统计方法、使用角度等方面的原因，如遇同一数据不相一致的情况，以县统计局的数据为准。

六、《永嘉年鉴（2015）》收录范围，以永嘉县现有行政区划为界，以2014年1月1日至12月31日为限，个别事物不受时间、地域限制。

七、《永嘉年鉴》的编纂工作在中共永嘉县委、永嘉县人民政府的领导下，得到各部门、社会各界的关怀和支持，以及一些离退休老领导、老同志、专家学者的热情帮助，在此一并深表谢意。由于任务重、时间紧、人手少、水平有限、经验不足，疏漏、失误之处恳请广大读者批评指正。

《永嘉年鉴》编辑部

2015年10月

类　目

彩　图
特　载
特　辑
大事记
总　情
机　构
中国共产党永嘉县委员会
中国共产党永嘉县纪律检查委员会（监察局）
永嘉县人民代表大会
永嘉县人民政府
中国人民政治协商会议永嘉县委员会
民主党派　社会团体
政　法
武　装
社会事务
农村经济
工业经济
永嘉企业
交通　邮政　信息产业
城乡建设
国土资源
环境保护
旅　游
重点工程建设
商　务
市　场
财政　税务
金融　保险　证券
经济管理
教　育
科学技术
文化　新闻
体　育
卫　生
功能区　镇（街道）
永嘉人物

陡门山风光（李昌贤／摄）

1月25日，由县委、县政府主办的“中国长寿之乡永嘉百名百岁老人摄影展”活动在杭州举行。（汪雪琼 / 摄）

2月8日，2014年世界永商大会在三江商务区原野都市农业园隆重召开，从五湖四海而来的近500名永嘉籍骄子相聚故乡，共贺新春，共叙乡情，共谋发展。（汪雪琼／摄）

3月5日，市委常委、常务副市长陈作荣（右二）率市有关部门到永嘉，就扩大有效投资和重点工程项目建设、政府自身改革等工作进行调研。（邵建新／摄）

3月25日，省交通厅副厅长汤飞帆（右一）到永嘉，对省重点交通工程项目建设进行督查服务。（邵建新 / 摄）

4月9日，副省长熊建平（前右四）一行到永嘉调研民政综合改革社区服务工作，并深入社区爱心驿站、社区居家养老照料中心、城市规划部门走访调研。（邵建新／摄）

4月15日，县政协主席陈建良（右三）率“五水共治”第一民主督查组到东城街道、沙头镇开展视察活动，察看工程建设进度，了解建设过程中出现的问题和遇到的困难。（叶琼华 / 摄）

4月16日、17日，省政协副主席陈艳华（左五）率调研组到永嘉调研“五水共治”工作，并就瓯江流域永嘉段水环境保护与治理，以及生态经济发展、美丽乡村建设等工作进行深入了解。（邵建新 / 摄）

4月23日，市委书记陈一新（前左二）到浙江红蜻蜓鞋业股份有限公司实地调研时尚产业发展情况，他鼓励企业要创品牌、抓创新、促发展，站在新的起点和平台上，走内涵提升发展道路，努力成为展示温州对外形象的一张靓丽名片。（汪雪琼 / 摄）

5月7日，“秀美水乡·古韵楠溪”全国知名画家永嘉行采风团一行分两组来到林坑、屿北等地。（柳苗苗／摄）

5月25日、26日，全国青年书法高峰论坛活动在永嘉举行，来自全国青年书法联盟十几位当今书坛新生力量集聚永嘉，开展笔会、作品观摩、学术研讨等系列活动。（汪雪琼 / 摄）

5月26日，省建设厅党组书记、厅长谈月明（前右）到永嘉调研“三改一拆”和“五水共治”工作情况。（汪雪琼／摄）

6月4日，省审计厅厅长徐宇宁（右二）一行到永嘉调研指导审计工作，并深入到岩头镇苍坡古村、丽水街、原野园林等地实地调研了解。（邵建新／摄）

6月10日，中国·楠溪江露营节开幕式暨楠溪江国际房车露营基地开幕仪式在岩头镇西岸房车露营基地隆重举行，国际露营与房车露营协会主席佩雷拉等旅游行业负责人及来自世界各地的房车露营爱好者齐聚房车露营盛会。（汪雪琼／摄）

6月11日，第二届楠溪江茗岙梯田开犁节在桥下镇茗岙长坦垄梯田景区拉开帷幕，以“仙境茗岙、梦里老家”为主题的丰富多彩的节目活动，吸引着众多来自国内外旅游界人士及近3万名游客前来观光旅游。（汪雪琼 / 摄）

6月30日，诸永高速公路温州段延伸工程——瓯江过江通道试通车，至此，市民可以驱车在三江匝道至江滨路匝道之间往返。（陈胜豪 / 摄）

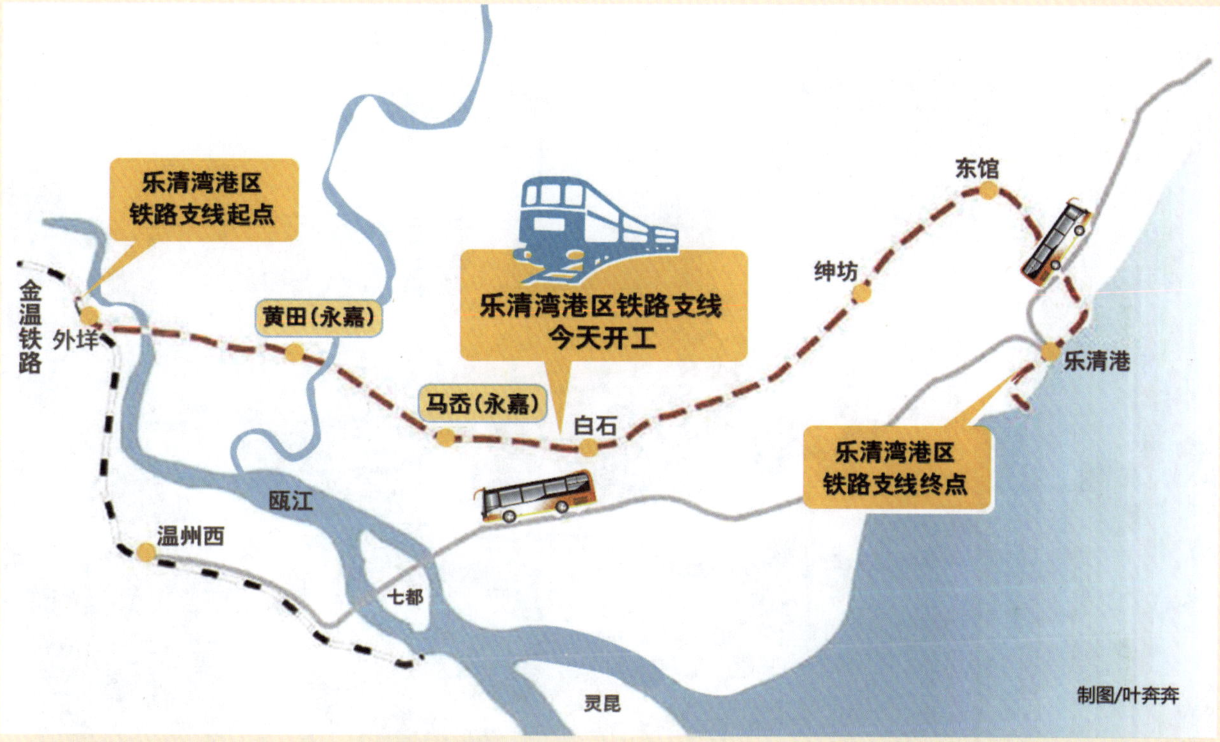

7月2日，金温铁路的出海通道乐清湾港区铁路支线工程正式开工，该项目东起乐清市乐清湾港区，向西经乐清市、永嘉县至鹿城区与金温线外垟段接轨。这也是首条途经永嘉县的货运铁路。

7月16日，由县教育局主办、温州翔宇中学承办的中美素质教育合作交流论坛在翔宇中学举行，论坛特邀美国波士顿麻州大学教育领导系主任严文蕃及其团队作教育理念交流。（胡艺罗／摄）

7月17日，省经合办主任姚少平（右二）率省经合系统考察团到永嘉调研招商选资工作。（汪雪琼／摄）

7月23日，市委常委、公安局局长黄宝坤（右二）率市督查组到永嘉检查督导半年度工作。（汪雪琼/摄）

8月19日，县委召开党的群众路线教育实践活动推进会，总结前阶段活动经验，明确下阶段工作任务，确保高标准严要求推进教育实践活动。省委赴温州督导组副组长、省市委赴永嘉督导组组长马世宙，县委书记、县长娄绍光讲话。县委常委、组织部部长林乃排主持会议。（汪雪琼／摄）

8月30日，市委副书记、市长陈金彪（前中）到永嘉调研泵阀产业发展情况。（汪雪琼／摄）

9月15日，省委政法委副书记、综治办主任巫波伦（左一）一行到永嘉调研指导社会综治网格化建设工作。（邵建新／摄）

9月18日，省林业厅厅长林云举（前中）到永嘉调研指导林业工作。（汪雪琼／摄）

11月15日至23日，2014年温州市首届国际时尚文化创意产业（文化旅游）博览会暨第三届楠溪江山水文化旅游节在永嘉书院举办。在为期九天的文博会期间，开展了“琴棋书画”大擂台、楠溪江非遗戏曲节、楠溪江美食街、温州时尚旅游休闲大会、温籍图书征集五大活动，内容精彩纷呈，让人品味文化旅游大餐。（嘉报／摄）

9月19日，浙江省第二届全民体育节暨永嘉县千人健行活动在永嘉广场开幕，1000多名健身爱好者积极参与，践行低碳、环保、健康的生活方式。（陈胜豪／摄）

9月25日，省委政法委副书记朱贤良（前）率全省政法文化建设考察团到永嘉参观学习政法文化建设工作。县领导娄绍光、姜景峰、徐志宏陪同。（陈胜豪／摄）

10月13日，县委召开全县党的群众路线教育实践活动总结大会，全面总结我县教育实践活动的成效和经验，对巩固拓展教育实践活动成果，全面推进从严治党作出部署。省委赴温州督导组副组长、省市委赴永嘉督导组组长马世宙在会上讲话。县委副书记姜景峰主持会议。省市委赴永嘉督导组副组长胡宝叉、县人大常委会主任谢崇福、县政协主席陈建良等县四套班子领导参加会议。（陈胜豪 / 摄）

10月22日，县第三届早香柚节暨早香柚擂台赛在碧莲镇健康路公园精彩上演，来自大若岩、碧莲、巽宅的48位柚农拿出自家的200多个柚子一争高下。（陈胜豪／摄）

10月25日、26日，第十一届浙江山水旅游节、浙江省第三届运动休闲旅游节和楠溪江首届国际户外休闲嘉年华活动在永嘉隆重举行。三大主题节庆活动齐聚楠溪江风景名胜区，为市民奉献一场大型旅游休闲盛会。（陈胜豪／摄）

10月28日，随着田径项目的结束，省第十五届运动会圆满闭幕，永嘉运动健儿共获得13.95枚金牌、11枚银牌、10枚铜牌，金牌数列全省90个县（市、区）第32位。其中永嘉本级培养的永嘉中学高二学生林育辰获得男子15—16岁组跳高冠军，成绩达到国家一级运动员标准。（陈胜豪 / 摄）

11月，由市县两级公路部门联合组织拍摄以农村公路为题材的公益微电影《路缘》在永嘉县楠溪江开拍，尝试以微电影的形式反映温州广大农村的巨变。据悉，该片系浙江省首部以农村公路为题材的公益微电影。（叶迈峰／摄）

11月6日，省人大常委会副主任、省总工会主席、省委赴温州督导组组长厉志海（前中）率队到永嘉，通过实地察看、听取汇报督查指导党的群众路线教育实践活动整改落实工作。省委赴温州督导组副组长、省市委赴永嘉督导组组长马世宙，省市委赴永嘉督导组副组长胡宝叉，县领导娄绍光、姜景峰、林乃排陪同或参加汇报会。（汪雪琼／摄）

11月11日，仙居县委书记单坚（左一）率仙居党政考察团一行到永嘉考察美丽乡村建设和乡村旅游发展情况。县领导娄绍光、姜景峰、林小露、林建波陪同。（汪雪琼/摄）

11月18日，省政府党组副书记、省政府顾问王建满（前中）到永嘉调研地方经济社会发展情况，他强调，要从永嘉实际出发，从群众利益出发，坚持城市带动发展，坚持绿色生态发展，坚持城乡一体化，以实际成效交出满意的答卷。省政府副秘书长谢济建，省交通运输厅副厅长王德宝，市县领导陈金彪、王祖焕、娄绍光、姜景峰、陈志斌、郑焕东、戴晓勇陪同考察或参加会议。（汪雪琼／摄）

12月2日，县政协对县三塘隧洞分洪应急工程开展视察活动。县政协主席陈建良，副主席厉明富、金美秋、金盾参加活动。（叶琼华／摄）

12月7日，县委副书记、代县长姜景峰（左三）率有关部门负责人前往鹤盛、沙头、上塘等地专题调研“滨水公园·亲水绿道”相关建设情况，现场察看了鹤盛镇上日川休闲广场、沙头镇泰石公园、上塘鹅浦公园。副县长戴晓勇、林建波陪同。（厉定武/摄）

12月9日上午，全国首家以婚礼文化为主题的五星级酒店——温州铂尔曼酒店举行开业典礼。该酒店的开业，不仅成为瓯北商务中心的标志性建筑，也填补了永嘉县没有五星级酒店的空白，该酒店从签约到正式营业历时27个月，比正常建设和审批时间提早了12个月，开创了永嘉县招商的“铂尔曼速度”。（汪雪琼／摄）

12月24日，县委书记娄绍光（左三）率队到上塘片区督查“五水共治”工作。（汪雪琼/摄）

12月29日，国家质检总局副局长陈钢（左一）到永嘉县奥康集团考察。市县领导胡纲高、王振滔、姜景峰、郑焕东陪同。（邵建新 / 摄）

12月29日，上塘公共自行车启用。（陈胜豪 / 摄）

11月16日，泰石将军图书馆开馆典礼隆重举行。（汪雪琼／摄）

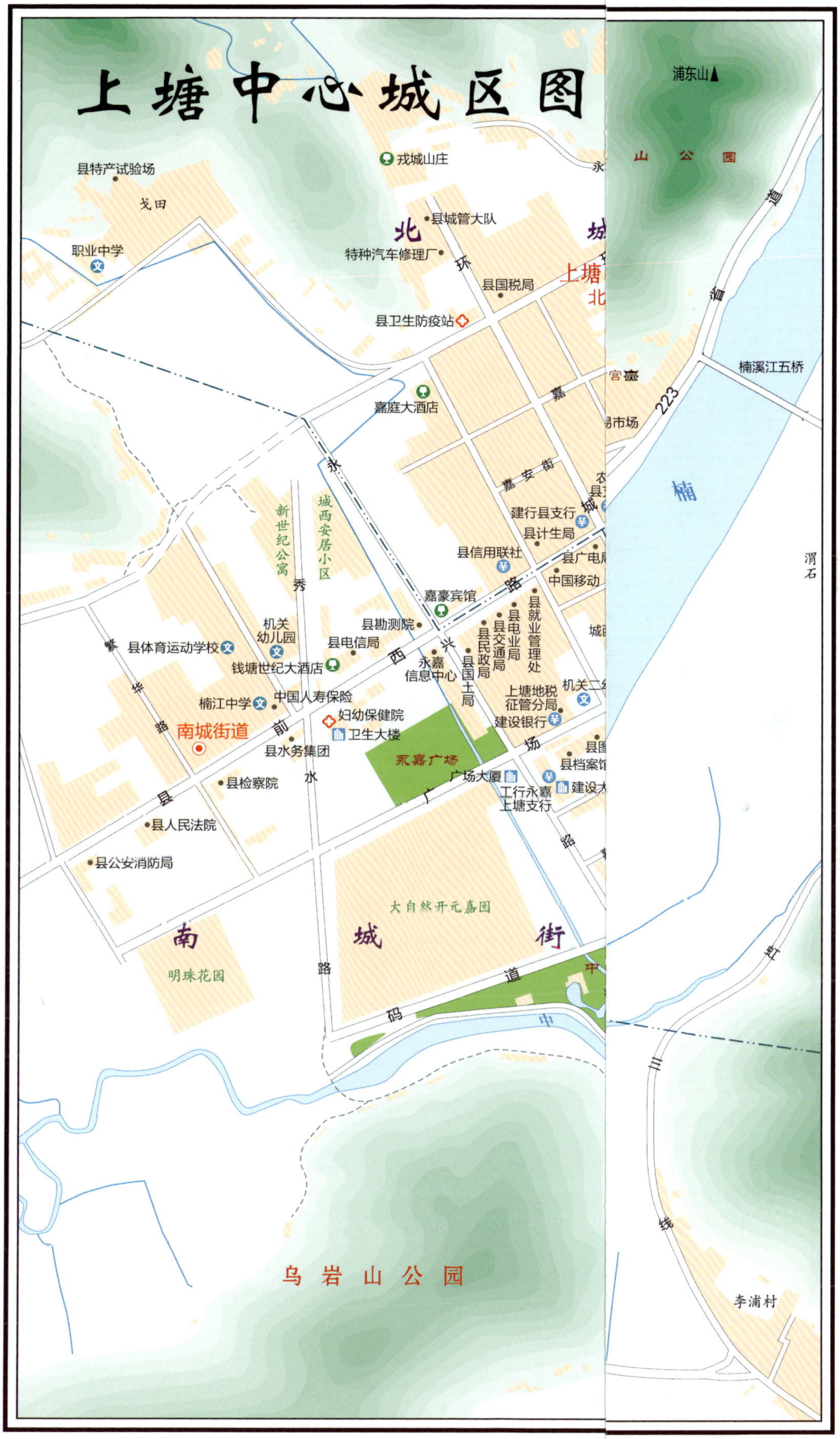

上塘中心城区图
浦东山
山公园
戍城山庄
县特产试验场
戈田
职业中学
县城管大队
北
城
特种汽车修理厂
环
县国税局
上塘
县卫生防疫站
楠溪江五桥
嘉庭大酒店
223
嘉
嘉安街
楠
建行县支行
县计生局
新世纪公寓
城西安居小区
县信用联社
县广电局
中国移动
秀
嘉豪宾馆
县就业管理处
县电业局
县交通局
县民政局
县国土局
机关幼儿园
县勘测院
县电信局
县体育运动学校
钱塘世纪大酒店
西
兴
永嘉信息中心
上塘地税征管分局
建设银行
楠江中学
中国人寿保险
妇幼保健院
卫生大楼
南城街道
县水务集团
永嘉广场
县档案馆
县检察院
水
广场大厦
工行永嘉上塘支行
县人民法院
县公安消防局
大自然开元嘉园
南
城
街
明珠花园
路
道
码
李浦村
乌岩山公园

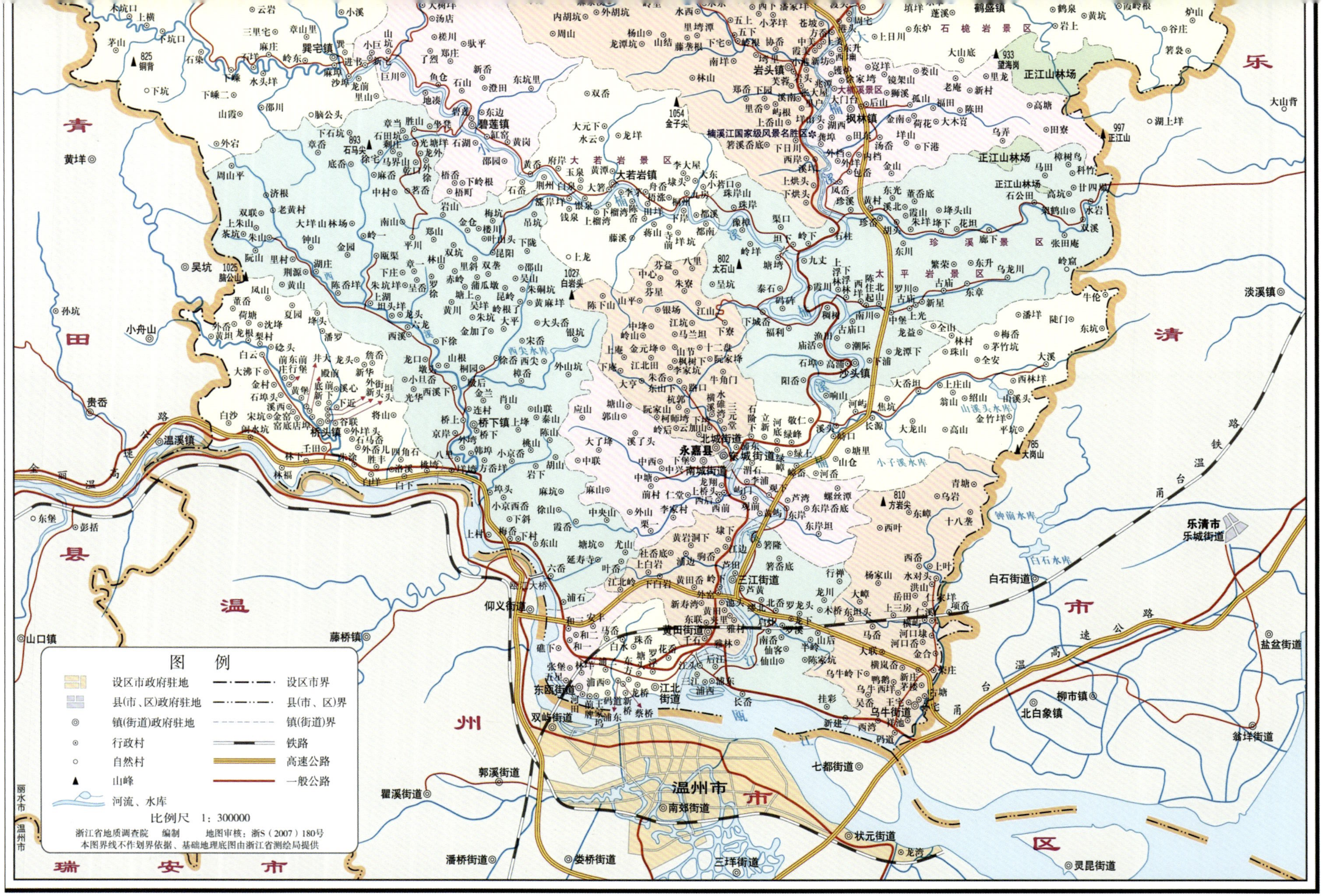
图 例
设区市政府驻地
县(市、区)政府驻地
镇(街道)政府驻地
行政村
自然村
山峰
河流、水库
设区市界
县(市、区)界
镇(街道)界
铁路
高速公路
一般公路
比例尺 1：300000
浙江省地质调查院 编制 地图审核：浙S（2007）180号
本图界线不作划界依据，基础地理底图由浙江省测绘局提供
永嘉县
北城街道
南城街道
东城街道
温州市
乐清市
乐城街道
青田县
瑞安市
温州市
乐清市
岩头镇
枫林镇
大若岩镇
碧莲镇
巽宅镇
鹤盛镇
桥下镇
桥头镇
沙头镇
乌牛街道
黄田街道
三江街道
瓯北街道
东瓯街道
江北街道
仰义街道
双屿街道
郭溪街道
瞿溪街道
潘桥街道
娄桥街道
南郊街道
三垟街道
状元街道
七都街道
灵昆街道
白石街道
柳市镇
北白象镇
盐盆街道
翁垟街道
淡溪镇
温溪镇
藤桥镇
山口镇
吴坑
小舟山
黄垟
正江山林场
楠溪江国家级风景名胜区
大若岩景区
石桅岩景区
珍溪景区
太平岩景区
金温铁路
甬台温铁路
甬台温高速公路
瓯江
楠溪江
1054 金子尖
1027 白岩头
1025 麟公山
933 望海岗
997 正江山
893 石马尖
825 铜背
802 太石山
810 方岩尖
785 大箬山

目 录

特 载

敢于担当 狠抓落实 在赶超发展中全力推进“两美”永嘉建设
——2014年7月31日在县委十二届七次全体（扩大）会议上的报告
中共永嘉县委书记 娄绍光……………………1
永嘉县人民代表大会常务委员会工作报告
——2014年1月6日在永嘉县第十五届人民代表大会第三次会议上
县人大常委会主任 谢崇福……………………8
政府工作报告
——2014年1月5日在永嘉县第十五届人民代表大会第三次会议上
县人民政府县长 娄绍光……………………12
中国人民政治协商会议第九届永嘉县委员会常务委员会工作报告
——2014年1月4日在政协第九届永嘉县委员会第三次会议上
县政协主席 陈建良……………………20

特 辑

2014年永嘉县国民经济和社会发展统计公报 … 25

大事记

2014年大事纪要 ……………………29

总 情

历史沿革……………………35
地理环境……………………47
气象特征……………………41
概 况……………………41
气候特点……………………41
温 度……………………41
降 水……………………41
主要气候事件……………………41
行政区划……………………42

机 构

县级机构……………………44
功能区、镇（街道）……………………53

中国共产党永嘉县委员会

综 述……………………59
实体经济发展……………………59
招商投入……………………59
环境综合整治……………………60
平安建设……………………60
民生事业……………………60
党的建设……………………60
主要会议……………………61
全县美丽乡村建设巩固提升暨美丽浙南水乡建设

动员大会 …………………………………… 61
全县镇（街道）党（工）委书记基层党建专项述职会议………………………………… 61
全县旅游改革发展大会……………………… 61
全县深化“两提两争”主题实践活动动员大会 61
全县党的群众路线教育实践活动部署会议…… 61
中共永嘉县纪委十二届四次全体（扩大）会议 ……………………………………… 61
全县政法、信访、禁毒工作会议……………… 61
全县组织工作会议暨第一季度基层党建工作现场会、“红色细胞工程”建设部署会…… 62
全县宣传工作暨文化产业发展大会…………… 62
全县招商选资工作领导小组扩大会议………… 62
全县平安建设“二次夺鼎”动员暨人口计生工作推进大会…………………………………… 62
全县党的群众路线教育实践活动推进会暨督导组组长会议…………………………………… 62
永嘉县网络经济大会暨永嘉县电子商务行业协会成立大会…………………………………… 62
全县美丽乡村建设巩固提升暨美丽浙南水乡建设动员大会…………………………………… 62
县委全面深化改革领导小组第二次全体会议… 63
中共永嘉县委十二届七次全体（扩大）会议… 63
全县党的群众路线教育实践活动推进会……… 63
第30个教师节庆祝表彰大会…………………… 63
全县党的群众路线教育实践活动总结大会…… 63
县委工作务虚会……………………………… 63
2014年度镇（街道）党（工）委书记抓基层党建工作述职评议会…………………………… 63
政策与经济研究……………………………… 64
概　况……………………………………… 64
决策咨询体系构建…………………………… 64
政策与经济调研……………………………… 64
参谋辅政平台打造…………………………… 64
全面深化改革开启…………………………… 64
组织工作…………………………………… 65
概　况……………………………………… 65
党的群众路线教育实践活动………………… 65
基层组织建设………………………………… 65
干部队伍建设………………………………… 66
党管人才工作………………………………… 66
宣传工作…………………………………… 66
概　况……………………………………… 66
党员干部思想教育…………………………… 66
发展氛围营造………………………………… 67
社会舆论引导………………………………… 67
城市形象提升宣传…………………………… 67
文化建设……………………………………… 67
干部队伍建设………………………………… 68
荣誉录………………………………………… 68
统战工作 ………………………………… 68
民主党派和党外知识分子工作……………… 68
非公有制经济领域统战工作………………… 68
民族宗教工作………………………………… 69
港澳台及海外人士统战工作………………… 69
党外代表人士队伍建设……………………… 70
统战信息宣传工作…………………………… 70
信访工作…………………………………… 70
概　况……………………………………… 70
信访积案化解………………………………… 70
领导干部下访约访…………………………… 70
信访机制建设………………………………… 70
依法信访……………………………………… 71
老干部工作………………………………… 71
概　况……………………………………… 71
落实老干部政治待遇………………………… 71
基层走亲连心解忧活动……………………… 71
落实老干部生活待遇………………………… 72
县老干部活动中心和县老年大学建设……… 72
自身建设……………………………………… 72
党校工作…………………………………… 73
干部培训……………………………………… 73
农村干部教育………………………………… 73
教学改革创新………………………………… 73

师资队伍建设…………………………………… 73
科研咨政……………………………………… 73
政策理论宣讲…………………………………… 73
基建后勤保障…………………………………… 73
群众路线教育…………………………………… 73
机关效能建设…………………………………… 74
荣誉录………………………………………… 74
党史研究………………………………………… 74
党的群众路线教育……………………………… 74
《中国共产党永嘉历史》编写………………… 74
党史专题研究…………………………………… 74
党史胜迹保护利用……………………………… 74
党史宣传教育…………………………………… 74
红色文化研究…………………………………… 75
荣誉录………………………………………… 75
县直机关工作…………………………………… 75
概　况………………………………………… 75
思想政治建设…………………………………… 75
基层组织建设…………………………………… 75
党风廉政建设…………………………………… 75
执行力专项督查………………………………… 75
创先争优活动…………………………………… 76
党内关爱活动…………………………………… 76
精神文明建设…………………………………… 76
概　况………………………………………… 76
省级文明县城创建……………………………… 76
美丽乡村建设…………………………………… 77
基层文明创建…………………………………… 77
公民思想道德建设……………………………… 77
未成年人思想道德建设………………………… 78
关心下一代工作………………………………… 78
概　况………………………………………… 78
主题教育……………………………………… 78
组织建设……………………………………… 78
“五老”队伍建设……………………………… 78
“五好”创建…………………………………… 79
自身建设……………………………………… 79

中国共产党永嘉县纪律检查委员会（监察局）

重要会议………………………………………… 80
政府效能建设工作会议………………………… 80
党的作风建设专题讲座暨“510思廉日”教育大会………………………………………… 80
第二季度纪检监察工作例会暨“三转”工作研讨会………………………………………… 80
镇（街道）党（工）委履行党风廉政建设主体责任情况汇报会………………………… 81
重要活动………………………………………… 81
市考核组到永嘉检查党风廉政建设责任制落实情况……………………………………… 81
市纪委书记宋志恒到永嘉调研纪检监察工作… 81
市纪委书记宋志恒到永嘉调研基层信访工作… 81
县委书记娄绍光专题调研全县纪检监察工作… 81
开展政风行风质询评议活动…………………… 81
党风廉政建设…………………………………… 82
“勤廉永嘉”建设……………………………… 82
作风效能建设…………………………………… 82
农村基层党风廉政建设………………………… 82
监督执纪问责…………………………………… 82
纪律检查体制改革……………………………… 82
监督检查……………………………………… 83
信访办案……………………………………… 83
2014年度落实党风廉政建设责任制先进集体和先进个人名单…………………………… 83
2014年度“勤廉永嘉”系列创建先进单位名单 84
2014年度十大效能示范岗名单………………… 84

永嘉县人民代表大会

永嘉县第十五届人民代表大会及其常委会会议… 85
县十五届人大三次会议………………………… 85
县第十五届人大常委会第十七次会议………… 85

县第十五届人大常委会第十八次会议…………85
县第十五届人大常委会第十九次会议…………85
县第十五届人大常委会第二十次会议…………86
县第十五届人大常委会第二十一次会议………86
县第十五届人大常委会第二十二次会议………86
监督工作……………………………………86
法律监督……………………………………86
工作监督……………………………………86
人事任免、决定重大事项与代表工作……………87
人事任免和决定重大事项…………………87
代表工作……………………………………87
信访工作……………………………………88
规范性文件备案……………………………88
审查工作……………………………………88
规范性文件备案审查工作…………………88
自身建设……………………………………88
坚持学习强素质……………………………88
改进作风塑形象……………………………88
上下联动促发展……………………………88

永嘉县人民政府

综　述……………………………………89
农　业……………………………………89
工　业……………………………………89
建筑业……………………………………89
旅　游……………………………………89
金融业……………………………………90
房地产业…………………………………90
项目建设…………………………………90
城乡建设…………………………………90
环境保护　………………………………90
教　育……………………………………91
科学技术…………………………………91
医疗卫生…………………………………91
文　化……………………………………91
体　育……………………………………91
居民生活…………………………………92
劳动就业…………………………………92
社会保障…………………………………92
政府服务…………………………………92
永嘉县人民政府常务会议……………………92
概　况……………………………………92
县人民政府第27次常务会议………………92
县政府第28次常务会议……………………92
县政府第29次常务会议……………………93
县政府第30次常务会议……………………93
县政府第31次常务会议……………………93
县政府第32次常务会议……………………94
县政府第33次常务会议……………………94
县政府第34次常务会议……………………95
县政府第35次常务会议……………………95
县政府第36次常务会议……………………95
重要政事……………………………………96
温州附一医永嘉分院挂牌运行……………96
计划生育维权的做法在全省推广…………96
顺利创成省级科技强县……………………96
菇溪河整治成为全省中小流域治理的典范……96
获全省农村文化礼堂建设先进县荣誉称号……96
创成全市首个省级卫生强县………………97
获全省电商换市创新样本荣誉称号………97
成功打造集中拆违“珠岙速度”…………97
诸永高速延伸线（瓯越大桥）全线建成通车…97
瓯北、上塘公共自行车系统投入使用………97
永嘉中学获评全市唯一的全国教育系统先进集体……………………………………97
成功打造永嘉招商选资“铂尔曼速度”………97
跻身中国摄影创作基地……………………98
获批组建温州系统流程装备科学研究院………98
被列入全省分级诊疗试点县………………98
率全市之先引进“清淤固化一体化”技术……98
上塘社区巴士投入运行……………………98
顺利创成省级知识产权示范县……………98
永嘉阀门行业和企业走出国门……………98

创成省级慢病综合防控示范区……………………98
楠溪江获评全国最佳乡村旅游度假目的地……99
永嘉入选浙江最具魅力新水乡…………………99
楠溪江列入全省十大旅游重点板块……………99
国民经济与社会发展……………………………99
概　况……………………………………………99
统筹城乡…………………………………………99
农业发展…………………………………………99
工业发展…………………………………………100
服务业发展………………………………………100
固定资产投资……………………………………100
对外开放…………………………………………100
社会事业发展……………………………………100
公共保障…………………………………………100
体制改革…………………………………………100
概　况……………………………………………100
城乡统筹改革……………………………………100
民生领域改革……………………………………101
政策性涉农保险…………………………………101
粮油购销…………………………………………101
粮食调研与统计…………………………………101
粮食订单和收购…………………………………101
仓储管理…………………………………………101
放心粮油进农村（社区）工程…………………101
人力资源和社会保障……………………………101
人才开发与智力引进……………………………101
国家机关人员队伍建设…………………………101
职称评审…………………………………………102
工资福利管理……………………………………102
大中专毕业生就业………………………………102
军转干部安置……………………………………102
就业与再就业……………………………………102
职业培训…………………………………………103
劳动争议案件处理………………………………103
劳动用工检查……………………………………103
社会保障概况……………………………………103
基本养老保险……………………………………103
基本医疗保险……………………………………104
失业保险…………………………………………104
工伤保险…………………………………………104
生育保险…………………………………………104
被征地农民社会保障……………………………104
城乡居民养老保险………………………………104
城乡居民医疗保险………………………………104
荣誉录……………………………………………104
机关事务管理……………………………………104
机构更名信息……………………………………104
机关党建…………………………………………105
重大项目建设……………………………………105
国有资产管理……………………………………105
公共机构节能降耗………………………………105
公务用车和驾驶员管理…………………………106
后勤保障服务……………………………………106
永嘉宾馆管理……………………………………106
国有资产管理……………………………………106
概　况……………………………………………106
国资国企总情……………………………………106
国资国企改革……………………………………106
国企业绩考核……………………………………106
国企国资投融资…………………………………107
国资清查和确权登记……………………………107
国企产权专项检查………………………………108
国企国资处置监管………………………………108
国资报表编制……………………………………108
国企法人治理结构试点…………………………108
“勤廉国企”建设………………………………108
开展党的群众路线教育实践活动………………109
金融管理…………………………………………109
金融组织建设……………………………………109
贯彻实施《温州市民间融资管理条例》………110
加大企业帮扶力度………………………………110
完善多层次资本市场……………………………111
强化地方金融监管………………………………111
侨务工作…………………………………………111

概　况……111
基本侨情……111
引资引智……112
华文外宣……112
内外互动……113
爱侨护侨……113
侨爱工程……113
审批服务……113
自身建设……113
荣誉录……113
台湾事务……113
对台交流交往……113
对台经贸合作……114
对台服务……114
对台宣传……114
招商选资与经济技术协作……114
发展概况……114
推进招商机制建设……115
创新招商方式方法……115
重视招商平台建设……115
经济技术协作……115
山海协作工程……116
作风建设……116
荣誉录……116
永嘉县人民政府驻上海工作处……116
帮助企业排忧解难……116
做好后勤服务……116
做好信息传递……116
宣传推介永嘉……117
提高自身素质……117
永嘉县人民政府驻杭州办事处……117
后勤服务……117
联谊活动……117
商会工作……117
宣传家乡……117
信访维稳……117
自身建设……117
行政审批……117
行政服务中心建设……117
简政放权……118
创新审批服务方式……118
审批服务平台建设……118
中介机构和中介服务模式……119

中国人民政治协商会议永嘉县委员会

综　述……120
县政协九届三次会议……120
常务委员会会议……120
县政协九届十一次常委会议……120
县政协九届十二次次常委会议……120
县政协九届十三次常委会议……120
县政协九届十四次常委会议……121
协商议政……121
制定年度协商计划……121
拓展协商议政平台……121
重视协商建言质量……121
民主监督……121
开展经常性的视察监督……121
优化民主评议监督方式……121
与有关部门开展联合监督……121
为经济转型升级发挥“智库”作用……121
参与重大工程项目的谋划……121
为委员建言立论创造平台……122
关注民生……122
提案聚焦民生……122
社情民意反映民生……122
扶贫济困改善民生……122
协作与交流……122
加强界别团结合作……122
深化对外交流……122
致力传统文化传承发展……122
自身建设……123

加强思想作风建设……123
强化委员服务管理……123
建立完善制度体系……123

民主党派　社会团体

中国农工民主党永嘉县委员会……124
概　况……124
参政议政……124
考察与调研……124
思想建设……124
组织建设……125
组织活动……125
民主监督……125
社会服务……125
个人慈善……125
党员业绩……125
永嘉县总工会……126
概　况……126
基层工会组建……126
工会规范化建设……126
工会干部队伍建设……126
职工技能素质提升……126
劳模工作……126
职工疗养……126
维权帮扶……126
职工医疗互助保障……127
服务职工……127
职工文体……127
自身建设……127
工会财务规范化建设……127
共青团永嘉县委员会……127
概　况……127
青少年思想引领……128
青年创业建功……128
青年志愿服务……128
青少年维权关爱……128
希望工程活动……128
学校共青团、少先队……129
基层组织格局建设……129
永嘉县文学艺术界联合会……129
概　况……129
文艺活动……129
赛事活动……129
协会建设……130
阵地建设……130
永嘉县妇女联合会……130
概　况……130
妇女就业创业……130
妇女依法维权……130
文明家庭创建……131
关爱妇女儿童……131
“妇女之家”与“儿童之家”建设……131
永嘉县工商业联合会……132
概　况……132
组织建设……132
思想政治……132
服务交流……132
光彩事业……132
永嘉县归国华侨联合会……133
概　况……133
侨界招商选资……133
招才引智……133
侨界回馈桑梓……133
侨联品牌树立……133
帮扶企业发展……133
为侨服务……133
参政议政……133
维护侨益……133
自身建设……134
网络组织和队伍建设……134
永嘉县老龄工作委员会……134
概　况……134
老年宜居环境建设……134

老年文化事业……134
“老年文化艺术周”活动……135
敬老慰问……135
敬老典型人物……135
基层老龄工作……135
调查研究工作……135
老龄宣传信息工作……135
高龄津贴发放……136
优待证办理和发放……136
老龄工作创新……136
永嘉县科学技术协会……136
概　况……136
全民科学素质纲要实施工程……136
农村实用人才培训工程……136
城镇居民素质提升工程……136
科普服务“三农”工程……136
青少年科学素质提升工程……136
科普示范培育工程……137
星级学会建设工程……137
科技评价表彰工程……137
科普资源开发共享工程……137
公众科普宣传工程……137
永嘉县台胞台属联谊会……137
概　况……137
双向交流……137
平台建设……137
对台招商……138
自身建设……138
对台服务……138
对台宣传……138
永嘉县红十字会……138
概　况……138
宣传传播……138
救灾救助……138
救护培训……138
生命接力……138
公益活动……138
大事记……139
永嘉县社会科学联合会……139
概　况……139
应用对策课题研究……139
永嘉学派研究……139
社科平台建设……140
社科普及周活动……140
社科专家进基层服务……140
社科基地建设……140
社科社团建设……140

法　治

综　述……141
维护社会稳定……141
护航经济社会发展……142
深化基层平安创建……142
化解矛盾纠纷……142
维护公共领域安全……142
推进政法队伍建设……144
法治政府建设……144
构筑法治政府决策合法保障……144
完善法治政府权力监督制约机制……144
推进法治政府职能优化转变……145
增强预防化解矛盾纠纷能力……145
加强法治政府队伍建设……145
社会治安综合治理……146
概况……146
狠抓综治基层基础建设……146
建立健全预防化解矛盾纠纷综合机制……146
深入推进网格化管理……147
着力强化综合治理……147
公　安……148
概况……148
维稳工作……148
严打侵财犯罪……148
社会治安治理……148

完善服务经济发展机制……149
交通安全监管……149
消防安全监管……149
校园安全防范……149
为民服务举措……149
物联网工作……149
刑事技术工作……149
规范执法……150
政治建警……150
素质强警……150
惠警措施……150
宣传工作……150
检　察……150
概况……150
审查批捕和起诉……150
查办职务犯罪……151
预防职务犯罪……151
法律监督工作……151
提高执法办案质量……151
排查化解社会矛盾……152
强化自身监督……152
深化检务公开……152
检察队伍建设……152
基层基础建设……153
法　院……153
概　况……153
民商事审判促进和谐建设……153
行政审判促进法治建设……153
执行工作助力诚信建设……154
保驾护航服务大局……154
民本司法诉讼便民……154
文化建设以文化人……154
司法公开阳光司法……154
扎实提升队伍能力……155
深化基层基础建设……155
司法行政……155
概　况……155
年度创新亮点工作……155
人民调解工作……155
普法宣传教育……156
特殊人群管控……156
法律服务工作……156
民生服务工作……157
基层基础工作……157
队伍建设工作……157

武　装

人民武装……158
概　况……158
思想政治建设……158
军事宣传……158
双拥工作……158
征兵工作……158
军事训练……159
民兵资源整合……159
国防动员……159
规范化建设……159
大事记……159
人民防空……160
概　况……160
指挥通信建设……160
人防工程建设……160
人防行政审批……160
人防（民防）宣传教育……160
消　防……160
概　况……160
火灾主要特点……160
消防责任落实……160
铁军中队创建……161
消防监督执法……161
消防宣教建设……161
武　警……161
概　况……161

思想政治教育……162
执勤教育……162
军事训练……162
安全管理……162
后勤保障……162

社会事务

民　政……164
概　况……164
低保救助……164
医疗救助与临时救助……164
爱心驿站建设……164
慈善救助……164
集中供养……165
流动乞讨救助……165
灾害救助……165
老年人福利……165
儿童福利工作……165
残疾人福利工作……165
优抚工作……166
双拥安置……166
丧葬陋习整治……166
生态墓地建设……166
婚姻和收养登记……166
社会组织管理……166
地名工作……167
社区建设……167
社工人才……167
村务管理……167
老龄工作……167
新农村建设……168
农村生活污水治理……168
美丽乡村建设……168
历史文化古村保护和利用……168
金融扶贫工作……168
农村来料加工……168
异地搬迁工作……168
农业转型……168
农家乐提升……168
农村劳动力……168
残联人工作……169
年度会议……169
群众路线教育……169
残疾人基本服务……169
残疾人文体活动……169
残疾人就业培训……169
残疾人助学……169
残疾人小康工程……169
残疾人康复……170
爱心品牌创建……170
信访维权……170
民族宗教事务……170
概　况……170
民族宗教界宣传教育……170
民族村“一事一议”创建……170
省第五届少数民族传统体育运动会……170
城市民族工作……170
宗教信息平台试运行……171
完善行政审批制度改革……171
民间信仰进一步加强……171
人口和计划生育……171
概　况……171
组织领导……172
长效机制……172
政策宣传……172
干部培训……172
计生执法……173
利益导向……173
基层基础　……173
优质服务……174
移民安置工作……174
建制沿革……174
职能职责……174

工作概况……174
移民后扶工作……174
小型水库解困……175
“三赛三评”活动……175
技能培训……175
信访维稳……175
慰问与救助……175
作风效能建设……175
新居民服务管理……175
概　况……175
优化人口结构……176
精准化管理……176
民生项目建设……176
新居民维权工作……176
新居民关爱活动……177
水务管理……177
概　况……177
工程建设……177
安全生产……177
营业管理……178
内部管理……178
队伍建设……178

农村经济

农　业……179
概　况……179
产业科教……179
综合执法……179
粮食与蔬菜生产……179
特产经济……180
畜牧畜医管理……180
农经管理……180
农业机械……180
土壤肥料……181
植物保护……181
林　业……181
概　况……181
林业产业……181
森林旅游……181
林业改革……181
林业行政审批……181
林业执法……181
森林消防……182
森林病虫害防治……182
水　利……182
概　况……182
“五水共治”……182
防汛防台抗旱……183
水利工程建设……183
水利管理……183
水利改革……184
水利行业能力……184
荣誉录……184
农村能源……184
畜牧养殖场沼气工程……184
沼液异地利用试点工作……184
太阳能节能产品推广……184
畜禽养殖场沼气安全管理……184

工业经济

泵阀工业……185
行业概况……185
增长缓慢原因……185
建言献策……185
考察合作……185
品牌创建……186
环保治理……186
企业参展……186
人才培训和引进……186
搭建融资平台……187
宣传工作……187
协会荣誉……187

鞋革工业……187
概　况……187
运行特点……187
品牌提升……187
科技创新……188
纽扣工业……188
概　况……188
服务会员……188
纽扣工艺师培训……188
行业污染整治……188
非公有制党建……188
社会责任……188
拉链工业……188
概　况……188
服务会员……189
非公有制党建……189
教玩具行业……189
概　况……189
大事记……189
电镀工业……189
概　况……189
协会换届……190
制度完善……190
服务会员……190
考察交流……190
党建活动……190
五金饰扣工业……190
概　况……190
服务企业……190
安全培训……190
环保整治……190
考察交流……191
铸造行业……191
概　况……191
协会工作……191
组织培训……191
服务企业……191
宣传工作……192
工艺美术行业……192
概　况……192
展览获奖……192
举办活动……192
个人成绩……192
旅馆与餐饮行业……192
概　况……192
交流发展……192
提升形象……192
维护会员利益……193
技能培训……193
树立行业典型……193
党建活动……193

永嘉企业

浙江奥康鞋业股份有限公司……194
报喜鸟集团有限公司……194
红蜻蜓集团有限公司……195
伯特利阀门集团……196
超达阀门集团股份有限公司……197
蜘蛛王集团……199
浙江亚龙教育装备股份有限公司……200
宣达实业集团有限公司……201
凯泉集团……201
浙江红黄蓝服饰股份有限公司……202
日泰集团有限公司……203
浙江流遍机械润滑有限公司……204
杰豪集团……204
温州长城拉链集团……205
奇特乐集团有限公司……205

交通　邮政　信息产业

交　通……207
概　况……207

基础设施建设……207
工程建设……207
前期工作……207
公路养护……207
交通运输发展……208
运力结构……208
公路运输……208
城乡客运……208
交通物流……208
交通行业管理……208
安全管理……208
行政执法……209
工程监管……209
勤廉机关创建……209
港航管理……209
概　况……209
行业安全管理……209
港口行政管理……210
水运管理……211
航道管理……211
行政执法……212
党的群众路线教育实践活动……212
文明创建……212
廉政建设……213
邮　政……213
概　况……213
邮政经营实现新突破……213
打造“三大”城乡综合服务平台……213
和谐建企不断推进……214
中国电信……214
概　况……214
智慧城市·平安永嘉……214
智慧社区·信息化养老……215
节能减排·光进铜退……215
天翼4G·电信双百兆……215
电子商务行业协会成立……215
安全生产·健康发展……215
用心为民服务……215
凝聚团队力量……216
移动公司……216
概　况……216
网络工程建设……216
客户服务……217
投诉督办处理……217
提升文化驱动力……217
提高政治保障力……217
履行社会责任……217
联通公司……217
概　况……217
经营情况……217
工程建设和网络优化……218
综合建设……218

城乡建设

综　述……219
规划审批与监察……219
规　划……219
审　批……219
监　察……219
城镇建设与管理……219
城镇交通建设……219
污水处理……220
垃圾无害化处理……220
燃气行业管理……220
建筑产业与市场秩序……221
建筑产业发展概况……221
建筑市场监管……221
工程质量与安全生产……221
房地产管理……221
房地产权属登记……221
房地产市场管理……222
房屋安全管理……222
房屋征收工作……222

规范物业管理……222
服务行业工作……222
城镇住房体制改革……223
保障性住房建设……223
农村困难群众住房救助……223
廉租房保障资格审核……223
住房公积金管理……223
概　况……223
住房公积金扩面……224
服务效能不断提升……224
廉政建设日益加强……225
班子队伍建设常抓不懈……225
大事记……226

国土资源

综　述……227
土地开发整理……227
耕地垦造……227
高标准基本农田建设……227
地产市场管理……227
征地报批……227
农村宅基地管理……227
供地管理……227
土地清理……227
土地执法……227
土地执法监察巡查……227
土地卫片执法检查……227
案件查处……228
信访维稳……228
培训和宣传……228
内部管理……228
地籍管理……228
矿政管理……228
地质灾害……228

环境保护

综　述……229
污染源治理与管理……229
污染物减排……229
水环境治理……229
大气污染防治……229
污染整治……229
环境日常管理……229
环境日常监察……230
城乡环境综合整治……230
法制建设……230
宣传教育……230
环保专项行动……230
议案提案和信访办理……230
环境监测……230
监测站概况……230
水质、大气自动监测站位……231
监测项目及监测频次……231
环境监测成果……231
大气环境质量状况……231
水环境状况……231

旅　游

综　述……232
旅游资源管理与保护……232
旅游重点项目建设……232
旅游市场开发与管理……232
旅游行业管理……233
新开发景点简介……233
楠溪江金珠瀑文化休闲中心（永嘉书院）……233
百丈瀑景区……233
永嘉五星潭省级森林公园……233

目录

重点工程建设

综　述……234
建设情况……234
诸永高速公路温州段延伸线工程……234
41省道永嘉沙头至福佑段改建工程……234
永缙线巽宅经金溪至界坑公路改建工程……234
104国道永嘉三江至李浦连接线工程……234
41省道南复线岩头至大若岩段公路工程……234
104国道温州西过境公路永嘉段改建工程……234
瓯北大桥工程……235
永嘉沙头镇石埠至西垟公路工程……235
瓯北西段标准堤工程……235
桥下镇西溪三期防洪工程……235
桥头菇溪河道整治工程……235
瓯北三江标准堤工程……235
三塘隧洞分洪应急工程……235
瓯江治理工程……235
永嘉县西向供水工程桥头、桥下水厂一期工程235
县看守所拘留所戒毒所迁建工程……235
永嘉县城体育馆、游泳馆……235
县委党校及教育研训大楼……235
瓯北商务中心……235
县公共文化活动中心……235
桥头维多利广场……236
上塘商业步行街……236
县中医院综合医疗大楼工程……236
220千伏清水输变电工程……236
110千伏输变电工程……236
甬台温天然气管道永嘉段工程……236
大若岩养生保健中心……236

商　务

永嘉商贸……237
概　况……237
电子商务……237
农村流通体系建设……237
成品油市场……237
典当行市场……237
二手车市场……237
商贸流通项目建设……238
市场监督管理……238
市场监测分析……238
供销合作社联合社……238
概　况……238
农合联建设……238
“三社”建设……238
“新网工程”建设……238
农产品电子商务……239
农信担保……239
作风建设……239
其他工作……239
永嘉县烟草专卖局……239
概　况……239
经济运行……239
品牌培育……239
终端建设……239
打假破网……239
市场监管……240
许可证监管……240
安全管理……240
文化建设……240
食盐专营……240
概　况……240
盐务管理……240
党风廉政建设……240
服务“三农”……240
办公场所搬迁……240
粮油购销……240
概　况……240
粮食调研与统计……241
仓储管理……241

物资购销……241
概　况……241
安全管理……241
内部管理……241
对外贸易……241
概　况……241
外贸发展情况……242
服务外贸……242
服务平台建设……242
挖掘外贸潜力……242
外资企业管理……242
外经服务……242

市　场

综　述……243
概　况……243
市场管理……243
食品安全检测……243
个体劳动者协会……243
民营企业协会……243
概　况……243
服务民企……243
非公有制党建……243
诚信建设……244
基础保障……244

财政　税务

综　述……245
财　政……245
财税征管……245
扶持民生……245
体制改革……245
服务社会……246
队伍建设……247
国　税……247
概　况……247
教育实践活动深入开展……247
国税收入任务圆满完成……248
税收调控作用较好……248
纳税人满意度持续提升……248
税收征管绩效不断提高……248
干部队伍活力显著增强……248
党风廉政建设扎实推进……250
内部行政管理规范高效……250

金融　保险　证券

综　述……251
概　况……251
存　款……251
贷　款……251
贷款不良率……251
证券业务……251
保险业务……251
中国人民银行永嘉县支行……252
群众路线教育实践活动……252
落实稳健货币政策……252
货币政策工具运用……252
服务“三农”……252
信用体系建设……252
涉外企业金融服务……252
维护金融稳定……253
健全机制……253
跨境资金监测……253
农村支付建设……253
国库服务……253
内部管理……253
安全生产……253
文明创建……253
学习培训……254
中国工商银行股份有限公司永嘉支行……254
概　况……254

内控管理……254
业务创新……254
消费者权益……254
中国农业银行股份有限公司永嘉县支行……254
概　况……254
组织架构……255
服务“三农”……255
服务提升……255
内控合规……255
风险控制……255
企业文化……256
中国建设银行股份有限公司永嘉支行……256
概　况……256
信贷支持……256
优质服务……256
资产质量……257
风险管理……257
文明创建……257
产品创新……258
中国银行股份有限公司永嘉县支行……258
概　况……258
资产质量……258
助力小微企业……258
支持重点工程……258
支持域内企业……258
惠农惠民……258
跨境业务……259
内控安保……259
企业文化……259
永嘉农商银行……259
概　况……259
发展基础……259
普惠金融……259
金融服务……260
风险管理……260
经营管理……260
企业文化……260
中国农业发展银行永嘉县信贷组……261
概　况……261
储备粮油轮换工作……261
贷款投放与管理……261
信贷基础管理……261
风险管理……261
兴业银行股份有限公司温州永嘉支行……261
概　况……261
信贷业务……261
服务提升……261
温州银行永嘉支行……262
概　况……262
业务营销……262
风险管理……262
团队建设……262
中国邮政储蓄银行永嘉县支行……262
概　况……262
内控管理……262
服务实体经济……262
服务“三农”……263
渠道建设……263
永嘉恒升村镇银行……263
概　况……263
结算渠道……263
平安金融……263
支农支小……263
资产质量……264
团队建设……264
荣　誉……264
华夏银行永嘉支行……264
概　况……264
支持地方经济……264
信贷结构……264
提升服务……265
风险管理……265
招商银行永嘉支行……265
概　况……265

组织结构……265
制度建设……265
队伍建设……265
合规管理……265
管理创新……266
不良资产处置……266
运营管理……266
安保工作……266
交通银行股份有限公司温州永嘉支行……266
概　况……266
内控管理……267
渠道拓展……267
服务提升……267
团队建设……267
中国人民财产保险股份有限公司永嘉支公司……267
概　况……267
抢占先机……267
渠道创新……268
业务结构改善……268
强化管控……268
服务转型……268
企业文化……268
关心职工……268
服务民生……268
中国人寿保险股份有限公司永嘉县支公司……269
概　况……269
个险渠道……269
团险渠道……269
银保渠道……269
运营渠道……269
中国太平洋财产保险股份有限公司永嘉支公司……270
概　况……270
服务体系建设……270
人才培育……270
企业文化……270
社会责任……270
申银万国证券永嘉……270
双塔路营业部……270
概　况……270
转型发展……271
服务客户……271
党团建设……271

经济管理

工商行政管理……272
概　况……272
服务企业……272
扶农措施……272
品牌建设……272
消费维权……273
信用监管……273
食品安全监管……273
网络监管……273
无照治理……274
基础建设……274
物价管理……274
价格监测……274
物价监督检查……274
价格认证……274
水价、电价等价格改革……274
幼儿园收费管理……274
游览参观点门票价格管理……274
出租汽车运价管理……274
质量技术监督……275
概　况……275
名牌培育工作……275
标准化计量工作……275
食品质量安全监管……276
特种设备安全监察……276
重点产品质量安全监管……277
打假治劣……278
区域监管工作……278
技术提升和质量帮扶……278

科技管理创新······279
党风廉政和效能行风······279
党的群众路线教育实践活动······280
食品药品监督管理······281
概　况······281
体制机制建设······281
食品安全综合协调······281
千万学生饮食放心工程······281
食品安全专项整治······281
餐饮、保化安全监管······282
药械安全监管······282
打假治劣······282
示范创建······282
宣传教育······282
自身建设······282
统计工作······283
概　况······283
统计服务······283
统计基层基础规范化建设······283
统计法制建设······284
统计监测······284
强化GDP核算工作······284
能源统计······284
经济普查······284
作风建设······284
审计工作······284
概　况······284
财政“同级审”······284
经济责任审计······285
专项审计调查······285
基建审计······285
内部审计······285
安全生产监督管理······285
概　况······285
安全生产事故······286
安全生产责任制落实······286
专项活动······286
企业本质安全提升······287
教育培训······287
事故调查······287
行政审批······287
应急管理······287
基层基础建设······287
公共资源交易管理······287
概　况······287
公共资源交易情况······288
制度建设和完善······288
实施招标文件联合审查制······288
全力支持“五水共治”······288
强化标中监管······288
加强标后监督······289
规范政府采购行为······289
加大力度打击围标、串标······289
深化远程异地电子评标······289
抓干部队伍建设······289

教　育

综　述······290
综合工作······290
教育宣传······290
教育党建······290
学前教育······290
义务教育······291
高中教育······291
普高教育······291
职业教育······291
特殊教育······291
成人教育······292
民办教育······292
素质教育······292
教学研究······293
教育经费······293
教育信息化······293

教师队伍建设……293
依法治教工作……294
教育改革……295
优质教育资源创建……295

科学技术

综　述……296
重大科技项目……296
　省级重大科技攻关项目……296
　市级以上科技项目申报……296
　县级科技计划项目……296
高新技术产业……296
创新平台和载体建设……297
科技合作与交流……297
科技成果和科技服务……297
　科技成果……297
　农业科技成果转化……297
　实施科技特派员“创业示范工程”……298
　科技下乡……298
　科技服务……298

文化　新闻

文化工作……299
　概　况……299
　文化设施建设有序推进……299
　文化活动丰富多彩……299
　文化产业提升态势良好……299
　文化市场管理有序开展……299
　创新广播电视管理……300
　扎实推进新闻出版工作……300
　非物质文化遗产……300
　文化礼堂建设……300
　文物工作……300
　图书管理与服务……301
图书馆公共服务……301
　工作概况……301
　读者服务活动工作……301
　总分馆建设工作……301
　文化共享工程工作……301
　基础设施设备建设……302
　文献资源建设工作……302
　少儿读者服务工作……302
档案工作……302
　综　述……302
　档案开放利用服务……302
　档案工作信息化建设……303
　档案业务指导……303
　档案执法检查……303
　档案编研和征集工作……303
　档案文化六进活动……303
　档案业务培训……303
地方志工作……303
　概　况……303
　编纂《永嘉县志（1991—2010）》……304
　编纂出版《永嘉年鉴（2014）》……304
　有序推进地方文献整理和地方志信息化工作…304
　积极宣传《地方志工作条例》……304
　加强学习，提高质量……304
　开展“书香五月，读志用志”活动……304
　认真编纂《永嘉壁画》……305
广播电视……305
　概　况……305
　主题报道……305
　舆论监督……305
　对农宣传……305
　廉政宣传……305
　新闻外宣……305
　品牌提升……305
　媒体服务……306
　一省一网建设……306
　广电低保工程……306
　应急广播体系建设……306

经营创收……306
安全播出……306
队伍建设……306
教育实践活动……306
新闻信息……307
概　况……307
主题报道……307
服务民生平台建设……307
全媒体融合发展……308
经营改革突破……308
队伍建设……308
省级新闻奖……309

体　育

综　述……310
群众体育……310
重大赛事……310
乡村赛事……311
群众体育网络建设……311
残疾人运动会……311
体育总会及主要活动……312
老年体育……312
竞技体育……312
市级竞技……312
省级竞技……312
国家级竞技……312
国际竞技……313
运动员培养……313
学校体育……313
体育产业……315
体育基础设施建设……316

卫　生

综　述……317
卫生改革……317
医疗卫生服务体系……317
基础设施建设……317
社区卫生服务机构标准化建设……317
村卫生室建设……318
卫生队伍建设……318
公共卫生……318
公共卫生服务项目……318
疾病防控……318
妇幼保健……318
公共卫生应急处理……318
卫生监督执法……318
爱国卫生运动……319
医疗质量管理……319
中医中药……319
医疗行风建设……319

功能区　镇（街道）

上塘中心城区……321
2014年主要项目数据库……321
经济发展概况……321
城乡建设……321
城市管理……321
基层组织建设……322
党风廉政建设……322
荣誉录……322
北城街道……322
2014年街道数据库……322
经济发展概况……322
2014年建置村（居委会）数据库……323
城乡建设……323
社会事业……323
平安建设……324
基层党建……324
荣誉录……324
东城街道……325
2014年街道数据库……325

农　业……………………………………325
工　贸……………………………………325
城乡建设…………………………………325
2014年建置村（居委会）数据库………………326
社会事业…………………………………326
平安建设…………………………………327
党建工作…………………………………327
荣誉录……………………………………328
南城街道…………………………………328
2014年街道数据库…………………………328
经济发展概况………………………………328
2014年建置村（居委会）数据库………………329
新农村建设…………………………………329
民生事业…………………………………329
平安建设…………………………………329
基层组织建设………………………………330
荣誉录……………………………………330
瓯北城市新区……………………………330
2014年瓯北城市新区数据库…………………330
经济总情…………………………………330
城市建设…………………………………330
环境整治…………………………………331
行政审批…………………………………332
基层组织建设………………………………332
党风廉政建设………………………………332
荣誉录……………………………………333
东瓯街道（工业园区）……………………333
经济建设…………………………………333
2014年街道数据库…………………………333
2014年建置村（居委会）数据库………………333
城市管理…………………………………334
社会事业…………………………………334
平安建设…………………………………334
基层党建…………………………………334
荣誉录……………………………………335
江北街道…………………………………336
2014年街道数据库…………………………336
经济总情…………………………………336
城乡统筹…………………………………336
2014年建置村（居委会）数据库………………336
基础设施建设………………………………336
社会事业…………………………………337
平安建设…………………………………337
荣誉录……………………………………338
黄田街道…………………………………338
2014年街道数据库…………………………338
2014年建置村（居委会）数据库………………338
经济总情…………………………………338
城乡统筹…………………………………338
社会事业…………………………………338
平安建设…………………………………339
基层党建…………………………………339
荣誉录……………………………………440
三江街道（商务区）………………………340
经济总情…………………………………340
2014年街道数据库…………………………340
2014年建置村（居委会）数据库………………340
城乡建设…………………………………340
社会事业…………………………………341
基层党建…………………………………341
荣誉录……………………………………341
乌牛街道…………………………………341
2014年街道数据库…………………………341
经济发展概况………………………………341
2014年建置村（居委会）数据库………………342
城乡建设…………………………………342
民生事业…………………………………343
平安建设…………………………………343
基层党建…………………………………343
党风廉政建设………………………………344
荣誉录……………………………………345
桥头镇……………………………………345
2014年镇情数据库…………………………345
经济发展概况………………………………345

2014年建置村（居委会）数据库……………346
环境整治……………………………………346
社会事业……………………………………346
平安建设……………………………………346
党的建设……………………………………346
荣誉录………………………………………346
桥下镇……………………………………347
2014年镇情数据库…………………………347
农　业………………………………………347
工贸经济……………………………………347
城乡统筹……………………………………347
环境整治……………………………………347
城乡建设……………………………………347
2014年建置村（居委会）数据库……………348
社会事业……………………………………349
平安建设……………………………………349
基层组织建设………………………………349
荣誉录………………………………………349
沙头镇……………………………………350
2014年镇情数据库…………………………350
2014年建置村（居委会）数据库……………350
发展概况……………………………………350
招商投入……………………………………351
环境综合治理………………………………351
社会事业……………………………………351
党风廉政建设………………………………351
岩头镇……………………………………352
2014年镇情数据库…………………………352
经济发展概况………………………………352
城乡建设……………………………………352
环境整治……………………………………352
旅游开发……………………………………352
2014年建置村（居委会）数据库……………353
社会管理……………………………………353
基层党建……………………………………353
荣誉录………………………………………354
枫林镇……………………………………354
2014年镇情数据库…………………………354
效益农业……………………………………354
城镇建设……………………………………354
社会事业……………………………………354
2014年建置村（居委会）数据库……………355
平安建设……………………………………355
基层党建……………………………………355
党风廉政建设………………………………355
荣誉录………………………………………356
鹤盛镇……………………………………356
2014年镇情数据库…………………………356
产业发展……………………………………356
环境整治……………………………………356
社会事业……………………………………356
2014年建置村（居委会）数据库……………357
党的建设……………………………………357
荣誉录………………………………………357
岩坦镇……………………………………358
2014年镇情数据库…………………………358
发展概况……………………………………358
城乡统筹……………………………………358
旅游产业……………………………………358
特色农业……………………………………358
乡村建设……………………………………358
社会事业……………………………………358
民生工作……………………………………358
社会管理……………………………………358
2014年建置村（居委会）数据库……………359
自身建设……………………………………359
荣誉录………………………………………360
大若岩镇…………………………………360
2014年镇情数据库…………………………360
农业开发……………………………………360
2014年建置村（居委会）数据库……………360
旅游产业……………………………………360
乡村建设……………………………………361
五水共治……………………………………361

无违建镇……………………………………361
平安建设……………………………………361
社会事业……………………………………362
基层组织建设………………………………362
荣誉录………………………………………363
碧莲镇……………………………………363
效益农业……………………………………363
2014年镇情数据库…………………………363
城镇建设……………………………………363
美丽乡村建设………………………………363
社会事业……………………………………363
2014年建置村（居委会）数据库…………364
民生工作……………………………………364
平安建设……………………………………364
党的建设……………………………………364
荣誉录………………………………………365
巽宅镇……………………………………365
2014年镇情数据库…………………………365
城乡建设……………………………………365
效益农业……………………………………365
环境整治……………………………………365
五水共治……………………………………365
社会事业……………………………………365
2014年镇情数据库…………………………366
自身建设……………………………………366
基层党建……………………………………366
荣誉录………………………………………367

2014永嘉人物

永嘉县百岁老人连续增长攀升至124位 ………368
厉育平捐资1000万元助家乡“五水共治”……368
谢岩斌入选3月浙江好人榜 …………………368
董平西入选浙江“最美公路人” ……………368
瓯北消防中队群体荣膺“温州市十大杰出青年”…………………………………………368
“音乐诗人”凯歌原创音乐专辑《年代》火热发行…………………………………………369
90后护士梁慧成功捐献造血干细胞…………369
80岁永嘉籍教授汤镇东撰写《温州鼓词道德篇》………………………………………369
抗战老兵潘志山和失散70年的妻子七夕终团圆369
救火英雄麻顺祥立二等功……………………369
洪苗棋勇夺全国少儿游泳锦标赛四金………370
徐崇峰获全国象棋少年锦标赛冠军…………370
朱启南获世锦赛个人首金……………………370
蒋川勇夺全国象棋公开赛冠军………………370
尤梦曦获加拿大“青年歌剧大使”称号………370
潘瑞吉将军情系泰石将军图书馆……………371
李伟衡捐献造血干细胞………………………371
本土摄影家叶新人自办《菇溪桥头》摄影展…371

特　载

敢于担当　狠抓落实
在赶超发展中全力推进"两美"永嘉建设
——2014年7月31日在县委十二届七次全体（扩大）会议上的报告

中共永嘉县委书记　娄绍光

同志们：

这次县委全会的主要任务是，认真贯彻落实中央和省市委的重大决策部署，总结上半年工作，部署下半年任务，动员全县各级党组织和广大党员干部群众，进一步敢于担当、不懈奋斗，凝心聚力、狠抓落实，在赶超发展中全力推进"两美"永嘉建设。同时，审议通过《中共永嘉县委关于建设"两美"永嘉 融入时尚之都的实施意见》。下面，我代表县委常委会向全会作报告。

一、上半年工作简要回顾

今年以来，面对复杂的经济形势和繁重的工作任务，我们按照中央和省市委的决策部署，围绕"赶超发展、激情跨越"总目标，扎实抓好各项工作，取得了阶段性的成效。1—6月，全县实现地区生产总值128.26亿元，同比增长8.1%；公共财政预算收入12.39亿元，增长7.2%；规上工业总产值177.51亿元，增长4.8%；限上固定资产投资88.8亿元，增长4.3%，其中工业性投资19.78亿元；全社会消费品零售总额55.1亿元，增长16.2%；城镇居民人均可支配收入16353元，农村居民人均现金收入8245元，分别增长9.4%和10.6%。

（一）实体经济发展平稳向好。切实深化县领导"九联系"和"驻企服务员"制度，深入开展"双百攻坚"活动，今年竣工工业项目33个，新开工24个。深入推进"四换三名"和"三转一市",上半年完成技改投资13.02亿元，占工业性投资比重达65.8%；网络销售额36.3亿元，同比增长45%；个转企546家、企业股改6家，红蜻蜓鞋业、迦南科技两家拟上市企业被列入预披露企业名单，我县获得了"省级科技强县"称号。大力化解企业金融风险，全国第一单民间借贷依法备案成功落地我县，不良贷款率全市最低。全面启动旅游业新一轮改革，签约引进了屿北古村落开发利用等重大旅游项目，建成了一批高档次主题民宿，成功举办了楠溪江国际房车露营高峰论坛系列活动，1—6月全县接待游客数、旅游总收入和门票收入分别增长34.9%、40.7%和100.6%，获得了"浙江旅游发展十佳县(市、区)"称号。积极引导工商资本反哺农业，上半年累计实到资金1.43亿元。

（二）招商投入力度持续加大。深入开展"项目建设攻坚年"活动，瓯越大桥、41省道上塘至沙头段等项目建成通车，瓯北大桥、41省道南复线、三李公路等项目进展顺利，瓯北商务中心、上塘商业步行街、桥头维多利广场建设加快推进。成功举办第三届世界永商大会，率全市之先成立招商项目微信管理服务平台，加快推动项目签约落地，投资210亿元的三江立体城顺利开工，温州铂尔曼酒店、斯多纳商业中心、国嘉超市总部等项目即将开业，1—6月共签约楠溪江流域时尚创意示范区等16个总投资164亿元的招商项目，完成招商选资到位资金46.95亿元，其中浙商回归到位资金30.72亿元，资金完成率和完成量均居全市第一。

（三）环境综合整治强势推进。加大“三改一拆”力度，集中拆除瓯北珠岙村违建12.3万平方米，成功处置了三江违法宗教建筑，为全省违法宗教建筑的处置树立了样本，1—6月全县共完成“三旧”改造125.1万平方米，拆违46.03万平方米，其中拆除涉及宗教场所违法建筑224处共计55782.5平方米，走在了全市前列。全面推进“五水共治”，率先在全省发动捐款，与中科院、省环科院和水科院开展全面合作，组织“百名干部进百村解百难”活动，1—6月完成治水投资6.15亿元，58条垃圾河整治通过市级验收，30个农村生活污水治理试点项目在全市率先集体开工，桥下等8个中心镇污水处理厂（站）进场施工，城镇污水处理率同比提升11个百分点，全省69个建制镇污水处理设施建设推进会在我县召开。深入开展“四边三化”和美丽乡村建设，积极推进全国“一事一议”美丽乡村建设试点，已拆除违法无序广告牌743处，完成去冬今春绿化造林1.82万亩。

（四）民生幸福水平不断提升。扎实推进平安永嘉建设，严厉打击突出违法犯罪活动，“两抢”案件发案数、安全生产事故数明显下降，一批信访积案得到有效化解，成功实现“平安五连创”。深入开展“让网络清朗起来——当战士不当‘绅士’”活动，不断加强网络专业管理员、新闻发言人、网络评论员等“三支队伍”建设，切实净化了网络舆论环境。深化民办教育体制改革，狠抓教育教学质量，今年高考再创佳绩，全国义务教育发展基本均衡县顺利通过省级评估验收。加大文化产业发展扶持力度，加快县公共文化活动中心、县体育“两馆”等项目建设，我县被评为全省农村文化礼堂建设先进县。深化县级公立医院综合改革，温州医科大学附属第一医院永嘉分院正式挂牌，在全市率先创成“省级卫生强县”。切实加强食品药品监督管理工作，圆满完成食品安全百日严打专项行动，成功组建市场监督管理局。深化民政综合改革，推行统分结合养老服务新模式，开工建设浙南最大的救灾储备中心。实施“强基创优工程”，计生工作稳步推进。

（五）党的建设得到切实加强。县委常委率先垂范，认真抓好教育实践活动，精心组织开展以“坚定理想信念、增强党性观念、强化党的纪律、敢于担当克难”为主题的“加课”专题教育，全县4.8万名党员干部作出不信教承诺。扎实开展“走亲连心解忧”活动，强化即知即改，认真撰写对照检查材料，高质量开好了专题民主生活会。全面实施“红色细胞工程”，开发运行永嘉“民情微圈”信息处置系统，深入开展“党员星期六志愿服务日”活动，进一步完善党员联系群众机制。切实深化“勤廉永嘉”建设，认真执行党风廉政建设责任制，加大纠风治乱和违纪违法案件查处力度，开展正风肃纪专项行动26次，曝光问题82起，处理责任人员80名。全力支持人大、政府、政协依法依照章程履行职责，巩固发展爱国统一战线，加强党管武装和老干部、关心下一代、工青妇、侨务、对台、民族宗教等工作，充分发挥各民主党派、工商联、无党派人士的作用，凝聚了干事创业的强大合力。

在肯定成绩的同时，我们也要清醒地认识到工作中存在的问题和不足。如：在经济转型升级方面，我县经济规模总量偏小，转型升级步伐较慢，要素制约比较明显，新型城市化进展不快。在环境整治方面，“五水共治”“三改一拆”等工作面大量广、任务重，脏乱差、违章建筑等问题依然存在。在社会发展方面，改善民生任务繁重，一些与群众切身利益相关的问题没有得到及时有效解决；社情民意复杂，影响社会稳定的各类矛盾纠纷隐患仍然较多，“三宗”潜在问题仍然突出，社会管理压力较大。在机关作风效能方面，个别单位“中梗阻”“小鬼难缠”“庸懒散慢”问题依然存在，部分干部担当克难的勇气不够。这些问题，都需要我们在今后的工作中切实加以克服和解决。

二、下半年工作主要任务

当前，我国经济运行基本面是好的，实现长期发展前景乐观。同时我们也要看到，世界经济形势错综复杂，我国经济增长下行压力依然存在。省委十三届五次全会做出了建设美丽浙江、创造美好生活的战略部署，开创了我省生态文明建设的新篇章。省委常委扩大会议专题研究经济工作，强调全省上下要切实把经济工作责任落到实处，在干好上半年工作的基础上，决战三季度，冲刺四季度，实现全年红。刚刚召开的市委十一届七次全会对全市下半年任务，特别是对“围绕‘两美’目标推进大都市区建设”和“发展时尚产业建设时尚之都”作了具体部署。这些都为我们做好下半年工作指明了方向、明确了任务。

我县下半年工作的总体要求是：认真贯彻落实中央和省市委决策部署，以“两提两争”活动为主线，以“赶超发展、激情跨越”为目标，加快推进经济转型发展，全力抓好“两美”永嘉建设，切实维护社会和谐稳定，确保完成全年各项目标任务。

（一）突出时尚产业发展，打造永嘉经济“升级版”。始终把振兴实体经济摆在全局工作的重中之重，围绕“化风险、稳增长、促转型”的目标，全面落实产业扶持各项举措，不断提高经济发展质量和效益。

1．打造产业转型平台。积极对接温州市瓯江口产业集聚区建设，以永嘉工业园区为核心，拓展利用乌牛、桥头、桥下、上塘、罗东等发展空间，加快全国泵阀产业知名品牌创建示范区和省级系统流程装备高新技术产业化基地建设。加大小微企业园建设力度，开工建设瓯北小微企业园、桥下教育文化创意园，确保全年完成供地470亩。按照全市“五一〇产业培育提升工程”要求，大力推进传统产业改造提升，积极发展智能系统流程装备、教育装备等优势产业。充分发挥我县轻工产业、永商网络、民间资本、品牌集聚等优势，通过时尚设计、品牌运作、展示展览、信息传媒、标准检测等手段，突出鞋服产业对时尚的引领作用，加强流行时尚元素与鞋服、纽扣拉链等传统轻工产业的融合，加快打造特色时尚产业集群。积极谋划时尚产业发展平台，实施一批重点时尚产业项目，培育一批领军型时尚企业。加快网络经济集聚区建设，办好阿里巴巴·永嘉产业带，推广“淘宝村”模式，努力打造网络经济强县和浙江省电子商务示范县。积极引导企业加大项目和技改投入，着力推动报喜鸟、奥康等重大产业项目落地，加快推进奇特乐、麦得、博能传动、球豹等重点技改项目。深入实施“四换三名”“三转一市”，扶持培育一批成长性中小企业，力争全年新增总部型企业3家、小升规54家、企转股13家、上市2家。

2．打造特色生态产业。坚持把旅游业作为“一号服务业”来抓，以创建楠溪江国家AAAAA级旅游景区为抓手，承接“雁楠一体化”旅游发展功能布局，精心打造核心景区和“文化古村游、生态山地游、亲水漂流游”等旅游精品，积极开发商务旅游、体育旅游、露营探险旅游、医疗健康旅游，大力发展时尚休闲生态旅游产业。坚持星级酒店和特色民宿一起抓，加快推进芙蓉山庄等一批重大旅游接待设施建设，抓好“一核多点”旅游停车场规划建设，不断完善吃住行游购娱配套服务。推进旅村融合发展，探索建立利益分配机制，最大限度地调动各方的积极性、主动性。办好第十一届浙江山水楠溪江旅游节、浙江省第三届运动休闲旅游节暨楠溪江国际户外休闲嘉年华等节庆活动，进一步打响旅游品牌。坚持以农业“两区”为主阵地，努力走出农业现代化发展新路，促进农民增收致富。深入开展农业项目招商，积极引导工商资本投资发展现代观光农业，力争每个中心镇打造2—3个现代农业观光园。积极培育发展无公害、绿色、有机农产品，启动建设永嘉农产品加工交易综合园区，提高农产品附加值和竞争力，全力打响永嘉农产品品牌。

3．打造企业服务品牌。全面落实经济工作责任和助企强工政策，切实深化县领导“九联系”、驻企服务员、“双百攻坚”等活动，及时帮助企业解决发展难题、走出困境。以深化简政放权改革、优化高效审批流程、创新审批服务方式、强化审批服务体系建设为抓手，着重做好“三单一网”建设、市县同权扁平化管理试点工作，扎实推进行政审批四级联网工程。加大工业供地和土地清理力度，做好低丘缓坡综合开发和低效用地再开发利用，积极引导企业开展“零土地”技改、“退二进三”“退二优二”，努力拓展产业发展空间。深化金融综合改革，全面落实“双十条”升级版政策，实行政银企法“四方联手”，构建银企“同进同退”机制，全力化解企业资金链、担保链风险，确保经济金融平稳运行。

（二）突出重点区块建设，迈开新型城市化新步伐。按照全市打造时尚之都的部署要求，坚持以新型城市化为引领，全力推进中心城区、中心镇和新农村建设，加快城乡融合发展。

1．全面推动瓯江北岸融入时尚之都。充分发挥规划在城市发展中的龙头作用，优化区域空间形态布局，不断提升城市功能、品质和实力，努力实现瓯江两岸城市功能互补、融合发展。按照产城融合、宜居宜业的要求，加快推进城市重点区块开发建设。以瓯越大桥建成通车为契机，加快推进瓯北大桥、三江标准堤、三江“一横二环三纵”道路网等基础设施和农房改造集聚点项目建设，加大总部经济、金融服务、电子商务、设计研发、现代商贸等服务业项目的引进和建设力度，努力把三江商务区打造成温州都市区新地标和时尚之都的新亮点。加快三李公路、清水埠旧城改造、上塘桥头城中村改造、上塘仁堂旧城改造等项目建设，开工建设上塘至瓯北公路，继续打通城区“断头路”，积极推进黄田高铁新城建设，进一步推动上塘—瓯北一体化发展。抓好瓯北商务中心、上塘商业步行街等城市综合体建设，着力打造特色时尚街区。坚持同步推进道路、管网、“三线”落地建设，切实深化“智慧城管”，全力抓好交通治堵，不断提高城市建设管理水平。切实深化中心镇改革发展，着力推进桥头、桥下、乌牛等中心镇（街道）建设。适时调整优化功能区管理体制，理顺功能区与街道的关系。

2．切实加大招商投入力度。积极落实重点招商项目领导挂钩联系服务制度，选派若干优秀干部作为“永商回归”招商专员，全力促进在外永商实业回归、总部回迁、资金回流。严格落实重大招商项目审批倒逼提速机制，加快推进三江立体城、桥头维多利广场等项目建设，全力推动永嘉世贸中心、永嘉家居建材装饰市场、楠溪慢城等项目落地，切实提高履约率、资金到位率和项目落地率，努力使我县招商选资工作继续走在全市、全省前列。狠抓重大项目攻坚，年底建成41省道南复线岩头至大若岩段、阳光大道西段延伸、诸永高速公路温州段延伸等工程，加快推进104国道温州西过境永嘉段等重大项目建设，开工建设41省道福佑至沙头段改建、县职工活动中心等项目，继续深化上塘至大若岩公路、49省道改建、220省道巽宅至桥下段的前期工作，不断提高项目落地率、进场率、开工率、竣工率，确保完成年度固定资产投资任务。认真做好项目谋划和包装，争取更多项目进入省重点建设计划，进一步增强发展后劲。

3．扎实推进城乡一体化发展。深化农村综合改革，完善“三位一体”农村合作体系，探索建立宅基地跨村置换、有偿退出、有偿使用机制，加快建立城乡统一的土地、房屋产权登记制度，促进城乡要素依法有序流动。健全风险防范补偿机制，积极稳妥发展农村资金互助会，全力破解农村金融发展难题。加快山区中心镇发展步伐，推进人口集中、产业集聚、功能集成、要素集约，努力建设特色鲜明的小城镇。抓好水、电、路、通信等基础设施建设，加大地质灾害点搬迁、生态移民、农村危房改造支持力度，切实改善农村生产生活条件。完善生态补偿和沿江反哺山区机制，切实增强欠发达地区的“造血功能”。

（三）突出“五水共治”重点，打好生态治理攻坚战。以“五水共治”为突破口，以创建国家级生态县为抓手，统筹推进城乡环境综合整治，全力促进“两美”永嘉建设。

1．着力推进“五水共治”。坚持把“五水共治”作为重大战略长抓不懈，健全完善保障机制，全力打造以“古韵水乡·秀美楠溪”为主题的“美丽浙南水乡”。加快城乡污水垃圾处理设施和截污纳管建设，全面完成电镀、造纸、印染、化工、合成革等重点行业整治提升任务，突出抓好农村生活污水治理，积极推进农业面源污染防治，全力消除垃圾河、黑臭河。深入实施“水乡建设百亿工程”，年底建成三塘隧洞分洪应急工程、瓯北西段标准堤，高质量建设瓯江北岸治理工程和西溪、菇溪河道治理等大项目，科学稳妥推进楠溪江河口大闸、乌牛溪治理等前期工作，加快中小河流建设，持续改善水环境。实行最严格的水环境监管制度，全面落实“河长制”，深入开展“百名干部进百村解百难”活动，动员全社会力量参与水环境治理，形成上下联动、全民治水的浓厚氛围。

2．着力推进“三改一拆”。围绕创建“无违建县”，继续坚定决心不动摇、坚持力度不减弱、咬定目标不放松，始终对各类违法建筑采取“零容忍”的态度，切实巩固和扩大“三改一拆”成果。以三江违法宗教建筑成功处置为契机，以点带面、乘势而上，依法细致开展违法宗教场所和民间信仰场所整治。积极创新“三改”方法，全面落实“四策合一”和“三旧”改造的政策体系，加大旧住宅区、旧厂区和城中村改造力度。

3．着力推进美丽乡村建设。按照“两轴四带”美丽乡村建设规划，进一步提升标准、优化布局、强化特色，切实抓好美丽乡村建设提质扩面，力争创成省级美丽乡村示范县。深入开展“十百工程”，扎实推进村庄生态化有机更新，着力提升农房建设科学化、系统化和美观化，精心打造一批精品线、精品村。健全“清洁乡村”长效保洁机制，加大垃圾清理力度。继续加大历史文化村落保护利用力度，深入挖掘优秀传统文化，全力彰显“山水永嘉、诗画楠溪”特色。扎实开展生态创建活动，力争创成6个国家级生态镇（街道），5个省级生态镇（街道）和一批市级生态村。加强大气污染防治，开展土壤综合治理，切实保障县域环境安全。

（四）突出民生和谐发展，增强人民群众幸福感。坚持把改善民生作为第一目标，把维护稳定作为第一责任，让发展成果更多更公平惠及全县人民。

1．切实保障和改善民生。着力提升发展基础教育，高度重视发展职业教育，继续深化民办教育综合改革，努力放大翔宇中学办学效应，确保全国义务教育发展基本均衡县创建通过教育部评估验收，努力办好人民满意的教育。积极推进社会力量办医，深化公立医院综合改革，加快重点卫生基建项目建设，推进优质医疗资源下沉，提升基层医疗卫生机构服务能力。加快县体育“两馆”建设，大力发展体育事业。全面创建统分结合养老服务新模式，加快推进养老养生产业发展，进一步打响“中国长寿之乡”品牌。完善城乡一体的社会保障体系，加快发展社会救助、社会福利和慈善事业。进一步创新人口计生工作模式，落实人口计生政策，提高人口素质。继续办好“十大民生实事”，切实解决教育实践活动中提出的民生问题。

2．加强和创新社会治理。继续深化“两护两强”工程，扎实推进平安永嘉建设，确保实现平安建设“二次夺鼎”。加强立体化社会治安防控体系建设，强化防恐措施，依法打击各类违法犯罪活动，切实增强群众安全感。坚持重大决策社会稳定风险评估制度，不断完善矛盾纠纷化解机制，加大历史遗留问题和信访积案化解力度，努力减少社会不稳定因素。创新和发展“枫桥经验”，深入开展“网格化管理，组团式服务”，启动社会治理信息采集上报“以奖代补”试点工作，不断夯实平安建设基层基础。深化安全生产整治和食品安全“强网清源”行动，坚决遏制重特大事故发生。健全正面引导和依法管理相结合的网络舆论工作机制，全力构建和谐稳定的虚拟社会环境。深化“法治永嘉”建设，推进依法行政、公正司法，在全社会大力弘扬法治精神。切实发挥党委总揽全局、协调各方的作用，积极支持人大、政府、政协开展工作，充分发挥各民主党派、工商联和无党派人士的积极作用，更加重视老干部、群团和党管武装工作，充分调动各方面的积极性，形成齐心协力干大事的良好格局。

3．进一步提升文明素养。广泛开展社会主义核心价值观实践活动，大力弘扬“义利并举、敢为人先”的永嘉精神，探索建立“最美”公益基金和关爱机制，进一步深化最“美”系列活动，切实强化公民道德和精神文明建设。以文化礼堂为主阵地，深入推进文化惠民工程，广泛开展群众乐于参与的文体活动，着力打造精神家园。加强文化遗产保护和传承，大力支持创作永嘉题材文艺精品，不断增强地域文化影响力。深入推进公共文化服务体系建设，大力发展文化产业，加快县公共文化活动中心、楠溪江文化园等项目建设，着力打造文化强县。

（五）突出教育实践活动，提升党建工作新水平。认真贯彻落实习总书记在中央政治局第16次集体学习时的重要讲话精神，坚持党要管党、从严治党，扎实推进党的思想、组织、作风、制度和反腐倡廉建设，全面提升党的建设工作水平。

1．切实抓好教育实践活动。按照“照镜子、正衣冠、洗洗澡、治治病”的总要求，把学习教育、即知即改、完善机制贯彻始终，确保活动取得实效。坚持学习不放松，深入学习习总书记系列重要讲话精神，发挥楠溪讲坛理论学习的龙头作用，组织开展形式多样的宣教活动，不断拧紧理想信念“总开关”。着力抓好问题整改，明确时间表，落实责任人，细化整改措施，逐一推动问题解决。强化建章立制，以管用有效的制度管事、管权、管人，巩固整改成果，形成长效机制。及时总结教育实践活动成果，用好批评和自我批评这一锐利武器，使之成为提高领导班子和党员干部解决自身问题能力的重要法宝。

2．全力打造过硬干部队伍。坚持好干部标准和导向，自觉贯彻执行新修订的《干部任用条例》，积极稳妥地深化干部人事制度改革，进一步配强班子、建好队伍。不断改进和完善干部考察考核工作办法，注重专项工作和日常工作考察考核相结合，加大不同地域不同条块干部交流力度。加强优秀年轻干部、女干部、党外干部培养选拔，注重在基层一线和急难险重岗位培养锻炼干部。坚持以健全常态化管理监督机制为主要抓手，严格执行领导干部谈话提醒、函询、诫勉谈话、日常管理反向“计分预警、抄告提醒”等制度，积极探索干部群众满意度调查。推进干部违规在企业兼职（任职）、干部超职数配备等问题专项整改，进一步强化领导干部经济责任审计结果运用，加大调整不适宜担任现职领导干部力度，形成能者上、庸者下的良性机制。完善党管人才工作机制，加大高层次高技能人才引进和培育力度。

3．不断夯实党的基层基础。严格落实基层党建工作责任制，完善基层党建工作季度现场会、“两级联述联评联考”等制度。全面推进“红色细胞工程”建设，实行机关部门直接联系基层单位、党员干部直接联系群众“两个全覆盖”。推广使用永嘉“民情微圈”信息处置系统，深入开展“双服务一认领”“党员星期六志愿服务日”等活动，全力解决好联系服务群众“最后一公里”问题。深入开展“五星争创”活动，全面推进软弱涣散基层党组织整顿工作，抓好党员“存量、增量、减量”管理。深化“两新”党建示范创建，开展“走部制活动”，提升“两新”组织党建工作水平。

4．全面深化“勤廉永嘉”建设。严格执行党风廉政建设责任制，落实党委主体责任和纪委监督责任，加快纪律检查体制改革，扎实推进纪检监察机关“三转”工作，加强镇街纪检组织建设。深入推进“勤廉永嘉”建设，不断扩大勤廉创建领域。以零容忍的态度惩治腐败，抓早抓小、露头就打，切实做到有腐必惩、有贪必肃。深化农村基层党风廉政建设，建立村级财务规范化管理长效机制，切实治理农村基层腐败问题。继续深化机关作风效能建设，加大正风肃纪工作力度。

三、关于建设“两美”永嘉融入时尚之都实施意见的说明

为认真贯彻落实省市委的新精神、新要求，县委研究制定了《中共永嘉县委关于建设“两美”永嘉 融入时尚之都的实施意见（审议稿）》（以下简称《实施意见》）。现就《实施意见》有关情况向全会作说明。

（一）起草实施意见的背景和总体考虑。中央和省市委对“两美”建设相继作出了相关重要部署，为我县建设美丽永嘉、创造美好生活指明了方向。我县环境保护和生态建设基础扎实，生态环境质量总体良好。特别是近年来，我县坚持“绿水青山就是金山银山”的发展思路，狠抓环境整治建设，县域环境质量持续改善，我县相继创成了全省首个“中国长寿之乡”、省级生态县、省级森林城市、省级美丽乡村创建先进县，这为我们建设“两美”永嘉奠定了坚实基础。但是，我县生态环境建设任务依然艰巨，城乡环境与群众的期望还有不小差距，如重污染行业整治任务繁重，环保基础设施建设滞后，城区内河水质不容乐观，环境脏乱差问题依然存在，等等。这些环境问题都与百姓生活休戚相关，已成为突出的民生问题。为了切实解决这些重大问题，积极创造舒适优美的生活生产环境，使永嘉山川更加秀美、人民生活更加美好，县委根据上级精神，结合永嘉实际，制定了《实施意见》。

（二）实施意见的总体框架和涉及的重点问题。《实施意见》共分3个部分16条，明确了建设“两美”永嘉、融入温州时尚之都的总体要求和主要目标，全面部署了主要任务，对机制保障措施做了强调。主要涉及以下几个重点问题：

第一，总体要求。根据省市委“两美”建设时间表和路线图，《实施意见》提出，要围绕“赶超发展、激情跨越”的目标，把生态文明建设融入经济社会发展各个方面和全过程，努力建成富饶秀美、和谐安康、人文昌盛、宜业宜居的美丽永嘉。具体目标是，到2017年，美丽永嘉建设取得明显进展，融入温州时尚之都步伐加快，科学合理的生产、生活、生态空间初步形成；环境综合整治取得明显成效，农村生活污水和垃圾集中处理实现全覆盖，水、大气环境质量有效改善，环境安全健康体系初步建立；构建绿色循环低碳的现代产业体系取得重大进展，污染物排放和能源消耗在“十二五”基础上进一步下降；新型城市化水平和质量稳步提升，民生保障和基本公共服务进一步加强，城乡居民生活品质大力提升。

第二，主要任务。建设“两美”永嘉、融入温州时尚之都，着重要抓好以下十个方面的工作：一是优化区域空间布局。二是加快城乡一体化进程。三是加强自然生态保护建设。四是推进环境综合治理。五是改善城乡人居环境。六是加快产业转型升级。七是发展绿色循环低碳经济。八是加快融入温州时尚之都。九是弘扬具有永嘉特色的人文精神。十是提高城乡居民生活品质。

第三，机制保障。实施意见稿还对建设“两美”永嘉、融入时尚之都的机制保障作出了部署：一是建立完善组织领导机制。二是建立完善考核考评机制。三是建立完善生态环境保护机制。四是建立完善社会共同参与机制。

同志们，推进赶超发展，建设“两美”永嘉，任重而道远，光荣而艰巨，需要全县上下以良好的精神状态和务实的工作作风去落实，以敢负责的勇气、敢担当的志气和敢作为的劲头去奋斗。

一是必须强化“敢于担当、舍我其谁”的责任意识。每个时代都有每个时代的历史担当，每个人都有每个人的责任担当。敢于担当是每一个干部的责任所在。全县党员干部要以推动永嘉发展为己任，在其位、谋其政、司其职、负其责，在工作中乐担当、敢担当、能担当、善担当，让自己的工作经得起实践的检验、经得起群众的评判，努力做到守土有责、守土有方、守土有效。

二是必须发扬“不懈奋斗、勇往直前”的无畏精神。奋斗是永恒的主题，是战胜挑战和困难的重要法宝。全体党员干部要不断增强奋斗的勇气、保持奋斗的劲头，咬定目标不放松，敢于“在困难面前逞英雄”，做到矛盾面前不绕道、困难面前不畏缩，用实际行动战胜各种艰难险阻，持之以恒推进各项重点工作。

三是必须弘扬“踏石留印、抓铁留痕”的务实作风。“一分部署、九分落实”。抓落实是做好一切工作的关键，抓落实一天也不能耽误，抓落实永远在路上。全体党员干部要自觉践行“三严三实”，正确掌握“工作十法”，始终坚持求真务实的作风，把心思和劲头放在实干上，把工作的精力和重心放在抓落实上，抓具体、具体抓，既“画饼”、又“做饼”，一件一件抓落实，一步一个脚印向前推。

同志们，梦想承载希望，奋斗成就未来。让我们更加紧密地团结在以习近平同志为总书记的党中央周围，在省市委的正确领导下，进一步振奋精神，担当克难，狠抓落实，确保圆满完成今年的各项目标任务，为推进赶超发展、建设“两美”永嘉而努力奋斗！

永嘉县人民代表大会常务委员会工作报告

——2014年1月6日在永嘉县第十五届人民代表大会第三次会议上

县人大常委会主任　谢崇福

各位代表:

我受永嘉县第十五届人民代表大会常务委员会的委托，向大会报告工作，请予审议。

过去的一年，在中共永嘉县委的正确领导下，常委会坚持以十八大和十八届三中全会精神为引领，深入贯彻落实中央、省、市、县委的决策部署，紧紧围绕“三大”战略，认真履行宪法和法律赋予的各项职责，共召开了7次常委会会议，听取、审议工作报告22个，对3部法律法规实施情况开展执法检查，作出决定决议8项，依法任免国家机关工作人员49名，为全县经济社会发展发挥了积极作用。

一、立足全局，着眼长远，在推进经济社会科学发展上恪尽职守

过去的一年，面对复杂严峻的国内外经济形势，常委会始终保持昂扬的精神状态，围绕县委重大决策的落实和县政府重点工作的推进，同心协力，和衷共济，共克时艰，共促发展。

（一）围绕实体经济开展全面监督。实体经济是社会财富的创造者。常委会紧紧围绕县委“三大”战略，以“十二五”规划纲要的实施为抓手，深入调研视察，加大力度督查现代商贸区、三江商务区、楠溪江生态旅游区等产业平台建设，坚持可持续发展，注重有效投入，增强发展后劲，支持县政府出台振兴实体经济、改革创新等政策措施，与企业共克时艰、共谋发展。高度重视重点工程建设，对政府重大投资项目逐个进行视察，要求各指挥部切实做到建设进度、工程质量、安全生产“三兼顾”，政策处理和解决遗留问题“两同时”，千方百计筹集建设资金，努力保障重点工程建设顺利进行。高度重视招商选资工作，强调招商、选商、安商并重，招商项目、产业导向与区域规划对接，发展速度、资源开发与环境承载相匹配，真正做到招大商、招真商、引优资。高度重视楠溪江的保护和发展，综合运用视察、评议、询问等手段，对楠溪江工程建设、招商选资项目、旅游开发等开展全方位监督，力求形成以保护谋发展、以发展促保护的良性循环，实现生态建设和群众致富双赢。高度重视农业农村工作，开展农业“两区”建设情况视察，助推生态农业、设施农业、休闲观光农业发展。听取县政府改善投资发展环境情况的报告，督促有关部门改革审批制度，简化办事程序，减少审批环节，优化服务质量，为实体经济发展提供宽松环境。

（二）围绕要素保障开展重点监督。要素是实体经济发展的前提条件。常委会认真听取和审议预算执行、财政决算、审计工作和投融资情况报告，批准县政府财政决算和地方政府债券预算调整方案，为重大基础设施建设筹集资金创造条件。开展耕地垦造、低产林改造情况视察，督促落实土地清理工作审议意见、盘活存量土地、开发低丘缓坡地等来缓解土地要素制约。常委会针对招投标市场存在的议标随意、串标挂靠普遍、招标代理监管不严、标后管理不到位等问题进行调研，提出规范招投标行为、健全监管机制、加大打击力度等整改建议。县政府专题部署招投标市场整治行动，公检法依法从严打击招投标领域的违法犯罪，有效维护了市场秩序。

（三）围绕党委中心深入基层一线。县委的决策就是人大的工作目标。常委会按照树立一线意识，发挥一线作为的要求，深入基层一线做实事、解难题。围绕振兴实体经济、美丽乡村建设、“三县三城联创”、招商选资项目落地、城中村改造、“四边三化”等工作，深入农村、企业、学校开展调研视察，协助县委、县政府抓好重点工作的落实。深入开展“九联系”“转作风、解难题”“千名干部进千村入千企解千难”等主题活动，加强对挂钩联系重点工程、企业、村居、城中村改造项目的经常性指导，协助解决了一些工程建设中的难点问题。加强对村级组织换届工作的指导，深入重点难点村蹲点调研，积极为村级组织换届献计出力。

二、关注民生，维护法纪，在推进和谐永嘉建设上尽职尽责

民生事关社会和谐，法纪事关正本立纲。常委会从群众最根本的民生问题和最期望的公平正义问题出发，积极为和谐永嘉建设集聚正能量。

（一）维护民生民利。代表建议集中反映了民生诉求和民利所在。常委会加大代表建议督办力度，在征询代表反馈意见、组织代表小组评议、交办不满意办理件的基础上，采取承办部门约谈制、解决问题加分制等措施，有效改进了代表建议办理工作。县十五届人大二次会议期间收到的180件代表建议，得到解决或部分解决的66件，占总数的36.7%，解决率同比提高8%。精心筛选代表建议反映集中的热点问题，列入年度监督计划，开展了食品安全、医疗卫生、学前教育、殡葬改革、社会保障和社会救助等专项监督，听取县政府相关工作情况报告，提出审议意见，督促有关部门抓好落实。

（二）维护公平正义。法治事关公平正义。常委会重视法律监督，努力推进依法办事和司法公正。听取县法院案件执行情况的报告，要求加强执行队伍和执行体系建设，加大执法力度，切实保障当事人的合法权益。听取县检察院反贪污贿赂工作情况的报告，提出加大查案力度，提高办案能力，规范执法行为，预防职务犯罪。听取县公安局工作情况汇报，围绕社会治安，公安队伍建设，交通秩序管理等问题提出建议，切实增强人民群众的安全感。重视普法教育工作，倡导全社会树立尊重法律、信仰法律、敬畏法律的观念，形成崇尚法治的良好氛围。加强规范性文件备案审查，促进政府文件的规范化。热心接待群众来信来访，耐心听取群众诉求，认真交办信访件。

（三）维护依法行政。执法检查是人大实施法律监督的有效手段。常委会先后开展了《科技进步法》《禁毒法》和《浙江省饮用水水源保护条例》执法检查，通过调研视察、明察暗访、召开座谈会、听取和审议报告，督促法律法规的贯彻实施。特别是饮用水水源保护执法检查，常委会精心组织，周密部署，发动各级代表500多人，开展了“关心母亲河，查找污染源，恪尽代表职责”活动，视察溪流267条，发现污染源721处，提出整改意见324条。重视收集法律草案修改意见，多次召开各界代表座谈会，分别就环境保护法和消费者权益保护法的修正案收集修改意见，为完善法律法规建言献策。

三、注重传承，勇于探索，在推进人大履职方式上积极有为

认真总结历届常委会履职实践经验，创新履职新方式，探索履职新载体，努力提高履职水平。

（一）财政预算监督形成新机制。公共财政预算改革是政府职能转变的基础，也是构建服务型政府的重要内容。常委会认真贯彻落实县委《关于加快推进公共财政预算改革的实施意见》文件精神，制定出台《永嘉县预算审查监督办法》，建立预算审查批准、预算执行、预算调整、决算审查批准和预决算公开等制度，涉及民生的重大项目预算和重点部门预算可举行听证，并吸收社会公众实行参与式预算，接受社会公众的监督。加大部门预算审查监督力度，成立预算审查咨询小组，首批对公安、财政等12个政府部门预算进行审查，总计核减年度预算732万元，并提交人代会同步审查。通过预算审查，提高了政府部门理财规范化和精细化水平，初步形成了公共财政预算审查监督新机制。

（二）代表工作站建设取得新进展。代表工作站是人大代表参与社会管理的新途径，也是发挥人大代表主体作用的新载体。常委会总结推广桥头镇人大代表工作站建设经验，坚持成熟一个、发展一个，积极稳妥推进工作站扩面工作，新设桥下、岩头、大若岩、鹤盛四个工作站，并在工作中涌现出了许多新亮点。如桥下镇人大代表工作站在各社区设立分站，成了人大贴近群众的最前沿窗口，在全市尚属首创；鹤盛镇人大代表工作站会同党代表、政协委员召开“两代表一委员”咨询会，对事关群众切身利益的民生问题进行协商理政。同时，人大代表工作站还为群众办事提供“保姆式”服务，是当地党委政府理顺民情、化解矛盾、解决纠纷的好帮手，也是构建和谐社会的重要力量。

（三）人大监督取得新成效。监督是人大的法定职责。常委会按照“党委重视、政府关注、群众关切、人大可为”的原则，精心选择监督议题，适时组织调研视察，及时预警，敢于揭短，勇于挑刺；县政府善于借助人大监督力量，对涉及全局性、长远性、根本性问题的审议意见，采取出台政策、专项整改、纳入考核等举措进行转化落实，初步形成了政府重视人大监督，人大监督助推政府工作的良性互动。一年来，人大实施的20多个监督议题，其中8个县政府出台政策，4个开展了专项整治，2个纳入工作考核。如对工程招投标的审议意见，县政府出台了《政府投资小工程建设项目招标投标暂行规定》；饮用水水源保护执法检查意见，县政府开展了农村饮用水源安全隐患专项排查，编制了农村供水安全应急预案。

四、内强素质，外塑形象，在推进人大自身建设上不懈努力

常委会以提高履职能力为重点，切实加强思想、作风、组织和制度建设，坚持依法依程序履行职责，为各项工作的顺利开展提供保障。

（一）深化作风建设。常委会始终把加强学习、提高素质摆到首位。按照新时期县委对人大工作的要求，深入开展“两提两争”主题实践活动，认真学习党的十八大、十八届三中全会精神和省、市、县全会精神，进一步明确人大工作的主要任务和努力方向，提高履职能力和水平。加强思想作风建设，坚持务实履职、注重实效，对执法检查、专题调研等履职工作，务求事前有计划、事中有调研、事后有建议，事事有交代，件件抓落实。严格落实中央“八项规定”，坚持从紧从严控制接待标准和各项办公开支，自觉做到厉行节约，廉洁从政。

（二）保障代表权益。人大代表是人民代表大会的主体。保障代表权益对增强代表履职主动性具有重要意义。首先是组织代表学习，通过举办培训会、免费为代表征订相关报纸杂志，普及宪法、代表法、组织法等人大代表履职基本知识，为代表依法行使职权创造条件。其次是拓宽代表履职渠道，广泛邀请代表参与调研、视察、评议等履职活动，搭建代表与党委、政府沟通的平台，使代表知情知政，正确履职。再次是保护代表履职积极性，认真办理代表建议，健全代表联系制度，建立人大代表履职服务网络平台，为代表履职提供全过程服务。

（三）加强指导交流。重视对镇（街）人大的工作指导，组织镇（街）人大干部参加人大工作培训班学习，分批邀请镇（街）人大主席列席常委会会议，保持与镇（街）人大的经常性联系互动。做好人大信息宣传工作，认真总结人大工作的经验和教训。密切与兄弟县人大的工作交流，借鉴各地人大的成功做法，努力推动人大工作上新水平。

过去的一年，县人大常委会各项工作取得了新的成绩，这是中共永嘉县委正确领导、常委会组成人员和全体代表共同努力的结果，是县政府、县法院、县检察院积极配合的结果，也是全县人民以及社会各界大力支持的结果。在此，我谨代表县人大常委会，表示衷心的感谢！

在肯定成绩的同时，必须清醒地看到，常委会工作还存在许多不足，主要是：面对党委对人大工作的新要求，履职理念、履职方式需要进一步更新；面对改革发展中出现的新问题，理论水平、专业知识需要进一步加强；面对人民群众对人大监督的新期待，履职能力、履职水平需要进一步提高等，所有这些都需要我们认真研究，努力加以解决。

各位代表，2014年是“十二五”发展的关键之年，也是推进永嘉“赶超发展，激情跨越”的重要之年。县委十二届六次全会进一步明确了我县经济社会发展的目标和思路。站在新的历史起点上，我们要牢牢把握人大工作的正确方向，明确人大工作的主要任务，认真履行宪法和法律赋予的职责，在推进改革创新、科学发展上取得新突破，在保障人民当家做主、发展社会主义民主政治上取得新进展，在发挥代表主体作用、维护人民群众根本利益上取得新成绩，在促进依法行政和公正司法、维护社会和谐稳定上取得新成效。

根据县委十二届六中全会精神，今年人大常委会工作的总体要求是：认真贯彻落实党的十八届三中全会精神，在中共永嘉县委的领导下，紧紧围绕“三大”战略，解放思想，改革创新，锐意进取，为实现永嘉科学发展作出新的贡献。

一、坚定政治方向，推进县委决策部署的贯彻落实

坚持党的领导，是做好人大工作的根本保证。要站在政治高度和全局角度谋划人大工作，自觉把人大工作置于县委的领导之下，坚持重要工作和重大问题及时向县委请示报告，把党的领导贯穿到人大依法履职的全过程，确保县委重大决策部署经过法定程序，转化为全县人民的共同意志，保持人大工作正确的政治方向。要按照顺民意、谋大局、重实效的原则，加大力度对实体经济、永商回归、旅游开发、城乡统筹、城镇化建设、城中村改造等工作的督查，继续开展楠溪江保护和发展、南岸水库前期工作等视察，了解民意，倾听民声，集中民智，为县委决策争取民意支持。围绕改革发展，精心选择监督议题，支持“一府两院”落实改革发展举措，推动永嘉经济社会科学发展。要始终保持一线的精神状态，增强一线的责任意识，发挥一线的职能作用，自觉参与县委中心工作，主动承接县委交办任务，加强与“一府两院”的联系沟通，协调解决监督工作中的重大问题，同心协力，共同推进各项工作的落实。

二、坚定履职理念，推进经济社会科学发展

人民群众关注的热点，就是人大工作的重点。要牢固树立为民、务实、清廉的履职理念，加强与群众切身利益息息相关的重大问题的工作监督和法律监督，依法保障人民群众的经济、政治、文化、社会、生态等各项权利。要密切关注县域经济运行，切实加强调查研究，听取和审议县政府关于经济社会发展情况的报告，有针对性地提出审议意见，推动县委重大决策部署的实施。要以财政预算审查监督为着力点，认真执行预算法律法规，强化预算支出约束和预算执行监督，建立预算公开机制，增强预算透明度，推动公共财政改革。要加强政府性投资项目、地方政府性债务、重点财政专项资金使用、三江商务区公共配套建设资金保障等重大经济事项的监督，着力防控债务风险，确保地方财政安全运行。要继续对食品安全、殡葬改革、生态建设、征地拆迁、教育卫生、安全生产、饮用水源保护、美丽乡村建设、低产林改造、城乡垃圾污水处理等难点热点工作开展监督，维护好广大人民群众的切身利益。要认真抓好《档案法》《旅游法》《社区矫正实施办法》的执法检查，开展未成年犯罪案件审判、民事行政检察和社会治安专题督查，配合省人大开展土地开发整理条例、农产品质量安全条例、气象灾害预警、应急响应条例、防洪排涝、生态补偿等工作调研，积极为立法反映基层的意见建议。

三、坚持自身建设，推进人大工作上新台阶

加强自身建设，对充分发挥人大及其常委会的作用至关重要。要加强思想政治建设，结合党的群众路线教育实践活动，认真学习党的十八届三中全会精神，深刻领会习近平总书记对新时期人大工作提出的新要求，充分认识地方人大承担的重要使命，不断增强人大及其常委会围绕中心、服务大局、助推发展的能力和水平。要加强组织建设，认真贯彻执行民主集中制原则，充分发挥民主，集体行使职权，严格依法按程序办事。要加强制度建设，充分发挥人大各工委的作用，不断提高人大工作水平。要加强作风建设，坚持脚踏实地，求真务实，廉洁从政，始终保持人大工作的一线标准、一线状态、一线作为，进一步提振人大干部队伍的精气神。要健全常委会组成人员联系代表制度，完善代表履职激励约束机制，发挥人大代表履职服务网络平台作用，总结推广人大代表工作站的做法，更好地发挥代表主体作用。要加强对镇（街）人大的工作指导，进一步提升全县人大工作的整体水平。

各位代表，让我们紧密团结在以习近平同志为总书记的党中央周围，高举中国特色社会主义伟大旗帜，在中共永嘉县委的领导下，团结和依靠全县人民，同心同德，开拓创新，扎实工作，为实现永嘉“赶超发展、激情跨越”而努力奋斗！

政府工作报告

——2014年1月5日在永嘉县第十五届人民代表大会第三次会议上

县人民政府县长　娄绍光

各位代表：

现在，我代表永嘉县人民政府，向大会作工作报告，请予审议，并请县政协委员和其他列席人员提出意见。

一、2013年主要工作

2013年，是“十二五”时期承前启后、巩固基础的关键一年，也是我们经受考验、砥砺奋进的重要一年。面对国内外环境的复杂变化和重大挑战，全县人民坚持以科学发展观为指导，认真贯彻落实县委十二届四次全会的决策部署，攻坚克难、积极进取，经济实现加快转型，社会保持和谐稳定，民生得到明显改善，全县经济社会在科学发展道路上迈出了坚实步伐。

（一）县域经济实现平稳增长。针对年初以来经济增速下滑的态势，全县上下深入开展“两提两争”主题实践活动，制定实施振兴实体经济“一揽子”政策，全面落实驻企服务员等各项制度，主要经济指标趋稳向好发展。预计全县实现地区生产总值285.6亿元，同比增长7.3%；公共财政预算收入20.88亿元，增长13.2%；社会消费品零售总额突破100亿元，增长12.5%；城镇居民人均可支配收入超过30000元，农村居民人均纯收入12600元，分别增长8.3%和9.3%。完成限上固定资产投资217亿元，其中工业投资47亿元，分别增长23%和39%，民间投资比重提高到78%，新增省重点项目8个。招商选资工作继续走在省市前列，新签约招商项目17个，41个浙商回归项目履约38个，全年实际到位内资62.45亿元，实际利用外资2315万美元，获得第二届世界浙商大会“浙商回归创业创新组织奖”。

（二）转型升级迈出坚实步伐。加快科技强县创建，全省系统流程装备产业技术创新综合试点在我县启动，系统流程装备省级高新技术产业化基地、全国泵阀产业知名品牌创建示范区获批建设，兰州理工大学温州研究生分院挂牌成立，建成国家阀门质检中心、中国教玩具出口基地，新增高新技术企业3家，海外高层次人才引进和高技能人才培养位居全市前列，荣获全国科技进步考核先进县称号。全力推进“三转一市”，完成14个小微企业创业园规划布局，实现“个体转企业”2078户，“规下转规上”44家，“限下转限上”35家，11家企业完成股改，3家企业入选中国品牌500强。电镀、造纸行业完成整治提升，全县单位GDP综合能耗下降4.3%,化学需氧量、氨氮、二氧化硫和氮氧化物排放量分别下降3.5%、3.1%、3%和4.1%。大力扶持现代服务业发展，温州维多利广场、红蜻蜓物流中心等项目顺利开工，温州国际商贸中心、奥嘉铂尔曼酒店建设加快推进，新设商业银行3家、小额贷款公司2家，建立首家民间借贷服务中心，完成永嘉农村合作银行股改，全县电商网络销售额实现成倍增长。成功举办2013中国（温州）森林旅游节、第二届中国·楠溪江山水文化旅游节，楠溪江国际房车露营公园顺利奠基，楠溪云岚养生度假中心、红色旅游经典景区二期等项目顺利开工，成功打造“三古村一漂流”精品线路，全年接待游客突破400万人次，旅游总收入增长30%。深入推进农业“两区”建设，建成1个主导产业示范区、1个休闲观光园和7个精品园，验收粮食功能区2.39万亩，新增三星级以上农家乐7家，实现土地规模流转2.8万亩，农业招商实到资金6.79亿元。

（三）城乡统筹发展进程加快。坚持以规划引领发展，完成中心城区近期建设、地下空间利用等规划编制，实现中心城区和中心镇区范围控规全覆盖。全力推进上塘-瓯北城市建设，上塘商业步行街顺利开工，县行政中心改建、县公共文化活动中心、瓯北西段标准堤、瓯北阳光大道西向延伸等工程进展顺利，县排涝应急鹅浦工程提前发挥防洪效益，建成上塘乌岩山一期、瓯北塘头山等城市公园，完成上塘至瓯北城区公交一体化改造,打通断头路3条，省级文明县城创建通过验收。加快三江商务区开发建设，三江生态立体城顺利落地，永嘉世贸中心成功签约，瓯江过江通道、瓯北大桥、三江安置房等项目建设加快推进。大力完善城乡基础设施，瓯江治理工程、西溪主河道三期防洪工程、110千伏桥头变和仁溪变顺利开工，菇溪河道整治、41省道南复线岩头至大若岩段等项目建设加快推进，乌牛新闸顺利建成，41省道上塘至沙头段改建工程和雁楠公路实现通车。

（四）美丽乡村建设成为典型。全力推进以“山水灵韵、桃源楠溪”为主题的美丽乡村建设，大力推进历史文化村落保护利用，成功打造“楠溪古韵寻踪轴”精品线，大若岩获评美丽浙江最美乡镇，楠溪江入选全省“十佳嬉水胜地”，我县获得“省级美丽乡村创建先进县”称号，被国务院农改办列为全国“一事一议”美丽乡村建设试点县，圆满完成全省“深化千万工程、建设美丽乡村”现场会任务。坚持全域整治、全域旅游，持续推进“三改一拆”“四边三化”“双清”等行动，整治黑臭河、垃圾河73条，完成岩头、枫林整镇整治，全县拆违316.73万平方米、“三改”813.05万平方米，生态化改造坟墓7000余座，我县“三改一拆”、环境整治倒逼转型的做法得到省委夏宝龙书记两次批示肯定。启动国家级生态县创建，完成绿化造林2.45万亩，新建和改造污水管网44.4千米，农村生活垃圾集中收集处理率、城乡生活垃圾无害化处理率均达100%。

（五）民生幸福指数持续提升。全面启动教育现代化县创建，顺利组建温州城市大学永嘉学院，建成瓯北高级中学、永嘉电大二期工程，新建中心镇公办幼儿园7所，创建标准化学校39所，改造农村薄弱学校20所，高考成绩再创历史新高。深入推进民办教育综合改革，成功创办温州翔宇中学，我县“政府提供硬件、民间提供服务”的做法在全省典型交流。深化医药卫生体制改革，全面实现公立医院药品零差价销售，县中医院与温州附一医实现托管合作，县人民医院与市中心医院合作成效明显，建成瓯北中心卫生院迁建工程、乌牛卫生院住院大楼，创建二乙中心卫生院2家，市级标准化社区卫生服务中心实现全覆盖，在全市率先创建省级卫生强县并通过验收。大力抓好文体事业发展，全面完成数字电视整体转换，成功举办2013中国·温州国际山地户外运动挑战赛、全国象棋冠军挑战赛总决赛,我县体育健儿在十二届全运会上获得5枚铜牌，建成文化展馆20个、文化礼堂33所，成功创建省级文化先进县和4个省级体育强镇。加快建设大社保体系，新增各类保险参保人数19.3万人、城镇就业岗位1.13万个，建成公共租赁、廉租住房和经济适用房550套，完成农村困难群众住房救助1400户，住房公积金超额完成扩面任务，创成省级扶残助残爱心城市。全力打好人口计生工作“保卫战”，计生“两非”案件查处工作走在全市前列。深化社会管理创新，在全市率先开展安监、消防、新居民管理“三网合一”，立案查处各类食品药品安全违法案件170件，全县刑事案件发案数、命案发案数明显下降，安全生产形势总体稳定，一批信访积案得到有效化解。成功防御“菲特”台风并得到省政府李强省长批示肯定，首次获得全省水利“大禹杯”银杯奖。连续三年荣获全省征兵工作先进县，民族宗教、外事、侨务、台务等工作不断加强，人防民防、统计、档案、地方志等工作取得新成绩，工青妇、老龄、慈善、红十字、关心下一代等事业健康发展。

同时，努力办好十大惠民实事，除第6项中的大若岩大东停车场、第9项中的上塘水厂扩建工程由于用地原因未能开工建设，其余任务均按期完成。

（六）政府自身建设不断加

强。坚持向人大及其常委会报告工作，依法接受人大法律监督、工作监督，自觉接受政协民主监督，人大代表建议、政协委员提案全部按时办结。全面建立行政机关合同管理和行政规范性文件“三统一”机制，深化府院联席会议制度，行政复议办结率达到100%,以县政府为被告的行政诉讼案件实现“零败诉”。深化行政审批制度改革，创新模拟审批、审批倒逼提速等工作机制，基本建立三级联动审批服务体系，基层便民服务中心实现全覆盖。深入开展领导干部“九联系”、蹲点调研月和“百名干部激情创业”等活动，积极推进公共财政预算改革，加强政府性投资项目及专项资金审计，全面加强“三公”管理，“勤廉永嘉”建设进一步深化。

各位代表，上述成绩的取得，凝聚着全县广大干部群众的心血和汗水，得益于县委的正确领导，县人大、县政协的支持和监督。在此，我谨代表永嘉县人民政府，向全县人民，向全体人大代表、政协委员、民主党派、工商联和社会各界人士，向驻永部队、武警官兵，向所有关心和支持永嘉发展的海内外朋友，表示最衷心的感谢!

我们也清醒地看到，我县经济社会发展还面临不少困难和问题，政府工作还存在许多不足。主要是：经济持续较快发展的后劲减弱，工业规模和自主创新能力还处于全省中下水平，根据“十二五”中期评估，预计地区生产总值、工业增加值、第三产业增加值、三次产业结构、城镇化率、社会消费品零售总额等6项指标较难完成。我县仍属于全省22个处于基本统筹阶段的县（市），上塘—瓯北一体化进程不快，山区和沿江的发展差距拉大，企业外迁、人才外流、学生外读、病人外治的现象还比较突出，水环境治理已成为转型发展最迫切的问题。土地制约仍然严重，受“八山一水一分田”的现实条件制约，全县除桥头林福、乌牛岭下以外，已没有可成片拓展的工业发展空间，上级下达的新增建设用地指标与实际的用地需求差距较大。政府可用财力十分有限，加快发展的意愿与债务规模增长、融资抵押物缺口之间的矛盾十分突出，依靠土地出让金保障政府投资的格局没有改变，全县负债率、债务率分别达到12.3%和68.6%，虽然债务风险还在可控范围之内，但后续几年偿债的压力将逐步加大。因环境整治、项目建设、制度改革等引发的矛盾问题仍然不少，社会维稳面临较大压力。政府作风和效能建设仍需加强，少数干部责任意识和服务观念比较淡薄，消极腐败现象依然存在。对此，我们一定采取更加有力的措施，切实加以解决，努力把各项工作做得更好。

二、2014年的主要目标和任务

今年是全面贯彻落实党的十八届三中全会精神的开局之年，也是夯实“十二五”发展基础的攻坚之年。综观各个层面，总体环境将好于去年，特别是中央提出今年经济工作继续坚持稳中求进的总基调，浙江提出以治水为突破口推进转型升级，温州市委号召要坚持和发展“温州模式”，明确了深化改革必须始终遵循的“八项基本方针”，随着我县瓯江过江通道建成通车，三江片区开发建设全面提速，楠溪江生态优势加快转化为经济发展优势，必将为全县发展注入强大动力。我们必须进一步提振信心，全面加快赶超发展步伐，努力开创永嘉科学发展新局面。

按照县委十二届六次全会的部署，今年政府工作的总体要求是：认真贯彻落实党的十八届三中全会精神和中央、省市委系列决策部署，坚持稳中求进、改革创新，深入实施“三大”战略，进一步深化“两提两争”主题实践活动，更加注重产业空间谋划，更加注重城乡一体发展，更加注重全域环境整治，掀起“赶超发展、激情跨越”的新一轮热潮，为全面完成“十二五”规划目标任务奠定坚实基础。

按照上述总体要求，建议今年我县经济社会发展的主要预期目标为：地区生产总值增长8%；公共财政预算收入增长10%；限额以上固定资产投资增长15%；研究与试验发展经费支出占地区生产总值比重达1.94%；社会消费品零售总额增长11%；外贸出口总额增长5%；城镇居民人均可支配收入增长9%,农村居民人均纯收入增长10%；人口自然增长率控制在8‰以内；城镇登记失业率控制在4%以内；完成上级下达的年度单位生产总值能耗和污染物减排任务。重点抓好以下六个方面工作：

（一）以增强综合竞争优势为目标，推进实体经济振兴

一是全力抓好产业结构调整。坚定不移实施“工业强县”战略，加快建设省“两化”深度融合试验区，大力推进四大传统产业改造提升，积极发展智能系统流程装备、教育装备等优势产业，全力推动块状经济向现代产业集群转变。

继续推进“三转一市”，争取新增上市企业2家，完成企业股份制改造10家，实现“个体转企业”750户，“规下转规上”35家，“限下转限上”15家。强化网络经济“一号新产业”地位，鼓励企业从单纯网上营销向物流配送、融资融通、市场开拓等多元业务发展，抓好“淘宝特色中国·永嘉分馆”建设，加快培育1—2家在国内领先的第三方平台。更加注重以城市综合体建设引领服务业发展，开工建设三江生态立体城、瓯北商业综合体，加快建设瓯北商务中心、温州维多利广场、金三角大酒店、上塘商业步行街，全力打造永嘉现代居住和高端商务品牌。加快启动三江综合性总部经济园建设，充分利用全县楼宇资源，积极留住本土企业总部，鼓励在外永商企业回迁。坚持旅游“一号服务业”地位，加快推进楠溪江国家AAAAA级旅游区创建，跟踪做好第一批国家公园、世界文化与自然双遗产地申报工作，积极申办2014年第八十二届世界房车露营大会，全力办好浙江运动休闲旅游节、中国·楠溪江山水文化旅游节等重大节庆活动，力争全年接待游客500万人次，旅游总收入超过38亿元。抓住雁楠公路全线通车的有利时机，以高端品牌酒店为重点加快旅游设施建设，开工建设红岩湖休闲度假中心、楠溪慢城、楠溪江国际艺术中心、屿北古村落开发项目，加快建设楠溪云岚养生度假中心、金珠瀑文化休闲中心、楠溪山居酒店、楠溪江国际房车露营公园，建成楠溪江文创园游客中心、万和楠溪荟度假酒店、芙蓉山庄、小楠溪停车场，全力抓好楠溪江流域时尚旅游创意示范区、环湖生态园等项目前期工作，促进旅游和文化、生态、养生等产业融合发展。加强粮食生产功能区和现代农业园区建设，严守耕地保护红线，切实保障粮食安全。启动建设永嘉农产品加工交易综合园区，建成主导产业示范区和休闲观光园各1个、精品园5个，扶持发展一批农家乐特色村、家庭农庄和农业龙头企业，提高农业产业化、规模化发展水平。

二是全面拓展产业发展空间。注重从增量上谋划发展空间，积极对接瓯江口产业集聚区建设，重点推进三江、黄田、桥头林福、乌牛岭下等重点区块开发，力争启动桥下虎前岭等区块低丘缓坡开发利用。注重从存量上挖掘发展空间，结合“三改一拆”“退二进三”“腾笼换鸟”，加快下塘、清水埠、江北码道和桥头商贸城等重点区块改造，完成城镇低效用地再开发利用300亩。把小微企业创业园作为拓展小微企业发展空间、保护现实生产链和现实生产力的重大举措，全面加大政策扶持力度，鼓励多种形式开发建设，确保完成供地200亩，竣工27万平方米。抓好经营性用地出让，稳妥推进耕地垦造，建设高标准基本农田2.5万亩，清理转而未供、供而未用土地4000亩。

三是深入实施创新驱动战略。开工建设科技企业孵化器二期工程，整合组建温州流程装备科学研究院，大力推进省级系统流程装备产业技术创新综合试点与高新技术产业化基地创建，加快建设全国泵阀产业知名品牌创建示范区，创成省级科技强县和知识产权示范县。加快省级质量强县示范县创建，支持企业参与国家、行业标准制定，全力筹建省级教玩具质检中心。更加重视招才育才，加强重点企业研究院、博士后工作站、院士工作站等人才平台建设，建成瓯北人才公寓，新增高新技术企业3家，力争入选“千人计划”1人以上。

（二）以提高民间投资比重为关键，促进有效投资增长

一是强化重点项目引领。坚持把大项目作为调结构、增后劲的重中之重，以大项目大投入，带动大建设大发展，确保完成重点工程投资56亿元。认真对接上级产业政策和投资方向，包装申报一批国家和省重点项目，加快推进49省道改建、220省道巽宅至桥下段、上塘至大若岩公路、岩坦至张溪公路、沙头石埠至西垟公路一期等项目前期工作。集中精力抓开工，确保5月份开工建设41省道沙头至福佑段改建工程，6月份开工建设县职工活动中心、县图书馆-档案馆，年内开工建设县职教中心、220千伏清水变、110千伏中塘变、市消防综合训练基地二期、上塘至下寮连接线等项目。全力以赴抓续建，加快推进县行政中心改建、县公共文化活动中心、县城体育两馆、甬台温天然气管道永嘉段建设，建成诸永高速公路温州段延伸线、41省道南复线岩头至大若岩段、楠溪江供水、县委党校及教育研训大楼、县粮食储备库等12个项目。

二是提升民间投资比重。坚持以优化投资结构保障有效投资，突出抓好服务业和工业性投资增长，确保民间投资比重稳定在75%以上。强化服务业的投资主力军地位，盯牢9个重大服务业项目、46个房地产项目、47个村级安置房项

目进度，全年完成服务业投资178亿元，其中房地产投资125亿元。深入挖掘工业投资潜力，鼓励“机器换人”和“零土地技改”，尽快开工报喜鸟、奥康、海星海事、迦南等重大工业项目，争取全年开工工业项目36个、竣工28个，确保工业投资占限额以上投资、技改投资占工业投资的比重分别达到23%和60%以上。

三是增强招商选资实效。以涵养税源、调整结构、增强后劲为重点，坚持全域招商、全员招商、亲情招商“三招”并举，外资、国资、民资“三资”齐上，工业、服务业、农业“三产”齐招，着力引进一批重大招商选资项目。更大力度抓好签约项目落地，深化落实全过程跟踪推进机制，确保全年实到资金50亿元、力争60亿元，争取继续走在省市前列。

（三）以强化城乡污水治理为突破，建设美丽浙南水乡

一是纵深推进美丽乡村建设。牢固树立“绿水青山就是金山银山”的理念，全面整合上级美丽乡村“一事一议”、新农村建设、山区发展扶贫等2亿多元资金,以全域整治、全域旅游的标准深化美丽乡村建设，争取2015年创成全省美丽乡村示范县。全力打造和推介中国美丽乡村建设精品线路，加快建成“六个一”工程，重点抓好岩头古村落整体延伸整治，全力打造集中展示永嘉历史文化特色的丽水商业街。进一步推进以点带面，加快岩头-枫林、沙头、大若岩美丽永嘉“金三角”建设，尽快构筑“两轴四带”美丽乡村建设格局。

二是全面实施“水乡建设百亿工程”。坚持以楠溪江等四大流域为主战场，全面打好“五水共治”攻坚战。实施污染源治理工程，开工建设江东、黄田、响山等10个污水处理厂（站），建成运营县污泥处置厂、上塘污水处理厂二期、桥下污水处理厂一期，新建城镇污水管网40千米，力争城镇污水处理率达到85%；按照农村污水治理“五年任务三年完成”目标，采取集中纳管、就地生化处理等方式，新建和提升农村生活污水治理设施各80个，农村生活污水设施覆盖率达到70%，争取列入全省首批农村污水治理重点县。实施防洪保安工程，开工建设乌牛溪治理工程，加快推进瓯江治理、三江标准堤、西溪主河道三期防洪等工程建设，建成三塘隧洞分洪应急、瓯北西段标准堤、菇溪河道整治二期等工程，尽快形成沿江高标准防洪闭合圈。实施河网综合整治工程，突出抓好楠溪江采砂点生态修复，完成上塘中塘溪、瓯北罗浦礁河等40条黑河、臭河、垃圾河整治，建成一批滨水公园。实施亿方引水工程，科学稳妥做好南岸水库前期工作，争取尽快开工建设，进一步增强楠溪江生态调水潜力。实施河口治理开发工程，重点推进楠溪江河口大闸前期工作，努力打造百里清水长廊。实施水源地保护、水乡文化提升、节水社会建设工程，落实最严格的水资源管理制度，加快建设一批美丽水乡示范流域和示范镇街。

三是全域深化环境综合整治。深入实施“三改一拆”三年行动计划，突出抓好涉河重点领域拆违，完成“三改”80万平方米，力争创成全省无违建县。加快建设23个压缩式垃圾中转站，促进保洁由城市向农村延伸，全面建立“一把扫帚扫到底”的常态化保洁机制。完成绿化造林2.35万亩，建成绿道网100千米，新增城区绿地325亩。加快国家级生态县创建，深入实施“清洁空气”专项行动，巩固电镀、造纸等行业整治成果，强化重点排污企业监管，抓好规模化畜禽养殖场排泄物治理，着力控制面源污染。继续抓好重点领域坟墓生态化改造，坚决实行新建私坟“零容忍”，建成生态公墓14处。

（四）以加快基础设施建设为重点，统筹城乡一体发展

一是着力构筑中心城区。以优化区域交通、缩小直线距离为目标，建成瓯江过江通道，加快推进104国道西过境公路建设，着力构筑瓯江两岸“九桥相连”发展格局。加快推进上塘-瓯北一体化进程，开工建设上塘至瓯北公路，建成三李公路，尽快形成“三线连接”交通网络。以“打卡口、接断头、建环线”为重点，进一步拉开上塘、瓯北城区框架，加快建设上塘环城南路、环城北路西向延伸和瓯北大桥、楠瓯大道、阳光大道东西向延伸等城区主干道，全力打通上塘仁堂凹拉沟和瓯北王家坞路北段、新桥南路等一批断头路、瓶颈路，尽快形成上塘“七纵四横一环”和瓯北“五横十二纵”城区道路网格局。强势推进三江商务区开发建设，编制实施滨江景观、城市色彩、地下空间开发利用和产业布局规划，加快市政道路网、高标准堤塘、安置房等基础设施建设，突出抓好重点招商项目落地，全面掀起以民间投资为重点的实质性开发热潮。全力抓好黄田片区建设，促成温州至乐清湾货运专线站场落地，加快推进永嘉客运中心、罗黄

大桥等项目前期工作，尽快建成高铁站前广场和周边道路网，努力打造温州北部综合交通枢纽。进一步提升城市能级，完善环卫、燃气、饮水、电网等城市公共服务设施，确保创成省级园林城市。多管齐下治理交通拥堵，抓好重点区域“三线”落地改造，全面发挥“数字城管平台”作用，提升城市精细化管理水平。

二是大力培育功能型中心镇。以增强中心镇自主发展能力和集聚辐射能力为目标，根据区位条件、资源禀赋和产业特色，因地制宜抓好中心镇培育。桥头、桥下要抓住发展改革和城乡统筹试点的机遇，尽快掀起新一轮的城市化和工业化热潮，积极申报国家级重点镇。楠溪江两岸8个中心镇，要充分挖掘生态宜居优势，着力提升教育、卫生等公共服务功能，加快打造一批生态重镇、旅游名镇、农贸集镇。严格实施“四策合一”，结合历史文化村落保护迁移置换、边远山区下山移民、地质灾害避险搬迁、重点工程拆迁安置，有序推进人口向中心镇、中心村转移集聚。

三是加大对山区的发展投入。坚持以城带乡、以工促农，制定新一轮山区经济发展规划，进一步加大公共财政对山区的发展投入，引导鼓励工商资本投资农业农村发展。推进美丽乡村建设与农民增收的互联互动，实施“低收入农户倍增计划”，立足完善“造血”功能，拓宽农民增收渠道，做大做强乡村旅游、林下经济、来料加工、民宿、食草动物养殖等特色产业。探索建立生态补偿机制，努力让生态保护效益全县人民共享。

（五）以推进社会办学办医为引领，深化重点领域改革

一是深化推进“五大国家级改革试点”。深化民办教育综合改革，进一步放大翔宇办学资源，重点在县职教中心项目与民办教育集团的合作上再创经验，努力走在全省全市前列。深化社会资本办医综合改革，制订实施“1+14”扶持政策体系，加快推进签约民办医院落地，引入高端医疗资源，努力形成多元化办医格局。深化金融综合改革，贯彻实施《温州民间融资管理条例》，加快筹建永嘉农村商业银行，提升新型金融组织试点成效，促进民间资本和实体经济有效对接，尽快创成国家级信用城市。深化农村综合改革，落实农民对承包地占有、使用、收益、流转及承包经营权抵押、担保权能，加快构建农村产权交易和流转服务平台，规范和提升一批村级资金互助会，着力完善“三位一体”农村新型合作体系。深化户籍制度等配套改革，有序推进农业转移人口市民化。深化民政综合改革，建立社会组织直接登记、备案登记相结合的新型登记模式，稳步推进行业协会等社会组织承接政府职能转移，调整完善城乡社区管理体制，加快建设“六统六分”养老服务新模式，进一步推动“三社”互动发展。

二是稳妥推进重点领域改革。加快要素配置市场化改革，完善工业企业亩产效益综合评价体系，健全土地公开公平供应、工业用地履约管理、闲置土地预警和快速处置机制，探索实施差别化的地价电价水价征收政策。深化投资体制改革，推动民间资本顺畅进入基础设施、基础产业、金融服务、公共服务等领域。深化国资管理体制改革，完善分类考核评价体系，进一步清理、规范和整合国有资产，更好地发挥国有投融资平台在基础设施建设、公共产品供给方面的重要作用。

三是积极推进行政体制改革。深化行政审批制度改革，探索建立部门权力清单制度，试行企业投资负面清单管理模式，全力做好行政审批“接、放、管”工作，全面推广“政务超市”审批服务模式，推进中介机构与主管部门、挂靠单位彻底脱钩，积极申报全省浙商回归高效审批试点县。制订新一轮政府机构改革方案，调整食品药品监管体制，组建县市场监督管理局，提高市场监管的效率和水平。深化公共财政体制改革，扩大部门预决算公开范围，全面推进功能区、镇街国库集中支付，进一步健全政府性债务预警管理机制。进一步理顺功能区管理体制，深化中心镇执法体制改革。

（六）以破解热点难点问题为抓手，提高民生保障水平

一是加快发展社会事业。全面推进教育现代化县创建，实施学前教育新三年行动计划，开工建设岩头镇中扩建工程，创建省级标准化学校10所，改造农村薄弱学校20所，创成义务教育发展基本均衡县。巩固省级卫生强县创建成果，进一步完善公立医院合作办医模式，探索建立现代医院管理制度，重点加强龙头医院、龙头学科和医疗人才培养，加快县人民医院整体迁建工程前期工作，确保省级规范化镇街社区卫生服务中心创建率达到80%、二级乙等卫生院比例达到30%，创成慢性非传染性疾病综合防控示范县。大力促进文体事业发

展，完善县、镇（街道）、村（社区）三级文化公共服务平台，加快《永嘉县志》二轮修编，推进可移动文物普查和数字图书馆建设，积极办好国际户外休闲嘉年华活动，全面完成广电台网分离工作。

二是完善社会保障体系。加快推进普惠型社会保障体系建设，完成全县城乡新农合医保与城镇职工医保系统并轨运作，新增社保五大险种参保人数4万人，确保城乡居民养老保险和医疗保险参保率均达到95%以上。全面推进市民卡“一卡多用”，完成市民卡信息采集工作，全县制发卡人数达50万人。坚持扩大就业与促进创业并举，着力解决高校毕业生等群体就业问题。健全市场配置和政府保障相结合的住房制度，进一步扩大住房公积金覆盖面，逐步缓解“三户”家庭的住房困难问题。切实做好弱势群体帮扶工作，保障妇女、儿童、残疾人的合法权益。

三是加强和创新社会管理。深入推进“平安永嘉”建设，以“事要解决”为标准抓好信访工作，依法防范和惩治各类违法犯罪活动。全面推行基层网格“一张网”管理，严格执行出租房安全管理和新居民服务管理工作机制。健全安全隐患排查治理常态机制，坚决防止重特大安全事故发生。全力防范和化解金融风险、企业经营风险，严厉打击欠薪逃逸等违法行为。加强网络舆情引导管理，健全网络突发事件处置机制。依法开展非法宗教活动场所整治，促进宗教活动规范化。深入推进“强基创优”工程，实施“单独两孩”政策，加强出生人口性别比综合治理，控制违法生育多孩率。同时，充分发挥工会、共青团、妇联等群团组织作用，进一步做好人民武装、人防民防、外事、侨务、台务、统计、档案、气象、红十字、老龄、关心下一代等工作。

四是努力办好十大惠民实事。1.城乡居民医疗保险政策范围内住院报销比例平均提高5个百分点。2.开工建设县人民医院急诊综合大楼。3.改造中小学食堂30个，实现中小学生营养餐全覆盖。4.建成上塘、瓯北城区公共自行车及社区运营巴士系统。5.建成大小楠溪等四大流域空气质量自动检测站5个。6.完成职业技能培训1万人次，新增城镇就业人员7500人，帮助城镇失业人员再就业1500人。7.解决和改善2万农村人口饮水安全问题。8.建立住房困难家庭档案库，开工建设公共租赁住房88套、廉租住房20套。9.完成县乡公路大中修90千米。10.开通楠溪江景区旅游专线。

三、加强政府自身建设

新形势、新任务对政府自身建设提出了新的更高要求。我们将进一步强化依法行政理念，激发干事创业热情，坚持务实为民作风，营造干净干事氛围，努力打造人民满意政府。

（一）更高标准促进依法履职。深化法治政府建设，严格依照法定权限和程序行使权力，自觉接受县人大及其常委会的法律监督、县政协的民主监督和社会各界的舆论监督，更加重视人大代表议案建议、政协委员提案办理工作，更加注重人大、政协调研成果的运用，进一步深化府院联席会议等各项制度。坚持重大事项集体决策，充分发挥各类决策委员会的作用，加强对政策实施的跟踪评估。完善政务信息公开制度，规范公开内容，提高公开质量。

（二）更大力度推进破难攻坚。始终把解决问题作为推进发展的重要抓手，以“功成不必在我”的境界，敢于先行先试，善于借智借力，加快形成鼓励创新、宽容失败、允许试错、责任豁免的机制和导向。坚持牢固树立底线思维，深入推进破难攻坚，切实增强对工作一抓到底的责任意识，全面强化独立解决问题的能力。进一步健全政府工作绩效评估体系，重点落实项目建设资金、审批、供地、政策处理四线并行机制，切实加强对责任单位的全程督考和问责。

（三）更多举措优化政府服务。认真执行中央和省委、市委关于改进工作作风、密切联系群众的各项规定，深入开展党的群众路线教育实践活动，建立健全改进作风的长效机制，集中解决形式主义、官僚主义、享乐主义和奢靡之风这“四风”问题。牢固树立服务也是生产力的理念，全面落实领导干部“九联系”、驻企服务员等各项制度，进一步完善部门协调配合机制，切实增强服务基层、服务企业、服务群众的能力和水平。

（四）更严要求践行廉洁自律。坚持用制度管人管权管事，强化对重点领域和关键环节的行政监察和审计监督，严肃查处各类违法违纪案件。严格执行《党政机关厉行节约反对浪费条例》，认真落实中央“八项规定”、省“28条办法”、“六个严禁”以及市县关于贯彻落实中央八项规定的实施意见，全面加强机关事务管理，抓好办公用房清理，巩固公车改革成果，从严控制各类庆典和评比达标表彰活动，切实降低行政成本，减轻基层负担。

各位代表，时代赋予重任，实干铸就辉煌。让我们紧密团结在以习近平同志为总书记的党中央周围，在中共永嘉县委的坚强领导下，进一步解放思想、改革创新，凝心聚力、狠抓落实，为圆满完成全年各项目标任务，推进永嘉“赶超发展、激情跨越”而努力奋斗！

中国人民政治协商会议 第九届永嘉县委员会常务委员会工作报告

——2014年1月4日在政协第九届永嘉县委员会第三次会议上

县政协主席　陈建良

各位委员：

现在，我代表政协第九届永嘉县委员会常务委员会，向大会作报告，请予审议，并请列席人员提出意见。

2013年工作回顾

2013年是我县深入开展“两提两争”、奋力推进赶超发展的重要一年。县政协常委会在中共永嘉县委的正确领导下，高举中国特色社会主义伟大旗帜，认真学习贯彻中共十八大和十八届三中全会精神，牢牢把握团结和民主两大主题，紧紧围绕“三大战略”建设目标，深入贯彻落实县委的各项决策部署，切实履行政治协商、民主监督、参政议政职能。一心一意谋发展，齐心协力促改革，尽心竭力惠民生，凝心聚力创和谐，各项工作取得了新的成效，为全县经济社会平稳发展作出了积极贡献。

一、围绕中心、服务大局，全力助推科学发展

（一）政治协商促进科学发展。促进科学发展是人民政协的第一要务，开展政治协商是人民政协的首要职能，常委会始终坚持从永嘉人民的全局利益和长远发展出发，规范有序地开展协商活动。一年来，以政协例会为协商的主要方式，通过全体会议对“一府两院”工作报告、国民经济和社会发展计划、财政预算等内容进行审议，对县域发展中的重大问题广泛开展协商；通过常委会对全县工业经济转型升级、政府融资、国有资产盘活、企业宗地分割、公共交通发展、城中村（旧村）改造等事项开展专题协商；通过主席会议对“十二五”规划中期评估、县城近期建设规划、治水、消防安全、重点工程建设和重点行业的污染治理等工作开展重点协商；召开系列专题座谈会、协商会，深入讨论经济结构调整、资源合理配置、生态环境建设、民生改善维权、城乡统筹发展、交通组织优化等问题，建睿智之言、谋创新之举，为县委县政府科学民主决策提供重要参考。

（二）民主监督服务科学发展。跟踪全县重点工作的推进步伐，通过开展民主监督，协助县委、县政府抓重大决策的落实，促成一些问题的解决。一是开展系列视察。根据县委、县政府各个阶段的工作重心，有针对性地对产业集聚平台、重点民生工程、美丽乡村建设、文明县城创建、“三改一拆”、“四边三化”、安全生产、耕地垦造和职业教育等方面工作开展视察，在视察现场召开会议，讨论视察情况，提出发现的问题和整改意见。重视被视察单位遇到的实际困难，通过政协渠道帮助解决或加以反映；通过各种途径正面宣传被视察单位取得的突出成绩，激发干部的工作热情。二是开展民主评议。根据原规划建设局与房管局合并后队伍庞大、任务繁重、同群众联系紧密这一现实情况，我们对住建部门的工作开展了为期四个月的民主评议。在住建局的密切配合下，我们深入调研、全面掌握情况，然后召开了机关部门、基层站所、社区企业等多个层面的座谈会，充分听取各界代表的意见建议，最后进行满意度测评。通过评议，达到了肯定成绩、激励干劲、发现问题、鞭策整改的目的。三是联合相关部门开展监督工作。选派政协委员配合纪检部门开展监督活动。参与中央“八项规定”和机关效能“四条禁令”执行情况的明察暗访，围绕我县改革发展稳定大局和群众聚焦的热点问题，对机关重点科室和基层站所存在的问题和不足进行评议，进一步推进政风行风建设，优化我县发展软环境。

（三）参政议政围绕科学发展。充分发挥政协智力密集、联系广泛的优势，认真组织调查研究，形成了一系列调研成果，共提交17篇调研报告，调研内容集中在两个方面：一是涉及永嘉长远发展的课题。针对我县产业转型升级遇到要素制约的问题，我们选取教玩具产业发展作为重点课题，赴教育部了解相关政策，形成了《关于教玩具产业与教育事业整合提升的建议》，建议将教玩具产业打造成我县的支柱产业和新的经济增长点；针对我县交通网络、城中村（旧村）改造、生态环保、工业转型等方面的实际情况，调研撰写了《关于支持确有需要的企业对宗地进行分割确权的建议》《关于进一步加快公共交通发展的建议》《关于加快城中村（旧村）改造的若干建议》等调研报告，作为县政协建议案提交党委政府。这些调研成果，引起了县委县政府领导的关注，一些意见建议已经被吸纳落实到有关的发展规划、政策措施和具体工作之中。二是针对现阶段发展中遇到的紧迫性问题。我们通过“九联系”、“四千行动”、美丽乡村建设、村级组织换届等载体，直接参与了230多个挂钩联系单位、企业、村居和工程项目的工作，在切实履行掌握情况、出谋划策、动员协调、督查落实等职责的同时，我们对倾向性问题组织调研，掌握了大量第一手资料。如在企业走访中我们发现铸造行业发展严重滞后，制约了泵阀行业的发展，根据调研成果，编报了《突破铸造业瓶颈促进泵阀行业发展》的社情民意信息，引起了县委主要领导的高度重视，并作出具体批示。

二、以人为本、关注民生，着力促进社会和谐

（一）提案工作聚焦民生。认真贯彻落实中办、国办《关于进一步加强人民政协提案办理工作的意见》，积极发挥提案在解决民生问题中的重要作用。九届二次全会以来共立案提案206件，其中涉及民生的147件，占全部提案的71.4%，内容涵盖医疗卫生、环境保护、食品安全、教育公平、文化生活、社会养老和交通保畅等各个方面，提案已经成为反映民生诉求的重要渠道。同时，我们通过强化提案办理来响应民生诉求，把一批群众关注度高、涉及面广的提案列为重点提案，由政协领导领衔督办。譬如我们把《关于加快推进瓯北城市新区河道生态环境综合治理的建议》确定为重点提案，在春节长假后上班的第二天，由政协班子成员率部分委员视察罗浦礁河治理情况，提出治理思路，督促瓯北城市新区和相关部门加快治理步伐。通过河泥清淤、河面保洁、河岸治理等一系列措施，取得了初步成效。在各方共同努力下，提案所提建议得到解决或基本解决的占68%，部分解决或列入计划准备解决的占24.8%。

（二）社情民意反映民生。我们进一步畅通信息反映渠道，完善信息报送网络，加强信息员队伍建设。召开了反映社情民意信息工作会议，把反映信息作为委员履职的重要任务，把《社情民意》刊物作为反映民声、表达诉求的重要渠道和载体，为县委县政府了解民意、科学民主决策提供社情民意信息支持。并协助做好解疑释惑、协调关系、化解矛盾的工作，一些信息反映的问题引起党政领导的高度重视，并得到较好的解决。如针对楠溪江东向供水生态补偿费偏低问题，我们报送了《关于提高楠溪江东向供水生态补偿金的建议》，引起了市政府主要领导的重视并作出批示。市水利局为此专门赴我县和乐清市进行调研，对调整生态补偿金问题开展论证。一年来，我们共编发社情民意信息66期，向上级政协编报社情民意信息56条，被市政协采用31篇，被省政协采用7篇，被全国政协采用8篇，多数信息获得市、县主要领导批示，信息工作考核名列全市前茅。

（三）扶贫济困改善民生。开展促进低收入群体增收的课题调研，呼吁解决贫困群众生产生活中的困难。挂钩联系贫困山区，帮助当地理清思路、筹集资金、办好实事。县政协班子成员和机关干部深入开展“千名干部进千村入千企解千难”活动，协调解决了一批企业和农村社区发展中的难题。组织有专业技能的委员开展“三下乡”活动，在桥下、岩坦、巽宅等地开展计生知识宣传、义诊、医学讲座，并送优质教育课程下乡。发动委员开展公益慈善、捐资助学、扶贫济困及各种帮扶活动，为困难群众送温暖。全年县政协委员通过各种形式捐献的资金总额达3000万元以上。

三、发扬民主、增进团结，发挥政协独特作用

（一）团结各界人士营造合作氛围。充分发挥政协优势，切实加强与民主党派、人民团体和各界人士的沟通交流，营造民主协商、联合议政的合作氛围。支持和鼓励各界人士在政协各种会议上发表意见建议，组织他们参与政协的调研、视察、民主评议和各种形式的民主监督活动，把他们提出的合理化建议及时报送给党政领导或转交相关部门。制定和完善界别活动实施办法，开展界别活动24次，通过界别渠道团结各界人士，密切与群众的联系，协助党委政府解决好人民群众最关心、最直接、最现实的问题。

（二）做好史料征集传承传统文化。深厚的历史文化积淀是永嘉的特色与优势，也是县政协一直关注的重点。一年来，我们积极开展乡土文化挖掘、整理、出版和文史资料征集工作。一是做好第25辑《永嘉文史资料》的征集与编辑工作。这部20万字的文史资料，内容包括永嘉知青回忆、公社干部工作手记、援非干部访谈、永嘉干部与外地名人的交往，真实地再现了大量的历史情况。二是启动《追忆票据时代》课题的前期工作。和县新闻信息中心合作，开展联合征稿，目前征集到的文字资料已达两万多字。三是认真组织开展浙江省“兰亭奖”中小学书法大赛永嘉赛区的工作。组织参赛选手进行书法培训，选拔一批优秀选手参加全市比赛并取得了优异成绩，有17名选手获奖，其中2人荣获一等奖。四是配合市政协做好有关文史资料的征集编撰工作，配合政情民意中间站录制《永嘉的古村落保护与美丽乡村建设》节目，经温州电视台播出后引起较好反响。

（三）加强交流提升联谊工作水平。交流联谊是人民政协的重要职能之一。一年来，我们加强与上级政协、兄弟县（市、区）政协的联系和交流，安排各级领导、来宾考察楠溪江生态保护、古村落文化、永嘉经济社会发展等方面情况，增进友谊、宣传永嘉；认真承办省政协扩大有效投资工作座谈会、市政协信息工作会议、市政协教文卫体工作交流会等7次会议的会务工作，并在各次会议上认真介绍“三生相融·幸福永嘉”建设情况，扩大永嘉知名度。不定期深入政协参加单位、委员所在单位开展调研、视察活动，促进横向交流、共同提高。关心在外永嘉人的发展，政协班子成员外出调研考察时注重拜访在外永嘉商会，看望在外政协委员和知名人士，宣传永嘉投资环境和永商回归政策，提高永嘉美誉度。

四、健全机制、夯实基础，切实加强自身建设

（一）加强理论学习研究。通过理论中心组、主席读书会、委员培训会、政协讲坛等各种形式，组织学习中共十八大和十八届三中全会精神、人民政协与统一战线理论。把社会主义协商民主理论与政协工作实际结合起来，用理论武装头脑、指导实践、推动工作。加强人民政协理论研究，以人民政协民主监督为主题，组织开展理论研讨活动，在省级以上报刊发表理论文章多篇，在市政协理论研究会征文评比中，获优秀奖1篇。

（二）注重委员队伍建设。一是强化委员履职责任。出台委员履职“十个一”任务和《永嘉县政协委员履职考核暂行办法》，细化了委员履职要求，对委员参加会议、提交提案、撰写信息和参加调研、视察等方面情况进行综合评分，并把年度考核结果通报给委员所在单位和推荐单位，作为今后政协委员调整的重要依据。对考核优秀的委员给予表彰鼓励，对考核不合格委员视情况给予通报批评、诫勉谈话，情节严重的劝其辞职或撤销委员职务。二是拓展委员履职平台。邀请相关委员列席常委会议、主席会议，参加调研视察、民主监督、提案办理协商及各种参政议政活动。认真组织开展界别组委活动，并要求做到主题明确、内容丰富、务实高效。有关界别在电子商务发展、生态墓改造、楠溪江截污管网建设等方面开展了调研和视察，取得较好影响。三是提升委员服务水平。把委员工作提上县政协重要议事日程。精心组织委员活动日，邀请知名专家作经济形势讲座，安排丰富的文体活动，使活动日成为开拓委员视野、增进委员感情的盛会。

（三）切实发挥专委会作用。专委会是发挥界别作用的重要依托和载体。我们建立健全了专委会与对口部门联系制度，加强与党委、人大、政府对口部门的经常性联系和沟通。并让专委会充当好委员履职的服务员，有计划、有目的地组织委员开展各项履职活动，为推动政协事业发展发挥基础性作用。

（四）完善机关工作制度。推进县政协机关制度化、规范化、程序化和科学化建设，增强服务意识，提高机关效能，不断提升机关整体形象。及时修订完善有关制度，严格抓好各项规章制度的落实，促进政协机关建设再上新台阶。

各位委员！2013年成绩的取得，是中共永嘉县委正确领导的结果，是县人大、县政府和社会各界大力支持的结果，凝聚着县政协各参加单位和政协委员的智慧、心血和汗水，也离不开老干部的关心、理解和支持。在此，我代表县政协常委会，向所有关心支持政协工作的各级领导和同志们表示衷心的感谢，向认真履行职能、努力奉献社会的全体政协委员致以崇高的敬意！

在肯定成绩的同时，我们也清醒地看到，工作中还存在许多缺点和问题，离党的要求和人民的期待还有不少的差距。如健全社会主义协商民主制度的实践有待于进一步深化，民主监督的实效性有待于进一步强化，参政议政的成果有待于进一步转化，政协自身建设水平有待于进一步提升，部分委员履职的积极性、主动性、创造性有待于进一步提高。我们真诚希望全体委员对常委会工作提出意见和建议，共同把政协工作做得更好。

2014年主要任务

2014年县政协工作的总体要求是：高举中国特色社会主义伟大旗帜，认真学习贯彻中共十八届三中全会精神，紧扣县委县政府工作中心，更加突出科学发展主题，更加凸现转型升级主线，更加彰显民生幸福主旨，亲民协政、为民履职，增进团结、扩大民主，进一步提升政协工作科学化水平，为加快实施三大战略，全面开创改革开放新局面作出新的贡献！

一、增进政治共识，凝聚改革开放正能量

学习贯彻中共十八届三中全会精神是当前和今后一个时期的首要政治任务。要通过各种行之有效的载体，深入开展学习实践活动。把学习贯彻三中全会精神与凝聚政治共识相结合，与谋划永嘉发展相结合，与政协履职相结合，切实把思想统一到三中全会精神上来，把智慧力量凝聚到三中全会确定的各项任务上来。

始终把发扬民主、增进团结、协调关系、化解矛盾作为履行职能的主要着力点，坚持民主协商、平等议事、求同存异、体谅包容的原则，围绕治水治堵、“三改一拆”、“四换三名”、“四边三化”、创新驱动等重点任务，多做减少阻力、增添助力、减少杂音、增强和声的工作。切实加强中国共产党与各民主党派、工商联和无党派人士在人民政协的合作共事。实行政协党组成员联系走访民主党派、工商联和无党派人士制度，深入开展联合调研、视察考察等各项履职活动，定期召开座谈会听取意见建议，进一步发挥各民主党派、工商联和无党派人士在政协中的重要作用。认真贯彻党和国家的民族宗教政策，广泛团结少数民族和宗教界人士，着力保障民族宗教界代表人士在政协组织中的合法权益。充分调动人民团体的履职积极性，着力加强与新经济组织、新社会组织、新社会阶层代表人士的联系。不断深化与港澳台同胞、海外侨胞的联络联谊，加强与各地永嘉商会的联系，汇聚内外永嘉人共图发展大业。

二、发挥协商功能，推动民主政治建设

加强政治协商不仅是发展民主政治的重要途径，也是保证决策科学性的必然要求。我们要抓住全县经济社会发展中具有综合性、战略性、前瞻性的重要问题进行政治协商，重点围绕大都市核心区、大统筹示范区、大生态旅游区三大战略，选取深化体制改革、推进产业集聚平台建设、加快城乡一体化发展、确定政府重大投资项目等内容，采取整体工作全面协商、重点工作专题协商、部门工作对口协商的方式，让各党派团体和社会各界人士更多元、更全面、更负责地参与到县委、县政府的重大决策之中。

大力培育协商民主文化，科学构建协商代表遴选机制、民意收集机制、意见表达机制、讨论对话机制、协商整合机制，营造理性、包容、平和的协商氛围。让各界诉求充分表达，各种意见充分交流，各方利益统筹兼顾，为减少决策风险，推动决策科学化、民主化提供民意支撑、民利协调、民智参考，使政治协商成为各党派团体、各族各界人士了解党政决策意图、统一思想认识的过程，切实发挥广集民智、增进共识的作用。

三、加强民主监督，推动重大决策落实

认真贯彻中共浙江省委《关于加强人民政协民主监督的意见》，围绕党和国家法律政策的执行、县委、县政府重大决策部署的落实、重大投资项目与民生工程建设、生态环境保护、人民群众关注的热点难点问题的处置、机关工作人员勤政廉政等问题，积极履行监督职能，做到敢于监督、善于监督。运用会议协商监督、专项集体民主监督、委派民主监督员监督、民主评议监督、提案办理监督、社情民意监督、委员调研视察监督等多种形式，充分发挥政协民主监督在促进党委、政府中心工作的落实、维护社会公平正义、维护人民群众合法权益等方面的积极作用。

四、主动参政议政，强化咨政服务功能

进一步发挥政协的人才库、智囊团作用，突出咨政服务的思想性、科学性、智慧性和创新性特色，密切关注国内外、县内外发展态势。紧紧围绕县委、县政府关注的重点问题、我县改革发展稳定面临的难点问题、人民群众反映强烈的民生热点问题，着重选择具有综合性、全局性、前瞻性的问题开展超前调研、同步调研和跟踪调研，以“专、精、深、实”的特点，提出具有针对性和可操作性的意见建议，努力为县委、县政府准确判断形势、作出科学决策提供参考。

搭建参政议政平台，拓宽参政议政渠道。改进调研作风，加强视察工作，注重提案质量、办理质量和服务质量，畅通反映社情民意信息渠道，广开言路、广聚民智、广纳良言。探索成果报送、处理反馈、落实转化等机制，着重就县委县政府主要领导对政协调研报告、建议案、提案、社情民意信息的批办件加强跟踪督办，提高参政议政的实际成效。

五、真实反映民意，维护社会和谐稳定

人民政协既有群众工作的职能，又有民意反映的职能，我们要牢固树立群众观点，把人民群众利益放在第一位置，把深入群众作为工作的第一路径，把群众满意作为工作的第一标准，找准新形势下群众工作的着力点、切入点，在党政部门和群众间架设一座相互沟通、理解支持的桥梁。要积极运用好会议发言、提案、调研视察报告等民意表达形式，不断扩展和深化民意反映工作。要积极开展对党政重大决策的动态民意调查，了解各界看法，带有普遍性、倾向性、苗头性的民众呼声，群众情绪和社会动态，加强民意汇聚，综合研判，主动做县委、县政府的信息员、情报员，同时在引领民意、集中民智、解决民困方面发挥重要作用。认真总结政协群众工作经验，继续组织委员开展送文化、卫生、科技、法律、教育、体育等为主要内容的政协委员“走进基层、走进群众”活动，建立委员联系群众、服务群众的制度。全体政协委员不仅要在政协会议上发表意见，也要勇于担当网军战士，在网络上主动发声，唱响好声音，做好宣传引导工作。

六、改进工作作风，提高服务保障能力

严肃认真的开展党的群众路线教育，并以此为契机，促进政协自身建设。坚持把解放思想、开拓创新贯穿于自身建设的各个方面，积极探索政协工作的新思路、新举措。进一步创新界别活动形式，组织开展界别视察、界别发言、界别提案、界别信息、界别协商以及界别联合调研考察等活动，彰显界别特色和优势。切实推行委员履职“十个一”活动，进一步建立健全委员履职服务管理平台，通过加强学习培训、畅通知情渠道、丰富议政形式，为委员履行职责创造条件；珍惜委员履职成果，宣传委员履职成效，推动委员撰写“三亲”史料，树立和展示政协委员的良好形象。进一步强化专委会建设，加强专委会与党政对口部门的联系，努力探索发挥专委会基础作用的新途径。进一步完善机关各项工作制度，推进办文、办事、办会的规范化和制度化建设，以绩效考核为抓手，深入开展两提两争活动，扎实推进“五型机关”创建，开办“政协讲坛”，加强学习探索，不断提升机关服务保障水平。

各位委员、同志们，人民政协事业承载希望，肩负重任，前程远大，大有可为。让我们高举中国特色社会主义伟大旗帜，紧密团结在以习近平同志为总书记的中共中央周围，在中共永嘉县委的坚强领导下，倍加珍惜时代机遇，倍加珍惜组织重托，倍加珍惜人民期盼，以更加高昂的激情、更加科学的方法、更加务实的作风，为全面推进现代化新永嘉建设、开创政协工作新局面而努力奋斗！

2014年永嘉县国民经济和社会发展统计公报

2014年，面对错综复杂的经济形势，全县上下认真贯彻落实中央和省市的各项决策部署，积极适应经济发展“新常态”，全面实施“三大”战略，深入开展“两提两争”主题实践活动，扎实推进各项工作落实，全县经济实现稳中有进、社会保持和谐稳定。

一、综 合

初步核算，2014年全县生产总值为313.76亿元，按可比价格计算，比上年增长7.0%。其中，第一产业增加值10.05亿元，增长2.0%；第二产业增加值189.54亿元，增长6.9%；第三产业增加值114.17亿元，增长7.7%；三次产业的结构由上年的3.3∶61.4∶35.3调整为3.2∶60.4∶36.4。按户籍人口计算，全县人均生产总值为32244元，比上年增加2028元，增长6.2%。

全年居民消费价格指数（CPI）比上年上涨1.8%，涨幅较上年回落0.1个百分点。八大类商品和服务价格呈现“七涨一跌”态势。其中食品类涨幅较大，累计上涨3.8%，娱乐教育文化用品及服务类次之，上涨2.5%，衣着、医疗保健和个人用品、交通与通信、家庭设备用品及维修服务、居住类，比上年分别上涨2.2%、1.5%、0.5%、0.2%、0.1%；烟酒类下降0.8%。全年工业生产者出厂价格和购进价格同比均下降1.0%。

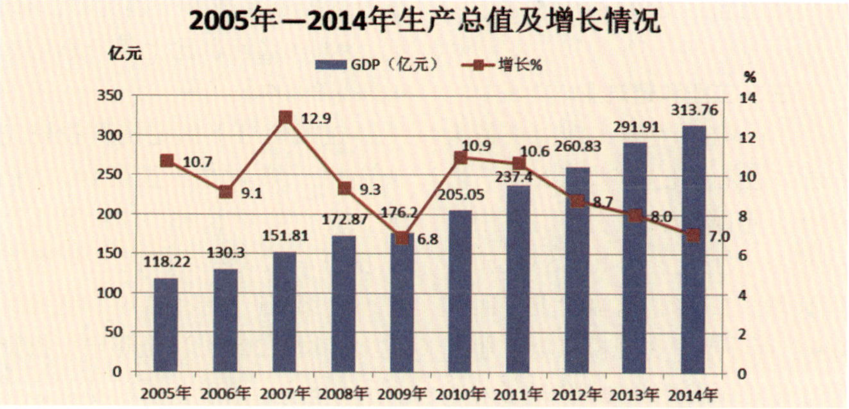

图一、2005年—2014年生产总值及增长情况

二、农 业

2014年，全县实现农业总产值16.01亿元，按可比价计算，比上年增长2.3%，其中：农、林、牧、渔业产值分别为9.32亿元、1.13亿元、4.58亿元、0.73亿元，同比增长分别为2.3%、0.6%、2.4%和4.7%。

全年播种总面积3.10万公顷，其中:粮食作物播种面积1.66万公顷，比上年下降2.5%；粮食总产量9.82万吨，比上年增长1.9%；油料作物播种面积0.22万公顷，比上年下降24.0%；蔬菜播种面积0.53万公顷，增长3.8%；蔬菜总产量10.74万吨，比上年增长7.4%；茶园总面积0.31万公顷，其中可采摘茶园0.28万公顷，全年茶叶总产量668吨，比上年增长12.5%；果园总面积0.72万公顷，增长21.0%；水果总产量7.67万吨，增长20.6%。

全年造林面积633公顷，完成零星植株50万株，新增育苗面积4.60公顷。主要林产品中，板栗产量2772吨，比上年增加4吨；笋干产量149.80吨，比上年增加5.40吨。木材采伐量为1.88万立方米，比上年减少0.23万立方米。

2014年年末，全县生猪存栏10.06万头，同比减少15.8%；羊存栏4.97万头，增长6.7%；家禽存栏138.20万羽，同比减少1.4%。全年，生猪出栏15.91万头，比上年下降2.5%；羊出栏3.94万头，比上年增长12.9%；家禽出栏182.48万羽，比上年下降12.4%。全年肉类总产量为1.85万吨，比上年下降0.5%。蜂蜜产量1302吨，同比增长3.4%。

全年渔业水产品总产量3359吨，比上年增加176吨，增长5.5%；其中，鱼类产量3150吨、虾蟹类107吨、贝类48吨。全年淡水养殖面积9.37万亩，其中稻田养殖面积8.3万亩；田鱼产量1651吨。

三、工业和建筑业

2014年，全县工业总产值为602.27亿元，比上年增长3.5%，增幅比上年回落4个百分点。其中，规模以上工业产值406.53亿元，同比增长2.4%，增幅比上年回落0.9个百分点。在规模以上工业产值中，重工业产值为173.27亿元，比上年增长1.1%，轻工业产值为233.25亿元，比上年增长3.5%；皮鞋、泵阀、服装、纽扣拉链产值分别为120.96亿元、97.84亿元、66.37亿元、14.20亿元，同比增长分别为0.7%、1.2%、6.5%、-3.2%。规模以上工业全年实现主营业务收入389.59亿元，比上年增长2.2%；利税总额4.23亿元，下降5.2%，其中利润总额27.67亿元，下降1.8%。年末，规模以上工业企业应收账款净额92.16亿元，增长3.5%；产成品存货29.62亿元，增长31.9%。

2014年年末，全县共有资质建筑企业37家。全年建筑企业签订合同额129.28亿元，比上年增长了12.2%，其中本年新签订合同额67.72亿元，比上年增长3.9%。全年共完成建筑业产值65.52亿元，比上年增长了23.2%，当年竣工产值26.22亿元，比上年增长16.7%。施工企业全年房屋建筑施工面积321.7万平方米，比上年增长17.1%，房屋竣工面积93.85万平方米，比上年增长27.5%，竣工房屋价值14.50亿元，比上年增长了23.8%。

四、固定资产投资和房地产业

2014年，限额以上固定资产投资完成额为241.17亿元，比上年增长16.9%；其中，工业投资、基础设施投资完成额分别为47.28亿元、94.16亿元，比上年分别增长0.2%、39.0%。

在限额以上固定资产投资完成额中，第一产业投资14.75亿元，比上年增长43.7%；第二产业投资47.28亿元，比上年增长0.2%；第三产业投资179.14亿元，比上年增长20.3%。全年限上投资项目838个，其中，当年新开工项目505个，当年完工项目570个。

2014年，共安排新开工县重点工程建设项目5个，分别是41省道永嘉沙头至福佑段改建工程、三江立体城市一期工程、永临大道二期工程、县人民医院急诊综合大楼扩建和县社会福利中心迁建一期工程。

2014年年末，全县共有房地产开发企业58家，全年实际完成投资78.06亿元，比上年增长8.8%。全年房地产施工面积514.44万平方米，比上年增长12.4%；竣工面积70.99万平方米，比上年增长902.9%；销售面积35.48万平方米，比上年增长80.8%，销售额38.3亿元，比上年增长18.3%。

五、国内贸易

2014年，全社会消费品零售总额117.22亿元，比上年增长14.2%，增幅比上年回落0.7个百分点。其中，城镇消费品零售额111.13亿元，增长14.0%；乡村消费品零售额6.08亿元，增长17.5%。批发零售贸易业零售额105.78亿元，增长15.7%；住宿和餐饮业零售额11.45亿元，增长1.8%。

年末,全县各类商品交易市场共14个，其中超亿元市场1个，消费品市场12个，生产资料市场2个。全年累计成交额27.38亿元，比上年增长25.4%。其中，消费品市场成交额25.59亿元，比上年增长25.4%；生产资料市场成交额1.79亿元，增长25.2%。

六、对外经济

2014年全县进出口总额7.69亿美元，比上年下降2.7%，其中出口总额6.85亿美元，比上年增长0.6%；进口总额0.84亿美元，下降23.0%。外商直接投资合同项目1个。

七、交通、邮电和旅游业

2014年，交通运输邮政仓储业共完成增加值3.25亿元，比上年下降3.2%。公路117974万吨千米，与比上年增长18.7%；水路6383.25万吨千米，比上年下降5.1%。公路旅客运输周转量184421万人千米，比上年增长11.1%；全县沿海港口货物吞吐量95.88万吨，同比下降12.7%。年末，全县境内公路总里程为2601千米，其中高速公路110千米；民用汽车拥有量15.96万辆，比上年增加2.23万辆。全年邮政业务收入7235.77万元，比上年同比增长11.6%。

全年电信业务总收入8.72亿元，比上年下降5.7%。年末，固定电话用户16.86万户，同比减少2.51万户；移动电话用户89.77万户，同比减少1.21万户；国际互联网宽带用户19.34万户，同比增加2.69万户。

2014年，全县旅游总收入39.25亿元，比上年增长28.1%。全年接待游客总人数510.68万人次，比上年增长23.0%。其中，国内游客人数507.05万人次，增长22.9%；接待境外游客3.35万人次，增长30.4%，旅游外汇收入991.05万美元。

八、财政、金融和保险业

2014年，全县财政总收入40.51亿元，比上年增长4.9%；其中公共财政预算收入22.31亿元，增长7.0%。全县公共财政预算支出45.26亿元，同比增长12.6%。其中，教育支出12.83亿元，增长11.7%；一般公共服务支出5.82亿元，增长3.5%；医疗卫生支出4.86亿元，增长24.8%；农林水事物支出4.85亿元，下降8.6%；交通运输支出4.83亿元，增长56.1%；社会保障和就业支出3.71亿元，增长15.4%；公共安全支出2.90亿元，下降1.8%。

2014年年末，全县金融机构本外币各项存款余额447.13亿元，比上年增加7.1亿元，增长1.6%；其中，城乡居民储蓄余额278.54亿元，增长0.8%。全县金融机构本外币各项贷款余额423.80亿元，增长11.0%。

全年保险机构保费收入10.86亿元，比上年增长16.3%。其中财产险保费收入4.72亿元，增长22.8%；人身险保费收入5.54亿元，增长11.4%。已决赔款2.95亿元，比上年增长13.1%。

九、教育、科技和人才

2014年年末，全县共有幼儿园207所，在园幼儿3.07万人；小学69所，在校生6.48万人，小学学龄人口入学率达100%；普通中学50所，在校生4.32万人，其中普通初中42所，在校生2.88万人，初中学龄人口入学率100%，初中毕业生升学率97.0%，比上年提高1个百分点。全县幼儿园教职工2989人，比上年增加131人，其中专任教师1717人，增加97人；小学专任教师3581人，增加124人；中学专任教师3489人，比上年增加145人。

小学体育运动场面积39.56万平方米，电脑10310台，其中教学用电脑9547台，各类图书153.92万册；初中体育运动场面积27.78万平方米，电脑7273台，其中教学用电脑6547台，各类图书111.08万册；高中体育运动场13.64万平方米，电脑2905台，其中教学用电脑2689台，各类图书41.85万册。

2014年，全县公共财政预算支出中，科学技术经费支出7851万元，同比下降0.3%。下达县级科技计划项目三批共199项，安排科技经费3744.65万元，其中工业项目36项，安排经费785万元；农业项目49项，安排经费380万元；社会项目61项，安排经费537.95万元；专利技术产业化项目8项，安排经费170万元；科技创新奖励项目21项，安排经费821.70万元;创新平台建设项目12项，安排经费850万元;科技创新专项及配套项目12项，安排经费200万元。

全年新增市级以上科技计划项目26项，其中国家级科技型中小企业技术创新基金项目和国家级火炬计划项目各1个、省级重大科技专项3个、省级团队科技特派员项目2项、省级科技特派员项目13项、省级农业科技成果转化1项、市级科技特派员项目3项，共争取上级补助经费1025万元。全年新增高新技术企业9家、省级专利示范企业3家、省级科技型中小企业12家、市级科技（创新）型企业14家,新增省级企业研发中心4家、市级企业研发中心5家、县级企业研发中心9家，荣获“省级科技强县”称号，顺利通过省级知识产权示范县创建验收。

全县共引进各级各类人才1932人，其中引进硕士研究生16名；引进高级工程师7名；引进国（境）外智力项目13项；新增高技能人才培养1358人。

十、文化、卫生和体育

2014年，全县建成镇文化中心4个，图书分馆3个，社区文化服务中心37个的建设任务，全县82个社区都实现了文化服务中心全覆盖，建成文化广场舞台26个。创成市文化强镇2个，市文化示范新社区4个。举办三年一度的包含第五届群众声乐大赛、第六届民间职业剧团传统戏会演、全县社区团队大展演等12项活动的永嘉县第五届文化艺术节系列活动。完成送戏下乡276场、送展览下乡22场、文化走亲8场。

年末，县公共图书馆藏书总量39.52万册（件）。广播节目综合人口覆盖率为95.4%；电视台1个，电视覆盖率为99.0%。全县有线电视用户21.5万户，入户率96.2%。国家、省、市级非物质文化遗产分别为2个、8个、58个。

年末，全县共有各类卫生机构513家，其中综合性医院1家，中医医院1家，公共卫生机构5所（县妇幼保健院与南城街道社区卫生服务中心合署办公），卫生院27家，社区卫生服务中心15家，民营医院9家，门诊部42家，个体诊所75家，社区卫生服务站52家，村卫生室295家（其中公立92家），医务室12家。卫生机构实有床位1465张，执业医师和执业助理医师有1674人,每万人拥有医生数为17人，注册护士1141人。2014年基础免疫接种率分别为：卡介苗接种率99.8%，脊灰糖丸疫苗接种率99.8%，百白破接种率99.8%，麻疹类疫苗接种率99.7%，乙肝疫苗接种率99.8%，甲肝疫苗接种率99.8%。

2014年，全县在浙江省第十五届运动会上，选派42名运动员参赛，取得优异成绩，共获得13.95枚金牌、11枚银牌、10枚铜牌，金牌数列全省第32位，温州市第5位，奖牌数列全省第29位。全力打造浙江省第三届运动休闲旅游节和户外嘉年华活动。积极开展公民体质监测工作，共对4735人进行测试。全年共建设了18个篮球场，1个亮灯工程，38个健身点，新建3个门球场，1个拆装式游泳池。

十一、人口和计划生育

2014年年末，全县户籍总户数28.89万户，总人口97.67万人，其中非农业人口10.97万人，女性人口45.76万人，年平均人口97.31万人，60岁及以上老年人口占14.9%，比上年上升0.6个百分点。2014年全县出生人口14723人，其中女婴6982人，人口出生率为15.1‰；死亡人口4678人，死亡率为4.8‰；人口自然增长率为10.3‰，比上年上升1.1个千分点。年内出生婴儿男女性别比为111：100，上年为21：100。全县计划生育率82.8%。

十二、人民生活和社会保障

2014年，城镇居民人均可支配收入32330元，比上年增长8.6%；城镇居民人均消费支出22512元，同比增长11.1%；恩格尔系数为34.6%。城镇居民每百户拥有家用汽车36辆，家用电脑97台，空调160台，移动电话233部。城镇居民人均住房建筑面积46.54平方米。

农村居民人均可支配收入15404元，比上年增长10.6%；人均消费支出为11469元，同比增长11.7%；恩格尔系数为38.9%。农村居民每百户拥有家用汽车19辆，家用电脑33台，空调69台，移动电话190部。农村人均住房居住面积52.86平方米。

全年实现新增城镇就业人员1.2万人。年末，城镇登记失业人数2076人，城镇登记失业率1.7%。

年末，城镇基本养老保险参保人数23.09万人，比上年增加1.41万人；城镇基本医疗保险参保人数10.14万人，增加0.30万人；失业保险参保人数8.67人，增加0.57万人；工伤保险人数参保23.01万人，增加0.88万人；新型农村社会养老保险参保人数39.18万人，增加7.88万人；新型农村合作医疗保险参保人数79.72万人，增加0.72万人。

2014年年末，全县社会福利机构40家，床位数3147张。纳入最低生活保障人数2.19万人，比上年增加0.08万人，其中农村居民低保人数2.11万人。全年发放低保金6657万元，比上年增长19.7%；其中，城镇年人均低保金补助3862元，增长6.1%；农村年人均低保金补助3050元，增长17.6%。全年慈善总会共捐赠收入3180万元，同比下降5.4%；累计专款支出2577万元，同比下降1.4%。

十三、城镇建设、生态建设和环境保护及其他社会事业

2014年年末，城镇建成区面积10.84平方千米，城镇维护建设资金支出1.01亿元。城镇道路面积173.55万平方米，排水管道长度239.75千米，公园绿地面积148公顷，供水综合生产能力4万立方米/日。建成25座建成滨水公园。

2014年我县深入开展国家生态县创建，编制完成《国家生态县建设规划》和乌牛等3个街道生态建设规划编制，沙头镇等6个申报创建国家级生态镇（街道）通过省级核查，桥下镇等5个镇（街道）通过省级生态镇（街道）命名公示。

全县原有29家造纸企业（38条流水线）整合重组成7家产能5万吨以上的企业，全部完成整治提升。印染、化工、合成革等三大行业共关停5家企业，其余19家企业按照“一厂一策”要求，全面完成行业整治提升工作。造纸、化工、印染、合成革行业污染整治通过市政府核查验收。

全年共发生各类事故166起，比上年下降14.9%，其中道路交通共发生事故162起，比上年下降14.7%。

注：

1.本公报部分数据为初步统计数据。

2.全县生产总值和三次产业增加值绝对数按现行价格计算，增长速度按可比价格计算。

3.由于个别数据四舍五入，可能会导致与合计数不一致。

4.2014年城乡收入采用城乡一体化住户调查改革后新口径数据，农村居民收入之前口径为农村居民人均纯收入。

（永嘉县统计局　国家统计局永嘉调查队）

大事记

2014年大事纪要

1月

2日 “温州医科大学附属第一医院永嘉分院”签约授牌仪式在瓯北举行。县委书记盛秋平出席仪式并致辞。省卫生厅副厅长张平、副市长孔海龙及县领导娄绍光、曹启峰、何莉平出席仪式。

3日 瓯海区委书记厉秀珍率团到永嘉县开展山海协作对口帮扶活动，共捐赠180万元用于支持永嘉县美丽乡村建设和扶贫帮困。县领导盛秋平、姜景峰、胡宝锋、曹启峰、季健中陪同。

同日 副市长任玉明率市水乡办等有关部门负责人赴永嘉县调研美丽浙南水乡建设工作。县委副书记、县长娄绍光，副县长林建波陪同。

4日 县政协九届三次会议在县人民大会堂隆重开幕。

5日 县十五届人大三次会议在县人民大会堂隆重开幕。

8日 省委政研室副主任郭占恒到永嘉县调研美丽乡村建设情况，县委书记盛秋平陪同。

9日—10日 省委常委、宣传部部长葛慧君到永嘉县调研文化发展情况，省委副秘书长胡庆国，省委宣传部常务副部长胡坚陪同。

10日 市委常委、公安局局长黄宝坤率市委、市政府考核组到永嘉，就县委、县政府贯彻落实党风廉政建设责任制情况进行检查考核。

17日 全县公安工作会议召开。

同日 县委、县政府召开旅游发展改革大会。

20日 县委发出《关于开展向李成相同志学习活动的决定》，追授李成相为县级优秀共产党员、县“红色细胞”标兵荣誉称号，并在全县党员干部中开展向李成相学习的活动。

21日 县首家美丽乡村“生态文明图书室”在岩头镇苍坡村成立。

25日 由县委、县政府主办的中国长寿之乡永嘉百名百岁老人摄影展活动走进省图书馆。省委宣传部常务副部长胡坚、县委书记盛秋平出席摄影展。

27日 县委书记盛秋平，县委副书记、县长娄绍光带着节日的祝福和诚挚的问候，赶到温州军分区开展新春慰问活动。

同日 全县2014年度文化、科技、卫生“三下乡”活动现场会在三江商务区箬隆村文化礼堂隆重举行。

2月

8日 2014年世界永商大会在三江商务区原野都市农业园隆重召开。

9日 作为温州赶超发展三年超万亿投资计划之一，三江立体城项目在三江商务区三号地块上隆重举行开工仪式，打响了全市项目建设“开门炮”，揭开了新一年永嘉全面建设大都市核心区的序幕。

11日 县委书记盛秋平主持召开县委与省市委第六督导组见面会，向省市委派驻永嘉县党的群众路线教育实践活动督导组汇报工作。

12日 县委、县政府召开全县深化“两提两争”主题实践活动动员大会。

22日 省市委党的群众路线

教育实践活动第六督导组在组长程子林、副组长胡宝叉带领下，正式进驻永嘉县督查指导党的群众路线教育实践活动工作。

24日 县委召开党的群众路线教育实践活动部署会议。

28日 全县党的群众路线教育实践活动举行先进典型学习报告会。

同日 永嘉县民间借贷备案服务中心成立。

3月

1日 县委书记盛秋平率队赴湖州市长兴县，与浙江长兴东方梅园有限公司进行对接洽谈。

3日 县委、县政府在桥头镇召开全县“五水共治”暨解难题现场会。

4日 县纪委十二届四次全体（扩大）会议召开。

5日 市委常委、常务副市长陈作荣率市有关部门到永嘉县，就扩大有效投资和重点工程项目建设、政府自身改革等工作进行调研。

5日—6日 省政府副秘书长、研究室主任沈建明到永嘉调研“三权到人、权跟人走”情况。

6日 市委常委、纪委书记宋志恒到永嘉县岩头镇调研基层信访工作。

7日 县委书记盛秋平主持召开县委常委会暨教育实践活动领导小组第二次会议。

10日 县四套班子领导率机关干部到东城街道峙口村（峙口大桥北侧），带头参加义务植树活动。

同日 台湾嘉义县议会副议长张明达、台湾观光旅游总会会长苏佳男率台湾民宿参访团到永嘉县考察。

同日 为期六天的上塘物交会正式开始。

10日—12日 县委书记盛秋平，县委副书记、县长娄绍光率队走访全县功勋企业。

18日 全县政法、信访、禁毒工作会议召开。

同日 省人大常委会副主任、省总工会主席、省委督导组组长厉志海，台州市政协副主席、省委督导组副组长马世宙率队到永嘉县，通过实地察看、听取汇报来督查指导党的群众路线教育实践活动。

19日 艾青高瑛诗歌合集《诗的牵手》再版首发仪式在楠溪江耕读小院举行，众多中国诗歌学会的著名诗人和诗评家相聚楠溪江畔。

同日 县委副书记、县长娄绍光到解放军118医院，看望慰问在扑救“3·12”德利尔火灾中受伤的消防战士。

20日 省国土资源厅党组书记、厅长陈铁雄一行到永嘉县调研国土资源管理工作。

24日 县委书记盛秋平赴桥下镇开展“走亲连心解忧”调研活动，走基层、访农户，用真心共商民事，用行动排解民忧。

26日 省建设厅副厅长赵克一行到永嘉县调研污水处理设施建设工作。

同日 省交通厅副厅长汤飞帆到永嘉县对省重点交通工程项目建设进行督查服务。

27日 县委副书记、县长娄绍光到县级领导教育实践活动联系机关单位县财政局开展“走亲连心解忧”活动。

28日 国家防总副总指挥、水利部部长陈雷一行在副省长黄旭明陪同下到永嘉调研防汛水利工作。

同日 县委书记盛秋平做客浙江之声，与全省广大听众畅谈永嘉改革发展之道。

4月

3日 县四套班子领导到沙头革命烈士墓举行清明祭奠活动，向革命先烈敬献花圈，深切缅怀逝去的先烈们。

8日 全县政府效能建设工作会议召开，新一轮政府自身改革的号角全面吹响。

9日 副省长熊建平一行到永嘉县调研民政综合改革社区服务工作。

10日 “重走红军路、重温红色岁月”活动在岩头镇举行，省市委第六督导组组长程子林及全体成员、县四套班子领导参加活动。

11日 全县宣传工作会议暨文化产业发展大会召开。

同日 县委、县政府发出《关于开展向“3·12”灭火战斗英雄群体学习的决定》，要求在全县范围内深入开展向战斗英雄群体学习的活动。

16日 县政协主席陈建良率“五水共治”第一民主督查组到东城街道、沙头镇开展视察活动。

17日 省政协副主席陈艳华率调研组到永嘉县调研“五水共治”工作。

22日 永嘉县首个私人冠名的慈善基金——“永嘉县慈善总会天宽爱心基金”成立。

23日 永嘉县举行基层党组织书记党的群众路线教育实践活动专题培训班。

27日 瓯北消防中队当选第十三届“温州市十大杰出青年”。

29日 劳模先进表彰大会在省人民大会堂举行，县人民医院院长徐聪琴获得全国五一劳动奖章、省劳动模范，县农业局水产技术推广站陈志俭、工商银行永嘉支行林小群获省级劳动模范，浙江亚龙教育装备股份有限公司获省级模范集体，国网浙江永嘉县供电公司变电运检中心获省工人先锋号。

5月

6日 县委、县政府召开全县招商选资工作领导小组扩大会议。

7日 “秀美水乡·古韵楠溪”全国知名画家采风团一行到永嘉采风。

同日 永嘉县通过“国家义务教育发展基本均衡县”省级评估。

8日 永嘉县举行党员干部“心系群众·助推发展”演讲比赛。

9日 全县党的作风建设专题讲座暨“5·10”思廉日教育大会召开。

16日 共青团永嘉县第十八次代表大会召开。

同日 县委召开学习贯彻习近平总书记系列重要讲话精神主题报告会暨永嘉县专题教育工作部署会。

18日 由县新闻信息中心全新打造的新一代主流互动式多媒体平台亮相永嘉。

20日 县委理论中心组召开学习（扩大）会，特邀省民宗委副主任陈振华进行马克思主义宗教观专题讲座。

21日 中国民主建国会永嘉县支部成立大会在乌牛召开。

同日 全县平安建设“二次夺鼎”动员大会暨人口计生工作推进会召开。

22日—23日 副市长胡纲高到乌牛街道开展“走亲连心解忧”调研活动。

25日 副市长任玉明率市农办、市治水办有关人员到永嘉县调研农村污水治理情况。

同日 全国青年书法高峰论坛活动在永嘉县举行。

26日 省建设厅党组书记、厅长谈月明到永嘉县调研“三改一拆”和“五水共治”工作情况。

27日 全省69个建制镇污水处理设施建设工作推进会在永嘉县召开。

30日 桥头镇六大重点民生工程项目集体开工。

6月

4日 全县党的群众路线教育实践活动推进会暨督导组组长会议召开。

同日 省审计厅厅长徐宇宁一行到永嘉县调研指导审计工作。

5日 县委理论中心组召开学习（扩大）会，特邀原环保部政策法规司、生态保护司司长彭近新作“生态文明建设”专题讲座。

同日 全县政法系统举行党的群众路线教育实践活动主题演讲比赛。

6日 省人大常委会副主任姒健敏率调研组到永嘉县调研“五水共治”工作。

9日 县委书记盛秋平主持召开县委全面深化改革领导小组第一次全体会议。

同日 2014楠溪江·国际房车露营高峰论坛正式开幕。

10日 全市首个房车露营基地在岩头镇西岸村滩林正式投用。

11日 第二届楠溪江茗岙梯田开犁节在桥下镇茗岙长坦垄梯田景区拉开帷幕。

12日 永嘉县召开网络经济发展大会暨县电子商务行业协会成立大会。

同日 市委常委、副市长陈浩率市有关部门人员到乌牛街道督查永乐河治理工作。

同日 全县首笔农地经营权抵押贷款落地，永嘉惠宝农庄有限公司与永嘉恒升村镇银行签订抵押贷款协议。

13日 副市长任玉明率市有关部门负责人到永嘉县专项督查半年度经济工作。

14日 开化县党政代表考察团来永学习考察生态乡村休闲旅游业发展情况。

20日 为期三天的县第二届残疾人运动会在县体育运动学校开幕。

22日 浙江省第二届体育节暨永嘉县新居民趣味运动会在瓯北第一中学举行。

23日 从永嘉中学传来喜讯，2014年高考，永嘉县永嘉中学学子再创佳绩，重点上线452人。

24日 省第十二届精神文明建设“五个一工程”评比揭晓，永昆《金印记》入选作品奖。

24日 全县领导干部会议召开，市委宣布永嘉县委主要领导变动的决定，市委书记陈一新到会作重要讲话。经省委研究决定，盛秋平不再任永嘉县委书记，娄绍光任永嘉县委书记。

同日 市委书记陈一新在永嘉县会见捷克水利专家考察团一行。

30日 县委召开纪念建党93周年大会。

同日 过江通道大桥段今晨0时试通车。

同日 永嘉县首个“保护母

亲河宣传周”暨第四个“浙江生态日”系列宣传活动在上塘鹅浦公园启动。

同日 永嘉县举行纪念谢文锦同志诞辰120周年座谈会。

7月

2日 首条途经永嘉的货运铁路开工，金温铁路的出海通道乐清湾港区铁路支线将在黄田设货运车站。

同日 浙南最大的救灾储备中心在永嘉县东城街道河底村开工。

4日 省工商局党委书记、局长裘东耀到永嘉县调研市场监管体制改革工作。

同日 心系家乡发展的沈阳军区原副政委潘瑞吉考察泰石将军图书馆建设工作。

10日 永嘉绿色环保志愿者协会受邀参加在贵阳举行的生态文明国际论坛，系全省唯一登上该国际性论坛的民间环保组织。

13日 省第十五届运动会首个项目赛艇、皮划艇比赛，永嘉县运动员共获得3金、4银、1铜的优异成绩。

16日 由县教育局主办、温州翔宇中学承办的中美素质教育合作交流论坛在翔宇中学举行。

17日 省经合办主任姚少平率省经合系统考察团到永嘉县调研招商选资工作。

28日 由县委、县政府主办的中国长寿之乡——永嘉百名百岁老人摄影展在市行政管理中心一楼大厅举行。

29日 县委书记、县长娄绍光主持召开县委全面深化改革领导小组第二次会议。

30日 全市温商回归工作推进会在永嘉县召开，总结交流上半年工作，研究部署下半年任务。

31日 县委召开十二届七次全体（扩大）会议，会议审议通过《中共永嘉县委关于建设“两美”永嘉　融入时尚之都的实施意见》。

8月

4日 县委书记、县长娄绍光来到党的群众路线教育实践活动联系点巽宅镇，指导专题民主生活会召开情况。

5日 副省长梁黎明到永嘉县调研旅游和外贸工作。省商务厅副厅长陈如昉、省旅游局副局长傅玮等陪同。

10日 2014年“健身象棋杯”全国少年象棋锦标赛在深圳落下帷幕，永嘉县棋手徐崇峰成为全国少年象棋史上第一个蝉联男子甲组冠军的棋手。

11日—15日 由省委办公厅副巡视员毕书明为组长的省委“五水共治”督查组到永嘉县开展专项督查。

18日 县委书记、县长娄绍光到温州翔宇中学进行专题调研。

21日 永嘉县举行县委理论中心组学习（扩大）会暨“五水共治”专题研讨班开班仪式。县委书记、县长娄绍光在会上作重要讲话。

22日 市委常委、常务副市长陈作荣到永嘉调研扩大有效投资和重点工程项目建设进展情况。

26日 姜景峰到岩坦镇屿北村指导党支部专题组织生活会。

27日 市委副书记、市长陈金彪到永嘉县调研泵阀产业发展情况。

同日 县委书记、县长娄绍光做客温州网《温网议事厅》栏目，就有关永嘉社会、经济、民生等问题回答网友提问。

同日 省综治办专职副主任谢小云到永嘉县调研指导社会综治网格化建设工作。

29日 平阳县党政考察团到永嘉县考察美丽乡村建设和旅游发展情况。

9月

5日 县委、县政府隆重举行“百名永商中秋圆月行”活动，全国各地的永嘉籍商会会长和在外重点企业家代表共100余人参加。

10日 永嘉县召开庆祝第三十个教师节暨先进表彰大会。

11日 永嘉县举行2014年度欢送新兵大会。

12日 县委、县政府召开全县在编不在岗和编外人员清理工作动员部署会议。

15日 省委政法委副书记、综治办主任巫波伦一行到永嘉调研指导社会综治网格化建设工作。

18日 省林业厅厅长林云举到永嘉县调研指导林业工作。

19日 浙江省第二届全民体育节暨永嘉县千人健行活动在永嘉广场开幕，1000多名健身爱好者积极参与，践行低碳、环保、健康的生活方式。

23日 永嘉县召开高级专家联谊会20周年庆典暨农业分会成立大会。

25日 省委政法委副书记朱贤良率全省政法文化建设考察团到永嘉参观学习政法文化建设工作。

27日 西藏自治区政协副主席、那曲地委书记高扬率领西藏那曲地区党政代表团到永嘉县访问考察。

28日 永嘉县在上塘大自然广场举办了首届社会组织党组织“同心圆党建·服务大集市”活动。

10月

9日 县委书记、县长娄绍光到大若岩镇走访慰问当地百岁老人。

13日 县委召开全县党的群众路线教育实践活动总结大会。

14日 市委常委、公安局局长黄宝坤到永嘉县督导物联网管控决战季工作。

15日 县四套班子领导会议召开，宣布省市委关于县政府主要领导职务变动的有关任免文件。省市委决定，提名姜景峰为永嘉县县长候选人；提议娄绍光不再担任永嘉县县长职务。

17日 全市各县（市、区）人大常委会第64次联席会议在永嘉县召开。

22日 县第三届早香柚节暨早香柚擂台赛在碧莲镇健康路公园精彩上演，来自大若岩、碧莲、巽宅的48位柚农拿出自家的200多个柚子一争高下。

23日 “山水桃源 写意楠溪”——2014全国知名媒体看永嘉采风活动启动仪式在耕读小院举行。

同日 县委理论中心组召开学习（扩大）会暨反腐倡廉专题报告会，特邀市委常委、纪委书记宋志恒作题为《党风廉政建设和反腐败工作》的专题讲座。

24日 由省旅游局、省文明办主办的“‘诗画浙江·美上加美’最美人物走近最美山水”主题旅游宣传活动在永嘉县举行。

26日 市民翘首期盼的首批36辆社区巴士“1号”“2号”“3号”“4号”线在上塘城区正式开通并上路。

27日 县第八次归侨侨眷代表大会暨县侨联成立三十五周年纪念大会隆重召开。

28日 由省卫生委、教育厅、物价局等部门组成的省社会力量办学办医督导组到永嘉县开展督查活动。

11月

4日 县委书记娄绍光到沙头镇实地调研滨水公园建设情况。

5日 省泵阀行业协会二届一次会员大会在永嘉县铂尔曼酒店举行，黄胜丰当选新一届理事会会长。

6日 省人大常委会副主任、省总工会主席、省委赴温州督导组组长厉志海率队到永嘉县，通过实地察看、听取汇报督查指导党的群众路线教育实践活动整改落实工作。

7日 县委书记娄绍光分别到县广播电视台和县新闻信息中心，看望慰问全体新闻采编人员。

同日 县政协组织县政协委员、在永嘉的省市政协委员开展2014年政协委员活动日活动。

10日 仙居县委书记单坚率仙居党政考察团一行到永嘉县考察美丽乡村建设和乡村旅游发展情况。

13日 县委、县政府召开全县工业企业座谈会。

同日 鹤盛镇西炉举办首届红柿节。

16日 泰石将军图书馆开馆典礼暨将军名家书画展开幕式在沙头镇泰石村隆重举行。

17日 省委“五水共治”“三改一拆”督查组到永嘉县督查工作。

18日 省政府党组副书记、省政府顾问王建满到永嘉县调研地方经济社会发展情况。

19日 市委常委、市政府党组副书记朱忠明到永嘉县调研2014年以来财税、招商工作。

同日 县委书记娄绍光到瓯北片区督查指导教育实践活动整改落实工作。

21日 瓯海区委副书记、区长彭立华率团到永嘉县开展山海协作对口帮扶活动。

24日 全县宗教界深入开展“同心同行·共建和谐”活动工作交流推进会召开。

25日 市委常委、副市长、统战部部长陈浩率队到永嘉调研统战工作和“同心同行·共建和谐”活动情况。

26日 县委书记娄绍光率县党政考察团到上海市走访考察部分在沪永嘉商企业。

30日 县第十四届寒兰博览会在县文化中心举行。

12月

1日 永嘉县开展“提速增效、服务民生、助推发展”政风行风质询评议活动。

5日 永嘉县举行“最美人物”表彰大会，并成立最美公益基金。

7日 县委副书记、代县长姜景峰率有关部门负责人前往鹤盛、沙头、上塘等地专题调研“滨水公园·亲水绿道”相关建设情况。

9日 全国首家以婚礼文化为

主题的五星级酒店——温州铂尔曼酒店举行开业典礼。该酒店的开业，填补了永嘉县没有五星级酒店的空白。

12日 浙南红色文化研究中心揭牌仪式在永嘉革命历史纪念馆举行。

15日 市政协主席包哲东到永嘉县开展十大民生实事视察活动。

17日 县委召开2014年度全县镇（街道）党（工）委书记抓基层党建工作述职评议会议。

18日 市委常委、公安局局长黄宝坤到永嘉县督查教育实践活动整改落实情况和年度重点工作。

同日 县委召开重点中层科室干部督考千人评议会议。

同日 县委理论中心组召开学习（扩大）会，特邀省委党校副校长郑仓元作党的十八届四中全会精神专题讲座。

24日 温州阿哆食品有限公司在上海股交中心挂牌成功，股票代码为202972。这也标志着永嘉县首家农业企业成功在上股交挂牌。

29日 县工商联（总商会）第十届四次执委会召开。

同日 上塘公共自行车举行启动试运行仪式。

同日 国家质检总局副局长陈钢到永嘉县奥康集团考察。

31日 备受关注的诸永高速公路温州段延伸工程通车仪式在温州北收费站广场（三江启灶村）隆重举行。

（郑阳）

总 情

历史沿革

永嘉县历史悠久。1953年，罗浮、上塘、永临等地陆续出土的石器、陶器、青铜器，证明县境内早在新石器时代晚期就有先民在这里生息繁衍。

唐、虞、周三代属扬州之域。少康封庶子无馀于会稽以奉禹祀。周敬王时，无馀二十余世至勾践称王。显王三十五年（前334年），“楚威王兴兵而伐之，大败越，杀王无彊，尽取故吴地至浙江，北破齐于徐州。而越以此散，诸族子争立，或为王，或为君，滨于江南海上，服朝于楚。”秦始皇二十六年（前221年），置三十六郡，最后使尉屠睢平百越，废为君长，以期地置闽中郡，治东冶（今福建省福州市），属闽中郡。

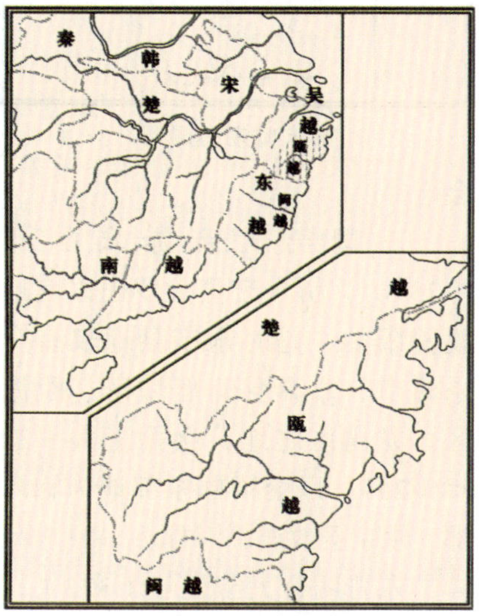

春秋时期的瓯越

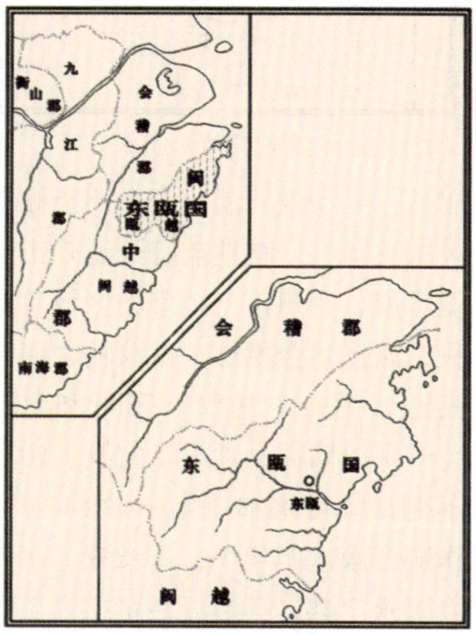

西汉时期的东瓯

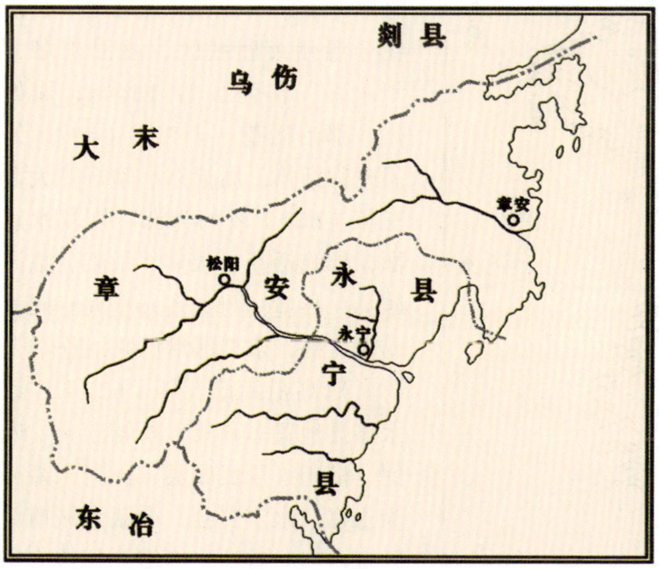

东汉时期的章安县

汉初，越王勾践后裔驺摇佐汉有功，汉惠帝三年（前192年）封为东海王，建都东瓯（今永嘉县境内），俗称东瓯王。汉武帝建元三年（前138年）闽越王发兵攻东瓯，东瓯被围，派人向西汉中央求援，汉武帝遣庄助持节发会稽兵，取海道救援东瓯，但是援兵未至，闽越已引兵而去。东瓯解围后，请求迁居内地，武帝允其请，东瓯王驺望率族属吏卒4万余人内迁至江淮间庐江郡（今安徽省西南部地区），东瓯国除。其地为闽越控制。建元六年（前135年），闽越王郢被杀，闽越分越繇和东越两部，东瓯故地属东越。元封元年（前110年），汉王朝以越人经常互相攻击，再诏东越闽越两地吏民迁江淮间，东越地遂虚。汉昭帝始元二年（前85年），以东瓯地设回

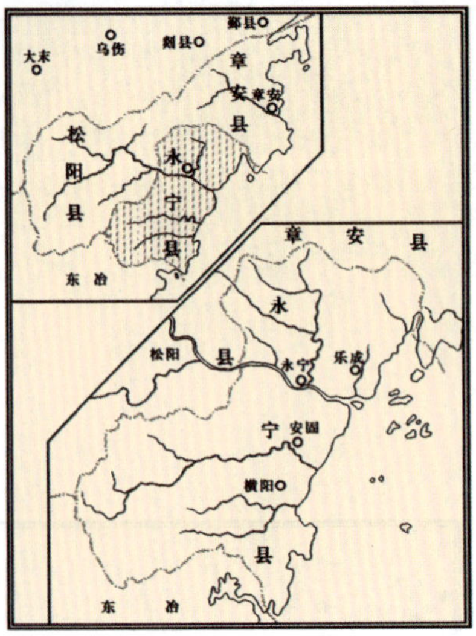

东汉时期的永宁县

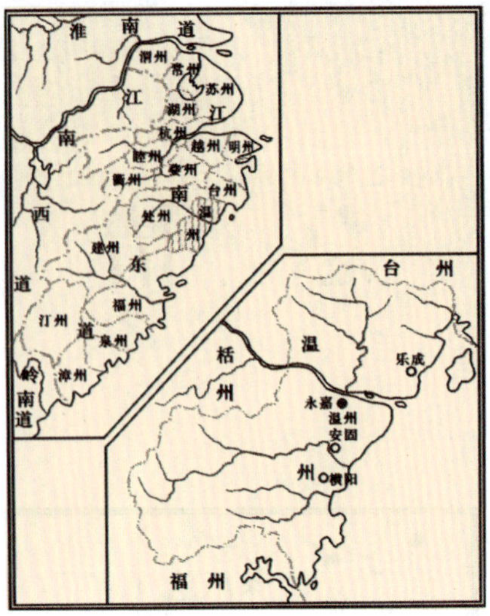

唐宋时期的温州

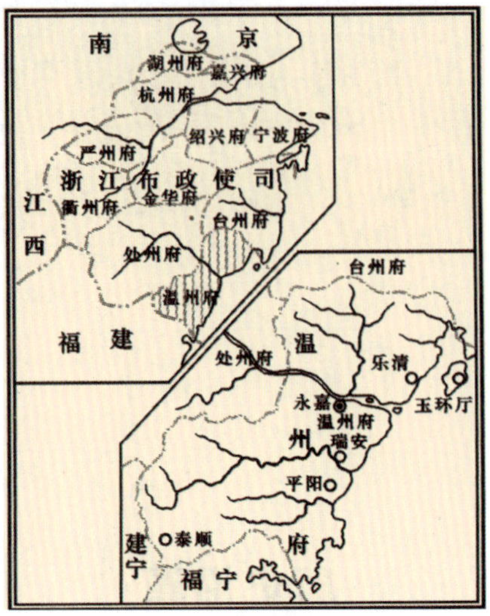

明清时期的温州府

浦县，县治设回浦（今台州市椒江区章安镇）。辖地兼有今温州市、丽水市、台州市三个市的区域总面积，属扬州会稽郡。东汉初，回浦县并入鄞县。东汉章帝章和元年（87）以回浦县地设章安县，治所不变。顺帝永和三年（138）（一作顺帝永建四年），析章安县东瓯乡置永宁县，县治设在贤宰乡（今瓯北城市新区境内）。永宁县地兼有今温州市、丽水市两地，属扬州会稽郡。

三国吴大帝赤乌二年（239），析永宁县大罗山以南地置罗阳县，是时永宁县地仅有今乐清市、永嘉县、鹿城区、瓯海区、龙湾区之地，会稽王太平二年（257）以会稽郡东部地为临海郡，永宁县改属临海郡。

东晋明帝太宁元年（323），析临海郡南部地永宁、安固、松阳、横阳置永嘉郡，永宁县属永嘉郡，“永嘉”作为郡名自此始。郭璞卜筑郡城，郡治设城中，永宁县治亦随之从瓯江下游北岸迁入城中。孝武帝宁康二年（374），析永宁县地置乐成县，是时永宁县境与今永嘉县、鹿城区、瓯海区、龙湾区同。

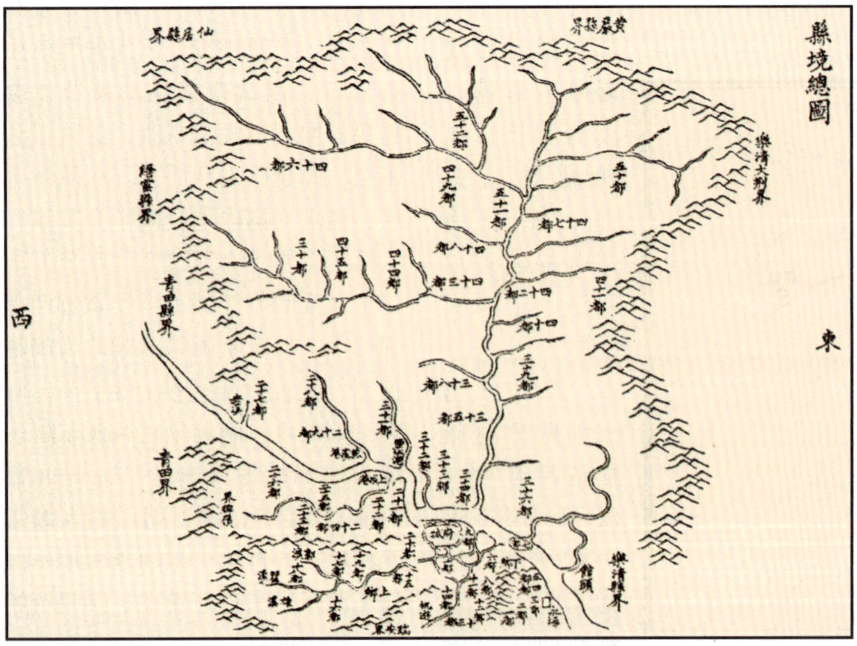

清永嘉县境总图（清光绪《永嘉县志》）

隋文帝开皇九年（589）平陈后，罢天下郡县制，以州统县，改永宁县为永嘉县，撤安固、横阳、乐成入永嘉，是时永嘉兼有今永嘉、乐清、瑞安、平阳、苍南、文成、泰顺、洞头、鹿城、龙湾、瓯海等二市、六县、三区之地。县治在今温州市鹿城区，县沿郡名，“永嘉”作为县名自此始，属处州，郡治括苍。十二年（592）处州改称括州，属括州。隋炀帝大业三年（607）改州为郡、恢复永嘉郡，郡统括苍、永嘉、松阳、临海四县，县境仍与文帝开皇九年同，属永嘉郡，永嘉郡治仍驻括苍。

唐高祖武德五年（622），以永嘉县地置东嘉州，析辖永宁、安固、横阳、乐成四县，此时永嘉分为永嘉、永宁二县，今瓯北城市新区境内当时有地名新城，相传为唐初立县之所，属东嘉州，隶括州总管府。武德七年（624），改永宁县为永嘉县，乐成县入永嘉县，属东嘉州、隶括州都督府。太宗贞观元年（627）废东嘉州入括州，撤横阳、永宁二县，是时永嘉县境犹吴大帝时之永宁县境，以永嘉县属括州，隶江南道越州都督府。高宗上元二年（675），析括州地永嘉、安固二县置温州，州治设永嘉县城区（今鹿城区），属温州，隶江南道都督府，“温州”得名自此始。唐武后载初元年（689），复置乐成县，从此县境兼有今永嘉县、鹿城区、瓯海区、龙湾区一县三区之地，属温州、隶江南道都督府。玄宗天宝元年（742），改温州为永嘉郡，改刺史为太守，永嘉县属永嘉郡，县境未变。肃宗乾元元年（758），复为温州，永嘉县属温州，先后隶浙江东、西道。

唐末，温州先后为朱褒兄弟交替割据达22年，至哀帝天祐四年（907）三月，钱镠命子元瓘率兵讨伐，四月攻占温州。于是，温州为吴越王地，设温州制置使，永嘉县属之，上隶东府。后晋天福四年（939），升温州为静海军节度州，永嘉县属之。县境均同武后载初元年复置乐成县之后地同。

北宋太宗太平兴国三年（978），吴越王钱俶纳土降宋，温州节度州降为温州军事州，属温州军事州，隶两浙路。徽宗政和七年（1117）温州军额为应道军节度，升温州军事州为应道军节度州，永嘉县属之。南宋高宗建炎三年（1129）罢应道军军额，温州由节度州又降为军事州，永嘉县属之，隶两浙东路。度宗咸淳元年（1265），以度宗潜官邸升温州为瑞安府，永嘉县属之，县境仍前未有变动。

元世祖至元十三年（1276）七月，在扬州设立行中书省，称江淮行省。同年，改瑞安府为温州路，隶江淮行省。二十一年（1284）二月，江淮行省治迁杭州，称江浙行省。二十三年（1286）七月，忽必烈同意江浙行省官员奏议，改江浙行省为江淮行省。二十八年（1291）十二月，又改江淮行省为江浙行省，治仍在杭州。成宗大德三年（1299）二月，置福建行省，以其地属江浙行省。永嘉县属温州路，隶江淮行省、江浙行省。县境与宋同。

明太祖洪武元年（1368）废路置府，温州路改为温州府，永嘉县属温州府，隶浙江行省，洪武十五年（1382）改隶浙江布政使司。成祖永乐年间（1403—1424），布政使司下设道，永嘉县隶温处道。至明末，其名称隶属和县境无变。

清世祖顺治三年（1646）春，清军入浙，七月下温州，入清版图。清沿明制，永嘉县属温州府，隶浙江布政使司分巡温处道，县境无变。

民国元年（1912），实行省、县二级制，永嘉县直属浙江省。民国3年（1914）5月23日，颁发《道官制》，归瓯海道管辖，隶浙江省，道尹行政公署设永嘉县城（今鹿城区）。民国16年（1927）4月，南京国民政府成立，继而废除《道官制》，再实行省、县二级制，隶浙江省政府，先后归浙江省第十县政督察区、第四特区、第三特区、永嘉行政督察区、第八行政督察区、第五行政督察区管辖。专员公署设永嘉县城（今鹿城区）。民国37年（1948）8月，石染、西岙、温溪3个乡划归青田县管辖。

1949年5月，永嘉县全境解放，瓯江以北地置双溪县，治设岩头镇。8月，永嘉县城区及城郊、梧埏、永强、三溪、藤桥、西岸5个区划出设立温州市，直属浙江省人民政府。双溪县属浙江省人民政府第五区专员公署，隶浙江省人民政府。9月21日，双溪县复称永嘉县，移治枫林镇，翌年6月迁治罗浮龙桥，12月21日迁治温州市九山。1950年5月，梧埏、永强、三溪、藤桥4个区复归永嘉县。1958年8月，永嘉县治由温州九山迁上塘。9月1日，经浙江省人民委员会批准，将永强、梧埏、三溪、藤桥4个区和永中、瞿溪2个镇划归温州市管辖。1961年，青田县的西岙、石染、上横3个公社划归永嘉县管辖（上横公社划归后并入石染公社）。2001年7月，七都镇划归温州市鹿城区管辖。2013年年底，县境东至乐清市，南至瓯江与鹿城、瓯海、龙湾三区为邻，西至青田县、缙云县，北至仙居县、黄岩区，总面积2674.3平方千米。先后归温州专员公署、温州地区行政公署（温州地区革命委员会）、温州市人民政府管辖。隶浙江省人民政府。

地理环境

永嘉县位于浙江省南部，瓯江下游北岸。东邻乐清市，南与鹿城区、瓯海区、龙湾区隔江相望，西接青田县、缙云县，北连仙居县和黄岩区。县境位于北纬27° 58′ 40″ ~28° 36′ 54″，东经120° 19′ 34″ ~120° 59′ 19″之间。最长直线距离，南北69.5千

明万历三年温州府境

清乾隆二十七年温州府境

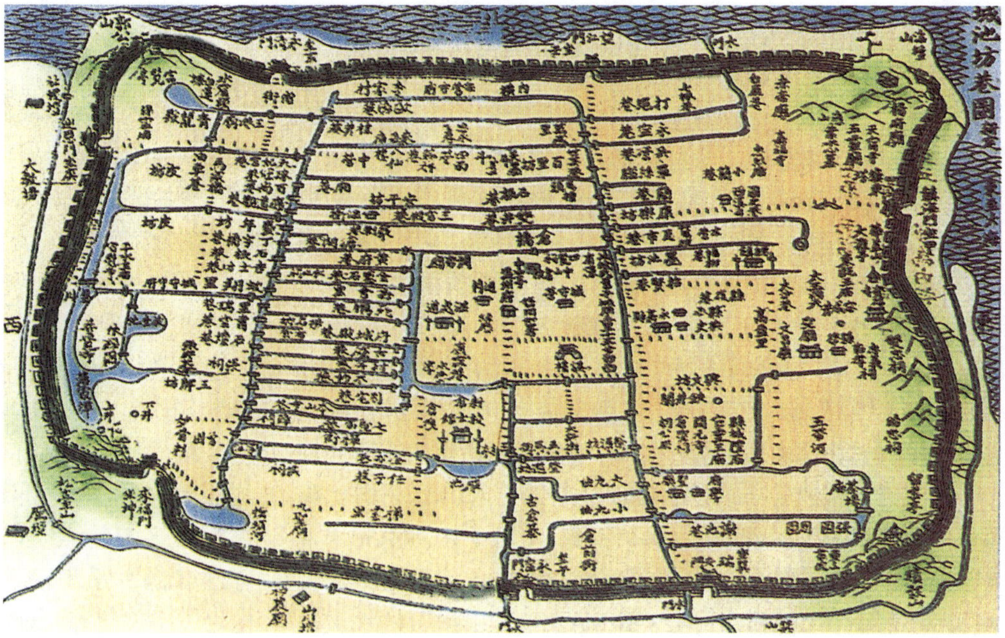

清光绪八年城池坊巷

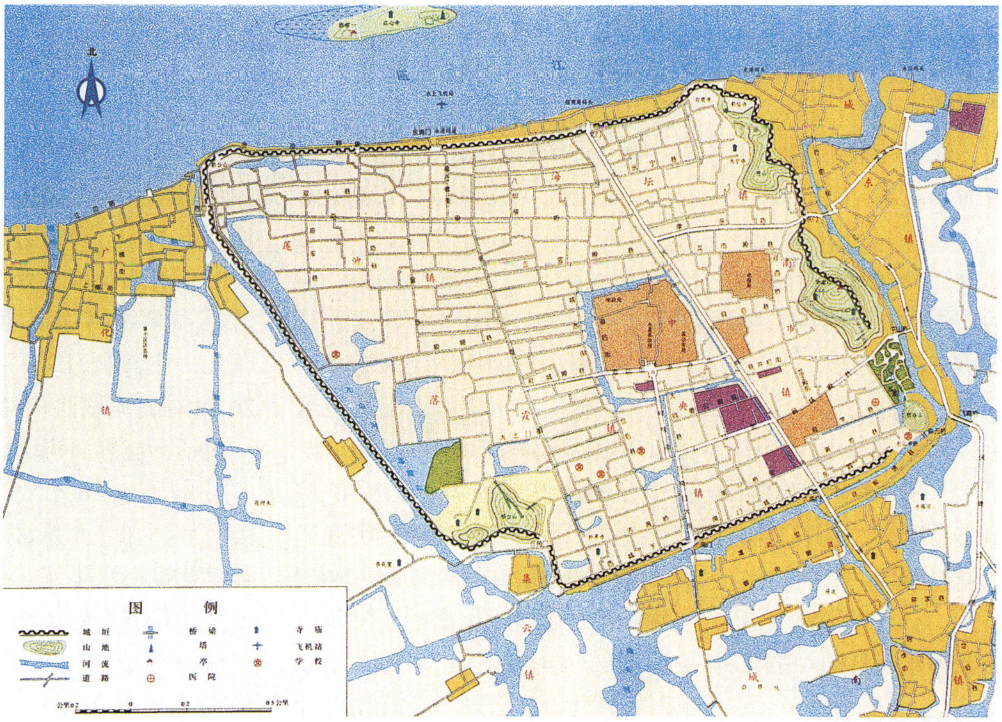

民国26年城厢街巷

米，东西61.3千米，总面积2674.3平方千米。2014年年末，永嘉县辖3个功能区、10个中心镇、8个街道，904个建置村，总人口96.95万人。永嘉县人民政府驻上塘中心城区，距省会杭州约240千米。

永嘉县属中国东南沿海丘陵地形区，境内有山地丘陵2308.5平方千米，占全县面积的86.32%，平原265.0平方千米，占全县面积的9.91%，河流湖泊100.8平方千米，占全县面积的3.77%。北部、西部括苍山脉盘踞，东部北雁荡山脉伸延，地势自北向南倾斜。北部山地属括苍山脉，起自溪下乡和仙居县交界的鸭坑岭，逶迤向东至张溪乡和黄岩区接壤的大寺尖与北雁荡山脉相接。构成县境北部一天然屏障，成为楠溪江与灵江上游永安溪的分水岭。东部山地属北雁荡山脉，起自岭头乡的高尖岩，逶迤向南至乌牛镇境内破岩垟以南，成为楠溪江与乐清市境内诸溪流的分水岭。西部山地属括苍山脉，起自溪下乡的大青岗，逶迤向南至瓯北镇的大坟山，成为楠溪江与缙云县、青田县境内诸溪流的分水岭。县境内海拔1000米以上的山峰有123座，1271米的大青岗为最高。楠溪江自北向南纵贯，注入瓯江。县境南部和楠溪江两岸为低丘宽谷、盆地、冲积平原，其中的岩头、枫林河谷平原为最大，平原东西长10千米，南北宽10.5千米，总面积27.0平方千米。上塘、黄田、江北、乌牛、桥下、桥头、三江等平原为沿江工业经济带，是永嘉县的经济发达地区。

永嘉县地势自北向南倾斜，随着括苍山脉、北雁荡山脉的延伸，形成楠溪江、西溪、菇溪、乌牛溪四大水系。大小溪流百余条，呈南北—东南、东北—西南走向，“两山四水汇瓯江”是永嘉县的山川大势。楠溪江最大，干流长139.8千米。发源于溪下乡的罗垟岭西侧，东流至溪口乡溪口村纳岩坦溪后蜿蜒南下，沿途纳张溪、东皋溪、五鹚溪、孤山溪、花坦溪、小楠溪、古庙溪、陡门溪、路口溪、中塘溪、横溪诸溪流，在瓯北城市新区清水埠注入瓯江。支流成扇形分布，东岸支流河短流急，西岸支流河长湾多。流域面积2489.97平方千米（包括县境外的212.3平方千米），平均比降7.41‰，中、上游平均河宽50米，下游平均河宽375米，平均年径流量28.6亿立方米，根据石柱水文站实测最大流量发生在1965年8月20日，为9430立方米/秒，最小流量发生在1967年10月7日，为1.03立方米/秒，属山溪性河流。流域境内“水秀、岩奇、瀑多、村古、滩林美”，1988年8月1日，被国务院列为第二批国家重点风景名胜区，划分为楠溪江及沿江农村文化景区、大若岩景区、石桅岩景区、北坑景区、水岩景区、陡门景区、四海山景区，共有800余个景点，其中价值较高，被列为一、二级景点的有70多个。为了更好地促进风景资源和生态环境的保护，适应旅游和社会经济发展的需求，保护特色、挖掘潜力、发挥优势，实现风景区的协调发展和综合效应，2009年浙江省建设厅、永嘉县人民政府委托北京大学世界遗产研究中心和中国对外建设总公司城市规划设计院对《楠溪江风景名胜区总体规划（修编）》再次修编。2011年5月23日经国务院批复通过。《楠溪江风景名胜总体规划（修编）》共分为规划文本、规划图集、规划说明书、专题考察报告、基础资料汇编五个部分。把楠溪江风景名胜区分为大楠溪、大若岩、石桅岩、四海山、太平岩、岩坦溪源头、珍溪等景区。西溪发源于巽宅镇外宕村西北，由西北向东南流经桥下镇，在垟塆附近入注瓯江。主流长32.5千米，平均比降29.90‰，流域面积166.05平方千米，上游源短流急，谷深滩险。下游从西岸村至河口是感潮河段，长5.9千米，可通小货轮至温州。流域境内有西溪景区，与楠溪江相类似，兼具岩奇、水秀、瀑多等特点。较具代表性的有红岩漈、吊坦漈、娄川漈和石柱岩、小天池等。菇溪发源于青田县峰山村东侧，流经青田县吴坑乡后进入永嘉县，由西北向东南，斜贯桥头镇，在朱涂村附近注入瓯江。主流长35.15千米，平均比降25.10‰，流域面积为153.29平方千米（包括县境外面积）。桥头镇驻地至河口，为感潮河段，可通小货轮至温州。乌牛溪发源于乌牛街道境内北部的乌岩村东北面，为永嘉、乐清两县市的界河，由北向南流，在乌牛街道码道村附近注入瓯江。主流长21.1千米，平均比降26.11‰，流域面积87.63平方千米（包括县境外面积）。

永嘉县山水奇丽，环境优美。楠溪江、西溪水质基本符合二类水标准，乌牛溪、菇溪水质有所下降，仍属良好。绝大多数的山涧溪流没有受到工业污染，80%以上地面水质属国家一、二类水质标准。全县大气环境质量稳定，一般达到国家二级标准。

气象特征

概　况　永嘉地处浙江省南部，瓯江下游北岸，属于亚热带季风气候，温暖湿润，四季分明，无霜期长，年温差较小，雨水充沛，热量丰富，十分利于农作物生长。根据常年历史记录，年平均气温18.5℃。一年中1月最冷，月平均气温8.2℃；7月最热，月平均气温28.6℃。极端最高气温42.1℃，出现在2003年7月15日；极端最低气温-4.8℃，出现在1999年12月23日。春季日平均气温稳定通过10℃的平均回暖初日在3月18日，平均终日出现在12月2日。平均无霜期281天，平均初霜日在12月5日，平均终霜日在2月22日。年平均降水量1743.9毫米，并且年际间差异特显著。1973年最多达2592.7毫米，1986年最少仅有1193.6毫米。一年中8月平均降水量最多，高达278.0毫米，6月次之，主要是受台风和梅雨的影响；12月最少，仅45.2毫米，其次是1月。年平均雨日171.1天。年平均日照1775.7小时，其中以7月和8月最多，分别高达225.2小时和211.9小时；而2月和3月最少，分别为92.0小时和103.9小时。年平均蒸发1421.9毫米。年平均相对湿度77%。主要灾害性天气有暴雨、冰雹、干旱、台风、洪涝、雷电和大风等。

气候特点　2014年年平均气温偏高，年降水量偏多，年日照偏少，年蒸发量偏少，雨日也明显偏少。2014年2月受冷空气影响，我县出现低温阴雨天气，日照明显偏少，一些大棚蔬菜出现了一定的冻害；2014年3月下旬至4月中旬多晴好天气，气温较高，日照充足，有利于春花作物和蔬菜的生长；受5月9日开始连续10多天阴雨影响，未及时收割的小麦生穗发芽；6月梅雨降水明显，日照偏少，对早熟品种杨梅生产略微不利，但7月高温不明显，有利于晚熟品种的杨梅生成；9月降水丰沛，土壤水分充足，有利于柑橘的膨大。总体来说，2014年的气候对农业生产有利有弊。

温　度　2014年年平均温度18.9℃，正常偏高0.4℃，近年来自2010年开始至2012年年平均气温趋于正常，而2013年和2014年年平均气温趋于偏高。纵观全年可以看出，全年气温基本上处于偏高趋势，其中3月、4月、7月、9月、11月偏高；1月和10月略偏高；5月和12月偏低，其中12月气温居历史同期第五低值；而2月、6月、8月气温正常。年最高气温38.2℃，出现在7月11日；年最低气温-2.0℃，出现在1月22日；春季稳定通过10℃的回暖初日出现在3月12日，比常年平均回暖初日略早6天；秋季稳定通过22℃的终日出现在10月22日，比常年平均明显偏晚44天。终霜日2014年2月21日，初霜日2014年12月18日，全年无霜期299天，比常年平均偏多19天。

降　水　2014年年降水量1832.9毫米，比常年平均偏多89.0毫米。年降水日数160天，比常年平均明显偏少11.1天。纵观全年可以看出，1月、4月、7月、10月都明显偏少，其中1月居历史同期第三低值，12月略偏少；5月、6月、8月、9月明显偏多，其中8月居历史同期较高值，2月、3月、11月略偏多，2014年最大日降水量89.1毫米，出现在8月19日。

主要气候事件　（1）低温阴雨　2月雨日16天，9—13日持续了一段低温阴雨天气，全县出现了雨夹雪，北部山区大部地区出现降雪，部分道路出现结冰现象，县城周围的高山顶上可见积雪，北部山区岩坦镇、巽宅镇、碧莲镇等地降雪强度较大，四海山地区积雪达8厘米。一些大棚蔬菜出现了一定的冻害，而且由于2014年1月气温偏高，早茶萌发早，茶叶受冻萎蔫，造成较大的损失。据调查，永嘉乌牛200公顷早茶受冻。2月18日至19日出现的低温冰冻天气令永嘉碧莲镇茶叶基地约36.7公顷受损；三江街道茶叶受损200多公顷，经济损失1000多万元；岩坦镇毛竹折断10万余株、树木折顶6万余株，经济损失500多万元。

（2）冰雹　3月19日，受冷空气前锋和暖湿气流共同影响，全县出现短时强降水并伴有雷雨大风和冰雹天气，19日晚17点50分溪口张溪乡出现冰雹，最大直径有30毫米左右，18点20分上塘本站也出现了冰雹，最大直径12毫米。18时00分至19时00分，上塘本站小时雨量17.1毫米。本次强对流过程极大风速21.1米/秒（9级大风），出现在北溪水库，界坑、应坑、潘坑、五尺、西源、岩头也相继出现7级大风。受其影响，永嘉县高速路段双向跳远隧道至括苍山隧道路段的各个隧道停电。

（3）梅汛期　2014年全县梅汛期特征（6月17日至7月7日）明显，累计雨量305.4毫米（本站），全县面雨量414.5毫米，比2013年偏多，比历年梅汛期雨量偏多，最大降雨量出现在黄南站690.9毫米。梅汛期降水日数16天，其中6月23日降水量最大，日降水量85.4毫米，24日次之，雨量67.5毫米。2014年梅雨期降水雨强大，但持续时间短，上半月日照偏多。在6月22日至24日持续暴雨影响期间，由于降水强度大，农田排水不畅，造成部分农田出现积涝，城市低洼地区出现内涝等情况。又由于正是杨梅成熟期，连续强降水导致杨梅掉落，严重减产。

（4）大范围暴雨　2014年8月18日永嘉县发生大范围的大暴雨，据统计8月19日08时至20日08时，全县面雨量102.9毫米，本站累积降水量116.2毫米，最大降水量出现在陡门177毫米，累积降水量超过100毫米的站点共有31个。此次大暴雨主要集中在西北部和南部地区。受其影响，全县部分鱼塘水满，水产品外逃，给渔业生产带来了损失。

（5）雷灾　3月份至9月份，由于受副热带高压边缘影响，频繁出现强对流天气，雷阵雨天气频发。3月29日，人民银行永嘉支行计算机房遭雷击；8月25日上塘镇长源村一所农房被雷击塌；9月1日晚国家电网永嘉供电公司3台供电设备遭雷击受损，导致上塘城区及多个村被迫停电，直接损失20多万元，间接损失10多万元。

（6）台风　①麦德姆。2014年第10号台风“麦德姆”于7月18日凌晨2时在菲律宾以东的西北太平洋洋面上生成；于23日0时15分前后在台湾省台东县长滨乡沿海登陆，登陆时中心附近最大风力有14级（42米/秒）；于23日15时30分前后在福建省福清市高山镇沿海登陆，登陆时减弱为强热带风暴，中心附近最大风力有11级（30米/秒）。受台风“麦德姆”影响，永嘉县各地普降大到暴雨，局部大暴雨，此次台风全县过程（7月22日20时至7月24日20时）面雨量为63.4毫米。降水量超过100毫米的站点有3个（鹤盛130.4毫米、潘坑108.9毫米、中堡103.8毫米），本县范围内有23个站点出现8级以上大风，7个站点出现9级大风,1个站点出现10级大风（桥头）。“麦德姆”导致三江北岙村一处羊圈250平方米左右倒塌，30多只羊被压死。鹤盛镇鹤湾村一处老房子倒塌，南坑村变压器23日晚着火，西源村祠堂倒塌。倒塌房屋15间，转移人员1643人，直接经济损失478.5万元，农业受灾面积200公顷，成灾面积66.7公顷，经济作物损失340万元，农林牧渔直接经济损失440万元，供电中断8次，工业、交通运输业直接经济损失16万元。直接经济损失约934.5万元。②凤凰。今年第16号台风“凤凰”于18日凌晨在菲律宾以东洋面上生成。“凤凰”生成后，前期以西北方向移动，19日中午登陆菲律宾北部，并逐渐转向偏北方向移动，21日10时登陆台湾恒春，后沿台湾东部海岸北上，同日22时再次登陆台湾宜兰与新北交界处，随后向西偏北方向移动，于22日19时35分登陆浙江省象山县鹤浦镇，穿过宁波地区、杭州湾后，于23日10时45分第五次登陆上海，然后转向东北方向移动并入海。受台风“凤凰”影响，全县各地普降大到暴雨，局部大暴雨，此次台风永嘉县过程（9月19日20时至9月22日20时）面雨量为88.0毫米。降水量超过100毫米的站点有10个，占区域自动站总数的23%（其中黄南173.9毫米，四海山140毫米，鹤盛134.5毫米、中堡1117.5毫米），本县范围内有5个站点出现7级以上大风。受其影响，乌牛街道西湾村江滨花园发生山体崩塌灾情，无人员伤亡。

（周　佳）

行政区划

2014年，永嘉县设3个功能区（上塘中心城区、瓯北城市新区、楠溪江风景旅游区），10个中心镇（桥头镇、桥下镇、大若岩镇、碧莲镇、巽宅镇、岩坦镇、鹤盛镇、岩头镇、枫林镇、沙头镇），8个街道（东城街道、南城街道、北城街道、乌牛街道、三江街道、黄田街道、江北街道、东瓯街道）。下辖81个城乡社区（其中城市新区9个、城郊社区4个、农村社区68个），904个村民居委会。

2014年永嘉县行政区划示意图

机 构

县级机构

中共永嘉县第十二届委员会

书　记　盛秋平（—2014.06）
　　　　娄绍光（2014.06—）
副书记　娄绍光（—2014.06）
　　　　姜景峰
常　委　陈志斌
　　　　林乃排
　　　　金丐旦（—2014.01）
　　　　章寿禹
　　　　林小露（女）
　　　　徐志宏
　　　　胡宝锋
　　　　郑焕东（2014.05—）
　　　　罗晴军
　　　　曹启峰（挂职，—2014.12）
　　　　胡　琦（挂职，2014.07—）

中共永嘉县纪律检查委员会

书　记　章寿禹
副书记　夏宗明
　　　　章　明
常　委　胡寿旺
　　　　陈智勇
　　　　徐志光
　　　　金亦山

中共永嘉县委工作部门及直属单位

办公室
主　任　王晓雄
副主任　李成良
　　　　刘丐武
　　　　李　敏（女，兼）
　　　　李圣积（兼）
　　　　李晓平（女，兼）
　　　　陈洪恩（兼）
　　　　李世鹏（兼）
　　　　李庆孟（兼）
　　　　林建杭（兼）
　　　　林久区
　　　　应旭明

县委机要局（县密码管理局）
局　长　黄　薇（女，—2014.06）
　　　　邹增理（2014.06—）

考绩委员会办公室
主　任　李成良
副主任　陈双义
　　　　胡文聪

政策研究室
主　任　李　敏（女）
副主任　胡文显（兼）

政策研究中心
主　任　叶圣义

接待办
主　任　叶卫周

组织部（非公有制经济组织和社会组织工作委员会）
部　长　　　林乃排
常务副部长　陈立新
副部长　　　缪士毅
　　　　　　潘教逊（兼）
　　　　　　邵秋莲（女，兼，—2014.08）
　　　　　　吴中枢（兼）
　　　　　　潘　健（兼）
　　　　　　陈晓平（女）

非公有制经济组织和社会组织工作委员会
书　记　潘　健
副书记　郑　力（兼）
　　　　郑琳友（兼）
　　　　刘大力（兼）

人才工作办公室
主　任　陈　忠

组织员管理办公室
主　任　李丁俊

宣传部

部　长　　　林小露（女）
常务副部长　谷胡方
副部长　　　谢向东
　　　　　　谷铁荣
　　　　　　徐志勇
　　　　　　吕银显（兼）
外宣中心（互联网宣传管理办公室）主任　单爱东

统战部

部　长　周星柱（—2014.08）
　　　　胡宝锋（2014.08—）
常务副部长　王澄荣
副部长　　　谢承宇
　　　　　　黄少林
　　　　　　谢永青（兼）
　　　　　　郑　力（兼）

台湾工作办公室

主　任　谢承宇

侨务办公室

主　任　黄少林

政法委员会

书　记　姜景峰（兼）
副书记　陈志斌（兼）
　　　　徐志宏（兼）
　　　　麻伯崇
　　　　徐学多
　　　　叶建勇
　　　　郑连松（—2014.11）
政治处主任　麻晓彬

县社会治安综合治理办公室

主　任　叶建勇
副主任　郑光明

610办公室

主　任　徐　翔

陈　剑

县委维护稳定工作领导小组办公室

主　任　徐学多
副主任　胡建平

直属机关工作委员会

书　记　　　　　吴中枢
副书记　　　　　叶欣灿
第一纪工委书记　朱立新

老干部局

局　长　潘教逊
副局长　尤银平（女）
　　　　陈忠德

农村工作办公室

主　任　徐贤博
副主任　林建杭
　　　　陈继平
　　　　金贤贵
　　　　汤志远
　　　　金连顺
　　　　叶圣光

信访局

局　长　陈洪恩
副局长　金少伟
　　　　陈建松
　　　　刘大力（兼）
　　　　王　云（兼，—2014.06）

编委办

主　任　戴德明
副主任　刘晓丽
　　　　刘　华（2014.06—）

县委党校（县行政学校）

党校校长　　　林乃排（兼）
行政学校校长　陈志斌（兼）
常务副校长　　徐朝新
副　校　长　　潘洁容（女）

党史研究室

主　任　缪士毅（兼）
副主任　谢向荣

档案局（馆）

局（馆）长　　麻久燎
副局（馆）长　谢李忠
　　　　　　　全岳多（—2014.08）

精神文明建设指导委员会办公室

主　任　李圣积
副主任　盛定海
　　　　胡志杰

广播电视台

台　长　　吕银显
副书记　　郑焕益
副台长　　郑焕益
　　　　　徐胜勇
　　　　　马荣邦
纪委书记　徐银良

新闻信息中心

主　任　徐建强
副主任　施建静
　　　　王志书
　　　　谷小东
　　　　叶　扬（女，挂职，2014.05—2014.10）

永嘉县第十五届人民代表大会常务委员会

主　任　谢崇福
副主任　潘浪国
　　　　吕庆行
　　　　王国强
　　　　潘统龙
　　　　胡明凯
　　　　季健中

县人大常委会工作部门

办公室
主　任　陈剑林
副主任　陈继楼
　　　　麻永锋

办公室信访办
主　任　易　峰（2014.01—）

代表工作委员会
主　任　谷胡坚
副主任　黄徐芳（女，—2014.06）

法制工作委员会
主　任　李炳建
副主任　潘长建

财政经济工作委员会
主　任　胡中平（—2014.11）
副主任　王林海（2014.11—）
　　　　林剑英

科教文卫工作委员会
主　任　鲍福星
副主任　朱千俊

农村和资源保护工作委员会
主　任　朱清岩
副主任　金晓平（女，—2014.08）

城乡建设环境保护工作委员会
主　任　戴银良
副主任　叶见克

永嘉县人民政府
县　长　娄绍光（—2014.10）
代县长　姜景峰（2014.10—）
副县长（常务）　陈志斌
党组副书记　陈志斌
　　　　郑焕东（2014.08—）
副县长　曹启峰（挂职）
　　　　郑焕东（—2014.09）
　　　　胡　琦（挂职，2014.07—）
　　　　戴晓勇
　　　　何莉平（女）
　　　　周俊武
　　　　林建波
　　　　刘辉文（女，挂职，—2014.07）
　　　　吴荣花（女，挂职，—2014.01）

温州系统流程装备科学研究院
院　长、党委书记　胡宋孝（2014.12—）

县人民政府工作部门及直属单位

办公室（法制办）
主　任　黄天集
副书记　张家强（兼）
副主任　张家强（兼）
　　　　李　平（兼）
　　　　李金星
　　　　徐浙南（兼）
　　　　陈丐法
　　　　周凌力
　　　　邹淑龙（兼）
　　　　黄大善
　　　　李晓平（女，兼）
　　　　林雪艳（女）
　　　　徐建斌
　　　　唐红专
　　　　汪庆珍
　　　　戴元兴（兼）
　　　　朱建权（兼）
　　　　卢银林（兼）
　　　　林增丰（兼）

法制办
主　任　黄天集（兼）
副主任　邹淑龙
　　　　周智发

人民防空办公室（县民防局）
主　任　周凌力

县城乡建设综合治理协调中心主任
　　　　麻海涌

发展和改革局（粮食局）
局　长　陈光銮
副局长　吴德安（—2014.11）
　　　　叶建平（—2014.12）
　　　　金成龙
　　　　林淡秋（2014.01—）
县纪委驻局纪检组组长
　　　　邵赴明
重大项目前期工作办公室主任
　　　　徐宗钦
服务业发展办公室主任　陈胜前
重大项目建设稽查特派员　王　琛

粮食局
局　长　陈光銮
副局长　金　一

经济商务和信息化局（网络经济局）
局　长　冯学夫
副局长　叶长志
　　　　周望佐
　　　　葛志武（兼，2014.06—）
　　　　陈建夫
县纪委驻局纪检组组长　朱海峰
总经济师　葛志武
二轻工业服务中心主任　厉进荣

网络经济局
局　长　叶长志（兼）
副局长　柯一杭

教育局（政府教育督导室）

局　长　王传旺
副书记　朱旭东
　　　　周丙亮（兼，2014.01—）
副局长　朱旭东
　　　　陈益杰（—2014.01）
　　　　周丙亮（兼）
　　　　翁志奔
　　　　余承宽
县纪委驻局纪检组组长　郑志雄
县教师发展中心主任　陈会众（—2014.01）
　　　　李河海（2014.06—）

政府教育督导室

主　任　周俊武（兼）
副主任　王传旺（兼）
　　　　季建波

科学技术局

局　长　潘宏雷
党组副书记　郑玉眉（女）
　　　　叶　武
副局长　郑玉眉（女）
　　　　叶　武
　　　　陈三豹

民族宗教事务局

局　长　谢永青
副局长　谷华鲁
　　　　金京明

公安局

局　长　徐志宏
政　委　吴肖峰（—2014.10）
　　　　谢黎明（2014.10—）
党委副书记　吴肖峰（—2014.10）
　　　　谢黎明
　　　　何　磊（2014.10—）
常务副局长　谢黎明（—2014.10）
　　　　何　磊（2014.10—）
副局长　陈久辉
　　　　胡伯枢
　　　　黄逸蓬
　　　　陈成辉
　　　　林　光（兼）
　　　　林　峰（挂职）
纪委书记　陈时巨
政治处主任　叶国赛

监察局

局　长　夏宗明
副局长　胡寿旺
　　　　汪金琰（—2014.06）
　　　　陈智勇
直属机关第一监察分局局长　朱立新

民政局（老龄委办、社工局）

局　长　周功巨
副局长　吕川云（—2014.06）
　　　　郑琳友
　　　　周崛华
　　　　周益国
县纪委驻局纪检组组长　潘微微（女）

老龄委办

主　任　吕川云（兼，—2014.06）
副主任　吴祖党

社工委办

主　任　周功巨（兼）
副主任　李旭林

社工局

局　长　周功巨
副局长　李旭林

司法局

局　长　金翎翼
副局长　孙　明
　　　　卢小飞（女，—2014.06）
　　　　金郁杰
　　　　徐招龙（兼，—2014.11）
　　　　徐聪男（女，2014.06—）
县纪委驻局纪检组组长　侯国省
政治处主任　邹爱妙（女）

财政局（地税局）

局　长　陈芝双
党委副书记　柯温临
财政局副局长　谢纯定
　　　　徐忠诚
　　　　叶显勇
　　　　叶玉庭（兼，2014.06—）
县纪委驻局纪检组组长　谢选年
总会计师　叶玉庭
财政瓯北分局局长　叶加瑜
预算局局长　叶强忠
预算执行局局长　潘来毅
预算监督局局长　戴锦鸥
地税局副局长　柯温临
　　　　李　业
地税局总会计师　林贤武
地税稽查局局长　戴晓明
地税局瓯北税务分局局长　叶加瑜
地税局上塘税务分局局长　徐建斌
地税规费管理局局长　叶加春

人力资源和社会保障局

局　长　邵秋莲（女，—2014.08）
党组副书记　张文广
副局长　张文广
　　　　陈晓明
　　　　虞秀建
县纪委驻局纪检组组长　陈建光
瓯北分局局长　周伟峰
社会保险事业管理中心主任　林正茂

国土资源局

局　长　董群策
党委副书记　陈亚忠
副局长　陈亚忠
陈献锋
王志煦
郑依群
纪委书记　金国飞
瓯北分局局长　周杰斌

住房和城乡规划建设局

局　长　潘剑永
党委书记　吴荣贵
副局长　卢少敏
邵永吉
胡兴旺
周成钿
周耀东
周　涛（女）
县纪委驻局纪检组组长　徐顺儒
总工程师　朱建权
县政府房屋征收办副主任　李乐峰
农村住房改造建设办公室副主任
陈文勇
胡培通

交通运输局

局　长　郑文荣
党委副书记　叶圣敏
副局长　叶圣敏
汤光漫
吴理俊
郑　锋
徐李喜
林　峰（兼）
麻九龙
县纪委驻局纪检组组长　周建飞
总工程师　郑　锋（兼）
县交通项目前期工作办公室主任
徐李喜

水利局

局　长　戴本石
党组副书记　汪志新
周寿宪
副局长　汪志新
周寿宪
金建宙
蒋小浦（—2014.08）
汤文斌
胡国凑
谢清华（兼，2014.01—）
姚　东（挂职，2014.05—）
王维汉（挂职，2014.10—）
县纪委驻局纪检组组长　刘鹤鸣
总工程师　蒋小浦（—2014.08）
县水利项目前期工作办公室主任
谢清华

农业局

局　长　徐贤博
党委副书记　林建杭
副局长　林建杭
陈继平
金贤贵
汤志远
金连顺
杨胜运
叶圣光
县纪委驻局纪检组组长　麻益宪
总工程师　戴成新

林业局

局　长　李佩瑶
副局长　徐贤喜
邹寿锡
周吉省（兼，—2014.06）
胡培春
徐定其（兼，2014.06—）
县纪委驻局纪检组组长　朱清东
总工程师　吕裕通

文化广电新闻出版局

局　长　胡佐光
副局长　戴华章
程爱兴
陈文若
县纪委驻局纪检组组长
陈凤娇（女）

卫生局

局　长　黄振才
党委副书记　应海龙
副局长　邵永呈
潘德朔
汪盈杰
黄贤琴
林长寿（兼）
县纪委驻局纪检组组长
胡　铿（—2014.06）
应海龙（2014.06—）

人口和计划生育局

局　长　刘招贤
副局长　李世鹏
潘齐忠
施秀跃
陈贤锋
县纪委驻局纪检组组长
柯彩玲（女）

审计局

局　长　汪显华
党组副书记　胡兴招
副局长　胡兴招
吕金满
纪检组长　胡兴招
总审计师　夏尧来

经济责任审计局局长　吴　勇

统计局

局　长　　金叶森
党组副书记　谢小和
副局长　　谢小和
　　　　　戴明峰
　　　　　吴进光
纪检组长　戴明峰
总统计师　吴晓仙（女）

环境保护局

局　长　　周　伟
党组副书记　施旭顶
副局长　　施旭顶
　　　　　虞金定
　　　　　王银海
县纪委驻局纪检组组长　王　舒
总工程师　阮泽永
瓯北分局局长　刘晓勇

安全生产监督管理局

局　长　　王柏青
党组副书记　蒋孔助
副局长　　蒋孔助
　　　　　叶长河
　　　　　戴海浪
总工程师　刘伟都

工商行政管理局

局　长　王少敏（—2014.06）
副局长　徐柏东（—2014.06）
　　　　林　操（—2014.06）
　　　　叶兆荣（—2014.06）
纪委书记　张维员（—2014.06）
局长助理　王金瓯（—2014.06）

食品药品监督管理局

党组书记　陈建国（—2014.06）
局　长　　林增丰（—2014.06）
党组副书记　周启德（—2014.06）
副局长　　周启德（—2014.06）
　　　　　徐聪男（女，—2014.06）
县纪委驻局纪检组组长　周忠明（—2014.06）

市场监督管理局（工商行政管理局、食品药品监督管理局、食安办）

【2014年6月，根据永政发〔2014〕8号和永编〔2014〕2号文件，组建永嘉县市场监督管理局（挂县工商行政管理局、县食品药品监督管理局、县食品安全委员会办公室牌子）】

党委书记　王　云（2014.06—）
局　长　　林增丰（2014.06—）
党委副书记　陈建国（2014.06—）
　　　　　徐柏东（2014.06—）
　　　　　周启德（2014.06—）
副局长　　陈建国（2014.06—）
　　　　　徐柏东（2014.06—）
　　　　　周启德（2014.06—）
　　　　　林　操（2014.06—）
　　　　　叶兆荣（2014.06—）
县纪委驻局纪检组组长
　　　　　张维员（2014.06—）
总工程师　王金瓯
　　　　（2014.06—2014.08）

食安办

主　任　　林增丰（兼）
专职副主任　周忠明（2014.06—）

县质量技术监督局

局　长　金家彪
副局长　李飞云
　　　　林铁群
县纪委驻局纪检组组长　林　哲

体育事业发展局

局　长　潘教勤
副局长　叶龙飞
　　　　朱景多（兼）

经济技术协作办公室（招商服务局）

主　任（局长）　李晓平（女）
副主任（副局长）陈定洲
　　　　　　　　谢纯武
　　　　　　　　周　陈
　　　　　　　　戴章云

县级机关事务管理局

局　长　　孙少峰
党组副书记　张建荣
副局长　　张建荣
　　　　　王中林
　　　　　汪益新

移民安置办公室

主　任　　李　平
副主任　　谷中旭

供销合作社联合社（农合联）

主　任　　滕强授
副书记　　潘荣荣（女）
副主任　　潘荣荣（女）
　　　　　邵亦军（—2014.06）
　　　　　胡　铿（2014.06—）
　　　　　朱　捷（女，兼）

农合联

主　任　滕强授（兼）
副主任　潘荣荣（女，兼）
　　　　邵亦军（兼，—2014.06）
　　　　胡　铿（兼，2014.06—）
　　　　朱　捷（女）

行政审批管理办公室

党组书记　张家强
主　任　　张家强（—2014.06）
　　　　　汪金琰（2014.06—）
副主任　　高哲熙

季东升

金融工作办公室
主　任　陈丐法
副主任　吴凤菇（女）
　　　　周小巧（女）
　　　　杨忠源（挂职）
　　　　林　华（挂职，2014.05—）
总经济师　胡文显

科技开发服务中心
主　任　郑玉眉（女）
副主任　李国算

地方志编纂委员会办公室
主　任　应海龙
副主任　孙小芬（女）

公共资源交易管理委员会办公室
主　任　徐浙南
副主任　季益良
　　　　朱书贤（女）

新居民服务管理局
局　长　卢银林
党组副书记　林　光
副局长　林　光
　　　　钱建山
　　　　余承宽（兼）
　　　　虞秀建（兼）
纪检组组长　朱志坚

县国有资产管理办公室
党组副书记　王林海
副主任　王林海
　　　　钱文锋
　　　　林文胜

南岸水库项目前期办
主　任　徐霖森

副主任　潘永胜
　　　　梅银富
　　　　王　鑫（挂职，2014.05—）
　　　　潘海滨（挂职，2014.06—）

罗东科教园办公室（温州职业技术学院永嘉学院建设工程领导小组办公室）
主　任　李庆孟
常务副主任　潘建胜
副主任　陈　凯
　　　　谢韦斌
　　　　陈雷振
总工程师　陈雷振

县政府驻杭州办事处
主　任　王　云（—2014.06）
副主任　吴振生

县政府驻上海工作处
主　任　叶云飞

农村能源办公室
主　任　叶　帆

永嘉中学
校　长　周丐亮
党委书记　周丐亮（—2014.01）

浙江电大永嘉学院
院　长　金秀容（女）
书　记　赵崇真

交通警察大队
大队长　金一洋
教导员　戴建林

县道路运输管理局
局长、党支部书记　黄天真

县公路管理局
局长、党支部书记　胡志衡

县港航管理局
局长、党支部书记　林　峰

县长运公司
经理、党支部书记　黄晓东

畜牧兽医局（动物卫生监督所）
局（所）长　金连顺（兼）

四海山林场
场长、党支部书记　徐定其

正江山林场
场　长　周吉省（—2014.06）
党支部书记　朱家飞（—2014.06）
场长、党支部书记　朱晓亮（2014.06—）

县人民医院
院长、党委书记　徐聪琴（女，—2014.08）

政协永嘉县第九届委员会
主　席　陈建良
副主席　周星柱（—2014.06）
　　　　厉明富
　　　　金美秋（女）
　　　　金丐旦（2014.01—）
　　　　金　盾
　　　　傅朝宗
　　　　钱金波（兼）
秘书长　郑向明（—2014.09）

县政协工作部门

办公室
主　任　汪少超
副主任　朱琳哲（女）

提案（港澳台侨）委员会
主　任　徐时聪

文史（学习）委员会
主　任　徐崇统

社会发展法制（教文卫体）委员会
主　任　周万青

经济科技（人口资源环境）委员会
主　任　陈晓平（女，—2014.06）

委员工作委员会
主　任　刘一春
专职常委　林建光

永嘉县人民法院
院　长　陈卫国
党组副书记　吴孙程
副院长　吴孙程
　　徐建宇
　　徐晓琳
　　徐蓬勇
县纪委驻院纪检组组长　胡忠杰
政治处主任　徐立众
执行局局长　邱新楚（—2014.10）
　　陈小成（2014.10—）
审判委员会专职委员　陈小成
　　（—2014.10）
城郊人民法庭庭长　谢玉平
瓯北人民法庭庭长　潘志尧
桥头人民法庭庭长　盛向光
岩头人民法庭庭长　李学通
碧莲人民法庭庭长　戴康强

永嘉县人民检察院
检察长　林长汉
党组副书记　叶朝勇
副检察长　叶朝勇
　　林　森
　　单振乐
　　陈　哲
县纪委驻院纪检组组长　叶确健
政治处主任　祁胜道
反贪局局长　徐同良
反渎职侵权局局长　李　聪
检察委员会专职委员　戴德华
瓯北检察室主任　张华满

人民武装部、公安消防局和武警中队

县人民武装部
部　长　许文宝
政治委员　罗晴军

县公安消防局（县消防大队）
局　长　林香茂
政治委员　余才福（—2014.08）
　　马向辉（2014.08—）
副局长　徐晓青（—2014.08）
　　董智洪（2014.08—）

武警永嘉中队
中队长　邓炬敏
指导员　倪赛棋

人民团体及其他

县总工会
主　席　郑顺益
副主席　汪庆幸
　　陈典妮（女）

共青团永嘉县委员会
书　记　胡月珍（女）
副书记　单飞杰
　　汪传标
　　朱秀清（女，挂职，
　　2014.10—）

县妇女联合会
主　席　陈晓芬（女）
副主席　章春爱（女）
　　徐青青（女）

县科学技术协会
主　席　叶太琴
副主席　曾　理

县工商业联合会（总商会）
主　席　钱金波（兼）
党组书记　郑　力
副主席　郑　力
　　邵玉平（女）

县文学艺术界联合会
主　席　陈伟峰
党组书记　杨大力
副主席　杨大力
副主席　胡佐光（兼）
副主席　郑　阳（兼）

县归国华侨联合会
主　席　王萍萍（女）
副主席　王珊珊（女）

县残疾人联合会
理事长　郑文杰
副理事长　陈雪明
　　虞道存

县红十字会
会　长　何莉平（女，兼）
常务副会长　刘永万
党组书记　刘永万
副会长　卢玲玲（女）

县社会科学界联合会
主　席　虞建远
副主席　余桂芳（女）

县关工委

主　任　　　林乃排
专职副主任　金光明
办公室主任　金光明
办公室副主任　刘　华（—2014.06）

民主党派

农工民主党永嘉县委员会

主　委　傅朝宗
副主委　杨　丕
　　　　陈伟峰
　　　　陈丐良

县属企业单位

永嘉投资集团有限公司

董事长　胡国强（挂职）
总经理　陈献锋（挂职）
副总经理　钱文锋（挂职）

水务集团有限公司

董事长　王建新
总经理　郑碧碧（女，挂职）
党委副书记　吴晓辉（挂职）
纪委书记　徐　晓（挂职）

县交通投资集团有限公司

董事长　　汤光漫（挂职）
副总经理　赵利国（挂职）
　　　　　汤锡曼（挂职，—2014.01）
　　　　　陈　斌（挂职）
　　　　　金晓波（挂职）
　　　　　廖　勇（挂职）
总工程师　陈　斌（挂职）

县城市投资集团有限公司

董事长　　郑寿侃（挂职）
总经理　　胡朝曦（挂职）
副总经理　汪　帆（挂职）

永嘉旅游投资集团有限公司

董事长　王　贵（挂职）
副总经理　潘统才（挂职）
　　　　　郑志勇（挂职）
　　　　　徐晓红（女）

县水利投资集团有限公司

董事长、总经理　蒋小浦（挂职，—2014.08）

垂直单位

国家税务局

局　长　陈海洪
副局长　陈伟建（—2014.01）
　　　　夏次文
　　　　朱　斌
　　　　孙宏光
　　　　叶笑凡
纪律检查组组长　林志祥（—2014.01）
　　　　　　　　唐东敏（2014.02—）

国家统计局永嘉调查队

队　长　金建华

气象局

局　长　侯球锋
副局长　金锦辉（2014.09—）
　　　　程　瀛（2014.09—）

温州市住房公积金管理中心永嘉分中心

主　任　潘丽川（女）
副主任　胡永暖

邮政局

局　长
副局长　麻纯斌（主持）
　　　　陈正灵（2014.01—）

中国电信永嘉分公司

总经理　　缪新飞
党委书记　周立仁（—2014.06）
副总经理　王晓峰

中国移动永嘉分公司

总经理　　蔡湘微（女）
副总经理　张　华

中国联通永嘉分公司

总经理　裘文杰（—2014.12）
　　　　王　智（2014.12—）

国网浙江永嘉县供电公司

总经理　　陈　浩
党委书记　李建宇
党委副书记　陈　浩
　　　　　　潘志强
副总经理　李建宇
　　　　　汪慧斌
　　　　　李世林（—2014.11）
　　　　　金维灶
　　　　　温建阳（—2014.11）
纪委书记　潘志强
工会主席　李世林（2014.11—）

温州市烟草公司永嘉分公司

局　长（经理）　陈兴明（—2014.11）
　　　　　　　　邢加平（2014.11—）
副局长　胜　岳
副经理　潘　明

中国石化永嘉石油分公司

总经理　陈继光

盐务管理局

局　长　胡瑞昌
副局长　金　梅

永嘉华数广电网络公司

董事长、总经理　吕银显

（挂职，2014.06—）

副总经理　马荣邦（挂职，2014.06—）

金融系统

中国人民银行永嘉县支行

行　长　周荣俊

银监会温州监管分局永嘉办事处

主　任　陆　平

中国工商银行股份有限公司永嘉县支行

行　长　刘华锋

中国农业银行永嘉县支行

行　长　卢立楚（—2014.10）

钟世华（2014.10— ）

中国银行股份有限公司永嘉县支行

行　长　刘其先

中国建设银行股份有限公司永嘉支行

行　长　李文勇（2014.11—）

副行长　李文勇（—2014.11）

永嘉农村商业银行

董事长　苏加标

行　长　郑朝霞（—2014.10）

徐剑杰（2014.10—）

监事长、纪委书记　项世芳

中国农业发展银行永嘉县信贷组

主　任　方崇伟

中国邮政储蓄银行永嘉县支行

行　长　潘修武

浦发银行永嘉支行

行　长　潘小甫（ —2014.05）

泮晓微（2014.05— ）

温州银行永嘉支行

行　长　周元辉

兴业银行永嘉支行

行　长　钱春苗

招商银行永嘉支行

行　长　叶丐达

交通银行永嘉支行

行　长　章　科

华夏银行永嘉支行

行　长　郑　孩

永嘉恒升村镇银行

董事长　朱爱萍

中国人民财产保险公司永嘉支公司

总经理　朱宁远（—2014.03）

副总经理　郑林海（主持，2014.05—）

中国人寿财产保险公司永嘉县支公司

总经理　金建满

中国太平洋财产保险公司永嘉县支公司

总经理　徐胜武

中国人寿保险公司永嘉县支公司

经　理　洪　震（—2014.06）

周玉鹏（2014.06—）

中国人民人寿保险公司永嘉支公司

总经理　刘轩宏

（柯云强）

功能区、镇（街道）

上塘中心城区

书　记　虞绍榜

副书记　胡克祥

金建军

纪委书记　胡永樟

党委委员　胡永樟

金卓民

郑寿侃（兼）

麻曙明（兼）

陈贤立（兼）

陈炳华

黄国飞

胡朝曦（兼）

周俊晓

陈海州（兼）

主　任　胡克祥

常务副主任　金卓民

副主任　陈炳华

黄国飞

总工程师　周俊晓

瓯北城市新区

第一书记　金丐旦（—2014.01）

书　记　戴源涌

副书记　朱佩珍（女）

傅道碎

李庆孟（兼）

纪委书记　杨　瑛

党委委员　杨　瑛

陈东勇

李小攀

谢建胜

应国华

戴晓智

尤建夏（兼）

陈群锋（兼）

郑有龙

主　任　朱佩珍（女）

常务副主任　陈东勇
副主任　李小攀
谢建胜
应国华
朱贤泽（兼）
戴晓智
郑有龙
总工程师　叶劲彤

楠溪江风景旅游区
第一书记　胡宝锋（—2014.08）
书　记　施宏光
副书记　王晓峰
李　埃
纪委书记　邹光远（2014.06— ）
党委委员　王　贵
夏益平
谢　静
郑建南（兼）
汤森海（兼）
季洪海（兼）
叶胜杰（兼）
戴春光（兼）
李永绍（兼）
邹光远（2014.06— ）
主　任　王晓峰
副主任　李　埃
夏益平
谢　静
邹光远（—2014.06）
总工程师　胡旭明

三江商务区（三江街道）
第一书记　金丐旦（—2014.01）
书　记　胡宋孝
副书记　徐时斌
胡益智
滕建辉
周成钿（挂职）
金世炊
李金杰
张　允（市下派，—2014.09）
纪（工）委书记　周娟娓（女）
党（工）委委员　周娟娓（女）
黄胜览
陈　晓
戴建波
郑晓天
谢纯武（兼）
汤裕铨
谢永长
林　利（派出所所长，2014.06— ）
人大工委主任　胡利生
人大工委副主任　郑建良
吴建勇
主　任　徐时斌
常务副主任　黄胜览
副主任　陈　晓
谢纯武（兼）
全正超
周小卯
陈　超
“两新”工委书记　胡宋孝
“两新”工委副书记　金立斌

桥头镇
书　记　何学考
副书记　黄鹤楼
胡程远
谢一蓬
李新聪（挂职）
纪委书记　吕淑平（女，—2014.08）
党委委员　吕淑平（女，—2014.08）
谢　琼（女）
吴万洲
徐胜飞
潘崇相
朱众和
郭　建（市下派，—2014.09）
徐贤友（2014.01— ）
黄红光（派出所所长）
人大主席　施正文
人大副主席　周秀杰
潘海峰
镇　长　黄鹤楼
常务副镇长　谢　琼（女）
副镇长　徐贤友（2014.01— ）
徐建光
全海驰（—2014.01）
黄品辉
廖远新
“两新”工委书记　何学考
“两新”工委副书记　叶丽华（女）

桥下镇
书　记　董庆标
副书记　周望欣
徐　彻
周　智
屠霁霞（女，挂职，—2014.09）
胡　凡（市下派，—2014.08）
卢玲玲（女，县下派，—2014.10）
纪委书记　滕显峰
党委委员　滕显峰
杜亦游
季巧云（女）
申建华（女）
王天强
谷　利
郑钟南
叶不凋（派出所所长）
刘泰龙（兼）

李　淼（兼）
卢徐伟（兼）
人大主席　周福巧
人大副主席　李国忠（—2014.08）
麻永国
金可群
镇　长　周望欣
常务副镇长　杜亦游
副镇长　屠霁霞（女，—2014.09）
王天强
周淑苗（女）
厉　化
陈伯聪
“两新”工委书记　董庆标
“两新”工委副书记　吕包琬

岩头镇
书　记　戴春光
副书记　黄金锡
汪国勇
周旭亮
纪委书记
党委委员　王富强
章海鸥
王贤芬（女）
戴建武
徐贤友（—2014.01）
张晓松
周庆利
陈小纯（派出所所长）
金国勇（兼）
陈鲜庭（兼）
人大主席　金新益（—2014.11）
人大副主席　方寿弟
朱陈敏（女）
镇　长　黄金锡
常务副镇长　章海鸥
副镇长　徐贤友（—2014.01）
汤晓雅（女）
金云平
吕巧锋
镇长助理　林丐眉（市下派，—2014.09）

沙头镇
书　记　季洪海
副书记　金哲旺
瞿晓敏
朱文广
纪委书记　周公理
党委委员　周公理
叶集成
麻菊棉（女）
郑玉乾
潘海闯
李　敏
包　雷
邵胜进（派出所所长）
徐利星（兼）
人大主席
人大副主席　周金桃（—2014.11）
叶宝益
王顺利
镇　长　金哲旺
常务副镇长　叶集成
副镇长　郑玉乾
王建光
卓成春（女）
廖海东
“两新”工委书记　季洪海
“两新”工委副书记　刘文表

枫林镇
书　记　叶胜杰
副书记　林　杰
金文达
吴学龙（—2014.01）
王　渊（市下派，—2014.09）
叶　武（县下派，—2014.10）
纪委书记　王利友
党委委员　王利友
戴光辉
李春敏
潘良民
叶升川
潘　怡（女）
周　浩（派出所所长）
人大主席　沙定锴
人大副主席　谷建坤
镇　长　林　杰
常务副镇长　戴光辉
副镇长　陈敏坚
王和静（女）
卢苍忠
吴介甫

岩坦镇
书　记　郑建南
副书记　徐　翔
郑建国
戴立敏
王镇强（省下派，—2014.09）
纪委书记　朱海兵
党委委员　朱海兵
麻云平
谢月微（女）
潘理民
谢殿忠
陈建静
何海静
林光益（兼）
谢益浩（兼）
朱晓彤（派出所所长，2014.06—）
人大主席
人大副主席　廖朝阳
邹姗珊（女）
镇　长　徐　翔
常务副镇长　麻云平

副镇长　何海静
金郑献
郑利雨
戴建方

大若岩镇

书　记　汤森海
副书记　钱建文
周旭丹（女）
陈光仲
王建荣（市下派，—2014.09）
季益良（县下派，—2014.10）
纪委书记　麻炳彪
党委委员　麻炳彪
胡高丰
郑寒虎
刘昌东
陈武鹤
张仁谦
丁晓平
邵登宽（派出所所长）
人大主席　钱建文
人大副主席　李秀嫦（女）
谷舜斌
镇　长　周旭丹（女）
常务副镇长　胡高丰
副镇长　张仁谦
李秀华
李海朋
程忠义

碧莲镇

书　记　徐良明
副书记　周寿宪
朱晨霞（女）
汤志远（—2014.01）
麻光胜
潘竹旺（市下派，—2014.09）
纪委书记　汤向阳
党委委员　汤向阳
刘庆贵
金艳艳（女）
胡永相
李理明
胡黎民
潘　书
刘建群（兼）
郑智勇（派出所所长，2014.06—）
人大主席　孙　锋
人大副主席　谷常有
沙　静（女）
镇　长　朱晨霞（女）
常务副镇长　刘庆贵
副镇长　李理明
陈光旭
郑　岳
麻永丰

巽宅镇

书　记　周宁国
副书记　刘　建
潘陈一
肖良建
杨忠源（省下派，—2014.09）
陈开亮（省下派，—2014.09）
纪委书记　陈国忠
党委委员　陈国忠
汤小巧
张海鸥（女）
陈吕好
徐大林
陈　静
杨　义
王海业（派出所所长）
汤凌毅（市下派，—2014.09）
人大主席　刘　建
人大副主席　金锡矿
吕伯相
镇　长　潘陈一
常务副镇长　汤小巧
副镇长　徐大林
胡永存
吴伯友
陈　义

鹤盛镇

书　记　李永绍
副书记　全旭东
王长江
周俊雅
朱　捷（女，县下派，—2014.10）
纪委书记　邹显义
党委委员　邹显义
戴建光
朱建平
周红权
池兴荣
胡　琼（女）
吴若平（女）
金衍孟（派出所所长）
郑乐海（兼）
人大主席　全旭东
人大副主席　陈苍环
镇　长　王长江（2014.06—）
常务副镇长　戴建光
副镇长　王长江（—2014.06）
吴若平（女）
李志正
蒋建聪
张　克

东城街道

书　记　陈贤立
副书记　周聘磊
张建国

陈继平（—2014.11）
郑照明（市下派，—2014.09）
季东升（县下派，—2014.09）
纪工委书记 陈光荣
党工委委员 陈光荣
周献华
周红光
陈婷婷（女，—2014.08）
卢跃明
王海欧
汪 扬
厉建森（兼）
人大工委主任 谢纯意
人大工委副主任 汤奥姆
潘光梯
主 任 周聘磊
常务副主任 周献华
副主任 周红光
汤嗣强
林圣洁
“两新”工委书记 陈贤立
“两新”工委副书记 郭丽芝（女）

南城街道

书 记 麻曙明
副书记 刘惠芬（女，—2014.12）
汤志远（2014.01— ）
张金文
纪工委书记 罗一相
党工委委员 罗一相
潘珊瑚（女）
李建林
鲍顺利
叶丽珍（女）
胡建武
陈列重
人大工委主任 王兴郎
人大工委副主任 王新育
徐巧贵
主 任 刘惠芬（女，—2014.12）
常务副主任
副主任 叶丽珍（女）
胡建武
叶少军
朱清化
“两新”工委书记 麻曙明
“两新”工委副书记 周灵芬（女）

北城街道

书 记 陈海州
副书记 麻智慧
徐银周
程志勇（省下派，—2014.09）
纪工委书记 陈永华
党工委委员 陈永华
苏 勇
王建忠
麻益领
徐建胜
袁守谦
金建生（—2014.01）
全海驰（2014.01— ）
邵方仕（兼）
人大工委主任 李培熙
人大工委副主任 陈志尧
谷国华
主 任 麻智慧
常务副主任 苏 勇
副主任 郑 阳
金巧娇（女）
“两新”工委书记 陈海州
“两新”工委副书记 陈洪达（—2014.08）

江北街道

书 记 尤建夏
副书记 胡龙德
徐立众（县下派，—2014.10）
纪工委书记 谢品东
党工委委员 谢品东
金玉寿
叶云山
谢连忠
戴建波
张建昆
陈海国
毛秀星（派出所所长）
人大工委主任 汤光胜
人大工委副主任 周倩倩（女，—2014.08）
主 任 尤建夏
常务副主任 金玉寿
副主任 陈素华（女）
章厚臣（—2014.08）
“两新”工委书记 尤建夏
“两新”工委副书记 戴凌云

乌牛街道

书 记 李月道
副书记 金绯宇
陈苍良
张德周
纪工委书记 徐飞平（女）
党工委委员 徐飞平（女）
周耀明
王 俊
滕玲玲（女）
余钢梁
陈苍国
金教育
徐顺海（派出所所长，2014.06—）
人大工委主任 徐浙忠
人大工委副主任 陈中奇

周星金
主　任　金绯宇
常务副主任　周耀明
副主任　金教育
夏岳良
李晓明
陈　北
“两新”工委书记　李月道
“两新”工委副书记　麻向华（女）

黄田街道

书　记　陈群锋
副书记　戚永东
戴普查
纪工委书记　吴臣浩
党工委委员　吴臣浩
戴国光
陈岩斌
郑爱聪（女）
吴活机
李　坤
王天龙
滕晓南（派出所所长）
人大工委主任　刘聪雷
人大工委副主任　郑玄生
郑岩标
主　任　戚永东
常务副主任　戴国光
副主任　郑道福（—2014.08）
金　磊
“两新”工委书记　陈群锋
“两新”工委副书记　胡永杰

东瓯街道（浙江永嘉工业园区）

书　记　刘超军
副书记　杜国平
徐建峰
潘朝阳
纪工委书记
党工委委员　胡永久
汪奇芬（女，—2014.08）
金建敏
谢云多
黄世和（派出所所长）
徐　聪
余澄宇
人大工委主任　黄华生（—2014.08）
人大工委副主任　郑玉准
陈丏良
主　任　杜国平
常务副主任　胡永久
副主任　汪远增
叶晓孝
“两新”工委书记　刘超军
“两新”工委副书记　邹有才（李永贵）

中国共产党永嘉县委员会

综　述

2014年，中共永嘉县委认真贯彻落实中央和省市的各项决策部署，积极适应经济发展“新常态”，全面实施“三大”战略，深入开展“两提两争”主题实践活动，扎实推进各项工作，全县经济实现稳中有进、社会保持和谐稳定。2014年，全县实现地区生产总值313.76亿元，同比增长7.0%；一般公共预算收入22.31亿元，增长7.0%；限上固定资产投资241.17亿元，增长16.9%；全社会消费品零售总额117.22亿元，增长14.2%；城镇居民人均可支配收入32330元，农村居民人均可支配收入15404元，分别增长8.6%和10.6%。

“两提两争”主题实践活动　2014年，以党的群众路线教育实践活动为契机，紧紧围绕“三生相融·幸福永嘉”建设目标，按照“赶超发展、激情跨越”的要求，扎实推进“四大活动、五大硬仗、六大行动”，争当改革创新先锋，争创一流发展业绩，以群众在干部心中的分量来提高干部在群众心中的分量，以干部的辛苦指数来提升群众的幸福指数，着力营造你追我赶、力争上游的浓厚干事创业氛围，在改革创新中激发干部干劲，实现赶超发展。组织开展中共中央十八届三中全会、四中全会和习近平总书记系列重要讲话精神学习、践行群众路线、新一轮解放思想大讨论、三轮“双百攻坚”等四大活动，干部干劲进一步激发。全力打好实体经济、招商投入、改革创新、环境整治、民生保障等五大硬仗，中心工作和重点任务取得新突破和新进展。进一步深化干部、政策、要素、服务、社会、舆论等六大环境优化行动，有效改善了干部作风和县域发展环境。

实体经济发展　2014年，大力推进工业强县建设，打好“四换三名”“三转一市”组合拳，成功举办中国泵阀之乡国际化发展、全国优秀自制教玩具展评等系列活动，东瓯泵阀特色工业园区等小微园建设加快推进，迦南科技成功上市，温州系统流程装备科学研究院获批组建，顺利创成省级科技强县、省级知识产权示范县，工业强县综合评价排名温州第三。全力扶持网络经济发展，桥下镇成为全市首个淘宝镇和全国首批淘宝镇之一，全县网络经济销售总额保持80%以上的高速增长，淘宝村数量居全省首位，荣获全省电商换市创新样本称号，进入中国电子商务发展百佳县行列。积极防控和化解企业金融风险，政府企业应急转贷资金提高到5000万元，为企业应急转贷57笔4.31亿元，银行贷款增速位列全市前茅，不良贷款率远低于全市平均水平。全面启动旅游业新一轮改革，成功举办第十一届浙江山水旅游节、国际房车露营高峰论坛等系列活动，特色主题民宿发展势头强劲，悦庭楠舍入选2014浙江年度最具特色十佳民宿，永嘉书院、百丈瀑景区建成开放，全县游客数、旅游总收入分别增长23.0%和28.1%，楠溪江获评全国最佳乡村旅游度假目的地，永嘉跻身中国摄影创作基地、浙江旅游发展十佳县行列。大力发展现代观光农业，建成粮食生产功能区1900公顷，创成省市级现代农业园区8个。成功签约一批农业招商项目，南陈休闲农业生态园、四海山铁皮石斛示范园等项目建设加快推进。

招商投入　2014年，全力推进“永商回归”工程，新签约重点招商项目16个，三江立体城一期顺利开工，桥头维多利广场成功结顶，温州铂尔曼酒店提前一年投入运营，创造永嘉招商选资“铂尔曼速度”，全年完成浙商回归到位资金62亿元，浙商回归到位资金完成率、省级重大项目数量、浙商回归发展环境满意度调查得分均位居全市第一，其中完成率连续三年排名全市首位，并被评为全市唯一的省级吸引浙商设立功能性机构工作优秀单位。深入开展“项目建设攻坚年”活动，诸永高速延伸线建成通车，瓯北大桥、甬台温铁路配套工程、大若岩养生保健中心等项目超额完成年度投资任务，41省道南复线岩头至大若岩段基本建成，41省道福佑至沙头段工程顺利开工，乌牛溪治理、上塘至瓯北公路等项目成功列入省重点盘子。

环境综合整治 2014年，全面实施“水乡建设百亿工程”，全县完成治水项目投资20.45亿元，获得“浙江最具魅力新水乡”称号，被授予全省“五水共治”工作优秀县“大禹鼎”、全省农村生活污水治理工作优胜县、全省水利工作综合考核优秀县，成为全市唯一获得全省治水工作“三优秀”的县。超常规推进城镇污水处理设施建设，分类抓好农村生活污水治理，组织开展“百名干部进百村解百难”专项活动，投入178个村的农村生活污水治理工程，建成8个中心镇污水处理厂（站），投运上塘污水处理厂二期，新建和改造城镇污水管网58千米。深入开展“清三河”达标县创建，在全市率先引进“清淤固化一体化”技术，全县37条黑臭河已完成整治25条，58条共计208千米的垃圾河整治通过市级验收，治理长度居全市首位，其中桥头菇溪河治理得到省领导的批示肯定。全力抓好“三改一拆”，全年拆违136万平方米，“三改”423万平方米，拆除四边区域违法广告牌1356处，完成绿化15.4公顷，成功创造集中拆违“珠岙速度”，涉宗违建处置工作走在省市前列。统筹推进“四边三化”和美丽乡村建设，建立生活垃圾清理、运输、处置长效机制，全面推进26个财政“一事一议”美丽乡村项目建设，岩头、岩坦、鹤盛创成国家级生态镇，大若岩埭头村获“中国最美休闲乡村”称号。

平安建设 2014年，坚持以“两护两强”（维稳护航、创新护鼎、强基创优、强警铸魂）工程为主载体，全力抓好平安建设各项重点工作，全县刑事、治安、“两抢”警情均明显下降，安全生产三项指标实现“零增长”，食品安全刑事案件查办走在全市前列，全县社会总体保持和谐稳定。2014年，成功实现平安建设“六连创”、夺取铜色“平安盛鼎”，被评为全市综治工作先进县，成为全市唯一获得全省政法系统先进集体的县。全面推进重大事项社会稳定风险评估，坚持和完善重大不稳定因素排摸机制，建立重大敏感时期“日会商”“零报告”等机制，圆满完成全国“两会”等重大敏感时期的安保维稳任务，妥善处置一批信访突出问题，获评全市信访工作先进单位。

民生事业 2014年，坚持教育优先发展，高考成绩再创佳绩，永嘉中学被评为全市唯一的全国教育系统先进集体，全国义务教育发展基本均衡县创建通过省级验收。深化县级公立医院综合改革，永嘉被列入全省分级诊疗试点县，创成省级慢病综合防控示范区和全市首个省级卫生强县。大力推进文体事业发展，县城体育两馆即将结顶，成功举办全省第三届运动休闲旅游节暨楠溪江国际户外休闲嘉年华活动，永嘉被认定为浙江省运动休闲基地，并被评为全省农村文化礼堂建设先进县。创新实施“六统六分”养老服务模式，启动县福利中心迁建工程和浙南最大的救灾储备中心建设。大力推进城乡居民社会保障全覆盖，城镇登记失业率创历史新低。深入实施计划生育“强基创优工程”，“两非”打击走在省市前列，计生维权的做法被推广全省。扎实推进交通拥堵治理，城区交通秩序进一步好转。

党的建设 2014年，高标准高质量开展党的群众路线教育实践活动，部署开展“坚定理想信念、增强党性观念、强化党的纪律、敢于担当克难”专题教育活动，加强马克思主义宗教观教育，妥善处置信仰宗教党员，把好理想信念“总开关”。坚持县委常委会带头，以贯彻落实中央“八项规定”为切入点，聚焦“四风”，狠抓“九项专项整治”，对思想之尘、作风之弊、行为之垢进行大排查、大检修、大扫除，永嘉创新推出的整改攻坚月、“回音壁”和服务群众“五件宝”等亮点做法，得到省市领导的充分肯定。扎实推进“红色细胞工程”建设，建立实施县委常委抓基层党建工作五项制度和党员干部联系服务群众九项制度，成功打造“民情E通”微信平台，建成村民中心15个，基层党建工作得到全面加强。继续深化“勤廉永嘉”建设，明确党委主体责任和纪委监督责任，始终保持正风肃纪高压态势，创新开展村级组织带头人“廉政体检”，努力营造风清气正的良好环境。

（汪锦波）

主要会议

全县美丽乡村建设巩固提升暨美丽浙南水乡建设动员大会 2014年1月2日上午召开。会议主要内容：总结永嘉美丽乡村建设和治水工作成绩，研究部署美丽乡村建设巩固提升和治水的下步任务，动员全县上下打好治水攻坚战，全面推进美丽浙南水乡建设各项任务。县委书记盛秋平出席会议并作重要讲话。县四套班子领导，各功能区、镇（街道）班子成员，县直属各单位中层以上干部，金融系统、县属投资公司、重点工程建设指挥部主要负责人，先进代表参加会议。

全县镇（街道）党（工）委书记基层党建专项述职会议 2014年1月16日上午召开。会议主要内容：进一步落实镇（街道）党（工）委书记履行基层党建工作职责，检阅各镇（街道）2013年基层党建任务目标完成情况，根据省、市有关要求，县委专门听取各镇（街道）书记履行基层党建工作责任制专项述职。县委书记盛秋平出席会议并作重要讲话。县委常委，县人大主任，县政协主席，各镇（街道）党（工）委书记，县委党建工作领导小组成员，部分基层一线市、县党代表参加会议。

全县旅游改革发展大会 2014年1月17日下午召开。会议主要内容：贯彻落实党的十八届三中全会精神和上级关于旅游发展的部署要求，回顾总结近年来旅游工作成绩，全面部署新一轮旅游改革发展任务，全力推动永嘉旅游业发展迈入“快车道”。县委书记盛秋平出席会议并作重要讲话。县四套班子有关领导，各功能区党委书记或管委会主任、分管领导，各镇（街道）党（工）委书记或镇长（主任）、分管领导，县直属各单位、金融系统、县属投资公司、重点工程建设指挥部主要负责人，楠溪江风景旅游区、永嘉旅投集团全体工作人员，旅游重点村“两委”、旅游企业主要负责人参加会议。

全县深化“两提两争”主题实践活动动员大会 2014年2月12日上午召开。会议主要内容：总结回顾2013年县“两提两争”主题实践活动的工作成效，全面部署新一轮“两提两争”主题实践活动的具体任务和全年经济工作各项任务，以党的十八届三中全会精神为引领，以开展第二批党的群众路线教育实践活动为契机，进一步动员全县上下振奋精神、改革创新、狠抓落实，全力推动永嘉“赶超发展、激情跨越”。县委书记盛秋平出席会议并作重要讲话。县四套班子领导，各功能区、镇（街道）班子成员，县直属各单位中层以上干部；金融系统、县属投资公司、重点工程建设指挥部主要负责人，担任过副县级（实职）以上退休老干部，2014年城中村改造、三江开发项目工作组组长、副组长，有关重点工程、重大招商项目、工业项目、农村污水治理、美丽乡村（一事一议）、“三改一拆”等工作所在村居党支部书记和村委会主任，规上企业负责人，先进代表参加会议。

全县党的群众路线教育实践活动部署会议 2014年2月24日上午召开。会议主要内容：学习贯彻中央和省、市委的决策部署，对全县教育实践活动进行动员部署。县委书记盛秋平出席会议并作重要讲话。县四套班子领导，县委委员、候补委员，县纪委常委，县人大各委（办）主任，县政协秘书长和各委（办）主任，县直属各单位（包括国有企业单位）主要负责人和分管领导，县委组织部、县委宣传部班子成员，各功能区党委书记、管委会主任、分管领导，各镇（街道）党（工）委书记、镇长（主任）、党群副书记、纪委书记、分管组织和宣传的党委委员，退出县级领导岗位干部和曾担任过副县级以上领导职务的离退休老干部，金融系统主要负责人，县委教育实践活动领导小组及其办公室成员，县委督导组全体成员参加会议。

中共永嘉县纪委十二届四次全体（扩大）会议 2014年3月4日上午召开。会议主要内容：学习贯彻党的十八届三中全会精神，按照市纪委十一届四次全会和县委十二届六次全会的要求，总结2013年全县党风廉政建设和反腐败工作，研究部署2014年工作任务。县委书记盛秋平出席会议并作重要讲话。县四套班子领导，县纪委委员，各功能区党委书记，纪委书记、副书记、监察室主任；各镇（街道）党（工）委书记，纪（工）委书记、副书记、监察室主任，县直属各单位主要负责人，纪委书记（纪检组长）、副书记（副组长），监察室主任以及未设纪委（纪检组）单位分管纪检工作领导，金融系统、重点工程建设指挥部主要负责人，县纪委派驻机构全体纪检干部，县纪委监察局机关全体干部参加会议。

全县政法、信访、禁毒工作会议 2014年 3月18日上午召开。会议主要内容：贯彻落实中央和省市政法、信访工作会议精神，总结

2013年工作，分析当前形势，研究部署本年度任务，推动全县政法、信访、禁毒工作实现新发展。县委书记盛秋平出席会议并作重要讲话。县四套班子有关领导，各功能区党委书记或管委会主任；各镇（街道）党（工）委书记、政法副书记、综治办负责人，县直属有关单位主要负责人，县委政法委、县信访局、县人民法院、县人民检察院、县公安局、县司法局、县禁毒办等单位班子成员，县委政法委委员，有关重点工程建设指挥部主要负责人，政法系统“双十佳”人员参加会议。

全县组织工作会议暨第一季度基层党建工作现场会、“红色细胞工程”建设部署会 2014年4月10日下午召开。会议主要内容：学习贯彻党的十八大以来中央和省市委系列重要精神，回顾总结2013年工作，研究部署2014年任务，努力提高组织工作科学化水平，为永嘉赶超发展提供坚强的组织保障。县委书记盛秋平出席会议并作重要讲话。有关县领导，各功能区党委书记、分管领导，各镇（街道）党（工）委书记、组织委员、两新工委副书记，有关县直属单位主要负责人，受表彰的先进个人参加会议。

全县宣传工作暨文化产业发展大会 2014年4月11日下午召开。会议主要内容：学习贯彻习近平总书记在全国宣传思想工作会议上的重要讲话精神，按照全国、省市宣传思想工作会议和省市文化产业发展大会的部署要求，总结回顾2013年全县宣传思想文化工作，研究部署2014年任务，以奋发有为的精神状态开创工作新局面，为永嘉“赶超发展、激情跨越”提供强大的精神动力和良好的舆论环境。县委书记盛秋平出席会议并作重要讲话。县四套班子有关领导，各功能区党委书记、分管领导，各镇（街道）党（工）委书记、宣传委员、分管文化领导，县直属各单位主要负责人，受表彰的先进集体和先进个人代表，文化产业项目企业代表参加会议。

全县招商选资工作领导小组扩大会议 2014年5月6日上午召开。会议主要内容：贯彻落实省市关于推进浙商创业创新工作的系列重要精神，回顾总结上一年工作，分析形势，查找问题，研究部署2014年度全县招商选资工作任务。县委书记盛秋平出席会议并作重要讲话。有关县领导，各功能区、镇（街道）党（工）委或政府主要负责人、分管领导，县直属有关单位负责人参加会议。

全县平安建设“二次夺鼎”动员暨人口计生工作推进大会 2014年5月21日上午召开。会议主要内容：认真总结全县平安建设、人口计生工作，研究部署下步任务，努力实现平安永嘉“二次夺鼎”和人口计生工作“强基创优”，为永嘉赶超发展提供良好社会环境。县委书记盛秋平出席会议并作重要讲话。县四套班子领导，各功能区党委书记或管委会主任，各镇（街道）党（工委）书记或镇长（主任）、政法副书记、分管计生领导、综治办负责人、计生办负责人，县直属有关单位主要负责人，人口计生工作落后村居负责人参加会议。

全县党的群众路线教育实践活动推进会暨督导组组长会议 2014年6月4日下午召开。会议主要内容：贯彻落实中央和省、市委教育实践活动推进会精神，回顾总结教育实践活动第一环节工作，研究部署第二环节任务，更加扎实地推进教育实践活动。县委书记盛秋平出席会议并作重要讲话。省、市委督导组全体成员，县四套班子领导，县直属有关单位主要负责人、分管领导、具体负责同志，各功能区、镇（街道）党（工）委书记、副书记、组织委员、具体负责同志，县委各督导组全体成员，县委教育实践活动办全体人员参加会议。

永嘉县网络经济大会暨永嘉县电子商务行业协会成立大会 2014年6月12日上午召开。会议主要内容：认真贯彻省市有关会议和文件精神，进一步明确发展网络经济的总体要求、主要任务和政策举措，努力推进全县网络经济大发展大提升。县委书记盛秋平出席会议并作重要讲话。县四套班子有关领导，各功能区、镇（街道）党（工）委书记或镇长（主任），上塘中心城区、瓯北城市新区、三江商务区、桥头镇、桥下镇、沙头镇、乌牛街道、东瓯街道等单位分管领导和经贸中心主任，县直属有关单位主要负责人，县各行业协会秘书长，永嘉县电子商务行业协会会员参加会议。

全县美丽乡村建设巩固提升暨美丽浙南水乡建设动员大会 2014年6月30日上午召开。会议主要内容：庆祝中国共产党成立93周年，缅怀党的丰功伟绩，号召并动员全县各级党组织和广大党员，继承和发扬党的优良传统，进一步以改革创新精神推进党的建设各项工作，加快推进永嘉赶超发展、激情跨越。县委书记娄绍光出席会议并作重要讲话。县四套班子领导，人武部长、法检“两长”，各功能区党委书记、分管副书记，各镇（街道）党（工）委书记、党群副书记、分管组织的党委委员，县直属各单位中层以上干部，县重点工程建设指挥部负责人，先进集体和先进个人代表及重点村居、“两新”组织党组织负责人参加会议。

县委全面深化改革领导小组第二次全体会议 2014年7月29日下午召开。会议主要内容：听取各专项小组、县委改革办的工作汇报，审议县委全面深化改革领导小组和各专项小组2014年工作要点，研究部署当前和今后一个时期全县改革工作。县委书记娄绍光出席会议并作重要讲话。有关县领导，县直单位主要负责人，县委改革办主任、副主任参加会议。

中共永嘉县委十二届七次全体（扩大）会议 2014年7月31日上午召开。会议主要内容：贯彻落实中央和省市委的重大决策部署，总结上半年工作，部署下半年任务，动员全县各级党组织和广大党员干部群众，进一步敢于担当、不懈奋斗，凝心聚力、狠抓落实，在赶超发展中全力推进“两美”永嘉建设。同时，审议通过《中共永嘉县委关于建设“两美”永嘉、融入时尚之都的实施意见》。县委书记娄绍光出席会议并作重要讲话。县委委员、候补委员，县纪委委员，县人大常委会主任、副主任，县政府副县长，县政协主席、副主席，县人武部部长，县人民法院院长、县人民检察院检察长，担任过副县级实职以上的党员老干部，县人大各委（办、室）主任，县政协秘书长、各委（办）主任，县直属各单位党委（党组）主要负责人，各功能区党委书记、管委会主任，各镇（街道）党（工）委书记、镇长（主任），金融系统、县属投资公司、重点工程建设指挥部主要负责人，部分县第十二次党代会代表，县直属重点单位班子成员参加会议。

全县党的群众路线教育实践活动推进会 2014年8月19日下午召开。会议主要内容：传达贯彻全市教育实践活动推进会精神，研究部署整改落实、建章立制和基层党组织专题组织生活会工作。县委书记娄绍光出席会议并作重要讲话。县四套班子领导，各功能区党委书记，各镇（街道）党（工）委书记和分管领导，县直有关单位主要负责人，县委各督导组组长、副组长、联络员，县委教育实践活动办全体成员参加会议。

第30个教师节庆祝表彰大会 2014年9月10日上午召开。会议主要内容：表彰先进、激励前行，共同庆祝第30个教师节。向辛勤工作的全县广大教师和教育工作者致以节日的问候！向受表彰的先进集体和先进个人表示热烈的祝贺！向虽已离开三尺讲台却仍心系教育的离退休老教师致以崇高的敬意！向长期以来关心和支持永嘉教育事业发展的各界人士表示衷心的感谢！县委书记娄绍光出席会议并作重要讲话。有关县领导，各功能区党委书记或管委会主任，各镇（街道）党（工）委书记或镇长（主任），县直属有关单位主要负责人，县教育局全体干部，各学区正副主任、政工干部，直属学校校长、书记，全县片中心以上学校校长，2013学年各类先进教师、业务骨干及退离休教师代表参加会议。

全县党的群众路线教育实践活动总结大会 2014年10月13日上午召开。会议主要内容：学习贯彻中央党的群众路线教育实践活动总结大会和习近平总书记重要讲话精神，根据省市委统一要求，全面总结全县教育实践活动，部署巩固发展教育实践活动成果、建立长效机制等工作。县委书记娄绍光出席会议并作重要讲话。省市委赴永嘉督导组全体成员，县四套班子领导，县委委员、候补委员，县纪委副书记，县委教育实践活动领导小组成员及其办公室成员，17个县委督导组全体成员，县纪委、县委组织部、县委宣传部领导班子成员及干部人事科室负责人，县直有关单位主要负责人、分管领导及干部人事科室负责人，各功能区、镇（街道）班子成员参加会议。

县委工作务虚会 2014年11月24日召开。会议主要内容：贯彻中央、省委和市委系列重大决策部署，谋划永嘉经济社会新发展，进一步形成推进赶超发展、建设“两美”永嘉的共识，为即将召开的县委十二届八次全会奠定思想基础。县委书记娄绍光出席会议并作重要讲话。县四套班子领导，县人武部部长、县人民法院院长、县人民检察院检察长，各功能区党委书记、管委会主任，各镇（街道）党（工）委书记、镇长（主任），县直有关单位主要负责人参加会议。

2014年度镇（街道）党（工）委书记抓基层党建工作述职评议会 2014年12月17日上午召开。会议主要内容：贯彻落实中央和省市县委从严治党要求，听取各镇（街道）党（工）委书记抓基层党建工作专项述职，对进一步落实基层党建工作责任制、深入推进基层党组织建设进行研究部署。县委书记娄绍光出席会议并作重要讲话。县委常委，各镇（街道）党（工）委书记、分管组织的党委委员，县委党建工作领导小组成员，县委组织部部务会议成员，部分县党代表和基层党员干部群众代表参加会议。

（伍斌斌）

政策与经济研究

概　况　2014年，永嘉县委政策研究室认真贯彻落实省、市和县委工作部署，以开展第二批群众路线教育实践活动为契机，紧紧围绕县委中心工作，全面深化改革，主动深入基层开展调查研究，在增强调查研究针对性、收集信息准确性、意见建议可行性、政策措施实效性上狠下功夫，进一步增强参谋服务工作的主动性、预见性和前瞻性，汇聚各方智慧，提高建言献策“含金量”，当好县委的“智囊、外脑、高参”，是年获得市对县政研工作目标考核第一名。

决策咨询体系构建　2014年，贯彻落实《关于加强和改进调查研究工作的实施意见》，推进调查研究制度化规范化建设，决策咨询体系得到进一步完善。加强市县联动调研制度，与市委政策研究室共同开展农产品电商、时尚旅游社区、打造现代党委政府的核心智库等“帕累托沙龙”活动，承办2014年温州市党委政研系统读书会、“乐学吧”等活动，并联合调研“隐形冠军”企业，把脉经济发展。建立健全领导带头调研制度，确定县党政领导班子成员每年至少牵头完成1项重点调研课题，全年共完成19篇调研报告；要求各地各部门主要领导结合工作实际，每年至少完成1篇有价值的调研报告，全年共上报90多篇。建立健全基层调研联系点制度，在上年123个点的基础上，增加20个现代农业企业调研联系点，实现全覆盖和专项性共建。建立重要决策论证制度，对事关群众利益和社会热点问题，开展深入调查研究、反复咨询论证，多方听取意见，广泛汇聚民智，起草《中共永嘉县委关于建设“两美”永嘉、融入时尚之都的实施意见》《中共永嘉县委关于全面深化法治永嘉建设的实施意见》等县委重要政策文稿。

政策与经济调研　2014年，结合党的群众路线教育实践活动，深入基层开展专题调研，完成《关于楠溪江风景旅游管理体制改革的调研报告》《关于深化县域智库体系建设的若干思考——基于永嘉政研工作实践》《永嘉县农地承包经营权流转调研与对策思考》等多篇调研报告。积极宣传重点工作的成功经验和政策成果，全年共向省市报送《永嘉打造立体监督体系、保障决策执行到位》《打好三张“民”字牌、造就治水新模式》《永嘉县农村污水治理情况政策监测材料》等42篇政研信息文章和政策监测材料，被上级有关刊物录用22篇，文章录用数居全市前列。主动参加省市党政系统优秀调研成果和发展研究奖评选，获奖文章4篇，获奖文章数蝉联全市第一。完成《浙江年鉴》（永嘉部分）、《浙江政策年鉴》（永嘉部分）、第三届浙江省公共管理创新案例评选项目申报，得到省市政研部门一致肯定。精心完成19个县领导重点调研课题收编任务，及时跟进提醒县领导结合“基层走亲连心解忧”、蹲点调研、“九联系”等活动落实课题调研，形成理论研究成果文集，转化为永嘉经济社会各领域的政策参考和决策部署，全面助推各项事业发展。

参谋辅政平台打造　2014年，积极打造全县优秀调研成果转化平台，一如既往办好《永嘉通讯》和《永嘉政研》两个党委内刊，全年刊出《永嘉通讯》5期，主动宣传县委县政府亮点工作和服务民生政策；刊出《永嘉政研》32期，比上年增加6期，完成率125%，其中专报6期（批示5期）、领导参阅14期（批示2期）、决策参考12期（批示3期），为县委领导决策提供了科学依据。进一步探索搭建参谋咨询平台，组织全县党政系统优秀调研成果评选，在各地各部门申报的82个课题中评出获奖文章48篇，将其中12个优秀成果和32个县领导重点调研课题一起编辑录入《调查与思考——2013年度永嘉县党政系统优秀调研成果文集》，供领导决策参阅。

全面深化改革开启　2014年3月，县委成立全面深化改革领导小组，负责全县改革的总体设计、统筹协调、整体推进、督促落实。领导小组下设办公室（简称“县委改革办”），作为常设性工作机构，与县委政策研究室一个机构、两块牌子，负责处理县委全面深化改革领导小组日常事务工作。6月9日，县委召开全面深化改革领导小组第一次全体会议，审议通过《县委全面深化改革领导小组工作规则》《县委全面深化改革领导小组专项小组工作规则》《县委全面深化改革领导小组办公室工作细则》

《县委全面深化改革领导小组专项小组成员名单建议方案》等4个文件，确定县委全面深化改革领导小组下设10个专项小组，分别是经济体制改革专项小组、民主法制领域改革专项小组、文化体制改革专项小组、社会体制改革专项小组、生态文明体制改革专项小组、农村综合改革专项小组、楠溪江风景旅游管理体制改革专项小组、行政体制改革专项小组、党的建设制度改革专项小组、纪律检查体制改革专项小组，标志着永嘉全面深化改革转入实体化、项目化运作进程。7月8日，县委改革办召开第一次联席会议，与各专项小组牵头单位就改革工作展开探讨。7月29日，县委召开全面深化改革领导小组第二次会议，审议通过《县委全面深化改革领导小组2014年工作要点》《县委全面深化改革2014年各专项小组工作要点》等2个文件，确定了作战图、时间表。

（潘啸啸）

组织工作

概　况　2014年，县委组织部全面贯彻落实党的十八届三中、四中全会以及各级组织工作会议精神，深入开展党的群众路线教育实践活动，以“红色细胞工程”为核心，打造服务型基层党组织；以干部常态化管理为抓手，深化干部人事制度改革，着力建设“好班长、好班子、好梯队”；以搭平台优环境为重点，抓好“双千”引才工程，重点实施“百人计划”，紧扣中心、服务大局，全面落实深化改革各项任务，为推进永嘉赶超发展提供坚强的组织保证。

党的群众路线教育实践活动　2014年，积极开展“两提两争”主题实践活动和党员干部“两个分量”专题教育，全县参加活动单位共101个，参加党员47962名，党员干部的精气神得到全面提振。深入开展“四学四联”“三思三观”和“三严三实”专题讨论等活动，县委常委会带头，组织理论中心学习308次，累计教育培训党员32.3万人次，涌现出李成相等一批身边先进。加强对少数党员干部在宗教观等方面的教育，党员干部的宗旨意识和群众观点明显增强。通过先后三轮“基层走亲连心解忧”活动，征集意见建议近万条次，帮助解决各类问题2.4万余个。高质量开好专题民主生活会，建立“马上改”工作机制，梳理“马上改”项目1689个，组织开展“五大专项行动”“九项专项整治”和“26项专项整治”以及“整改攻坚月”行动，各项中心工作得到有力推进。大力开展专项整治，县乡两级领导班子和领导干部累计整改“四风”问题1万余个。同时按照“学清立改停”要求，废止制度112件、完善312件，并新建出台县委常委抓基层党建、党员信教甄别处置、“五件宝”等党员干部直接联系群众制度共计463件。

基层组织建设　2014年，建立县委常委抓基层党建工作五项制度，落实镇（街道）党（工）委党建工作责任制，着重抓好“加强基层党组织阵地建设”等8项职责的考核，明确县一级和镇（街道）部门一级的责任连接，县委常委带头抓，一级抓一级，层层抓落实的党建工作格局基本形成。2014年，印发《永嘉县基层党组织“五星争创”活动实施办法（试行）》，采取县领导挂点联系、镇（街道）领导包干负责、派驻工作组等办法，完成92个软弱涣散基层党组织的整转工作；建立九大联系服务群众机制，真正实现“走村不漏户，户户见干部”。全县农村党员共联系了14.3万农户，占总农户数的91%（不含外出农户数），组建1136支“党员星期六志愿服务队”，全面完成15个纳入全年建设规划村的建设任务，18个无活动场所村的村级组织活动场所全部动工。2014年，设计开发“民情E通”微信平台，建立面向广大党员干部群众的服务平台和双向交流窗口，已覆盖全县76个县直部门，18个镇（街道）、921个村和社区，实现了民情收集→分流→研判→处置→反馈等环节有序流转。2014年，稳妥推进党员“进出口”，出台《永嘉县妥善处理共产党员信仰宗教问题暂行办法》，对涉嫌党员信教逐一进行甄别取证和事实认定，及时对27名丧失理想信念、痴迷宗教的党员进行了党内劝退或除名，对96名有意留在党内的给予限期整改。2014年，以“市场”理念探索党建项目化建设，率先组建成立由6家非公有制企业党组织组成的“党建联盟”，首创“党建需求库”，实现了基层党组织增活力、企业增效益、党员增积极性的共赢目标。同时，在社会组织党组织中打造“服务大集市”平台，由镇（街道）定期轮值承办，联合为社区群众无偿提供各类服务。以小微企业“四化联动”为主抓手，深化“一企（社）一品，一域一群”创建。动态调整160家三星级以上的“两新”组织党组织。积极引导“两新”党组织服务大局，组建了40多支“两新”党组织志愿者服务队。

干部队伍建设 2014年，以“轨迹化管理”为着力点，构建干部常态化管理体系。推行干部日常管理网格化模式，将全县领导班子及其领导干部按区域、行业划分为9个网格，进行跟踪管理、定期走访和分析研判。实行“多维度”轨迹记录，组建91个机关部门和20个功能区、镇（街道）800余名领导干部的日常管理台账。完善领导干部专项考核办法，按照“即时即事，记实即效”的原则，全程进现场、听口碑、盯实绩，实时跟进掌握干部表现，完成参与美丽乡村建设、三江一号违建等重点工作的361名领导干部的专项考核。实施日常分析研判，制定出台《领导班子和领导干部分析研判工作办法》，根据分析研判结果，及时调整不适宜干部。2014年，以“百名干部进百村解百难”行动为载体，围绕中心服务大局。选派83名副科级领导干部、副科级后备干部和优秀年轻干部担任村党支部第一书记或村委会主任助理，全面负责派驻村农村污水治理、美丽乡村建设等工作。同时选派85名优秀干部组建了7个工作组，对4个城中村改造、2个开发项目、1个重点工业项目进行驻点攻坚。2014年，以镇（街道）干部联系群众“鱼水情”行动为切入点，加强服务型干部队伍建设。建立并执行“周行程公示”“民情走访日”“民情分析会”“岗位赛诺”、值班住夜“四夜”活动等制度，将“五件宝”做法融入“鱼水情”行动，在全县镇（街道）大力推广，并专门建立轮值督查制度，提醒督促各镇（街道）整改问题530余个，帮助基层群众解决困难和问题2560余个，形成了广大镇（街道）干部转变作风、深入基层干事创业的良好氛围。2014年，以“三严三实”为总纲，强化干部教育和监督管理。紧紧围绕县委“三大”战略，深入“解题工程”，举办继续教育班、中青班等各类培训班15期，培训干部2100多人次，其中主体班次5期，培训干部约1200人次。认真开展全县干部超职数、超规格配备，违规在企业兼职的清查摸排工作。严格执行“反向计分、抄告提醒”、中层督考和待岗干部继续教育等激励措施，对80名工作落后、执行制度不到位、作风不实的领导干部进行反向计分，对5名排名靠后的重点科室负责人实行岗位刚性交流。

党管人才工作 2014年，继续推行人才工作“考绩法”和“项目化管理法”，并首次将人才考核工作向镇（街道）一线延伸，将15个县直单位、18个镇（街道）党（工）委，31个项目列入考核，以人才考绩推动人才工作任务落实。2014年，通过发布人才需求公告、建立在外永嘉籍高层次人才家属联络常态化机制、创业创新项目“一条龙”服务等制度，拓宽招才引智渠道。全年新增一个亚龙集团院士专家工作站，引进国外智力项目13个，引进硕士、高级工程师等紧缺人才17人；申报“国千”6人，申报2014年度浙江省“千人计划”参评人才7人，申报省特级专家1人、省“151”人才工程2人、市“551”人才工程9人、海外工程师7人。2014年，全面落实2013年、2014年度新引进和培养的高层次人才、紧缺类人才的政策待遇，对入选“海外工程师”、新建博士后科研工作站、第二批“县学术技术骨干团队”等项目累计放发各类资助、奖励等221万元，解决了77位企业人才子女的入学问题，并加快县“人才公寓”建设进度，制定出台公寓分配方案，切实解决一批高层次、紧缺类人才的住房问题。人才工作全市考评位列第一。

（蔡旭琼）

宣传工作

概　况 2014年，县委宣传部围绕中心、服务大局，各项工作都有了新的进展。全县宣传部门共获国家级、省级奖项8项，市级奖项17项，交流推广2项，先后共9次获省、市委宣传部领导批示肯定，省委常委、宣传部部长葛慧君专程到永嘉调研指导。三江违法宗教建筑拆除事件舆论引导有力，受到省委书记夏宝龙的充分肯定；文化礼堂建设领先全省，被授予省级农村文化礼堂工作先进县（全市唯一），被评为2014年度市级文化礼堂工作积极县；理论学习工作再获殊荣，被评为市委理论学习中心组先进单位；对外宣传成果丰硕，获得全国休闲农业创意精品推介活动特别贡献奖等全国和省、市奖项。

党员干部思想教育 2014年，以深入学习贯彻党的十八大、十八届三中、四中全会和习近平总书记系列讲话精神为重点，组织三轮“两提两争”思想解放大讨论和“中国梦”主题宣讲，制作发行“方言说唱十八大”“中国梦·永嘉梦”等宣教光盘，开展“三学四讲五进”、部门质询评议等活动。围绕巩固和加强党的执政地位，认真抓好党员思想教育，尤其是习近平总书记系列讲话精神和宗教观教育，邀请万通集团董事局主席冯仑、省委党校副校长郑仓元等专家和领导到永嘉讲座，县委理论中心组全年共组织集中学习22天41次。大力开展社会主义核心价值观讨论，弘扬“义利并举、敢为人先”新时期永嘉精神，制作电视公益广告和出版发行《图说永嘉精神》通俗读物。强化“最美”系列主题宣传，建立50万元“最美”公益基金，开展“最美党员”“最美新永嘉人”评选，以诚信商人谢岩斌为代表的中国好人、浙江好人入选人数居全市前列。开展“文明出行”“文明餐桌”“文明旅游”等主题宣教活动，制作投放公益广告牌2700多个，刊播公益广告2万多条次。加强爱国主义教育基地管理维护、群众性精神文明创建和公民思想道德建设，组织开展“重走红军路”主题实践等活动，不断提高党员干部群众的思想觉悟。新闻媒体开辟专题专栏，在重要时段、重要版面持续刊（播）出，同时播出“三改一拆”、宗教问题等专题宣教片，进一步坚定党员干部群众的理想信念。

发展氛围营造　一方面，围绕中心工作组织策划重大主题宣传活动，重点抓好群众路线教育实践、“五水共治”“三改一拆”等活动的宣传，县级媒体共刊发报道2870篇（条），同比增长27%。另一方面，做好新闻舆论监督，重点抓好省市《今日聚焦》《新政聚焦》两大栏目的工作对接和反馈回应，积极打造《永嘉聚焦》栏目，开展舆论监督，全年共播出28期，有力助推了重难点工作进展。

社会舆论引导　2014年，研究制定网络舆情应对处置工作实施意见和外来媒体接待服务工作意见，建立舆情“日报周结”和约谈等制度，舆情应对工作机制更加科学有效。充分发挥“市民监督团”和“记者帮帮团”作用，努力消除负面舆情滋生的源头。打造“永嘉发布”政务微博（微信）平台，全年共举办新闻发布会14次，“党政一把手”网络问政活动18场，使正面声音更畅通无阻。组织开展“让网络空间清朗起来——当战士、不当绅士”学习讨论实践活动，发布“让网络空间清朗起来”倡议书和举办“发出好声音、传递正能量”千人签名等活动。组织全县镇（街道）和部门单位新闻发言人进行集中培训，有效提高了宣传干部队伍舆情引导的能力和水平。

城市形象提升宣传　2014年，出台《永嘉县外宣基金使用管理办法》和《永嘉县外宣奖励办法》，与浙江日报、温州日报等上级主流媒体建立战略合作关系，与新华社、央视等单位密切联系，出版《天真之水》等系列画册，拍摄《乡村大世界》《乡约》《勇敢前行》等电视节目并在中央电视台播出。坚持“走出去，请进来”，利用互联网发布微电影、《永嘉》城市形象宣传片，开辟对外宣传窗口。策划“全国知名媒体看永嘉”活动，多次举办“百名百岁老人”摄影展。不断丰富“写永嘉、拍永嘉、看永嘉、画永嘉、唱永嘉”载体内容，举办“再识楠溪江”采风、知名媒体“走·读”永嘉、知名书画家“书画永嘉”等“国字号”系列活动，摄制《索面人家》《稻草人生》系列微电影，创作《楠溪江之歌》主题曲等外宣品。根据形势变化，探索加强对微信等新媒体的运用，对全县重难点、亮点工作和旅游资源进行策划推介。主动对接上级主流媒体，中央和省、市媒体报道永嘉浓墨重彩，发稿量位列全市第一。

文化建设　2014年，全面实施农村文化礼堂提质拓面工程，落实“一周一会，一月一报”等制度，全年新建文化礼堂26座。通过政策倾斜、资金补助等办法，组建文化礼堂“八大员”队伍，开展理论宣讲进礼堂、文化服务进礼堂、草根活动进礼堂等“三进”活动，全年共开展1337场次。健全和完善“三下乡”集中服务协调机制。重点培育文化产业，召开文化产业发展大会，出台永嘉县文化产业扶持办法，楠溪江文化园列入县委“三区两美”建设重点，桥下教玩具基地“乐智谷”入围全省首批特色小镇。结合县委、县政府的古村落保护利用“六个一”工程和美丽乡村创建，完成文化创意中心规划，建成一批文化展馆、一条文化商业街、一条园区交通绿道和一批特色酒店民宿。加快重大文化产业项目的招商引资，引进中国艺术研究院温州创作基地和“楠溪慢城”等一批重大文化产业项目。推进“文旅”融合发展，举办2014温州时尚文化创意产业博览会文化旅游展区暨第三届中国·楠溪江山水文化旅游节、泰石将军图书馆开馆典礼暨将军名家书画展、“金山丽水闹元宵”“诗性笔性——全国青年书法家作品展”、楠溪江茗岙梯田开犁节和“秀美水乡·古韵楠溪”全国知名画家采风等活动，被中国诗歌学会、全国青年书法家协会联盟分别授予山水田园诗歌创作基地和书法创作基地。广泛开展文化下乡活动，全年送戏下乡276场、送电影下乡6340场，举办文化走亲8场，进一步满足了群众精神文化需求。

干部队伍建设 2014年，落实人才培养有关扶持政策，按需上报挂职锻炼干部和市级“四个一批”文化人才的培养计划，落实《关于加强和改进基层宣传思想文化工作的若干意见》精神，对县级宣传部门、镇（街道）和村居三级宣传工作力量做出明确要求和部署。深入推进“宣传文化名家”培养工程，做好下年度项目的申报和筛选，成功打造文化艺术人才培养创作基地“楠园”。探索建立村居宣传文化员制度，动员和鼓励有一定专长的人才投身宣传文化事业。整合各类人才资源，调动广大干部群众的积极性、主动性，让村两委干部、社会能人和文艺积极分子充当农村文化礼堂建设的主力军。认真贯彻落实中央“八项规定”和省委“28条办法”、市委“1+8”实施细则，扎实开展党的群众路线教育实践、“转作风、破难题”蹲点调研月和镇（街道）干部联系群众“鱼水情”等活动，将党风廉政建设作为领导班子建设重要内容纳入宣传部2014年工作计划和部署；进一步规范和完善学习制度、财务管理制度、接待制度等各项规章制度。

荣誉录 2014年，中共永嘉县委宣传部获国家农业部乡镇企业局颁发的全国休闲农业创意精品推介活动特别贡献奖。永嘉县被省委宣传部、省农村文化礼堂领导小组授予2013年度浙江省农村文化礼堂建设先进县（市、区）荣誉称号。

（郑孙球）

统战工作

民主党派和党外知识分子工作 2014年，利用党外人士之家和相关统战团体平台，组织开展以党的十八大和十八届三中、四中全会精神为主要内容的中国特色社会主义学习实践活动，共同的思想政治基础得到进一步巩固。2014年，全面深化协商通报、谈心交友、特约人员、对口联系、重要内外事活动、调研考察等六项制度，全力推动多党合作制度化、程序化、规范化进程。全年召开协商通报会5次，县处级党外干部和县重点党外代表人士参加县内外重大事项活动20余次。开展对口联系政府部门13个，分别对口联系县农工民主党、县工商业联合会、县知识分子联谊会和县新的社会阶层联谊会。17个县直部门单位聘请了65名特约人员。政治协商纳入党委、政府决策程序，民主党派、无党派人士意见征求会成为新常态，政治协商组织平台进一步加强，制度化、程序化、规范化建设进一步发展。乌牛街道基层民主协商试点工作继续推进，组织开展了2次协商活动。2014年，县政协会议党外人士提案165个，占总提案67%，政协会议党外人士大会发言6人，书面发言1人，占总发言人数的54%，委员来信提出建议提案18人次，其中党外16人次。是年，县人大会议党外人大代表共提出27个建议，占总建议数17%。一年中，组织党外人士对“五水共治”项目、三江防洪堤坝、三江立体城和县垃圾焚烧厂等4个项目开展实事督查，参与50多人。2014年，财政支持县农工党10万元，县知识分子联谊会和县新的社会阶层联谊会各6万元，县侨商会3万元。5月21日，成立了民建永嘉支部。开展以“四星”活动为载体，促进无党派人士、县知识分子联谊会、县新的社会阶层联谊会等组织规范化建设，申报县新的社会阶层联谊会为“先进集体”，县知识分子联谊会“建言之星”和县新的社会阶层联谊会“行业之星”各1名。1月17日，举行“光彩助学行”暨民主党派、统战团体春节服务社会活动启动仪式，开展对统战对象的慰问。是年县农工党开展送教、送医下乡、“基层服务”等系列服务活动，受惠200余人次。县知识分子联谊会和县新的社会阶层联谊会等统战团体组织开展“送温暖、送健康”，为碧莲小学送教，慰问暨家寨困难群众和迦得养老院孤寡老人等活动，受惠300人次以上。积极组织“百会联百村，合力治污水”活动，引导非公有制人士、在外“永商”开展感恩社会和社会公益事业，共筹资1228万元支援“五水共治”。

非公有制经济领域统战工作 2014年，邀请在外永商和海外侨（社）团回乡投资考察28批次，促成8个侨资项目和1个台资项目回归签约。总投资人民币13.75亿元、美元200万元，其中红田鱼项目、鹤栖山项目、岙李生物科技和四海山铁皮石斛项目分别到位资金人民币0.2亿元、0.30亿元、0.20亿元和0.60亿元，共计人民币1.30亿元。台资项目到位资金70万美元。2014年，服务非公有制经济健康发展。一是建立商会法律顾问制度，开展了商会“法律体检”专项活动。二是搭建政府、部门与企业相互之间的交流沟通平台，积极参与“三方”劳动关系调解工作，形成排解非公有制经济发展实际困难的合力。三是加强企业走访交流互动，组织永嘉红蜻蜓等2家企业与烟台龙口市政企考察团10多人开展联谊活动。9月26日，组织本地基层商会与来访的上海外滩街道商会进行座谈交流。四是加强维权工作，邀请财税、工商、消防等部门干部讲授相关知识，使企业经营者避免因工作认识不到位带来不必要的损失。县侨联帮扶企业发展中心“抱团取暖”帮扶11家中小企业的做法，得到了省委领导的肯定。组织开展县第三届“优秀”评选活动，陈继权等17人为县优秀中国特色社会主义事业建设者，并推荐李星涛、陈继权为市第四届优秀中国特色社会主义事业建设者。开展“五好”工商联示范点创建活动，制订计划，明确目标、步骤和措施。新增工商联2名工作人员，为做好省级工商联示范点创建提供有力保障。加强基层商会规范化建设，通过以奖代补形式下发11万元的规范化建设补助经费，18个镇（街道）已建成11个县级基层商会示范点。乌牛街道商会通过了市级基层商会示范点验收。2014年3月21日，召开以“四信”为主要内容的全县非公有制经济人士106人参加的理想信念教育大会；4月21日，组织县新生代非公有制企业经营管理者一行32人赴奥康集团参观学习，并与董事长王振滔进行面对面座谈交流；5月17日，组织县非公有制企业家20余人开展“新三板”上市培训，推荐永嘉5家企业负责人参加市“新三板”培训；9月17日，组织县新生代企业家20余人赴亚龙集团参观和座谈交流；11月16日，选派19名非公有制经济代表人士参加第二期世界永嘉人暨党外代表人士高级研修班。2014年，成立中共永嘉县总商会委员会，直接管理包括异地永嘉商会的党建工作。健全经常性联系机制，结合党的群众路线教育实践活动，开展分片走访民营企业，做到经常走访、了解动态、排忧解难。

民族宗教工作 2014年，积极推进民族团结进步创建进机关、进企业、进社区、进镇（街道）、进学校、进宗教场所“六进”工作，以“微组织、微窗口、微热线、微平台”建设为抓手，推动城市少数民族工作提档升级。举办了少数民族劳动技能培训，关爱少数民族留守儿童，及时化解民族矛盾纠纷12起。成功承办省第五届少数民族传统体育运动会的秋千比赛项目。推进小长坑民族村美丽乡村建设，项目总投资额达500多万元，项目建设进展顺利。2014年，做好涉宗违法建筑整治工作。依法拆除“三江一号”等违法宗教建筑，全面开展了县域范围内的涉宗违法建筑整治，全年累计拆除宗教场所违法建筑成绩走在全省、全市的前列。开展“同心同行·共建和谐”扩大试点工作。在圆满完成沙头黄村基督教堂试点工作的基础上，继续将18个镇（街道）53个场所纳入扩大试点范围。建立了党员干部联系宗教场所和信众的工作制度，征订党报1160份赠送给全县的宗教场所，对8000多名信徒开展宗教政策法规培训教育，同2600多名信徒开展谈心交心，率先完成试点宗教场所的权证办理工作，保持了宗教界的和谐稳定。开展了民间信仰活动场所规范化管理，为下一步登记工作打下基础。

港澳台及海外人士统战工作 2014年，安排25名港澳台同胞担任政协委员。12月初，县侨商协会成立1周年之际，组织人员赴杭州与省民宗委、省外侨办及省侨商协会开展交流。10月28日，县第八次归侨侨眷代表大会暨县侨联成立三十五周年纪念大会顺利召开，选举产生了新一届侨联理事会。2014年6月，举行“聚焦美丽温州—海外媒体采风”活动，23个国家60余家媒体记者走进永嘉；7月中旬，“寻根之旅”夏令营2个营共计100多位海外华裔青少年走进永嘉，体验民俗风情，体味中华文化；8月初，永嘉昆剧团赴香港进行专场演出，并开展昆剧讲座，为香港同胞带去原汁原味的地方昆曲文化；10月30日，“瓯越文化之旅”在永嘉举行，30余位海外文人志士直接感受永嘉自然山水和耕读文化；10月31日，在永嘉书院正式挂牌“温州市侨务文化基地”，成为温州市首批两个“侨务文化基地”之一。此外，还牵线促成了永嘉县罗浮中学与日本广岛县大柿高校、永嘉县上塘中学与西班牙巴达洛纳加比·佩勒·维吉斯学校的结对，推进了教育海外交流。2014年，组织开展涉侨联谊交流活动34批次1192人次，永台基层交流交往17批次234人次。其中包括：接待香港温州工商会及会长夏忠义、民建联主席谭耀宗（全国政协委员、香港立法会议员）、匈牙利中华总商会会长黄河森等一批侨团和侨领到永嘉参观交流。邀请台湾旅游民宿交流团、温州台商协会和台北士林夜市参展商共55人参加的对台基层交流系列活动。主办“永嘉侨界新春茶话会”“永嘉侨商协会迎春座谈会”、台胞台属迎春茶话会及中秋茶话会，协办“百名永商中秋圆月行”等活动10余次。

党外代表人士队伍建设 2014年，认真贯彻落实县委《关于加强新形势下基层统战工作的实施意见》《关于加强新形势下党外代表人士队伍建设的实施意见》《关于加强新形势下党员领导干部与党外代表人士联谊交友工作的实施意见》等党外代表人士相关文件精神，完善了全县党外代表人士“321”工程数据库和“563”党外后备干部数据库。是年，全县共有党外代表人士330名、党外后备干部365名、科级党外领导干部21名。2014年，选择刚组建不久、局长为党外干部的县市场监督管理局作为试点单位，围绕人、财、物处置和重大事项决策、执行，建章立制，已取得阶段性成效，并制定了一项议事规则和三项会议制度。11月16日—22日，在上海复旦大学举办了第二期世界永嘉人暨党外代表人士高级研修班，农工民主党永嘉县委会、中国民主建国会永嘉支部、非公有制经济人士、异地商会、港澳台胞、党外干部及无党派人士代表共60人参加培训。同时积极选送10余名党外干部或代表人士参加由省市组织的党外中青年干部培训班、省新生代企业家等有关培训教育活动。

统战信息宣传工作 2014年，永嘉县有关信息被温州市统战网录用280条，《永嘉搭建三大平台推进“温商回归”》《永嘉县委统战部三措并举助推永嘉文明建设》《永嘉县委统战部“三力齐发”实现镇街侨联组织全覆盖》《永嘉基本侨情调查工作“回头看”成果显著》等4条信息被省市委统战部刊用。另外，永嘉扎实开展信息宣传工作，出台信息考核文件，健全评比激励机制，实行稿费奖励。是年，基层报送信息量较上年增长48%，为宣传统战、推进工作发挥了积极作用。

（谷军先）

信访工作

概　况 2014年，县信访局共受理群众来信来访2420批次（包括中央、省、县转交来件），同比上升1.5%，其中来信1310件，同比下降4.7%，来访1110批2490人次，同比批次上升10%,人次上升18.2%；进京上访18批27人次，同比分别下降70%和82%，其中非正常上访12批16人次，同比分别下降71%和87；赴省集体访4批49人次，同比分别下降33%和37%；赴市集体访5批87人次，同比分别下降71%和67%；到县集体访56批477人次，同比分别下降21%和36%。全年应报结1765件，已报结1765件，报结率100%，已化解1606件，化解率91%。全年要信要访4件，报结4件，报结率100%。全年共收到复查申请16件，受理11件，不予受理5件，均已办结。网上信访件306件，办结306件，办结率100%。

信访积案化解 2014年，县信访联席会议牵头，将“信访事项交办（转办）函”“信访事由摘要”和“县直相关部门责任分摊表”抄送给业务主管部门，信访部门跟踪督办、业务主管部门调解化解、“综治维稳”部门加强稳控，形成多个部门共同领导、调度、协调、督促相关下属单位同步办理同一信访事项的格局，促进信访老户息访和积案化解。2014年，省市交办信访积案18件，已化解17件，化解率94.5%。县交办件88件，已化解70件，化解率79.5%。成功化解进京非正常上访36次之多的吕某信访件和纠缠22年之久的周某信访件。

领导干部下访约访 2014年，推行领导干部包案、信访隐患排查、重大决策和项目风险评估等制度。17位县级党政领导干部下访571批次，解决信访问题（包括信访稳定隐患）360余件。18个镇（街道）200多名领导干部共下访约访3215批次5263人次。是年，县信访联席会议及其办公室共召开信访案件协调会、分析会、研判会123次，为83个信访案件的化解作出分析研判，并成功化解其中53个，21个正在化解，对6个已经结案的信访件进行确认，防止信访对象无理纠缠。由县委办、县府办、县政法委、县公安局等6家组成的6人研判小组共召开17次研判活动，就全县范围内比较重要的议题开展了讨论，为县委、县政府领导提供了34条建议。

信访机制建设 2014年，推行“三级包案”的信访责任管理模式，即县、镇（街道）、村三级组织和干部根据“属地管理、分级负责”的原则和信访事项处置的实际需要，开展包调研、包调处、包兑现、包救济、包稳控、包息访的“包案”活动。全县共包案321起，已息访287起，其中县级领导包案28起，镇（街道）领导包案293起。创新“三调联动”的信访矛盾调处机制：即信访部门跳出

"接、转、交、督"的旧框框，积极主动地"办"，参与到人民调解、行政调解、司法调解的过程中去，初步成为一种独具特色的信访调解形式，形成"三调联动"的格局。推行"三网并行"的信访信息收集系统，即加强横向联系，充分发挥信访、维稳、公安三种网络各自的优势，做到"信息共享、工作互补、联合行动、各有侧重"。一年里，全县有近百分之五十的信访信息来自其他非信访部门，县级信访部门向维稳、公安提供的有效信息57条。

依法信访 2014年，以纪念国务院《信访条例》颁布实施9周年为契机，结合党的群众路线教育实践活动，5月中旬，县委组宣部、县司法局、县信访局、县普法办等部门联合下发"依法信访"主题宣传月活动方案，深入开展"依法信访"主题宣传月活动。县信访局还印制了《信访宣传册》《信访条例》知识100问、《关于进一步规范信访事项受理办理程序，引导来访人依法逐级走访的办法》等宣传资料2万册，集中宣传信访工作的政策和法律法规，树立依法信访、理性维权的正确导向，提高信访人依法信访意识，矫正违法违规的上访行为，促使信访人依法有序信访，合理表达诉求。同时，信访案件首问责任制、限时办结制、案件交办督办制和责任追究制等得到落实。治理涉法上访力度加大，依法处理了一批进京非正常上访对象，对非正常上访的组织者和煽动者，特别是屡教不改者，进行了依法处理和严厉打击。2014年，先后对15名缠访闹访和非正常访人员进行了依法训诫和行政拘留，并对南城街道柯某、枫林镇徐某、三江街道瞿某、东城街道杨某等5位非正常上访对象进行刑事判决。

（吕内欲）

老干部工作

概　况 2014年，永嘉县委老干部局认真贯彻全国和省市县委老干部工作会议精神，以学习贯彻党的十八大，十八届三中、四中全会和习近平总书记系列重要讲话精神为主线，以党的群众路线教育实践活动为抓手，以八大项目为工作载体，以为党的事业增添正能量为价值取向，深刻把握老干部工作新要求，坚持围绕中心、服务大局，立足实际、稳中求进，推进老干部工作创新发展、转型发展、科学发展。到12月底，全县在册离退休干部约6700人，其中离休干部219人（2014年亡故20人）。离退休干部中享受副县级以上政治待遇88人，担任过副县级以上实职28人。离休干部中属于抗战时期10人，享受地厅级待遇2人。县委老干部局领导班子成员3人，下设办公室、教育服务科、组织宣传科3个科室，及县老年大学和县老干部活动中心2个下属单位。全县离退休干部根据行政区划和居住地的分布情况，划分为16个老干部学习大片、99个学习小组，并建有书画、摄影、诗词、门球、艺术团、退休教师等六大协会团体、16所基层老年大学和66个离退休干部党支部。县四套班子领导一以贯之，将老干部工作纳入全局谋划，摆上重要议事日程，并经常过问老干部的待遇落实情况。3月18日，召开全县老干部工作会议，要求全县老干部工作者进一步增强责任感和使命感，把握时代新特征，按照"有效推动老干部工作转型发展、科学发展"的新要求，推动老干部工作迈上新台阶。11月6日，省委老干部局副局长诸春华到永嘉调研指导工作，对县委、县政府支持老干部工作的做法给予了肯定。

落实老干部政治待遇 2014年，坚持定期学习制度，通过每周三老干部阅文室的常态化服务、落实一月一学制度、为老干部征订各类报刊（共2969份）、开通老干部微博平台等方式，引导离退休干部深入学习中共中央十八届三中、四中全会和习近平总书记系列重要讲话精神及群众路线相关材料，进一步坚定理想信念，切实增强"三个自信"，始终同以习近平为总书记的党中央保持高度一致。坚持定期情况通报和重要活动参与征询制度，组织安排老干部参加县级情况通报会2次、重要会议9次、重大工作决策部署征求意见建议座谈会3次，引导老干部坚定支持县委、县政府中心工作。坚持党建引领，调整部分党支部组织结构，方便老干部参与组织生活；建立联系点制度，加强同党支书和老干部党员的联系交流；召开离退休党支部书记及骨干人员的业务培训会议，编印520份学习读本做好送学上门工作，引导老干部老党员始终保持纯洁性和先进性。坚持活动引导，开展"创先争优""走基层、看变化、促发展"、树立2013年先进典型等活动，让老干部了解永嘉发展，鼓励他们见贤思齐，释放干事创业的热情，为"两美永嘉"建设增添更多银色正能量。

基层走亲连心解忧活动 2014

年3月、4月间，开展“基层走亲连心解忧”活动，深入基层深入老干部，倾听心声，帮困解难，提高老干部的满意度，推进群众路线教育实践活动的开展。近一个月的时间里，局领导班子带队赴巽宅、岩头、岩坦、桥下、桥头、上塘、瓯北、乌牛等11个老干部学习片、13个镇（街道）机关单位召开座谈会，与100多位离退休干部代表开展面对面交流，了解各片老干部待遇落实情况，听取意见和相关诉求，现场答疑释惑，稳定了老干部队伍，并为本单位征求到意见12条，为县领导征求到建议27条。同时，开展帮困行动，上门走访慰问有特殊困难老干部20位，送去慰问金共1万元，帮助他们解决燃眉之急。

落实老干部生活待遇　2014年，为落实老干部生活待遇做了许多有效的工作。一是加强保障机制建设，进一步巩固离休干部“三个机制”成果，确保“两费”及时发放。完善改革开放成果共享机制，贯彻上级指示精神，提高全县离休干部护理补贴标准。二是加强医疗卫生服务，加强同社保局的联系沟通，解决老干部反应的实际问题，完善老干部医保机制。做好一年一次的健康检查工作，争取财政专项拨款270多万元，组织安排全县4900多名离退休干部于5月6日至6月4日，开展健康检查。进一步发挥老干部活动中心医务室的作用，为老干部提供便利。至12月底，落实保障经费157.66万元，为离休干部看病取药达3156人次。三是加强对老干部的人文关怀，10月举办离休干部集体祝寿会，县委组织部部长林乃排代表县委为11位80、90周岁的离休干部祝寿并奉送红包。到12月底，慰问和看望住院老干部46人，做好20位已故离休干部的善后和家属抚慰工作，为147名来自农村的退休干部发放回乡住房修缮补助费78.11万元。春节前夕，县委书记娄绍光和县长姜景峰率领新春慰问团集中慰问居住在温州、上塘片区的副县级实职老干部。县老干部局领导班子带领新春慰问小组逐一登门，慰问全县250多名老干部。同时开展特殊困难离休干部帮扶活动，落实帮困金20多万元，保障90位离休干部及家属过一个幸福快乐的新春佳节。四是以点带面推进社区“四就近”工作，在瓯北、上塘6个条件相对较好的社区开展各项基础性工作，并在市级工作督查中受到了表彰。

县老干部活动中心和县老年大学建设　一是加强设施建设，优化服务管理。县老干部活动中心更新部分活动器具，县老年大学更换电脑班电脑。活动中心回应老干部诉求，调整上班时间，全体工作人员下午提前一小时上班，医务室工作人员则提前半小时上班。二是坚持文化先行，营造文化养老浓厚氛围。落实“平安立校”，不定期检查安全设施和安全制度的落实情况，加强安全教育，开展主题活动，提高老干部的安全意识。落实“政治建校”，通过深入的课堂讲解、生动的窗口宣传和有针对性的网络专题学习，引导老干部学习宣传党中央的新政策和县委、县政府的新部署，支持改革发展大局。夯实“质量兴校”，根据学员需求，调整部分课程，增开了电钢琴、电脑和视频等5门新课程，增加学员300人次。进一步丰富“三个课堂”教学，举办开学典礼、开展摄影比赛、组织学员观看《徐定超倡廉惩恶》《双金印》等文艺演出，以实践促进学习。三是开展文体活动，拓展文化养老有效载体。坚持以往的好做法，开展经常性活动，包括庆祝“三八”妇女节（3月7日）、钓鱼比赛（4月22日）、象棋比赛（9月24日至25日）、门球比赛（11月4日）等活动。重视发展老干部协会团体，发挥协会的桥梁纽带作用，组织老干部开展各种有益身心、有益社会和谐的活动，如“送春联下乡”、主题摄影比赛、书画作品展览等。

自身建设　2014年，县老干部局抓住群众路线教育实践活动的有利契机，以理想信念教育增强责任担当，以党性锻炼强化宗旨意识，以工作落实提高老干部的满意度，内强素质、外塑形象，切实提高本部门建设水平。一是开展路线教育活动，解决“四风”突出问题。按照县委、县政府的部署安排，2月至10月，局机关深入开展党的群众路线教育实践活动，以党中央的新精神新理论和党风党纪为主要学习内容，开展各类学习活动25次共计时间12天半。深入基层召开座谈会9场，听取广大离退休干部的意见建议12条。认真做好对照检查工作，找出领导班子集体和个人“四风”突出问题均达10条以上，并制定详细整改计划逐项整改落实。开展规范性文件清理活动，建立健全9项制度，借助制度的强制约束力有效防止了“四风”问题的返潮。二是加强“勤廉机关”建设，提升干部队伍战斗力。组织全体工作人员深入学习贯彻党的十八大、十八届三中四中全会和习近平总书记系列重要讲话精神及党的群众路线教育实践活动相关资料等，增强“三个自信”和政治定力，始终与党中央保持高度一致。落实中央和省市县关于改进作风、密切联系群众的八项规定和六项禁令等文件，开展公款送礼、公款吃喝、奢侈浪费、办公用房超标、“三公”经费开支过大等系列专项整治活动，保持党员队伍的纯洁性和先进性。三是践行群众路线，提高老干部满意度。牢固树立“全心全意为老干部服务”的宗旨意识，按照“三严三实”的标准履行好职责，做好老干部服务管理工作。开展“基层走亲连心解忧”活动，倾听老干部的心声，解决老干部的困难。开展党员志愿者活动，看望困难老党员和结对残疾人，清理楠溪江沿岸垃圾，树立局机关和党员干部的良好形象。开展“驻企”活动，全体党员干部深入企业，发挥“五员”作用，助力经济发展。全年受理来访56批次，涉及历史遗留、工资待遇、药费报销、家庭邻里纠纷等问题，所有信访件都得到办复或办结。

（黄晓琼）

党校工作

干部培训　2014年，中共永嘉县委党校（简称县委党校）坚持以十八届三中全会精神和习近平总书记系列讲话精神为指导，深入践行党的群众路线，围绕县委、县政府工作重点难点，继续实施“解题工程”，举办了南岸水库、“五水共治”、马克思主义宗教观等4个专题研讨班以及待岗人员继续教育和换届后的村两委干部培训班，培训主渠道作用凸显。据统计，全年共举办各类培训班34期，参加3716人次，其中主体班13期1952人次；与有关部门联合办班培训21期，参加1764人次。

农村干部教育　2014年，县委党校根据永嘉农村干部实际需要，开展农村干部培训，招收学员301人，实际到达444人。并加强在校学员管理，努力提高教学质量。

教学改革创新　2014年，县委党校积极创新教学模式，在第18期中青班、县管领导干部班中深化情景模拟、案例教学和专题研讨等教学方法，组织学员到复旦大学等院校开展异地培训，深受领导干部的欢迎。拓展永嘉书院等17个现场教学基地，累计开展现场教学18场次。新增“清正园”廉政教学基地，在党的群众路线教育活动期间，承担了市、县（区）部门党性现场教学12场次。按照“缺什么补什么,需要什么设计什么”的原则，增设了《习近平总书记系列讲话精神》《十八届三中全会精神》《党的群众路线专题报告》等方面的内容，努力适应培训需求。

师资队伍建设　2014年，县委党校落实青年教师跟班学习制度，全年选派优秀教师到省、市党校参加再学习共8批次64人次。组织全体教师开展了十八届三中、四中全会精神学习交流会和集体备课活动。开展精品课评选活动，2名优秀青年教师参选。

科研咨政　2014年，县委党校按照党校科研工作“三个服务”的要求和县委有关“五水共治”“美丽乡村”“三改一拆”等工作部署，组织教师到机关部门、镇（街道）、社区、行政村和企业单位进行课题调研，10个课题获得了上级党校和县社科联立项，其中1个课题获县级一等奖、1个课题获二等奖，3个课题获三等奖。全年完成课题调研24个，遴选优秀成果上报参加评选，其中：获省级二等奖1个、三等奖3个、优秀奖1个，市级二等奖1个、三等奖2个；2项成果分别入选温州市委党校编写的《温州——现场教学基地案例选编》《教学十法》两本专著。编发理论季刊《探索与思考》4期，获县领导批示6人次。

政策理论宣讲　2014年，县委党校组建党校宣讲团，鼓励和支持教师到机关、社区开展十八届三中、四中全会精神和党的群众路线宣讲活动，全年共开展46场次，进一步提升了基层干部群众政治理论修养以及对政策的理解力。

基建后勤保障　2014年，县委党校与教育研训大楼工程顺利结顶，正投入土建工程扫尾和装修前期工作。加强岩头干训部的设施建设，斥资5万元配置校园监控设备、教室内墙壁清理、粉刷和屋顶补漏、校舍维修，以及对教学场地、食堂等的整饬、维护工作。斥资10万余元购置电脑、复印机和其他办公用品，改善了各科室的办公条件。积极抓好信息化在教学中的应用，及时加强信息报送和充实政务微博，上报信息78条，发布政务微博320条。充实和完善党校网站，完成了备案工作，开辟了新栏目，更新网站信息73条。完善招待所委托管理制度，并加强食堂招待所精细化管理，提高优质化服务水平，全年提供学员食宿服务2700人次，充分发挥了后勤保障作用。

群众路线教育　2014年，县委党校按照县委的部署，从严践行“三严三实”，切实抓好群众路线教育。集中学习讨论达17次；开展“基层走亲连心解忧”活动和蹲点调研工作，走访联系点21次，走访企业57家，走访群众85人次，解决群众重点问题4个，机关党支部组织开展“星期六”志愿者服务。认真撰写对照检查材料，召开民主生活会，积极用好批评与自我批评武器。狠抓整改落实和建章立制，不断完善校务内部议事和决策机制，并针对当前培训工作中存在的某些不符合、不适应新形势新要求的文件、制度、办法，进行全面梳理，进一步健全考勤、车辆管理、“廉政灶”、财务管理等制度，废除和修改原有制度4项，新建制度6项，“马上改”9项全部完成整改。

机关效能建设 2014年，县委党校深化“勤廉机关”创建。积极开展单位内部正风肃纪督查，全年督查19次，并在第一时间公布督查情况，切实转变干部作风，促进工作效能提升。严格“三公”管理，全年共接待4批次38人次，比上年同期下降92.7%，接待费用2524元，比上年同期下降87.3%。

荣誉录 2014年，县委党校获党校系统省级先进集体，市级教学创新奖、科研组织奖，县级国防教育先进单位，县级绩效考核一等奖。

（李丰丰）

党史研究

党的群众路线教育 2014年，县委党史研究室按照“照镜子、正衣冠、洗洗澡、治治病”的总要求，紧密围绕为民、务实、清廉的主要内容，紧密聚焦“四风”突出问题，认真开展了第二批党的群众路线教育实践活动，圆满完成了学习教育、听取意见，查摆问题、开展批评，整改落实、建章立制三个环节的工作任务，达到了预期的目标。县委党史研究室在职7名党员，全部参加教育实践活动，参与覆盖面达100%。其他人员也参与整个教育实践活动的始终。同时，努力做好全县群众路线教育实践活动服务工作。一是积极开展党课宣讲活动，有2人参加“党的群众路线教育实践活动”专题宣讲团，精心准备并讲授有关党史等方面知识20场次。二是认真做好参观讲解工作。永嘉革命历史纪念馆作为第二批党的群众路线教育实践活动学习的主平台，接待机关、镇（街道）、企业、大中小学校师生等参观讲解350场次、10万多人次。三是大力做好党史宣传研究，调研课题文章《大山深处的红色村庄——下家岙村革命斗争历程探略》一文被永嘉县委刊物《永嘉政研》领导参阅第3期刊发；赠送党史书籍《永嘉红色印记——图说永嘉革命史》等1200多册，以上两文均作为第二批党的群众路线教育实践活动专题学习资料。

《中国共产党永嘉历史》编写 2014年，对《中国共产党永嘉历史》（第二卷）书稿进行了较大篇幅的修改和史料的搜集、充实、完善工作，到年底已初步形成基本稳定的送审稿。同时做好《中国共产党永嘉历史》（第三卷）有关专题资料的征集工作，通过县委办公室作出《关于印发〈永嘉县改革开放以来党史专题编写计划（第一批选题）〉的通知》，县委党史研究室做好全程指导。到年底，已经征集专题39个计20余万字，为《中国共产党永嘉历史》（第三卷）的编写打下初步的基础。

党史专题研究 2014年，进一步审校《永嘉县抗日战争时期人口伤亡和财产损失调研资料汇编》一书，全书约15万字，送省委党史研究室审核后，根据中央党史研究室新的统一要求作进一步修改。启动编辑《中国共产党永嘉县历次代表大会重要文献选编》，该书收录从1956年中国共产党永嘉县第一次代表大会以来历次代表大会的重要文献，全书40多万字，12月由中共党史出版社公开出版发行。启动《谢文锦烈士纪念文集》的资料搜集和编写工作，搜集整理该书有关史料30万字并形成资料汇编，主体内容《谢文锦传》已基本定型。编辑完成《永嘉革命胜迹概览》宣传手册，并在内部出版发行。红色村庄专题编写工作完成了5个村的资料搜集。

党史胜迹保护利用 2014年，做好永嘉县革命历史纪念馆第六展厅即“老区新貌厅”的布展内容更新工作，增配纪念馆的音响、监控等设施，并对资料室等办公场所进行维修，提升了纪念馆的展陈水平。协助做好桥下镇徐岙革命烈士陵园的修复、布展工作，帮助徐岙革命烈士陵园修缮工程的史料搜集和布展方案策划，该工程已于12月底完成。参与做好永嘉烈士陵园纪念馆的布展工作，指导做好谢文锦烈士故居的修复，并做好谢文锦烈士纪念馆布展的筹备工作。帮助推动岩坦镇黄一村黄皮寺的修缮保护工作，向市委党史研究室争取补助资金15万元。

党史宣传教育 2014年，以党的群众路线教育实践活动为契机，在全县机关部门、功能区、镇（街道）开展党员领导干部接受爱国主义和革命传统教育，深化党史普及教育工作。6月30日，组织开展“温独支”建立90周年和谢文锦烈士诞辰120周年纪念活动，加大党史宣传教育的力度。“清明节”期间，组织人员到乐清市大荆镇开展悼念“隘门岭事件死难红军将士”活动。编辑出版《永嘉党史》通讯2期，报送党史信息39条，并在中央和省委党史研究室网站等各类载体上刊出18条。

红色文化研究 2014年12月12日，永嘉县委党史研究室与浙江理工大学联合成立“浙南红色文化研究中心”，并举行揭牌仪式，合作开展红色文化研究，为拓展永嘉红色文化研究的广度和深度奠定了基础。

荣誉录 2014年，永嘉县委党史研究室获全省党史工作先进集体、全市党史工作先进单位和全市党史信息工作先进单位等荣誉称号。

（汤开銮）

县直机关工作

概 况 2014年，中共永嘉县直机关工委编制9人，下辖部门机关党委27个、党总支16个、党支部471个，共有党员7551人。

思想政治建设 2014年，县直机关工委在人少事多的情况下，抽调精干力量全程参与县委群众路线教育活动，副书记叶欣灿担任县委群众路线教育办公室副主任和县委“正风肃纪”领导小组副组长，纪工委书记朱立新担任群众路线教育督导组副组长，另有3人担任群众路线教育督导组、整改组成员，并经常性指导、督促县机关各级党组织协助抓好本单位的路线教育工作，做到路线教育和党建业务工作“两不误”“深结合”。负责组织召开了“征求县委常委会贯彻党的群众路线、加强作风建设意见建议座谈会”、省市县机关党组织联动推进教育实践活动整改落实工作电视电话会议等。严格按照上级有关要求，抓好机关工委党的群众路线教育实践活动，认真贯彻“照镜子、正衣冠、洗洗澡、治治病”的总要求，扎扎实实完成了学习教育、听取意见，查摆问题、开展批评，整改落实、建章立制三个环节的工作任务，取得了较好成效，得到县委督导组的肯定。

基层组织建设 2014年，根据中央新颁发的《中国共产党发展党员工作细则》精神，3月份印发了《关于实行发展党员工作计划报备制度的通知》（永直委〔2014〕14号），7月份印发了《关于加强新形势下发展党员工作的通知》（永直委〔2014〕29号），在全市率先推行发展党员“计划报备制”“公推选优制”“工委预审制”“全程公示制”“综合政审制”“全程票决制”“跟踪督查制”“责任追究制”等8项机制，从程序上、制度上全方位把牢发展党员“入口”关。编印了《入党积极分子考察表》和《入党志愿书》填写范本，供各级党组织学习参考。对机关部门发展的90名党员的入党材料、程序，进行逐个严格审核，新党员质量得到明显提高。另外，对水利局2名、新闻信息中心1名、公安局1名转正时间超过2年的预备党员，取消其预备党员资格。4月，举办了入党积极分子培训班，121名对象参与培训。9月，举办了党务干部培训班，来自各单位的55名对象参与培训。12月，取得县委领导支持，会同县委组织部、编委办印发了《关于机关基层党组织专职党务干部配备的实施意见》，为28个设立机关党委、党总支部的单位增配1名专职党务干部，按部门中层正职配备；党员100名以上的单位，再增配1名党务干部。

党风廉政建设 2014年3月，在永嘉电视台、《今日永嘉》报、永嘉机关党建网设立“正风肃纪”曝光台、“正风肃纪”进行时栏目、在线举办系统和“新浪微博”等，公布纪工委工作职能、举报热线，和群众形成实时互动。5月，举办“勤廉永嘉”清风视窗电脑屏保作品设计大赛，共收到94件原创作品，县内评出一等奖2名、二等奖5名、三等奖12名；同时报送市直机关纪工委参评，获得了优秀组织奖，另获三等奖1名，获奖作品6件。10月到12月，全程参与全县机关单位中层重点科室督考，负责5家单位的8个重点科室，对其进行督前交流、相关人员谈话、民主测评等重要环节。抽调6名机关纪检干部，负责全县机关单位300份中层干部以下的测评表和150份县管领导干部的测评表的发放、汇总等工作，并全程参与千人评议工作。12月，开展了“勤廉国企”评选活动，金溪水电有限公司等被评为“勤廉国企”先进单位，并联合县纪委开展“勤廉机关”“勤廉个人”创建的申报、评选活动。持续开展“清风寄语”，在“510”思廉日、中秋、国庆等重大节日向全县1400多名中层以上干部发送了13000多条清廉短信。

执行力专项督查 2014年，根据县委精神，协助县纪委开展清理整顿津补贴发放及“三公”经费支出专项行动，查酒店、农家乐账单，检查“五单合一”。开展整治“两局一场所”行动，对酒店、农家乐、棋牌室、KTV等娱乐场所进行专项检查，着力破除“酒局”“牌局”“出入娱乐场所”问题，规范公职人员8小时以外的行为。每星期至少组织开展一次“正风肃纪”日常检查。9月至10月，联合县纪委开展为期2个月的以“破两难、刹两局”为主题的“正风肃纪”交叉检查活动（县直机关单位和街道功能区交叉检查），主要采取模拟窗口办事、一次性告知单、调头督查等方式。是年共开展“正风肃纪”行动46次，曝光违反公车管理、公务接待、工作纪律等规定18批次103人次，处理责任人75人（给予党政纪处分16人，调离工作岗位处理1人，诫勉谈话处理11人，书面效能告诫19人、通报批评15人、口头效能告诫10人）。受理群众举报投诉件4起，市转办5起，全部报结，书面效能告诫1人。查处永嘉县市场开发服务中心违反财经纪律案，给予中心主任党内严重警告处分，3名副主任诫勉谈话4个月处理。对县国税局监察室副主任醉酒驾驶一案进行了调查处理，给予该工作人员党内严重警告处分。对信访局工作人员雷某建议给予开除党籍处分。

创先争优活动 2014年3月，组织开展党组织书记集中宣誓活动，4月2日晚，中央电视台《新闻联播》对此次集中宣誓活动进行了报道。4月，举办全县党员“心系群众·助推发展”演讲比赛，挑选4名优秀选手参加全市的党员干部演讲比赛。7月至8月，组织部分机关党员志愿者参加“林凯文教育基金爱心助学”活动，分6组对申请的62名贫困学生进行逐户调查核实，最终为31名高中生、18名大学生，送去75万元爱心助学金。同时，参加“正能量、微慈善”助学活动，给12名贫困大学生各资助1万元学费。10月，抽调部分机关党委专职副书记，分3组对6个机关党委单位、9个党（总）支部单位和12个新增考核单位进行党建“挑刺”行动，重点就机关各党组织的党员发展是否严格规范、党建经费是否落实到位、党务干部是否配齐配强、党组织是否按时换届等存在的突出问题，进行督促检查、整改落实。

党内关爱活动 2014年7月，组织举办全县纪念建党93周年“红七月·服务月”启动仪式，组织15支机关党员志愿者服务队、90名党员穿红马甲、戴小红帽，为广大人民群众提供法律援助、假币识别、食品药品安全宣传、医疗义诊、电器维修、义务理发等集中便民服务，深受广大群众欢迎。“红七月·服务月”期间，连续5年组织开展了“双百结对、扶残助残”主题活动，即机关单位100支党员志愿者服务队与镇（街道）100户困难家庭爱心结对。机关党员志愿者服务队积极开展走访慰问、解决生活难题、制定帮扶计划和维权行动等,切实帮助贫困残疾家庭改善生活质量和生活环境。共送出慰问金10万多元和大米、棉被、食用油等生活用品，为残疾家庭带去党的关怀和温暖。春节、“七一”期间，共从党内关爱基金中支出34万元，对96名生活特别困难的机关党员进行走访慰问，给每人送去2000元至5000元不等的慰问金；为自愿参加造血干细胞捐献的公安局优秀党员李伟衡送去1万元慰问金。走访后，对“全县机关生活特别困难党员信息库”进行及时更新、调整。全年共计支出党内关爱基金57.9万元，慰问困难党员180人次。

（王培培）

精神文明建设

概　况 2014年，县文明办以培育和践行社会主义核心价值观为统领，重点抓好省级文明县城创建、美丽乡村建设、基层文明创建、公民思想道德建设和未成年人思想道德建设等工作，在管理中完善，在改革中突破，为“三区两美”永嘉建设提供了强有力的环境基础、思想保证和精神动力。

省级文明县城创建 一是开展文明县城创建“回头看”活动。牵头召开了专题研究会议，制定下发通知，明确责任分工和整治要求，并将活动成效纳入相关部门的年度考绩工作。二是加大城市文明创建督查力度。圆满完成了政协委员《如何让县城文明常态化》提案的调研和答复工作，先后2次牵头组织专项督查活动，逐步形成了城市文明的常态化创建工作机制。三是狠抓城市文明程度指数测评工作。督促和责令相关责任单位进行整改，各责任单位都能针对扣分问题进行认真整改落实，并及时上报整改结果。召开城市文明程度指数测评工作推进会，落实部门责任分工，要求各相关部门齐抓共管抓落实。组织开展“文明礼让斑马线”主题宣传教育实践活动、“谦恭有礼，文明旅游”主题教育实践活动、节俭养德全民节约宣传教育实践活动，大力倡导行人文明过马路、机动车礼让斑马线、旅游企业文明经营诚信经营、公民文明出游和谐出游和厉行节约、拒绝浪费的良好社会风尚。

美丽乡村建设 一是有序开展文明创建评选活动。完成了市级文明村推荐评选，星级幸福社区和县级文明村镇、文明单位的命名表彰，启动了新一轮县级文明荣誉申报评选和复评工作、星级幸福社区申报、市级文明单位预申报等工作，开展了市级文明街道复评、省级文明单位（村镇、社区）申报推荐和复评、国家级文明单位（村镇）申报和复评等工作。2014年，新增四星级幸福社区1个、市级文明单位11家、市级文明村31个；命名表彰了县级文明镇1个、文明单位16家、一至三星级幸福社区28个、县级文明服务示范点5个，共评出了镇（街道）级的“十星级文明户”1590户。二是狠抓城乡市容环境卫生考核。牵头制定了《永嘉县城乡市容环境卫生工作考核办法》，每月以随机暗访的形式对全县各功能区、镇（街道）的城区和农村（含景区村）市容环境卫生状况进行实地检查考评，依据考核结果进行排名，计入功能区、镇（街道）年度工作考绩，并与环卫部门年终考绩奖挂钩；月考核结果与各功能区、镇（街道）城区保洁工作运行经费奖励挂钩。2014年8月7日，针对前三个月考核结果，召开了环境卫生考核后进村形势分析会，抓住考核中发现的全县11个脏乱差严重的村，及时约谈相关镇（街道）负责人，并在媒体上进行适度曝光，要求限期整改到位，各村所在镇（街道）高度重视，迅速行动，及时发动宣传，整改一步到位，并带动了其他村居的环境改善。全县各地环境卫生管理工作形成了你追我赶的良好氛围，城乡环境不断优化，环卫设施不断完善，居民生活环境得到有效改善。

基层文明创建 一是积极培育创建工作先进典型。注重培育和挖掘先进典型，并充分发挥他们的示范带头作用，引领社会精神文明建设。2014年，先后有8名社区干部被评为“温州市百佳社区工作者”、3人被评为“温州市精神文明建设先进个人”、6人被评为温州市“百佳新居民”，2个单位荣获“温州精神文明建设先进集体”称号；日泰集团有限公司的“日泰家文化”创建做法获温州市第四届“非公企业十佳精神文明活动创新奖”，有效地提高了群众性精神文明创建的积极性。二是加强文明创建的培训指导。协同桥下镇开展下乡送春联活动，推进了乡村文明建设；依据文明单位测评标准的调整变化，及时召开群众性精神文明创建工作推进会，邀请市文明办农村处领导到场培训指导；组织开展“道德讲堂”展示观摩和评选活动，先后组织80多人次观摩了全县省级以上文明单位的“道德讲堂”活动16场，并在县检察院、消防大队举办了2期集中观摩暨主持人培训会。召开永嘉县星级幸福社区创建座谈会，对申报创建星级幸福社区的33个社区负责人进行培训指导。三是推进“双百结对共建文明”活动，结合党的群众路线教育，文明办领导分别把鹤盛镇西炉村、桥下镇双垄村、东城街道嶂岙村等文明村作为教育实践联系点，直接挂钩指导文明村创建。加大了文明单位“五个一”创建活动、“双百结对共建文明”、乡村文明评议、幸福社区创建等工作的指导力度，全面提升永嘉群众性精神文明创建水平。

公民思想道德建设 一是开展“最美”系列评选活动。2014年，涌现出像红色细胞李成相、救火老人麻顺祥、捐献干细胞的梁慧等一批先进人物，其中 “千里寻人，只为还债” 的谢岩斌入选中国好人榜，叶连海、李滢夫妇成功入选2月“浙江好人”榜，潘燕美、陈伟获“最美温州人”荣誉称号，瓯北“3·12”德利尔火灾负伤官兵和县红十字海鹰救援服务中心章国和、巽宅镇美岙村老支书杨献溪获“最美消防人”称号。2014年12月，县文明委决定授予刘彭等10人和武警浙江省总队温州市支队永嘉县中队等2个单位以“永嘉县第二届道德模范”称号，叶长生等人以“永嘉县第二届道德模范提名奖”，并予以通报表彰。二是利用重要节点深化“我的中国梦”主题实践活动。精心策划春节关爱道德模范、元宵猜灯谜、清明祭英烈、“万朵鲜花送雷锋”、端午习俗进“文化礼堂”、中秋重阳敬老志愿服务等活动，取得了良好的社会效果。三是开展公益广告大落实行动。制作车体公益广告300条投放到城区各公交车上，制作文明就餐提示牌2000个投放到城区各宾馆、饭店，制作遵德守礼提示牌300个投放到城区各公园，制作公园“二十四孝”宣传图板24幅，制作“二十四孝”读本5000册，制作公交站头双面公益广告24个，制作墙体公益广告1个。全县各地深入开展“文明出行”“文明餐桌”“文明旅游”等主题宣教活动，制作投放公益广告牌2700多个，刊载播放公益广告2万多条次。

未成年人思想道德建设 一是加强乡村学校少年宫建设。全县共建成乡村学校少年宫23所，为全县镇（街道）数的127.8%；累计开设活动项目267个，惠及未成年人14658人；举办全县乡村学校少年宫成果现场展示及会演活动，为未成年人提供展示平台。二是组织开展系列教育活动。组织开展“春泥计划”进“文化礼堂”百场活动。2014年共在33个文化礼堂组织开展“学礼仪、重孝道”义务巡讲、“五水共治”环保宣传、美德电影巡映及流动少年宫活动共计362场次，参加未成年人达5.5万余人。共组织春泥计划“缤纷冬日”“快乐暑期”活动180多场；组织开展重点时间节点“我的中国梦”主题活动，参与“清明祭英烈”“向国旗敬礼”网上签名寄语等活动达20.8万余人次。共有100名学生分获省、市、县级“美德好少年”称号。三是开展校园周边环境整治。相关职能部门联合开展了校园周边环境治理集中行动，及时查处和清理流动摊贩、黑网吧等问题，净化了校园周边环境。

（叶经奇）

关心下一代工作

概　况 2014年，县关工委紧扣党委政府工作大局，紧贴青少年成长实际，充分发挥“五老”优势，扎实推进“社会主义核心价值观”主题教育、组织建设、帮扶关爱、“五好”关工委创建等各项工作，在加强青少年思想道德建设、维护合法权益、促进健康成长方面，做了大量卓有成效的工作，为推进永嘉赶超发展、维护社会和谐稳定发挥了积极作用。

主题教育 2014年，县关工委联合县委宣传部、县教育局、团县委下发通知，编印主题教育（专刊）3786册，举行启动仪式，组织讲师团深入青少年群体，作主题报告164场，受教育青少年12.3万多人次，进一步增强了广大青少年为实现“中国梦”而奋斗的使命感。“六一”儿童节期间，县关工委牵头教育局、文明办、团县委、瓯北城市新区、鹤盛镇、江北街道等单位在鹤盛镇中心小学和江北街道金瓯学校联合举办“中国梦·少年梦·强国梦”主题活动和航模展示，市关工委、县委领导亲临现场，勉励学生健康成长，做国家有用人才。建立健全学雷锋常态化机制，组织开展学雷锋主题演讲、征文比赛、“争当美德少年”、看望孤寡老人、清扫垃圾、社区义务劳动等实践活动71场次，参加1.13万人次，青少年以实际行动汇聚了强大的道德力量和青春力量。各地关工委结合实际，创新载体，注重实践，开展理想信仰、爱国主义、传统美德、法治、安全、心理健康等教育活动，积极引导青少年增强爱国情感、法制意识，养成文明习惯，做社会主义核心价值观的弘扬者和实践者。

组织建设 2014年，全县共组建关工委组织1262个，其中镇（街道）、社区组建率100%，行政村组建率为95.3%，重点规模民营企业建立关工委151家，覆盖功勋企业、巨龙企业、明星企业，重要县直部门关工委14家，达到“纵向到底、横向到边”要求。全县功能区、镇（街道）和县属有关部门认真贯彻县委办、县府办《关于进一步加强镇（街道）关心下一代工作委员会专职副主任队伍建设的通知》（永委办发〔2013〕191号）精神，全面落实关工委专职副主任、专兼职办公室主任或成员配备，在新一轮村级领导班子换届后，各地党委、政府及时调整充实村级关工委领导班子。6月，因人事变动和工作需要，县委调整了县关心下一代工作委员会成员，关工委顾问由原来的6人增加到7人，成员由原来的12人增加到20人，领导班子力量进一步得到加强。

“五老”队伍建设 2014年，认真贯彻县委办、县府办转发市委办公室、市政府办公室《关于进一步加强“五老”队伍建设，发挥“五老”在关心下一代工作中作用的意见》（永委办发〔2014〕16号）精神，推进“五老”（老干部、老教师、老专家、老战士、老模范）队伍建设，队员由2013年的7893人增加到2014年9030人，占全县老年人口的7.1%，全县共建立“五老护苗”志愿队821支、专长团队43支，“五老”人数和队伍数名列全市前茅。各级关工委充分发挥“五老”主体作用，组织引导他们参加主题报告、文化育人、结对帮扶、心理疏导、思想道德行为教育等活动，参与“五水共治”“三改一拆”等中心工作，通过各种途径助力青少年健康成长。全年“五老”捐献慈善款21.08万元，扶贫助学、结对关爱、慰问帮扶2701人次，参与网吧义务调研监督疏导活动95批次，参加“五水共治”“三改一拆”专题宣讲28场次。因办实事做好事成效显著，受到了领导赞赏、群众好评和青少年爱戴。

“五好”创建 2014年，围绕领导班子建设好、骨干队伍作用好、制度健全执行好、积极探索创新好、活动经常效果好的“五好”要求，大力推进“五好”关工委争先创优活动。年初，在县委、县政府召开的关心下一代工作总结表彰大会上提出了“五好”基层关工委创建任务。4月，县关工委召开“五好”创建推进会，各地关工委积极组织开展“五好”关工委创先争优活动。6月开始，全面开展创建指导督促工作，11月，各地开展自评工作，把初评符合县级“五好”关工委要求的200多家关工委向县关工委申报。12月，县关工委组织三个验收工作组对申报单位进行评估验收，并命名186家“五好”基层关工委，有力地促进了关心下一代工作的整体推进和平衡发展。

自身建设 2014年，切实转变工作作风，深入基层、深入实际、深入“老少”群体，调查研究，听取意见，掌握实情，撰写调研报告、经验总结3篇，省市调研组到永嘉调研后，评价“永嘉关心下一代工作取得了跨越式发展”。加强宣传引导，办好工作简报和工作网站，全年共刊出简报6期（每两月1期），“五老”先进事迹报道10多篇，综合信息300多条，积极宣传关心下一代工作和“五老”先进典型事迹，筹措资金建立县关工委网站，为积极引导青少年学用网络、健康上网、文明上网作了不懈努力。重视自身能力建设，分类别分专题对各级关工委领导班子成员、专兼职人员和“五老”进行政策理论和相关业务的培训。共举办各类培训班30次，受培训3300多人次，其中在县委党校举办了为期3天的全县关工委骨干培训班，市（区、县）关工委领导及办公室人员一同参加培训，全县关心下一代工作者政策理论水平和综合素质有了较大的提高。

（胡国平）

中国共产党永嘉县纪律检查委员会（监察局）

重要会议

县纪委十二届四次全体(扩大)会议 2014年3月4日上午召开。县委常委、纪委书记章寿禹作工作报告。县委书记盛秋平参加会议并作重要讲话，要求各地各部门和广大纪检监察干部扎实有效地抓好党风廉政建设和反腐败斗争，以创新的思路深化“勤廉永嘉”建设，奋力开创全县反腐倡廉建设新局面，为永嘉赶超发展、激情跨越做出新的更大贡献。县委副书记、县长娄绍光主持会议。谢崇福、陈建良等县四套班子领导参加会议。会议还表彰了各类先进单位和先进个人，通报了行风评议结果；县审计局、大若岩镇、三江商务区负责人分别作典型发言。

政府效能建设工作会议 2014年4月8日上午召开。县委副书记、县长娄绍光参加会议并讲话，强调指出，加强政府效能建设，事关改革发展大局，事关群众根本利益，事关政府良好形象。各地各部门要从讲政治的高度，切实加强领导，精心组织，周密部署，扎实推进，确保领导、配合、监督“三个到位”。要以追求卓越的理念，以一抓到底的决心，全力打好政府效能建设集中整治攻坚战，为永嘉“赶超发展、激情跨越”营造良好的发展环境。会上，县监察局通报了2013年全县行政监察工作情况，县编委办、县财政局分别通报了政府“权力清单”“专项资金管理清单”工作实施计划安排。县领导章寿禹、曹启峰、吕庆行、郑焕东、戴晓勇、何莉平、周俊武、林建波、金丐旦等出席会议。

党的作风建设专题讲座暨“510思廉日”教育大会 2014年5月9日召开。通过开展专题讲座、观看廉政戏和廉政文化漫画图片展等活动和系列廉政“套餐”，增强广大党员干部勤政廉政意识。省市委第六督导组组长程子林、副组长胡宝叉，谢崇福、陈建良等县四套班子领导参加会议。县委常委、纪委书记章寿禹主持会议。会上，上海市社联党组副书记、副主席、博士生导师桑玉成站在政治学的高度，从人性与腐败、我国传统政治文化中的清廉问题、政治的道德基础、关于廉洁政治之一般条件的分析以及廉政文化中人的问题等五个方面，作了见解独到、引人深思的讲座。会前，在县人民大会堂及广场上展出了廉政文化图片展，生动的画面引起众多党员干部和市民群众的注意。会后，还观看了廉政戏《徐定超倡廉惩恶》。

第二季度纪检监察工作例会暨“三转”工作研讨会 2014年6月5日下午召开。会上，组织交流各单位纪检监察工作情况，传达贯彻“三转”（转职能、转方式、转作风）会议精神，研究部署下阶段工作任务。县委常委、纪委书记章寿禹参加会议。各有关单位纪委书记、纪检组长围绕本单位的纪检监察信访形势及化解对策、部门权力行使监督工作、机关作风效能建设、纪检监察组织建设以及其他有关方面进行了详细的汇报。章寿禹就下步工作提出要求，指出：纪检监察组织要认真履职，落实“三转”要求；要敢于履行监督职能，敢于坚持原则，敢于较真碰硬，以“有为”争“有位”，以履职体现价值；要狠抓作风建设，坚决纠正“四风”；要强化权力监督，防范廉政风险，积极打造全程公开模式，深化行政审批制度改革，进一步推进审批提速提效，努力推进永嘉的党风廉政建设和反腐败工作。

镇（街道）党（工）委履行党风廉政建设主体责任情况汇报会 2014年6月13日和6月19日，县纪委主持分批召开。会上，江北街道、碧莲镇、巽宅镇等11个镇（街道）相关负责人汇报了2013年以来党风廉政建设主体责任情况，县委常委、纪委书记章寿禹作重要讲话，要求各镇（街道）党委强化政治责任意识，切实承担好主体责任，通过狠抓“一岗双责”制度落实，把党风廉政建设工作任务分解落实到班子成员；要把农村基层党风廉政建设摆到更加重要的位置，完善各项规章制度，抓好工作落实；各镇（街道）党委要支持纪检监察机关“三转”工作，确保纪检干部将主要精力放在监督、执纪、问责上。县纪委副书记、监察局局长夏宗明主持会议，县纪委常委和部分纪委委员应邀参加会议。

重要活动

市考核组到永嘉检查党风廉政建设责任制落实情况 2014年1月10日，市委常委、市公安局局长黄宝坤率市委、市政府考核组到永嘉，就2013年度县委、县政府贯彻落实党风廉政建设责任制情况进行检查考核。盛秋平、娄绍光、谢崇福、陈建良等县四套班子和县纪委领导参加汇报会。

市纪委书记宋志恒到永嘉调研纪检监察工作 2014年1月15日下午，市委常委、纪委书记宋志恒到永嘉调研经济社会发展和纪检监察工作。县领导盛秋平、章寿禹陪同。宋志恒一行先后对三江商务区、岩头镇廉政展馆——清正园进行考察，并召开了座谈会。盛秋平介绍了永嘉的基本情况，县委常委、纪委书记章寿禹汇报了纪检监察工作情况。宋志恒认为，永嘉县在党风廉政建设各项工作中取得了明显成效，要求永嘉纪检监察工作围绕党委政府改革发展目标任务，围绕中心服务大局，关注涉及老百姓切身利益的重点领域，做到完善制度建设，严格教育、严格管理、严格监督干部队伍，创造出更好的业绩。要既抓惩治又抓预防，在依法依纪办案的前提下，把预防腐败体系建设摆上重要位置，坚持关口前移、提前介入，坚决防治腐败问题发生。

市纪委书记宋志恒到永嘉调研基层信访工作 2014年3月6日上午，市委常委、纪委书记宋志恒到岩头镇调研基层信访工作，县领导盛秋平、章寿禹陪同。听取汇报、座谈交流后，宋志恒一行研究分析了永嘉在基层信访工作所存在的一些问题，提出针对性的解决之道。宋志恒说，永嘉要加强源头治理，准确把握基层信访问题的特点规律，建立健全并公开宣传维护群众合法权益的长效机制，切实解决群众的实际困难。要深入推进领导干部接访下访包案活动，认真解决群众诉求，确保各项责任措施落实到位、工作取得实效。要用正确的舆论引导群众，规范群众的信访行为，使群众的信访活动合法有序，也要重拳打击各种非法信访事件。要高度重视调解工作，及时排查化解矛盾纠纷，为促进社会和谐稳定发展营造良好环境，同时要提高纪检监察信访干部队伍综合能力和素质，开创基层信访工作新局面，为全市开展工作提供好经验。

县委书记娄绍光专题调研全县纪检监察工作 2014年9月2日上午，县委书记、县长娄绍光专题调研全县纪检监察工作。县委常委、纪委书记章寿禹从围绕中心、服务大局、切实履行纪检监察职能等方面，汇报了近年来全县纪检监察工作情况。娄绍光要求，县纪检监察部门要以围绕中心、服务大局为纪检监察机关的重大政治职责，突出抓好重点工作，有效遏制腐败和保障党委政府中心工作，助推永嘉经济社会再上新台阶。要继续深化“勤廉永嘉”建设，认真总结和发扬好的做法和经验，又要坚持改革创新，不断推进工作理念、体制机制和方法方式的创新，努力探索新形势下反腐倡廉建设的规律，全力破解发展中产生的新困难新问题。要加强作风效能建设，把执行力作为党的纪律建设的重要内容，严格责任，强化执行，坚决杜绝有令不行、有禁不止现象。

开展政风行风质询评议活动 2014年12月2日上午，全县开展“提速增效、服务民生、助推发展”政风行风质询评议活动，由县人大代表、政协委员、市民监督员、政风行风监督员等组成的18名质询代表，对县公安消防局、县交警大队、县道路运输管理局、县公路管理局等14个职能单位开展质询评议。

党风廉政建设

"勤廉永嘉"建设　2014年，县纪委监察部门牢固树立"围绕中心抓勤廉，抓好勤廉促发展"的理念，进一步深化"勤廉永嘉"建设。通过评比，命名县人民法院等4个单位为"2014年度勤廉机关"，命名上塘中心城区等3个单位为"2014年度勤廉镇街"，命名县公安局枫林派出所等11个站所为"勤廉站所"，命名三江商务区（三江街道）南岙村等22个村（社区）为"勤廉村（社区）"，授予叶圣远等10人以"勤廉标兵"荣誉称号。开展"十大效能示范岗"创评活动，授予县人民法院诉讼服务中心等10家窗口"十大效能示范岗"荣誉称号。加大廉政警示教育力度，充分利用"510思廉日""勤廉微博"等活动平台，积极开展廉政讲座、廉政漫画巡回展、廉政戏公演、法庭庭审旁听等廉政教育活动，筑牢思想道德防线。坚持抓早抓小抓苗头，创新实施党员干部廉政教育关爱工程，是年县纪委共开展关爱谈心提醒教育56人次，其中副科级以上领导干部20人次。严格执行领导干部述职述廉、"三谈一述"、廉政承诺及函询、质询、经济责任审计等制度，认真落实领导干部报告个人有关事项等规定，着力完善领导干部廉洁从政信息平台建设。

作风效能建设　2014年，深入开展党的群众路线教育实践活动，认真落实中央"八项规定"及省市县配套制度，持续开展正风肃纪行动，扎实推进各类专项整治，努力营造风清气正的氛围。全年共组织正风肃纪专项检查46次，曝光违纪违规行为18批103起，处理了114人。紧盯社会关注的热点难点问题，先后开展津补贴发放、公职人员参股小水电、领导干部兼职取酬和机关干部投资入股、经商办企业等专项整治活动，清退违规金额145万元，对22家单位384名参股小水电人员进行分类处理，23名投资入股、经商办企业人员全部进行转让清退。制定实施"三严禁""六严禁"等纪律规定，严禁公职人员在各类评审验收中收受财物，处理了6名违规党员干部，禁止公职人员违规举办"升学宴""谢师宴"。深入开展"解两难、刹两局、盯两节"和整治"会所歪风"专项行动，全县3800余名党员干部作出"不出入私人会所、不接受和持有私人会所会员卡"承诺，对发现的95个问题进行了整改落实。实施公务支出、公款消费专项审计，巩固"三公"改革成果，全县"三公"经费同比下降38.6%，其中公务接待费下降56.0%，车辆购置及运行费下降32.0%，清退各类违规车辆98辆。督促推进办公用房清理整改工作，共清理超标用房9000余平方米。

农村基层党风廉政建设　2014年，深入开展"勤廉村居"创建，不断完善村级勤廉指数"三色"预警机制，180村次受到"三色"预警。积极实施村监会"123"提质工程，建立健全村务监督清单制度，实现村监会业务培训全覆盖，不断提升村监会履职能力。实施村级组织负责人"廉政体检"，健全农村基层防腐体制机制。出台村级财务管理规定、村级工程管理办法等文件，进一步规范村级"三资"管理。严格落实村务"一季一公开"制度，通报曝光48个村的村务公开问题，并督促限期整改落实。强化村级财务监督检查力度，对21名违反财务管理规定的村干部给予党纪处分，对20名落实工作不力的镇（街道）分管领导、纪（工）委书记和"三资"管理负责人进行追责，"一案双查"得到较好落实。

监督执纪问责

纪律检查体制改革　2014年，率全市之先出台落实党风廉政建设党委主体责任和纪委监督责任实施办法，明确"两个责任"工作清单。建立下级党委（党组）向上一级党委、纪委书面报告党风廉政建设工作制度，县纪委听取了18个镇（街道）党（工）委和部分县直部门党委（党组）履行主体责任情况专题汇报。完善党风廉政建设责任制考核体系，突出党委（党组）主体责任，将党风廉政建设责任追究"负面记录"存入个人廉政档案，强化考核结果运用，全年共"一票否决"了25个集体、34名个人的评先评优或晋职晋级。通过出台纪委监督责任问责办法、建立纪委监督责任专报制度，推进纪委监督责任落实。突出主责主业，清理退出大部分议事协调机构，仅保留16个，精简率达86.0%；增设了第三、第四纪检监察室（平行设置，实行扁平化管理，即每个纪检监察室均要履行案件查办和综合监督检查的职能），撤销党风室、执法室、纠风室、效能室，新设立党风政风监督室，将县政府纠正行业不正之风办公室牌子加挂到党风政风监督室，单设立申诉复查室，直接从事监督执纪工作人员编制数达到总数的73.0%；落实全县纪检监察组织负责人不再分管所在单位其他业务工作。

监督检查 2014年，通过设立招商选资项目效能监测点，联合新闻媒体、市民监督团开展专项督察和执法检查等方式方法，全力做好永商回归、“三改一拆”、“五水共治”等县委、县政府中心工作的监督检查工作，确保政令畅通。切实转变监督检查方式，把重心转到对责任单位和党员干部履职情况的监督检查上来，对三江违法宗教建筑事件履职不到位的27名责任人员进行了问责。督促推进简政放权，协同有关单位推行政府权力清单和负面清单制度，全面梳理并向社会公开行政权力4177项，精简率达48.9%。督促优化审批服务，创新实施房地产“多证联办”、企业“一站式登记”、基建项目“三测合一”，全面推行服务窗口办事无休日和审批窗口否决事项双告知制度。继续实行一般干部末位待岗继续教育、重点中层科室干部督考等制度，着力破除“小鬼难缠”“中梗阻”等现象。深入开展“纠风惠民”“纠风助企”和民主评议政风行风等系列活动，开展上门解决企业难题35次，牵头召集审计、工商等单位，对县资管办、县国土资源局2006年以来的佣金收支情况进行专项调查；查办了永嘉县桥头镇环境管理所副所长金某某违纪案件。

信访办案 2014年，坚持依法依纪、安全文明办案，全县共立案254件，结案234件，党政纪处分234人，移送司法机关13人。其中较为典型的有南城街道办事处主任刘某某违纪案、涉农专项资金补助领域腐败串案、乌牛街道祥池村两委干部受贿窝案等一批案件。实行重大典型案件“一案一整改”，督促发案单位及相关部门消除制度漏洞，发挥案件警示教育作用，真正做到查案治本。积极开展“信访积案攻坚月”活动，实行重点信访件分片异地交叉调查和涉农涉纪信访“三色”预警惩戒管理，全年共化解疑难信访积案36件。

2014年度落实党风廉政建设责任制先进集体和先进个人名单

先进集体（11个）

县委办
县人民法院
县教育局
县民政局
县审计局
县国税局
岩头镇
沙头镇
大若岩镇
鹤盛镇
东瓯街道

先进个人（13人）

林孔强（县纪委）
王建军（县纪委）
吴中枢（县直机关工委）
徐朝新（县委党校）
谢选年（县财政局）
朱清东（县林业局）
邹祖义（县安监局）
季益良（县资管办）
吴胜克（楠溪江风景旅游区）
周娟妮（三江商务区）
滕显峰（桥下镇）
郑建南（岩坦镇）
陈国忠（巽宅镇）

2014年度“勤廉永嘉”系列创建先进单位名单

勤廉机关（4个）
县人民法院 团县委 县交通运输局

勤廉机关（4个）

县人民法院
团县委
县交通运输局
县国税局

勤廉镇（街道）（3个）

上塘中心城区
岩坦镇
碧莲镇

勤廉站所（11个）

县公安局枫林派出所、桥下派出所，县财税局乌牛税务分局，县人力社保局瓯北分局、碧莲人力社保所，县住建局乌牛住建所、碧莲住建所，县市场监管局瓯北工商分局，碧莲国土资源所，岩头供电所、岩坦供电所

勤廉村居（22个）

三江商务区（三江街道）南岙村，岩头镇上泛村、中美村，沙头镇高浦村，枫林镇朱山头村、内档村，大若岩镇下岸村、玉泉村，碧莲镇碧莲村、缸窑村，鹤盛镇下家岙村、鹤盛村，东城街道全山村、绿嶂村，南城街道下堡村、新民村，北城街道城北社区，江北街道前牌村、阳光社区，乌牛街道横岚村、西湾村，东瓯街道河田村

勤廉标兵（按姓氏笔画排序）

叶圣远（沙头镇）
汪传标（团县委）
陈海东（县委农办）
陈曼艳（黄田街道）
郑志雄（驻县教育局纪检组）
胡益智（三江商务区）
徐敏敏（县国税局）
麻炳彪（大若岩镇）
谢玉平（县人民法院）
鲍凌云（东瓯街道）

2014年度十大效能示范岗名单

县人民法院诉讼服务中心
县公安局出入境接待大厅
瓯北税务分局办税服务厅
县行政审批服务中心经信窗口
县行政审批服务中心质监窗口
县行政审批服务中心国土窗口
县国家税务局办税服务厅
县法律援助工作中心
上塘人力资源和社会保障所社保办事大厅
大若岩镇计生综合服务窗口

（汪亦毅）

永嘉县人民代表大会

永嘉县第十五届人民代表大会及其常委会会议

县十五届人大三次会议 2014年1月4日至1月7日举行。大会应出席代表309人，实出席307人，列席150人。会议听取和审查县人民代表大会常务委员会和县人民政府、县人民法院、县人民检察院工作报告；审查永嘉县2013年国民经济和社会发展计划执行情况与2014年国民经济和社会发展计划草案的报告，批准永嘉县2013年国民经济和社会发展计划执行情况的报告、2014年国民经济和社会发展计划；审查永嘉县2013年预算执行情况和2014年预算草案的报告，批准永嘉县2013年预算执行情况的报告和2014年预算。会议共举行3次全体会议、4次主席团会议、1次计划预算审查委员会会议、1次代表议案审查委员会会议。大会收到代表10人以上联名提出的议案24件。其中：工交财贸方面11件，农林水方面7件，教科文卫体方面3件，城建环资方面3件。大会主席团决定将周旭丹等11位代表提出的《关于楠溪江中上游中心镇治水的议案》（第1012号），交由县人大常委会审议，审议结果报告印发县第十五届人民代表大会第四次会议。其他23件代表议案，拟转作代表建议、批评和意见，连同大会期间收到的133件代表建议、批评和意见，由县人大常委会办事机构交有关机关、组织研究处理并负责答复代表。县委书记盛秋平致闭幕词。

县第十五届人大常委会第十七次会议 2014年3月21日举行。主要议题是：1.传达市第十二届人大四次会议精神；2.听取和审议县人大常委会执法检查组关于《社区矫正实施办法》在永嘉贯彻实施情况的报告；3.听取和审议县政府关于永嘉民办教育发展情况的报告；4.听取和审议县政府关于《浙江省饮用水水源保护条例》及相关法律法规执法检查审议意见落实情况的报告；5.人事任免。会议经过审议，通过了县法院、县检察院有关人事任免事项。

县第十五届人大常委会第十八次会议 2014年5月22日举行。主要议题是：1.审查批准41省道永嘉福佑至沙头段改建工程项目融资建设有关问题；2.听取和审议县政府关于食品安全工作情况的报告；3.听取和审议县法院关于未成年犯罪案件审判工作情况的报告；4.听取和审议县人大常委会调研组《关于楠溪江中上游中心镇治水的议案》的调研报告。会议经过审议，通过了关于41省道永嘉福佑至沙头段改建工程项目融资建设有关问题的决议。

县第十五届人大常委会第十九次会议 2014年7月30日举行。主要议题是：1.对许可县第十五届人大代表吴耀星、李修青采取强制措施的批复给予确认；2.听取和审议县政府关于2014年上半年全县经济社会发展情况（重点是实体经济发展情况）的报告；3.听取和审议县政府关于三江商务区开发建设和公共建设投资保障情况的报告；4.审查批准县2013年财政决算；5.听取和审议县政府关于2013年度本级预算执行及其他财政收支的审计报告；6.审查批准县2014年地方政府债券预算调整方案；7.听取和审议县政府关于2014年上半年县财政预算执行情况的报告；8.人事任免。会议经过审议，通过永嘉县人大常委会关于批准永嘉县2013年财政决算的决议；通过永嘉县人大常委会关于批准2014年地方政府债券预算调整的决议；通过永嘉县人大常委会关于县第十五届人大代表吴耀星依法采取强制措施的批复给予确认的决定；通过永嘉县人大常委会关于县第十五届人大代表李修青依法采取强制措施的批复给予确认的决定；决定任命胡琦为永嘉县人民政府副县长，林增丰为永嘉县市场监督管理局局长，金家彪为永嘉县质量技术监督局局长；决定免去刘辉文的永嘉县人民政府副县长职务，林增丰的永嘉县食品药品监督管理局局长职务，黄徐芳的永嘉县人民代表大会常务委员会代表工作委员会副主任职务。

县第十五届人大常委会第二十次会议 2014年9月24日举行。主要议题是：1.听取和审议县政府关于全县重点工程建设情况（重点是政府性重大投资项目建设情况）的报告；2.审查批准瓯北清水埠地块城中村改造项目列入2014年度国民经济和社会发展计划；3.听取和审议县检察院关于民行监督工作情况的报告；4.听取和审议县人大常委会执法检查组关于档案法在永嘉贯彻实施情况的执法检查报告；5.对许可县第十五届人大代表李新旦、缪云宝采取强制措施的批复给予确认；6.人事任免；会议经过审议，通过永嘉县人大常委会关于同意瓯北清水埠地块城中村改造项目增列2014年度国民经济和社会发展计划的决议；通过永嘉县人大常委会关于许可对县第十五届人大代表李新旦依法采取强制措施的批复给予确认的决定；通过永嘉县人大常委会关于许可对县第十五届人大代表缪云宝依法采取强制措施的批复给予确认的决定；通过了永嘉县人大常务委员会关于接受徐聪琴请求辞去永嘉县第十五届人民代表大会常务委员会委员职务的决定；决定免去郑焕东的永嘉县人民政府副县长职务，邵秋莲的永嘉县人力资源和社会保障局局长职务，金晓平的永嘉县人民代表大会常委会农村和资源保护工作委员会副主任职务，黄华生的永嘉县人大常委会东瓯街道工作委员会主任职务，周倩倩的永嘉县人大常委会江北街道工作委员会副主任职务。

县第十五届人大常委会第二十一次会议 2014年10月16日举行，主要议题是：人事任免。会议经过审议，通过了永嘉县人大常委会关于接受娄绍光请求辞去永嘉县人民政府县长职务的决定；决定任命姜景峰为永嘉县人民政府副县长；还通过了永嘉县人大常委会关于姜景峰副县长为永嘉县人民政府代理县长的决定。

县第十五届人大常委会第二十二次会议 2014年11月19日举行，主要议题是：1.对许可县第十五届人大代表谢周群、廖志远、周海琴等采取强制措施的批复给予确认；2.审议主任会议关于县第十五届人民代表大会第四次会议日期、议程（草案）的议案；通过关于召开永嘉县第十五届人民代表大会第四次会议的决定；3.审查批准2014年财政预算调整；4.听取和审议县政府关于"五水共治"工作情况的报告；5.听取和审议县政府关于2013年财政预算执行情况审计及其他财政收支情况审议报告整改意见落实情况的报告；6.人事任免。会议经过审议，通过关于批准永嘉县2014年财政预算调整的决议；通过关于召开永嘉县第十五届人民代表大会第四次会议的决定；通过永嘉县人大常委会关于许可对县第十五届人大代表谢周群依法采取强制措施的批复给予确认的决定；通过永嘉县人大常委会关于许可对县第十五届人大代表廖志远依法采取强制措施的批复给予确认的决定；通过永嘉县人大常委会关于许可对县第十五届人大代表周海琴依法采取保候审强制措施的批复给予确认的决定；决定任命王晓雄为永嘉县人民政府副县长。

监督工作

法律监督 2014年，先后开展《社区矫正实施办法》《档案法》《旅游法》执法检查，促进法律法规在永嘉的贯彻实施。深入查找不适应改革发展要求的法律法规条文，共查找梳理21部法律法规，对15部法律法规提出修改建议26条。

工作监督 2014年，常委会自觉服从和服务于全县工作大局，坚决贯彻落实县委决策部署，紧扣经济社会发展重大决策监督履职。围绕助推实体经济发展，深入企业走访调研，分别在瓯北、桥头召集企业家代表分析经济形势，倾听企业家的真实诉求，研讨实体经济面临的困难和问题，并在常委会上听取县政府经济社会发展情况报告，要求县政府高度重视企业发展困境，积极应对环保、融资、"债务连保"等问题，认真落实扶工助企政策，努力推动实体经济持续发展。高度重视三江商务区开发建设，要求政府不仅要高标准建设，高强度投入，而且要加大政策处理力度，保障公共建设资金，加快公共配套设施建设，为三江开发营造良好的环境。高度重视政府重大投资项目专项视察，召开政府重大投资项目建设情况分析会，分批分组开展现场视察，专题听取工作汇报，要求县政府重视解决工程资金保障、投资绩效和历史遗留问题，各指挥部要做到工程进度、工程质量、安全生产“三兼顾”，着力打造惠民工程。高度重视招商选资工作，开展“永商回归”调研，督查挂钩联系项目，提出要按规划定项目，以项目招真商、引优资，做到项目签约和落地并重，投资与效益并举，着力通过招商选资，推动转型升级。高度重视现代农业发展，开展休闲观光农业、低产林改造、林业产业化三大主题调研，督促县政府要依托良好的生态环境，加大农业项目招商力度，打造一批具有永嘉山水文化特色的现代农业观光园，实现农业转型、农民增收、农村发展。2014年，常委会围绕生态文明建设，综合运用视察、调研、落实审议意见等履职载体，进行多主题、全方位监督，为建设美丽永嘉献计出力，严督实导。开展“五水共治”专项督查和《关于楠溪江中上游中心镇治水的议案》调研，视察县三塘隧洞应急分洪工程、瓯江治理工程、瓯北西段标准堤等重点防洪工程和农村污水处理设施建设，听取南岸水库前期工作报告，组织省市县三级人大代表联合视察黑臭河治理，对“五水共治”总体绩效进行评估，既肯定成绩，又直面问题，着重就农村污水处理和黑臭河治理提出审议意见，督促农村污水处理设施建设要按照池管同步、先急后缓、分步实施的思路，以沿江沿溪、人口密集、核心景区的村为重点，确保建成一处，发挥效益一处；“黑臭河”问题在河里，根源在岸上，要标本兼治、长短结合、循序渐进，保质保量抓好截污纳管工作。同时，要对建筑垃圾、农业面源、农家乐等污染源采取综合治理措施，确保“五水共治”取得成效。高度关注美丽乡村建设后续工作，督促岩头、枫林等地巩固提高美丽乡村建设成果，使美丽乡村建设成为真正的惠民工程。支持“无违建县”创建工作，积极参与三江、乌牛、黄田等地违法宗教场所整治专项行动，先后赴岩头、大若岩、东瓯等地督查“三改一拆”，既支持政府依法拆除违章建筑，维护社会公平正义，又督促政府重视“政策性违建”问题，加强顶层设计，强化日常监管，维护老百姓的合法权益。2014年，常委会高度关注财政运行情况，加大财政预决算监督力度，督促政府精细、民主、科学理财。审议通过县政府关于财政决算、预算执行、审计工作等报告，审查批准财政预算和债券预算调整报告，督促整改审计中发现的问题。高度关注政府性债务，要求政府切实做好债务管控和增收节支，制定还本付息计划，严格控制新上项目和新增债务，全力保障财政安全平稳运行。强化财政专项资金使用监督，听取科技经费和排污经费的预算细化执行情况报告，努力提高财政资金使用绩效。围绕部门预算细化目标，在总结2013年12个部门预算审查试点经验的基础上，进一步扩大部门预算审查范围，确定发改、经信等23个部门为重点审查单位，并提交人代会同步审查，努力推进部门预算管理的精细化、科学化。2014年，常委会不断强化对司法机关的工作监督，研究出台《永嘉县人大常委会监督司法机关工作试行办法》，对监督司法机关工作的内容、形式、方法、步骤作出具体规定，使监督工作制度化、规范化。听取县法院关于未成年人刑事审判工作的报告，要求认真贯彻“教育为主，惩罚为辅”的审判原则，适当提高非监禁刑的判决比例，改进和完善审前社会调查制度，加强少年刑事审判队伍建设，提高对未成年人刑事审判工作能力。听取县检察院民事行政工作情况的报告，提出要建立健全民事行政检察工作长效机制，加强检察队伍建设，加大宣传力度，着力提高民事行政检察工作的能力和水平。

人事任免、决定重大事项与代表工作

人事任免和决定重大事项 2014年，县人大常委会坚持党管干部和人大依法任免相结合的原则，密切与党委组织部门和提请任免机关的联系。2014年，依法行使人事任免权，认真落实法律资格考试和任前公示制度，全年共组织考试3次，任免国家机关工作人员127名。常委会认真行使重大事项决定权，审查通过41省道永嘉福佑至沙头段改建工程项目资本金及委托代建资金列入年度财政预算、瓯北清水埠城中村改造项目增列2014年度国民经济和社会发展计划的议案；依法审查《枫林镇历史文化名镇保护规划（审议稿）》，提出要缩小规划范围、突出保护重点、减少对老百姓的影响，做到古村保护与村民住房改善同步、古村开发与农民致富并举的审议意见。

代表工作 2014年，搭建履职平台，激发代表履职活力。按照省人大《关于加强全省人大代表联络站建设工作的指导意见》要求，总结推广桥头镇人大代表联络站的经验和做法，组织实施代表联络站“扩面提升工程”，实现镇（街道）人大代表联络站全覆盖。推广应用浙江人大代表履职服务平台，建立QQ群等网络沟通渠道，为代表践行“人民代表为人民”提供履职载体。坚持邀请人大代表列席常委会会议和视察、调研、执法检查等履职活动，拓宽知情咨政渠道，保障有序政治参与，激发履职活力。2014年，加强建议督办，增强代表履职动力。常委会采取建立代表建议重点督办制度，实行县政府领导领衔办理、代表满意度全员测评、不满意件再办理、主办单位和协办单位捆绑式考核等措施，努力提高建议成果转化率和建议办理满意率。县十五届人大三次会议期间征集的157件建议答复率达到100%，满意率逐年提高，得到解决或部分解决58件，占总数的36.9%，列入计划解决61件，占38.9%。2014年，注重服务联系，保障代表履职权力。常委会制定了《关于加强县人大常委会同人大代表联系的意见》，建立常委会组成人员联系代表制度和对口联系政府部门制度，要求常委会成员每届走访代表不少于1次，每年开展对口视察不少于1次，努力提高代表联系工作的有效性。定期开展代表小组活动，加强与代表的广泛联系，及时通报有关工作情况，虚心听取代表对常委会及“一府两院”工作的意见建议，广纳良言，集聚民智，全力保障代表权力。

信访工作 2014年，常委会把信访作为倾听民声、助解民困的重要工作来抓。全年共受理群众来信和市人大常委会批转的信件92件，接待群众来访200多人次，按照“分级负责、归口管理、及时转办、跟踪督办、认真答复”的要求，做到件件有着落、事事有交代。

规范性文件备案审查工作

规范性文件备案审查工作 2014年，县人大常委会严格执行监督法和有关规范性文件备案的规定，认真开展规范性文件备案审查，规范报备程序，完善备案台账，全年共备案审查各类规范性文件27件。

自身建设

坚持学习强素质 2014年是全国人民代表大会成立60周年的喜庆之年，中央、省、市分别召开庆祝大会和党委人大工作会议，对新时期的人大工作赋予新任务、提出新要求。常委会采取集中学习和平时自学相结合的办法，利用全体代表学习会、代表小组活动等契机，深入学习会议精神，深刻领会精神实质，全体代表及人大机关工作人员从思想上、政治上牢固树立道路自信、理论自信、制度自信，牢牢把握人大工作的正确政治方向，时刻保持人大工作与时俱进。

改进作风塑形象 2014年，按照县委总体部署，认真制定党的群众路线教育实践活动实施意见、整改方案，查摆“四风”问题，突出问题导向，深挖思想根源，落实整改措施，做到边整边改、即知即改，努力提升人大机关的精神面貌及工作水平。对照中央“八项规定”，严控办公经费和接待标准，严禁外出考察，严格清理公务用车、办公用房，努力打造廉洁、高效、精简的人大机关和人大队伍形象。

上下联动促发展 2014年，自觉接受上级人大的指导，积极配合上级人大开展的履职活动，及时反映工作中的困难和问题，争取工作支持。重视对镇（街道）人大的工作指导，召开镇（街道）人大主席（主任）联席会议，总结经验，交流做法，上下联动，着力提高人大整体工作水平。

（陈赛群）

永嘉县人民政府

综　述

永嘉县总面积2674.3平方千米，下辖4个功能区、10个镇、8个街道，81个城乡社区，904个建置村。2014年年末全县总户数28.89万户，总人口97.67万人，人口自然增长率为10.3‰，比上年上升1.1个千分点。2014年全县生产总值313.76亿元，按可比价格计算，同比增长7.0%。财政总收入40.51亿元，其中一般公共预算收入22.31亿元，同比分别增长4.9%和7.0%。全县一般公共预算支出45.26亿元，同比增长12.6%。全社会消费品零售总额117.22亿元，同比增长14.2%，增幅比上年回落0.7个百分点。全县进出口总额7.69亿美元，同比下降2.7 %，其中出口总额6.85亿美元，同比增长0.6%；进口总额0.84亿美元，同比下降23.0%。

农　业　2014年，全县实现农业总产值16.01亿元，按可比价计算，同比增长2.3%。全年造林面积633公顷，共完成零星植树50万株，新增育苗面积4.6公顷。全年木材采伐量为1.88万立方米，比上年减少0.23万立方米。全年肉类总产量为1.85万吨，比上年下降0.5%。蜂蜜产量1302吨，同比增长3.4%。全年渔业水产品总产量3359吨，比上年增加176吨，增长5.5%。大力推进农业两区建设，着力抓好现代农业发展，建成粮食生产功能区0.19万公顷，创成省市级现代农业园区8个，南陈休闲农业生态园、四海山铁皮石斛示范园等项目建设加快推进。全面深化农村综合改革，挂牌成立县农村产权交易中心，全县新增土地流转面积0.08万公顷。

工　业　2014年，全县工业总产值602.27亿元，同比增长3.5%。大力扶持企业发展，成功举办中国泵阀之乡国际化发展、全国优秀自制玩教具展评等系列活动，新增省重点产业技术联盟1个，超达等7家阀门骨干企业顺利取得中国石油天然气集团公司合格供方资格，竣工工业项目28个。着力破解工业用地瓶颈，制订出台《永嘉县工业企业绩效综合评价办法》，推行以差别化要素价格为核心、多元化综合措施为辅助的结果运用政策体系，全力促进要素资源向优质企业倾斜。全力拓展小微企业发展空间，着力保护现实生产链和现实生产力，创新多种形式推进小微企业创业园建设，东瓯泵阀小微园14家企业实现集体开工，瓯北、桥下等市级示范小微园前期工作加快推进。全力抓好“三转一市”，实现个转企898家，规下转规上40家，企业股份制改造22家，新增上市和拟上市企业各1家。

建筑业　2014年年末，全县共有资质建筑企业37家。全年共完成建筑业产值65.52亿元，同比增长23.2%，当年竣工产值26.22亿元，同比增长16.7%。施工企业全年房屋建筑施工面积321.7万平方米，同比增长17.1%，房屋竣工面积93.85万平方米，同比增长27.5%。

旅　游　2014年，全县旅游总收入39.25亿元，同比增长28.1%。全年接待游客510.68万人次，同比增长23.0%。其中，国内游客507.05万人次，同比增长22.9%；接待境外游客3.35万人次，同比增长30.4%，旅游外汇收入991.05万美元。成功举办第十一届浙江山水旅游节、国际房车露营高峰论坛等系列活动，签约引进屿北古村落文化旅游区、枫林旅游文化接待中心2个重大旅游项目，芙蓉山庄、楠溪山居酒店、九丈甸园等星级旅游酒店建设加快推进，特色主题民宿发展势头强劲，永嘉书院、百丈瀑景区建成开放，楠溪江获评全国最佳乡村旅游度假目的地，永嘉县跻身中国摄影创作基地、浙江旅游发展十佳县行列。

金融业 2014年年末，全县金融机构本外币各项存款余额447.13亿元，比上年增加7.10亿元，增长1.6%。全县金融机构本外币各项贷款余额423.80亿元，比上年增加41.96亿元，同比增长11.0%。全年保险机构保费收入10.86亿元，同比增长16.3%。不断强化金融创新服务，政府企业应急转贷资金提高到5000万元，为企业应急转贷57笔共计4.31亿元，银行新增贷款增速位列全市前茅，不良贷款率远低于全市平均水平。

房地产业 2014年年末，全县共有房地产开发企业58家，全年实际完成投资78.06亿元，同比增长8.8%。全年房地产施工面积514.44万平方米，同比增长12.4%；竣工面积70.99万平方米，是上年的6.86倍；销售面积35.48万平方米，同比增长80.8%，销售额38.30亿元，同比增长18.3%。

项目建设 2014年，共安排县级重点工程52项，年度计划投资55.60亿元，全年累计完成投资59亿元，完成率106%。共安排新开工县重点工程建设项目5个，分别是41省道永嘉沙头至福佑段改建工程、三江立体城市一期工程、永临大道二期工程、县人民医院急诊综合大楼扩建和县社会福利中心迁建一期工程。2014年，全县限额以上固定资产投资完成额为241.17亿元，同比增长16.9%，民间投资比重提高到73.4%。全年新增省重点项目4个，全县省级重点项目数量达到20个，位居全省各县（市、区）首位，全年争取省级补助资金近3.50亿元、戴帽土地指标80公顷。全年限上投资项目838个，其中当年新开工项目505个、当年完工项目570个。全力抓好招商投入，新签约重点招商项目16个，特别是通过“二次招商”成功引进一批世界500强企业，浙商回归到位资金完成率、浙商回归发展环境满意度调查得分均位居全市第一，并荣获全省2014年度吸引浙商设立功能性机构优秀单位称号（温州唯一获奖单位），获得省政府专项奖励资金1000万元。

城乡建设 2014年，坚持城市跨江发展，诸永高速延伸线（瓯越大桥）全线建成通车，104国道西过境公路加快推进建设，全面构筑瓯江两岸“九桥相连”发展新格局，县域整体区位优势进一步得到提升。以三江商务区开发建设为重点，整体谋划三江、江北、乌牛、黄田联动开发建设，三江立体城等6个总投资300多亿元的城市综合体、瓯江治理等12个总投资近100亿元的基础设施项目建设加快推进，特别是三江立体城一、二期项目，开盘当天预售率达到90%以上，实现了三江商务区实质性开发建设良好开局。加速推进上塘-瓯北城市建设，县公共文化活动中心、县行政中心、县城体育两馆等一批项目建设加快推进，新建改建道路8条，打通断头路和瓶颈路3条，完成重要交通节点改造17处，优化调整公交线路6条，新增停车位1131个，投运上塘社区巴士和上塘、瓯北公共自行车系统，城市建设和管理水平进一步得到提升。坚持以交通改善加速城乡一体发展，41省道南复线岩头至大若岩段、三李公路、瓯北大桥等项目基本建成，41省道福佑至沙头段顺利开工，为推进山区与沿江、上塘与瓯北的融合发展奠定了坚实基础。坚持以水利工程保障城乡一体发展，三塘隧洞分洪应急提前发挥效益，完成瓯北西段标准堤主体工程，瓯江治理、三江标准堤等工程建设进度加快，全县四大流域和瓯江北岸高标准防洪闭合圈加快形成。坚持以市政建设推动城乡一体发展，加大电力、能源等公共基础设施建设力度，110千伏中塘变电所顺利开工，110千伏龙桥变电所扩建、仁溪变电所扩建和岩头变电所扩建三期改造工程竣工投运。年末，城镇建成区面积10.84平方千米，城镇维护建设资金支出1.01亿元。城镇道路面积173.55万平方米，排水管道长度239.75千米，公园绿地面积148公顷，供水综合生产能力4万立方米/日。

环境保护 2014年，坚持以“五水共治”为突破口，联动推进“三改一拆”、“四边三化”、美丽乡村建设，全面优化城乡环境。编制完成城乡生活污水治理总体规划，与省环科院、省水电勘测院开展战略合作，投入178个村的农村生活污水治理工程，建成8个中心镇污水处理厂（站），投运上塘污水处理厂二期工程，新建和改造城镇污水管网58千米，建成压缩式垃圾中转站13座、农村垃圾收集点372个，农村环境卫生设施覆盖率和建置村保洁队伍覆盖率均达100%。持续开展三轮“清三河”专项整治，创新建立永嘉-青田菇溪河上游跨区域联合执法机制，在全市率先引进“清淤固化一体化”技术，58条垃圾河整治通过市级验收，建成25座滨水公园，菇溪河整治成为全省中小流域治理的典范，成功入选全市唯一的浙江最具魅力新水乡，被授予全省“五水共治”工作优秀县“大禹鼎”、全省农村生活污水治理工作优胜县、全省水利工作综合考核优秀县，成为全市唯一获得全省治水工作“三优秀”的县。坚持以拆促改，以强拆促自拆，扎实推进“无违建县”创建，全县涉宗违建处置走在省市前列，“三江1号”拆违得到省市主要领导充分肯定，全年拆违136万平方米，“三改”423万平方米，拆除四边区域违法广告牌1356处，完成绿化15.40公顷。大力推进26个“一事一议”美丽乡村精品村建设，岩头、岩坦、鹤盛创成国家级生态镇，大若岩埭头村荣获“中国最美休闲乡村”称号。深入开展国家生态县创建，编制完成《国家生态县建设规划》和乌牛等3个街道生态建设规划编制，桥下镇等5个镇（街道）获省级生态镇（街道）命名,沙头镇等6个镇（街道）通过国家级生态镇（街道）创建省级核查，造纸、化工、印染、合成革等行业整治提升通过市级验收。全县环境空气质量优良率保持在95%以上，楠溪江中上游水质常年保持在Ⅰ、Ⅱ类。

教　育　2014年年末，全县共有幼儿园207所，在园幼儿3.07万人；小学69所，在校生6.48万人，小学学龄人口入学率达100%；普通中学50所，在校生4.32万人，其中普通初中42所，在校生2.88万人，初中学龄人口入学率100%，初中毕业生升学率97.0%，比上年提高1个百分点。全县幼儿园教职工2989人，比上年增加131人，其中专任教师1717人，增加97人；小学专任教师3581人，增加124人；中学专任教师3489人，比上年增加145人。加快创建教育现代化县，完成枫林镇中等3所学校迁建，新创省义务教育标准化学校15所、省特色示范学校3所、省等级幼儿园13所，改造农村薄弱学校20所，高考一本上线人数五年连创新高，永嘉中学被评为全市唯一的全国教育系统先进集体，全国义务教育发展基本均衡县创建通过省级验收。进一步完善民办教育配套政策，温州翔宇中学办学品牌效应逐步显现，公办民办学校竞争合作机制初步形成。

科学技术　2014年，全县财政科学技术经费支出7851万元，同比下降0.3%。全年共下达科技计划项目3批共199项，安排科技经费3744.65万元。全年新增市级以上科技计划项目26项，其中国家级科技型中小企业技术创新基金项目和国家级火炬计划项目各1个、省级重大科技专项3个、省级团队科技特派员项目2项、省级科技特派员项目13项、省级农业科技成果转化1项、市级科技特派员项目3项，共争取上级补助经费1025万元。全年新增高新技术企业9家、省级专利示范企业3家、省级科技型中小企业12家、市级科技（创新）型企业14家,新增省级企业研发中心4家、市级企业研发中心5家、县级企业研发中心9家。获批组建副处级规格的温州系统流程装备科学研究院，荣获“省级科技强县”称号，顺利通过省级知识产权示范县创建验收。

医疗卫生　2014年，深化社会办医改革，制定实施公立医院与民营医院帮扶协作、民办医疗机构金融支持等优惠政策，温州附一医永嘉分院挂牌运行，永嘉被列入全省分级诊疗试点县。着力解决“看病难”问题，新增全省县级医学龙头学科、省级示范社区卫生服务中心各1个，造血干细胞和器官捐献工作取得突破，基本药物制度实现村级医疗机构全覆盖，创成省级慢病综合防控示范区和全市首个省级卫生强县。年末，全县共有各类卫生机构513家，其中，综合性医院1家、中医医院1家、公共卫生机构5所（县妇幼保健院与南城街道社区卫生服务中心合署办公）、卫生院27家、社区卫生服务中心15家、民营医院9家、门诊部42家、个体诊所75家、社区卫生服务站52家、村卫生室295家（其中公立92家）、医务室12家。卫生机构实有床位1465张，执业医师和执业助理医师1674人,每万人拥有医生数为17人，注册护士1141人。

文　化　2014年，全面完成广电台网分离，建成镇（街道）综合文化站4个、图书分馆3个、社区文化服务中心37个、文化广场舞台26个，实现全县82个社区文化服务中心全覆盖，荣获全省农村文化礼堂建设先进县称号。创成市文化强镇2个，市文化示范新社区4个。成功举办永嘉县第五届文化艺术节系列活动，完成送戏下乡276场、送展览下乡22场、文化走亲8场。年末，公共图书馆藏书总量39.52万册（件）；全县广播节目综合人口覆盖率为95.4%，电视覆盖率为99.0%；全县有线电视用户21.5万户，入户率为96.2%。国家、省、市级非物质文化遗产分别为2个、8个、58个。

体　育　2014年，积极开展公民体质监测工作，共对4735人进行国民体质监测。成功举办全省第三届运动休闲旅游节暨楠溪江国际户外休闲嘉年华活动，被认定为浙江省运动休闲基地。全年共新建篮球场18个、篮球场亮灯工程1个、门球场3个、拆装式游泳池1个、健身点38个。永嘉运动员在浙江省第十五届运动会上，共获得13.95枚金牌、11枚银牌、10枚铜牌，金牌数列全省第32位、温州市第5位，奖牌数列全省第29位。

居民生活 2014年，城镇居民人均可支配收入32330元，农村居民人均可支配收入15404元，同比分别增长8.6%和10.6%；城镇居民人均消费支出22512元，农村居民人均消费支出11469元，同比分别增长11.1%和11.7%；恩格尔系数分别为34.6%和38.9%。年末，城乡居民储蓄余额278.54亿元，同比增长0.8%。

劳动就业 2014年，实现新增城镇就业人员1.20万人。年末，城镇登记失业人数2076人，城镇登记失业率1.72%。

社会保障 2014年，着力构筑大社保体系，在全省率先出台社会救助工作责任追究办法，并轨建立城乡基本养老保险制度，全力推进“六统六分”养老服务改革，开工建设县福利中心迁建工程和浙南最大的救灾储备中心，成功举办全县第二届残疾人运动会，建成民办养老服务机构6家、居家养老照料中心101家、“爱心驿站”13个，新增各类保险参保7.60万人次，全县城乡居保和城乡医保参保率均超过98%，住房公积金扩面净增缴存人数1799人。年末，全县社会福利机构40家，床位数3147张。纳入最低生活保障人数2.19万人，比上年增加0.08万人，其中农村居民低保人数2.11万人。全年发放低保金6657万元，同比增长19.7%，其中城镇年人均低保金补助3862元，同比增长6.1%；农村年人均低保金补助3050元，同比增长17.6%。全年慈善总会共捐赠收入3180万元，同比下降5.4%；累计专款支出2577万元，同比下降1.4%。

政府服务 2014年，认真执行人大及其常委会决议，自觉接受人大法律监督、工作监督和政协民主监督，坚持政府领导亲自领办、亲自督办，按时办结人大代表建议、政协委员提案403件，人大代表议案建议、政协委员提案办结率均达100%。坚持以政府自身改革撬动各领域改革，制定实施政府权力清单和政府责任清单，县级部门行政权力从8166项减少到4177项，明确县级部门主要职责382项，建成运行浙江政务服务网永嘉站，在全省率先出台小规模公建审批办法，创新实施房地产“多证联办”、企业“一站式登记”、基本建设项目“三测合一”，全面推行服务窗口办事无休日制度。运用时尚工具促进快速理政，建立政府系统“四级督办体系”、“1+1”新闻发布机制和政务联络微信群，全面搭建“永嘉聚焦”“媒体问政厅”“民情E通”等平台。健全规范性文件、重大决策合法性审查等机制，全县行政机关、镇（街道）和农村法律顾问实现全覆盖。制定实施财政预算追加管理办法，全面运行国库集中支付系统，首次公开12个部门年初预算和“三公”经费。深入开展党的群众路线教育实践活动，严格清理和处置违规公务用车、超标办公用房，清理规范在编不在岗人员和编外用工，着力健全公务考察管理等5项制度，全县“三公”经费压缩38.6%，政府投资审计核减率创历史新高。

（杨金钱）

永嘉县人民政府常务会议

概　况 2014年，永嘉县人民政府共召开10次政府常务会议，形成常务会议纪要10份，讨论研究179个重要议题，主要涉及产业发展、重点工程建设、城乡建设、新农村建设、计划生育、社会保障、教育卫生等关系全县经济社会发展以及民生福祉方面的重要问题。

县人民政府第27次常务会议 2014年1月9日召开。会议审议了《关于开展特色旅游产品创建活动的通知》。会议听取了县环保局关于永嘉县造纸行业整治采用“一企一锅炉”相关问题的汇报。会议听取了县科技局关于永嘉县待公开出让6号地块利用有关问题的汇报。会议审议了《关于创新审批服务切实振兴实体经济发展实施意见》。会议听取了县水务集团有限公司关于楠溪江环湖生态园工作方案的汇报。会议听取了上塘中心城区关于建设项目融资有关问题的汇报。会议听取了县国土资源局关于三江立体城项目出让金缴纳情况的汇报。会议听取了县招商局关于2014年招商选资拟签约项目审查情况的汇报。

县政府第28次常务会议 2014年3月7日召开。会议审议了《永嘉县美丽浙南水乡建设总体规划纲要（2013—2020年）》。会议审议了《永嘉县“河长制”实施方案》。会议审议了《永嘉县大气污染防治实施方案（2014—2017年）》《永嘉县2014年度大气污染防治工作计划》和《永嘉县2014年承诺大气污染防治十件实事》。会议审议《永嘉县大气重污染应急预案（试行）》。会议审议了《永嘉县畜禽养殖功能区划分方案》。会议审议了《关于建立永嘉县扩大有效投资和重点工程建设工作督查推进机制的通知》《关于建立县重大项目前期工作联席会议和会商制度的通知》。会议听取了县水务集团有限公司关于永嘉县城市污泥半干化处置中心营运管理方案的汇报。会议听取了县住建局关于楠溪江景区内招商选资项目规划审批相关事宜的汇报。会议听取了县住建局关于永嘉县管道燃气经营有限责任公司架构及法人代表建议方案的汇报。会议听取了县国土资源局、县经信局关于亚龙科技集团等6家工业企业试点产权分割有关事项的汇报。会议审议了《关于加强高标准基本农田建设工作的通知》。会议听取了县府办关于温州东方医院项目拟用地有关问题的汇报。会议听取了桥下镇关于桥下小微企业创业园公共配套建设有关问题的汇报。会议审议了《41省道（S223）永嘉福佑至沙头段改建工程土地、房屋征收收回补偿安置方案》。会议听取了县交通投资集团有限公司关于拓宽41省道岩枫路至下家岙段道路（岩头大道）并采用一级公路标准设计和建设有关事宜的汇报。会议审议了《永嘉县废弃土运输专项整治工作实施方案》。会议审议了《永嘉县银行机构支持政府投资项目考核奖励方案》。会议审议了《永嘉县文化产业扶持办法》。会议审议了《关于进一步加强文物保护和管理工作的实施意见》。会议审议了《2014浙江省第三届运动休闲旅游节暨第一届国际户外休闲嘉年华活动实施方案》。会议审议了《永嘉县体育产业发展规划》。会议听取了瓯北城市新区关于34个绿化工程项目资金结算有关事宜的汇报。会议审议了《永嘉县民族宗教群体性突发事件应急预案》。会议听取了乌牛街道关于组建永嘉县乌牛城镇建设投资有限公司的汇报。

县政府第29次常务会议 2014年4月9日召开。会议审议了《永嘉县人民政府关于促进商贸流通扩大城乡消费的若干意见》。会议审议了《永嘉县人民政府关于进一步促进餐饮住宿业持续稳定发展的实施意见》。会议听取了县经信局关于温州市利安德流体控制设备有限公司地块回收、永嘉县工艺美术文化创意产业园项目建设有关问题的汇报。会议听取了沙头镇政府关于沙头镇高浦农房改造集聚项目后续有关问题的汇报。会议审议了《严格安置留地管理引导安置房有序发展的通知》。会议听取了县公安局关于申报麻顺祥省见义勇为先进人物有关事宜的汇报。会议听取了关于县公安消防局及夏刚等4人申报记功有关事宜的汇报。会议审议了《永嘉县2014年度镇（街道）人口计生目标管理责任制考核办法》《关于调整人口和计划生育工作预警指标的通知》《永嘉县2014年度功能区、县直属有关单位人口和计划生育目标管理责任制考核实施方案》等3个文件。会议审议了《关于开展失独家庭全程关爱服务的若干意见》。会议审议了《永嘉县十大重点领域安全生产专项整治行动方案》。会议审议了《2014年永嘉县安全生产目标管理责任制考核办法》。会议听取了县交通运输局关于县长运公司经营上瓯公交亏损补助有关问题的汇报。会议听取了县教育局关于缪院升开除公职有关事宜的汇报。会议审议了《永嘉县预算追加管理办法（试行）》。

县政府第30次常务会议 2014年5月13日召开。会议听取了县广播电视台关于“一省一网”整合发展资产评估与处置有关情况的汇报。会议审议了《瓯北小微企业创业园建设实施方案》。会议听取了县国土资源局关于温州翔宇中学教师职工宿舍用地有关事项的汇报。会议审议了《城镇低效用地和“三改一拆”土地涉及征地补偿若干意见》。会议审议了《永嘉县城镇产业用地提升规划》。会议审议了《永嘉县天然气综合利用规划（2014—2020年）》《永嘉县天然气汽车（船）加气站布点规划（2014—2020年）》。会议审议了《2014年永嘉县招商选资工作考核办法》。会议听取了县招商局关于2014年招商选资拟签约项目审查情况的汇报。会议审议了《永嘉县城乡市容环境卫生工作考核办法》《关于进一步做好全县生活垃圾保洁、运输、处置工作的实施意见》。会议审议了《关于开展县级部门职权清理推行权力清单制度工作方案》。会议审议了《关于推行公共服务窗口办事无休日制度的通知》。会议审议了《关于开展城乡居民大病保险工作实施办法》。会议听取了县财政局关于工程项目融资情况的汇报。会议审议了《关于加快推进现代生态循环农业建设全面加强农业面源污染防治的实施意见》。会议审议了《永嘉县山区经济发展规划》。

县政府第31次常务会议 2014

年6月17日召开。会议审议了《关于鼓励和支持企业进入全国中小企业股份转让系统挂牌的意见》。会议审议了《关于加快建立现代企业制度推进区域资本市场建设的补充意见》。会议审议了《关于印发永嘉县企业应急转贷专项资金管理办法（试行）的通知》。会议审议了《关于开展农村小额人身意外伤害保险的实施方案》。会议审议了《永嘉县“五水共治”建设美丽浙南水乡节水型社会实施方案（试行）》。会议听取了永嘉投资集团有限公司关于永嘉县嘉盛石油有限公司调整持股比例有关事项的汇报。会议听取了永嘉投资集团有限公司关于变更永嘉投资集团有限公司经营期限有关事项的汇报。会议听取了县财政局关于变更永嘉财融投资有限公司经营期限有关事项的汇报。会议听取了县财政局关于全县“五水共治”向华夏银行融资方案有关事项的汇报。会议审议了《2014年永嘉县“三改一拆”行动考核办法》。会议审议了《永嘉县岩坦镇岩坦村中片旧村改造工程建设管理实施方案》。会议审议了《关于规范征收集体土地涉及房屋补偿工作的实施意见》。会议审议了《关于实施永嘉县房屋征收（拆迁）重置价格若干问题的通知》。会议听取了三江商务区关于三江12地块安置房项目建设有关情况的汇报。会议听取了县府办副主任朱建权关于斯多纳集团瓯北综合形象大楼产权登记有关问题的汇报。会议审议了《永嘉县重大火灾隐患集中区域专项整治方案》。会议审议了《永嘉县“黄标车”淘汰补助实施办法》。会议审议了《永嘉县排污权有偿使用资金管理办法（试行）》。会议听取了县公安局关于吴国华申请辞职有关事宜的汇报。会议审议了《永嘉县生育保险办法》。会议审议了《2014年度永嘉县社会保险缴费调整标准》。会议听取了县府办副主任黄大善关于系统流程装备科学研究院（筹）项目建设有关问题的汇报。会议审议了《上塘中心城区环城北路西向延伸工程征收下堡村、中西村、中兴村集体土地房屋补偿方案》。会议听取了县经信局关于永嘉县高中压阀门厂征收有关问题的汇报。会议审议了《关于加快全县小微企业（创业）园建设的实施意见》。会议听取了县经信局关于东蒙集团有限公司重大工业项目准入有关问题的汇报。会议听取了县经信局关于永嘉县合兴金属制品有限公司、永嘉县快乐五金制品厂、永嘉县申力金属制品有限公司、永嘉县东盛塑料制品有限公司等4家企业项目予以准入相关事宜的汇报。会议听取了县国土资源局关于永嘉县低效土地再开发专项规划成果调整的相关事宜的汇报。会议审议了《关于印发永嘉县2014年度鼓励开放性经济发展若干扶持措施的通知》。会议听取了县级机关事务管理局关于加强全县机关事务统一管理有关事宜的汇报。

县政府第32次常务会议 2014年6月30日召开。会议审议了《永嘉县城镇供水应急预案（修订）》。会议审议了《永嘉县村级财务管理规定》。会议审议了《永嘉县民宿管理办法（试行）》。会议听取了楠溪江风景旅游区关于2013年美丽乡村建设有关工程招投标相关事宜的汇报。会议听取了县公安局关于辞退沈亮有关事宜的汇报。会议听取了温州市住房公积金管理中心永嘉分中心关于将增加的年度目标考核奖纳入住房公积金缴存基数计算项目有关事项的汇报。会议研究了县国土资源局关于要求落实历史遗留矿山企业越界开采行为处置的相关事项。

县政府第33次常务会议 2014年8月1日召开。会议听取了县府办副主任唐红专关于县职工文化活动中心建设项目带方案出让有关问题的汇报。会议审议了《永嘉县公共自行车运行管理系统实施意见》。会议审议了《关于完善和创新新居民管理服务工作的实施意见》。会议审议了《关于瓯北清水埠地块城中村改造有关工业用房征收补偿补充规定》。会议讨论了给予永嘉中学工作表彰相关事宜。会议听取了县审计局关于2013年度县本级财政预算执行情况和其他财政收支审计结果的报告。会议审议了《关于建立健全公务支出公款消费审计制度的意见》。会议听取了县国资办关于国有资产登记发证和处置有关问题的汇报。会议审议了《永嘉县城镇低效用地再开发试点工作实施细则（试行）》。会议审议了《农村生活污水治理工作实施细则》。会议听取了县委农办（农业局）关于永嘉县良种繁育场（县农科所）相关事宜的汇报。会议审议了《关于清理规范机关事业单位编外用工的实施意见》。会议审议了《开展机关事业单位在编不在岗人员清理规范工作的实施意见》。会议听取了县审管办关于温州市县同权扁平化管理改革拟申报下放永嘉事权目录相关事宜的汇报。会议审议了《关于进一步深化社会信用体系建设的意见》。会议听取了县财政局关于政府融资工作相关事宜的汇报。会议听取了县财政局关于2015年预算编制定额标准相关事宜的汇报。会议审议了《永嘉城市公交服务质量考核办法》。会议审议了《关于进一步扶持再生资源回收利用企业发展的通知》。会议审议了《三江商务区房屋拆迁与补偿实施细则》。

县政府第34次常务会议 2014年9月2日召开。会议审议了温州海螺水泥有限公司搬迁补偿协议。会议听取了县府办副主任朱建权关于8家第二批产权分割试点工业企业相关事宜的汇报。会议审议了《永嘉县东瓯人才公寓申购办法》。会议审议了《永嘉县企业应急转贷专项资金使用操作细则》。会议审议了《永嘉县中小企业票据服务公司监管细则（试行）》《永嘉县中小企业票据服务公司试点工作操作规程（试行）》。会议听取了县安监局关于2014年上半年安全生产工作情况的汇报。会议听取了县交通运输局关于瓯北至仁溪班线实行全面公交化改造有关事宜的汇报。会议听取了县府办副主任唐红专关于瓯北、三江、东瓯等地住建体制有关问题的汇报。会议听取了县公安局关于辞退缪云光有关事宜的汇报。会议审议了《关于进一步明确新居民服务管理机构运行机制的通知》。会议听取了县国资办关于机关事业单位党政领导干部在国有企业兼职取酬清理工作建议意见的汇报。会议审议了《永嘉县机关事业单位编外用工管理办法》。会议审议了《永嘉县小规模公建项目审批实施办法（试行）》。会议审议了《永嘉县低收入困难家庭住房公积金贷款贴息管理实施办法》。会议讨论研究了给予朱新法见义勇为行为奖励的相关事宜。会议审议了《2013年冬季退役士兵安置方案》。会议审议了《永嘉县创建"无违建县"活动实施方案》。会议审议了《永嘉县违法建筑认定标准及分类处置实施暂行办法》。会议听取了县府办副主任李金星关于三江1号违法建筑拆除经费结算相关事宜的汇报。会议听取了县交通投资集团有限公司关于41省道永嘉福佑至沙头段公路工程融资担保方案相关事宜的汇报。会议审议了《永嘉县文化创意产业发展规划（2014—2020年）》。会议审议了《永嘉县道路交通事故社会求助基金管理暂行办法》。会议听取了县财政局关于第四次融资联席会议有关事宜的汇报。会议听取了县财政局关于经县政府同意招聘的永嘉县协辅警等辅助人员财政资金安排相关事宜的汇报。

县政府第35次常务会议 2014年10月29日召开。会议听取了县国土资源局关于1995年底前农村村民购买本集体经济组织以外集体土地房屋办理变更登记相关事宜的汇报。会议听取了县国土资源局关于沙头镇罗川、古二村土地权属争议相关事宜的汇报。会议听取了楠溪江风景旅游区关于永嘉书院（金珠瀑文化休闲中心）项目建设违法用地处置相关事宜的汇报。会议审议了《永嘉县工业企业绩效综合评价办法（试行）》。会议审议了《永嘉县"三名"企业培育试点工作的实施意见》《关于助企强工的若干意见》。会议审议了《关于加快工业强县建设的实施意见》。会议听取了财政局关于永嘉县瓯江治理工程项目向兴业银行贷款有关事宜的汇报。会议讨论了41省道永嘉瓯沙段改建工程埭下拆迁安置项目审批相关事宜。会议审议了《永嘉县瓯北区域河道清淤整治实施方案》。会议听取了县水利局关于蒋小浦申请辞职有关事宜的汇报。会议听取了县市场监督管理局关于戴慧哲申请辞职有关事宜的汇报。会议审议了《关于实施房地产"多证联办"工作的通知》。会议讨论了实施城市绿化补偿费收费标准相关事宜。会议审议了《永嘉县生态畜牧业发展规划》《永嘉县生态畜牧业发展实施方案》。会议听取了永嘉投资集团有限公司关于"14永嘉债"有关情况的汇报。会议听取了县发改局关于2014年政府投资计划调整相关事宜的汇报。会议听取了县编委办关于县政府部门职权清理推行权力清单制度工作有关情况的汇报。会议听取了县编委办关于县政府职能转变和机构改革相关事宜的汇报。

县政府第36次常务会议 2014年11月28日召开。会议审议了《关于楠溪江引水工程等6个饮用水水源保护区划分技术报告》。会议审议了《永嘉县村级工程项目管理办法》。会议审议了《永嘉县镇级招标投标管理办法（试行）》《永嘉县工程建设项目招标投标管理办法（试行）》。会议讨论了温州翔宇中学建设相关事宜。会议听取了五星大厦和东瓯小区等安置房处置相关事宜。会议审议了《永嘉县上塘中心城区屿门-黄屿农房改造集聚建设工程项目房屋拆迁置换补偿实施方案》。会议审议了《永嘉县三元堂二期经济适用住房申请购买实施方案》。会议审议了《永嘉县建设项目容积率指标计算规定》。会议讨论研究了关于给予叶智盛开除公职处分有关问题。会议讨论研究了辞退章伯滔有关事宜。会议审议了《关于进一步完善城乡居民基本养老保险制度的意见》。会议讨论了关于永嘉县桥下派出所业务用房迁建项目相关事宜。会议讨论了关于永嘉县瓯江治理工程黄田段沿岸污水管网建设相关事宜。会议听取了县民政局关于调整最低生活保障标准相关事宜的汇报。会议审议了《永嘉县地名管理办法》。会议审议了《永嘉县公立医院与民营医院帮扶协作实施方案》《关于在全县民办医疗机构建立住房公积金制度的实施办法（试行）》《关于落实民办医疗机构金融支持和优惠政策的实施办法（试行）》等三个鼓励社会资本办医配套文件。会议审议了《永嘉县科技创新奖励实施细则》。会议讨论了永嘉县第二批重大科技攻关示范项目立项相关事宜。会议审议了2015年城乡医保筹资测算相关事宜。

（杨金钱）

重要政事

温州附一医永嘉分院挂牌运行 2014年1月2日，“温州医科大学附属第一医院永嘉分院”签约授牌仪式在永嘉县中医院举行。温州附一医永嘉分院是根据省、市医疗资源“双下沉、两提升”的要求，由永嘉县人民政府和温州医科大学附属第一医院建立托管合作办医关系，永嘉县中医院将10年管理权交给温州医科大学附属第一医院，并增挂“温州医科大学附属第一医院永嘉分院”牌子。根据协议，由温州医科大学附属第一医院按照省卫生厅等级医院评审标准之三级乙等中医医院标准对永嘉县中医院进行全面规范化建设，5至10年内达到医科大学附属医院或教学医院标准，制定并落实5年内的学科建设计划，做好全面技术提升与人才梯队培养，提升永嘉县中医院的医疗技术水平、运行管理能力和自我发展能力，实现群众满意度明显提高，县域内病人外流明显减少。

计划生育维权的做法在全省推广 2014年1月26日，副省长郑继伟在《浙江政务信息》（专报第83期）上批示：“永嘉计生维权工作做得好，应当大力宣传，在全省推广。”2009年，永嘉县率全省之先成立计划生育维权委员会（中心），全面启动计生维权工作，至2013年底共接受计生维权投诉136起，其中合法权益侵害案件107起，成功调处107起，调处成功率100%，计生侵权案件呈逐年下降态势，共为计生家庭争取资金5600万元，得到省、市领导的肯定，《中国人口报》《浙江日报》、温州电视台等新闻媒体先后作了专题报道。

顺利创成省级科技强县 2014年1月29日，省委办公厅、省政府办公厅下发文件，通报表彰第六批“浙江省科技强县(市、区)”，永嘉县被正式授予“省级科技强县”称号。按照《浙江省科学技术厅关于开展科技强县（市、区）创建复评工作的通知》（浙科发政〔2013〕240号）申报要求，永嘉县于2013年3月启动科技强县申报创建工作，积极实施创新驱动发展战略，突出产业基地建设、突出创新人才培养、突出创新主体培育、突出知识产权示范县建设，全县科技综合实力显著增强，拥有省级科技研发中心19家、市级企业研发中心26家，入选省“千人计划”3人，科技发展全省排名处中等水平。

菇溪河整治成为全省中小流域治理的典范 2014年3月13日，时任省政府党组副书记、省政府顾问的王建满在《浙江政务信息》（专报第304期）上批示：“永嘉县五年治‘牛奶河’，治成了群众喜爱的‘畅游河’，这是顺民意、综合治理的结果，我们就是要这样的结果！”菇溪河全长34.8千米，自北向南贯穿桥头镇全境。随着改革开放后桥头纽扣市场的迅速崛起，菇溪河两岸建起了上百家纽扣、拉链等私营小作坊，大量的工业废水、岩粉和洗涤剂直接排入菇溪，导致菇溪河从“畅游河”变成“牛奶河”、垃圾河、黑臭河，严重影响当地群众的生产、生活和生态环境。自2008年起，永嘉县全面加大治水投入，着力做好生态环境修复，主动引导产业结构调整，菇溪河道综合治理工作取得显著成效，菇溪河道中上游水质已从治理前的Ⅳ类标准重新恢复为Ⅱ类标准以上，成为当地人民群众游泳嬉水、娱乐休闲的主阵地，2014年农历正月初一，永嘉县上百位冬泳爱好者齐聚菇溪河畔，以冬泳的方式迎接新年到来，并宣告菇溪河从原来的“牛奶河”真正成为“畅游河”。

获全省农村文化礼堂建设先进县荣誉称号 2014年3月20日，在全省农村文化礼堂建设工作现场会上，永嘉县被授予2013年度浙江省农村文化礼堂建设先进县称号，是温州市唯一的获奖县。近年来，永嘉县围绕“农民的精神家园和基层的红色殿堂”总定位，立足成为培育和践行核心价值观的主阵地、成为提升农村精神文明的主渠道、成为农村公共文化服务的主平台

"三大目标"，大力推进农村文化礼堂建设。2013年，永嘉县以开展美丽乡村建设为契机，深入挖掘整理地方文化，利用楠溪江中游古村落中的宗祠、古民居等场地，改造提升了33所文化礼堂，为打造农民"精神家园"实现"精神富有"创造平台，为历史文化古镇、村落、街区文化的挖掘、传承、保护工作走出了一条可持续发展之路，成为美丽乡村建设的一个创新抓手，具有很好的实效性和较高的推广性。

创成全市首个省级卫生强县 2014年4月25日，省政府下发的《浙江省政府关于命名省卫生强县（市、区）的通知》（浙政发〔2014〕12号）文件，正式命名永嘉为省级卫生强县，成为全市首个获得卫生强县命名的县。近年来，永嘉县委、县政府高度重视卫生事业发展，自2012年9月正式申报创建卫生强县以来，不断强化组织领导，千方百计加大投入，把卫生强县创建作为一项群众得实惠、社会得和谐、人民得健康的民生工程来抓，扎实推进创建工作，深入推进医药卫生体制改革，着力优化卫生资源配置，致力提高医疗卫生服务水平，有力推进了全县卫生事业的大提升、大发展。

获全省电商换市创新样本荣誉称号 2014年6月5日，在"电商视野全球机遇"浙江省电子商务百强大会暨省电子商务促进会年会上，永嘉县荣获全省"电商换市创新样本"称号。近年来，永嘉县深入推进"电商换市"战略，将电子商务作为战略性、先导性产业重点培育，作为"一号新产业"来抓，推动电子商务大发展，率全市之先建立特产中国县级地方馆，诞生全市首个"淘宝村"，累计培育7个特色"淘宝村"，成为全省拥有"淘宝村"数量最多的县，并创成全市唯一的"淘宝镇"——桥下镇，入选中国电子商务发展百佳县。全县网络销售总额从2012年20亿元猛增到2014年的近100亿元，年均保持80%以上的强劲增长势头。

成功打造集中拆违"珠岙速度" 2014年6月9日，永嘉县组织300名执法人员对规划面积20.5公顷的瓯北珠岙小微企业创业园内违章建筑实施拆除，12台挖掘机同时开工，仅用了两天时间就拆除了包括铸造业、童装轻工业、畜牧场等12.3万平方米违法建筑，为当时温州市范围内面积最大的一次拆违行动，堪称拆违"珠岙速度"，受到省、市媒体的高度关注。

诸永高速延伸线（瓯越大桥）全线建成通车 2014年6月30日，瓯越大桥（瓯江过江通道）正式试通车，瓯江两岸又有了新通道，从永嘉三江匝道上桥，到市区江滨路下桥，用时只需5分钟，大大缩短了永嘉和温州市区的时空距离。诸永高速公路温州段延伸工程（瓯越大桥）起于永嘉县三江街道北岙村附近，连接温州绕城高速公路北线，终点位于市区矮凳桥路北侧，与民航路相接，全长约8.1千米，设计时速80千米，总造价26.47亿元。其中，跨瓯江的特大桥长约4.7千米，跨江长度为2.3千米，是目前温州瓯江江面距离最长的桥梁。

瓯北、上塘公共自行车系统投入使用 2014年8月27日和12月29日，瓯北、上塘首期公共自行车系统先后投入使用，其中，瓯北首期为300多辆公共自行车、14个服务网点，上塘首期为800多辆公共自行车、30个服务网点。发展公共自行车有利于缓解城市阻梗症，公共自行车发展投入小、成效好，其"绿色出行"得到市民肯定和欢迎，是解决城市交通拥堵的重要措施之一。瓯北、上塘两地公共自行车的开通，对解决永嘉的城市交通拥堵问题具有现实意义。

永嘉中学获评全市唯一的全国教育系统先进集体 2014年9月9日，在全国庆祝第30个教师节暨全国教育系统先进集体和先进个人表彰大会上，永嘉中学荣获"全国教育系统先进集体"称号，是温州市唯一获此殊荣的学校，也是浙江省仅有的17所学校之一。近年来，永嘉中学坚持"对学生一生负责，为学生幸福人生奠基"的办学理念，发扬"自强不息，追求卓越"的学校精神，勇于探索创新，形成了极具特色的"立格教育"，取得突破性的成效，高考重点上线人数从2009年的178人提高到2014年的453人，提高了1.55倍，连续5年保持飞速攀升态势，重点上线总人数稳居全市第二，其中文科上线人数全市第一。2014年，该校被确认为全省首批"浙江省一级特色示范普通高中"之一，《中国教育报》刊登长篇报道《突围同质化办学——浙江永嘉中学崛起之路》。

成功打造永嘉招商选资"铂尔曼速度" 2014年10月1日，全国首个以婚庆文化为主题超五星配套的温州铂尔曼酒店试营业。温州铂尔曼酒店作为永嘉最大的招商选资酒店项目，创造了最快的建设纪录——从2012年7月29日正式签约到2014年10月1日试营业，全程历时仅26个月，比正常建设和审批时间提早了12个月，开创了永嘉招商的“铂尔曼速度”，树立了浙商回归标杆。近年来，永嘉县以“创新保障机制促提升，创新审批方式促提速，创新服务力度促提效”的方式，全力推进浙商回归项目“落地、开花、结果”。截至2014年12月，全县共签约57个重点招商选资项目，其中已履约54个、开工33个，履约率、开工率分别达到94.7%和57.9%。

跻身中国摄影创作基地 2014年10月11日，在“中国摄影之乡”“中国摄影创作基地”工作会议上，永嘉县获“中国摄影创作基地”荣誉称号。悠悠三百里楠溪江融天然风光与人文景观于一体，以山清、水秀、岩奇、瀑多、村古、滩林美而闻名遐迩，是全国国家级风景区中唯一以山水田园风光见长的景区，被称为国内外摄影家的天堂。

获批组建温州系统流程装备科学研究院 2014年10月16日，温州市机构编制委员会正式批复，同意设立温州系统流程装备科学研究院，为永嘉县政府直属事业单位，机构规格相当于副县级。温州系统流程装备科学研究院，整合国家质检中心、工程研究院、研究生分院等三家机构，由兰州理工大学、温州市人民政府、永嘉县人民政府三方共建，实行“四个牌子、一套人马”的统一管理模式，开展深层次合作，充分发挥产学研一体作用。该科学研究院的建立，对于加快推进永嘉泵阀产业向系统流程装备产业转型，提升永嘉乃至温州的泵阀产业发展水平具有重要意义。

被列入全省分级诊疗试点县 2014年10月21日，省卫生计生委宣布，即日起启动全省分级诊疗试点，纳入试点的县市区居民在看病就诊时，须到当地基层医疗机构首诊，永嘉被列为全省8个分级诊疗试点县之一。分级诊疗就是按照疾病的轻重缓急，进行分级看病，小病、常见病、多发病到基层医疗机构，大病、疑难病、危重病到大医院，形成“首诊在社区、小病进社区、大病到医院、康复回社区”的就医新格局。永嘉县于10月10日下发了《永嘉县分级诊疗试点工作实施方案》（永政办发〔2014〕112号），正式启动实施分级诊疗制度。

率全市之先引进“清淤固化一体化”技术 2014年10月23日，永嘉率全市之先引进的“清淤固化一体化”技术正式投入使用，为黑臭河治理工作提供了先进的技术支撑。永嘉黑臭河集中分布在瓯北片区，瓯北建筑密度大，河道窄小，如采用传统的清淤方式，很难找到大面积、长时间使用的泥浆排泥及沉淀场，且容易产生二次污染，在引进采用“清淤固化一体化”技术后，较好地弥补了传统技术的弊端，有效杜绝了淤泥处置的二次污染问题。

上塘社区巴士投入运行 2014年10月26日，在上瓯公交车站内举行了永嘉社区巴士开通仪式。开通上塘社区巴士是2014年县政府“十大惠民实事”之一，不仅在很大程度上缓解了市民最后“一千米”出行难、城市交通拥堵等问题，同时也提升了文明县城形象，受到广大群众的欢迎。首批投入运营社区巴士36辆，实际每天上路运营24辆，涉及线路4条，每条线路全长1.7千米至5.0千米，基本覆盖机关企事业单位、学校、大型居民住宅区和商业中心，是继温州市区之后，全市首个县城开通社区巴士。

顺利创成省级知识产权示范县 2014年11月3日，省知识产权局正式发文同意永嘉县通过省知识产权示范县创建工作验收，永嘉县成为当年温州市唯一创建成功的省级知识产权示范县。永嘉县自2011年启动创建以来，通过抓机制、抓导向、抓运用、抓宣传，营造知识产权保护环境，培养企业知识产权人才，专利申请、授权量逐年增长，区域知识产权信息服务有序推进，全县知识产权创造、运用、保护和管理综合能力得到提高。2014年全县专利申请量达1817件，其中发明专利162件、实用新型1039件、外观设计616件;专利授权量达1498件，其中发明专利45件（同比增长12.5%）、实用新型930件（同比增长35%）、外观设计523件。

永嘉阀门行业和企业走出国门 2014年12月3日，荷兰“阀门世界”及其母公司KCI集团在德国杜塞尔多夫城市举办两年一度的杜塞尔多夫“阀门世界”展览会，属于世界范围内唯一专业性阀门展。永嘉县方正、伯特利、超达等32家企业抱团参展本届博览会，借助全球规模最大、最为专业的世界阀门博览会这个舞台，主动参与国际竞争，积极开拓海外市场，与来自世界各地的阀门行业翘楚开展交流合作，推动永嘉阀门行业和企业走向世界。在为期3天的展会中，永嘉参展企业共接待来自欧洲、中东等地的客户1000多人次，现场订单80多万美元，意向订单1000多万美元。

创成省级慢病综合防控示范区 2014年12月15日，省卫生和计划生育委员会、省教育厅、省民政厅、省体育厅联合下发《关于2014

年度浙江省慢性非传染性疾病综合防控示范区考评结果的通知》(浙卫发〔2014〕44号)，正式命名永嘉县为“浙江省慢性非传染性疾病综合防控示范区”。根据“慢病综合防控示范区”创建要求，永嘉县坚持把慢病综合防控工作作为贯彻落实科学发展观、保障民生的重要举措，作为公共卫生体系建设的重要内容，积极开展慢病管理和干预，引导居民树立健康的生活理念，形成健康生活方式，努力控制慢病的发生率和死亡率，取得了显著成效，居民的生活品质和幸福指数明显提升。

楠溪江获评全国最佳乡村旅游度假目的地 2014年12月21日，在浙江舟山举行的国际旅游度假目的地论坛揭晓“2014国际旅游度假目的地”系列榜单，永嘉楠溪江风景区获评“2014最佳乡村旅游度假目的地”称号，成为浙江省打造乡村旅游度假的成功典范。2014国际旅游度假目的地论坛由国际旅游学会、人民网、浙江省旅游局等联合主办，于2014年7月启动，覆盖全国500多个旅游城市、景区、度假区。此次评选活动，以帮助游客寻找最佳旅游度假目的地为宗旨，以网络展示、媒体采风和专家评定等方式，共推出2014最佳国际旅游度假目的地、最佳山地旅游度假目的地、最佳文化旅游度假目的地、最佳生态旅游度假目的地、最佳古镇旅游度假目的地等11个项目，永嘉楠溪江风景区与全国其他5个风景区(县)分享了“最佳乡村旅游度假目的地”称号。

永嘉入选浙江最具魅力新水乡 2014年12月28日，首届“浙江最具魅力新水乡”公众推选活动揭晓，永嘉入选首届“浙江最具魅力新水乡”。首届“浙江最具魅力新水乡”公众推选活动，由浙江日报社、首届“浙江最具魅力新水乡”活动组委会举办，历时7个月，经社会各界二轮推选、活动调研小组深入各地明察暗访评选确定。永嘉县以楠溪江、菇溪、西溪、乌牛溪等4大流域为主战场，全面实施“水乡建设百亿工程”，推进“美丽浙南水乡”建设，累计投入“五水共治”资金20.45亿元，有效改善提升了永嘉河道的水质和景观。

楠溪江列入全省十大旅游重点板块 2014年12月31日，浙江省发改委、浙江省旅游局联合印发《浙江省旅游产业发展规划（2014—2017）》（浙发改规划〔2014〕1130号），楠溪江被列入浙江省十大旅游重点板块。浙江省按照产业集聚、要素集约、产城融合、功能集成的要求，大力实施“双十计划”，规划建设旅游十大重点板块和十大特色板块，力争到2017年，十大重点板块旅游总投资和总收入都超过2000亿元，十大特色板块旅游总投资和总收入都超过1000亿元。楠溪江被列入十大重点板块，将给永嘉的旅游产业发展带来巨大机遇，永嘉将进一步完善旅游规划体系，大力推进休闲度假、健康养生、户外运动、现代农业等产业融合发展，着力构建“一主四园”发展新格局。

（杨金钱）

国民经济与社会发展

概 况 2014年，永嘉实现地区生产总值313.76亿元，同比增长7%；一般公共预算收入22.31亿元，增长7.0%；完成限额以上固定资产投资241.17亿元，增长16.9%；社会消费品零售总额117.22亿元，增长14.2%；外贸出口总额6.85亿美元，增长0.6%；城镇居民人均可支配收入32330元，农村居民人均可支配收入15404元，分别增长8.6%和10.6%。全县金融机构年末存款余额436.02亿元，比年初新增0.25亿元；贷款余额423.20亿元，比年初增42.34亿元；不良贷款余额4.20亿元，不良率0.99%，比上月下降0.01个百分点,继续维持低位运行；新增ATM机66台。

统筹城乡 2014年，启动178个村的农村生活污水治理工程，建成8个中心镇污水处理厂（站），投入上塘污水处理厂工程二期，新建和改造城镇污水管网58千米。加快垃圾处理设施建设，建成压缩式垃圾中转站13座、农村垃圾收集点372个，农村环境卫生设施覆盖率和行政村保洁队伍覆盖率均达100%。全年拆违136万平方米，“三改”423万平方米，拆除“四边”区域违法广告牌1356处，完成绿化15.40公顷。

农业发展 2014年，积极推进农村土地流转，1月至10月，全县新增流转土地面积845公顷，新增流转率5.0%，全县累计土地流转面积9547公顷。2014年，共推广各类新式农机具776台（套）。2014年，新增粮食生产功能区面积1314.20公顷，累计粮食生产功能区面积5570.20公顷，超额完成省下达的5330公顷粮食生产功能区建设任务。推进20个现代农业园区项目建设，已投入资金3854万元。完成2个省级园区建设和6个市级园区项目建设。初步形成了以财政投入为牵引，农业主体投入为主导、社会工商资本投入为主力的新趋势。实际吸引社会工商资本3.69亿元，落实农业招商选资项目69个，一批以休闲观光为主的乡村新业态正在形成。积极组织本地农业企业参加在杭州、北京、武汉、上海等地举办的各类农博会、展览会、展销会，打响产品知名度，增加了市场份额。积极举办早茶节、杨梅节、香柚节等各类节会。

工业发展 2014年，认真贯彻落实省、市各项决策部署，围绕"四换三名"、"三转一市"、小微企业创业园、网络经济等重点工作，全力促进实体经济振兴，优化经济发展环境，全县经济总体保持平稳健康的发展态势。1月至10月，全县336家规模以上企业实现工业总产值321亿元，同比增长2.1%。全县累计完成工业性投资36.87亿元，其中工业技术改造投资累计完成25.09亿元，同比增长2.0%，占工业投资的68.05%，高出全市平均水平，投资结构趋好。外贸进出口总额6.52亿美元，同比增长0.88%，其中自营出口58327万美元；同比增长5.17%；进口6875万美元，同比增长-25.06%。

服务业发展 2014年，实现服务业增加值114.17亿元，同比增长7.7%，占全县GDP的36.4%。实现限额以上服务业固定资产投资179.14万元，同比增长20.3% 。金融业发展健康平稳，货币金融服务企业保持较快增长；旅游业不断提升，全县旅游总收入大幅增长，楠溪江古村游趋热，民宿加速发展，乡村旅游持续升温；网络经济崛起，电商网络销售市场趋旺。

固定资产投资 2014年，累计完成投资241.17亿元，同比增长16.9%。其中：工业全年任务65亿元，完成投资47.28亿元，完成率72.7%；房地产投资78.06亿元，同比增长8.8%；基础设施建设投资94.16亿元，同比增长60.5%。

对外开放 2014年，对外出口需求仍受一定抑制，全县外贸出口总额6.85亿美元，增长0.6%。

社会事业发展 2014年，完成枫林镇中等3所学校迁建，新创省义务教育标准化学校15所、省特色示范学校3所、省等级幼儿园13所，改造农村薄弱学校20所，永嘉中学被评为全市唯一的全国教育系统先进集体，全国义务教育发展基本均衡县创建通过省级验收。大力抓好文体事业发展，成功举办全省第三届运动休闲旅游节暨楠溪江国际户外休闲嘉年华活动，楠溪江被认定为浙江省运动休闲基地；全面完成广电台网分离，建成镇（街道）综合文化站4个、社区文化服务中心37个，荣获全省农村文化礼堂建设先进县称号。着力解决"看病难"问题，新增全省县级医学龙头学科、省级示范社区卫生服务中心各1个，造血干细胞和器官捐献工作取得突破，基本药物制度实现村级医疗机构全覆盖，创成省级慢性病综合防控示范区和全市首个省级卫生强县。人口计生基层基础不断夯实，"单独两孩"政策顺利实施，"两非"打击走在省市前列，计生维权的做法在全省推广。深入推进平安建设"六连创"，安全生产三项指标实现整体下降，食品安全刑事案件查办走在全市前列，成功化解一批信访积案，县委政法委被评为全市唯一的2013—2014年度全省政法系统先进集体。

公共保障 2014年，启动县福利中心迁建和浙南最大的救灾储备中心建设工程，建成民办养老服务机构6家、居家养老照料中心101家、"爱心驿站"13个，新增各类保险参保人数7.6万人，全县城乡居保和城乡医保参保率均超过98%，住房公积金扩面，缴存净增1799人。

（杨　璐、胡博杰）

体制改革

概　况 2014年，永嘉县经济体制改革研究中心深入贯彻落实党的十八届三中、四中全会和省委十三届六次全会精神，紧紧围绕"三生相融、幸福永嘉"目标，深入实施三大战略，以深化"两提两争"主题实践活动为契机，以"扩大有效投资，发展实体经济"为载体，抓改革、谋发展，各项工作取得显著成效。

城乡统筹改革 2014年，为适应新型城镇化发展要求，加快重点小城镇建设，促进城乡一体化进程，根据住房城乡建设部等部门关于开展全国重点镇增补调整工作的通知（建村〔2013〕119号）精神，县领导及时召集相关部门，传达文件精神、部署申报工作，经过认真梳理，确定桥头镇和桥下镇为申报全国重点镇的对象，及时完成相关资料的整理、报送工作。国家住房和城乡建设部等七部委已发文公布重点镇名单，全国共计3675个重点镇上榜，其中温州共有13个镇入选，桥头镇作为永嘉唯一一个镇入选。全国重点镇是小城镇建设发展的重点和龙头，桥头镇的入选将进一步加快该镇城镇化建设布局，有利于进一步促进基础设施的完善、公共服务的提升、镇区规模的拓展及生态环境的优化。

民生领域改革 2014年，稳步推进医药卫生体制改革，出台了《永嘉县公立医院改革财政补偿办法》《永嘉县县级公立医院绩效考核奖励补助资金管理办法（试行）》《永嘉县医学重点学科建设和医学人才奖励基金管理办法（试行）》《永嘉县县级公立医院院长目标管理责任制实施办法（试行）》《永嘉县名医优秀院长评选管理办法（试行）》等五个医改配套文件。建立了省、市、县三级公立医院联动协作模式，1月，县中医院与温附一医实现全面托管，建立温州医科大学附属第一医院永嘉分院，启动社区首诊、分级诊疗、双向转诊工作。加大支援基层卫生工作力度，已有37名中级以上职称人员到基层医院开展为期4个月的支援基层医院活动。在2013年出台社会办医“1+11”政策文件的基础上，2014年又出台社会力量办医政策“升级版”(“1+14”文件)，相关文件已在起草。实施“外引内提”工程，提升社会资本办医水平，引资项目—东方医院正在办理土地、规划等相关手续；投资5300万元的永嘉利民消化专科医院迁建项目，正在整体装修。

政策性涉农保险 2014年，政策性农业保险目标参保费9357262.50元，实际收取10502747.14元，完成率112.24%。全年共赔付1847900元。试点险种稻田养鱼新增省级险种，保险金额分为每亩500元、800元、1000元三档，费率、各级财政补贴比例暂与原淡水养鱼费率一致。2014年，政策农房保险全县参保农户202804户，参保率98%，保费收入3009900元，已达到全覆盖的工作目标。共赔付535户，赔款金额2630150元。

（林　亮）

粮油购销

粮食调研与统计 2014年年初，永嘉县粮食局组织和抽调业务骨干对全县11家粮油经营企业、2家加工企业、3家粮食转化企业及8个中心镇（街道）的20个行政村的粮食供需平衡情况、社会食用植物油及油料供需情况进行调查，摸清2013年度的社会粮食，食用植物油及油料供需，粮油生产、外购粮油和人口流动等情况，完成相应的报表，为政府部门对2014年的粮油决策提供科学依据。

粮食订单和收购 2014年，永嘉县粮食局协同相关部门进行调查和研究，及时出台《关于切实抓好2013年度粮食产销工作的通知》的订单粮食收购政策，为做好本年度的粮食订单签订工作和粮食收购工作打下基础。2014年，共收购粮食订单4095吨，由于永嘉的粮源相对紧缺，粮食部门及时在网上粮食市场发布采购公告，完成轮换任务，确保粮食安全。

仓储管理 2014年，永嘉县粮食局按季开展4次“一符四无”粮油检查工作和粮食库存检查工作，共检查9个粮食承储单位、20个库点、86个仓间，仓容共20960吨，储存粮食18000吨、食用油55吨，实现“一符四无”合格率达100%。全年共投入仓储设施修理资金85万元。

放心粮油进农村（社区）工程 2014年初，新增粮油骨干企业1家，放心粮油店4家，主食产业化企业1家。另外加强了对放心粮油店的日常管理和年度工作考核，对被评为优秀、良好等次的分别给予3千元到1万元的奖励，有力促进了“放心粮油进农村（社区）”这一民生工程的落实。2014年年底，新发展放心粮油店2家。

（叶际群）

人力资源和社会保障

人才开发与智力引进 2014年，永嘉县引进各类人才1932人，其中刚性引进1697人、柔性引进235人。引进高层次和特殊紧缺人才23人，国外智力项目13项，入选省“151人才工程”1人，入选市“551人才工程”4人，2人入选市民营企业高层次人才创新技术项目；2名外国专家成功入选温州市第十二届“雁荡友谊奖”，4名外国专家入选“海外工程师”。着力推进“奥康鞋类研究中心”等4家企业技术团队入选首批“温州市重点创新团队”，荣获120万元专项人才奖励，遴选了11支教育、卫生等行业企业的县级创新团队。进一步强化人才培养，全县新增高技能人才1358人，位列全市第一，同时推进浙江超达阀门等15家企业试点企业技能人才自主评价体系。

国家机关人员队伍建设 2014年，共录用公务员155人（其中公开考录公务员138人，录用政法干警招录培养体制改革试点学员9人，面向警察学院毕业生考录7人，办理调任1人），公开选调公务员9人，公开招聘工勤岗位6人。

完成公务员初任培训、在职培训和末位待岗培训工作，“温州网络学堂”和“学法用法”考试合格率分别为99.7%和100%，连续2年在全市名列前茅。规范评比达标表彰工作，全年共表彰28次，涉及全县890个机关企事业单位和1651名个人。2014年，公开考试录用事业单位工作人员74人，公开选聘事业单位工作人员2人，公开招聘医疗卫生机构工作人员70人，直接赴高校招聘医疗卫生机构工作人员58人，通过考试招聘中小学幼儿园教师236人，直接考核招聘研究生、省优秀毕业生为中小学幼儿园教师29人；经笔试、面试、体检考察，共聘用7名大学生村干部。修订《事业单位人员流动管理办法》，重新对179家事业单位进行了岗位设置。完成全县城管执法机构、县苗圃、浙南公证处、县生猪屠宰场管理办公室、永嘉瓯北规划局等机构划转或人员身份的转变。抓好在编不在岗清理，全县共调查梳理出拟清理公务员77人、事业人员189人，已清理到位96人。

职称评审 2014年，全县聘任各类技术职称人员477名；专业技术人员资格审查推荐62名，其中高级会计师、高级工艺美术师、高级经营师、高级工程师等高级资格审查共18名，工程师、社会工作师等中级39名，助理工程师等初级5名；不具备学历工程系列职称资格审查推荐22名；外延职称资格审查推荐58名，236名泵阀专业中、初级专业技术人员取得任职资格。做好各事业单位岗位设置后专业技术人员职务聘任调整审批工作，其中教育系统 1097名、卫生系统和其他机关事业单位158名；做好专业技术人员继续教育培训工作，共有441名人员合格，并对317名专业技术人员初级任职资格进行了认定。

工资福利管理 2014年，全县职务（职称）晋升、学历变动增资2506人，其中机关226人、事业2280人；公安系统警衔变动247人；事业单位考核晋级增资13627人；机关考核晋档增资2901人，五年晋级583人。全年办理机关调动人员工资审批167人，其中事业转为公务员48人、县内调动45人、县外调入16人（其中军转安置3人）、调出县外58人；办理事业调动人员工资审批167人，其中县内调动100人、县外调入30人（其中部队复员安置20人）、调出县外37人；转正定级343人，其中机关91人、事业252人；基层教育卫生事业单位浮动工资满8年转固定工资审批4327人。办理机关事业单位人员退休手续319人；办理工龄认定441人；办理机关事业单位退休人员死亡128人，在职工作人员死亡12人，审批丧葬费50万元、抚恤金761.1132万元，核定遗属生活困难补助52人。组织优秀公务员健康休养5期，共143人；向240名机关事业单位特困人员发放补助47万元。

大中专毕业生就业 2014年，办理高校毕业生报到1668人，接收档案3730件，高校毕业生就业协议书登记1390份，2014届永嘉籍毕业生初次就业率为90.67%。新增人事代理393人，收取代理费14.89万元。按照规定的条件，做好申请受理、人事档案审核等工作，办理就业情况证明9809份。确定宣达实业集团和县中医院等42家企事业单位作为高校毕业生就业见习制度试点单位，542名高校毕业生参加见习，见习基地数和见习人数都名列全市第一。其中国家级大学生见习基地“奥康鞋业”，每年留用见习生比例在70%以上。举办网上公益性人才招聘会4期，参加企业共966家，提供岗位21181个，基本落实2919人。

军转干部安置 2014年，做好企业退休军转干部思想政治工作：召开了企业退休军转干部春节团拜会、重阳节座谈会，完成春节、“八一”和特困慰问工作，按省市要求，完成企业军转干部思想动态调研和相关统计工作。确保军转干部情绪稳定，在重大节庆日等敏感时间未发生赴省进京上访现象。

就业与再就业 2014年，全县城镇新增就业11904人，完成目标任务的153.6%；城镇登记失业率为1.7%，创历史最低值，实现连续7年下降。失业人员实现再就业2263人，就业困难人员实现就业782人。失业保险净增6751人，完成目标任务的157%；失业保险参保新增9773人，净增5762人，累计参保86728人，领取失业金2229人计194.59万元，累计支出854万元，其中促进就业支出329万元，包括社保补贴49万元、岗位补贴269万元、贴息10万元。全县就业困难人员公益性岗位安置就业1040个，进村893个，进村率99%，发放公益性岗位补贴347.9万元。小额贷款贴息15人，发放补贴80937.32元，累计审批小额担保贷款80笔，银行累计发放贷款贴息43.72万元。社会保险补贴107人，发放补贴35.37万元；2013年一次性生活困难补助490人，发放补助75.9万元。充分就业社区（村）创建工作深入开展。劳动就业情况调查入库达到691771人，转移就业422765人，有劳动能力和就业愿望低保家庭劳动力549人，实现就业511人。

职业培训 2014年，开展各类职业技能培训12715人次，完成目标任务的116.0%。开展职业技能鉴定共11730人,完成目标任务的195.5%；农村劳动力转移就业培训3371人次，完成目标任务的160.5%，培训后实现转移就业3248人，转移就业率达96.4%；完成企业务工人员职业技能提升培训6443人,完成目标任务的257.7%；开展高技能人才培养1358人，完成目标任务的169.8%；开展创业培训共618人，完成目标任务的618.0%。指导浙东高中压阀门有限公司完成培训和评价工作，充分发挥企业主体作用，通过企业自主评价模式进一步完善企业技能人才自主评价体系建设。

劳动争议案件处理 2014年，全县共受理投诉案件571件，涉及劳动者2434人，涉及金额2095.1万元，结案率100.0%。处理10人以上的群体事件47件，涉及劳动者1577人，涉及金额1509.9万元，结案率100%；其中，欠薪逃逸11件，涉及劳动者327人，涉及金额287.5万元，并已向公安机关移送案件6件，公安机关刑事立案侦查6件，有效震慑了拒不支付劳动报酬犯罪案件的违法犯罪分子。扎实做好调解仲裁，全年共受理劳动人事争议案件599件，不予受理案件49件，调解结案388件，裁决结案104件，撤诉86件，中止10件，未结案11件（审理期在考核年度外），年度内结案率为96.5％、调解率为79.1%。积极构筑基层劳动人事争议预防化解网络平台，建立了县、镇（街道）、社区、企业四级调解组织，全县18个镇（街道）、82个社区、298家已经建立工会的规模以上企业和51家中小企业建立了劳动争议调解委员会或调解小组，1969名调解员经培训持证上岗。

劳动用工检查 2014年，加强日常巡查，规范企业用工行为，全年共巡查用人单位1185家，书面审查用人单位7995家，全县小微企业和已建工会企业合同签订率分别达到92.3%和100.0%。积极开展各项专项行动，维护劳动者合法权益。联合全县8个部门开展农民工工资支付情况为主的“春雨”专项检查，共检查用人单位57家，涉及职工2000余人，清理拖欠农民工工资153.30万元。开展清理整顿人力资源市场秩序“春雷”专项行动，共检查职业介绍机构11家，查处未经许可和登记擅自从事职业中介活动3人次，没收非法广告牌3块，有效打击了非法职介活动，规范了人力资源市场，畅通了企业招工渠道。开展整治非法使用童工打击犯罪“春苗”专项行动，共检查用人单位344家，查处非法使用童工案件3件，对3家存在非法使用童工的企业实施行政处罚，处罚金额2.25万元。开展用人单位遵守劳动用工和社会保险法律法规情况检查，共检查用人单位163家，对16家存在未依法缴纳社会保险费等违法行为的企业发出整改指令书，并对6家企业进行了行政处罚，涉及金额4.70万元。

社会保障概况 2014年，全县新增各类保险参保人数71377人，其中：新增养老保险28614人、被征地农民生活保障4304人、医疗保险10211人、新增失业保险5762人、工伤保险8851人、生育保险13601人，全部超额完成市县目标任务。城乡医保与城乡居保参保人数分别达79.7万人和39.2万人，参保率为98.31%和98.56%。累计征缴各类社会保险基金26.7亿元，按时准确发放离退休干部、机关事业退休人员、企业退休人员、城乡居民等各类人员的待遇基金19.9亿元，结余6.8亿元，历年累计结余42亿元。全县已制发市民卡67.7万张，已开通30家医保定点医院和45家定点药店通过市民卡联网结算，积极拓展了瓯北、上塘公共自行车应用市民卡以及商业领域应用20家。加强了窗口经办人员对嫌疑发票的截留力度，对金额超过2万元的市外住院大额票据，全部电话核对，“发现一起、查处一起”。大力开展“两定”单位专项检查和医疗保险反欺诈“亮剑”专项行动，联合公安部门到杭州、上海、北京等地开展实地核查多次，全面防范和处置医保骗保行为。2014年，处理城乡医保骗保积留案件与新发案件共15件，已移交公安立案查处12件，做出行政处理2件，已追回医保基金27万元。此外，暂停及终止冒领、重领社保基金等2949人，追回72.8万元。

基本养老保险 到2014年年底，全县参加机关事业养老保险18412人，比上年末净增加230人，现有离退休人员共计6265人，比上年末净增加313人；参加企业职工基本养老保险140785人，比上年末净增加2615人，离退休人员24039人，比上年末净增加2568 人。基本养老保险（包括企业、机关事业）当年收入15.3亿元，当年支出

10.9亿元，当年结余4.4亿元，累计结余29.8亿元。根据浙人社发〔2014〕45号文件精神，对全县企业退休人员 21977人进行调资，从2014年1月起人均增资每月227元，已连续11年提高10%。全县企业离退休人员和遗属供应人员应参加年检22876人，已参加年度健康验证22335人，年检率达97.6%。

基本医疗保险 2014年，全县参加基本医疗保险10万人，比上年末净增加2972人，参加公务员医疗补助保险2.1万人。全年完成各类登记工作（包括转外住院登记、驻外人员登记等）共1668人次，完成特殊病种和公务员慢性病受理及认证办理603人，办理人工报销件5368件，完成本地医院医保费用联网审核结算、全市和全省医保一卡通联网审核结算110万人次。基本医疗保险基金当年收入3.5亿元，当年支出2.3亿元，当年结余1.2亿元，累计结余6.1亿元。全县职工医保门诊统筹最高限额平均达到6000元以上、政策内住院报销比例稳定在85%以上。新认定医疗保险定点医疗机构3家、定点零售药店13家，全县已审批的定点零售药店45家，定点医疗机构42家，覆盖了全县所有的镇、街道，基本满足了老百姓就医和购药的需求。

失业保险 2014年，坚持把非公有制企业作为失业保险的扩面重点，切实提高失业保险参保率。全县参加失业保险8.7万人，比上年末净增加5762人，领取失业金2229人次。失业保险基金当年收入5304万元，当年支出854万元，当年结余4450万元，累计结余2.4亿元。

工伤保险 2014年，参加工伤保险23万人，工伤保险净增加8851人，完成目标任务数的136.2%；工伤保险基金当年收入3586万元，当年支出3350万元，当年结余236万元，累计结余7947万元。全年完成工伤认定1898件，比上年下降了9.1%；全年开展劳动能力鉴定10期，共做出劳动能力确认657件。

生育保险 2014年，参加生育保险6.9万人，新增生育保险1.4万人，完成目标任务数的137.4%；生育保险基金当年收入991万元，当年支出1087万元，当年结余-96万元，累计结余472万元。

被征地农民社会保障 2014年，全县共参加被征地农民生活保障5.8万人，新增4304人；收缴被征地农民基本生活保障基金共计1.9亿元，当年支出1.2亿元，当年结余7180万元，累计结余2.97亿元。

城乡居民养老保险 2014年，全县参加城乡居民社会养老保险共39.2万人，比上年末净增加1.4万人，城乡居保待遇享受人员11.8万人。全年城乡居保养老金累计收入2.7亿元，当年支出1.8亿元，当年结余0.9亿元，累计结余2亿元。全年城乡居保待遇终止3561人，一次性丧葬费支出652万余元；调整80周岁高龄人员2988人，全年支付高龄补贴649980元。根据浙人社发〔2011〕222号文件和温人社发〔2012〕51号文件精神，积极配合主管部门搞好年限审核和身份认定工作，截至12月底，经审核认定录入居保系统的乡村医生1369人、代课教师1350人、电影放映员155人、计划生育宣传员1286人，共计4183人，全年支出财政补贴300多万元。经与主管部门联合调查，取消身份不符人员7人，暂停34人。

城乡居民医疗保险 2014年，城乡居民医疗保险共参保79.7万人，比上年末净增加7239人，参保率连续四年达95%以上。筹资标准为每人620元，其中个人130元、政府补助490元，总筹集资金达到4.82亿元，其中个人自筹1.02亿元，各级财政补助3.80亿元。实现了城乡医保与职工医保系统并轨运行，城乡医保报销待遇进一步提高，城乡医保政策范围内住院费用报销比例达到75%，县外住院报销比例平均提高了5%；全面启动农村大病保险市场化运作，参保群众最多可达到16万元的报销金额。

荣誉录 2014年，永嘉县人力资源和社会保障局获县级文明单位、全省人力资源和社会保障宣传工作先进单位、全省劳动争议案件处理工作优秀单位、省级"12333"服务示范点、永嘉县"六五"普法中期先进集体、温州市机关事业单位示范妇委会等荣誉称号，上塘人力社保所获永嘉"十大效能示范岗"荣誉称号。董海冰被评为全省人力资源和社会保障宣传工作先进个人、柯国兴被评为县信访工作先进个人。

（刘　庚）

机关事务管理

机构更名信息 2014年6月，经上级机关批准，原永嘉县县级机关事务管理局更名为永嘉县机关事务管理局，为县政府直属事业单位。同时，物业管理科更名为办公用房管理科，负责全县办公用房的统一权属登记、调配、出租等管理工作；保卫科更名为资产管理科，负责全县行政事业单位办公设备等货物和物业管理、会议经费等服务的统一管理。原下属单位县临时驾驶员管理服务中心增挂县公务用车服务中心牌子，负责县机关事业单位临时驾驶员的管理和公务用车租派等工作。

机关党建 2014年，县机关事务管理局以提高队伍素质为目标，以党风廉政建设为抓手，以党的群众路线教育实践活动为契机，推进“五型机关”建设，开创了机关党建新局面。注重学习教育，以党的十八大、十八届三中全会、习近平系列讲话精神为学习重点，多次召开专题学习会，学习先进人物事迹，开展“三思三观”“书香四月”“坚定理想信念、增强党性观念、强化党的纪律、敢于担当克难”大讨论活动，提升干部思想素养。注重联系基层，通过“基层走亲连心解忧”“驻企服务员”“双服务一认领”等活动，收集企业难题28个，为困难党员送去慰问金3000余元，从紧缺的办公经费中拨出2万元用于杭郭村办公楼建设，真正做到为民排忧解难办实事。注重作风建设，精心组织召开民主生活会和组织生活会，在局机关党员间开展了一次触及灵魂的作风洗礼，根据剖析出的问题，确定领导班子整改项目17个，已完成整改16个，1个正在整改中；明确领导干部个人整改清单20条，已全部整改完成。

重大项目建设 2014年8月，永嘉县行政中心主体工程结顶，计划于2015年8月投入使用。全年完成固定资产投资24815万元，单项投资完成率310.2%，行政中心：弱电管线2—20层完成，4—13层桥架安装完成，石材幕墙挂板完成50.0%，玻璃龙骨安装完成90.0%；储备中心：强电安装完成，弱电管线预埋完成；科技中心：弱电管线预埋2—8层完成，石材幕墙完成95.0%；信访中心：弱电管线预埋2—9层完成，石材及玻璃龙骨完成。2014年，永嘉县公共文化活动中心处于土建施工阶段，计划于2015年5月底完成主体工程结构施工。全年完成固定资产投资17850万元，单项投资完成率198.3%。主楼主体建至12层，一期支撑梁施工完成，裙房五层地板浇捣完成，主楼10—13层底板浇捣完成。

国有资产管理 2014年，完成多项重要工作。一是开展党政机关办公用房清理规范。研究出台《永嘉县党政机关办公用房清理整改工作的实施方案》，不断对各单位整改情况进行督查，全县114家县直机关单位办公用房已基本整改到位，涉及7713人，共清理腾退超标面积9461平方米，其中8251平方米办公用房实现再利用。二是开展全县机关办公用房资产清查。完成永嘉宾馆、县行政中心等34处房产的资产清查与梳理。三是规范国有店面出租管理。实行统一招投标制度，向社会公开招租，全年共收取65间出租店面年租金675.9万元，实现国有资产的增值；加强出租房安全管理，通过召开承租户消防安全培训会、不定期消防安全检查、签订《消防安全责任书》等方式，加强消防安全管理，全面消除安全隐患，确保店面经营安全无事故。四是办公用房装修改造有序进行。全年有关办公用房改造装修工程55个，其中28个为新增项目，已完成并竣工项目20个，装修维修面积约8685平方米，投入资金约200万元。五是办公设备等货物和服务统一管理。根据永嘉县人民政府常务会议〔2014〕5号纪要精神，县政府决定由县机关事务管理局对全县机关单位（包括功能区、镇、街道及基层站所、临时机构）的办公用房装修建设和电器设备、办公自动化设备、办公家具、车辆、会议活动经费等实行统一管理、统一调配、统一处置。县机关事务管理局成立资产管理科，对各单位办公资产情况展开调查摸底，并研究拟定《关于对全县办公设备等货物和服务实行统一管理的实施意见》初稿。

公共机构节能降耗 2014年，全县公共机构人均能耗同比下降3.41%，单位建筑面积能耗下降3.65%，人均水耗下降4.13%，圆满达成节能目标。在全市公共机构节能互学互评工作中，县机关事务管理局被评为优秀单位。2014年，公共节能工作主要采取五大举措。一是建立联络员制度，完善考核制度，制定《2014年度永嘉县公共机构节能工作考核办法》以及相应细化措施。二是开展能源资源消费统计上报工作，并对23家单位的空调和用水使用情况开展不定期检查。三是组织宣传周、低碳日宣传、能源紧缺体验、“五水共治”节水宣传等活动，举办公共机构节能管理专业培训，发送节能信息23条。四是推进示范单位创建。指导上塘中心城区管委会获得“市级公共机构节能示范单位”称号；开展节约型公共机构示范单位验收工作，县体育局等22家公共机构列为县第二批公共机构示范单位。五是加大节能技术改造。县行政中心、大若岩镇水云中学等多个单位开展节能技术改造，降低能耗，提高能源利用率。

公务用车和驾驶员管理 2014年，本着以人为本、安全第一、服务至上的原则，公务用车服务中心共派车1万多次，安全行驶110万千米，未发生重大事故。公务用车严格按照“三统一两定点”原则，实行一车一台账、一季一核算管理模式，做好100千米油耗登记，车辆修理及保养费用得到有效控制。对车辆卫生和安全性能做到每周一小查、每月一大查，定期做好车辆维护清洁等工作，保证车辆正常运转。加强用车监管，县机关事务管理局3次联合县纪委及新闻媒体，对各单位公务用车情况进行督察，杜绝公车私用现象。强化驾驶员培训教育，每季度举办驾驶员专业知识及安全意识培训会，驾驶员安全行车和文明服务意识明显提高，人均安全行驶2万千米，事故发生率降到最低。

后勤保障服务 2014年，继续加强后勤保障服务。一是物业管理到位，全年共保障大小会议、活动84场次，接工程维修1260余次，完成率98%以上，每周开展2次以上卫生检查，并严格落实消防安全半月检查及安保巡查制度。二是“三江1号”工程拆违前后保障有力，班子成员带头每天赶赴拆违现场，派出20余名干部职工实行24小时值班，每天供给4次3000余份工作餐。三是打造绿色食堂，定期召开监委会会议，对饭菜质量、价格、卫生等进行动态监管，并积极开展“文明餐桌”行动示范食堂创建活动。四是医务室服务周到，5月15日，局医务室正式挂牌成立，提供常规检查、健康咨询等服务并配备常用药品，8个月中，咨询、就诊达1200余人，为干部职工带来极大方便。五是妥善处置信访事宜，全年接访373起，涉及2060人，打击非访、闹访5起，行政处罚17人，确保了机关大院的治安稳定。

永嘉宾馆管理 2014年，永嘉宾馆坚持以开拓经营、提升企业服务质量为重点，狠抓经营管理，大力推进硬件设施改造和企业文化建设，承受了硬件设施陈旧、经营总量压缩、增收难度加大、成本支出增加等重重压力，高标准、高质量地完成了县人大会议、省市路线教育督导组和省、市领导等重要接待任务，得到了上级领导、与会代表和社会各界的好评，使经营全局持续平稳、向好。2014年，共举办大小会议398场次，宾馆营业总收入6104.7万元，其中客房营业收入988.9万元，客房出租率73.9%，餐饮营业收入4812.5万元，机关食堂营业收入229.4万元。

（杨晓玲）

国有资产管理

概　况 2014年,永嘉县国有资产管理办公室（简称县国资办）紧紧围绕县委、县政府工作重心，落实“两提两争”主题实践活动要求，努力加快“两美”永嘉建设，开拓创新，锐意进取，不断加强国资基础管理，创新国资监管方式，强化国资队伍建设，提升国资管理水平，整合资源，强化发展，实现国有资产的保值增值。

国资国企总情 2014年，纳入统计报表编制的国有企业户数82家，职工人数2964人。行业涉及经贸、交通、粮食、旅游、水务以及其他投资管理类。当年实际上缴各类税费3100万元，实现社会贡献总额1.15亿元。企业固定资产总计11.36亿元，累计折旧3.70亿元，新增固定资产投资5.40亿元。企业资产总额156.50亿元，负债总额76.14亿元，所有者权益总额80.36亿元。企业营业收入5.14亿元，成本费用总额5.38亿元，实现利润总额4729万元，净利润4022万元。

国资国企改革 2014年，经过深入调研、广泛征求意见与反复论证完善，起草《关于进一步深化国资国企管理体制改革的若干意见》，就县国资国企改革提出明确的要求。一是在国有资产监管体系上，由县国资办代表县政府履行出资人职责，管理经营性国有资产。并将国企监管分为两类，即县属国有企业和其他国有企业，分别由县国资办和主管部门或镇（街道）管理，同时接受县国资办监督。二是在国有企业改革方向上，一方面要通过全面清查，盘活国有企业资产，加快国资整合重组步伐；另一方面要多方式、多渠道吸引社会资本参与，探索发展混合所有制经济，通过完善国资投融资机制，加大国资招商选资力度，吸引民资、外资和省、市国企投资。三是在人事、用工、薪酬等方面的改革改制上，建立法人治理结构模式，县属企业董事、监事会成员由国资办委派。企业用工原则上实行“分类管理、只出不进、只减不增”，对于确因工作需要招聘正式员工的，一律公开招录。薪酬管理要完善业绩考核与薪酬管理有关制度，合理调控企业工资总额。

国企业绩考核 2014年，不断完善国企考核评价体系，细化县属企业考绩办法，进一步加强规范化管理。3月，制订《2014年度县属企业考绩法》和《关于要求县属企业上报2014年考绩有关材料的通知》，要求国企按时上报经县分管领导审核后的重点工作项目、年度工作计划以及县属企业财务报表。还参与县政府对机关事业单位党政领导干部在国有企业兼职取酬的清理工作。10月，草拟《关于印发〈2014年度县属企业考绩评价细则〉的通知》，考核内容涉及固定资产投资、单位重点工作项目、综合评议、突出性工作加减分。12月，全面整理年度考绩工作有关基础材料。在考核激励机制引导下，县属国企紧紧围绕城市建设工作，克服“用地难、征地拆迁难、资金筹措难”，全力推进全县水利、交通、旅游、城建等39个重点工程项目建设，累计固定资产投资12.16亿元，完成年度计划的85.5%；实现融资贷款19.20亿元，完成年度计划的142.8%，其中新建项目投资3.19亿元，续建项目投资8.98亿元；到位资金11.8亿元，其中贷款7.43亿元。

国企国资投融资 2014年，县属国企认真贯彻落实县委、县政府的发展战略，积极适应经济发展“新常态”，全力推进水利、交通、旅游、城建等项目建设，在全县“三改一拆”、“五水共治”、美丽乡村建设、拓宽融资渠道等工作中发挥了重要的作用。永投集团作为融资平台，8亿元企业债券获国家发改委核准并成功发行，向兴业银行贷款6亿元，为瓯北泵阀工业园区、三江新城开发投资有限公司等10家单位提供总金额约19.47亿元的贷款和担保，有效缓解全县建设资金需求。县水务集团以建设城乡供排水一体化为总体目标，全力推进各项工程建设，在楠溪江供水工程，上塘、桥头等4个水厂及其扩建工程，上塘等6个沿江镇的污水净化工程中，累计完成固定资产投资9.39亿元，完成给水主管网建设21千米。完成供水14560万吨，其中向乐清原水供应7200万吨，完成污水处理和污水输送1200万吨。县水利投资集团在永嘉县瓯江治理工程、桥下西溪主河道三期防洪工程、中塘下塘鹅浦溪段治理工程中，累计完成投资5.76亿元。县交通投资集团在41省道公路工程、104国道改建工程、上塘至瓯北公路工程中累计完成投资38亿元，成功争取到41省道永嘉福佑至沙头段改建工程建设贷款资金16亿元。县城市投资集团在永嘉上塘两处周转安置房建设工程、永嘉消防营房（二期）工程、永嘉县社会福利中心迁建一期工程中，累计完成投资1.11亿元，此外向国发行等金融机构融资4亿元。县旅投集团全年实现旅游总收入4336万元，启动了小若岩一期工程、苍坡民宿示范提升工程、楠溪江国际房车露营地、屿北古村保护设施建设等一批重点项目，共完成固定资产投资4137万元。县国资经营公司经过多年运作，正逐步成为永嘉国有资本运营的专业化投融资平台，已向温州通道建设有限公司（瓯越大桥）、温州市高速公路投资公司、永嘉县农信担保有限公司、西向供水工程等项目投资6.66亿元，当年从各方取得投资收益累计达2028万元，借款利息收入3079万元，国资投资效益初步显现。

国资清查和确权登记 2014年，全县各行政事业单位和国有企业未进行产权登记发证或证件不齐全的土地和房产均属清查范围，经历了清查、分类、协调、处置4个阶段。1月至3月，对全县行政事业单位和国有企业的房产、地产等国有资产进行清理调查，共有20家功能区、镇（街道），58家行政事业单位和92家国有企业向县财政局和县国资办上报国有资产清查材料，包括地产60处、房产1797处。5月份开始，县国资办对各单位国有资产的产权登记情况作更深入地调查了解，分析国有资产没有办理产权证的原因、办理产权证存在的困难。同时，通过与县国土资源局、县住建局的反复沟通、协商，几经修改，出台了《关于永嘉县国有资产登记发证和处置有关问题专题协调会议纪要》，明确国有资产登记发证和处置涉及的手续审批、工作流程等事项。7月至8月，县政府多次召开国有资产登记发证和处置有关问题专题协调会议，讨论研究国有资产清查和处置有关事宜。同时，县国资办多次联系县府办、县国土资源局、县住建局、县财政局、县土地测绘单位、县房产测绘单位，对国有资产登记发证和处置涉及的手续审批、工作流程、经费支付等事项作进一步明确规定。9月开始，县政府办公室印发了《关于永嘉县国有资产登记发证和处置有关问题专题协调会议纪要》《永嘉县人民政府办公室关于加快做好全县国有资产登记发证工作的通知》《永嘉县人民政府办公室关于成立永嘉县国有资产清理工作领导小组的通知》，决定在全县范围内开展国有资产清查登记发证工作。

随之，相关单位成立了清查工作领导小组，落实了责任人员，对需办证的国有资产审批材料进行收集，并联系土地、房产测绘单位进行测绘。县国土资源局、县住建局则安排人员对已完成测绘的国有资产进行收件、审核、发证。到12月底，土地、房产测绘均已完成目标任务的95%以上，其中完成土地测绘679宗、房产测绘1532幢，建筑面积125万平方米，办理土地登记证113件、房产登记证25件。

国企产权专项检查 2014年4月，在全县范围内开展企业国有产权转让、资产处置、企业国有产权登记、国有资产评估情况专项检查。采取各企业自查、国资办重点抽查相结合的方式进行。同时印发了《关于开展2013年度企业国有产权转让、资产处置、产权登记和国有资产评估项目检查工作的通知》，召开了国有产权检查工作会议，对国有企业产权管理的相关法规、政策进行详细的辅导。通过企业自查，2013年度县属国有企业及所属子公司登记的企业共计92户，注销登记1户，实收资本总额 26.88亿元，国有资本占实收资本总额的100%。公司制企业40户，占登记企业总户数的 43.48%；非公司制企业即全民所有制企业52 户，占登记企业总户数的 56.52%。县国资办对各国有企业上报的自查资料及报告进行了审核、汇总，初步掌握了各国有企业产权管理工作的基本情况。组织相关人员对永嘉县轮船公司等20多家国有企业的国有产权转让、资产处置、产权登记和国有资产评估项目进行了重点抽查。针对抽查中发现的问题，县国资办向相关国有企业提出整改的要求与建议。通过分析、研究专项检查工作中发现的问题，提出加强国有企业产权管理工作的一系列建议。

国企国资处置监管 2014年，县国资办通过资料审核、现场调查、委托机构评估和公开拍卖的方式严把资产处置关，对全县35件国资持股情况、资产无偿划拨、国资调拨、产权变更、资产公开拍卖事项进行监管，涉及资产价值3100万元、房产面积4000平方米、土地面积11万平方米，坚决杜绝国资流失，用活用好国有资产。继续推进国企招投标阳光操作，国有资产转让和企业项目采购逐步进入公共交易中心，公开挂牌，规范产权流转，节约企业资金，杜绝暗箱操作。

提升国企人员素质 2014年，县国资办积极开展企业国有产权转让、资产处置、产权登记、国有资产评估项目检查和国有资产清理调查等活动，到各国企指导企业财务工作达50余次。在履行国资监管职能的同时，查漏补缺，引导财务人员进行规范化操作，减少企业国有资产流失风险。根据国企财务人员的现实情况和国资监管需要，借助县委党校、温州大学、厦门会计学院、复旦大学等专业院校师资，县国资办对分管财务的负责人和企业财务人员进行集中轮训，内容包括国资管理理论和财务操作实例，累计培训200多人次。此外，建立全县国资QQ群等信息化平台，在线100多人，同时组织国资业务骨干到企业单位与财务管理人员开展交流30多次，形成线上线下的全方位学习互助模式，共享最新的国资监管、国企改革理论政策和企业财务信息，更新国企国资动态，为全县国企国资改革发展夯实基础。

国资报表编制 2014年年初，县国资办通过分析整理上年度报表和省国资委返回的数据资料，编制出本年度国有企业主要指标预算数。嗣后，召开报表工作布置会议，开展培训，讲解软件的操作以及报表的填写工作。各企业按照要求在2个月内完成年报统计工作（包括单位具体情况、资产、人员、税费、产权等各项指标），并说明本年度财务决算和下年度预算情况。县国资办收集和汇总全县国有企业报表数据，并进行汇总、审核、检查、核对。对错报漏报的企业及时联系，要求更正后重新上报，统计结束后组织会审，发现问题及时反馈。审核通过后参加市国资委年报会审，最后上报省国资委，发现问题及时进行说明。

国企法人治理结构试点 2014年，县国资办按照《中华人民共和国公司法》《中华人民共和国国有资产法》有关规定，对全县96家国有企业调研论证后，选定永嘉县保安服务公司进行现代企业法人治理结构改制试点。通过确定改制方案、开展资产审核、确立组织机构，完成改制手续，建立法人治理结构模式。

“勤廉国企”建设 2014年，县国资办根据县委工作目标任务，成立反腐倡廉建设领导小组，召开县国资系统反腐倡廉动员会议，开展多层面、多形式的国企清廉文化建设和反腐倡廉宣传教育活动，重点围绕廉洁从业目标，在国企党员干部中开展党的群众路线教育活动，联合国企开展国企领导人员预防职务犯罪教育，组织国企党员干部到五鹓乡参观红十三军军部旧址和李成相事迹宣传基地等廉政文化教育基地，营造“以廉为荣，以贪为耻”的良好氛围。健全完善国企的民主生活会、述职述廉、党员评议、职工代表大会以及廉政谈话、诫勉谈话、询问质询等制度，全面加强民主监督，扎实推进党务公开、厂务公开。细化工作标准，严格工作程序，充分发挥职工董事、职工监事、职代会的监督作用，整合监督力量，创新监督形式，规范监督程序，增强监督实效。开展“正风肃纪”，整治庸懒散奢专项行动。组织开展对贯彻落实“三重一大”决策制度、《国有企业领导人员廉洁从业若干规定》、领导人员“利益冲突回避制度”、资产租赁管理制度和作风建设等情况的监督检查。针对监督检查中发现的问题，督促有关企业及时整改，涉嫌违纪违法，予以严肃查处。针对监督检查中发现的问题，分析国企反腐倡廉工作现状，探讨今后国有企业反腐倡廉工作措施和办法。通过完善企业法人治理结构，合理界定党委会、董事会、监事会和经营管理层的职责范围，通过落实企业年度审计、企业法定代表人任期审计和离任审计制度，规范经营管理行为。抓住投资决策、产权交易、资本运营、营销采购、工程项目、选人用人等重点部位和关键环节，规范行为、强化监督、控制风险。

开展党的群众路线教育实践活动 2014年，县国资办紧紧围绕“为民务实清廉”的主要内容，牢牢把握“照镜子、正衣冠、洗洗澡、治治病”的总要求，抓实、抓好、抓深学习教育活动，完成“学习教育、听取意见”“查摆问题、开展批评”“整改落实、建章立制”三个环节的主要内容，达到了预期目标。一是通过学习交心，广泛征求意见和建议。学习教育环节集中学习21次，累计时间达12天。根据县委的安排，领导班子开展全方位约谈。征集到意见和建议10条，其中形式主义3条、官僚主义3条、享乐主义2条、奢靡之风2条。“一把手”征集到意见和建议16条，其中形式主义3条、官僚主义6条、享乐主义4条、奢靡之风3条。经过统计，反映“四风”问题10条、工作层面问题6条、对教育实践活动的意见和建议3条。二是认真查摆问题，同时撰写对照检查书面材料。领导班子和领导个人的对照检查材料经过“七上七下”的修改完善。其中，班子对照检查材料由书记主持、班子集体研究共同起草，共梳理出“四风”等方面问题13条；党组二位成员的对照检查材料先后各修改了12次。领导个人针对自身存在的突出问题，制定《领导干部个人整改清单》，共整理了17项整改措施。三是狠抓整改落实。在教育实践活动中，紧紧围绕“为民务实清廉”的要求，牢牢抓住“整改落实”和“建章立制”两个关键环节，标本兼治、突出重点。到年底，已经整改落实8项，剩余的2项“马上改”项目（包括制度建设、企业绩效考核等）正在继续推进之中。同时，以永嘉国有资产权力清单清理为契机，建立健全永嘉国有资产监管体制，已先后建立《永嘉县属企业考绩法》《永嘉县县属国有企业资产评估项目备案工作指引（试行）》等6项制度。1至9月，累计走访慰问基层职工60多人次，征求意见20多条，精打细算，减少办公经费支出1万余元，共出动40人次对20家国有企业进行了检查。

（张立坚）

金融管理

金融组织建设 2014年，永嘉县人民政府金融工作办公室（简称县金融办）鼓励和支持各金融机构进一步加大服务力度。指导平安银行永嘉支行、广发银行永嘉支行开业，永嘉农村合作银行改制为永嘉农村商业银行；新增ATM机66台；指导筹建宁波银行永嘉支行、温州银行桥头小微企业专营支行、温州银行桥下社区银行。指导各商业银行创新金融服务，率全市之先建立银行业授信总额联合管理机制；不断丰富农商行“银行卡助农取款点”功能，推出农房抵押贷款、收费权质押贷款、整村授信等新产品；发展普惠金融，改善基础金融服务；指导各银行积极对接全县重点项目，全年地方重点项目建设贷款44笔、金额24.04亿元，有力支持地方经济增长。到12月31日，全县银行业金融机构人民币存款余额441.79亿元，同比增长1.2%；贷款余额422.94亿元，同比增长11.00%；新增信贷42.10亿元，增幅11.05%，领先全市；不良贷款余额4.05亿元，不良率0.95%，继续维持低位运行。开展农村小额人身意外伤害保险试点。下发《永嘉县人民政府办公室转发县金融办中国人寿保险股份有限公司永嘉支公司关于开展农村小额人身意外伤害保险的实施方案通知》（永政办发明电〔2014〕42号），陆续在18个镇（街道）召开动员大会，切实推进小额保险工作的有序开展。

到12月31日，参保率达15.30%，其中大若岩镇参保率达38.56%，提前完成市下达的年度任务，居全市前列。指导人保开展大病医保工作。到12月31日，全县各保险公司（营业部）保费收入9亿元，同比增长11.50%；理赔2亿元，同比增长5.10%。全县农村金融和社会保障体系建设不断完善。评定信用镇2个，其中枫林镇及该镇孤山村被评定为省级信用镇、信用村。指导永嘉县农商行岩头、沙头支行与来自辖区的孤山、乌弄、花二、南川等四个村的村代表签订省级、市级信用村整村授信协议书，并向四个村集中授信6100万元，成为全市首笔办理的整村授信签业务。全县金融业态平稳，支持经济转型发展成效显著。进一步深化改革，指导小额贷款公司开展信用评级工作。开展票据公司试点，确定杰豪集团为主发起人并获批筹建。永嘉民间借贷服务中心获2014年度省财政扶持地方金融创新发展补助15万元。到12月31日，全县拥有小额贷款公司5家、村镇银行1家、融资性担保公司2家、农村资金互助会5家、民间借贷服务中心1家、民间资本管理公司1家。小额贷款公司贷款余额13.73亿元，共计1429笔，上缴税收0.50亿元。农村资金互助会共有会员700人，吸收互助金余额738.40万元，是年累计投放互助金96笔，金额0.20亿元。

贯彻实施《温州市民间融资管理条例》 2014年，县金融办成立备案机构，2月28日，举行永嘉民间借贷备案服务中心授牌仪式，委托永嘉民间借贷服务中心负责全县民间借贷备案工作。召开借贷备案中心调研会议5次，深入企业，了解企业、个人需求，走访大型房地产企业等重点备案对象8家，统计5家小贷公司和5家互助会借贷数据，稳步推进民间借贷备案工作。3月1日，全市第一单民间借贷依法备案成功落地永嘉，个人借给企业1000万元，受到有关媒体的充分关注和高度评价。调研出台《永嘉县实施〈温州市民间融资管理条例〉办法》，率全市之先对民间借贷备案实行补助。到12月31日，全县备案195笔，金额7.87亿元，完成市定任务的196.75%，落实补助74.35万元。另外，依法开展民间融资，有效促进民间资金进入实体经济领域。一是发行定向集合资金。6月4日，“永嘉奥康”联合民间资本管理股份有限公司获准发行全市最大一单定向集合资金2亿元，完成1.30亿元资金募集，有效引导民间资金支持实体经济发展。二是发行定向债券。通过前期走访，筛选符合条件企业名单，群臻科技、伯特利阀门发行定向债券各500万元成功获批。三是发行城投债。指导永嘉投资集团有限公司在中央同债登记结算有限责任公司成功登记,核定发行期限为7年，登记票面年利率为6.50%，发行金额8亿元。

加大企业帮扶力度 2014年，上报《要求协调解决永盾服饰有限公司等三家企业担保查封问题》（永政〔2014〕22号），获市委常委、市政府党组副书记朱忠明、市委政法委领导批示，有力推动问题化解。2014年根据县委书记娄绍光批示，对永嘉正达房地产开发有限公司被丽水市公安局查封冻结相关情况开展调查。6月10日，县委常委、常务副县长陈志斌率县公安、住建、金融办等部门7人赴丽水市公安局，与案件分管领导及经办人积极沟通，共同探讨化解路径，促进问题顺利解决。成立县处置办，从县金融办、县经信局等单位抽调8名人员组成，另加兼职13名，下设综合协调组、银企协调组、司法协调组等工作小组，进一步强化政银企法“四方联动”合力，协调破解企业资金链、担保链问题。出台《永嘉县企业应急转贷专项资金管理办法（试行）》（永政办发〔2014〕83号）、《永嘉县人民政府办公室关于印发永嘉县企业应急转贷专项资金使用操作细则的通知》（永政办发〔2014〕111号），资金总规模从暂定3000万元增加到5000万元；单笔应急转贷总额从原则上最高不超过1000万元，提高到2000万元；企业须按续贷周转金3%缴纳保证金，到位后委托银行开始办理转贷手续，保证金比例从5%减到3%；使用应急转贷专项资金时间原则上不超过5个工作日。全年共走访顺吉等企业11家，形成专题调研报告5个，转贷57笔，合计4.31亿元，安全性达100%，有效化解企业金融风险。出台《关于开展企业分类帮扶工作的意见》（永政办发〔2014〕26号）、《企业金融风险处置攻坚行动实施方案》（永委办发〔2014〕90号）、《永嘉县人民政府关于助企强工的若干意见》（永政发〔2014〕171号）等文件，进一步优化企业发展环境。建立驻企金融服务员工作制度，从县各家银行挑选58名金融业务骨干，采取“一对一”方式，与驻企攻坚组结对，开展企业金融服务工作，化解问题55个。针对5月以后出现的5家企业避债、外逃及欠薪情况，经信局、人社局、公安局、金融办等部门第一时间介入，并兑付了工人工资。

完善多层次资本市场 2014年，出台《永嘉县人民政府关于加快建立现代企业制度，推进区域资本市场建设的补充意见》（永政发〔2014〕112号）、《永嘉县人民政府办公室关于鼓励和支持企业进入全国中小企业股份转让系统挂牌的意见》（永政办发〔2014〕88号），进一步推进中小企业建立现代企业制度。印发《永嘉县人民政府办公室关于下达2014年度企业“四转”工作任务的通知》（永政办发〔2014〕52号）及对镇（街道）考核细则，明确各镇（街道）目标任务及考核要求。通过开展走访调研，了解梳理企业股改的意愿和存在困难问题，确定试点企业15家，并根据企业股改基础条件，帮助制定不同股改方案，明确时间表和具体操作程序，分类推进企业股改工作。5月5日上午，在县委党校举行为期3天的2014年度企业上市股改及金融业务培训，来自全县拟上市企业、股改企业高管人员、财务总监及镇（街道）金融分管领导和经济中心主任共50余人参加了培训。此外，积极动员重点企业参加省、市金融办举办的各类股改培训，切实提升拟股改企业规范运作水平。与省金融办对接，顺利解决超雷皮具有限公司、欧拉姆阀门有限公司等两家股改企业名称审核问题；帮助群臻科技顺利申请为国家高新企业；帮助冠正顺利解决违章、土地划拨转国有等问题；赴碧莲协商发夹协会设立股份公司事宜。持续跟踪服务已股改企业，及时兑现优惠政策给每家以10万元奖励，督促企业强化内部管理、规范经营行为，使股改企业尽快走上更加规范、科学的发展轨道。到12月31日，完成股改企业20家，完成率153.84%。12月31日，迦南科技在深交所成功上市，发行1340万股，募集资金1.82亿元，市价10.38亿元，成为永嘉继报喜鸟、奥康之后，第三家上市企业。指导育才控股有限公司列入市第五批拟上市企业名单；指导奥康开展员工持股计划试点，金额达2.66亿元。2014年，全县IPO预披露企业2家、上市企业1家，各占全市50%,名列全市第一；逐渐形成“上市一批、辅导一批、股改一批、储备一批”的上市梯队格局。出台《永嘉县人民政府办公室关于鼓励和支持企业进入全国中小企业股份转让系统挂牌的意见》（永政办发〔2014〕88号），鼓励更多中小企业进行股份制改造并进入全国中小企业股份转让系统挂牌。印发《关于公布第一批拟挂牌“新三板”试点企业名单的通知》（永政办发〔2014〕144号）文件，把宣达、日泰、卡琳斯顿等3家企业列入试点企业名单，其中宣达中介机构已入驻。到12月31日，飞龙传动、群臻科技、联友特种瓶盖等3家企业在省股交中心成功挂牌；温州阿哆食品公司在上海股权托管交易中心挂牌（沪股交〔2014〕2714号）；冠正阀门启动成长版挂牌工作，中介机构已入驻。及时兑换优惠政策每家给予5万元奖励；企业挂牌对价格发现、股权流动、规范管理、上市培育、扩大知名度等将起到积极作用。

强化地方金融监管 2014年，依法开展对各类地方金融组织机构的现场检查，对重点监测的小额贷款公司、民间资本管理公司等地方金融组织有效检查面达100%，完成对瑞丰、科信、长诚等3家小额贷款公司2013年度考核评价工作。调研印发县政府《关于小额贷款公司不良贷款核销有关问题专题协调会议纪要》（〔2014〕89号），开展小额贷款不良贷款核销工作。到12月31日，核销73笔计5837.04万元。开展投资（咨询）公司、非融资性担保公司等专项检查，有效检查面达20%。根据《条例》精神，开展辖区地方金融组织机构备案工作。到12月31日，已对温易贷、诚贷通等2家公司进行备案。开展非现场监管系统运用，指导5家小额贷款公司、5家农村互助会、2家融资性担保公司、1家民间资本管理公司接入非现场监管系统，已完成信息录入工作。及时、准确录入监管信息并做好分析。到12月31日，各类主体数据录入率达70%。及时完成15个“温州指数”监测点数据采集，有效提供准确数据样本。到12月31日，已上报260条，月均22条，多于市下达任务2条。

（黄军纲）

侨务工作

概 况 2014年，永嘉县人民政府侨务办公室（简称县侨办）围绕县委、县政府的中心工作，紧盯市侨办年度工作要点，以涉侨招商引资为中心，以华文外宣为重点，扎实开展基本侨情调查，积极推进内外互动，侨务工作取得新的进展。

基本侨情 2013年9月至2014年6月，按照全省统一部署，开展了永嘉历史上第一次系统、科学、全面的基本侨情调查工作。此工作由县侨办牵头，县侨联、县统计局共同参与组织实施。省侨情数据显示：浙江籍海外华侨华人、港澳同胞共有202.04万人；温州市68.89万人，占全省的34.1%，为全省第一侨务大市；永嘉县6.5808万人，数量位列全市第五。此次调查数据纠正了原先“永嘉约4万华侨华人”的偏差说法，特别是对新加坡永嘉籍华人聚居情况进行了相对科学的论证，确认新加坡拥有约1.5万名华人，填补了该项数据的空白。

引资引智 2014年，县侨办继续以助推“永商回归”为中心工作。全年共走访调研中国红黄蓝集团、浙江赫立特服饰等侨企27家，举办和协办各类涉侨招商活动28次，签约侨资项目8个，签约投资额8.8265亿元，项目资金到位1.8455亿元，使永嘉自2012年来签约的侨资项目总数达19个，总签约投资额约63.36亿元。是年签约的项目主要有：香港胡忠华“红田鱼农业综合开发”0.2亿元；香港周纪迁“原生态仿野生铁皮石斛种植”3.5亿元；西班牙戚显进“桥上生态农业观光旅游”2亿元；香港林大忠“永嘉余石角农莊”0.3亿元；加纳李启松“楠溪江嘉纳庄园”2.7亿元；香港蔡标荣投资2个项目计2.35亿元。此外，还积极推进“以侨引外”工作，促成了捷克移动防洪墙技术代表团到永嘉考察探讨移动防洪系统试点工程建设；成功牵线永嘉华侨到苍南签约投资医疗项目。在原先引进3位入选省“千人计划”海外高层次人才的基础上，继续加强与国外高层次人才的接触，促成了美国原商务部助理部长黄建南等高层次华人华侨人才到永嘉讲课；同时再次协助引进2名海外高层次人才入选省“千人计划”。在2015年年初举办的世界永商大会上，邱剑侠（温州奥嘉国际酒店管理有限公司董事长）、黄东海（永嘉华中房地产开发有限公司董事长）、周纪迁（浙江四海山生物科技有限公司董事长）等侨商获2014年度“荣耀永商奖”。

华文外宣 2014年，县侨办以创新打造“侨务文化基地”为重点，继续深入开展华文教育和侨务文化交流，努力发挥侨务宣传优势：年初，建立“天下永嘉人”和“永嘉县侨商协会”两个微信群，积极拓展对外沟通联系渠道，密切海外联系；4月，在三江“三改一拆”工作中，通过QQ和微信群向海外发布了《致全县广大海外华侨华人及留学生的一封信》，阐明事件真相，向海外发布正面信息，得到了县委县政府主要领导的肯定和海外侨胞的支持；6月，举行“聚焦美丽温州——海外媒体采风活动”，23个国家60余家海外华文媒体记者走进永嘉，用镜头和文字向世界展示了永嘉的美丽乡村建设和红蜻蜓鞋业文化；7月中旬，“寻根之旅”夏令营2个营共100余位海外华裔青少年走进永嘉，体验民风和民俗；8月初，永嘉昆剧团赴香港进行专场演出，开展昆剧讲座，为香港同胞奉上了原汁原味的地方昆曲文化；9月，通过法国泛欧国际文化传媒集团和欧洲龙吟诗社，在海外媒体上发表反“法轮功”邪教组织的评论。10月30日，“瓯越文化之旅”在永嘉展开，30余位海外文人志士感受永嘉山水和耕读文化；10月31日，永嘉书院正式挂牌“温州市侨务文化基地”，成为全市首批建立的两个“侨务文化基地”之一，该基地当年被评为“温州市基础统战品牌”。2014年，永嘉县罗浮中学与日本广岛县大柿高校、永嘉县上塘中学与西班牙巴达洛纳加比·佩勒·维吉斯学校的结对，推进了教育的海外交流。2014年，县侨办撰写各类新闻信息140余篇，有效地宣传了侨务工作，扩大了侨务工作的影响力。

2014年4月19日，香港中联办新界工作部副部长杨小婵、香港温州工商会会长夏忠义带领香港温州工商会及民建联访问团一行30余人到永嘉考察，市侨办副主任周海平、县委常委胡宝峰等领导陪同。

内外互动 2014年，县侨办搭建和利用各类平台，开展多种内外联络联谊活动，积极推进与海外侨（社）团及侨胞的沟通联系。特别是积极利用永嘉县侨商协会的平台，指导开展招商引资、春节茶话、中秋团圆、品味书院等一系列活动，进一步增加了侨商会内部的凝聚力和向心力，提升了平台效应。全年共主办或协办“永嘉侨界新春茶话会”“永嘉侨商协会迎春座谈会”“百名永商中秋圆月行”等活动34次，吸引了香港温州工商会及会长夏忠义、民建联及主席谭耀宗（全国政协委员、香港立法会议员）、菲律宾华人首富华商联总会永远名誉理事长陈永栽等一大批侨团和侨领到永嘉参观考察；积极指导并继续开展侨领提升培训工作，推荐李建昊、林建清等17名侨领参加“世界温州人经济理论研修班”“世界永嘉人高级研修班”等提升培训；协助开展省、市“最美系列”等评比活动，推荐翁进东、陈时满等20余名侨领参评；另外，还联系沟通重点人士376位，联系指导海外侨团26个，接待侨团考察20个，接待侨胞1389人次。

爱侨护侨 2014年，县侨办继续实施亲侨、爱侨、护侨的关爱工程。是年以上门拜访、电话沟通、寄送贺卡、小聚品茶、农家聚晤等多种方式密切与侨联系，走访慰问侨企人士、重点人士、专业人士、华裔新生代、困难归侨侨眷等共计312余人次，其中慰问贫困归侨侨眷25人，落实金额共3.2万元（财物）；向海外华侨华人发送贺卡和各类信件500余封；及时妥善处理涉侨各类来访来信来电求助60余件，特别是协调解决了桥下镇美国华侨林光家族与邻村人多年的墓地纠纷，以及帮助百岁的日籍华人侯文源顺利回家，得到了华侨和上级侨办的赞誉；县侨办积极开展侨法宣传工作，营造全社会爱侨、护侨的氛围和侨胞懂法、依法维护权益的意识。全年发放宣传资料300余册，解答涉侨政策咨询500余人次，还在三江街道开展侨法宣传角建设，并组织侨法公开课，现场发放宣传资料107份。

侨爱工程 2014年，继续引导侨胞支持永嘉地方建设，积极开展“五水共治”“百侨助百村”“助学圆梦”等公益活动。全年华侨捐赠累计461.5万余元（财物），“五水共治”项目捐款累计300万元，“百侨助百村”结对4个村，“助学圆梦”捐赠8所学校，帮扶学生达500余人。其中：美国华侨叶康松基金捐资100万元设立“圆梦基金”；美国华侨翁玉兰每年捐赠2万美元成立“翁玉兰教育基金”；法国华侨陈超辉延续父亲陈文雄捐建罗东小学教学楼的善举，捐资20万元设立了罗东小学图书室；侨企蜘蛛王捐赠100万元设立白内障医疗基金；法国浙江同乡会在会长李锐朋的带领下为桥头第九小学捐赠5万元；桥头白沙村董林平等4位华侨集体为村道路建设捐资27万元。

审批服务 2014年4月至6月，县侨办按上级要求，积极开展阳光政务“四单一网”活动，推进行政审批规范化，按时配合完成“权力运行管理系统”和“便民服务网”建设，切实履行“为侨服务”宗旨。特别是在新业务华侨回国定居办理中，积极加强与公安等相关部门协调，不断解决办理过程中遇到的实际问题，是年10月即装即开通内部审批转报的电脑网络办理。2014年，共办理三侨生加分39人（其中高考20人、中考19人），帮助解决华侨子女入学74人，华侨回国定居办理212人。

自身建设 2014年，县侨办在县、镇（街道）和社区三级全面推进侨务工作队伍建设。是年，县侨办落实经县编办审批的2名劳务派遣人员，加强窗口审批工作，配强县侨办力量；加强镇（街道）侨务工作人员培训，全年组织镇（街道）侨务工作人员参加各类涉侨培训3次，培训人员59人；社区侨务工作全面铺开，在2013年的基础上，共建立镇（街道）社区侨务工作站8个，达成侨务工作站全县覆盖。县侨办还在县委统战部的统一组织下，积极开展群众路线教育活动，深入学习、践行“群众路线”，针对“四风”问题，开展自查和整改，既促进了侨办内部的团结，又提升了为侨服务能力。

荣誉录 2014年，县侨办获温州市“基本侨情调查工作先进单位”，黄少林和郑庆马获省“基本侨情调查工作先进个人”。在温州市侨办的年度考核中，县侨办连续第三年获市侨办系统“先进单位”，郑庆马获市侨办“侨务工作先进个人”。

（郑庆马）

台湾事务

对台交流交往 2014年，永嘉与台湾之间的交流合作继续频繁开展，台湾先后共组团18个计240人到永嘉访问，其中包括国民党荣誉副主席詹春柏、嘉义县副议长陈明达、台南中小企业协会会长吴金宝、温州市台商协会会长许灿欣、台湾区观光旅游总会会长苏佳男等台湾知名人士。3月9日至16日，在永嘉青龙湖、原野园林等地举行为期8天的永嘉对台基层交流系列活动。邀请台湾旅游民宿交流团11人、温州台商协会14人、台北士林夜市参展商30人共55人参与。活动内容包括民宿论坛、台商看永嘉、两岸同种樱花、士林夜市进永嘉等；4月21日、6月3日，台湾高雄市基层民众代表先后2次共53人到永嘉县参访交流；7月4日，首届“海峡有渡，创意无限”两岸大学生基于温州文化元素的低碳设计工作坊（workshop）活动走进永嘉，来自大陆和台湾的9所高校59名师生参与；9月24日，台北市温州同乡会“返乡之旅”36人考察团到永嘉交流；10月13日，国民党荣誉副主席詹春柏到永嘉苍坡古村、丽水街考察。

对台经贸合作　2014年，立足永嘉农业、旅游大县的现实，结合楠溪江风景名胜区的特点，积极对接台湾现代农业、旅游、养生、民宿、美食、房车等休闲服务业，突出重点促招商。新增一家台资企业——温州艺原工艺品有限公司，合同利用200万美元，已经到位资金100万美元，实现了台资企业零的突破。共接待台商15批155人。3月11日，在青龙湖山庄召开永嘉特色民宿创意探讨会暨招商引资推荐会，楠溪江青龙湖旅游开发有限公司与台湾嘉义县观光协会签订了民宿、餐饮合作协议书。当日下午，开展“台商看永嘉”活动，温州台商协会成员与台湾交流团共30余人实地考察了养生民宿拟投资项目；4月19日，著名台商潘隆胜率台商考察团一行3人，对永嘉农业、旅游等产业的投资环境进行了实地考察；4月24日，台湾大视界生活科技股份有限公司总裁翁柏吉等6人到永嘉考察房车露营基地发展情况；4月底，台湾亿胜实业有限公司董事长锜清泉等5人到永嘉了解教玩具行业发展情况，并赴桥下镇进行实地考察，与当地合作企业开展技术交流和经贸对接；6月19日上午，“百名台商会长看温州暨温台产业合作对接会”开幕式上，永嘉方面与台湾方面签署了2个合作协议书；6月21日至23日，苏佳男会长率台湾民宿考察团共17人再次来到永嘉，考察合作项目；10月15日，“浙江台湾周”期间，台南中小企业理事长吴金宝一行27人到永嘉，县政府有关部门在耕读小院组织开展了招商引资推介会；10月16日，高雄市两岸文化交流协会一行7人到永嘉考察民宿；12月13日，台湾台轩兴业股份有限公司负责人杨济良等5人到中国原野农业集团，洽谈农副产品贸易销售合作项目。

对台服务　2014年，经常到台资台属企业和对台贸易企业开展调查研究，并通过走访，加强与台胞台属的感情联络。1月，发放困难台胞定补1.44万元，补助8位定居困难台胞；1月21日，县台办主任谢承宇携台办、台联工作人员到上塘、中塘、岩坦，对3位台胞进行慰问；1月23日，省台联专职副会长郑博光、宣传处处长曾为辛专程到永嘉调研对台工作，并走访慰问基层台胞；2月，市委统战部副部长吴高宏，市台联会秘书长叶廷芳对8位台胞进行慰问，还走访了沿江3个镇共7位台属代表。11月26日，省台办副主任张正镛、交流处处长何永明专程到永嘉调研涉台企业——乌牛街道创业生态茶有限公司。

对台宣传　2014年1月14日上午，在永嘉宾馆召开了永嘉县台胞台属暨港澳同胞海外侨胞迎春茶话会，一百多位“三胞”齐聚一堂，喜迎新春，畅叙友情，共话永嘉发展。县台办主任谢承宇做了关于学习党的十八大精神和对台知识的讲座；5月，市台办副主任张振宇在永嘉对台教育基地为中青班学员上课，共60余人参加；完成了15个与台结对村的宣传栏制作，旨在宣扬两岸血肉深情；9月8日，召开永嘉县台胞台属中秋茶话会，畅叙友情，宣传有关知识，并开展现场对台招商引资活动。12月，通过分发宣传册，在全县中小学校开展台湾知识宣传，约9.5万人受到教育。

（金文通）

招商选资与经济技术协作

发展概况　2014年，永嘉继续贯彻落实中央和省市关于全面深化改革的工作部署，切实抓紧抓好浙商回归和招商选资这个经济发展的“一号工程”，注重资源统筹，创新工作方式，扎实推进各项工作，圆满完成市定、县定招商选资工作目标任务。截至2014年年底，招商选资到位资金62.12亿元，完成县定全年目标任务60亿元的103.53%。同时，完成省外回归引进项目到位资金59.59亿元，完成市定全年目标任务38亿元的156.81%。房地产项目到位资金

35.82亿元，完成市定全年目标任务27亿元的132.66%。省外回归引进项目到位资金完成率名列全市第一位，实现年度任务完成率的三连冠。2014年，永嘉在浙商回归发展环境满意度总评中位居全市之首。2014年底，全县共签约65个重点招商选资项目，总投资876.6亿元，其中8个项目已解约退出。签约的57个项目中，已履约54个，履约率达94.70%，已开工33个，开工率达57.89%。2014年，全市投资最大的招商选资项目三江立体城正崛起于瓯江北岸，总投资达210亿元；温州最大的民办学校温州翔宇中学已招生两年，累计招生超过3000人；首个永商回归的综合体项目桥头维多利广场已顺利结顶，进入二次招商；首个养生度假项目楠溪云岚养生度假村已部分结顶；温州首个以婚庆为主题的五星级酒店“温州铂尔曼酒店”已正式开业；首个工业物流配送中心红蜻蜓物流中心已结顶；首个世界500强企业乐天玛特落户置城广场；温州首个具有温泉养生功能的南陈生态农业休闲园为当地老百姓解决了100多人就业机会；首个“退二进三”酒店斯多纳东海明珠四季酒店正式开业；温州市首个最大的绿色无公害豆芽生产基地禾光豆芽基地和全国规模最大、生态最好的四海山野生铁皮石斛示范园以及作为二产反哺一产项目、由上海熊猫机械（集团）有限公司投资的全县首个优质水稻种植园杏岙农业生态庄园等均已投产。2014年，按照“优势互补、互惠互利、合作双赢、共同发展”的协作原则，广泛开展国内经济合作交流，发挥永嘉县在技术、管理、资金和体制等方面的优势，参与基础设施、市政公用设施和其他项目的建设，促进区域协调发展的总体要求，全面加强与各地的合作交流。

推进招商机制建设 2014年，建立重点浙商回归项目县领导挂钩联系和签约项目工作组对口联系制度，实行“一个项目、一名领导、一套班子、一张计划表、一抓到底”的“五个一”工作机制，通过“一周一梳理、一月一推进、一季一研判”的“六个一”模式，切实做好项目跟踪服务，协调解决项目存在难题，创下永嘉招商的“铂尔曼速度”。2014年，创新实施《永嘉县招商选资项目审批倒逼提速实施方案》，把签约项目推进的时序进度细化到具体时间点，责任落实到相应审批单位；县纪委通过开展浙商回归项目推进情况专项效能监察，以“结对联系、效能监测、特邀监督、责任倒查”为抓手，形成了部门“大联合”的工作格局，使项目平均审批时间由39个工作日压缩至10个工作日。

创新招商方式方法 2014年，县主要领导专门到上海、杭州、湖州、新疆等地考察招商4次，接待客商124批2350多人，陪同客商实地考察135次，召开招商项目对接或洽谈会议160次。坚持大集团引领、大项目支撑的思路，采取“重点锁定、主动出击”的推介方式，引进竞争实力强的高端外资、央企、世界500强到永嘉投资，世界500强韩国乐天玛特百货与瓯北置诚广场成功牵手，落户瓯北。春节、重阳等节庆期间，县四套班子领导走访慰问在外商会会长、重点企业家家属300多人次，寄送省、县领导亲笔签名慰问信53000封，发送新春祝福短信27000条，拉近了永商的情感距离，同时激发了永商的回归热情与动力。举办第三届世界永商大会，邀请国内外500多位知名永商参加盛会，现场签订14个重点项目，总投资达145亿元。邀请40多位县“两会”在外企业家代表参加座谈会。邀请30多位全国各地温州商会会长（永嘉籍）参加座谈会。举办“月满永嘉—百名永商中秋圆月行”活动，对支持浙商创业创新工作的商会和个人进行评优表彰，用真情召唤永商回乡创业。

重视招商平台建设 2014年，全力打造“一网两库一报两平台”。改版升级永嘉招商网，及时发布招商信息和招商动态，成为在外永商了解家乡招商情况的窗口；编制《永嘉县重点招商项目推介手册》，累计入库项目约有266个；健全在外永嘉人信息库，入库人员上升至25751人；创办全省招商系统首份报纸《永嘉招商报》，编辑发放5万份，为宣传永嘉招商选资工作营造良好的舆论氛围；创建微信平台，定期发布最新招商信息；创建“永嘉招商”微博平台，拓宽招商渠道，营造良好的招商氛围。2014年，在《浙江日报》《温州日报》等主流媒体上发表关于永嘉招商选资工作的新闻信息50多篇；在永嘉电视台、《今日永嘉》“永嘉网”等县内媒体上发表正面新闻200多篇。

经济技术协作 2014年，组织企业参加“西洽会”“义博会”等活动，完成业务订单3350万元，取得较好成绩。促成群众增收和新农村建设社会事业项目到位资金1330.4万元、省外浙商援建项目到位资金500万元。加强人力资源培训，

1至12月，培训转移就业900人。

山海协作工程 2014年，接受瓯海区的山海协作工程帮扶资金180万元。先后促成枫林旅游文化接待中心、双塔路地下人防商业街、温州楠溪江养生度假村有限公司、芸枫农业观光园、浙江四海山生物科技有限公司项目（一期）、秀江嘉园项目、大自然滨江花园等7个山海协作项目，总投资65.2亿元，当年累计到位资金16.08亿元。不断拓宽山海协作工程新的合作领域，逐步将重心向新农村建设转移。促成上海温州商会会长厉育平捐资1000万元用于美丽水乡建设；促成西安永嘉商会捐资10万元用于垟头山道路建设；促成瓯海区2个部门、3个企业与永嘉县3个欠发达村、2个企业签订结对帮扶，落实永嘉县3个欠发达村山海协作工程帮扶资金各10万元、2个企业各20万元。

作风建设 2014年，县招商局巩固拓展教育实践活动成果，全面落实从严治党"八项要求"，认真贯彻执行中央"八项规定"，严格执行"三公"经费公开制度，进一步规范"三公"经费支出，严格控制费用开支，厉行节约，严格控制浙商回归商务接待消费。2014年，公务接待121批次、2276人次，接待费用比上年度下降16.4%。一是以"四原则"规范商务接待，即定点原则、源头把控原则、分档分层原则、六单合一原则，以严格控制公务接待经费，杜绝造假现象发生。二是强化党员干部的责任意识，开展红色教育活动，包括到五鹅乡红十三军军部旧址和下家岙临时展馆参观学习、组织全体青年参观屿山革命纪念馆、组织全体干部集中观看党的群众路线教育实践活动教育片《焦裕禄》、赴结对的东城街道城东社区开展走访慰问沉丽香与谷建茂贫困家庭活动、组织全体干部观看《永嘉县"三改一拆"》《温州市"三改一拆"》《信仰》等影片、开展"七一"慰问困难党员活动、赴永嘉东城街道河岙村开展"双百结对、扶残助残"走访慰问高海英活动。三是开展廉政教育活动，包括一把手上"党课"、召开"坚定理想信念、增强党性观念、强化党的纪律、敢于担当克难"专题教育活动动员会、组织全体干部参加马克思主义宗教观专题学习、组织全体党员干部观看中纪委纪录片《作风建设永远在路上》等，通过系列活动，强化领导干部廉洁自律，促进机关工作作风的转变。

荣誉录 2014年，永嘉获浙江省"吸引浙商设立功能性机构优秀单位"荣誉称号，并获得省政府专项奖励资金1000万元，成为全省10家获奖单位之一。

（徐时良）

永嘉县人民政府驻上海工作处

帮助企业排忧解难 2014年，永嘉县人民政府驻上海工作处（简称驻沪工作处）把帮助解决永嘉在沪企业的种种困难作为大事来抓。在永嘉上海商会换届之前，历时8个月走访了大部分商会会员企业，重新梳理在沪企业名单，通过深入了解、积极对接，发展新会员企业10多家。2014年下半年，帮助上海商会圆满完成"永叙乡情，嘉誉浦江"第三届会员大会的相关事宜。同时，把商会作为企业家相互交流和相互促进的平台，及时发布各种信息，多次组织培训学习。2014年，驻沪工作处协同商会加强与企业的情感沟通，先后共拜访了几十家永嘉在上海的龙头企业，关心企业家的身心健康，树立企业家战胜困难的信心和勇气，倡导企业家同心协力，互相支持，全力缓解企业在资金投入上遇到的困难。

做好后勤服务 2014年，驻沪工作处积极为县四套班子和各部委办局领导到上海指导工作做好对接，先后安排与接待8个批次的县四套班子领导到沪调研和为招商局、经贸局等干部到沪学习、考察做好联络工作。陪同县和部门领导先后调研熊猫机械、飞科集团、凯泉泵业、东方泵业等大型企业集团；先后参观学习上海有关区县智慧城市，浦东新区人才交流中心、资本市场，"金山区退二进三"二点五模式，上海规划馆，金山明清商业古街；先后走访在沪永嘉籍高级人才。为两地政府的沟通、为县有关部门同在沪永嘉企业的联系架设桥梁。此外，驻沪工作处积极为永嘉百姓到上海求医治病提供便捷，在巩固和加强与上海十家特色三甲医院友好关系的基础上，有效解决了永嘉人到沪看病就医难问题，一批病人得到了及时的医治。对于家庭特别困难的患者，想方设法帮助筹措资金，确保他们看得起病回得了家。工作处还代表永嘉县委及其他部门慰问了在2015年元旦外滩踩踏事件中受伤的永嘉籍大学生。

做好信息传递 上海作为国际经济中心、国际金融中心、国际贸易中心、国际航运中心，有许多先进的理念、经验值得家乡人民学习借鉴。2014年，驻沪工作处把长三角的有关信息及时介绍给永嘉在沪的企业、永嘉县四套班子领导及有关部门的领导。

宣传推介永嘉 2014年3月15日，在上海富豪东亚大酒店举行“永远的山水诗，最后的桃花源”楠溪江旅游专场推介会。上海市旅游局副局长程梅红，上海市旅游局国内促进处处长张枝俏，永嘉县委书记盛秋平，县委常委、楠溪江风景旅游区党委第一书记胡宝锋，县委常委、副县长曹启峰等领导出席此次活动。驻沪工作处作为永嘉在上海的排头兵充分利用自身资源推介家乡山水。

提高自身素质 2014年，驻沪工作处人员积极参加党的群众路线教育实践活动，按照“照镜子、正衣冠、洗洗澡、治治病”的总要求，自觉反省自身存在的“四风”问题，强化宗旨意识，树立群众观点，把自己摆进去，不断改进工作作风和工作方法，高标准高要求地完成好各项工作任务。平时认真学习政治、经济、法律、政策，积极参加上海市有关方面组织的各项活动、浙江省驻上海办事处各类会议和活动，积极参加浙江省驻沪联谊会各类活动，经常与全国各地办事处及各类商会开展交流，取长补短，完善自身，进一步提高工作处的办事效率，努力为永嘉经济社会的发展以及永嘉在上海企业的发展做出新贡献。

（叶云飞）

永嘉县人民政府驻杭州办事处

后勤服务 2014年，永嘉县领导和各职能部门负责人先后到省级机关联系工作、参加会议或培训共86批次。4月，永嘉县第三批干部到省级机关挂职。县人民政府驻杭州办事处（简称驻杭办）积极做好联系对接和后勤服务工作。

联谊活动 2014年，通过杭州永嘉商会、“瓯江潮”、挂职干部群体、永嘉在杭青年联合会开展了多种形式的联谊活动。5月，邀请永嘉籍在杭年轻干部举行座谈会。7月，邀请永嘉在杭医疗界人士开展联谊活动，邀请永嘉在杭市级机关处级以上干部举行座谈会。9月，与永嘉在杭教育界人士开展联谊活动。成立了永嘉在杭人士羽毛球俱乐部，每周开展两次活动。

商会工作 2014年，永嘉商会为联络在杭永嘉人做了大量卓有成效的工作。他们为全国地震灾区踊跃捐款，热情支持家乡建设。同时定期开展联谊活动，为在杭永嘉各行业搭建平台，为永嘉在杭商人提供服务。4月，商会与杭州民生银行联合打造中小微企业融资服务平台，为永嘉在杭企业解决了资金难问题。商会还定期组织各会员赴各地考察。驻杭办召集永嘉商会副会长以上单位，进行永嘉投资项目介绍，切实做好永商回归工作。

宣传家乡 2014年，利用“瓯江潮”微信平台设立永嘉宣传版面，多方面介绍永嘉的风土人情，让更多人了解永嘉。向省级各相关部门赠送《楠溪江》专刊。不定期开展永嘉人讲座。主动与杭州媒体合作推广楠溪江旅游。

信访维稳 2014年，永嘉先后两批到省城上访，驻杭办了解有关情况后，对群众做好劝说工作。中央巡视组在浙江期间，永嘉4位退伍老兵向巡视组递交了上访材料。11月，永嘉老信访户潘某到省高院信访室上访，驻杭办人员积极进行引导，开展文明合法的上访活动。

自身建设 2014年，驻杭办根据县委部署，认真开展党的群众路线教育实践活动，成立了领导小组，王云任组长，吴振生任副组长。组织成员学习李成相、郑九万、谢岩斌等先进事迹，弘扬焦裕禄精神。班子成员坚持边学习边征求意见边改进工作，有针对性地解决班子成员的认识偏差和群众反映强烈的突出问题。接待严格按照标准进行。节省了许多不合理的支出。

（孙建华）

行政审批

行政服务中心建设 2014年，县行政服务中心按照党的群众路线教育实践活动的要求，以提高行政效率、方便群众办事、优化投资环境为目标，继续深化行政审批制度改革，推进审批服务方式创新，强化行政审批服务体系建设，完善审批服务督查考核机制，有力地改善了永嘉的便民服务和投资环境。2014年，行政审批职能单位共38个，进驻行政服务中心36个，部门入驻率达95%；单独成立审批服务科并成建制进驻中心有21个部门，占审批职能部门总数的55.3%。全县共有行政审批事项695项，进中心事项663项，事项集中度达95%，其中窗口既受理又办理事项640项，事项授权度达92%。全部审批服务职能部门及审批服务事项纳入统一监管，监管集中度100%。窗口在编人员88人，比例达到61.5%。1月至12月，中心共受理各类审批事项68650项，已办结68650件，按时办结率达100%。

简政放权 2014年，大力推进简政放权。一是建立权力清单制度。对38家县级部门上报的行政许可、非行政许可、行政确认、年检、备案、其他审批权、审核转报等事项进行"三报三回"，形成县级部门权力清单，并在省政务服务网上予以公开。其中行政许可事项从"一报"的495项精简至232项，非行政许可事项从252项减少至86项，行政确认事项从204项减少至119项；其他行政权力从2462项减少至801项。二是建立投资项目"负面清单"制度。县政府分别出台《关于在产业集聚区推行"负面清单"外企业投资项目不再审批改革试点工作方案》和《关于公布永嘉县产业集聚区工业投资项目"负面清单"（2014版）的通知》，率先在乌牛、桥头产业集聚区开展试点"负面清单"外企业投资项目不再审批，实行立项备案、前置审批按准入标准自主承诺、竣工统一验收、事中事后零容忍监督制度。三是优化投资项目审批流程。2月，制定出台《创新审批服务切实振兴实体经济发展实施意见（试行）》，进一步减少合并审批环节9个、取消前置审批6项、减少申报材料27项，工业项目最快仅需11个工作日可完成政府部门审批。四是探索建立市县同权扁平化审批制度。永嘉县作为市县同权扁平化改革试点县，3月份开始梳理市县同权扁平化管理事项，主要涉及投资项目比较密切的和关系重大的民生事项。7月底梳理出要求放权的事项目录上报市府办，温州市政府已于12月上旬发文明确对外贸易经营者备案登记、民用建筑节能审查、房地产开发企业资质核准、物业服务企业资质核准、河道管理范围内有关活动许可、临时占用林地审批、道路运输从业人员资格认定等10项下放事项，永嘉县由此积极开展承接落实工作。五是创新小规模公建项目审批方式。进一步优化了审批流程，取消压覆矿证明及地质灾害评估、初步审计、环评审批、人防审批手续办理、气象局施工图专项审查等5个审批环节，合并施工合同、质监、安监、施工许可等4个审批环节，实行同时受理、按时办结，政府部门审批时间可由31个工作日减少至17个工作日，减少中介机构服务环节3个，涉及核准报告、环评报告、初步设计，可减少中介机构服务时间5个月以上。2014年，永嘉县小规模公建项目共启动审批20个，2个项目已审批完成，此项改革受到多方好评。

创新审批服务方式 2014年5月，制定实施永嘉县公共服务窗口办事无休日制度，将土地与房屋登记、新农村合作医疗报销、住房公积金提取、户籍管理、车辆管理、水电和广电缴费、流动人口计划生育服务、市场监管服务、银行服务等与群众关联大的事项纳入无休日制度。11月，出台实施房地产"多证联办"制度，对商品房转让登记实行房产证、契证、土地证办理实行"一次进件、一次缴费、一次领证"服务模式，办件时间由25个工作日缩短为二手商品房3个工作日一手商品房即办。2014年，认真贯彻落实并联审批制度和企业注册登记四证联办制度，制定实施施工图联合审查制度，积极组织推进网上联合审批平台建设。共组织开展联合审批199次，其中联合会商8次，联合会审135次，联合踏勘19次，施工图联合审查10次，联合验收22次，网上联合审批15件次，共涉及250多个项目。全年共收办企业注册登记四证联办3432件。2014年，与组织部联合印发《关于开展驻企服务员行政审批代办工作的通知》，梳理驻企服务员有关审批类及权证类代办项目210项。是年，通过县行政审批中心平台为200多人次提供审批、咨询等服务，累计受理代办项目2173件，其中基建类51件，完成9件；非基建类累计完成2122件。受理代办项目共计投资额278.2亿元，完成代办项目共计建筑面积近87万平方米。

审批服务平台建设 2014年，加强镇（街道）社区服务中心建设，强化事权下放和集中办理，并积极开展基层便民服务体系建设调查研究。全县12个功能区、镇（街道)行政服务中心基层站所进驻率达90.1 %，事项集中度达96%。到年底，功能区、镇（街道)行政服务中心共受理办结各类申办事项229007件，76个社区便民服务中心共办结69206件,办结率为100%。2014年，根据行政服务一张网建设的部署要求，提升完善县、镇（街道）、社区三级审批服务网络平台，开展部门自建审批服务系统梳理整合，县级部门自建审批系统共归并整合1家，实现无缝对接和数据同步2家。2014年，确定单位网上多级联动试点事项15项，并积极组织试点单位及各中心镇开展网上审批自助服务。8月底开始在瓯北功能区、桥头镇、桥下镇徐岙社区开展试点工作，11月在全县中心镇部署推广。

中介机构和中介服务模式 2014年，制定中介服务事项目录和中介服务规范表，明确收费标准、服务质量、办理时限等内容。实行中介机构审查事项“先批后审”制度。先行试点气象防雷设计审查和人防工程施工图设计审查等事项，县人防、气象等部门可对经专项中介机构初审的符合要求的审批事项实行“先批后审”，并建立复审、处罚等监管制度，强化批后监管，切实改变“重审批、轻监管”的审批模式。将永嘉县房产测绘大队并入永嘉县勘察测绘院，作为永嘉县勘察测绘院的内设机构，由永嘉县勘察测绘院统一管理。实行测绘“一个窗口对外”，将永嘉县为民测绘服务中心有限公司进行内部整合，与永嘉县勘察测绘院共同组成“永嘉县投资项目联合测绘窗口”，实行“一门受理、内部流转、内部衔接、同步办理”的办事流程，切实方便投资业主办事。在永嘉县审批服务网开辟专栏，分类公布市县中介服务机构信息，并与市中介机构网络平台建立链接。

（邵福珍）

中国人民政治协商会议永嘉县委员会

综　述

2014年，中国人民政治协商会议永嘉县委员会（简称县政协）高举中国特色社会主义伟大旗帜，深入学习贯彻中共十八大和十八届三中、四中全会精神，牢牢把握团结和民主两大主题，认真贯彻落实县委的各项决策部署，紧扣中心工作，致力协调关系、汇聚力量、建言献策、服务大局，为全县经济社会平稳发展作出积极贡献。

县政协九届三次会议

2014年1月4日至6日在上塘召开，会期3天，应到委员319人，列席人员164人，实到委员290人。会议听取县委书记盛秋平的重要讲话；审议通过政协主席陈建良所作的常务委员会工作报告和副主席金盾所作的常务委员会关于九届二次会议以来提案工作情况的报告；列席永嘉县第十五届人大三次会议，听取并讨论县长娄绍光所作的政府工作报告及其他报告。大会共有10位委员代表各自界别围绕县委县政府的中心工作，并就永嘉经济、政治、文化和社会建设等各方面问题提出意见建议，大会首次有9位委员在第二次全体会议中作即席发言，3位委员作书面发言。大会共收到提案282件，经提案委员会审查，立案246件，另有18件作为委员来信转送有关部门研究参考；与提案者协商后并案、撤案18件。

常务委员会会议

县政协九届十一次常委会议　2014年1月6日下午在钱塘世纪大酒店三楼世纪厅召开。县政协主席陈建良主持会议，副主席周星柱、厉明富、金美秋、金盾、傅朝宗、钱金波，秘书长郑向明及各位常委出席会议；各活动组组长及县政协办公室正副主任列席会议。会议听取各组讨论情况汇报；审议通过增补政协第九届永嘉县委员会常务委员候选人名单，《选举办法》（草案），总监票人、副总监票人建议名单，监票人名单；审议讨论政协第九届永嘉县委员会第三次会议决议（草案），政协第九届永嘉县委员会提案委员会关于九届三次会议提案审查情况的报告（草案）。

县政协九届十二次次常委会议　2014年3月26日上午在钱塘世纪大酒店三楼世纪厅召开。县政协主席陈建良主持会议，副主席周星柱、厉明富、金美秋、金盾、傅朝宗，秘书长郑向明和常委出席会议；县委书记盛秋平，副县长林建波应邀出席会议；住建局、水利局、水乡办、农业局、环保局、水务集团等主要负责人，在永省市政协委员，提案先进单位和个人，部分政协委员列席会议。会上协商讨论“五水共治”工作，林建波汇报永嘉“五水共治”总体部署及当前进展情况；常委、委员对“五水共治”的有关问题建言献策、提出意见；陈建良就政协助推“五水共治”工作进行部署。会上还表彰了2013年度优秀提案、提案工作先进单位和提案工作积极分子；盛秋平对政协工作提出了新的要求。

县政协九届十三次常委会议　2014年6月27日下午在永嘉宾馆四楼多功能厅召开。县政协主席陈建良主持会议；副主席厉明富、金美秋、金盾、傅朝宗，秘书长郑向明和常委出席会议；常务副县长陈志斌，发改局、财政局主要负责人，在永省市政协委员应邀列席会议。会上协商讨论固定资产投资和重点工程建设情况，县政府通报当年固定资产投资和重点工程建设情况；陈志斌作重要讲话。会议还审议讨论了《关于进一步加强人民政协民主监督工作的实施意见》（初稿）；审议通过县政协建议案（草案）；通过有关人事任免事项。

县政协九届十四次常委会议 2014年9月29日下午在钱塘世纪大酒店三楼世纪厅召开。县政协主席陈建良主持会议；副主席厉明富、金美秋、金盾、傅朝宗，秘书长郑向明和常委出席会议；副县长曹启峰，经信局、住建局、水利局、农业局、林业局、环保局等主要负责人，部分在永市政协委员应邀列席会议。会议对国家级生态县创建工作进行集中评议，环保局汇报国家级生态县创建工作情况；傅朝宗作国家级生态县创建工作民主评议报告；曹启峰和陈建良先后作重要讲话。

协商议政

制定年度协商计划 2014年，着眼全县经济、政治、文化、社会和生态文明建设中的重大和敏感问题，制订出台《2014年协商工作计划》。首次对年度协商工作进行整体安排，科学规范协商议题、协商形式、协商人员、协商成果报送和协商意见处理反馈制度，提高协商议事层次和规范化水平。

拓展协商议政平台 2014年，运用全体会议、常委会议、主席会议、专题会议、专委会议、界别会议、提案办理协商会议等协商议政平台，踊跃开展协商活动。全年召开各类协商会议73次，其中专题协商17次、界别协商24次、对口协商10次、提案办理协商22次。对事关永嘉经济社会发展全局的重大问题开展多层次协商建言。在深入调研的基础上，就“两美”永嘉建设、城镇产业用地发展规划、固定资产投资和重点工程建设、政府债务控制、“五水共治”、绿化造林、生态县建设、残疾人事业发展、消防和安全生产等重要议题开展专题协商。重要协商活动邀请党政领导和相关部门负责人参与座谈讨论，提高了协商的针对性和有效性。

重视协商建言质量 2014年，坚持正确的政治方向，坚持协商议政的系统性、贯通性，针对宏观经济下行和转型发展中出现的矛盾与问题，多次召开协商议政会，通过创新驱动，优化产业结构，加快发展方式转变，突出工业优势地位，推进“退二优二”。深入开展环境整治，提高部门服务效能，建立问题会商解决机制，创造良好的投资环境，促进经济平稳增长。特别就扶持成长型中小企业发展壮大相关问题，提出许多有针对性的意见建议。

民主监督

开展经常性的视察监督 2014年，县政协把实地视察作为民主监督的重要抓手，紧盯“三改一拆”“四边三化”“四换三名”“三转一市”和有关重点工程建设、产业园区建设，开展经常性的明察暗访。组织开展“组委界别联动，百名委员同行，助推五水共治”专项集体民主监督活动，抽调108名委员组建6支民主监督小组，累计进行了26次视察，视察范围涵盖所有功能区、镇（街道）和160多处水利工程。通过看现场、听汇报、提建议，督促问题整改，推进治水工作，扩大民主监督影响力。

优化民主评议监督方式 2014年，围绕国家级生态县的创建，对涉及多个部门的20多项工作进行民主评议。建立民主评议工作组，深入有关部门、镇（街道）、社区、企事业单位进行调研。在掌握情况的基础上，分层次召开7次座谈会进行评议讨论，形成评议工作报告。最后在第十四次常委会上进行集体评议，并进行满意度测评。通过评议，达到了营造氛围、肯定成绩、总结经验、发现问题、鞭策整改的目的，促进了生态建设和环境保护工作。

与有关部门开展联合监督 2014年，选派政协委员配合纪检部门开展监督活动，参加中央八项规定和机关作风建设有关禁令执行情况的明察暗访。给有关部门选派行风监督员，围绕县委、县政府“两提两争”主题实践活动和群众聚焦的热点问题，对机关重点科室和基层站所存在的问题和不足进行评议监督，进一步推进政风行风建设，优化投资软环境。

为经济转型升级发挥“智库”作用

加强调查研究 2014年，按照“专、精、深、实”的要求和“党政所需、群众所盼、政协所能”的原则，进行深入调查研究。针对宏观经济“新常态”，就促进经济转型、厉行资源节约、加快城镇化建设、扶持成长型中小企业发展、加强楠溪江保护、发展学前教育等大做文章，共提交调研报告和理论文章10篇，提出了许多有价值的意见建议。

参与重大工程项目的谋划 2014年，精心参与城乡统筹、美丽乡村建设、旧城旧村改造若干重点项目的政策与规划方案研究。利用“两提两争”责任分工和四套班子“九联系”载体，按照“一线”要求，参与8个重点工程、7个招商项目、8个重点工业项目、6个旧城旧村改造项目和一批“四边三化”“三改一拆”“五水共治”项目的建设和治理工作，担任7条黑臭河、垃圾河治理的“河长”，切实履行掌握情况、出谋划策、协调关系、督查落实的职责。发动委员捐助治水资金660多万元。

为委员建言立论创造平台 2014年，凡召开常委会议、专题会议、界别会议都积极鼓励委员开动脑筋、踊跃建言，营造知无不言、言无不尽的政治氛围。全会期间的大会发言和座谈讨论是委员与党政领导面对面交流的重要平台。县政协专人分工大会发言和专题座谈议题的收集、筛选及文稿审核工作。还在九届政协三次会议中首次增设“即席发言”环节，20多位委员的大会发言和即席发言，内容涵盖五大文明建设的大政方针和具体问题，提出了许多真知灼见，也开创了良好的会风。

关注民生

提案聚焦民生 2014年，充分发挥提案在解决民生问题中的重要作用。抓好提案征集、立案、交办、督办、反馈、评议、考核、奖罚等环节，努力提高提案质量，调动委员提案积极性。全年经立案的提案246件，涉及民生的126件，从中筛选出18件民生提案作为重点提案，县委、县政府、县政协领导直接督办，促进提案的真正落实，推动了环境保护、食品安全、社会养老、教育公平、垃圾污水处理、公共交通、医疗卫生等领域事关民生问题的解决，受到了群众的好评。

社情民意反映民生 2014年，始终把改善民生作为反映社情民意信息工作的主线，作为履行群众工作职能的重要抓手，及时反映主流民意和各界群众诉求。拓宽信息渠道，加强业务培训，发挥骨干信息员作用，配备精干编撰力量，扎实推进社情民意信息工作。全年编辑社情民意信息70期，向上级政协报送重要社情民意58篇，其中被全国政协采用2篇，被省政协采用12篇，被市政协采用31篇，信息工作考核分数在全市11个县（市、区）和32个界别中名列第二。《建议以都市农业开发模式推进我市城镇公园建设》等10篇信息获得市县主要领导批示，许多意见建议得到具体落实。县政协报送的有条件支持企业对宗地进行分割确权的建议，市国土资源局专门进行调研论证，并出台文件作出政策规定。

扶贫济困改善民生 2014年，高度关注欠发达地区群众的生产和生活，经常深入山区体察民情、开展调研，帮助当地出点子、解难题。组织开展送文化、卫生、科技、教育、法律、体育“六下乡”活动。政协班子和政协委员给30多个村居（社区）捐款捐物，支持欠发达地区建设公共设施和发展公益事业，并给120多贫困户、“三无”人员赠送扶贫款、慰问金，捐资总额达3000多万元。

协作与交流

加强界别团结合作 2014年，县政协加强同民主党派、工商联、工青妇侨等人民团体和无党派人士的沟通联系，认真听取意见和建议，共同研究履职工作。邀请他们参加政协的调研、视察、座谈等活动，认真交办、承办他们的提案和意见建议，及时报送他们提供的社情民意信息，支持他们充分履行协商参政、民主监督职能。认真贯彻党的民族宗教政策，促进民族团结、宗教和谐。坚决支持、积极参与依法整治违法建筑，团结宗教界委员和知名人士，加强思想政治工作，疏导信徒情绪。拆除三江教堂违法建筑后，常委会组织人员分赴7个镇（街道）部署维稳，并参与专题教育试点工作，深入村居，走访教徒，掌握思想动态，宣传宗教政策，化解社会矛盾。

深化对外交流 2014年，加强与上级政协、兄弟县（市、区）政协的联系和交流。配合省、市政协到永嘉开展包括“五水共治”、养老事业、重点工程建设、经济转型升级等课题的调研视察，认真承办全市政协系统“五水共治”民主监督经验交流会。热情接待外地政协到永嘉考察美丽乡村建设、旅游产业、工业发展和生态文明建设，在交流合作中积极宣传永嘉，提高永嘉的知名度和美誉度。

致力传统文化传承发展 2014年，充分发挥文史资料在存史资政、团结育人方面的独特作用。扎实做好文史资料的征集、编辑和出版工作，传承永嘉地域文化和永嘉人精神，征编出版《永嘉文史资料》第26辑，组织编撰《陈光复诗选》，与温州大学专家合作着手编撰《徐定超集》，配合市政协做好史料永嘉部分的征集。弘扬书法和象棋等民族传统文化，组织开展浙江省“兰亭奖”中小学生书法大赛永嘉赛区工作，选拔17名选手赴温州参赛，其中4人获得一等奖；结合委员活动日，邀请中国象棋特级国际大师蒋川举办“一对八”盲棋挑战赛。高度重视文物保护工作，赴罗东古窑址和芙蓉、苍坡古村开展实地考察并形成关于县文物保护情况的调查报告，呼吁加大文物保护和开发利用力度。重视政协宣传工作，全面改版政协网站。《联谊报》等省级以上媒体报道永嘉政协工作十多篇。

自身建设

加强思想作风建设 2014年，根据中共中央和省、市、县委的统一部署，县政协党组和政协机关紧扣为民务实清廉主题，深入开展党的群众路线教育实践活动。认真学习党的理论、路线、方针政策和习近平总书记系列讲话精神，聚焦“四风”问题，广泛征求意见，严肃开展批评与自我批评，落实整改责任，做到真抓实改，扎实推进作风建设。活动中，共征集意见建议56条，查摆“四风”方面存在的突出问题10条，制定整改措施10项。严格执行中央“八项规定”和省、市、县委加强作风建设各项措施，精简会议活动，控制文件简报，厉行勤俭节约，严格“三公”经费管理。全年接待费同比下降40%，会务费、考察费同比下降70%。

强化委员服务管理 2014年，尽职尽责为委员履职创造良好条件。一是加强委员学习培训。多次举办培训班，帮助委员学习掌握有关理论和业务知识，拓展委员视野、增强履职能力。二是开展委员大走访。由班子领导带队，分片逐个走访慰问，了解委员工作生活情况，征集委员意见建议，增强委员对政协组织的认同感和归属感。三是实施委员履职量化考核。严格执行《永嘉县政协委员履职考核暂行办法》，建立委员履职数据库，对委员参加会议、提交提案、撰写信息和参加调研、视察等各方面情况进行统计分析，激励先进，鞭策后进。

建立完善制度体系 2014年，进一步推进政协工作制度化、规范化和程序化建设。把民主监督摆到政协工作更加重要位置，认真执行《中共永嘉县委关于进一步加强人民政协民主监督工作的实施意见》（永委发〔2014〕67号），在民主监督方式和机制上取得新突破。全面修订完善理论学习、委员访谈、调查研究以及全体会议、主席会议、常委会议等履职工作规则，修订完善办文办会、考勤、“三公”经费管理等机关工作的规章制度，并认真抓好贯彻落实，为政协事业发展提供制度保障。

（潘滔滔）

民主党派　社会团体

中国农工民主党永嘉县委员会

概　况　2014年，中国农工民主党永嘉县委员会(简称农工党永嘉县委会)在中共永嘉县委、农工党温州市委会的领导下，在中共永嘉县委统战部的指导和帮助下，践行社会主义核心价值体系和“同心”思想，团结带领广大党员，围绕中共永嘉县委、县政府的中心工作，深入调查研究，以政协大会发言、提案、反映社情民意信息等形式开展参政议政和社会服务工作，为永嘉科学发展跨越发展作出积极贡献，展示了良好的参政党形象。

参政议政　2014年县“两会”期间，农工党永嘉县委会8名市、县人大代表、17名市、县政协委员围绕经济建设和社会发展的热点、难点问题，建言献策，提交提案、议案19件。其中《关于加快县城城市化建设的建议》《关于进一步深化我县公立医院改革的建议》《关于我县教玩具产业发展的建议》《关于改善民工子女就学条件，稳定企业工人队伍建设的建议》《关于进一步完善规范我县招标投标相关管理的建议》《关于改进楠溪江污水与垃圾处理工作的建议》《关于发展县城公共交通的建议》7件提案被县政协列为重点提案。《关于进一步深化我县公立医院改革的建议》《关于我县教玩具产业发展的建议》《关于进一步完善规范我县招标投标相关管理的建议》3件提案被县政协列为优秀提案。主委傅朝宗的《探索新模式，培养新产业—关于大力发展学前教育的建议》县委会调研组的《关于大力发展创新型成长性中小企业的建议》分获温州市党外人士学习贯彻十八届四中全会精神“诤友建言”二等奖、三等奖。

考察与调研　2014年，农工党永嘉县委会发动各支部围绕“两美永嘉”建设以及人民群众普遍关心的热点、难点问题，开展专题调研。6月26日，主委傅朝宗同泵阀研究院杨国来院长一行走访浙江工正科技发展有限公司，调研企业高端人才紧缺和如何建立校企人才联动机制。4月15日和8月13日，主委傅朝宗率视察组赴东瓯、三江、乌牛、碧莲、巽宅等地视察“五水共治”与国家级生态县创建工作。11月6日，主委傅朝宗带领部分教育界新老县委会委员、支部主委到温州翔宇中学调研永嘉教育改革发展工作。县人民医院支部2013年在县科技局立项的“永嘉县百岁老人长寿原因调查与分析”课题稳步推进。调研由已培训的支部党员专业调查员持《永嘉县百岁老人名单表》和《永嘉县百岁老人基本状况调查问卷表》,逐一进行入户核实并完成调查。《环境与长寿相关性研究——永嘉县百岁长寿老人调查》于10月顺利结题。课题以“中国长寿之乡”为起点，通过研究永嘉百岁长寿老人区域性的长寿规律及长寿因素，深入研究分析水、土壤、空气等环境因素，为永嘉健康养生研究提供参考依据。党员李建森《永嘉县电子商务的调查与研究》荣获社科联研究课题评比三等奖。助推《网络经济规范有序发展》课题列入县工商局重点项目。医药卫生支部组织党员利用工作时间分别走访了奥康集团等30家企业以及联系点企业，了解企业存在困难与问题，开展驻企服务。

思想建设　2014年，农工党永嘉县委会高度重视农工党中央、省委会、市委会对加强自身建设的各项要求，开展了《关于开展坚持和发展中国特色社会主义学习实践活动的决定》《学习宣传中共十八届四中全会精神》等学习活动。各支部组织座谈会、QQ群、微信群等形式开展学习实践活动，学习新时期统战理论政策和传达贯彻各有关会议或文件精神。4月4日，农工党永嘉县委会召开五届七次全体党员大会，农工党浙江省委会组织部部长舒愉受邀作了农工党史专题学习讲座。

组织建设 2014年，农工党永嘉县委会新吸收新党员8名，年末党员合计131人。新增县人大常委1名（金哲新），县政协常委1名（叶蒙），提升参政议政力量。人民医院支部与医药卫生支部获2013—2014年市优秀支部，主委傅朝宗获2013—2014年参政议政先进个人，周索奇、戴淑华获2013—2014年党务信息先进个人。

组织活动 2014年1月24日，农工民主党永嘉县委会主委傅朝宗，常委徐聪男、周索奇，医药卫生支部主委周建良一行慰问了徐朝恭、潘公佑老党员，送去新春祝福。10月25日，综合支部全体党员到陡门潘垟村探望老党员陈德星，共同探讨2015年如何加强支部自身建设，并深入讨论如何在新形势下发展新党员等。10月31日，医药卫生支部到永嘉县革命古村——岩坦镇屿北村走访慰问，给6名困难老中共党员、群众送去温暖与祝福。12月13日，瓯北支部组织党员到西溪茶坑自然村拜访慰问农户，了解山区贫困群众生活状况。医药卫支部组织党员赴桥下镇茗岙社区、昆阳社区开展慰问活动，为136名贫困村民送上爱心鞋，得到当地群众赞誉。

民主监督 2014年5月21日，党员周巧巧被邀参加县食品安全检查活动，先后参观了县食品和农产品综合检测中心、县农产品安全快速检测中心和1个农贸市场快速检测室、1个街道农产品动态检测站，对各检测机构的仪器配置、人员落实和检测工作开展情况进行了详细了解，并就如何加强食品检测能力建设、食品安全宣传教育、食品行业诚信建设等方面提出了建议。9月17日，周索奇参加永嘉食监局开展“你点题，我检测”活动，对全县5个镇（街道）经营包子、馒头的餐饮单位进行点题抽检。11月，党员周索奇、叶蒙被县人民检察院聘任为特约人员，任期5年，对永嘉检察工作开展全方位的民主监督。

社会服务 2014年，农工党永嘉县委会始终把群众受益作为出发点和落脚点，积极开展社会服务工作。先后到岩坦镇张溪社区、桥头镇白云村、岩头镇五鹓社区、东瓯街道和三村、北城街道东山下村、县福利中心院等地开展义诊、送教、扶贫等同心服务活动共13次，诊治病人2000多人次，赠送药品价值共计4.5万余元。开展医疗讲座5次，送教下乡7次，全年用于社会服务及捐助的各类扶贫款、慈善款52.5万余元。经农工党永嘉县委会牵头，凯奇集团、浙江潜力玩具有限公司分别给张溪学校送去价值2万多元的大型游乐设备和桌面玩具。县人民医院支部改变传统的义诊方式，创新服务模式，县委会副主委杨丕、支部主委周巧巧、副主委张贤莉协同退休党员黄本笃、叶林夫医师反复调研、筹划在北城街道东山下村文化服务站设立了“农工人民医院支部健康教育基地”，提高党派社会服务活动效应，为永嘉“长寿之乡”建设尽心尽责。为老年人建立健康随访本，集中、定期开展医疗、护理、康复、免费体检等系列巡回活动。

个人慈善 综合支部党员陈德星带领下的南方投资集团继续发扬宗旨意识，在显现自身高速发展的同时为永嘉的经济建设、公益事业作贡献，特别是在扶贫、助医、助学等慈善公益事业投入大量资金。综合支部老党员叶克连创办的温州长城拉链集团有限公司的赞助了2014年浙江省第二届全民体育节暨“长城拉链杯”永嘉县自行车爬坡邀请赛。12月27日，叶克连出资50万元赞助举办了《菇溪桥头》摄影作品展暨作品集首发仪式。县人民医院支部组织退休人员开展多次健康公益活动。退休党员罗小蓉担任县红十字会救护小组副组长，并成立救护知识培训讲师团，在全县多个校区、社区开展“心肺复苏”急救示范活动。

党员业绩 2014年1月党员吴建屏当选浙江省中医药学会外科分会第五届委员会委员；2月党员吴建屏、徐芬被永嘉县人民政府授予“永嘉县名医”称号。5月，党员胡益浩于国家级期刊《科学导报·教育论坛》发表论文《美术课上的“包罗万象”》并在县艺术节活动中被评为优秀指导师，其《珍爱生命，拒绝毒品》教案获县三等奖，被评为温州市第四届教坛中坚，在2014年度七巧科技系列活动中被评选为全国优秀指导师。张汉珍老师在《学苑新报》上发表了论文《班级自主管理的策略及实施》，施春花老师的《粗心大意的归因与分析》获得县级论文评比一等奖。卢彤老师获得高中现场作文比赛优秀指导师。谷尚品老师开了县级公开课《巧求表面积》，在《考试周刊》上发表了《关于“创造性地使用教材”的冷思考》，获得永嘉县第三届“小数学家”优秀指导师。3月，党员郑声浩论文《和肽素、神经元特异性烯醇化4水平变化对急性脑梗死患者预后的预测价值》在《中国医师杂志》上发表。洪翠华论文《围绝经期妇女激素替代后生命质量的变化》在《中国性科学杂志》上发表。党员余晗论文《脑卒中患者早期康复疗效及其影响因素分析》获永嘉县第十二届优秀科学论文三等奖，“脑梗死静脉溶栓治疗技术”获永嘉县2013年度医学新技术新项目二等奖，获2014年永嘉县青年科技奖，并被评为永嘉县首届神经内科学科技术骨干。党员洪翠华、郑声浩分别被评为县人民医院妇产科、神经内科学科带头人，党员张贤莉被评为永嘉县优秀专业技术人才。党员戴本顺荣获2013年度县人民法院办案积极分子，并被推选参与省高院个人二功等考核。（周素奇）

永嘉县总工会

概　况　2014年，在县委和上级工会的正确领导下，永嘉县总工会紧紧围绕全面深化改革及永嘉“五水共治”“三改一拆”等中心任务，以开展党的群众路线教育实践活动为动力，以实施市总六大主题活动为载体，求真务实，开拓创新，扎实做好县总年度重点工作，团结动员广大职工在建设“两美”永嘉中充分发挥积极作用。

基层工会组建　2014年，县总工会为了摸清全县工会组织基本情况，做到底子清、情况明，部署开展工会组织基本情况大调查活动，对全县镇（街道）总工会基本情况，社区工会联合会基本情况、基层工会情况等工会基本情况进行了调查。掌握了全县7104家企业的分布情况和工会组织建设情况，为工会开展工作提供了坚实的基础保障。8月，开展了为期1个月的工会组建月活动。全县共组建单独工会162家，行业工会3家，涵盖企业821家，发展会员19520人。

工会规范化建设　2014年，县总工会结合“走亲连心解忧”主题实践活动，开展职工之家、职工小家、“三型六好”基层工会、“六有”示范工会等一批先进的评选创建活动，新选树育才教玩具有限公司等一批工会规范化先进典型，为全县企业工会树立了榜样。

工会干部队伍建设　2014年，县总工会开展职业工会工作者队伍建设试点工作，根据浙江省总工会《关于2014年职业化工会工作者招聘工作有关事项的通知》（浙总工发〔2014〕74号）文件，向社会招聘10名职工化工会工作者。注重全县工会干部的培养，加强全县工会干部的培训工作，利用省总干校的学习平台于11月组织全县工会干部培训班，邀请工会专家在全县范围内对200多名工会干部进行专业知识培训。

职工技能素质提升　2014年，县总工会开展合理化意见征集活动，下发关于合理化意见征集活动的通知，动员广大职工参与进来进言献策。根据市总的要求，组织开展“五型”班组和工人先锋号创建工作，全面提升班组管理水平和职工整体素质，创建“五型”模范班组6家、“五型”先进班组15家。4月，与县委农办（农业局）共同组织举行第二届迎“五一”来料加工技能比赛。7月，开展了以“助力五水共治·共建美丽永嘉”为主题的立功竞赛活动和“我为治水献一计”金点子征集活动。

劳模工作　2014年，县总工会积极组织开展省级劳模推荐工作，于2月14日在县政府召开省级劳模评审会。经过层层推荐，1人荣获全国五一劳动奖章,2人荣获省级劳模称号，1家企业荣获省级模范集体。认真贯彻落实《关于调整离退休劳动模范荣誉津贴标准的通知》（温政办〔2014〕63号）文件要求，县政府转发了该文件，增强了对离退休劳模的关心与慰问，进一步落实和提高离退休劳模的津贴标准。拨出经费，组织全县劳模免费体检。

职工疗养　2014年，县总工会结合永嘉实际，于10月份下旬下发文件确定人员名额、经费开支、时间要求、疗养路线等具体条件，并利用一周时间完成全县近600名职工参加疗休养的报名工作，于11月份正式开展全县职工疗休养工作，12月下旬顺利完成工作任务。

维权帮扶　2014年，县总工会加强与县人社局、工商联等部门合作，认真部署安排工资集体协商工作。组织下发了新版工资集体协商文本，及时更新全县工资集体协商合同，进一步促进合同规范化。5月30日在县总工会召开2014年第一次全县协调劳动关系三方会议，进一步加强三方协作。全年全县独建的1856家企业工会全部签订集体合同、工资协商、女职工专项集体合同，合同续签率百分之百。其中，伯特利阀门集团有限公司和育才控股集团有限公司还被评为温州市首届工资集体协商示范单位。全县11大工业行业工会均已82个社区全部建立区域性集体合同、工资协商、女职工专项集体合同。

职工医疗互助保障 2014年，县总工会深入各基层工会宣传动员，通过转发市总文件、编印和发放职工医疗互助保障资料、设立网站宣传栏、派专人向广大职工介绍讲解职工医疗互助保障知识等措施，在全县范围内宣传职工医疗互助保障是工会真心为职工谋福利的一项重大举措。10月，与县财政局、审计局、人事局、卫生局等部门联合转发了《关于推进我市职工医疗互助保障工作的意见》（温总工发〔2014〕45号），进一步扩大全县职工医疗互助保障的影响力。针对已经参保的单位，设立了信息联动机制，开设了电话咨询服务，各基层工会做好日常的信息登记和汇报工作，为做好及时理赔工作打下了基础。全年全县参保人员8678人，参保金额58.2万元，赔付金额达18万元，其中一名因意外摔倒经抢救无效的永嘉轮船公司职工获赔3万元。

服务职工 2014年，县总工会与人社局在瓯北人力资源交流市场成功举办永嘉县"春风行动"公益性人力资源招聘服务周活动，共有215家企业参会，提供岗位11986个，涉及机械、泵阀、教玩具、服装、制鞋、服务等6大行业，进场求职咨询12000多人次，达成就业意向1794人。6月，先后开展了"六五"普法宣传和"阳光人事、和谐劳动、民生社保"等活动，累计发放宣传资料2000多份，接受咨询约300人次。7月，深入企业开展普法宣传活动，向企业职工普及有关职工维权与工资集体协商方面的法律法规知识。

职工文体 2014年，县总工会开展丰富多彩的职工文体活动。与县体育局、县新居民服务管理局联合举办浙江省第二届体育节暨永嘉县新居民趣味运动会，非永嘉籍职工踊跃报名参加，进一步推动新居民健身活动的广泛开展。举办县职工钓鱼比赛、县干部职工足球比赛、登山比赛、"六一"亲子游园会、"牵手青春"七夕联谊活动、县金融系统趣味运动会。7月，举办了"寻找最美河流""最美水卫士"为主题的职工摄影作品征集活动。开展"争当好职工、奉献中国梦"主题征文及演讲比赛和百场电影送基层活动。开展欢乐职工唱响温州（永嘉专场）文艺秀活动。县职工文化活动中心已经进场建设，场地三通一平已经全面完成。职工书屋和三位一体职工文化乐园建设全面推进，全县新建市级三位一体职工文化乐园4家，市级职工书屋10家。为确保流动"职工讲堂"活动健康有序开展，县总统筹安排，发动全县沿江各镇（街道）总工会举办流动"职工讲堂"，成功举办11场。

自身建设 2014年，县总工会深入开展党的群众路线教育实践活动。在县委和县委第十六督导组的指导下，以"为民务实清廉"为主要内容，聚焦"四风"突出问题，按照"照镜子、正衣冠、洗洗澡、治治病"的总要求，认真开展党的群众路线教育实践活动，召开动员大会集中学习。开展"三思三观""走亲连心解忧""坚定理想信念、增强党性观念、强化党的纪律、敢于担当克难""谈心交心"等专题活动，把学习教育与专项行动结合起来，坚持边学习边查找边改进，以改进作风的实际行动让群众看到变化、见到成效。县总机关党的群众路线教育活动进入整改阶段。班子整改项目13个，已完成整改10项；各党组成员整改项目18个，已完成8个。

工会财务规范化建设 2014年，县总工会积极争取县财政局支持，继续完善工会经费代征工作，依法征收工会经费，为工会更好地开展活动提供经费保证。每季度按时按量完成市总核定的工会经费任务，落实《温州市乡镇（街道）工会财务工作规范化建设的实施意见》，于6月中旬对各镇（街道）总工会财务工作进行规范化考核。11月，县总财务检查组分别在轮船公司、烟草专卖局、罗浮中学、桥下镇人民政府召开了年度基层工会财务互助检查交流会，对有关基层工会的财务账本进行抽查，并要求各基层工会对检查中发现的问题做好整改。

（陈鸣旭）

共青团永嘉县委员会

概　况 2014年，共青团永嘉县委员会（简称团县委）以党的十八大和十八届三中、四中全会精神为指导，以党政所要、青年所需、少年所求为着力点，以青少年思想引领为基础，以助推青年就业创业、完善志愿服务体系、健全维权关爱制度为重点，加强自身建设，完善基层团组织格局创新，各项工作均取得了新的进展,获得浙江省"五四"红旗团委、省级先进少工委、温州市共青团工作创新奖、温州市未成年人思想道德建设先进单位、团市委年度考核优秀等次等荣誉。

青少年思想引领 2014年，团县委以“网上+网下”互动的模式，深入开展青少年理想信念教育活动。网上，通过“永嘉青年”网、微博、微信、手机报等新媒体，开展十八届三中、四中全会及习近平总书记近期系列重要讲话精神学习活动。网下，通过组织全县团干部参观“红十三军”旧址、国庆开展“我与国旗合个影”“缅怀英烈930”等活动，引导和激励广大青少年牢固树立爱党爱国的崇高理想信念。全年共开展各类学习活动60余场次，现场参与人数1000余人次，多媒体覆盖人数5000余人次。以“美丽永嘉我的梦”为主题，开展助力“两美永嘉”专题，“六一”微视频大赛和“五水共治宣传月”随手拍大赛，收到近200份参赛作品，评出一、二、三等奖共10个，优秀参赛奖50余个。在全县成立了一支由200人组成的青年网络评论员队伍，通过永嘉共青团全媒体宣传社会主义核心价值观，开展“一双感动亿万人的手”“我最近看的一本书”“对网瘾说‘不’”青春讨论会等活动，在网络空间倡导文明风尚，通过展播永嘉革命先烈、优秀创业青年事迹，净化网络空间，为广大青少年打造健康向上的网上精神家园。

青年创业建功 2014年，团县委建立电子网商资源共享平台，成立服务团队，组织青年电商参观学习3次，覆盖网创青年270余人；建立服务分队12支，为青年电商提供了丰富的创业资源；完善青年创业人才库、导师库、项目库和岗位库的建设。形成多样的资金扶持方式，成立“永嘉青年创业扶持基金”，健全青年创业小额贷款机制，全年筹集资金45万元，配套资金90万元，向1075名农村青年发放创业小额贷款8053万元，带动就业人数2381人。与浙江工贸职业技术学院进行了创业项目合作，开展各类创业大赛、培训等12场，覆盖创业青年2000人次。联合各职能部门，共搜集创业政策文件162篇，编制《永嘉县青年就业创业政策文件汇编》。

青年志愿服务 2014年，团县委加强志愿服务队伍建设。全年新增注册志愿者3509名，开展助残、扶残等12个系列志愿服务，全面开展志愿服务100余场。加强志愿服务项目建设，创新派遣模式，分别在太平岩景区、出入境管理大队服务厅、原野园林建立了“幸福志愿站”和“幸福志愿站志愿队”，定时定岗为附近居民和来办事人员及游客提供各类便民服务。以各类重要节日和全县大型活动为契机，向“2014楠溪江·国际房车露营高峰论坛”、楠溪江首届国际户外休闲嘉年华等活动派遣志愿者200余人次。开展“青年建功美丽浙南水乡”行动，以“绿化三百·共创美丽浙南水乡”为主题，组织全县各级团组织和志愿者开展青春志愿治水大行动。组建18只治水突击队、“五水共治”宣讲团和监督团，共开展100场“五水共治”知识进校园、进企业、进社区系列宣讲活动。全年共出动志愿者10000余人次，在县域江边、溪边、河边开展植树造林、卫生整治等志愿服务活动150余次。

青少年维权关爱 2014年，团县委进一步规范了五类重点青少年群体数据库的动态管理机制，排摸输入不良和闲散青少年927人，帮扶人数669人。做好合适成年人指派工作，成立永嘉合适成年人观护团，进行了6次观护行动，给予未成年人在审查起诉阶段到审判阶段有效的法律援助。加强青少年维权岗建设，永嘉县法律援助中心、永嘉县人民检察院诉讼科、永嘉县心海心理志愿者服务队获得温州市第6批青少年维权岗称号。上塘派出所、岩坦司法所、永嘉县佳嘉乐青少年心灵成长中心申报了第7批青少年维权岗评选。组织“维权岗”进学校、进企业开展宣传活动12次。

希望工程活动 2014年，团县委开展助学、助医和助困活动。全年新确定特困学生219名，结对贫困中小学生402人，帮扶困难青少年3768人次。开展“情系永嘉·圆梦大学”助学活动，发放助学金219.49万元，结对特困学生439名，提供生源地助学贷款53.62万元，资助贫困生91人。参与“百所希望小学百个心愿”公益活动10场次，为7所山区小学援建希望书库、希望操、体育器材等。组织开展勤工俭学、专业技能培训课、人才交流工作面试会等帮扶活动9场次，帮助贫困生获得勤工俭学岗位共214人，带动就业人数64人。开展“万名山区留守儿童欢乐行”，为1000多名留守儿童和新居民子女提供科技体验。同时开展“城乡手拉手”“后备厢计划”和寒暑假、周末支教等帮困活动16场次。联合爱心企业和个人，为贫困儿童送去了童装、书包、书籍等礼品600余份。依托医务志愿者和专业学生社团等，抓住“3·5”学雷锋日、“六一”儿童节、“12·5”国际志愿者日等重要节日，送诊到山区，开展“健康巴士进校园”活动14场次，免费义诊、免费送医送药进社区等活动6场次。

学校共青团、少先队 2014年，团县委开展素质提升工程。累计开展以“对话信仰”为主题的教育实践活动59场，以“红领巾相约中国梦”为主题的少先队教育活动8场。开展“美德少年”争章活动和“美德少年”评选活动，共评出校级美德少年210名，县级美德少年78名，市级美德少年19名，省级美德少年3名。依托青少年宫和各类体育社团，开展“拥抱阳光·体育社团进社区、进学校”活动10场。结合队长学校以及青少年宫开展“拥抱阳光·暑期体育夏令营活动”3场，“拥抱阳光·流动少年宫进山区”等活动10场。组织了2期少先队活动课教研活动，联合14所学校成立了县《少先队活动课程实施纲要（试行）》实验联盟校，开展联盟校活动3次。开展“青少年公民教育”主题系列活动25场，其中开展“红领巾相约中国梦”建队节主题教育活动8场，“小公民诚信”教育活动3场，小公民“五水共治我助力·环境保护我最棒”环保实践活动5场，小公民“好书伴阅读”活动9场。

基层组织格局建设 2014年，团县委进一步完善基层团组织格局创新体系。以双网互动为统揽，实现组织、活动覆盖不留空白。全县共划分网格225个，其中农村网格113个、城市网格112个；已有1602个团组织、81个青年社会组织数纳入“双网互动”格局；已组建青少年专业服务队25支，网格日常管理服务团队225支，服务190次；已建立网络阵地70个，培育网格青年骨干183人。加强团干部队伍建设。顺利召开共青团永嘉县第十八次代表大会，吸收全县29名优秀青年同志担任十八届委员会委员，为永嘉共青团未来的工作注入新鲜血液。全县900多个村全部完成换届工作，200多个支部书记进入村两委班子。开展新任团干部培训、网格长培训等，提高团干部服务青年的工作水平。全县按以会代训、专题培训的形式共开展培训10次，培训755人次。通过层层选拔，推荐3名团干部进入团省委团委书记培养人选人才库。

（潘媚媚）

永嘉县文学艺术界联合会

概　况 2014年，永嘉县文学艺术界联合会（简称县文联）深入学习贯彻中共中央十八大和十八届三中、四中全会精神，坚持围绕县委、县政府中心工作，服务大局全力推进各项文艺工作，为推进永嘉“文旅融合”战略与文艺发展大繁荣做出应有的努力。

文艺活动 2014年3月19日，由中国诗歌学会、中共永嘉县委主办，中共永嘉县委宣传部、永嘉县文联承办的艾青、高瑛诗歌合集《诗的牵手》首发仪式在永嘉坦下耕读小院成功举办。国际诗人笔会秘书长、中国诗歌学会名誉会长、著名文学评论家张同吾，中国诗歌学会副会长、著名军旅作家、诗人曾凡华，中国诗歌学会副会长兼秘书长、著名诗人李小雨，原北京军区政治部作家陈惠方，《文艺报》总编室主任徐忠志，《光明日报》总编室副主任李宏伟，北京时报文艺部主任李培禹，中国诗歌学会理事杨东彪，温州市文联副主席邹跃飞，永嘉县四套班子和有关单位领导及永嘉诗歌爱好者共70多人参加。副县长周俊武主持。4月16日举办《黄帝内经》主题篆刻创作启动仪式在坦下耕读小院举行。活动组织了40余名温州市书法篆刻家、文史学术委员会委员、诗词委员会委员等相关人士参加。进行了现场篆刻创作、书法笔会。5月6日，由浙江省美术家协会、温州市文学艺术界联合会、中共永嘉县委县人民政府主办，中共永嘉县委宣传部、永嘉文学艺术界联合会承办的“秀美水乡·古韵楠溪”——全国知名画家永嘉行采风创作活动启动。采风创作活动收藏每位画家精品一副，并收录每位画家4幅楠溪江作品电子稿结集出版《秀美水乡·古韵楠溪》。9月14日，由浙江省文联、浙江曲艺家协会组织的全省曲艺名家巡演农村文化礼堂来到永嘉县的苍坡古村文化礼堂，以送艺下乡的形式，吸引了苍坡古村及周边村庄众多村民前往观看。省文联书记处书记张均林、温州市文联主席吴琪捷、永嘉县宣传部部长林小露、永嘉县文联主席陈伟峰等省、市县领导到场观看了演出。

赛事活动 2014年,县文联为认真贯彻“先进文化引领”战略，深入实施“文化人才工程”和“文化精品工程”，进一步激发广大文学艺术工作者的创作热情，提升文化品位，推进文化大县建设，开展“文学艺术奖”评选活动。经个人申报、各协会初评、县评审委员会审定，共评选出第五届文学艺术奖获奖个人51人。其中金奖6名；银奖18名；铜奖27名。评出近两年自费出版的29部文艺书籍给予补助和奖励。5月18日，永嘉县“舞动花季”少儿舞蹈大赛在永嘉宾馆四楼多功能厅举行。共收到幼儿组、少儿组、少年组、群舞组四个组别63个节目，分别评出四个组别的金、银、铜奖若干名。部分获奖节目代表永嘉参加8月份举行的温州市独、双、三舞蹈比赛及浙江省“阳光花朵”小舞蹈家等比赛，从而进一步发掘和培养我县更多少儿舞蹈人才。5月，联合县文明办、县教育局开展了以“讲讲友善、孝敬、诚信故事”为主题的征文大赛。各镇街、各中小学精心组织，广大未成年人积极响应，共收到参赛作品5300多篇,共评出小学组一等奖12名，二等奖21名，三等奖32名；初中组一等奖12名，二等奖23名，三等奖35名；高中组一等奖10名，二等奖21名，三等奖29名。联合县委宣传部、县教育局、县新华书店举办全县第九届中小学生“暑假读好书” 征文比赛活动。向中小学生推荐有关书目120余篇，要求学生以“爱我楠溪山水·品读经典美文”为主题写出读后感参加比赛。经学校申报、活动组委会审定，共评选优秀指导师56人，优秀组织奖23名，获奖个人1500余人。

协会建设　2014年5月，县曲艺家协会成立并召开第一次会员大会。大会选举产生了第一届曲艺家协会理事、主席、副主席、秘书长，原温州市曲艺家协会副主席潘爱国担任县曲艺家协会主席。协会推动传统曲艺、曲目的挖掘、收集和整理。开展多种形式的曲艺创作和演出活动，不定期地举办曲艺观摩、演出、比赛等活动，以开拓曲艺工作者的视野、提高曲艺工作者的业务和理论水平，促进曲艺队伍不断壮大。12月，永嘉摄影家协会召开了第八次会员大会。省摄协副主席温州市摄协主席朱保钢、市摄协秘书长金培林、永嘉文联主席陈伟峰及永嘉各文艺家协会负责人应邀参加了会议。大会通过无记名投票选举产生了第八届理事会成员26人。

阵地建设　2014年，县文联认真办好文联网站、官方微博，将永嘉文艺家的文学、书法、美术等作品在网站、微博刊出，把文艺作品成果转化为广大干部群众的共享资源，激发文艺爱好者的创作热情，成为文联工作发现人才、培养人才的高地。永嘉青年书法家徐轰轰荣获“美丽浙江·秀水之韵——浙江书法大展”二等奖。

永嘉县妇女联合会

概　况　2014年，永嘉县妇女联合会（简称县妇联）在县委、县政府和市妇联的正确指导下，紧扣县市工作中心和发展大局，牢牢把握建设“坚强阵地”和“温暖之家”的根本要求，以实施“重点工作项目建设”为抓手，以主动作为、积极作为的精神，坚持创业建功促进发展、维权关爱改善民生、凝聚妇女共圆巾帼梦，扎实推动各项工作。

妇女就业创业　2014年，县妇联结合党的群众路线教育实践活动，围绕城乡妇女就业有岗位、创业有平台、发展有基础，全面开展各项服务。实施创业引导平台拓宽工程，通过巩固各行业协会、职业学校的教育培训阵地，开展分类引导妇女选择性创业就业。鼓励112名有闯劲、有文化、有经济实力的盛年妇女大胆创业；引导1566名年龄偏大、技能偏低的中老年妇女，在楠溪江旅游服务业、来料加工、家政服务领域寻岗就业；支持327名有一定文化、无后顾之忧的青年妇女外出务工。启动“巾帼家政服务业培训进社区”活动，以家政服务业培训为重点，兼顾淘宝店（网店）创业、电脑文秘、统计文员等培训，共举办8期培训10000多名城乡妇女，切实提高创业就业能力。深化巾帼创业支持行动，发放巾帼创业信贷资金4190万元，支持646名妇女创业；扶持来料加工点139个，发放来料加工费10500万元，向20900多名妇女发放来料加工工资3500多万元。抓住“三八”契机，在全县新命名24个巾帼文明岗，专题宣传报道浙江省农村科技致富女能手李飞燕、省来料加工优秀女经纪人张巧微、省巾帼建功标兵潘祝平等创业典型妇女，激励更多女性激情创业。

妇女依法维权　2014年，县妇联将维权工作作为妇联参与社会管理的有效手段，通过加强维权体系建设，创新维权方式方法，最大限度地把事关妇女儿童的矛盾纠纷解决在基层、化解在萌芽状态。3月6日，邀请全国妇联妇女研究所研究员、中华女子学院刘伯红教授，为全县700多名干部作《弘扬先进文化 倡导性别平等》主题讲座。全面开展男女平等基本国策“六进”宣传，进机关活动培训3次，进社区培训7次，进企业培训2次，进党校培训1次，受益人数1000多人。发挥“12338”维权热线作用。完善《永嘉县“12338”妇女维权公益服务热线管理办法》确保热线运行畅通，做到“每个来电有记录，每个咨询有回复，每个求助有反馈”。组织开展“三八”节维权周活动，联合县法院、县检察院为进城务工、下岗失业等困难妇女提供法律和维权服务。全力做好信访接待，坚持有案必办，服务来访妇女，努力为妇女儿童排忧解难。全年共接待妇女来信来访及维权咨询32件，办结率100%。各镇（街道）、社区、村妇联组织落实专人负责信访工作，完善信访接待制度，畅通诉求渠道，做好矛盾纠纷的预测、排查和调处力度。

文明家庭创建 2014年，县妇联通过文明家庭文化创建、女性素质提升工程、巾帼文化沙龙等多元化宣传教育活动，组织引导妇女真正成为社会管理的参与者、特色活动的响应者、工作成效的评判者。以文明家庭创建为统领，开展各类家庭评选活动，选树表彰文明家庭21户、平安家庭18户、学习型家庭25户、绿色家庭20户、健康家庭21户。引领广大家庭成员参与社会文明、平安出行、生态文明建设，体验健康生活。结合党的群众路线教育实践活动，开展廉政文化“进家庭”及家庭助廉活动，用实际行动筑起拒腐防变的家庭防线。把实施女性素质提升工程作为县妇联开展的“争创文明家庭共建文明城市”活动的重要内容之一。注重教育培训引导，广泛开展妇女“六学”活动，全年参加“六学”的妇女达30200人次;注重社会实践服务，深入开展巾帼志愿者服务活动，共组织参与各类便民服务共1500人次，其中参加“五水共治”380人次;注重道德素养培育，广泛动员各界妇女群众参加评选温州市首届最美家庭角色，永嘉陈笑、陈蕾喜获温州市最美妈妈称号，张桂蓉、冉艳获市最美妻子称号，王洁瑜获市最美女儿称号。按照市委提出的“实施‘精神家园’工程、推进‘六城联创’和‘五水共治’”要求，立足家庭的主阵地，实施“六在家庭”文明行动。依托全县1000所妇女之家开展寻找“最美家庭”活动，共举办家风家训评议会和最美家庭故事会各36次，有500幅家庭照片在160所妇女之家晒出，有效引领广大妇女和家庭成员弘扬家庭美德、树立良好家风，倡导科学、文明和健康的生活方式，共建美丽家园。

关爱妇女儿童 2014年，县妇联将关爱妇女儿童作为妇联服务民生工作的出发点和落脚点，完善关爱机制、创新关爱载体，打造贫困妇女儿童帮扶体系，扎扎实实为妇女儿童做好事、办实事、解难事。积极推动妇女儿童纲要实施,把妇女发展纳入全县经济社会发展的全局作为实施规划的政策原动力，完善由政府主导、妇女儿童工作委员会协调，职能部门合作、全社会参与的工作机制。不断强化妇儿工委的内部管理,通过强化管理促进工作的规范化、科学化。健全完善了述职报告、例会、监测评估、奖励表彰等各项工作制度,并执行良好。针对因病致贫、因病返贫的妇女，通过“贫困母亲两癌救助”中央专项彩票公益金发放活动，为北城街道、南城街道、东城街道三位患癌贫困妇女每人发放了10000元的救助金。关爱贫困母亲，举办“崇廉尚德　为国教子”为主题的感恩母亲节活动，5月10日通过瓯北时代新名剪的“关爱母亲”的微基金，为江北街道清水埠社区10位母亲代表每人送上1000元慰问金和节日祝福。开展城乡牵手结对活动，新增结对贫困妇女4人，帮扶资金10000元。“六一”期间，县妇联充分运用党委和政府赋予的工作资源和条件，以“同在蓝天下携手共成长”为主题，组织开展丰富多彩、富有实效的庆祝活动。县四套班子领导带头，共慰问了2000多名小学生和1000多名幼儿园小朋友。开展关爱特殊困境儿童活动，东瓯街道妇联分别到瓯北四小、五小、七小为结对每位春蕾女童送上慰问金1500元；岩头镇妇联为困难、单亲、留守的80名儿童送上蜡笔、绘本、铅笔等文具用品；黄田街道妇联联合县新生代企业家联谊会等单位，为51名品学兼优的留守儿童实现微心愿。完成留守儿童调查工作，并建立相关档案。

“妇女之家”与“儿童之家”建设 2014年，县妇联以夯实基础、提升素质、改进作风为重点，不断巩固“坚强阵地”和“温暖之家”。全面提升女干部在村两委中的比例，全县906个村中，有村党支部女委员250人，村委会女委员904人。指导并完成全县各村妇代会开展换届工作，在“妇女之家”“儿童之家”纳入村级（社区）便民服务中心同时，坚持拓展“妇女之家”功能。指导各级妇女组织，扎实开展妇女宣传教育、维权服务、结对帮扶、技能培训及各类文体活动，促进更多的特色活动在基层蓬勃开展。以打造“学习型”“服务型”“廉洁型”“创新型”干部为目标，开展全县基层妇女干部业务知识培训，共培训2200人。结合党的群众路线实践教育第一环节的活动，督促镇（街道）妇联干部进一步加强理论学习，增强理论功底，提高自己的政治敏锐性和政治鉴别力，保持清正廉洁。进一步改进工作作风，增强宗旨意识，深入实际，联系群众。以“增进与百姓的感情，增强心中百姓的分量、拉近与百姓的距离”为主题，深入开展“走亲连心解忧”活动。广泛听取各界妇女群众的意见建议，梳理分析自身存在的各种问题的原因，并边整边改，真正拉近与百姓的距离。

（杜晓伟）

永嘉县工商业联合会

概　况　2014年，永嘉县工商业联合会（简称县工商联)深入学习和贯彻十八届三中全会、四中全会精神，紧紧围绕县委、县政府“两美永嘉”的发展目标，以开展第二批党的群众路线教育实践活动为契机，以服务科学发展为主题，以助推民营企业加快转变发展方式为主线，充分发挥县工商联作为党委、政府管理服务非公有制经济和非公有制经济代表人士的桥梁、纽带、助手作用。

组织建设　2014年，县工商联增加机关工作人员2人，增加商会副会长1人。枫林镇金山头村成立了首个温州市村级商会；新成立了大楠溪餐饮协会、童装协会、电子商务行业协会、演出行业协会（为全国该类首个县级组织）4个行业协会组织。完成了桥头镇拉链商会、电镀协会、枫林镇商会的换届工作。3月，根据县委要求，上海、杭州、龙泉、宁波等地永嘉商会党支部联合成立了永嘉县总商会党委，党委书记由工商联领导兼任，各支部书记担任委员，做好党员管理和党务管理相关交接运行工作。

思想政治　2014年，县工商联积极开展以“四信”（信念、信任、信心、信誉）为主要内容的非公经济人士理想信念教育实践活动，进一步引导非公有制经济人士与党同心同德、同心同向、同心同行，为实现中华民族伟大复兴的“中国梦”凝聚力量。组织非公有制经济人士参加省、市非公有制经济人士理想信念教育实践活动电视电话会议。挖掘非公有制经济各行业典型人物，通过编制和印发《永嘉总商会》会刊、评选“优秀社会主义建设者”、做好“永嘉总商会”网站信息发布等工作，强化典型事迹，发挥示范带头引导作用。组织学习教育培训，推荐非公有制企业家赴广州中山大学参加第九期世界温州人经济理论研修班的学习培训；组织非公有制经济人士参加在上海复旦大学举办的第二期世界永嘉人暨党外代表人士高级研修班。注重新生代企业家的培育，先后2次组织新生代企业家到奥康集团、亚龙集团参观学习交流，听取永嘉第一代企业家创业创新和企业成长的经历；有针对性地举办了“新三板”培训；在新企联年会上开展企业传承创新发展、企业战略商业模式和跨界整合互联互赢三个主题活动，特邀县领导和知名企业家与新生代企业家们互动交流，加快他们的健康成长；引导他们积极参与社会活动，培育社会责任。在黄田街道开展“微心愿”活动，为51位留守学生送上“六一”节日礼物，到沙头镇慰问5名百岁老人，并为每位老人送上慰问金和慰问品。

服务交流　2014年，县工商联注重联谊交流，加强服务会员工作。搭建政府、部门与企业相互之间的交流沟通平台，形成合力排解经济发展中的困难。与人事、工会、企业家联合会一起参与三方劳动关系调解工作，维护社会稳定。组织永嘉2家企业与烟台龙口市政企考察团开展联谊活动；9月26日，与来访的上海外滩街道商会进行座谈，交流了商会的发展状况及面临的困境。加强维权与护权工作。组织会员企业参加相关财税、工商、消防等方面的知识讲座，让企业家们正确认识理解并运用相关涉工法律，避免因认识上问题带来不必要的损失。与县司法局建立了商会法律顾问制度，开展了商会“法律体检”专项活动。

光彩事业　2014年，县工商联为永昆精品《谢灵运》创作、永嘉瓯瓷征集、永嘉乱弹《徐定超》剧目打造、永嘉长寿之乡研究4个项目拨付文化与自然遗产传承保护发展扶助资金共计200万元；完成了涉及古村落保护开发、农村基础建设、农业产业发展等30个项目共计350万元的光彩事业助力“美丽乡村”建设的结尾工作；引导各商会和会员组织开展了对老人、学生、困难群众、残疾人、老党员等群体的帮扶慰问活动，累计慰问658人，总金额66.39万元；倡议全体会员积极参与“五水共治” 工作，引导商会组织和会员企业以认建、捐资等方式投身“五水共治”活动。截至2014年年底，已有4个商会组织动员会员企业捐助治水资金144.20万元；4家会员企业捐助治水项目经费83万元；1家会员企业认领一河道的保洁清污工作，并为此购买船只及聘用3名保洁人员；部分商会会员企业分别承诺做好企业周边的相关河道保洁工作。

（卢怡心）

永嘉县归国华侨联合会

概　况　2014年，永嘉县归国华侨联合会（简称县侨联）在县委、县政府的领导下，在市侨联和县委统战部的指导下，全面贯彻党的十八大和十八届三中、四中全会精神，坚持以人为本、为侨服务宗旨，坚持国内、海外工作并重，老侨、新侨工作并重，建好侨胞之家，凝聚侨界力量，最大限度地团结动员广大归侨侨眷和海外侨胞，在凝聚侨心、汇集侨智、发挥侨力、维护侨益等方面做了较有成效的工作。

侨界招商选资　2014年，县侨联积极参与县招商选资工作。组织侨领100多人次参加世界永商新春恳谈会、世界温州人大会和市、县招商引资会议等。接待海外华侨华人、港澳同胞300多人次，邀请20多个侨团到永嘉寻根问祖、考察交流。侨界成功引资项目共计6个（其中归国留学人员项目2个），其中2个项目（香港千华集团的四海山200公顷铁皮石斛基地、西班牙华侨投资的桥下农业休闲基地）已经投入生产。

招才引智　2014年，县侨联开展智力返乡活动，共邀请黄建南等在外永嘉籍著名专家学者5人次，举办讲座、学术报告、座谈交流等活动5场次，在永嘉电大、翔宇学校、侨联帮扶企业发展中心等开展交流讲课。建立完善1200多名留学人员和200多名海外人才相关数据库。召开县留学生联合会理事会议，指导帮助归国留学人员企业，在桥下镇维达工贸有限公司成立了永嘉县留学人员创业活动基地，带领县留学生联合会会员到温州高新园区学习电子商务平台。通过牵线搭桥，黄建南先生多次对接美国留学生留美事宜和启迪留学生人生。逐步建立海外高层次人才、海外侨团、华侨同新出国留学人员的对接平台，加强了留学人员和家属同海外的联系。

侨界回馈桑梓　2014年，县侨联参与和协助接受海外侨胞、港澳同胞各类捐赠折合人民币2000万元，其中“五水共治”捐款1180万元。三江街道法国老华侨程文雄先生捐资20多万元建设罗溪中心小学图书馆。著名爱国华侨翁玉兰女士身居美国，心系家乡教育事业，从2014年起每年出资2万美元，设立“翁玉兰教育基金”，用于资助立志求学、品学兼优而家庭贫困的在读高中学生。帮扶企业欧拉姆阀门有限公司出资200万元建立侨界慈善爱心基金回报社会。桥头镇侨联牵头筹资200多万元参与五水共治工作等。

侨联品牌树立　2014年，县侨联整合新资源，搭建新平台，建立健全县侨联帮扶企业发展中心、县留学人员和家属联谊会、归国华侨投资法律服务联络中心等“三大平台”和永嘉县侨联桥头基地、永嘉县留学人员创业活动基地、永嘉县侨界留守老人之家、永嘉县侨界留守儿童快乐营、永嘉县政协侨联组等5个活动基地。

帮扶企业发展　2014年，侨联帮扶企业发展中心紧紧围绕县委、县政府中心工作，充分发挥侨联组织服务经济发展的重要作用，参与企业股改、企业融资、企业调研等，及时为党委、政府提供最基层企业信息。2014年9月11日，省委书记夏宝龙对帮扶中心推出的企业抱团取暖作法亲自批示抓落实，副市长朱忠明批示“做法有创新效果好，请适当予以宣传引导”。全年，结对中小企业12家，协助县政府完成股改企业10家，协助完成经济普查1个镇街，12位专家为企业解决各类疑难问题40多件。

为侨服务　2014年在市侨联的指导下，县侨联承办了四期“亲情中华”侨界留守儿童快乐营活动。7月，在重点侨乡乌牛开展为期20天夏令营活动。全县50多名侨界留守儿童参加了快乐营活动，解决了海外华侨的后顾之忧，受到了海外华侨和社会的普遍好评。同浙江嘉瑞成法律事务所签约合作，开展为侨、为企业服务。开展为企业体检，为侨资企业和帮扶企业解决合同纠纷、货款纠纷等20多件。开展“五送一关爱”活动暖人心，慰问走访100多人次归侨侨眷和海外侨胞，特别是困难侨界群众；关注留守老人工作，成立了3个侨界留守老人之家，开展“九九关爱”侨界留守老人活动；同司法局等单位联合开展侨法宣传活动，邀请温州医科大学教授金丽琴为侨界老人送健康活动，组织帮扶中心专家为企业送科技等活动。

参政议政　2014年，县侨联积极建言献策，提高参政议政水平，切实维护归侨侨眷和海外侨胞合法权益。全年共提交提（议）案15件，其中涉侨1件。组织侨联组政协委员到桥头、碧莲、瓯北等开展活动，积极参与县委、县政府“五水共治”等工作。

维护侨益　全年共接待来信来访来电30多件，接待来访100多人次，帮助基层解决政策处理、产权纠纷、法律援助等20来件，协助办理护照、公证、升学、投资等问题，做到件件有答复，事事有着落。在上塘和瓯北相继成立法律服务站。

自身建设 2014年是县侨联成立35周年和县侨联换届之年，完成县第八次侨代会的各项任务和换届选举工作。做好新一届侨联班子选配工作。完成《永嘉侨联35周年》画册的编撰与出版。做好海外永嘉人宣传工作。配合县广播电视台做好侨界知名人士宣传报道。多措并举，不折不扣完成党的群众路线教育实践活动。

网络组织和队伍建设 7月，全县最后一个基层侨联成立，实现了全县18个镇（街道）基层侨联组织全覆盖。实现一镇街一品牌。联合县侨办、统计局开展新一轮基本侨情调查，进一步摸清侨情底数。借中办出台《关于加强和改进新形势下侨联工作意见》之机，加强侨务工作的贯彻落实学习。基层基础和队伍建设得到提升，6月，组织全县基层侨联干部到瓯海丽岙、瑞安塘下等学习先进经验，组织参加省、市、县组织的侨联干部培训2批100多人次。

（詹苗芳）

永嘉县老龄工作委员会

概　况 2014年，永嘉县老龄事业在县委、县政府的正确领导下，在省、市老龄委的指导及县民政局的大力支持下，深入贯彻落实科学发展观，坚持以人为本，按照“党政主导、社会参与、全民关怀”的老龄工作方针，以实现“五个老有”为工作目标，通过县老龄委各成员单位和镇、街道老龄部门的积极配合，老龄工作取得了新的进展，老龄事业呈现出健康、协调的良好局面。连续第4年被评为省级先进单位。

老年宜居环境建设 2014年，根据省、市老龄办的统一部署，出台《关于开展第二届永嘉县“敬老文明号”创建活动的通知》（永老工委〔2014〕3号）文件，启动第二届“敬老文明号”创建工作。召开各镇、街道老龄办主任和县老龄委各成员单位负责人会议，就如何开展第二届“敬老文明号”创建活动进行动员，并专题研究部署启动程序。协调有关部门具体落实老年宜居环境建设。全面推进交通出行便利化、为老设施适老化、为老服务人性化。依托“浙南美丽水乡”示范点建设资源，以努力建设“两美永嘉”，倾力打造“敬老之城”为重点，大力推进老年宜居环境建设力度。江北街道清水埠社区、岩坦镇黄南社区、大若岩镇桐州社区已成功申报“老年宜居社区”。会同各成员单位共同开展老年人优待政策落实情况自查自纠工作。为了做到有法可依、有法必依，4月，县老龄办整理出版了《老龄工作政策法规汇编》，分发到各镇、街道老龄办和老协会。不定期组织相关人员对《永嘉县优待老年人实施意见》的落实情况进行检查，开展宣传调研，及时解决侵害老年人合法权益的问题，探索建立老年社会管理制度，形成科学有效的老年人诉求表达机制、矛盾化解机制和权益保障机制。老年优待工作和老年信访工作全年零投诉。

老年文化事业 2014年，永嘉县共有886家老年活动中心，县财政拨款100万元（已连续5年）用于支持新建、改建、扩建老年活动中心建设，对已通过验收的58家基层老年活动中心进行补助。全年新建老年活动中心（室）40家，扩建18家，总面积达20000多平方米，总投入2000多万元。为实现“老有所学、老有所为、老有所乐”，丰富老年精神文化生活奠定坚实的基础。瓯北城市中心老年活动中心总占地面积10921平方米，建筑面积4475.87平方米，投资2100多万元设门球、棋牌、唱歌、舞蹈等十几门课程，是省老年电大县级教学示范点。县城上塘的县级老年人活动中心，建筑面积达6676平方米，工程建设进展顺利。根据省、市老龄委对二星级老年活动中心（室）创建的有关文件精神，开展了老年活动中心（室）二星级评比活动。经验收合格，重新命名二星级老年活动中心（室）130家（共有二星级老年活动中心283家）。老年活动中心（室）的管理工作走上了规范化的轨道。继续抓好“3587”工程和“银龄互助”深化、完善、提高工作。黄田街道千石社区在原基础上，进一步健全了社区老龄组织，建立了党员帮困助老队、助老结对队、青少年助老队。桥下镇桥下村、江北街道清水埠社区、江北街道浦二村等开始“3587”工程，并成立了养老服务中心。东城街道浦东村、乌牛街道码道村先后成立了“银龄互助”活动，建立了上门探望、集体过生日、维权调解、重大节日慰问等制度，开展多种形式的结对帮扶活动，取得较好效果。全县社区老龄协会进行社团登记注册10家，其余暂时达不到登记条件的在镇、街道进行备案。永嘉县老龄办、老协会一如既往重视老年电大办学工作，全年全县老年电大学员约26000人，占全县老年人口18.5%，同比增长21%。全年共安排辅导员和讲师团成员用本地方言到基层各老年电大教学点（班）轮流辅导授课达213人次。

“老年文化艺术周”活动 2014年9月，由县老龄办、县老协会联合主办的“老年文化艺术周”拉开帷幕。9月底，首届“楠溪江杯”门球邀请赛在南城街道举行，来自全省共24支代表队的200多名运动员、教练员和裁判员参加了此次比赛。北城街道为庆祝“老人节”举办了文艺会演；县红叶艺术团开展了10场次内容丰富的送戏下乡活动。丰富了老年人的精神文化生活，促进了老年人的身心健康。

敬老慰问 2014年，永嘉县高度重视敬老慰问，全面开展走访慰问百岁老人和特困老人活动。全年走访慰问对象360余人，比上年增加了80余人，覆盖了全县18个镇（街道）的特困老人及所有百岁老人，共支出慰问品、慰问金价值50多万元。

敬老典型人物 2014年，根据全国、省、市老龄办对评选推荐的要求，县老龄办及时发动各镇街、各老协会通过民主评议，层层推荐的原则，开展评选推荐“全国孝亲敬老之星”和“全国老有所为”评选活动。最终推荐出事迹突出、社会影响力和美誉度均较高的原永嘉县上塘镇计划生育服务站站长、党支部书记金秀红为“全国孝亲敬老之星”候选人。黄田街道千石社区老协会会长林陈义为“全国老有所为”候选人。

基层老龄工作 2014年，县老龄事业以全面创建统分结合养老服务模式为主线，以突出抓好“软硬环境”建设为载体，在完善养老保障制度、加快养老设施建设、落实老年优待政策、加强基层老龄工作等方面加大推进力度，较好地完成了各项目标任务。4月，由县老龄办牵头召开了全县老龄工作会议，对镇、街目标考核内容进行认真布置安排。进一步协调各成员单位为老年人办实事办好事。重视组织老龄干部培训。先后出席老龄办主任培训会，全省基层老年人协会会长培训会，多次组织召开镇街老龄干部业务培训会、基层老协会骨干培训班暨经验交流会等。加强老协会组织建设。永嘉县老年人协会登记（备案）数共218家，占比27%，正常开展活动老协会80%以上。全年全县老协会积极参与开展了“乐龄工程”“银龄互助”“志愿者帮扶独居老人”“爱心驿站三社联动为老服务”等活动。开展独居空巢老人关爱行动。推进“圣奥.独居老人暖巢行动”，完善独居老人安全关爱服务体系，有效预防独居老人意外死亡后无人发现事件的发生。县老龄办动员辖区社会组织、村（社区）党员干部、志愿者、老人亲属邻里等参与，与独居老人一对一地开展日常探视、生活照料、应急救助、爱心结对等服务。

调查研究工作 县老龄办一贯重视老年事业的统计工作，及时、准确地上报统计数据，为党委、政府及相关部门的科学决策提供了参考依据。重视政策理论研究，在认真学习上级有关文件政策的基础上，加大对政策理论的研究力度。在浙江省“养老服务社会化与老龄产业发展”研讨会上，县老龄办选送的5篇论文获三等奖1篇，优秀奖2篇，被录用2篇。老龄办朱祖理撰写的论文《人间重晚情 盛世唤安康》获得国家级奖项，并在首届全国敬老文化论坛会上做论文报告，多篇论文和案例在全国、省、市级评比并获奖并在各种刊物和网站上发表。县老龄办报送一篇调研性论文《由“负担”向“资源”转化——浅析永嘉县老年人力资源现状及开发对策》，获国家级优秀奖，受到县委、县政府的重视。

老龄宣传信息工作 为纪念新《老年法》颁布实施一周年，县老龄办会同老协会通过图片展和分发《老年法》以及相关的宣传资料等方式让市民了解新法具体内容，提高老年人的维权意识和全社会对保障老年人合法权益的关注度。协调各成员单位，应用各种载体在全县范围内开展宣传活动，邀请专家、律师为基层老协会和老年电大辅导员进行新法培训和解读，为推进新法进机关、学校、社区、农村创造了条件。继续办好《永嘉老年人》报纸。召开《永嘉老年人》编辑部成员会议，吸收新成员，扩大阵容，宣传新《老年法》和宣传贯彻《关于进一步加强老龄工作的意见》，宣传老龄工作政策、老龄工作经验交流、展示老年人才华。加强老龄政务信息工作，宣传永嘉老龄工作特色。在全国各大媒体和网站发布永嘉老龄工作的成就，推广永嘉老龄工作先进经验。全年在《全国老年报》、社会报、老干部网、民政网、“老龄视窗”栏目、东方老龄网、浙江老龄信息、温州民政网、温州老龄网、永嘉民政网上发表老龄工作新闻信息共80多篇。

高龄津贴发放 2014年，根据《全面创建统分结合养老服务新模式的实施意见》（永委发〔2013〕173号）文件精神，全年发放对象和发放金额创历史新高。90岁以上老人，除每人每月领取110元基本养老金外，90—94周岁高龄老人每月还可以领到100元，95—99岁300元，百岁及以上老人800元的高龄津贴，全年为90—94周岁老人发放高龄津贴9473人次，95—99岁2076人次，百岁及以上434人次，全年共发放高龄津贴575.46万元。所有款项全部直接打到老人自己的账户上，真正做到安全、快捷、高效，全年发放零差错。高龄津贴发放金额居全省前列。

优待证办理和发放 2014年，县老龄办进一步规范“老年优待证”办证程序，提高办证效率，全年免费办理“浙江省老年人优待证”13371本，其中60岁以上6836本、70岁以上6535本。所有证件全部准确发放到位。老年人凭优待证可以享受到交通、旅游、商业、电信、通信、邮政、金融、就医、饮食等服务行业的优惠、优先服务。

老龄工作创新 2014年，县老龄办全面开展老年人意外伤害保险工作。10月23日，在瓯北召开老年人意外伤害保险工作动员大会。凡年满60周岁以上（包括60周岁）的老年人按自愿原则均可参保。试点期间老年人个人出资20元，保险公司优惠20元。各镇街将共同构建老年人意外保险的长效发展机制，让全县老年人从中获益。开展老年社会工作专业服务项目。参加“三社”联动——爱心驿站·社区老人服务活动。整合社工人才、社会组织、社区等资源，开发社区老人照顾项目，整体提升社区提供公共服务能力，为创建和谐社区开辟蹊径。

（朱祖理）

永嘉县科学技术协会

概　况 2014年，永嘉县科学技术协会(简称县科协)深入贯彻科学发展观,积极开展科普和学术交流活动,在农村实用人才培训、城镇居民素质提升、科普服务三农、青少年科学素质提升等工程建设中发挥积极作用。

全民科学素质纲要实施工程 2014年，县科协制定年度全民科学素质实施细则，分解细化任务，各成员单位全年都有2项以上重点实施活动。11月，召开领导小组和办公室成员会议，总结回顾工作，部署下年度工作任务。将全民素质工作纳入到镇、街道考核目标，考核内容为科普宣传活动和农函大工作。

农村实用人才培训工程 2014年，县科协培训农函大1年制学员34个班级1580名。集中开展了杨梅、枇杷、水稻等15期专业技能培训，1600多人参加培训。举办9期农村会计班，培训农村会计408名。与农村专业合作社、农村专业技术协会、龙头企业合作开展实用技能培训，全年共培训31期，培训人员3200多人。组织40多名学员参加省、市科协举办的培训班。评定农职称233名，被省市评为技师18人、高级技师9人。

城镇居民素质提升工程 2014年，县科协针对城镇社区居民举办了10期科普讲座、报告会。以瓯越科普讲坛为平台，邀请温州医科大学金丽琴教授，分别在创新社区、城西社区、城南社区为300余名社区居民作了主题 为“肠道健康”的专题科普知识讲座。在碧莲镇、大若岩镇、城北社区为500多名群众开展了健康科普知识讲座。

科普服务“三农”工程 2014年，县科协组织科技人员以“五水共治”、美丽乡村建设为主题在瓯北创新社区、三江街道、南城街道、大若岩镇、碧莲镇等镇（街道）开展了10次科技下乡活动，活动中举办科技咨询10次、医疗义诊9次、科技讲座6次，发放科普资料2万多份。5月，在大若岩镇、碧莲镇组织开展2014年度科技活动周活动，9月，开展了科普日系列活动。开展科普进司法进监区活动，先后到县看守所、拘留所开展科普活动。加强农村科普志愿者队伍建设，在各镇街道、学会和企业科协中建立和充实科普志愿者队伍，总数达到462名。

青少年科学素质提升工程 2014年，县科协表彰奖励20名全县优秀科技辅导员，命名碧莲镇中和鹤盛小学为科普教育特色学校。参加全省科技创新大赛，获得省一等奖1个、二等奖2个、三等奖1个。在青少年中开展森林消防宣传月、气象日科普等活动。开展县第二十二届青少年科技创新大赛，全县2000多名中小学生参加科技发明、论文、实践活动、科幻画、电脑机器人创意设计活动。10月，邀请中科院老科学家潘习哲、石磊、徐邦年教授为实验中学、实验小学等6所学校1500多名中小学生开展了“遥感卫星知识”“趣味物理”等科普知识讲座。在鹤盛小学、瓯北一小、瓯北五小、花坦小学等学校开展科普进校园活动。

科普示范培育工程 2014年，县科协建成4个市级科普示范社区（城东社区、城南社区、城西社区和创新社区）、2个市级农村科普示范基地（大洋山农业开发基地和三五早茶叶基地）。经过镇（街道）推荐，专家评审，确定永嘉县元惠生态农业开发基地等19个基地为永嘉县2014年度重点科普示范基地，推荐陈贤等9户为省级科技示范户。申报红蜻蜓科技博物馆为全国科普教育基地。

星级学会建设工程 2014年，县科协组织林学会、质量监督协会和计算机协会等9个学会围绕永嘉经济社会发展情况开展科技调研活动。指导成立永嘉县民间医学研究会；永嘉县兰花协会被评为全国科普惠农兴村先进协会；永嘉县金霄高山杨梅协会被评为市级科普惠农兴村先进协会；在亚龙公司建立“谭建荣院士工作站”；在企业科协中开展“讲理想、比贡献”“金桥工程”等活动，为企业技术攻关、科技合作提供科技服务。

科技评价表彰工程 2014年，县科协组织全县科技工作者开展科普征文活动，获得市一等奖3篇、二等奖2篇、三等奖4篇。开展全县青少年科普征文活动，分小学组和中学组评出一等奖21篇、二等奖44篇、三等奖70篇。开展永嘉县第二届青年科技奖评选，对在科技领域做出重要贡献的10名青年人才进行表彰和奖励。表彰13名在科普工作上（2014年度）实绩突出、成效明显的科普工作者。

科普资源开发共享工程 2014年，县科协编印了《食品安全》《慢性病防治》2本科普书籍，每册书籍印制2万册，分发给社区居民、农村群众和机关公务员。在公共场所建设互动式多媒体电子阅报屏，电子阅报屏上设置科普宣传栏目，24小时播放和显示科普知识及科协有关工作动态。

公众科普宣传工程 2014年，县科协与县新闻信息中心合作，在《今日永嘉》开办科普园地栏目，宣传科普知识。与广播电视台合作，开办快乐童声科普栏目，以问答、竞猜、短信活动等方式宣传普及科学知识。

（陈胜利）

永嘉县台胞台属联谊会

概　况 2014年，永嘉县台胞台属联谊会深入学习贯彻党的十八大三中、四中全会精神，按照海峡西岸经济区战略部署开展对台工作,各项机制体制进一步完善，部门协作联动进一步加强，对台交流日益密切深入，对台经贸实现零的突破，平台建设走上新的台阶，对台开放水平达到新高度。

双向交流 2014年，永台之间交流合作在上年基础上继续深化提升，台湾到永嘉参访交流团组共17个，计234人。3月9日至16日在永嘉县青龙湖、原野园林等地举行为期8天的永嘉对台基层交流系列活动。邀请台湾旅游民宿交流团11人、温州台商协会14人、台北士林夜市参展商30人参与。4月21日，由台湾高雄市基层民众代表参访团共36人到永嘉县参访交流。就进一步加强两地经贸、文化、旅游、农业交流等进行探讨。6月3日，高雄市陈振雄率基层交流团17人参访永嘉楠溪江古村落，考察楠溪江旅游，双方就农耕文化、旅游民宿发展等进行探讨交流，期待进一步合作。6月21日至23日，台湾民宿考察团共17人再次到永嘉考察项目，先后考察了石桅岩景区旅游、鹤盛霞岙小学老校舍改造民宿项目、苍坡古村旅游民宿、丽水街旅游民宿及丽水街楠园民宿项目等。7月4日，“海峡有渡，创意无限”首届两岸大学生基于温州文化元素的低碳设计工作坊(workshop)活动走进永嘉。来自大陆和台湾9所高校的59名师生参与。9月24日，台北市温州同乡会“返乡之旅”考察团一行36人到永嘉考察（其中永嘉人19名）。10月13日，国民党荣誉副主席詹春柏到永嘉考察。

平台建设 2014年，永嘉县在乌牛、三江对台经济合作特色园区建设的基础上，继续稳扎稳打，有序推进。重点完善以乌牛街道杨家山村、浙台农业合作示范基地（永嘉原野创意农业观光园）两个示范点的建设，推动乌牛早茶等温台绿色特色农产品合作交流综合平台、温台合作交流成果绿色农业的示范样板、现代农业科技的应用展示平台、新型农民的培训场所、农业经营主体的创业创新平台、农业休闲观光的场所、两地花卉苗木园林园艺展示交流平台的基础设施建设，全面推动招商引资工作和项目落地。3月27日，省台办史群处长带领调研团一行共20人，考察调研了乌牛、三江对台经济合作特色园区和岩头镇永台基层交流基地。随行的专家学者对永嘉的对台经济平台建设和基层交流合作平台表示了肯定与赞赏，并提出指导意见。6月19日，在“百名台商会长看温州”活动开幕式上，台湾区观光旅游总会会长苏佳男与永嘉原野园林有限公司董事长李星涛签订鹤盛镇霞岙小学老校舍改造发展民宿合作协议。充实了平台建设内容，吸引台湾元素。

对台招商 2014年，永嘉县台胞台属联谊会立足永嘉农业、旅游大县的现实，结合楠溪江风景名胜区的特点，积极对接台湾现代农业、旅游、养生、民宿、美食、房车等休闲服务业，突出重点促招商。新增一家台资企业（温州艺原工艺品有限公司），该公司位于三江唐口工业园区，是一家木雕工艺公司，合同利用200万美元，目前已经到位资金70万美元，实现了台资零的突破。全年共接待台商15批155人次。

自身建设 2014年，永嘉县台胞台属联谊会注重自身建设，提高政治理论水平和业务水平，坚持学习制度，召开常务理事会、理事会议，传达学习有关文件和会议精神、交流工作思想，布置工作。不定期召开专题座谈会，认真学习中央、国务院领导的重要讲话和有关会议精神，进一步提高台联干部的政治台敏感性和政策理论水平。

对台服务 2014年，永嘉县台胞台属联谊会以“爱心互助会”为载体，开展“献爱心、送温暖”活动。继续发挥台联爱心互助会作用，为全县的困难台胞、台属“献爱心、送温暖”，共走访了30多位台胞台属，为生活困难，急需帮助的台胞台属送上慰问金。1月23日，省台联专职副会长郑博光，宣传处处长曾为辛到永嘉调研对台工作，并走访慰问基层台胞，践行群众路线。2月，市委统战部副部长吴高宏，市台联会秘书长叶廷芳到永嘉慰问8位台胞。

对台宣传 1月14日，永嘉县台胞台属暨港澳同胞海外侨胞迎春茶话会在永嘉宾馆召开，100多位“三胞”喜迎新春、畅叙友情、共话永嘉发展。县台办主任、台联会长谢承宇作了学习探讨了党的十八大精神、宣传对台知识的讲座。5月5日，市台办副主任张振宇在永嘉县对台教育基地为中青班学员上课，共60余人参加学习。9月，召开永嘉县台胞台属中秋茶话会，并开展现场对台招商引资活动，宣讲对台知识等。继续推进15个与台结对村宣传栏制作，宣扬两岸血肉深情。

（叶晓锄）

永嘉县红十字会

概　况 2014年，永嘉县红十字在县委、县政府和市红十字会的正确领导下，全县红十字会事业全面深化改革、克难攻坚、积极进取，开创红十字事业发展的新局面，再创体制机制新优势。

宣传传播 2014年，永嘉县红十字共策划举办大型宣传活动10场，制作特色宣传品2种，国家、省、市各类媒体刊登发表永嘉红十字工作相关宣传报道82篇，播出电视新闻20条。开通了新浪微博、微信公众号等信息传播平台。

救灾救助 2014年，永嘉县红十字共募集捐赠款物180.57万元，支出181.21万元，受益1470人。加强灾害救援体系建设，推进救援业务能力建设，首次派员参加国家应急救援技能培训，积极参与云南鲁甸、文成、泰顺等地震救灾救援工作。进一步加强楠溪江景区4个博爱救护站的日常管理工作。

救护培训 2014年，永嘉县红十字开展救护培训119期，培训13975人次，完成市红会下达年度任务数的149%，其中开展救护员培训88期，培训救护员3112名，完成市红会下达年度任务数的199%(累计培训36526人次，其中救护员8612名)。首次在“市机动车驾驶员理论考试永嘉教学点”建立常态化培训基地。培训师资队伍进一步加强。新增师资11名（共计27名），专门培养了1名注册救护培训师。积极组队参加市级救护技能大赛，荣获集体三等奖。培训渠道进一步拓宽和丰富，培训工作更加社会化、普遍化。

生命接力 2014年，永嘉县红十字实现造血干细胞捐献2例，新增入库149例，完成市红会下达年度任务数的153%。成功实现6例器官捐献，其中大器官捐献3例，眼角膜捐献3例，新增登记志愿者20例。连续3年以100人以上的规模递增中华骨髓库志愿者（截至2014年年底，永嘉共有428名志愿者加入中华骨髓库）。90后护士梁慧、人民警察李伟衡成功捐献造血干细胞，挽救了2名白血病患者生命；4位本县居民、2位新居民捐献器官，挽救了13位器官衰竭患者的生命。造血干细胞捐献者梁慧荣获永嘉县第二届“道德模范”称号和“最美新永嘉人”称号，永嘉被评为2014年度省造血干细胞捐献工作先进单位。

公益活动 2014年，永嘉县红十字海鹰救援服务中心公益救援出色，全年累计出动402人次，开展38次重特大灾害救援活动，施救受灾对象275人（包括云南鲁甸地震、丽水水灾、104国道13辆车碰撞交通事故等灾害救援活动）。

红十字海鹰救援队队长章国和荣获"温州市最美消防人"称号。红十字志愿者发动成立了"关爱老兵志愿服务中心"，精心策划了一系列影响深远的公益活动，如寻找抗战老兵、抗战老兵中秋茶话会、帮助抗战老兵实现最后的愿望等公益活动。助力抗战老兵潘志山成功找到失散近70年妻子事迹成了轰动一时的全国新闻。实施"贝因美助长小天使计划"公益活动，为全县500多户困难家庭免费发放价值50万元奶粉。以春节、"5·8"世界红十字日、"七一"建党日、世界急救日等重大节日为契机，精心策划"博爱送万家""红十字博爱周""红七月服务月""世界急救日大型主题宣传""绿色动力垃圾厂应急演练""助力五水共治红十字在行动""结对留守儿童"等一系列公益活动，充分让红十字事业服务于民生。

大事记 1月22日，永嘉县红十字会在北城街道开启2014年"博爱送万家"活动第一站；2月2日，年度第一场救护培训在南城街道新民村举行；3月5日，永嘉县红十字会开展"3·5"雷锋日志愿服务活动；3月6日，应急救护培训首进驾校；3月21日，永嘉县红十字会和市红会到岩头镇五尺村红十军旧址开展红色教育活动；3月31日，房顶"跨栏"意外少年成为永嘉首位捐献器官者；4月2日，桥下镇老人胡明仕捐献眼角膜让藏族妇女拉巴卓玛重现光明；5月7日，应急救护培训首进家政职业培训学校；5月8日，凯奇集团有限公司、奇特乐集团有限公司组织开展无偿献血、造血干细胞采样登记等公益活动；5月8日，红十字海鹰救援队首次联合国家级专业救援队开展演练；5月15日，90后护士梁慧踏上捐献造血干细胞爱心之旅；6月4日，永嘉县红十字会在桥下社区康寿居家养老服务照料中心成立首个红十字志愿服务基地；6月5日，县红十字会对桥下镇方岙村成立博爱家园进行了授牌；6月14日，永嘉县红十字会联合县献血办、县血站等单位在瓯北城市新区大门口举办无偿献血、造血干细胞捐献采样登记活动；7月27日，红十字志愿者组织开展"关爱抗战老兵，实现最后的愿望"活动；8月1日，红十字志愿者助力抗战老兵潘志山到福建认亲；8月20日，红十字海鹰救援队前往丽水市参加水灾救援；9月14日，永嘉县红十字会首次派出2名救援队员参加国家级救援技能培训；11月27日，由红十字志愿者发起的"永嘉县关爱老兵志愿服务中心"依法登记成立；12月18日，县公安局民警李伟衡赴温捐献造血干细胞。

（杨　首）

永嘉县社会科学联合会

概　况 2014年，永嘉县社会科学联合会（简称县社科联）在县委、县政府的领导下，在县委宣传部和省、市社科联的指导下，深入学习和贯彻党的十八届三中、四中全会和习近平总书记系列重要讲话精神，紧紧围绕县委、县政府中心工作，深入开展党的群众路线教育实践活动，团结和依靠全县广大社科工作者。被评为温州市2014年社会科学普及周先进集体，余桂芳副主席被评为先进个人。

应用对策课题研究 2014年，县社科联充分发挥社科界人才荟萃、力量集中的优势，把县委、县政府中心工作作为社科课题研究的主攻方向。3月，下发了《关于2014年度永嘉县社科规划立项课题申报的通知》，组织开展了社科规划课题申报工作，经各单位推荐申报和专家评审，确定了103项课题为2014年度永嘉县社会科学规划立项课题，比2013年增加56项，内容涉及基层党建工作、生态文明建设、浙南水乡建设、文化旅游发展、网络经济发展等各个方面。4月，召开课题工作研讨会，邀请温州市委党校教授朱康对、温州大学教授林亦修作课题研究专题辅导讲座，交流课题研究方法和途径。10月，组织召开课题结题工作会议，就课题结题条件和程序作了详细说明和工作布置，同时邀请温州市社科联副主席卢达作专题讲座。11月底，开展课题结题评审工作，共收到按时申请结题课题89项，经专家评审，批准结题课题80项，同时评出课题成果一等奖1项、二等奖3项、三等奖18项、特别奖4项，分别给予经费补助和奖励。并汇编《2014年度永嘉县社科规划优秀课题成果》呈送上级领导和有关部门领导参阅。县人民政府办公室申报的《促进农民持续增收的对策研究》获2014年省社科联研究课题立项；《楠溪江宗族村落自治制度研究》等4项课题被评为2014年度温州市哲学社会科学规划立项课题；5篇论文在2014年温州市社科论文评比中获奖（二等奖2篇，三等奖3篇）。

永嘉学派研究 2014年，县社科联为弘扬永嘉学派精神、挖掘永嘉学派的当代意义。5月，与省社科院、杭州师范大学联手制定了《永嘉学派研究计划》，拟制了《永嘉学派研究宣传三年规划（2014—2016）》，开始着手对永嘉学派的研究。于11月25日召开了永嘉学派学术研讨会，邀请杭州师范大学副校长、博士生导师何俊，浙江省社会科学院哲学所副所长、研究员王宇等5位专家和本土永嘉学派研究学者20多人，就开展永嘉学派研究、挖掘进行了热烈讨论。县委常委、副县长胡琦参加了会议。《温州日报》《温州都市报》《今日永嘉》和永嘉电视台等多家媒体对永嘉学派研究进行了宣传报道。

社科平台建设 2014年，县社科联继续打造“永嘉人文大讲堂”和《永嘉社会科学》刊物两大重要社科普及平台。满足广大干部群众多层次、多样化的精神文化需求。对“永嘉人文大讲堂”开办形式进行了创新，在推动方式和组织形式上注重四个结合，即“大层面与点的结合”“大讲堂和小讲堂的结合”“人文大讲堂与文化礼堂的结合”“人文大讲堂与部门街道培训结合”，进一步体现了讲堂的公益性、亲民性、开放性。全年举办大小专题讲座20余场，讲堂选题面广，包括社会经济、文明礼仪、人文历史、医疗保健、金融理财等各个方面，受众近5000多人，涵盖各个社会阶层、不同职业、不同年龄段和不同教育程度的人群。2月，邀请资深国家注册心理咨询师王力波走进县实验小学和县实验中学，向学生家长作《解读孩子成长的内在密码》的讲座。5月，邀请上海市社科联副主席桑玉成在全县党的作风建设暨“510思廉日”教育大会上作《廉政文化纵谈》专题讲座。10月，联合县委宣传部、县民政局、上塘中心城区管委会，邀请中国社会科学院社会学研究所首席研究员王春光作《社会治理与社区建设》专题讲座。同月，联合县委老干部局邀请温州市卫生局干部保健处处长陈文杞作《人活百岁不是梦》讲座等。对《永嘉社会科学》刊物整体进行了改版，对栏目进行创新设计，提高了刊物的时效性，加强了刊物的可读性。在刊物中开辟了“美丽乡村建设”“党的群众路线教育实践活动”“三区两美建设”专栏。全年编发杂志3期，共刊登40多篇社科理论文章，有深度、有力度、有思想地体现社科工作者的智慧，为党委和政府中心工作建言献策，为永嘉文化的传承和创新、社会经济赶超发展起助推作用。

社科普及周活动 2014年，县社科联为推进社科普及工作向基层纵深发展。9月20日，“永嘉县2014年社会科学普及周”开幕式在桥下镇政府广场隆重举行。本次活动围绕“普及社会科学，建设美丽永嘉”主题，组织了南拳交流会、展览观摩、科普培训、广场咨询、社科下乡、专家讲座、理论研讨和微电影下基层等系列活动，历时一个多月。镇、街道、部门和社科类学会、基地等50余家单位参与了活动。活动咨询人数达800多人次，发放社科普及资料3000多份，展出展板30多块，举办知识讲座、报告会10场。在社会上产生了广泛影响，共有20篇报道在省、市、县级媒体上刊登。

社科专家进基层服务 2014年，县社科联为进一步发挥哲学社会科学的“思想库”“智囊团”作用，不断深化社科理论界“走、转、改”活动。5月，特聘本土28名社科专家成立了永嘉县人文社科讲师团，面向广大基层群众宣传普及社会科学知识，提高人文素养。根据省市社科联的统一部署，继续在全县组织开展“社科专家基层行”活动。活动期间共收到各类申报活动30余项，组织社科专家下基层宣讲200余人次，受益群众10000多人。讲师团成员围绕“五水共治”主题，进农村、学校、企业开展民间监督活动，举办100场主题宣讲，有力地推进了“五水共治”深入实施。

社科基地建设 2014年，县社科联完善修订了《永嘉县社会科学普及示范基地管理办法（试行）》，加强了对全县社科普及示范基地的考察调研和指导工作。先后到吴超征纪念馆、城北小学摄影基地、城南社区、白云社区梨村文化礼堂等18家单位进行实地考察调研，并与基地负责人交流互动，认真听取各基地负责人的汇报。经过筛选和申报，城北小学摄影文化馆被命名市级社科普及示范基地。11月，组织了本年度先进社科示范基地评选活动。经有关单位申报和实地考察调研、综合评定，评出城北小学摄影文化馆、城南社区“和谐家园”等6家为本年度先进社科普及示范基地，并给予相应的经费奖励。全县36个社科普及示范基地做到了自觉实践“三贴近”原则，积极开展生动活泼、丰富多彩的活动，对全县的社科普及工作起到了强有力的带动作用，成为全县精神文化建设的一个新阵地和新亮点。

社科社团建设 2014年，县社科联进一步完善了《永嘉县社会科界联合会学会管理办法》，加强对社团业务指导和基础管理。加大了对社科类社团的组织指导、跟踪反馈、督促检查和支持奖励力度，做好信息采集、动态管理及重大事项审批等日常管理工作；通过召开社科类学会工作座谈会和深入学会调研，了解有关学会工作情况，共同谋划学会发展思路；培育扶持新学会，扩大社科类社团覆盖面，壮大力量。相继批准成立了县青少年教育摄影学会、县太极拳文化研究会、县人文社科志愿者服务队、县水彩画研究会、县儒学文化研究会等5家学会，全县社科社团队伍不断壮大（有社科类社团29家）。

（陈　群）

法 治

综 述

2014年，全县政法系统根据中央、省市和县委的总体部署，深入学习贯彻习近平总书记系列重要讲话精神，以“平安六连创”为目标，以纪念平安永嘉建设10周年为契机，以“两护两强”（维稳护航、创新护鼎、强基创优、强警铸魂）四大工程为总载体，坚持和发展“枫桥经验”，大力推进平安永嘉、法治永嘉和过硬政法队伍建设，集中力量解决影响社会和谐稳定的源头性、根本性、基础性问题，尽职尽责、真抓实干，全县没有发生“一票否决”的重大事项，为维护全县社会大局稳定、促进社会公平正义、保障人民群众安居乐业做出了新的贡献。做好社会稳定风险评估机制、维稳研判和处置机制、多元化大调解体系、群防群治队伍规范化建设、精神病人医治救助机制、政法文化建设等多项重点工作，出经验、出典型，平安创建年度考核成绩位列全市B类县（市、区）第一。一年来，县委政法委依法履行监督职能，认真开展执法检查和案件评查，积极化解一批涉法涉诉信访件，取得了较好的法律效果和社会效果，被评为全市唯一的全省政法系统2013—2014年度先进集体。各政法机关围绕中心、服务大局，认真履职，成效显著。县法院紧紧围绕“让人民群众在每一个司法案件中都感受到公平正义”的目标，积极应对繁重的办案任务和复杂的司法环境，全面加强审判和执行工作，全年共受理各类案件9929件，办结9227件，荣获全国法院文化建设示范单位和浙江省文明单位等荣誉称号。县检察院紧紧围绕全县经济社会发展大局，坚持以法治为引领，不断加大法律监督力度，切实提升严格规范公正文明司法水平，大力推进过硬检察队伍建设，各项检察工作取得新的进展；全年共受理移送审查逮捕案件1031件,受理移送审查起诉案件1271件，瓯北检察室被评为浙江省检察机关首批“示范基层检察室”等。县公安局紧紧围绕县委、县政府各项决策部署，助推“三改一拆”“五水共治”等中心工作顺利开展；全力推进以物联网治安管控体系建设为核心的基层基础建设，紧盯突出治安问题，保持打击攻势，社会治安秩序保持良好势头；荣获全省公安出入境窗口排查整顿和建设专项行动成绩突出集体和全省公安机关命案侦破工作成绩突出单位等荣誉称号。县司法局积极围绕中心工作，服务大局，深入推进社会管理创新，扎实开展矛盾排查化解，全面落实普法依法治理，有效加强特殊人群管控，提高法律服务水平和法律援助能力，着力推进基层司法所规范化建设，各项工作取得了新成绩，荣获浙江省社区矫正工作先进集体等荣誉称号。

维护社会稳定 不断加强对敌斗争，强化重点人员管控，依法果断打击，防止造成现实危害。实行“警情、信情、舆情”三情日报制度和“零报告”制度，圆满完成全国两会、党的十八届四中全会及北京APEC会议等重大敏感时期的安保维稳任务。深入开展专案侦查，突出打击重点，深化法制教育转化模式，反邪教宣传阵地建设经验在全省反邪教宣传工作推进会上被作为典型介绍。不断深化“拔钉清障”和“剿黑恶·护发展”专项行动，严厉打击涉黑涉恶违法犯罪活动，确保重点工程的无障碍施工。严厉打击食品药品、环境污染违法犯罪活动，有力保障全县群众舌尖上的安全。不断完善风险评估机制，积极引入第三方中介机构，开展稳评工作，全年稳评的87个项目均未发生不稳定问题，实现了应评尽评、行之有效。不断完善重大不稳定因素摸排化解机制，全年共排摸245起，化解239件，化解率97.6%。不断健全涉稳研判处置机制，坚持“周研判、月分析”、重大突发问题实时研判和维稳责任交办督办，成功处置一批涉稳案（事）件。进一步完善网络舆论导控平台和舆情信息反馈处置机制，对网络造谣者及时落地查人，成功处置一批负面网络舆情。

护航经济社会发展 不断加大对制假售假、非法集资、偷税漏税等扰乱市场经济秩序、侵害市场主体合法权益的各类违法犯罪行为的打击力度，加大对职务违法犯罪行为的查处力度和市场环境的整治力度，促进各类市场主体公平竞争，维护市场经济秩序。不断加大对企业主欠薪逃匿、恶意欠薪行为的打击力度，切实维护劳动者合法权益。围绕经济社会建设发展主线，深入排查化解各类不稳定因素，依法查处了一批严重阻碍公务、寻衅滋事违法犯罪行为。积极保障民生工程，围绕教育、就业、收入分配、社会保障、医药卫生、住房等民生领域建设，完善各项便民服务长效机制，不断强化司法调解、法律咨询的力度和广度，为群众提供了坚强的法律保障和良好的法律服务。大力推进“进村入企”大走访活动，开展“零距离”服务，积极帮助企业有效预防和应对各类涉企矛盾纠纷，保障企业稳定发展。稳妥推进司法体制机制改革，深化审判、检务、警务公开，更加善于运用法治思维和法治方式服务群众、化解矛盾、管理社会，不断提高执法司法水平和公信力。不断健全社会普法教育机制，全面深化“村（社区）民主法治”创建活动，切实增强全民法治观念。

深化基层平安创建 优化评价导向，完善考核体系，继续推行“月督查、月评分、季排名”制度，健全明察暗访和约谈工作机制，进一步形成常态抓、全局抓的工作格局。坚持以提高群众平安建设知晓率、参与度、安全感、满意度为目标，采取常年在电视台、广播电台定时播放平安公益广告等方式，做强传统媒体正面宣传；充分利用自媒体（微信、微博、论坛）、互联网、固定电话等受众传播为点对点方式的“新载体”，设置固定电话语音推送等活动，加大新兴媒体网络宣传；落实“平安三率”包干责任，推行“面对面”宣传教育引导模式，“平安三率”继续保持在低扣分区间。深化“十杯十佳”基层系统创安，加大平安创建示范点培育力度，进一步形成全覆盖的创安格局。不断健全基层综治组织建设，切实发挥基层综治组织在参与社会管理、维护和谐稳定的作用。扎实推进基层一线政法单位规范化建设，不断充实基层力量、增强基层实力，切实激发基层活力、提高基层战斗力。积极探索新形势下动员、组织、发动群众参与平安建设的方法、载体，深入开展平安宣传活动，不断提升人民群众平安参与率。积极推进群防群治队伍规范化建设，加大对见义勇为行为的奖励表彰力度，发展壮大各类平安志愿者队伍，加大政府购买服务力度，充分激发社会组织活力，发挥社会组织参与社会治安防控、基层矛盾调解、特殊人群管理服务等平安创建作用，进一步形成共建共享“平安永嘉”的良好社会氛围。

化解矛盾纠纷 不断推进医调、诉调、交调、检调、警调衔接机构和行业调解组织建设，全面开展镇级矛盾纠纷联调中心建设，承接各类调解衔接机构向镇（街道）层面延伸，进一步健全完善了社会“大调解”格局。继续探索桥头镇人大代表工作站模式，积极引导民间维稳力量参与矛盾纠纷调处。不断规范调解的受案范围、衔接程序、调解文书和工作制度，注重“能调则调、调判结合”，实行精细化控制、点对点监督，引导纠纷当事人少打官司多调解、信赖调解不闹事。全年共排查矛盾纠纷5135件，成功调处5108件，成功率达99.5%。坚持运用法治思维和法治方式，依法依规协调解决一般信访问题，对于缠访、闹访、非访等违法信访行为，特别是挑头违法分子，坚决进行依法打击处置。

维护公共领域安全 坚持把预防和控制命案放在突出位置，优化治安防控布局，进一步健全点线面结合、人物技防结合、打防控结合的治安防控机制。坚持以“六防工程”为龙头，以“警灯工程”为主要载体，不断完善治安重点地区排查整治长效机制和重点场所滚动式排查机制。全面整合各种社会防控资源，加大视频监控体系建设力度，有效建立起“警情监控—分析研判—指挥调度—精确打击—完善防控”的防控体系。大力整治治安乱点，对城镇繁华街区、城乡接合部、风景点、铁路公路沿线、景区等治安案件多发地区以及企业、校园周边地区开展集中整治，严防出现治安热点和治安死角，治安状况明显好转。继续深化安全生产“三色预警制度”，坚持“打非治违”的高压态势，不断加大重点区域、重点单位和重点行业领域安全隐患集中整治，2014年各类安全生产事故数、死亡数和直接经济损失同比分别下降18.68%、16.18%和18.78%。

推进政法队伍建设 坚持把理想信念教育摆在队伍建设的第一位，坚持用中国特色社会主义理论体系武装政法干警，切实增强政治定力。不断深化核心价值观教育，打牢政法干警高举旗帜、听党指挥、忠诚使命的思想基础。坚持以政法文化建设为载体，丰富内涵、拓宽外延，加强文化阵地建设，建设好精神家园，引导政法干警树立正确的价值观、人生观。不断强化执法监督，认真开展专项执法检查和案件评查活动，2014年共完成执法检查72件、案件评查10件，有力地促进司法公正。积极化解涉法涉诉信访案件40件，取得了明显的法律效果和社会效果。认真开展党的群众路线教育主题实践活动，深入贯彻中央“八项规定”、省委28条、市委“1+8”和县委实施意见，扎实开展“正风肃纪”活动，认真查找和整改存在的问题，强力推进政法队伍作风建设。深入推进“大走访、大排查、大化解、大整改”活动，分期分批安排1/3的政法干警深入基层、走访群众、服务企业，重点查找队伍自身建设中存在的问题，并由单位“一把手”公开承诺服务措施和整改期限，切实树立起政法队伍良好形象。

（董建群）

法治政府建设

构筑法治政府决策合法保障 2014年，法治政府建设有序开展。制订了《2014年度功能区、镇街考绩法》《2014年度县直单位考绩法》《2014年永嘉县法治政府建设工作要点》《永嘉县人民政府办公室关于开展2014年度法治政府建设考核评价工作的通知》，结合法治工作与目标管理，对各功能区、镇（街道）和县属部门进行科学考评，以有效考核促进机制完善、提高工作效能。深化规范性文件管理工作，提高文件分类识别技能，严格把关审核程序，保证文件规范科学。3月6日，全县镇（街道）、部门分管领导及岗位业务人员共186人参加县行政规范性文件业务培训，提升业务识别能力和流程掌控能力；深入开展规范性文件“三统一”工作，县法制办年度审核43件规范性文件，把关堵漏11件，立项32件，合法性审查率100%；充分保障文件公示意见征求期和公众意见反馈通道，全年公众征求意见率达95.3%。确保决策合法有据，发挥法律参谋助力，重视法律顾问服务，加强政府合同管理工作。政府常务会议审议议题和重大行政决策必须进行前期合法性审查，召开涉法协调会议200多次，听取县法制办法律建议500多条，采纳率为85%；以《永嘉县人民政府法律顾问工作规则》规范政府法律顾问任职资格、权利义务，为县领导配备一对一律师顾问，法律服务、法律保障和法律宣传覆盖到各级政府及工作部门，行政机关、镇（街道）顾问聘请率达100%，林业登记、土地审批等行政诉讼案件，政府法律顾问参加代理有20余件。制订《永嘉县行政机关重大合同备案审查试行办法》及《永嘉县行政机关重大合同备案参考文书格式》，着力构筑行政机关合同管理工作制度，明确县政府签订合同标的额超过5000万元、各单位签订合同标的额超过500万元的为行政机关重大合同，此类合同在签订后15个工作日内需报送县法制办备案。是年，第三届“永嘉杯”全国幼儿园优秀自制教玩具展评活动承办协议、温州海螺水泥有限公司搬迁补偿协议、国泰安-嘉桥教玩具科技产业园项目合作框架协议书、合同能源管理项目等合同通过依法审查签订。

完善法治政府权力监督制约机制 2014年，多途径完善权力公开监督制约机制。加大政务公开力度，县政府信息公开办公室开展11次网上信息公开工作检查，季度通报3期，发送督促、提醒短信317批次2569条；全县共主动公开各类信息10547条，涵盖政府工作报告、规范性文件、发展规划、财政预决算、政府采购、人事任免等政府实务全面内容。拓宽社会监督渠道，建立新闻发布、探索新闻发言人制度，将网络监督纳入法治建设轨道。加快行政执法监督信息化建设，健全行政职权公开系统、行政执法网上运行系统和行政执法电子监察系统，要求行政审批、处罚、征收、强制等行政行为结果按格式要求在网上公开。全年共公开行政处罚结果344条，行政许可结果746条，行政监管信息352条。严格执行科学决策程序，重大行政决策在专家论证的基础上，运用第三方机构评估论证，在决策进程中严格跟踪反馈并对效应进行科学评估。组织开展食品药品安全、环境保护等领域专项执法监督，全面落实行政执法责任追究制度。继续开展案卷评查，重大具体行政行为的备案审查和行政审批效能监察加大力度，严格执行处罚案件要素公示制度，妥善处理个人信息保护与政府信息公开之间的矛盾，防止权力滥用和权力懈怠。证件工作清理摸底更新到位，由县法制办对全县行政执法机构主体进行摸底，同时对全县1872位行政执法人员的资格再行清理，保留证件1650本，注销执法证件220本；吊销受刑罚人员证件2本，退回换证申请建议核实改正267人次。探索案卷评查有效途径，改变往年集中评查方式，由各执法单位法制科工作人员成立临时案卷评查组，集中对31个执法单位65本案卷互查互评，形成反馈意见248条，通过现场公开互查互评加强各单位执法责任意识。

推进法治政府职能优化转变 2014年，全面履行政府职能。加大机构设置和职能整合力度，深化事业单位分类改革，稳步推进大部门制改革。做好卫生、人口和计划生育机构改革，调整完善工商、食品药品监管、质监行政管理体制，成功组建县市场监督管理局；推进有条件的事业单位转为企业或社会组织，试行企业投资负面清单管理模式。重视权力清单瘦身减权，开展政府部门职责清理，建立部门权力清单制度，对51个单位报送的8166项权力的来源、承办主体资格、权力内容等进行审核梳理，提出保留、整合、转移、取消等意见，在规定时间内及时编制完成政府权力清单，保留行政权力4177项，减少3989项，精简比例为48.85%。转变作风，提升行政能力，提升法治政府依法行政管理能力，通过建立政府四级督办体系、全面实施财政预算追加管理办法，清理和处置违规公务用车、超标办公用房，清理规范在编不在岗人员和编外用工，着力健全公务考察管理等5项制度。完善民办教育配套政策，温州翔宇中学品牌效应逐步显现，公办民办学校竞争合作机制初步形成。深化社会办医改革，制定实施公立医院与民营医院帮扶协作、民办医疗机构金融支持等优惠政策，温州附一医永嘉分院顺利挂牌，成功列入全省分级诊疗试点县。深化行政审批制度改革，承接市级下放审批事项，推进市县两级同权扁平化审批试点，建立全流程公开审批机制和网上联合审批制度，创新联审、联办、联批等方式，推行企业投资高效审批机制，力争县级企业投资项目审批时限压缩到100天左右；加快推进重点领域改革，在全省率先出台小规模公建审批办法，创新实施房地产"多证联办"、企业"一站式登记"、基本建设项目"三测合一"，全面推行服务窗口办事无休日制度。制定实施工业企业绩效综合评价办法，积极探索要素市场化配置改革，规范公共资源交易，深化农村综合改革，加强法定招标范围内国有投资工程建设项目招投标监管，开展"网上商城"采购，强化招标文件联合审查模式，挂牌成立县农村产权交易中心，全县新增土地流转面积847公顷。加快推进中介服务机构改革，取消没有法律依据的中介服务事项，实现中介服务机构与主管部门、挂靠单位彻底脱钩。全力推进"六统六分"养老服务改革，成功探索上塘中心敬老院"公办民营"新模式。

增强预防化解矛盾纠纷能力 2014年，认真办理行政复议和行政诉讼案件。积极做好行政应诉工作，落实行政首长出庭应诉制度。是年共收到行政复议申请19件，不予受理及移送职能部门4件，经审理予以维持的行政复议案件7件，协调结案5件，另3件继续审理；参加以县政府为被告的行政诉讼案件26件，经法院审理驳回起诉4件，原告撤诉11件，判决撤销3件，确认违法2件，还有6件在审理中，案件主要涉及土地审批、林业登记和违法广告拆除类纠纷。进一步开展行政指导调解工作，落实专人负责调解中心指导工作；在县各单位分别成立领导小组，制定行政指导工作实施方案，县工商局建立了《永嘉县基层所队行政指导日常操作办法》和《永嘉县工商局行政指导工作程序规定》，县国税局制定《永嘉县国家税务局全面开展行政指导工作实施方案》并组织执法人员开展培训工作。全年共进行行政指导22771件，受理行政调解案件共3053件，其中行政争议案件252件、民事争议案件2801件，涉案金额3433万，成功调解2656件，调解成功率为87%，调解履行2336件，履行率88%。全力稳控信访工作，接要信要访9件，报结9件，报结率达100%，共接到网上信访件391件，与上年同期相比增加29%，到期办结率100%；收到复查申请16件，受理10件，不予受理6件，均已办结。

加强法治政府队伍建设 2014年，严格执行领导干部学法和执法培训考核制度。5月16日，召开学习贯彻习近平总书记系列重要讲话精神主题报告会暨永嘉县专题教育工作部署会、县委理论中心组学习（扩大）会暨《干部任用条例》专题讲座，县四套班子领导、各功能区、各镇（街道）、县直属单位主要负责人参加学习；6月中旬，县政府常务会议听取县依法行政上半年工作汇报，并学习了《事业单位人事管理条例》；8月，对全县执法证件到期的工作人员进行法律更新知识培训并进行效果考核；11月，组织各执法单位申请省政府执法证的岗位人员参加温州市法律综合知识培训并参加省级考试；11月下旬，县政府常务会议听取了县法治政府建设工作汇报，并学习新《中华人民共和国行政诉讼法》；12月3日，举行“双百”活动法制宣讲专场报告会，县党政机关干部400余人参加报告会。积极组织公务员法律知识培训考试，制定切实可行的培训计划，组织全县执法人员进行行业法规和专业知识培训。全县乡科级领导和其他公务员参加公务员学法用法考试，经考核成绩全部合格。

（陈　鹅）

社会治安综合治理

概况　2014年，永嘉县社会管理综合治理工作按照省、市综治办的部署，紧紧围绕县委、县政府工作大局，立足建设“平安永嘉”和“两美永嘉”的总体目标，有效推进各项工作向纵深发展，确保了全县社会和谐稳定，为我县全面建设小康社会提供了良好环境。

狠抓综治基层基础建设　加强综治基层基础建设，是一项全局性、战略性的任务，是维护社会和谐稳定、建设更高水平平安永嘉的关键所在，是坚持和发展“枫桥经验”的主要内容。今年以来，我县着重在夯实基础，完善机制、强化防控上下功夫，全力促进社会和谐稳定。年初，充分利用村（社区）两委换届后的有利时机，下发了《关于进一步加强村级组织换届后基层综治组织建设深化基层创安工作的通知》（永综办〔2014〕4号），就进一步建立健全村级综治组织，完善相关工作制度，强化工作保障提出了指导意见，并组成督导组对全县18个镇街进行了督查，持续有效推进综治向基层延伸工作，深化基层创安活动。结合党的群众路线教育实践活动，建立政法委领导蹲点联系政法综治基层单位，定期开展督促指导。完成全县主要交通沿线和镇街建城区所在地333个村居综治室换届后的工作顺利交接。按照省委政法委关于“三多”清理整改的统一要求，认真完成全县991个村（社区）综治工作站的“三多”清理整改，并统一悬挂“综治工作站”标识牌。

建立健全预防化解矛盾纠纷综合机制　制定《永嘉县矛盾纠纷排查调处工作协调会议制度》，每月定期召开矛盾纠纷排查调处工作协调会议，对重大矛盾纠纷、“民转刑”命案及进京非访情况进行分析研判和挂牌督办，并形成会议纪要。继续完善“大调解”组织网络，积极探索行业性、专业性调解组织，不断扩展人民调解工作领域。劳动争议、医疗纠纷、交通事故、婚姻家庭纠纷等重点领域和教玩具、旅游与餐饮行业协会、拉链协会等重要行业已全部建立专业人民调解组织。社区调委会建设和镇（街道）专职调解员聘任全面推进，目前已建立81个社区调委会，聘用42名镇（街道）专职调解员，进一步完善了18个精品村（居）调解室建设。全面开展司法所和各级人民调解组织网络信号的联通，组织调解员进行系统操作培训，人民调解信息化管理系统在辖区内的司法所（镇街人民调解委员会）、行业性专业人民调解组织的使用率达100%；社区人民调解组织网络信号覆盖面达100%；人民调解信息化管理系统在社区使用率达100%，为开展人民调解工作奠定了坚实的组织基础，及时有效地化解矛盾纠纷、减少诉讼，有力维护了社会稳定。全县共排查矛盾纠纷5135件，调处成功5108件，调处成功率达99.5%。

扎实开展社会治安打击防控，坚持多维防控，采取人防、物防、技防“组合拳”方式，加快构建攻防兼备的社会治安打防控体系，针对当前突发事件多发、反恐维稳形势艰巨的实际，组织开展了两次反恐实战演练。制定下发了《全县公安机关“增强执法自信和执法公信”专题轮训实施方案》和《全县公安机关新警综合能力大比武活动实施方案》，开展全县民警体能测试和手枪射击考核，增强民警体能素质，提高武器使用能力，全面提升各警种应急处突能力。本着“警力有限，民力无穷”的理念，深入推进以“五统一”（统一吸收、统一培训、统一着装、统一指挥、统一考核）为主要模式的群防群治队伍规范化建设，全面提升我县民力护安水平和能力。践行“民意主导警务”理念，积极推动社会矛盾纠纷化解，严厉打击“两抢一盗”、“黄赌毒”、电信诈骗、网络犯罪、制假售假、食药品安全及环境污染等涉及民生的违法犯罪活动，坚持做到“两手抓、两促进”。民安六期投资2996万元，已完成招投标前期工作；完成民安五期建设监控高清点位450个，卡口14套169个；社会救助50余起，利用视频破获刑事案件数357起，视频破案占比为34.30%。截止到12月底，全县共接警349158起（同比上升13.30%），有效接警93743起（同比下降2.1%），破刑事案件1914起，刑拘1786人；共发命案10起，破9起，破命案积案2起，五类案件发13起，破13起；抓获各类逃犯483名，外省命案逃犯1名。刑拘侵财性对象609名、入户盗窃对象215名、销赃对象29名，与2013年同比分别上升11.95%、16.84%、866.70%；移诉侵财性对象703名，“两抢”现案破案率56.57%，打击高财对象18名，移诉3人6案团伙27个、电信（网络）诈骗团伙4个，打掉伪基站团伙2个，打击侵财犯罪专项行动成效排名全市序列第一。共逮捕黄赌对象311人，移诉418人；破获涉毒刑事案件90起，抓获毒品犯罪嫌疑人185名，移诉181名，查获吸毒人员782人次（其中强制隔离戒毒269人次），破获6人团伙8个，3人团伙17个，侦破省目标案件3起，缴获毒品3421.33克；破涉枪涉爆刑事案件2起、涉危行政案件187起、涉及烟花爆竹案件6起，缴获爆炸物品2000公斤、剧毒1000多公斤、收缴枪支111支，缴获烟花爆竹19711箱，收缴刀、弩等管制器具500多把。打掉黑社会性质组织团伙2个，涉恶团伙42个，抓获犯罪嫌疑人243人，破刑事案件239起，破获阻碍重点工程建设案件3起。逮捕涉食药犯罪对象53人，移诉43人。特别是一举打掉跨5省“毒凤爪”案件，缴获“毒凤爪”3万多吨，案值达3亿多元，摧毁全国35条“毒凤爪”销售网络，9月12日央视“焦点访谈”栏目专题播出，引起全国轰动，群众拍手叫好。

深入推进网格化管理 永嘉县按照“走在前列，创出品牌”的工作目标和“广泛应用、常态使用”的原则要求，围绕重点，突出输入，狠抓网格责任落实和有效信息录入工作，网格化管理水平不断提高。尤其是2014年6月份，我县被省里确定为社会治理信息采集上报“以奖代补”试点县后，在省、市政法委（综治办）领导的精心指导下，在前期充分调查研究、征求意见的基础上制定出台了《永嘉县社会治理信息采集上报“以奖代补”实施办法（试行）》。自8月初正式启动试点工作以来，主要取得了三个方面的初步成效：一是融合更加紧密。通过开展试点工作，全县上下逐步形成了以运用信息化推进基层社会治理能力现代化的新理念，有效推动了基层社会治理综合信息系统与“网格化管理、组团式服务”深度融合，初步形成了“及时反映信息、联动解决问题、分析预测趋势、数据驱动决策”的基层现代化治理模式。二是参与更加积极。协辅人员和社会群众参与信息报送热情显著提高，自8月份试点以来，已向网格信息平台提供符合“以奖代补”的预警信息4210条。三是处置更加有力。试点开始以前，永嘉县在网格信息平台中输入的信息量不少，但有效信息占比很小，尤其是经县级部门联动办理处置的事项寥寥无几，作用难以体现。试点以来，信息质量明显提高，预警作用和处置效果逐步显现，其中分流到公安、安监、人保、环保、交通等县级有关部门协调处置的有62件（其中涉及跨县办理事项1件），而2014年1月至7月份仅有5件。

着力强化综合治理 坚持“寓服务于管理，以服务促管理”，突出抓好流动人口、特殊人群、食品药品安全、公共安全、互联网、进京非访等重点领域服务管理。强化重点人员管理。建立完善刑满释放人员、吸毒人员、社区矫正人员及有危害社会倾向的精神病人等特殊群体的常态化联动管控机制，切实减少现实危险。尤其是根据要求，继续加强对易肇事肇祸精神病人的排查和管控力度，重点做好对已出院病人的跟踪回访。以减员提质为目标，切实加强流动人口管理，逐步给予流动人口“新市民待遇”，全面提升流动人口管理水平。认真贯彻落实省公检法《关于依法处理进京实施妨碍社会管理秩序行为的指导意见》，牵头组织全面加强对进京非访人员的依法打击处理工作，全年共行政拘留进京非访对象15人，对徐某等5人做了刑事判决，有效控制了全县进京非访人次，较好地完成了工作目标。强化安全领域管理。高度重视安全生产和食品药品安全工作，严格落实安全措施，切实防范各类安全事故的发生。全年生产安全事故主要指标控制良好，工矿、道路交通、水上交通发生事故同比明显下降。未发生较大以上火灾事故，一般火灾事故数量较去年呈下降趋势，未出现人员死亡。加强网络管理工作，着力抓好网络专业管理员、新闻发言人、网络评论员等“三支队伍”建设，切实提高网络舆情应对处置能力。大力开展社会综合治理。全力开展治安乱点、非法办学、流动人口管理等综合整治，积极开展打击非法行医和非法境外卫星电视接收设施治理行动。尤其是突出强化出租房屋安全综合整治，在江北街道试点的基础上，探索建立安监、消防、新居民“三网合一”工作新机制，按照“镇街负责、部门共责、统一管理”的原则，全面形成由镇（街道）属地主抓、相关职能部门全力配合的出租房消防管理工作新格局。全县登记在册出租房屋46267户，与2013年同期相比登记总量下降9.9%，并按照要求及时分类录入管理系统平台，切实做到底数清、情况明，在全市每季流动人口管理工作考核中均名列前茅。同时，积极推广“以房东管人”管理模式，实现从管理25余万流动人口到管理4.6万户出租房屋的转变，接警数量、刑事发案、盗窃案件、“两抢”案件同比明显下降，群众的安全感满意度明显提升。

（李长生）

公　安

概况　2014年，县公安局在县委、县政府和上级公安机关的正确领导下，以党的群众路线教育实践活动为主线，以“三确保、三创优、三创特”为总目标，继续深化“正本立纲强队伍、创先争优强工作”的“两强”工作思路，不断夯实基础、大胆创新、实干创业，全面推动公安工作和队伍转型升级和科学发展。全年全县共接警起数同比上升13.3%，有效接警起数同比下降2.1%，其中刑事警情起数同比下降16.7%，治安警情起数同比下降11.9%，交通事件起数同比上升8.9%，火警警情起数同比下降35.7%，“两抢”警情起数同比下降46.5%，盗窃警情起数同比下降13.3%。2014年，全局有276位个人被省、市、县以及局表彰，其中4位民警荣立个人二等功，26位民警荣立个人三等功，113位个人被嘉奖。

维稳工作　始终保持着高度的政治敏锐性和警觉性，忠诚履职，严密防范，敢于担当，主动进攻，确保了全县政治安定、社会和谐稳定。一是全力保障“三改一拆”工作。坚持以服务经济社会发展为中心，全力护航“三改一拆”工作，共出动警力5000多人次，刑事拘留7人，提请逮捕2人，行政拘留11人。特别是在宗教违法建筑拆除安保工作期间，全县公安机关主动担当，严明立场，敢于亮剑，通过连续奋战一个月，全力保障了拆违工作顺利、平稳开展，有力确保全县社会政治大局稳定，得到了各级党委、政府的高度肯定。二是全面加强维稳处突工作。积极做好全县904个村级组织换届选举安保收尾工作，工作做法得到了省市委充分肯定；围绕全国、地方“两会”、“亚信”峰会、“六四”等节点开展维稳工作。三是全力排查化解矛盾纠纷。以信访“抓打强促”活动、涉法涉诉信访工作改革为载体，创新机制，拓宽渠道，确保矛盾纠纷及时化解，从源头上减少信访问题的发生。共接受群众来信来访182件，与2013年同比下降12.92%。其中，来信101件，来访81件；成功化解了省市委第六督导组交办件20起、省厅交办件3起、市局交办件9起。不断深化完善“警调衔接”机制，共移交纠纷案件1113起，办结1113起，办结率100%。

严打侵财犯罪　2014年，县局牢固确立“警情引领勤务、警情引领打击”的工作理念，扎实开展打击侵财犯罪专项行动，推行所队打侵财捆绑制，全面提升打击效能。全年全县主要侵财案件警情起数与2013年同比下降13.09%，刑拘侵财性对象人数、入户盗窃对象人数、销赃对象人数，与2013年同比分别上升11.95%、16.84%、866.70%；移诉侵财性对象703名，“两抢”现案破案率56.57%，打击高财对象18名，移诉3人6案团伙27个、电信（网络）诈骗团伙4个，打掉伪基站团伙2个，打击侵财犯罪专项行动成效排名位列全市第一。

社会治安治理　紧紧抓住当前社会治安难点和热点问题，持续开展组织治安集中清查行动，坚决整治黄赌毒社会丑恶现象。共逮捕黄赌对象311人，移诉418人；破获涉毒刑事案件90起，抓获毒品犯罪嫌疑人185名，移诉181名，查获吸毒人员782人次（其中强制隔离戒毒269人次），破获6人团伙8个，3人团伙17个，侦破省目标案件3起，缴获毒品3421.33克；破涉枪涉爆刑事案件2起、涉危行政案件187起、涉及烟花爆竹案件6起，缴获爆炸物品2000公斤、剧毒1000多公斤、收缴枪支111支，缴获烟花爆竹19711箱，收缴刀、弩等管制器具500多把。积极推行社会治安状况“二级四色”预警机制，及时启动相应等级响应措施，实施以来，保持常态勤务响应状态，总体社会治安状况平稳。进一步强化“警灯工程”建设，不断完善健全运行机制，共破刑事案件64起，采取刑事强制措施36人，其中现场抓获“两抢”嫌疑人2名、逃犯13名；查处治安案件111起，治安处罚128人；现场解决纠纷574起，接受群众求助690起；核查人员信息77267条，采集人员信息30620条；查获管制刀具20把，电动自行车20辆。

完善服务经济发展机制 始终把服务经济发展作为公安机关的“第一要务”，积极主动把公安工作融入全县经济社会发展大局中去研究、去谋划、去推进。构建“五水共治”保障机制。建立河道警长制，重拳打击涉水环境污染犯罪，努力助推全县经济社会转型升级。全年涉环境案件立案56起，刑拘67人，取保候审76人，监视居住2人，提请逮捕45人，移诉84人。构建“重点工程”护航机制。主动对接县委、县政府中心工作，深入开展“拔钉清障、护航发展”行动，全面深化“警务进项目”工作机制，确保重点工程建设无障碍施工。共打掉黑社会性质组织团伙2个，涉恶团伙42个，抓获犯罪嫌疑人243人，破刑事案件239起，破获阻碍重点工程建设案件3起。构建“经济秩序”维护机制。以“打假、治赖”犯罪为主线，建立健全部门间的信息共享、检验鉴定、重大问题会商等沟通机制,全力维护社会市场经济秩序，共受理经济案件43起，立案42起，破案37起，抓获犯罪嫌疑人33人，逃废债追逃对象22人，移诉41人。构建“食品安全”监管机制。以“食品安全百日严打行动”为载体，重拳出击，严厉打击危害食品安全犯罪活动，有力维护了社会公共安全。全年逮捕涉食药犯罪对象53人，移诉43人。特别是一举打掉跨5省“毒凤爪”案件，缴获“毒凤爪”3万多吨，案值达3亿多元，摧毁全国35条“毒凤爪”销售网络，9月12日央视“焦点访谈”栏目专题播出，引起全国轰动，群众拍手叫好。

交通安全监管 深入开展交通治堵专项行动，不断创新警务机制，积极推广交通社会化管理，全县主要城区交通秩序显著改善。全年全县上报道路交通事故起数、死亡人数、受伤人数、直接经济损失数，同比分别下降14.74%、10.61%、20.27%、3.01%。查处各类交通违法行为起数同比增长30.63%，其中查处酒后驾驶999起、醉酒驾驶333起，查获“四小车”5832辆，淘汰黄标车6002辆。

消防安全监管 开展今冬明春“清剿火患”战役、“蛟龙”系列等专项行动，最大限度消除消防安全隐患，共检查单位14098家，发现隐患1611处，整改隐患1600处，下发责令改正通知书1218份，对142家单位予以立案处罚，临时查封11家，责令“三停”49家，罚款164.35万元，拘留65人。

校园安全防范 以“护校安园”专项行动为载体，深入开展校园安全隐患排查整改工作，共出动警力2000余人次，发现安全隐患100处，当场提出整改38处，限期整改60余处，排查化解涉校矛盾纠纷11起，全县校园安全状况总体稳定，未发生影响恶劣的重大恶性案件。

为民服务举措 积极推行临时居民身份证由基层派出所“一站式”速办模式和周六无休日制度，并在公安行政审批窗口推行上门服务、预约服务、延时服务等便民服务举措，在出入境服务窗口率全省之先推出港澳短期签注“立等可取”服务绿色通道、公众微信终端服务平台、组建志愿者队伍等系列便民利民举措，得到了群众赞扬，中央台新闻频道黄金时间报道，全年出入境“流动红旗”窗口评比全市第一。全年共办理居民身份证54389个，办理临时居民身份证18397个，审批各类户口5127件；受理因私出国（境）申请61310人次，与2013年同比上升59%，其中受理公民因私出国申请21625人次，受理公民因私港澳台申请39685人次。

物联网工作 扎实推进物联网管控工作，共新登记流口203885人，发卡203506张，发卡率为99.81%；在册流口总数为221953人，发卡221509张，发卡率为99.80%。已建A型e居站数20个，D型e居站数90个，配置流管通210个。有效刷卡率为88.55%。门禁建设1441套（出租房373套、企业门禁153套、企业考勤131套、数据整合784家）；在线使用数1397套，在线使用率97.01%；授权人数140301人，授权人数占在册制卡数的62.32%；刷卡人数131522人，刷卡率90.28%。固定有线基站安装208个，车载移动基站6个，上报固定无线基站118个，电动车上牌安装65654辆。

刑事技术工作 大力推进刑事技术工作建设，共勘各案现场2969起，提取指纹948起，提取足迹427起，提取DNA检材821起；采集各类人员指纹12530份、DNA血样10253份；通过指纹、DNA比中各类案件511起，比中对象归案164人。扎实推进社会治安动态视频监控系统民安工程五期建设，建立视频监控运维中心，推出视频现场勘查采集同步机制，共建设各类高清视频监控610个，利用视频侦查破案件377起，视频侦查成效位列全市第一。做大做强合成作战室，利用合成作战破案643起，刑拘401人，打击团伙32个，合成作战成效位列全市第一。

规范执法 积极创建“四逢四必”执法体系，建立健全各项执法规章制度，扎实开展“手拉手”执法帮扶活动，努力破解执法难题，切实提高依法办案水平，坚决杜绝冤假错案。共批准刑拘1941人，取保候审767人，监视居住71人，刑拘释放率17.40%，提请逮捕1420人，移诉2233人。全力推进执法检查“回头看”活动，共发现查纠整改执法问题647个，整改窗口服务问题9个，社会治安突出问题2个，办结信访案件数十起，问题整改率达98%，顺利通过市局验收。

政治建警 以深入开展党的群众路线教育实践活动为主线，紧密结合“为何从警、如何做警、为谁用警”大讨论活动，组织开展了演讲比赛、征文评选、爱民实践活动、“双十佳”评选、授衔仪式、群众工作法评比、公安形象座谈、荣誉奖证章颁发等一系列活动，并严格落实思想政治工作“八个要”举措，切实提升队伍正规建设水平。共列出专项整治项目8个，已完成整治7个，正在整治1个，领导班子整改项目24个，已完成整改项目21个，正在整改3个。班子成员及其他县管干部24人，共梳理出整改清单124条，已经完成122条。不断完善“4+1”队伍管理模式，进一步健全“大督察”工作机制，深入开展“执法执纪保安全”暨“严纪律、强作风”专题教育活动，推出了《永嘉县公安机关中层领导干部问责“四个一律”暂行规定》等制度。全年共局规记分1006人次，984.5分；核查涉警信访案件27起，受理查处维权案件20起，刑事拘留4人，行政拘留39人。

素质强警 深化民警岗位培训机制，不断健全新警轮岗培训模式，积极备战全市公安机关新警岗位业务能力竞赛，组织开展微课程征集评选活动，不断完善训练体系。全年组织开展了10期“增强执法自信和执法公信”专题轮训暨依法使用武器警械专题培训，共有350余名民警参加培训，68位新招录民警参与了新警岗前培训，新警岗位业务能力竞赛取得团体总成绩全市第一的佳绩。

惠警措施 坚持荣誉向基层倾斜，基层民警立功受奖比例达到90%以上；增加了非领导职数配备，落实执法勤务机构警员职务套改政策，力推派出所长进当地党委班子，为部分高配单位中层干部争取了职级高配待遇；推出了1个警营文化建设示范点，基层警营文化建设覆盖率达到95%以上；组建了骑行、摄影、游泳等10个俱乐部，组织开展了五人制足球赛、主题演讲比赛、篮球赛等活动。组织开展了全局民警健康体检，逐步形成“局领导—中层—民警”阶梯式的逐级谈心开导疏导模式，并帮助解决子女入托、入学、就业等实际困难，并发放了慰问抚恤金20余万元。

宣传工作 积极培育先进典型，注重传递正能量，“最美警察”深入人心，体现于行，成效明显，特别是全警合力救助患白血病女民警凝聚广泛警心，民警捐献造血干细胞救16岁少年，口对口传递“生命之水”等感人事迹，讴歌了永嘉公安队伍的浩然正气，并被市局评为队伍管理特色示范点。全年，共有276位个人被省、市、县以及局表彰，其中4位民警荣立个人二等功，26位民警荣立个人三等功，113位个人被嘉奖。进一步拓展宣传阵地，不断优化涉警舆情处置，全警宣传唱响“永嘉声音”。全年在市级以上主流媒体刊播各类稿件1393余篇（条），其中中央级210余篇，省级103余篇。以行风评议创满意为抓手，推动党政、群众和民警三个满意建设，提升公安机关形象。2014年，9个派出所获得第一，1个获得第二，6个交警面上中队全部进入前三，成绩史无前例。

（洪　渊）

检　察

概况 2014年，永嘉县人民检察院紧紧围绕全县经济社会发展大局，以执法办案为中心，不断强化法律监督，推进自身建设，各项检察工作取得了新的进展。全年共受理移送审查逮捕案件1031件1435人，同比上升6.9%，批准逮捕919件1247人；受理移送审查起诉案件1271件2246人，同比上升4.1%，提起公诉1237件2151人；报送上级检察院审查起诉17件32人。

审查批捕和起诉 依法打击严重刑事犯罪，注重抓打击促稳定，坚持专项打击与重点整治相结合。其中批准逮捕杀人、强奸、绑架等严重暴力犯罪案件30件30人，提起公诉18件22人；批准逮捕“两抢一盗”等多发性侵财案件366件461人，提起公诉330件511人；批准逮捕黄、赌、毒案件214件322人，提起公诉165件491人。突出生态保护民生保障，围绕群众关心的热点、难点问题，依法打击破坏生态资源、危害食品安全等事关生态民生的犯罪，营造绿色生活环境。全年共监督立案非法采矿案件2件6人；批准逮捕污染环境案件21件26人，提起公诉23件41人；批准逮捕非法采矿案件3件3人，提起公诉3件3人；批准逮捕危害食品安全案件17件28人，提起公诉21件58人。审慎办理金融犯罪案件，依法打击破坏经济秩序的犯罪，稳步推进金融检察，维护良好的市场经济秩序。共批准逮捕集资诈骗、合同诈骗等经济犯罪案件4件4人，提起公诉8件9人；批准逮捕职务侵占、挪用资金等案件60件81人，提起公诉53件146人。同时注重体现办案的综合效果，着力维护企业正常经营秩序，保障被害人的合法权益。

查办职务犯罪 突出办案重点，强化对重点领域、重要岗位、大案要案的查处。共立案侦查贪污贿赂案件17件19人，渎职侵权案件8件10人，其中查处贪污贿赂犯罪涉案金额5万元至10万元的案件15人，10万元至100万元的4人。其中比较典型的有县发改局副局长、重点工程建设总指挥部常务副指挥叶建平受贿案。2006年至2014年，叶建平在担任县科技局副局长、县发改局副局长等不同的职务期间，利用职务便利，多次收受他人财物共计55万余元，被一审法院以受贿罪判处有期徒刑十一年。在查办职务犯罪过程中密切与审计等部门的配合，形成反腐败合力。会同县审计局成立涉农资金审计专项协作工作领导小组，发挥审计机关的专业优势，有效提供职务犯罪线索。加强内部各部门之间的监督与协作，瓯北检察室在服务大局、法律监督、矛盾化解的过程中发现线索，与各侦查部门通力合作查处“三江违章宗教建筑”背后的渎职窝案。推进审查起诉部门提前介入自侦案件侦查工作，引导调查取证，确保办案质量和提高办案效率。同时，注重文明规范司法，坚持文明执法规范办案，规范传唤、讯问、查询、扣押、冻结等侦查行为，依法全面收集证据。深入开展以创规范管理、规范侦查、规范技保为内容的“三创”活动，坚持做到讯问犯罪嫌疑人全程同步录音录像、审录分离、侦查终结随案移送审查、讯问和看管分离等要求，进一步促进文明规范执法。在办案过程中注重保障犯罪嫌疑人权利和辩护律师的履职权利。

预防职务犯罪 结合办案，深入开展职务犯罪预防教育。共开展预防宣传7次，接待人员参观警示教育基地10次，开展预防职务犯罪宣讲17次，总人数达2300余人。积极开展职务犯罪个案同步预防，对立案的重大典型职务犯罪案件及时介入，针对发案单位在教育、制度、监督等方面存在的问题，开展同步预防，向发案单位发送预防检察建议3份。针对我县发改系统的叶建平等三例职务犯罪案件，组织召开了发改系统案件剖析会，深入分析犯罪原因、犯罪特点及犯罪危害性，起到良好的警示作用。

法律监督工作 一是注重监督实效，全面加强立案监督、侦查活动监督、审判监督、刑罚执行监督。共监督立案12件17人，监督撤案5件5人；对侦查活动中的违法行为发出纠正违法通知书21份；对认为确有错误的刑事判决、裁定，提出刑事抗诉2件3人；对刑事申诉案件，提请抗诉2件，均得以改判。深入推进监所检察，强化刑罚变更执行的同步监督，共审查看守所呈报减刑107件，未发现减刑呈报不当现象，并认真开展了减刑、假释、暂予监外执行专项检察活动，对重点关注对象重新审查，规范暂予监外执行。二是拓宽监督领域。首次对法院民事执行案件进行评查，并针对“终结本次执行程序”适用方面存在的突出问题，开展专题调研分析，形成调研报告，受到省检察院充分肯定。探索开展行政执法监督，发现行政不作为，督促其纠正，建议其规范。着重对环境污染等民生问题进行监督，共向相关部门发出检察建议12份，督促其依法履行职责，使相关问题得到整改，取得了良好的效果。三是创新监督模式。探索与媒体共同开展监督的新模式，两次会同县新闻信息中心走访黄田街道、岩坦镇等楠溪江沿岸区域，通过现场察看、倾听群众心声，发现环境管理、污水处置中存在的问题，向相关部门发出检察建议，要求采取措施予以整改。《今日永嘉》、永嘉网及时给予曝光。在媒体与检察共同监督之下，有关部门引起高度重视，进行了有效整改。

提高执法办案质量 坚持把案件质量作为司法的生命线，严格依法办案，坚决杜绝冤假错案发生。在审查批准逮捕、审查起诉中，无罪不捕3件4人，证据不足不捕13件26人，罪轻不捕91件151人，占审查逮捕人数的12.7%；批准逮捕后无继续羁押必要而变更或建议变更强制措施22件26人，占批捕人数的2.0%；不构成犯罪不诉2件3人，情节轻微不诉48件75人，证据不足不诉5件6人，占审查起诉人数的3.8%；追诉犯罪嫌疑人和追加罪名25件次，其中李某某等三人寻衅滋事案，三名被告人均因追加起诉故意伤害罪，被一审法院分别判处有期徒刑十年四个月、有期徒刑九年两个月、有期徒刑九年。制定提前介入侦查工作办法，对重大复杂案件积极提前介入，就证据收集、法律适用及程序问题提出意见建议，提高了该类案件的审查逮捕质量和效率。对未成年人犯罪案件，坚持教育为主、惩罚为辅的原则，共对11人作不批捕处理，4人作不起诉处理，7人作附条件不起诉处理。犯罪嫌疑人胡某等三人寻衅滋事案，考虑到胡某系未成年人，经过对其6个月的帮教，帮教期间其在校表现良好，最终决定对其作出不起诉处理。同时加强对未成年被害人的保护，共逮捕、起诉强奸、猥亵未成年人的犯罪嫌疑人42人。

排查化解社会矛盾 认真贯彻宽严相济的刑事政策，坚持把化解社会矛盾贯穿于执法办案全过程。对犯罪情节较轻、社会危害性较小、人身危险性不大的初犯、偶犯等，依法从宽处理。共对151名轻微犯罪嫌疑人依法作出不批准逮捕决定，75名轻微犯罪嫌疑人依法作出相对不起诉决定；共移送调解50例，和解20例，和解后依法不批准逮捕22人，不起诉10人。执行执法办案风险评估预警机制，对拟作出不立案、不批准逮捕、不起诉、不抗诉和撤案等决定，认真做好不稳定因素评估。完善信访工作，积极应对涉法涉诉信访工作改革新形势。全年共受理群众来信来访244件，其中控告申诉类220件，举报类24件，涉检信访25件。依照“属地管理、分级负责，谁主管、谁负责”的原则及时审查分流，实现诉讼与普通信访分离。深化举报工作，积极推动职务犯罪查办工作深入发展。规范举报线索管理，举报线索统一由举报中心受理审查，做好审查、分流、催办、督办，署名件做到件件有回复。加强举报初核工作。全年共初核案件20件，息诉6件，移送党政纪处分4人。

强化自身监督 一是完善案件管理工作。全面推行检察机关统一业务应用系统，实现对案件流程完整性、办案程序合法性、法律文书规范性的全程、动态监督。强化执法办案内部监督，建立健全案件评查机制，对不捕、不诉、撤回起诉等九类重点案件展开评查，发现问题及时整改。实行重点案件备案制度，进一步规范检察权运行。二是强化管理严纪律。认真落实“一岗双责”制，强化责任意识、大局意识，树立统筹兼顾的科学管理方法。进一步延伸对检察人员的监督管理触角，规范干警8小时外的行为。坚持开展每月2次的检风检纪督察和每周1次的正风肃纪巡查，保持严管实抓态势。实行纪律作风建设和业务工作一起考评，并注重考评结果运用。队伍管理出现问题的，评先晋级一票否决，进一步发挥考评的导向作用。三是自觉接受外部监督。主动接受人大及其常委会的监督，向县人大常委会专题报告民事行政检察工作情况。主动接受社会各界人士的监督，建立特约人员制度并聘请6名特约人员，向人大代表、政协委员、特约人员等通报检察工作。

深化检务公开 一是认真做好便民服务措施和“四个平台”建设。建立“永检案管”微信公众服务平台，下设三个子项目，分别为律师、案件当事人（近亲属、法定代理人、诉讼代理人）、行贿档案查询人提供咨询、预约、认证服务。改革律师阅卷方法，改传统案卷打印为刻录光盘与打印并用，大大提高了律师阅卷效率。以“公开为原则、不公开为例外”的原则，逐步做好案件程序性信息公开、重要案件信息发布、法律文书公开、辩护与代理预约服务。二是积极探索创新检务公开形式。努力建设检察机关网络宣传阵地，通过微博、短信、手机报等现代信息手段及时发布检察信息。以公开听证的形式邀请人民监督员、社区检察官和检察联络员对刑事申诉案件进行公开审查，取得良好的效果。三是严格把牢舆情监测和舆论引导。做好网络舆情监测和应对工作，调整、完善网评员队伍，提高开展网络宣传和舆论引导的能力。对于重大敏感案件的处理，适时发声，引导正确的舆论导向，如查处“三江违章宗教建筑”背后的渎职窝案时，除及时向党委、政法委报送案件查办情况外，适时利用检察门户网站、微博等发布重要案件信息，避免出现因舆论炒作影响社会稳定的情况。

检察队伍建设 一是教育学习强基础。认真组织开展以为民务实清廉为主要内容的党的群众路线教育实践活动和“增强党性、严守纪律、廉洁从政”专题教育活动，切实改进作风，坚定政治立场、强化群众观念、增强责任意识和忧患意识，提升干警的群众工作能力。

大力开展“学习型检察院”的创建，通过党组理论中心组学习、辅导报告会、夜学等方式，分级分类培训，提高干警的理论水平。多名干警撰写的文章先后在国家级和省级刊物上发表，其中2篇文章在全省检察机关调研论文评比中获奖。二是岗位练兵提素质。大力推行办案能手培养机制，通过领导结对指导，承担重点课题研究，重大案件办理等方式强化办案能力培养。在全院范围内，统一组织开展案件审查报告、侦查终结报告制作比赛活动，组织开展精品案例评选、观摩庭、辩论赛等活动，以赛促学。积极培养“一岗多能”的复合型人才,推行辅岗制度等，提高干警综合能力及群众工作能力。2014年，县检察院干警在全市青年女检察官女律师辩论赛、全县党员干部“心系群众·助推发展”演讲赛、全县政法系统党史知识竞赛等活动中荣获优异成绩。三是文明建设引发展。以创建国家级文明单位为目标，开展具有检察特色的文明创建活动。建立“学雷锋志愿服务活动队”，结合自身工作将普法宣传融入志愿活动中；在文明共建结对村开展慰问帮扶活动；深入开展“道德讲堂”系列活动，助推道德文化传承。继续开展巾帼文明岗、助力文明风尚传播。加强勤廉机关建设，以廉政文化促进检察工作发展。

基层基础建设 一方面加大基础设施建设。建成刑检部门专用谈话工作区，法警队全天保障公诉部门谈话安全。新建一个视频会议室，保障上级会议精神顺利传达。顺利完成“涉密网”分级保护系统建设，成为我市首个完成现场测评的基层检察院。另一方面加强基层检察室建设。依托瓯北检察室，积极开展查办和预防职务犯罪、法律监督、矛盾化解等工作，实现检察工作与农村工作的有机对接。瓯北检察室凭借良好的队伍素质、完善的工作机制、明显的工作成效等，获得浙江省检察机关首批“示范基层检察室”荣誉称号。

（陈琪琪）

附　2014年度获省、部级以上先进单位

单　位：永嘉县人民检察院

先进单位或个人	荣誉称号	颁奖单位
永嘉县人民检察院瓯北检察室	浙江省检察机关首批“示范基层检察室”	浙江省人民检察院

法　院

概　况 2014年，永嘉县人民法院紧紧围绕“让人民群众在每一个司法案件中都感受到公平正义”的目标，积极应对繁重的办案任务和复杂的司法环境，全面加强审判、执行工作和自身建设，各项工作取得了新的进展。共受理各类案件9929件，办结9227件，一线法官人均结案170件，解决诉讼标的额19.4亿元。2014年，永嘉县人民法院被最高人民法院命名为“全国法院文化建设示范单位”荣立集体二等功，荣获“浙江省文明单位”荣誉称号，并在县综合考绩中获一等奖。

刑事审判保障平安建设 坚持宽严相济的刑事政策，始终把维护辖区社会和谐稳定作为刑事审判的核心任务。共审结刑事案件1469件，判处罪犯2087人，同比分别上升7.38%和2.86%，其中，判处五年以上有期徒刑127人。严厉打击故意杀人、黑恶势力、毒品、两抢一盗等严重危害社会治安的犯罪活动，审结489件，同比上升3.38 %。审结贪污贿赂、渎职、挪用公款等职务犯罪案件23件29人，推进我县反腐倡廉工作进一步深入展开。严格依法惩处醉驾犯罪，判处危险驾驶罪案件316件316人，有力震慑了交通违法行为。创新未成年人刑事审判工作机制，引入未成年人观护专家团代表参与案件审理，倡导发起成立未成年人社会观护组织，加大矫治和预防力度，进一步提升未成年人人权司法保障水平。

民商事审判促进和谐建设 充分发挥司法化解社会矛盾的功能，积极引导各类民商事纠纷在法律框架内获得平息，努力实现案结、事了、人和。共受理民商事案件4787件，审结4400件，分别同比上升0.50%、0.55%，涉案标的额16.15亿元。进一步优化对调解方式的运用，全年民事调撤率及民事可调撤率分别为63.70%、90.03%，均位居全市基层法院首位。高质高效审理涉民生案件，审结婚姻家庭、遗产继承、相邻关系纠纷等案件1401件，妥善化解家庭邻里矛盾；审结追索劳动报酬、经济补偿、工伤保险等劳动争议案件164件，切实维护弱势群体合法权益。

行政审判促进法治建设 共受理一审行政案件81件，审结67件，同比分别上升65.31%和76.32%，在已审结案件中，行政机关败诉率为11.94%，驳回原告诉讼请求及驳回起诉的占32.80%，41.79%的行政案件经法院协调，原告与行政机关达成和解后撤诉，另有9件依法移送。共审查非诉行政执行案件444件，准予执行396件。进一步完善府院良性互动，联合县政府法制办、县国土资源局召开“规范土地非诉执行案件办理”专题府院联席会议，提升土地行政执法办案质量；大力推进行政败诉案件责任认定机制的健全和完善，与县监察局、法制办等四家单位联合召开行政败诉案件责任认定与追究联席会议，对10起行政败诉案件的责任进行了认定和追究，有力支持和促进政府依法行政。

执行工作助力诚信建设 共新收各类执行案件3092件，实际执行率为42.73%，执行到位标的额3.15亿元。其中金融借款案件执行到位标的额1.02亿元；行政非诉案件执行到位标的额1382.02万元。充分利用网上“点对点”查控系统，累计发送财产信息查询12437次，持续开展网上冻结，成功冻结599次，有力提升了执行效能。依法准确适用执行惩戒措施，在人流密集地段设置曝光台并通过多种媒介持续曝光“老赖”，对被执行人形成强大的舆论压力；向人民银行征信系统导入失信被执行人1989人，增强对拒执行为的打击力度，依法对11人进行司法拘留，6人移送给公安机关追究刑事责任，大大增强了执行震慑效果。

保驾护航服务大局 密切关注县域经济社会发展新形势，积极谋划和落实司法保障与服务措施，得到县委县政府领导的充分肯定。强化金融改革司法保障，建立金融审判与金融监管联席会议制度、加大对逃废金融债务行为打击力度、开展金融债权专项集中执行活动，共办结金融审判案件303件，解决诉讼标的额3.80亿元，全年金融借款案件执行到位标的额1.02亿元。共办结破产案件7件，化解不良资产超3亿元，加速引导产能落后企业走市场化、法治化破产道路，促进企业转型升级。深入推进“五水共治”“三改一拆”司法保障，积极与县政府协调处理户外广告拆除案件，并促成县政府制定实施广告资源管理规范性文件；出台《县人民法院保障我县“五水共治”依法推进的十点贯彻意见》，为“美丽永嘉”建设保驾护航。

民本司法诉讼便民 持续开展“进社区、服务基层”活动，建立“审判员+书记员”工作小组模式，走访重点村居社区，指导人民调解工作，全年共走访行政村60余个，指导调解70余次。进一步优化调解方式的运用，着力从根本上化解矛盾纠纷，全年民事调撤率为63.7%，位居全市基层法院首位。在基层法庭建立村民联络员，开展弱势群体诉讼“三步帮”工作制度，帮助涉讼群众熟悉诉讼流程，提高维权效率；会同保险公司建立机动车交通肇事案件先予赔偿机制，及时帮助困难当事人实现资金救济；制定出台《担保机构开展诉讼保全担保业务管理办法》，切实解决部分当事人的保全难题，县法院据此办法已让20名当事人获得担保协助，涉及诉讼保全标的额1000多万元。2014年，瓯北法庭、岩头法庭被省高院授予“省级模范五好法庭”称号。

文化建设以文化人 持续深化法院文化建设，突出法院文化“以文化人、文化育人”的感召力和引领力。编辑法院“道德讲堂”读本《厚德崇法》，组织全院干警阅读《致加西亚的信》，并将干警读后感辑录成《我们是法治的信使》一书，受到省高院齐奇院长批示表扬，要求“送全省各级院长、政治部、本院各部门阅，与浙江法院人共勉”。举办第四届“法院文化周”活动，其间县法院作为全省政法文化建设经验交流会参观点之一，迎来全省各地政法单位的参观考察，他们对县法院“以文化建设引领法院各项工作全面发展”的做法给予了高度赞扬。

司法公开阳光司法 严格落实《关于打造司法公开三大平台全面深化阳光司法工作实施细则》，全面推进审判流程公开、裁判文书公开、执行信息公开三大平台建设。加强诉讼服务中心科技化建设，配置电子公告屏、触摸屏等现代信息设备，便于当事人及社会公众随时了解法院工作情况。健全门户网站，全面公开法院工作情况，为当事人了解法院、实时掌握诉讼信息提供更加便利化的服务。大力推进裁判文书上网公开，严格落实“应上尽上”的原则。扎实推进司法网拍工作，成功拍卖车辆、厂房、家用电器等拍品共计110件，总成交金额为1.18亿元；加大创新力度，积极协调金融机构、房管部门促成买受人以按揭贷款的方式进行支付，有效提升了网拍的便捷性和实效性。积极利用新闻发布会平台提高司法透明度和公信力，7月份召开了涉食品安全犯罪案件新闻发布会，有力表达打击食品犯罪、保障人民群众“舌尖上的安全”的决心，获得社会各界的普遍赞誉。

扎实提升队伍能力 坚持择优用人的原则，通过新一轮干部选拔，提任了2名中层正职、7名中层副职，切实将德才兼备、业绩突出的干警选拔到领导岗位。至年底，35岁以下干警占54.3%，中层平均年龄41岁，成为推进我院科学发展的中坚力量。进一步落实“青年法官导师制”，加大对青年法官庭审、文书撰写的指导力度，扩大法官培训覆盖面，精耕青年法官的培育土壤。采取案件质量评查、庭审技能比赛、院长亲自担任审判长审理案件等措施，进一步规范法官的庭审行为。广泛发动干警深入开展调研，单独主持或参与市级重点调研课题4项，撰写学术文章、调研报告共65篇，其中有35篇文章在各级刊物上发表，一篇文章分别在全市、全省法院学术讨论会上荣获二等奖和三等奖。

深化基层基础建设 2014年11月17日，碧莲法庭顺利乔迁新审判大楼。基层基础建设的扎实推进，为人民群众参与诉讼提供了良好的环境。对此，县法院提出了“条件在改善、服务须跟进”的要求，努力为老百姓和当事人提供更加高效便捷、公正公平的司法服务。充分利用现有的法庭、审判站、审判点、基层调解员，构筑严密的基层审判网络，积极开展巡回审判。共安排站点咨询答疑700余人次，午间法庭、夜间法庭、假日法庭147余次，大大减轻了群众的诉讼负担。2014年12月，瓯北法庭、岩头法庭被省高院授予“省级模范五好法庭”。

（李成博）

司法行政

概　况 2014年永嘉县司法局紧紧围绕县委、县政府中心工作，以党的群众路线教育实践活动为统揽，以创新“三大建设”为抓手，以维护社会和谐稳定、保障和改善民生为主线，充分发挥司法行政职能作用，为建设“两美永嘉”营造了安全稳定的社会环境、公平正义的法治环境和优质高效的服务环境。一年来，通过全体司法行政工作者的共同努力，取得了可喜的成绩，在全市司法行政系统年度综合考核中，获得二类优胜奖。还获得了“浙江省社区矫正工作先进集体”“全市人民调解工作先进单位”“市委创建县（市、区）工作先进单位”等荣誉称号。

年度创新亮点工作 一是建立规模化社区矫正服务基地。积极探索政府购买服务新模式，建立了规模化社区矫正教育劳动基地。组织全县近千名社区矫正人员在各辖区司法所的带领下分批集中开展公益劳动。省、市、县领导多次莅临调研并充分肯定该项创新工作；二是创新立体化普法宣传模式。积极开展“五水共治”“三改一拆”“两美建设”“法宣护航 服务永商”等专项法制宣传活动。全力打造传统阵地和新型媒体相结合的多位一体宣传载体。其中@“永嘉普法”微博影响力稳居省内司法行政系统政务微博前三名。同时，进一步优化“普法快车”——公交移动电视法制宣传节目。重点开辟了“法制之窗”——数字电视法制宣传服务平台；三是成立永嘉商会法律服务中心。与县工商联、镇街商会、在外商会等32家商会签订了《友好合作伙伴关系框架协议》，覆盖率达65.3%。出具法律体检报告5份，提出法律风险防范意见和建议26条，挽回经济损失370万元。

人民调解工作 一是完善调解组织机构。以村居换届选举为契机，调整充实镇（街道）、村居等各级人民调解委员会。至年底，全县共建立人民调解组织1127个，其中镇（街）调委会18个，村（居）

2014年7月31日，永嘉县社区矫正人员服务基地揭牌成立。

委调委会930个，社区调委会81个，企业调委会92个，行业性专业调委会6个。二是完善调解激励机制。积极开展第二批专职人民调解员等级评定工作，评选出具备条件的34名人民调解员被授予相应等级资格。6月，组织开展温州市人民调解工作先进集体和先进个人评选活动，有效促进调解员队伍的专业化、职业化发展。三是开展矛盾纠纷排查调处。各人民调解组织认真履职，积极做好社会矛盾纠纷专项排查、调处预防工作。尤其加强特殊节假日和重大活动期间的排查调处力度。截至12月份，全县共排查矛盾纠纷5135件，调处5135件，调处成功5108件，调处率达100%，调处成功率达99.5%。

普法宣传教育 一是调整普法依法治理领导小组。2014年5月，县普法依法治县领导小组更名为县普法依法治理领导小组，并对其组成人员进行调整充实，至年底共有51家单位的52名分管责任人担任小组成员。同时，制定出台了《永嘉县普法联络员管理制度》及《永嘉县普法依法治理成员单位职责》。二是围绕中心营造法治氛围。积极开展“五水共治”、“三改一拆”、“两美”建设、“法宣护航 服务永商”等专项法制宣传活动。4月19日，在乌牛街道岭下村、鸭鹅村开展“五水共治”专项法制宣传活动。印制发放“五水共治”法律知识宣传折页1万份、“五水共治”宣传册5000份及宣传挂图1000套。积极开展“法宣护航 金融改革 服务永嘉经济发展”主题宣传活动，大力宣传《温州市民间融资管理条例》。三是不断深化“法律六进”。突出领导干部和公务员、青少年、农民工、企业经营管理人员等重点对象学法用法工作。据统计，2014年共开展企业法制讲座34场，开展送法进企业活动68次，举办“法治进企业”文艺晚会5次，受教育面达12.3万人；通过青少年“法在心中”主题活动，创作法制微电影《半米阳光》及《三无少年》。积极举办青少年法律故事演讲比赛和法制漫画比赛。四是深入推进基层法治实践。2014年，全县分别申报创建省级“民主法治村（社区）”2个、市级4个、县级10个，上塘城南社区被评为国家级民主法治社区。申报市级“诚信守法企业”2个，申报江北街道为市级“法治文化区域”、申报永嘉县人民法院为市级“青少年法制教育基地”。

特殊人群管控 在社区矫正工作上，制定出台《进一步规范社区矫正和归正安置帮教工作的意见》和《关于规范我县外地籍罪犯社区矫正管理工作的通知》，有效细化明确请假事由、居住地变更条件等规定。同时，积极开展社区矫正队伍警示教育和为期一个月的社区矫正“三查”专项行动。4月，启用温州市社区矫正及归正人员工作管理系统，做到网上管理、网上审批，大大简化了审批流程。6月底，完成社区矫正监管指挥中心建设。7月底，鹤盛社区矫正服务基地揭牌成立。同时，不断强化日常管控力度，严把“三关”，积极开展与公、检、法社区矫正联合执法检查。不断加强教育矫治工作，今年选送8名工作人员参加省、市举办的三级心理咨询师培训班，通过考试，全部取得三级心理咨询师资格，与2013年7人共同组成15人的心理咨询团；在安置帮教工作上，加强对归正人员档案管理和分类管理，落实一人一档，对重点归正人员及时走访排查，严格落实安置帮教措施。

法律服务工作 一是深入推进“法律服务五进”。全面落实农村法律顾问，全县81个城乡社区法律顾问覆盖率达100%。截至10月底，农村法律顾问走访村居6899人次，电话联系 6403人次，共接受咨询8315人次；落实县政府法律顾问团并实行县政府领导一对一服务，至年底已聘请法律顾问25家，聘请率96.2%。20个镇（街道、功能区）落实法律顾问，聘请率达90%。同时，为政府“三改一拆”专项行动提供法律保障。组织律师参与政府普法讲师团，组织法律工作者参与每月15日的政府信访接待日活动；组建“重点工程”法律服务团，现阶段，全县共有4个重点工程聘有法律顾问；落实法律服务进企业，为企业开展专项“法律体检”活动。律师事务所与律师积极履行合作框架协议，为商会提供优质高效法律服务。二是深入开展律师规范化执业服务管理工作。狠抓职业道德和执业纪律教育评查。出台了《关于在全县法律服务队伍中集中开展一次职业道德和执业纪律教育评查活动的通知》，结合律所半年度百分制考核、法律服务所财务专项检查，主要采取案件倒查的方式，对不规范的律所提出整改。三是积极营造良好执业环境。多方协作，召开专题协调会，治理职业公民代理人扰乱法律服务市场现象。加强交流，完善法官与律师良性互动。同时，组织全体法律工作者开展《律师法》的学习和宣传工作。积极扶持青年律师发展，共发放实习律师经费补助4.8万元。一年来，全县律师事务所共办理案件1553件，担任法律顾问134家，法律咨询1500余人次，办案收费1563.81万元。全县法律服务所共办理案件789件，担任法律顾问15家，法律咨询3700余人次，挽回经济损失约 6000万元。

民生服务工作 一是加强法律援助惠民力度。扩大法律援助范围，进一步提高法律援助办案补助。规范援助流程，落实听庭、回访、意见反馈等制度，有效提高法律援助办案质量。同时，丰富“12348”法律热线内涵，完善“援助QQ群”、微博、ECP视频通道和司法行政门户网站咨询平台。充分发挥35个法律援助工作站和81个社区法律援助联络点的作用，下放申请初审权，切实提供一站式法律服务。此外，加强部门协作，加大援助宣传力度。一年来，共办理法律援助案件572件，解答来电、来访咨询1357件，通过“三个网络平台”提供的服务同比增长10%。二是提高公证服务质量水平。协调有关部门，稳妥推进公证处体制改革后续工作。改善服务环境，实行周末上班制度，落实开展公证提质增效创满意质量建设年活动，加大对公证处的管理督查，围绕全县中心工作积极服务“三改一拆”“五水共治”等专项活动。2014年已办结各类公证7244件，其中国内公证4686件，涉外及涉台、港、澳公证2558件。

基层基础工作 严格按照星级司法所规范化建设要求，落实办公场地，安装监控系统，配齐软硬件设施。按照“公开、公平、公正”“竞争、择优”的原则，向社会公开招录司法行政编制人员和社区矫正协理员，并协调各镇（街道）党委、政府落实专职人民调解员。2014年，东城、三江、岩头、鹤盛、碧莲、沙头、瓯北、上塘8个司法所已完成规范化建设任务，全县14个司法所规范化建设率达100%，外观形象标识创建100%；至年底，全县基层司法所共有工作人员132人，其中政法专项编制47人、社区矫正协理员43人、专职人民调解员42人，基本达到每所7人以上，有效满足了工作需要。

队伍建设工作 一是深化开展党的群众路线教育实践活动。严格按照“照镜子、正衣冠、洗洗澡、治治病”的总要求，以为民务实清廉为主要内容，扎实开展党的群众路线教育实践活动。活动期间通过专题讲座、警示教育、先进事迹等活动提高干部政治思想觉悟。深刻查摆“四风”方面存在的问题，广泛征求意见，落实“马上改”机制。班子成员带头开展“五联三促”“走亲连心解忧”等活动，密切了党群关系、干群关系。二是及时学习中共中央十八届三中、四中全会精神。通过集中全体司法行政干部听讲座、观看视频、发放书籍等方式，深刻学习习近平总书记的系列讲话内容，传达贯彻党的十八届三中、四中全会精神。三是大力推进干部队伍建设。坚持从严抓班子，从严带队伍。完善工作制度，积极开展干部培训、岗位练兵、知识更新等培训活动。5月26日至30日，在县委党校举办了为期5天的司法行政干部和社区矫正协理员培训班。6月19日至20日举办了为期两天的专职人民调解员业务培训会；四是扎实推进作风纪律和机关效能建设。认真贯彻执行《廉政准则》，充分落实“三书两报告”和“一岗双责”等制度。深入开展廉政风险防控机制建设，研究制定了《县司法局工作人员日常行为规范积分制管理办法》和《工作人员日常行为规范积分评分细则》。狠抓“正风肃纪”落实，采取经常性检查、专项检查、突击检查等方式，对督查中发现的问题严肃处理。积极开展针对文风会风、“三公经费”、廉洁自律等“五对照五整治”活动，严格执行“三公”改革系列制度规范。一年来，县司法局“三公经费”同比2013年下降48.6%。

（陈仙仙）

武 装

人民武装

概　况　2014年，永嘉县人武部坚持以中共十八大和十八届三中全会精神为引领，认真贯彻落实温州军分区党委扩大会议精神和中共永嘉县委的各项决策部署，始终坚持思想政治建设不放松，着力民兵整组、兵员征集、民兵军事训练、全民国防教育等工作。完善国动委八办集中办公试行，国防动员和后备力量建设扎实推进。

思想政治建设　2014年，永嘉县人武部强化理论学习。以教育实践活动为牵引、紧紧围绕“党员干部受教育、科学发展上水平、履行使命见成效”的总体要求，组织干部职工通读中共十八大和十八届三中、四中全会报告；针对热点进行剖析、解疑释惑、促进学深悟透；开展读经典学哲学活动、结合军分区“5·5”读书节和“9·9”读书日，在网上自学的基础上，利用交班会等剖析身边人身边事，规定每周三“夜学”，每人轮流授课，有效地激发大家业余时间多读书、读好书的学习氛围。6月，组织干部职工和专武干部到“红十三军”旧址开展重走红军路、重温入党誓词、听党课、佩党徽、唱党歌、颂党恩、引导牢记“两个务必”、警惕“四种危险”、经住“四种考验”的形势教育活动。结合党的群众路线教育实践活动和“牢记强军目标、献身强军实践”、反腐倡廉警示教育。联合县委宣传部、团县委，广播电视台、县新闻信息中心开设了“国防园地”“国防之声”“国防播报”专题专栏，为全县各地开展全民国防教育提供了重要舆论平台。组织高一新生军训时设国防课、以实际行动强化学生的国防观念。

军事宣传　2014年，永嘉县人武部按照“围绕中心写报道、利用报道促工作”的总体思路，全年上重点媒体重要稿件12篇、政工网3篇、军区政工网40篇、省军区政工网39篇。政委罗晴军、政工科麻太顺被评为新闻宣传工作先进个人。

双拥工作　2014年，永嘉县人武部组织民兵积极参加永嘉“五水共治”“美丽乡村”建设，创建军民文化示范社区；向山区贫困生送去献爱心基金，参加慈善一日捐、义务献血、学雷锋等活动。联合县司法局开展“军人军属维权月”活动，向军人军属宣传维权的法律程序和正确解决问题的办法，防止军人军属采取极端方式或上访等不合理途径表达诉求。全年为维护军人合法权益申请4起，通过协调，都得到妥善处理。积极为退伍军人服务，全年共为退伍军人办理档案有关手续12300余份，没有收取任何费用，得到了永嘉籍退伍老兵的一致好评。

征兵工作　2014年，永嘉县人武部认真贯彻落实省、市征兵工作电视电话会议精神，坚持以兵役法规为依据，以兵员质量为核心，以廉洁征兵为重点进行动员、体检、政审。利用广播、电视及网络进行征兵政策宣传、协调移动分公司、联通分公司发送“参军光荣、积极报名参军”等公益短信到用户和适龄青年，激发适龄青年报名参军热情。为确保征兵体检质量，杜绝身体责任退兵，对参加体检的医生组织业务培训，发放《应征青年体格检查标准》和《浙江省征兵体检工作实施细则》等文件资料，让体检医生更好地熟悉方法、掌握标准、并对体检站实行封闭式管理，无关人员不得进入，有专人带队，有专人传送表格，按顺序逐一进行。实行主检医生对体检项目负责制度。各科（室）实行双人交叉体检，双签字，谁体检谁签字谁负责；遇到疑难问题，集中商量定论，不放过一个疑点，不随便淘汰一个青年的原则。贯彻落实上级关于以质量为核心的指示精神，把廉洁征兵作为部队建设“源头”工程，县征兵办将廉洁征接兵手册，发送到征接兵人员。采取设立意见箱，公布举报电话、公示兵员名单、组织专项督查。确保征兵工作人员公正用权、依法征兵、廉洁征兵、和谐征兵。

军事训练 2014年，永嘉县人武部按照严下先严上的思路、严格落实首长机关指挥技能，机关业务基础，军事理论、防卫作战战术作业、体能等课目训练。民兵军事训练，围绕战时可能担负的作战任务和处置突发事件为主题的快速反应能力与打赢局部战争保障能力的任务，在训练中突出了专职武警干部、社区民兵连长、县民兵应急连、水上抢险分队、重要目标警戒分队、野战输油管线分队、医疗救护分队、心理战分队等分11批次，共1120余人的民兵军事训练。在内容上，突出了维稳处突，抢险救灾等非战争军事行动训练，支援队伍的补差和接口对接训练和协同演练、储备队伍的单兵课目训练；采取“三个现地”集中组训，进人民企统筹训、依托基地分层训、围绕课题实践训、结合平时应急训的组训方法，成效显著。以“一点小事都不能出”为标准，坚持以条令条例抓部队，突出抓人员车辆、枪弹、秘密载体、民兵武器装备仓库等管理重难点。采取专题教育、播放录像，收看电视、制作专栏等多种形式预防事故案件、安全保密等教育，使干部职工更加懂安全、重安全、形成“我的安全我负责，单位安全我尽责，他人安全我有责”的良好氛围。

民兵资源整合 2014年，永嘉县人武部结合基层建设“四个基本”的完善和再提升、组织基层应急和社会管理资源整合调研、探索建立统一领导、一队多装、一队多能、一队多用的应急力量体系。在全县治理“三多”工作中，坚持行政民兵连挂牌制度；如期完成民兵工作调整改革任务，基干民兵从四大类15小类调整为三大类16小类78支分队；结合地方党建、“红色细胞工程”和村民中心建设开展村级民兵工作试点，探索提出16项途径举措，增强民兵工作活力，探索推进民兵连为单位预建党组织建设，得到了省军区有关部门的肯定。

国防动员 2014年，永嘉县人武部采取专项普查和重点调查相结合的方式，重点进行人民武装动员、交通战备动员、信息动员、政治动员等方面的潜力调查、切实掌握基干民兵、预编预备役人员、退伍军人、地方与军事专业对接的人员和预备役军官数质量情况；切实掌握道路交通运输能力、维护抢修保养能力和交通控制能力；切实掌握科技信息人才队伍、公共通信网络、重要通信枢纽等数据质量和分布情况，切实掌握各种宣传、教育、组织、心理咨询机构及其人员，设施和设备等情况，从而为国防动员潜力转化为战争潜力提供可靠支撑。

规范化建设 2014年，永嘉县人武部先后制定《贯彻落实上级改进作风要求的具体措施》，修订《财务管理规定》，制作完善各类人员职责和工作制度标牌，细化值班人员日常工作，坚持每周夜学、干部职工轮流上课，评选精品课和月干部之星、职工之星，学习氛围良好。集中进行作风纪律教育整顿，着力解决个别干部职工迟到早退，值班不在位，在岗不履行等问题。坚持领导带头，认真开展到基层调查研究、带头到基层蹲点、减少应酬和迎来送往、厉行节约，促进了作风建设各项制度规定的落实。县民兵训练基地在保障好年度的民兵军事训练、征兵、国防教育的任务之余、充分发挥了社会、军事、经济三个效益、承训18批次、1441人的住宿等保障工作；坚持自己动手搬运物资、清理库空、有效扭转了过去动不动“花钱雇人”的不良风气，节省了开支。严格执行工作日禁酒规定，严格按标准接待，突出在年初预算、事前审批、事中监督上下功夫求成效。先后多次组织福利发放思想教育，引导大家认清形势、提升境界，把更多的心思和精力放在提升内在素质上。工程建设和物资采购坚持成立小组多方询价、综合比较、公开议标等规定程序，部领导不插手、不授意确保工程和物资的质量。较好地完成了财经领域“两项”整治和清房任务。

大事记 1月17日，浙江省军区副司令员姚淮宁少将带工作组到永嘉县人武部检查安全工作，温州军分区副司令唐社教陪同检查。2月16日，永嘉县人武部副部长李洪军转业到地方工作；谢光强任永嘉县人武部副部长兼军事科长。3月13日，省军区副政委单秀华在温州军分区政委雷林的陪同下检查永嘉县人武部第二批教育实践活动。4月29日，省军区政治部副主任周嘉爱大校一行8人到永嘉县人武部调研“基层建设”三年规划情况。5月30日，温州军分区后勤保障社会化改革试点工作在永嘉县人武部召开，全市县（市、区）人武部部长、后勤科科长参加会议。11月13日，永嘉民兵调整改革接受南京军区考核验收（科目：县应急连的拉动、理论考核、3000米跑、投弹、冲锋枪分解结合）。12月10日温州军分区司令员任玉明带工作组对永嘉县人武部进行年终量化考核。

（郑林余）

人民防空

概　况　2014年，永嘉县人民防空办公室积极贯彻省、市人防工作会议精神，根据上级人防主管部门及县委、县政府要求，对照年度工作责任制目标，以加快人防发展方式转变为主线，以提升应急应战能力为核心，狠抓落实，取得较好成绩。

指挥通信建设　2014年，永嘉县人民防空办公室按照年度责任制目标和永嘉指挥通信的总体构想，齐抓共进，同步开展各指挥通信体系模块建设。根据省、市人防关于基层人防规范化建设的相关文件精神和年度工作责任制目标要求，进一步推进江北、北城、乌牛三个重点街道和永宁、城北两个社区的基层人防民防规范化建设工作。根据警报规划和全年建设任务，通过多次实地调研并报县政府同意，确定县公安消防局为新增防空警报建设点。根据市人防办统一安排，开展“5·12”“9·18”试鸣工作，分别于5月5日和9月11日召开警报管理员培训会议，系统性培训警报管理员，提升管理人员业务水平，同时组建检修小组，奔赴各个警报安装点逐台检修，对各个点的警报管理人员进行一对一复训。两次试鸣鸣响率均达到100%。按市办要求定时定点与市指挥中心进行短波电台、指挥车和视频会议系统对联训练。

人防工程建设　2014年，永嘉县人民防空办公室在结建工程管理中，突出工程质量监管，加大施工现场检查力度，有效提高结建工程质量。直接派员到现场进行施工质量监管，参与工程施工前的技术交底会议，将施工过程中容易出现的技术问题及注意事项向各方建设主体进行讲解，防患于未然；在结建工程底板、墙体、顶板等隐蔽工程隐蔽前到施工现场检查，发现问题即要求整改，绝不姑息；在中间验收与竣工验收中，均邀请人防专业质量监督站参与，严格按照施工规范进行验收。全年共派员下12个工地进行检查及技术指导38次，组织人防专项竣工验收6次。

人防行政审批　2014年，永嘉县人民防空办公室借权力清单梳理之机，将行政许可项目由原来的10项压缩简化至3大项；简化、精确化人防行政审批要件，将部分要求模糊的审批要件明晰化。积极与上级主管部门及县级相关审批部门做好衔接，为建设单位解决政策问题，提供技术咨询。所有审批事项集中到窗口，审批人员集中到窗口办事，审批件收发均在窗口办理。

人防（民防）宣传教育　2014年，永嘉县人民防空办公室结合“5·12”防灾警报试鸣，组织开展形式多样的宣传教育活动。5月9日，分别与县民政局、县公安消防局等单位在大会堂广场开展应急知识及防灾减灾知识宣传及咨询活动，普及推广防灾减灾科普知识、基本常识和自救技能，促进防灾减灾常识化、常态化。组织城东小学700多名小学生开展防空防灾疏散演练，以进一步增强小学生们的应变能力和人防意识。将防灾减灾使命感教育与配发防灾减灾器材相结合，为县应急救援队伍配发了一系列防灾救灾器材，同时开展防灾减灾使命感教育和现场设备演示活动，以进一步增强应急救援队伍遂行任务的能力和队员们对身上肩负的重任的认识。

（林滕达）

消　防

概　况　2014年，永嘉县消防工作取得了长足进步，全县火灾形势持续保持相对稳定，灭火救援队伍建设有了一定的发展，为全县经济和社会发展及广大人民群众安居乐业营造了良好的消防安全环境。

火灾主要特点　2014年，永嘉县共发生火灾592起，受伤5人，直接财产损失1600余万元，抢救财产价值8000余万元。从火灾发生区域来看，三江商务区22起，桥头镇75起，桥下镇56起，岩头镇16起，沙头镇13起，枫林镇12起，岩坦镇15起，大若岩镇9起，碧莲镇5起，巽宅镇11起，鹤盛镇11起，上塘城区81起，江北街道84起，乌牛街道23起，黄田街道38起，东瓯街道121起。从火灾发生场所来看，住宅类火灾（含居住出租房）174起，占火灾总起数的29%；厂房、仓库火灾59起，占火灾总起数的10%。从火灾发生原因来看，因电气线路老化、超负荷、违章乱接乱拉等电气原因引发火灾97起，占火灾总起数的16%；生产作业不规范和生活用火不慎等人为原因引发火灾106起，占火灾总起数的18%。

消防责任落实　2014年，永嘉

县公安消防局实现“党政统揽”。县委、县政府、县人大、县政协先后听取消防工作汇报；县委书记娄绍光，县委副书记、县长姜景峰，县委常委、常务副县长陈志斌多次听取消防工作汇报，作出批示指示；各条线分管副县长多次在重大节日、重要时期带队开展消防安全检查。全年召开全县性消防工作会议4次和消防工作例会3次，专门召开了消防工作基层基础协调会，有力推动了消防工作的开展。县政府出台《永嘉县消防工作考核暂行办法》，与各镇（街道）及11个职能部门签订消防安全管理目标责任书，将消防工作纳入党委综治体系和“平安考核”内容；消防部门先后联合县住建、教育、工商、民政等部门合力开展高层楼宇、旧住宅楼、无证幼儿园、民办培训机构、消防产品、养老机构等消防安全专项整治。提请县政府先后2次召开县政府常务会议，研究通过《永嘉县重大火灾隐患集中区域专项整治方案》；出台了永嘉县木制品加工和教玩具行业消防专项整治方案、永嘉县消防工作考核暂行办法；每季度联合县安监、新居民、公安等部门开展消防安全督查。永嘉县保障楠溪江流域古村落消防安全措施先后获得了副省长毛光烈、郑继伟的批示肯定。组织各镇（街道）分管领导及相关职能部门负责人赴温岭调研学习全省火灾等安全事故防控综合治理体系建设经验。推行宗教活动场所补办权证试点工作，出台《永嘉县宗教场所火灾防控技术指导意见》，督促指导宗教场所按标准要求整改。

铁军中队创建 2014年，永嘉县公安消防局认真落实社会联勤保障演练常态化机制，开展以高层建筑、危险化学品、石油化工装置、人员密集场所等场地场景为主的应急救援演练，相关部门共同参加演练，认真履行相关职责，加强联系沟通，共享信息资源。各部门、单位协同开展各类应急演练2次。成功处置了“6.23”杨梅山5人被困、“6.29”枫林驴友被困、“7.1”山体滑坡致几十名群众及车辆被困等抢险救援。圆满完成了抗击11号台风“夏浪”、12号台风“娜基莉”任务。在“3.12”德利尔家具展示有限公司火灾的战斗中，瓯北中队4名官兵英勇负伤的事迹经各类媒体报道后，在社会上引起了强烈反响。

消防监督执法 2014年，永嘉县公安消防局紧紧围绕“三生相融·幸福永嘉”建设，牢固树立对火灾隐患“零容忍”理念，依照上级部署，先后开展了“清剿火患”战役、城中村消防安全整治工作、重大火灾隐患集中整治专项行动、消防安全百日攻坚行动等系列行动，始终保持对火灾隐患的高压严打态势，最大限度消除影响人民群众生活、生产的消防安全隐患，切实提升人民群众“消防安全感”。共检查单位13000家，发现隐患1432处，整改隐患1429处，对139家单位予以立案处罚，临时查封11家，责令三停48家，罚款162.15万元，拘留44人。开展居住房屋出租综合整治工作。永嘉县政府组织召开县政府第26次常务会议，对《永嘉县居住房屋出租综合整治工作实施方案》进行深入探讨，通过《永嘉县居住房屋出租综合整治工作实施方案》，多次召开部署推进会议，在新居民服务管理局设立专班。联合相关职能部门开展3次居住房屋出租综合整治工作督导工作。

消防宣教 2014年，永嘉县公安消防局努力树立消防官兵良好形象。在日常的灭火抢险救援工作中及时对相关突发事件在社会面上进行正面宣传，中央电视台四套、九套等多个频道对消防官兵的英勇事迹及先进做法播出累计22条次；八一期间，永嘉电视台在《永嘉新闻》连续播出5期包含灭火救援、执法监督等内容的消防专题片，树立了消防官兵的良好形象。县公安消防局紧盯节点，提早谋划社会化宣传工作。联合教育部门在全县各中、小学校全面部署开展消防安全宣传教育工作。“9.18”期间，在全县30多所中、小学校约50000名学生集中开展消防安全应急疏散演练，取得了极大的社会反响。充分利用防灾减灾日、全国安全生产月、“红七月·服务月”等活动，结合出租房宣传、城中村整治宣传等活动，联合团县委、安监、民政等部门及各镇（街道）开展消防宣传活动。新建消防安全科普教育基地，免费向社会各界开放，充分发挥消防宣传车流动宣传平台作用，普及宣传消防安全常识。共开放消防安全科普教育基地30余次，宣传车开展宣传达133次，接待来访群众达6000余人。

（林香茂）

武　警

概　况 2014年，永嘉县武警中队在永嘉县委、县政府的正确领导下，依照年初提出的争创先进中队目标，喊响了“抓队伍强素质提士气振精神、抓作风正风气、抓经常夯基础”的口号，以科学发展观为指导，围绕总部、总队的总体思路和工作部署，抓经常性基础性工作落实，圆满完成中心任务，部队建设呈稳步上升、整体推进、健康发展态势。

思想政治教育 2014年，永嘉县武警中队共上政治教育课156次，主题教育21次，随机教育30次，执勤、形势任务教育24次、保密教育、安全教育、法纪教育、卫生教育、管装爱装教育以及条令法规等28次。着重抓好经常性思想工作。坚持每季培训思想骨干，每月官兵思想分析，每周开展谈心活动，干部坚持轮流住班制度。开展“牢记强军目标、献身强军实践、永远做党和人民的忠诚卫士”主题教育活动，从思想上打牢官兵的政治信念，确实保证官兵做党和人民忠诚卫士的政治热情。在支队集中统一授课的基础上，中队重点开展好补课、班排讨论、串讲环节，通过干部带头参与班排讨论帮助战士理解消化，通过串讲进一步理清教育内容。通过黑板报、宣传栏、警营之声、小广播等激发官兵做党和人民忠诚卫士的热情。开展好笔记评展、心得体会文章展评、组织演讲等活动深化教育效果。注重发挥大学生士兵的特长，转变带兵理念和方法。

执勤教育 2014年，永嘉县武警中队支部在抓中心工作上，始终保持清醒的头脑和清晰的思路，圆满完成了上级赋予的各项任务。针对2014年社会和部队形势的严峻性，中队及时做好执勤战备教育，统一官兵的思想认识，明确保中心的重要性。进行执勤教育12次，形势政策教育12次。开展讨论活动，定期邀请看守所领导作狱情报告，搞好警示疏导，不断增强官兵遵纪守法的自觉性和抵制腐朽思想侵蚀的“免疫力”。深入开展“小哨位连着大使命”教育实践活动，以黑龙江延寿县犯人杀警脱逃事件为案例，着眼任务实际，在“6·4”“7·5”等敏感期和重大节日前，有针对性地开展形势任务教育，提高官兵战备意识，克服麻痹思想，不断强化“哨位就是战场，执勤就是战斗”的使命意识。结合支队暑期百日安全活动、安全大检查活动，加大与目标单位联系力度，着力整治各类执勤隐患。积极与目标单位联系。支部坚持每月分析中队安全形势，官兵人人开展自查，形成自查自纠材料；发动官兵排查中队各类隐患，共查出各类隐患18项。对查找出的隐患及时制定措施，定人定时落实整改，解决AB门无法同时、红外报警系统不灵敏，监墙裂缝等18项安全隐患。

军事训练 2014年，永嘉县武警中队贯彻落实总队提出的加强“军事训练工作”的指示精神，加强军事训练，打赢能力不断提升。在人员上紧紧扭住干部、骨干训练这一重点，在内容上突出对干部基础体能训练，对士官组训和教学能力的培养。中队干部素质能力滞后部队，指导员、司务长达不到及格水平，其他都在良好以上。坚持周会操月考核雷打不动，训练分析深入扎实。分阶段组织军事训练普考，以考促训，班排进行竞争。每次会操评比都要颁发流动红旗，并给予一定的物质奖励，较好调动了官兵训练积极性。针对勤讯矛盾突出的问题，组织利用“五小练兵”，开展好小练兵活动，有效时间内提高训练效果。训练方法上，在大队的指导下，积极探索欧美科学体能训练方法，深受战士们欢迎，体能训练在轻松愉快环境中效果明显。

安全管理 2014年，永嘉县武警中队深化科学发展观改革效果。对各项设施、库室管理、物品摆放和人员着装、礼节、形象等软件方面逐项进行规范，提升部队正规化建设水平和部队精气神。开展“两手”问题专项治理活动，重点加大了对 “身边人、放心人”以及中士以上士官、本地兵的管理教育。结合安全教育和隐患排查治理工作，扎实搞好暑期百日安全活动和安全大检查活动，定期分析安全工作形势，实行安全工作责任制。加强枪弹管理，严格落实各项规章制度，坚持“双人双锁”“同进同出”。加强对中士以上士官和身边人的管理力度，严格请销假制度和一日生活制度管理，突出给养员、本地士兵、无职务士官的管理，特别是八小时外的管理，做到不失控不失管。日常管理中，从干部自身做起，以干部良好的形象为战士做好榜样。

后勤保障 2014年，永嘉县武警中队立足自身实际，围绕学习实践科学发展观和争创优活动的要求，下大力解决官兵的实际问题，确保以执勤为中心的各项任务圆满完成。结合官兵生活抓保障，后勤综合保障水平明显提高。以“七个咸菜的故事”为镜子，不断提醒自己要扎实搞好伙食保障工作。经济民主组每周征求官兵意见，科学合理制定食谱。挖掘有烹饪才能的战士进行培养，专门安排到酒店学习炊事技能提高明显，官兵满意度高。加大管理力度。在经费管理上，严禁无计划无预算开支，落实主官联签制度。严格落实武器保养、双人双锁、日检查制度。对后勤人员能够严格管理，注重思想政治教育。

（董石元）

社会事务

民　政

概　况　2014年，永嘉县民政局在县委、县政府的正确领导下，在市民政局的具体指导下，以深入开展党的群众路线教育实践活动为契机，紧紧围绕县委县政府中心工作和省市民政工作部署，按照“守住底线、突出重点、完善政策、引导舆论”的要求，以社会需求为导向，以服务群众为根本，坚持“六个立足”，着力“六个能力”建设，全面提升了民政公共服务水平和民政队伍整体素质，在推进永嘉“赶超发展·激情跨越”等经济社会发展大局中实现了民政工作新的发展和跨越，较好地推动了各项民政事业的健康发展，促进了社会和谐稳定。荣获全省先进县老龄办、全市民政工作目标责任制考核优秀单位、全县政风行风民主评议满意单位、全县落实党风廉政建设责任制先进单位等十几项荣誉。

低保救助　2014年，城乡低保工作规范发展，城镇低保标准年增幅10%，由原来的521元/月调整为574元/月；农村低保年增幅8%，由原来402元/月调整为435元/月，农村低保标准达到城镇低保标准的75.8%；整合镇（街道）现有条件，建设了统一的社会救助申请窗口，做到“一门受理，协同办理”；开展城乡低保专项整治行动，共清理整顿低保户334户432人；联合住建等部门做好647户廉租房救助的调查核对工作，并与相关部门协调建立居家家庭经济状况信息核对平台，出台了《永嘉县社会救助工作责任追究办法（试行）》。据统计，全年共为21930名城乡低保对象和1882名重度残疾人发放最低生活保障金和重度残疾人补助金7970余万元，资金投入比上年度增长22.9%；其中，农村居民低保人数2.112万人，农村年人均低保金补助3050.1元，增长17%。全年发放动态物价补贴90.4万多元，春节一次性生活补助金354.84万元。

医疗救助与临时救助　2014年，医疗救助基金筹集标准提高到13元以上，全年共投入救助资金达1270万元，救助人数2270多人；积极开展针对低保对象精神病人的医中救助，救助精神病人987人次,支出救助金额272万元，现在住在民康医院和康宁医院的还有300人；对6名儿童先天性心脏病和儿童白血病患者实施特殊救助，支出救助资金15万元；完成“白内障复明工程”手术30例，扎实做好资助困难群众参加基本医疗保险工作，共资助低保、五保、重度残疾人等22689人，支出资金294.957万元；全年临时救助1354户4264人，支出临时救助资金274.65万元（火灾除外）。

爱心驿站建设　2014年，是爱心驿站建设的提质扩面之年，县民政局因地制宜，全面铺开爱心驿站建设，企业冠名、私人创办、社会组织参与爱心驿站建设热情高涨，社区、社会组织、社工人才联动更加频繁。先后采取县、镇（街道）、村（居）社区三级联动，采用私募资金、社会组织、企业冠名、爱心奉献等方式，创办爱心驿站13家，累计建成爱心驿站17家，实现镇街基本覆盖。依托爱心驿站筹集爱心救助款达180余万元，开展助学、助困、助老、助残和各类志愿活动300多场次，吸引近6000名社工、志愿者积极参与，约占全市志愿者参与总数的33.3%，爱心驿站社会影响与日俱增，已成为社会力量参与社会救助的重要载体。

慈善救助　2014年，永嘉县新增企业“冠名基金”2个、“小额慈善冠名基金”1个，当年增加收入120多万元；机关、事业单位与国有企业开展“慈善一日捐”金额达565.35万元，比2013年增长

70%；全县有6个镇继续开展“慈善一元捐”活动，募集资金52.85万元，比2013年增长6.2%；在桥头镇外岙村设立全县第五个村（社区）慈善帮扶基金，募捐资金35.03万元；“五水共治公益基金”募捐资金达1200多万元，创民营企业捐资的历史新高。全年累计慈善捐赠收入3180.26万元（含物资非现金捐赠收入387.95万元）。同时，慈善救助在整个社会救助体系中的作用更加明显，全年累计支出慈善救助资金2577.47万元（含物资非现金支出387.95万元）。

集中供养 2014年，永嘉县民政局认真贯彻落实国务院《农村五保供养条例》，依法保障五保对象合法权益。全县共有农村五保供养对象498人，其中集中供养对象490人，其中户院挂钩40人，集中供养率达98%，全年发放集中供养金500多万元，达到上年度农民人均年收入（12600元）的68.2 %，超过省厅规定的60%的标准，较好地满足了农村五保和城镇“三无”人员的吃、穿、住、医、葬等方面的保障需要。

流动乞讨救助 2014年，县民政局组织开展“救助关爱，关爱救助”主题宣传月活动、“寒冬送温暖”“夏季送清凉”流浪救助等专项活动，不断加强街头巡查，开展主动救助，提高日常救助的广度、深度，增加救助巡查密度，保障流浪乞讨人员合法权益。全年共救助了323人次（其中危重病人38人），累计支出救助金130余万元，跨省护送返乡安置7人，接回安置6人，自主返乡安置263人；至年底，滞留救助站接受救助15人，救助率达100%。

灾害救助 2014年，永嘉县民政局组织召开全县减灾委成员单位会议，进一步健全防灾减灾设施体系，浙南最大的示范型救灾物资储备中心工程开工建设。在全省率先组织129名村级灾害信息员进行轮训，建成避灾安置场所420个，成功创建国家级减灾示范社区（村）5个、省级6个。及时修订了永嘉县《自然灾害救助应急预案》，完善各级自然灾害应急预案1001个；紧紧围绕主题“城镇化与减灾”，结合实际开展了“5·12”防灾减灾周宣传等有关活动，发放宣传手册5800份，宣传品2000余份，发送相关宣传短信1万余条。同时，成功抗击了“麦德姆”等自然灾害，转移安置人员1643人，调查核实倒塌、损坏房屋112户362间，下发自然灾害救助资金91.20万元，同时，针对自然灾害多发等特点，开展各种预案演练13场次，参加演练人员2113人，演练涉及18个镇街、210个行政村，下拨民房火灾救助款60.42万元、冬春荒救灾款115万元，救济棉被115床，食用油126瓶，救济大米6.50吨、帐篷5顶。

老年人福利 2014年，永嘉县民政局率全市之先召开了全面创建统分结合养老服务新模式动员大会，出台《全面创建统分结合养老服务新模式的实施意见》，加快养老服务设施建设，大力发展居家养老服务，至年底全县拥有养老机构40个（其中公办机构15个、民办机构25个），共计床位3147张，其中护理型床位1146张。全年新建居家照料中心101个（其中社区照料中心26个、行政村级照料中心75个），累计建成居家照料中心157个，实现了社区100%全覆盖。开展涉老从业人员培训，已完成家庭护理员3600人、养老护理员315人的培训工作。联合县公安消防局开展以“传播消防知识，关爱老人平安”为主题的“‘九九’消防平安行动”，对全县的养老机构进行一次消防安全大排查，组织30多家养老机构负责人开展消防安全培训。通过政府“埋单”发放养老服务补贴，惠及全县2.3%的老年人；开展老年人信息库建设，全年完成老年人基本数据录入96%以上。

儿童福利工作 2014年，永嘉县福利中心共收养社会弃婴及孤儿40名，在院34名，家庭寄养6名，办理社会私自收养登记53件，寄养社会老人70名，重点优抚对象6名，入住率达100%。现有13名儿童就读，完成“明天计划”儿童康复手术3例，包括裂唇、自闭症等。先后接待了社会团体、义工组织、学校、企事业单位、部队慰问以及爱心活动共60余次，接受新闻媒体、报刊采访活动12次。同时，联合县财政局出台《关于建立困境儿童基本生活保障制度的通知》，建立困境儿童基本生活保障制度，全年共有560多名孤儿和困境儿童完成系统数据录入，发放孤儿和困境儿童补助金110余万元，推动儿童福利制度从补缺型向普惠型转变。

残疾人福利工作 2014年，全县福利企业缩减至13家，安置职工892人，比上年减少345人；其中安置残疾职工310 人，比上年减少110 人，占生产人员总数的34.8%。资助福利事业20万元，同比下降20%，残疾职工全年参保额为308.17万元，同比增长12%；残疾职工平均月工资为2229元，同比增长9%。全县残疾职工保险总额

336.2万元，在保证残疾职工标准工资1200元(2014年8月份后提高至1350元以上）的前提下，个别企业还额外，每月给残疾职工发放补助金，春节回家车船费给予报销，享受节日补助。同时，全县13家福利企业无障碍设施得到进一步改善，个别福利企业在生活方面还给予残疾职工优先照顾，有20对残疾职工享受企业准备结婚用房。

优抚工作 2014年，永嘉县民政局认真贯彻落实优抚对象优待抚恤政策，按照自然增长机制提高部分抚恤补助对象的抚恤补助金标准，全年发放重点优抚对象抚恤补助资金2459.46万元，发放义务兵家庭优待金894.1万元。春节、“八一”等期间走访慰问1178位重点优抚对象，共发放慰问金59.1万元，发放年画挂历2.3万份；认真落实重点优抚对象医疗保障工作，发放医疗补助金192.79万元；完成了全县393个“残疾军人证”和161个烈士证的换证工作，以及3357人优抚对象全国优抚系统数据录入，完成率达99.8%。同时，高度重视优抚对象的信访维稳工作，开展对重点优抚对象“大谈心”和结对帮扶活动，实行重大节假日期间责任单位每日上报稳控对象动态机制，建立信访维稳“零报告”制度，全年共接待来信53件，来访9批次，信访处理率达到100%，其中来信书面答复7件，网上咨询政策的47件；并做好了清明节县领导扫墓仪式的筹备和祭扫人员的接待工作，共接待祭扫人员2123人次。

双拥安置 2014年，永嘉县民政局共接收2013年冬季退役士兵382人，安排转业士官23人，移交县人武部档案359份，发放1077份培训指南和公开信，组织69位退役士兵参加职业技能教育培训，支出教育培训费134.3万元；为320名现役立功受奖官兵发放奖励金32万元，支出退役士兵自主就业一次性补助金784.1万元。春节、“八一”期间，组织春节拥军慰问团走访慰问温州军分区及驻永部队，为官兵们送上慰问金32万元，慰问品折价9.8万元。组织开展首个烈士纪念日活动，县四套班子领导以及社会各界代表向革命烈士纪念碑敬献花篮；对“三属”、在乡复员军人等重点优抚对象进行走访慰问，送上党和人民对优抚对象的关爱之情。

丧葬陋习整治 2014年，永嘉县民政局加大坟墓“禁新”整治力度，以各镇（街道）专业巡查队伍日常巡查管理为主，县殡改办组织开展明察暗访和“四边三化”督查为辅的方式，先后出动800人次，整治“三沿五区”范围内各类违规坟墓400余座（其中市殡改办明察暗访督办15座，县督办168座，其余为日常巡查发现及时制止整治），有效地遏制了“青山白化”回潮现象；继续贯彻落实丧事严管制度，加强殡葬执法力度，全年出动900余人次，全程监管丧事245余例，发出整改通报2份（次），责令公开道歉7例，成功劝阻违规行为57例，取缔销毁LED屏改装车5辆。全年共火化遗体4637具，火化率达100%；全面落实便民、惠民、利民殡葬政策，全年支出殡葬惠民经费445.93万元（其中遗体接运150万元、骨灰里程补贴79.539万元、基本费用减免216.391万元），惠及群众4637人。推行丧事办理民间自我管理模式，以桥头镇为试点单位，充分发挥社区红白理事会（老年协会）等社会组织承接丧事管理、殡仪服务、殡葬信息传递等职能，进一步规范殡葬管理，有效破解了丧事扰民和丧事大操大办的难题，试点至今节约殡葬费用支出达亿元，丧葬整治效果十分显著，受到浙江省副省长熊建平批示肯定。

生态墓地建设 2014年，永嘉县民政局加快推进殡葬基础设施建设，推进四边区域坟墓治理和生态化改造工作，全年完成9处公益性生态墓地建设，新审批生态墓地29处，全县已审批生态墓地总数108处（公墓106处、骨灰楼2处、启动建设53处），审批面积46余万平方米，可建骨灰安置穴位16万余穴。同时，积极开展殡葬宣传活动，张贴通告370余份，悬挂横幅30条，发放宣传单4万余份，流动宣传车累计宣传达1000余小时，在《今日永嘉》开辟殡改专栏，刊发系列专题报道，刊登专版公益广告等，积极倡导科学、文明、绿色殡葬。

婚姻和收养登记 2014年，永嘉县民政局加强婚姻登记标准化建设，不断提高服务和登记质量。全年共办理结婚登记8112对、离婚登记1577对，补发婚姻登记证3908本，出具无婚姻记录证明12444份。同时，认真执行《收养登记工作规范》，提高收养登记执法水平，维护当事人特别是被收养儿童的合法权益，全年共办理收养登记59件。

社会组织管理 2014年，全县130家社会组织积极开展“社会组织服务社会”主题实践活动，并继续做好社会组织年检及评估工作，373家社会组织参加，年检率达100%；131家社会组织上交评估申请表，13家社会组织获得评估等级；成功申报2个省级公益项目、2个市级公益项目。全县登记、备案社会组织达597个和3691个，2014年新增社会组织104家，其中社团40家、民非64家。同时，坚持以“公益创投”为载体，撬动民意慈善大力量，首次慈善公益创投活动征集到58家社会组织和慈善义工队创意设计并申报的69个公益项目，最终确定36个公益项目中标并组织集中签约仪式，涉及老年人服务类10个、青少年特殊群体类6个、残疾人服务类2个、治水护水服务类5个，环保公益服务类8个，其他公益服务类7个，公益创投资金达20多万元。

地名工作 2014年，永嘉县民政局组织开展《永嘉县地名志》编撰工作，已完成地名志大纲、凡例、目录、门类的编排，收录第二次地名普查试点条目6000余条；出台《永嘉县地名管理办法》，加强了我县地名命名的规范化建设及部门之间的协同合作，同时编制安装门牌780余个，维护更新路牌93个，并按时处理“数字城管”中涉及路门牌维护案件18起，列18个部门“数字城管”考核首位，不断提高了地名公共服务水平；按照“五联”的要求，认真开展平安边界互访活动，进一步加强边界平安管理工作。

社区建设 2014年，永嘉县民政局深入开展村级（社区）“三多”事项清理整改，制定了《永嘉县村（社区）事务准入制实施办法》和《永嘉县村（社区）事务目录清单》，对村(社区)事务实行准入制度；印发了《永嘉县村务公开制度》，出台了《永嘉县村民代表会议指导规程（试行）和永嘉县城市社区居民代表会议指导规程（试行）》，进一步健全了基层议事、公开、述职、问责等机制，保障群众参与管理和监督的民主权利。提升“96345”社会(社区)服务质量，累计受理热线电话4000多件次，深受广大居民的好评。

社工人才 2014年，永嘉县民政局选取县城西中学、碧莲镇中学、上塘中学开展校园社工专题宣传活动，联合县委党校对第18期中青班59名学员开展社会工作理念辅导讲座，首次把社工理念教育纳入中青干部培训体系；运用移动e管家、QQ群、网络等媒介宣传社会工作职业水平考试，并联合组织部下发《关于做好2014年度国家级、市级社会工作人员专业技术资格评审工作的通知》，组织82人报考国家级社工考试，其中报考初级助理社会工作师63人、中级社会工作者师19人，参考人数较2013年增加约49%；报考市级考试的人数为230余人，比2013年增加约16%。通过邀请市社工协会、温州大学等专业人士开展社工考前及再教育培训，2014年考取国家级、市级共241人，其中有9名考取国家级社工资格证书，总人数达到当地常住人口万分之3.0，持证社工增量超额完成率达57%，居全市前列。通过“社工＋义工”联动机制，借助“幸福V站”宣传平台，深入社区开展社工服务活动，进一步宣传社工知识，普及助人自助的理念。率先下发了《关于开展全县社工实务案例征文大赛的通知》，通过案例征集的形式，激活基层社会实务活动，共评选出一等奖3名、二等奖6名、三等奖10名，收集实务案例80余篇，并选取20篇优秀案例上报市社工办。先后选派2名社工参加社工督导培训，选送5名本土社工到杭州、上海参加为期3周的实务轮训；根据本土社工优势，整合多方资源，以城南社区爱心驿站为平台，开展以个案管理、小组活动为主，社区活动为辅的服务社区老人活动，打造了全市首个运用社工专业方法开展社工实务的项目。

村务管理 2014年，永嘉县出台了《村级财务管理规定》，对村级财务管理作出明确规定，着重落实“明责、履责、追责”三个环节，进一步规范村级财务管理，对财务审批、报账、监督进行了规范，建立了分级负责工作机制，强化了各职能部门的牵头职责、日常管理以及监督责任；进一步加强城乡社区便民服务中心建设，确保每个社区便民服务中心做到有人办事、有钱办事、有房办事，切实保障群众需要办理的事都能在社区办理。积极开展新任村（社区）干部上岗培训，选派50个重点村、17个城市社区两委负责人到市委学校参加培训，邀请中国社科院社会学研究所王春光博士生导师为全县100多名社区两委所有干部进行培训，培训人数达1100多人次，新任村（社区）干部上岗培训率达到100%。积极推行村务公开，在1月10日、4月10日、7月10日、10月10日分4次对全县904个村村务公开日活动进行督查，全县98%的村都能按时主动公开村务。

老龄工作 2014年，永嘉县民政局积极加强基层老年人协会的组织建设，全县18个镇街均成立了老年人协会，建成各类老年人健身队伍200多支，老年活动中心（室）886家，规范化建设达标老年人协会303个，二星级老年活动中心222个，占活动中心（室）总数59.3 %。着力推进以县老年电大分校为龙头，以镇（街道）辅导站为依托，以村（居）、养老机构为基地的三级教学网络建设。全县现有镇、街老年大学18所，村居老年学校285所，老年电大学员约25000人，占全县老年人口18%，同比去年增长率为23%。积极推行老年人意外伤害保险工作，已参保老年人达17000多人，参保率13.1%；发放高龄津贴达570多万元，百岁老人津贴标准居全市首位，组织18个村(社区)开展“圣奥·独居老人暖巢行动”，成为全市唯一一个试点县。同时，做好老年人优待证的登记发放等工作，全年发放优待证13673本，切实维护了广大老年人的合法权益。

（潘修多）

新农村建设

农村生活污水治理 按照全省“深化千万工程 建设美丽乡村”“五水共治，治污先行”的总体部署，全面推进“一事一议”助推美丽乡村项目，努力把美丽乡村建设提升到一个新的高度。2014年启动农村生活污水治理村178个，完成治理村174个，新增受益农户31254户，有效地改善于了全县农村综合环境，获评2014年度全省农村生活污水治理工作优胜县。

美丽乡村建设 2014年，累计投入建设资金15000万元，成功创成“星火红游追忆带”精品线，建成兆潭村、湖西村、豫章村、岭下村、后九降村、屿根村、塆里村、上湾村、岩上村、黄坑村、下岙村、谷庄村、箬袅村、霞岭根村、岩坦镇小长坑民族村、岩龙村等16个精品村，以及红色基地五尺红十三军纪念馆，完成创建美丽乡村样板户3065户。完成25处文物点修缮保护，埭头村获评“中国最美休闲乡村”称号。

历史文化古村保护和利用 累计投入资金5304.1万元，深入推进苍坡、埭头、芙蓉、黄南林坑、丽水街、屿北、暨家寨、张溪林坑、五尺、茶园坑、岩龙村等11个村的续建工作；新启动枫林村、岭上村、茗岙村、蓬溪村、前溪村、水云村、溪口村、小长坑村等8个村落的建设工作，完成苍坡、黄南林坑、暨家寨三个村的保护利用。加强文物点的修缮保护，完成汤嘉润遗业、戴氏三份祠堂、白岩红十三军革命活动旧址（郑氏香堂）、荆州宗祠、革命活动旧址（新宅宗祠）、应坑陈氏大宗、西楠溪支部会址（下家岙李氏大宗）、汤店刘氏小宗、石垅香堂等25处文物点修缮保护，累计投入修缮保护资金784.1万元。

金融扶贫工作 加强资金互助组织建设，巩固完善已建的34家扶贫资金互助组织，确保其正常有效运行。筹建溪二村、章岙村、高塘村、田龙村、填垟村、石田坑村、八沸垟村、永嘉县上光板栗专业合作社等8个村（社）扶贫资金互助组织的工作，还同县财政局联合与已建的34家扶贫资金互助会签订了规范化建设责任书。加大对扶贫小额信贷的监管力度，使其贷款能真正流向低收入农户，以及能够带动低收入农户增收的农业龙头企业和扶贫龙头企业。按照“小额流动、有偿使用、持续发展”的原则，全年发放扶贫小额贷款1572万元,带动低收入农户2123户创业增收。

农村来料加工 全年全县农村有扶贫资金扶持的420名来料加工经纪人发放加工工资13280多万元，带动2.37万名低收入农户增收。在大小源、沿江片分5期开展来料加工经纪人业务培训，有效提高来料加工从业人员的整体素质。

异地搬迁工作 紧紧抓住新一轮异地搬迁优惠政策，认真做好项目筛选与申报。在项目申报时严格把关，要求做到搬迁安置地块明、政策处理畅通、建房筹资基本到位等前期工作。建成经济薄弱村项目6个，完成桥下镇西江村655人、肖山村653人、陈山村480人等3个扶贫重点村1788人的搬迁农户核查公示。

农业转型 新增省级农业科技型企业7家，“乌牛早茶”顺利通过省级农产品气候品质认证，并率全市之先开馆运营“1号店·特产中国·永嘉馆”。温州阿哆食品在上海股权托管交易中心挂牌，星河云山生态农业等一批农业新业态正在加快形成。

农家乐提升 2014年，依托永嘉大小楠溪江流域旅游景区或点，以旅游带农业，以农业促旅游，大力发展“农家乐”休闲观光旅游，全年累计接待游客324.24万人次，农家乐营业收入达1.6亿元。

农村劳动力 积极加大农业培训力度，采取“先申请、后办班”的模式，共开展“两创”实用人才和转移就业培训4667人，其中农村实用人才培训2186名，农民转移就业技能培训2481名，培训后转移就业2377人，转移率为95.8%；同时还开稻田养鱼、旱粮高效种植、水稻高产栽培技术等各类农业专业技能培训260人次。为进一步提升农业龙头企业管理者领导能力和管理水平，促进全县农业产业化经营和农业龙头企业的加快发展，推进农业龙头企业负责人年轻化，联合市农民学校开展了一期农业龙头企业接班人培训，共31人参加培训，该种新模式的培训方式，取得了良好的成效。

（吕内巧）

残联人工作

年度会议 5月9日下午，全县残疾人事业发展大会暨县残联第六届主席团第三次全体会议在永嘉县宾馆四楼多功能厅召开，县残联理事长郑文杰作题为《立足新起点 谋划新发展全力打造永嘉残疾人事业新局面》的工作报告，县政府林建波副县长、残联第六届主席团成员、残工委成员单位负责人、各镇（街道）残联专职理事长等参加会议。

群众路线教育 成立由主要领导为组长的教育实践活动领导小组，并及时召开教育实践活动的动员大会，全体在职党员、离退休党员代表和工作人员参加动员大会。创新活动载体，深入开展学习。采取集中学习和自学相结合的方式，在学习中注重创新活动的载体，以多种形式开展学习。虚心听取意见，深入查摆问题。积极开展“深入群众听意见、找准穴位除四风”主题实践活动，以群众为镜，拜群众为师，认认真真听取意见，实实在在查摆问题。坚持边学边改，实现立查立改，坚持标本兼治、善作善成，积极创新机制、完善政策、出台措施。深入对照检查，开好民主生活会。按照路教活动的总体要求，广泛征求意见，多次修改，充分吸收群众反映、上级点和督导组反馈的意见建议，梳理出“四风”方面存在的4个方面8个具体问题。狠抓整改落实，促进建章立制。针对查摆出来的具体问题、干部群众反映强烈的突出问题，制定《永嘉县残联领导班子党的群众路线教育实践活动整改方案》，整改成效显著。

残疾人基本服务 9月初，永嘉作为全省11个试点县之一开展残疾人基本服务状况和需求专项调查试点工作，永嘉县残联按照试点要求，确定南城街道为县级试点街道，历时一个月，较好地完成试点任务，并将试点工作经验在省、市相关会议上进行了介绍。

残疾人文体活动 在“爱耳日”“全国助残日”“国际聋人节”“国际盲人节”等节日开展媒体宣传、县领导走访慰问、法制讲座、分发《永嘉县惠残便民手册》、群发扶残助残公益短信等活动，营造“时时处处有爱心”氛围。继续做好电视台一周要闻双语节目；广播电台开播残疾人专题节目，并每天在黄金时段播放残疾人事业公益广告。联合县委宣传部组织开展残疾人事业新闻评选活动，共有15篇优秀作品入围，其中一等奖2篇、二等奖3篇、三等奖5篇。积极征集好的作品参加年度省市残疾人事业好新闻评选活动，取得优秀成绩，其中，获省一等奖1篇、二等奖1篇，市一等奖1篇、二等奖1篇、三等奖2篇。开展“我的梦最美”残疾人文化艺术周活动。先后于10月11日，11月19日和20日“五进”演出分别走进瓯北八小、鹤盛镇东皋社区以及桥头镇黄堡村，宣传残疾人事业，宣传残疾人。6月19日—21日，县第二届残疾人运动会在县体校成功举办,县领导娄绍光出席开幕仪式，并宣布比赛开始。8月8日—10日组队参加温州市第八届残疾人运动会，永嘉县代表团以金牌总数12枚、团体总分320分获大赛“团体总分第四名”“金牌总数第五名”和“组织奖”。联合县委宣传部开展了永嘉县第二届扶残助残“爱心家庭”“爱心人士”评选活动，并成功举办颁奖仪式。联合县直机关工委开展“双百结对、扶残助残”活动，主要是筛选100户困难残疾家庭与县直机关100个党组织开展爱心结对工作。

残疾人就业培训 残疾人就业保障金全年入库总额1696万元，同比增长55.6%。科学安排培训计划，其中安排9人参加就业指导员远程，1人参加盲人按摩培训，1人参加手语专（兼）职翻译，21人参加手语初级等培训，并且与分别北城街道、东城街道、岩头镇、岩坦镇举办了4期总计210人的职业技能培训。

残疾人助学 实现了残疾人家庭子女和残疾学生在各个就读阶段补助的全覆盖，其中学前教育助学6人，残疾大学生学费、住宿费减免1人，义务教育阶段助学390人，高中及以上阶段助学301人。

残疾人小康工程 率全市之先出台《永嘉县残疾人庇护产品专产专营和政府优先采购实施方案》及《关于印发〈永嘉县残疾人庇护产品目录（第一批）〉及优先采购的通知》。出台《关于进一步加强永嘉县贫困残疾人医疗康复救助工作的通知》。完成并录入重度残疾人最低生活保障4398人，集中托养465人，居家安养2351人，无固定残疾人补助1600人，完成就业创业帮扶242户。

残疾人康复 完成白内障免费手术190例，完成贫困听力患者免费验配助听器190台，成功装配假肢15条；完成普及型辅助器具适配6名、聋儿自费验配助听器补助4名、自费人工耳蜗手术补助申请1名、免费人工耳蜗手术1名、7岁—17周岁康复训练补助1名；供应其他辅助器具383件；培训盲人定行走人员37名和社区康复协调员50人；对43名在各医院进行住院医疗康复治疗的残疾人给予医疗康复救助，共计救助金24多万元。分别为20名聋儿、3名智残儿童、7名脑瘫儿童、8名孤独症儿童提供康复训练。

爱心品牌创建 加强对申报创建市爱心镇街的岩头镇、大若岩镇、南城街道、北城街道等四个镇街指导。并一次性通过了市验收组验收。四个镇（街）分别被温州市人民政府命名为爱心镇（街道），并受到表彰。组织开展文化体育示范基地创建工作，县体育运动学校和飞扬艺术中心经市创建办验收，被命名为市级残疾人文化艺术示范基地和市级残疾人体育示范基地。创成1家省级、2家市级残疾人扶贫示范基地，争取省级补助资金26万元，市级补助资金9万元；创成省级社区残疾人康复示范站1个，县级社区残疾人康复示范站5个；创成1所市级、2所县级阳光庇护中心。

信访维权 加大残疾人信访矛盾纠纷排查力度，综合施策，妥善处理，维护残疾人权益和社会和谐稳定。一方面重视信访和维权工作，热情接待残疾人，做到事事有回音、件件有落实。维护残疾人合法权益和社会稳定。另一方面加强残联维权机构和信访队伍建设，完善接访制度，建立了法律援助工作站，聘请浙江双塔律师事务所的戴秀成主任律师为法律顾问，建立律师每周半日坐班制度，开通维权有线电话，切实做好残疾人信访维稳工作。

（戴才掀）

民族宗教事务

概 况 2014年，全县民族宗教工作坚持以党的十八大精神为指导，认真贯彻全省民族宗教工作电视电话会议和全市民族宗教工作会议精神，把握大局，突出重点，求真务实、开拓创新，较好地完成上级有关部门和县委、县政府交办的各项工作任务，确保我县民族宗教领域的和谐稳定。

民族宗教界宣传教育 一是开展宗教界人士培训。11月17日至21日，组织50名宗教界代表人士赴井冈山、南昌、上饶等地开展"红色之旅"革命传统教育活动。并在各大教举办宗教政策法规培训共6次，共801人次，其中天主教2期，参训102人次；基督教2期，参训389人次；佛教1期，参训131人次；道教1期，参训179人次。二是开展两期少数民族劳动技能培训，共119人参加培训。三是开展民族团结进步宣传月活动，共发放《民族知识宣传手册》200多本，《民族团结进步倡议书》500多张，发送民族团结进步短信300多条。

民族村"一事一议"创建 县小长坑省级民族团结进步小康村创建成功后，民族宗教事务局联合县财政局、农业局等部门统一商定，将小长坑民族村的溪流整治、污水处理、民族同心休闲广场等九个项目列入县首批"一事一议"财政奖补计划，助推美丽乡村建设，计划九大项目总投资734.7万元。截至年底，九大项目都在施工中，计划2015年内完工。

省第五届少数民族传统体育运动会 永嘉县承办的浙江省第五届少数民族运动会秋千比赛项目，于2014年11月14日在桥头镇朱涂中学举办。永嘉县积极组队参加，并取得团体二等奖的优异成绩。

城市民族工作 一是积极开展民族"四微"创建活动。9月份，永嘉县民族工作领导小组专门下发城市民族工作"四微"创建实施方案，并召开创建动员大会。截至12月份，利用网络平台、社区窗口、电话热线等共建设城市民族工作"微组织"5个、"微平台"5个、"微窗口"6个、"微热线"6个。二是深入开展民族"三进"工作，及时化解民族矛盾纠纷。在继续夯实黄田社区、朱涂中学、育才控股集团的创建成果的基础上，以民族工作领导小组名义下发文件，在全县继续深入开展民族团结进步模范社区、学校、企业创建活动，共有18个学校、18个社区、7个企业参与2014年的民族团结进步创建活动，并成立4个社区少数民族志民族矛盾纠纷协调组，及时化解各类民族矛盾纠纷12起，尤其是东瓯街道两个兰州拉面馆之间的纠纷得以成功化解。

“同心同行·共建和谐”活动 圆满完成沙头黄村基督教堂试点工作。按照市委、县委的总体部署，将沙头镇黄村教堂作为全市首批试点场所，通过深入排查摸底、广泛谈心交心、帮扶困难群众、解决难题等措施，全力推动试点工作取得成效。

深入开展扩大试点活动。10月29日，县委召开“同心同行 共建和谐”扩大试点推进会。10月31日，县委召开常委会，研究通过了53个扩大试点场所名单，建立由县委副书记任组长的“同心同行 共建和谐”活动领导小组，出台《关于在全县宗教界深入开展“同心同行·共建和谐”活动的实施意见》，建立县党员干部联系宗教场所和信众工作制度，明确四套班子联系宗教团体、宗教界代表人士名单，出台权证办理等一系列政策文件；确定由县财政拨出专款17.14万元征订《人民日报》《浙江日报》《温州日报》《今日永嘉》等党报1160份赠送给全县所有宗教场所，做到全覆盖。据初步统计，全县受宗教政策法规宣讲教育8034人次，谈心交心2626人次，梳理问题139个，解决问题103个。

全面完成省定宗教场所权证办理试点工作。8月下旬，我县沙头黄村基督教堂、江北街道白水基督教堂、桥头园庆寺3个场所被确定为全省宗教活动场所补办权证试点场所，该项工作为县重要政治任务，坚持“依法依规，尊重历史，兼顾公平”原则，举全县之力推进宗教活动场所补办权证试点工作。到11月10日仅用两个月时间就完成3个宗教活动场所的权证办理试点工作，成为全省第一个全部完成试点工作任务的试点县。

宗教和民间信仰场所违法建筑处置工作成效明显。全年全县累计拆除违法建筑涉及宗教和民间信仰活动场所295处共50443.1平方米，改用210处共50750.48平方米，累计拆除标志物91处（114个），处置任务指标在全市领先。

宗教信息平台试运行 全年宗教（民间信仰）领域无安全事故发生；开展“四个一”活动：同各场所签订一份安全责任书，每季度开展一次安全隐患大排查，7月份开展一次安全警示教育，11月份开展一次安全演练活动（县消防官兵现场指导，全县宗教界200余人参加观摩）；完成省宗教信息管理系统资料数据录入。

完善行政审批制度改革 一是完成行政审批及便民服务事项梳理，二是完成民宗局权力清单梳理。

民间信仰进一步加强 一是宣传贯彻《浙江省加强民间信仰事务管理的意见》。组织民间信仰文化研究会理事及重点民间信仰活动场所负责人共119人，集中学习《浙江省加强民间信仰事务管理的意见》，从基本要求、主要任务、组织的实施等几部分，用通俗易懂的语言对《浙江省加强民间信仰事务管理的意见》进行详细的讲解。同时编印2000册汇编本，于12月4日国家宪法日进行宣传，并对民间信仰场所进行宣传。二是召开首届民间信仰文化研讨会。2014年11月5日召开首届民间信仰文化研讨会，来自县统战部、县政协、县作家协会等单位共20余名专家及学者参加研讨会，为永嘉县民间信仰文化的研究乃至民俗学学科基本问题的讨论拓展了空间，为民间信仰文化的研究指明了思路与方向。三是开展民间信仰场所银行开户试点工作。对“纳入管理一批”场所进行全面梳理，建立完备台账，选取140个具备一定条件的场所作为银行开户试点对象，为登记编号证的申领和发放打下基础。四是出台民间信仰活动场所规范化建设创建标准，对桥头镇殿前双庙殿、桥下镇陈府道观进行规范化建设试点工作，为全面建设场所规范化总结经验。五是开展慈善工作。成立永嘉县民间信仰文化研究会志愿者服务队，开展捡垃圾、环保宣传等志愿活动，开展“五水共治”慈善捐款活动，以实际行动来推动“五水共治”活动，带领各民间信仰活动场所共同保护环境，为建设“秀美楠溪、古韵水乡”尽一份力。

（夏加挺）

人口和计划生育

概　况 2014年，永嘉县人口计划生育工作坚持“高度重视、重点突出、扎实推进”的工作方针，以克难攻坚的决心，始终坚定不移地将抓好计划生育工作作为政治任务、中心工作，在人、财、物方面给予了全面的保障。面对新形势下计生工作的挑战，永嘉县始终保持真抓实干的工作态势，在工作理念上更加突出优质服务，在工作手段上更加突出依法行政，在工作重点上更加突出家庭幸福，着力解决工作中的突出问题，取得了长足的进步，永嘉县在全市各季度计生重点指标预警排名分别是第8、6、5、3名，年度计生工作考核荣获县（市、区）分类排名第一。全县上报当年含往年出生12737人，其中计划内出生 10549人，计划生育率82.82%；出生人口性别比，卫生国统报表为118.93：100，户籍当年含往年为115.44 ：100，户籍当年为119.76：100；当年生孕掌握率为93.49%；四项节育手术共落实5762例；社会抚养费当年征收率为68.13%，当年兑现率为76.55%，多孩金额兑现率76.92%，往年征收率为45.91%，往年兑现率为74.73%；二孩及以上长效节育措施落实率74.17%，二孩及以上违法生育长效节育措施落实率91.75%；婚检率为92.54%，优生检测率88.91%；党员干部违法生育查处率100%。2014年度县财政投入计生事业经费4981万元，人均计划生育事业费投入达48元。

组织领导 2014年，永嘉县委、县政府高度重视人口计生工作，多次召开全县计生工作大会、县委常委会、县政府常务会议研究部署全县人口和计划生育工作，全县各级干部抓人口计生的责任感和紧迫感进一步增强；连续开展载体活动，全年相继开展了计生“春季服务月活动”、计生数据核查督查活动、流动人口计生一盘棋管理均等化服务活动、计生协会“5·29”活动、社区计卫服务中心提质活动、计生家庭幸福促进行动、人口计生知识闯关活动、失独家庭全程关爱活动、往年社会抚养费征收清理、计划生育家庭创业工程等系列活动，全面形成合力攻坚氛围。县四套班子领导联系挂钩一个镇（街道），定期下镇街道督促落实工作，帮助解决困难，部门单位切实履行挂钩联系职责，继续实行部门联动，齐抓共管。

长效机制 2014年，永嘉县人口和计划生育工作强化过程管理，完善工作机制，着眼长效管理。完善考核机制，实行一年4次预警考核，“三色预警”指标同市动态排名指标相对接，实施综合计分排位。完善联动机制，为强化各部门齐抓共管人口计生工作，对县直属各单位进行人口和计划生育目标管理责任制考核，并将公安、卫生、计生、流管、药监等部门列入性别比治理“一票否决”考核。完善督查机制，推进明察暗访的常态化，明确由县领导亲自带队到镇街道、村居，采取进村入户等方式进行督查。县分管领导带队对全县18个镇（街道）逐一进行了计生工作督查，进行解剖麻雀式的业务指导。完善奖惩机制，进一步健全目标管理先进奖、分类管理先进奖、工作升位奖及预警累计惩戒等奖励处罚机制。完善追责机制，根据计生明察暗访结果对部分驻村干部和片长因孕环检把关不严造成不良后果的干部予以追责。全年共对相关责任人进行通报批评并扣发绩效奖金164人次，对2个镇街道党委、政府进行了书面通报批评。

政策宣传 充分发挥传统新闻媒体的舆论引导作用，与温州晚报（新瓯北报）合作，开辟了阳光计生新栏目（每两周一期）；创新宣传形式，与平安视频公司合作，在全县主要干道、公园、银行、社区、电梯等每天滚动播出计生宣传内容，广泛宣传报道计生法律法规、计生工作动态等。自国家推出“单独两孩”政策后，永嘉县进行了重点宣传，通过网站、新闻媒体，做好政策解读，大力宣传调整完善生育政策的重要意义，积极引导群众树立依法生育理念，引导单独夫妇合理安排再生育时间。利用春节期间人员比较集中的特点，在全县900余个村居开展了包括“单独两孩”政策在内的面对面宣传教育。组织开展县人口计生局局长电视访谈活动、“三下乡”、“5·29”活动、市级人口计生新型文化示范村（居）创建、村级计生员知识竞赛、人口计生知识闯关送话费活动、联合教育局在全县开展人口计生知识宣传画报比赛活动等。

干部培训 2014年，永嘉县高度重视人口计生干部队伍的培训工作。3月13日，组织计生局全体党员干部及指导站部分人员到永嘉县岩头镇五尺红十三军诞生地接受教育活动，给纪念碑敬献花篮，重温入党誓词，参观红十三军纪念馆和县清正园。3月18日，计生局邀请县李成相先进事迹报告团举行李成相先进事迹报告会，全局干部及计生指导站部分干部参加报告会。4月16—18日、6月6—13日，在县委党校举办了共3期的全县人口计生干部素质提升培训班。每期培训均3天，内容涵盖人口理论知识、人口计生工作形势任务、2014年目标考核责任制、政策法规与依法行政、再生育审批、性别比治理、信息统计、基层基础、优质服务、利益导向、流动人员管理服务等。市人口计生委宣教处负责人、局领导、相关科室负责人在培训会上开设了讲座，来自全县18个镇(街)近300名计生干部参加培训。5月9日，召开国家流动人口动态监测调查工作培训会，桥下、江北、东瓯、乌牛等四个镇街的20位调查员参加业务培训。7月3—4日，召开计生业务软件与信息安全培训会，内容涉及温州市人口计生网格化管理系统、温州市人口计生社会抚养费征收系统(新)、人口计生共享信息核对系统、信息安全与保密等，全县各镇（街道）计生办全体人员与社会抚养费征收系统信息录入人员共152人参加培训。7月15日，召开独生子女信息核查业务培训会，培训内容涉及独生子女夫妇信息核查工作和信息核查及数据处理业务，全县各镇（街道）计生办负责人、内勤共36人参加培训。9月19日，在东城街道会议室召开全县社会抚养费征收依法行政工作业务培训会，全县各镇（街道）社会抚养费征收工作的90余名执法人员参加培训。会议邀请县法院立案庭、行政庭、执行庭的4位法官就社会抚养费申请法院强制执行、依法行政、社会抚养费征收全过程各环节业务知识等进行讲解，并进行现场咨询交流互动。9月17日，举办中国家庭发展追踪抽样调查活动试点县培训活动，被国家抽取的5个样本点镇街道（桥头镇、巽宅镇、北城街道、江北街道、东瓯街道）分管领导、计生办负责人及调查员等30多人参加了该次培训会。

计生执法 2014年，永嘉县进一步加大党员干部违法生育案件查处力度，共查处违法生育党员81人，其中开除党籍65人、留党察看2人、党内严重警告11人、党内警告3人，查处率100%。根据省、市、县人口和计划生育“一票否决制”实施办法规定，审核计划生育“一票否决”把关5216次，共否决先进个人62人，否决先进集体83个。实行行政审批三统一，规范行政许可行为，2014年共审批再生育3534件，特批再生育174件。重视信访调处工作，共受理信访件82件，其中接待群众来访 20批次，来信55 件（其中上级转办信件 21件），电话访6件，电子访1件，已办结 82 件，办结率为100 %。不断完善部门联动机制和跨区域协作方式，加大举报奖励力度，对发现的“两非”线索坚决一查到底，绝不姑息。2014年，计生综治办牵头，联合纪委、公安、卫生、计生、药监等部门共200余人次对50多家单位进行检查执法，开展区域合作60余次，查获“两非”案件67起，其中B超类案件21起，孕情消失案件35起，引产11起，刑事处罚12人，取消二胎再生育指标35例。

利益导向 继续完善以农村计划生育家庭社会养老保险为主的利益导向机制，出台《关于开展失独家庭全程关爱服务的若干意见》（永委办发〔2014〕51号）文件。2014年，全县共新增享受对象3719人，发放资金6423万元。全县共上报利益导向享受对象35620人，累计发放各类资金2.5亿元。其中养老保险补助对象15905人，累计发放补助金1.96亿元，2014年新增对象1639人，发放资金5456万元；养老储备金9060人，累计发放补助金2549万元，2014年新增储备金享受对象1014人，发放资金479万元；特别扶助享受对象82人，累计发放特抚金91.9万元， 2014年新增特别扶助享受对象3人，发放资金17.4万元；奖励扶助享受对象2008人，累计发放奖抚金1499.3万元，2014年新增奖励扶助享受对象201人，发放资金232.9万元；计划生育公益金补助对象463人，累计发放补助金398.4万元。2014年新增公益金补助人数66人，发放资金58万元；放弃二胎生育指标奖励对象847人，累计发放奖励金182万元，2014年新增奖励对象108人，发放奖励金42.3万元；落实长效避孕节育措施奖励对象2266人，累计发放奖励金733.6万元，2014年新增奖励对象135人，发放奖励金66.3万元；2014年符合中考加分政策的农村独生子女和二女户家庭507人；失独家庭父母享受养老保险待遇共46人，累计发放养老金131.4万元，2014年新增享受养老保险待遇共4人，发放资金71.3万元。积极开展农村户籍独生子女户和双女户家庭就学创业帮扶活动，全年为240户计生困难家庭给予资金帮扶71.05万元。全力实施“计划生育家庭创业工程”，联合农业、科技等部门，加大对计划生育家庭的扶持力度，共有28个计生家庭创业项目得到立项扶持资金41.2万元。

基层基础 为夯实计生基层基础，2014年永嘉县全力推进人口和计划生育“强基创优工程”建设。认真组织实施分类管理制度，根据各镇街道、村居完成人口和计划生育工作情况，对各镇街道、村居进行了综合评定，全县创优镇街道3个、合格镇街道14个、整治镇街道1个，创优村居127个、合格村居557个、整治村居248个。全面实施网格化管理，全县共建立了3509个计生网格，进一步明确了驻村干部、村两委、村计生服务员等网格责任组、责任人的职责和网格考评制度，并将育龄妇女分格到位，确保人员到格、任务到户、责任到人。全年各镇街道共组织网格责任人的培训36次、督查72次，按考核得分进行补助和奖惩。年初，对2013年村（居）计生强基创优工程网格责任人履职情况进行了考核评估，评出优秀网格责任人一、二、三等奖各276人、281人和276人，兑现村级计生网格人员补贴奖金701.13万元，并对履职不到位的235名网格责任人进行调整。严把项目和资金补助审核经济关。各功能区、各镇（街道）和部门在办理村级、企业和个人项目立项和资金补助时，严格把好“一票否决”关，从源头上取消所有整治村居（社区）和个人计生任务未完成对象的项目和资金补助。全县各部门要把关计划生育的项目共15个，2014年共否决项目216个。严把村居干部报酬和评比否决责任关，县里对被列为整治村居的村居责任人根据村居情况予以扣发不同等级的工作、生活补助金和基本报酬，共捆绑2013年度村居责任人400余人次，扣发总金额200余万元。加强村级计生员队伍建设，组织各镇街道对村级计生员2013年度工作情况进行了考核，对全县98名优秀村级计生服务员予以通报表彰。同时开展了第五轮公开选聘村（居）计生服务员工作，275人参加选聘134个村的计生员岗位，经过考试、面试、公示等程序，最终录用138人。

优质服务 认真落实国家免费孕前优生健康检查项目，除县计生指导站外，还增设了永嘉新华医院、桥头三医两个免费检查服务点，方便群众前来检查服务。认真开展了北城、三江、大若岩、岩头五尺等4个社区卫生计生服务中心提质工程，全面落实计生“六免”政策；县维权中心积极为计划生育户特别是女儿户提供法律援助，维护其合法权益，全年为29户计划生育户维护了权益;在全县18个镇街道开展流动人口计划生育预约和上门无休日服务工作，提供办理《流动人口婚育证明》、流动人口一孩生育服务证、企业上门已婚育龄妇女孕环检等服务工作。2014年全县免费办理流动人口一孩生育服务登记159人，免费办理《流动人口婚育证明》64898人次，免费提供流动人口计划生育技术服务10066例。

（王崇巧）

移民安置工作

建制沿革 2014年永嘉县移民安置办公室有工作人员4名，其中主任1名，副主任1名，参照公务员法管理。

职能职责 永嘉县移民安置办公室的工作职能是管理和监督移民安置后期扶持工作及全县小型水库移民解困工作。主要职责是贯彻执行国家、省、市、县有关大中型水利水电工程移民工作的方针、政策和法律、法规。负责永嘉县水利水电工程移民动迁安置工作，研究移民动迁安置政策，起草有关永嘉县移民工作的规范性文件。负责全县新开工建设的水利水电工程移民安置规划的指导和审核（查），监督和管理移民安置规划的实施工作。负责和指导全县水利水电工程移民后期扶持政策的实施工作和移民工作档案的建立与管理。指导、审核全县水利水电工程移民后期扶持规划、库区和移民安置区基础设施建设和经济发展规划的编制，以及实施工作。督促移民开发项目的编制、评估、审查和落实工作。负责指导、协助各镇（街道）处理好移民遗留问题和发展中的热点、难点问题；受理移民来信来访，协助库区和安置区政府及有关部门调处移民纠纷，化解移民矛盾，促进移民和谐稳定；负责对全县移民开展科学文化知识和实用技术的培训工作。负责县级移民经费的管理，指导并监督各镇（街道）移民资金的管理和使用，协助审计部门做好移民资金的审计工作。负责开展移民动迁安置的评估工作；组织全县移民安置工作人员参加政治和业务培训。负责大中型水库移民后期扶持和小型水库移民解困工作。承办县人民政府和上级业务主管部门交办的其他事项。

工作概况 2014年县移民办承担着北溪、金溪、水毁工程新开垟及珊溪水库部分移民的后扶工作和76座小型水库解困工作。一年来，累计投入移民专项资金570余万元，加大对各移民村（点）的扶持力度和小型水库项目解困工作，努力解决移民热点、难点问题，促进库区和移民安置区经济快速稳定发展，构建和谐移民村居环境。

移民后扶工作 一是着力推进全县移民创业致富工作。2014年度全县安排大中型水库移民创业致富资金共计36.96万元。其中以奖代补资金16.96万元：安排移民子女高考录取教育奖励资金1.93万元，珊溪水库移民小额贷款以奖贴息资金15.03万元；安排移民村基础设施建设扶持资金20万元：江北街道金瓯社区礼堂修建10万元，金瓯社区办公楼修建10万元。二是加大移民后扶项目建设。一年来，共投入移民专项资金122万元，着力解决移民村热点、难点问题，投资完成了金瓯村礼堂修建、金塘村内排污设施建设、黄坦村前菇溪源环境改造和外垮村内排劳管网建设等项目建设，提高移民生产生活的质量。三是按时完成年度人口复核和直补资金发放工作。核减移民直补对象15人，发放移民直补资金195.48万元。

小型水库解困 2014年县移民安置办确定的小型水库解困项目23个，已建设完成黄田岙村环境改造、东联村环境改造、阮家降村村文化活动中心、紫云坑村桥梁修建、瓯渠村三面光渠道等17个解困项目建设，包括环境改造项目4个，村文化活动中心项目2个，农田水利建设工程2个，村级道路基础工程建设1个，村级居家养老服务照料中心建设8个，总投资893万元，补助资金212万元。

“三赛三评”活动 继续开展的移民致富带头人、移民专业合作社、移民产业基地“三赛”和移民贴心人、移民后扶优质工程、移民和谐社区“三评”的移民创业致富“三赛三评”活动。永嘉县南城街道金塘村金岳水和永嘉县黄坦农业专业合作社分别被温州市民政局（移民办）评为2014年度“十佳”移民致富带头人和移民先进合作社。

技能培训 通过邀请专家赴进村入户的业务讲座、现场指导、政策培训、业务辅导等各种形式的移民培训活动，提高移民就业和创业能力，提升移民干部政策业务水平。2014年度，共投入移民培训资金1万余元，举办各类移民培训3期，培训移民200余人次。

信访维稳 一是着力解决移民村热点、难点问题。解决了瓯北金瓯移民居委会礼堂修建、上塘金塘移民村内排污设施建设、桥头黄坦移民村前菇溪源环境改造和桥下外塆村内排劳管网建设等项目资金困难问题，提高移民生产生活的质量。二是坚持“属地管理、分级负责”的原则。进一步规范移民来信来访的接待处理工作，健全和完善了移民集体访警机制、重要情况上报制度和领导包案制度，做到移民信访事事有回音、件件有落实。2014年，共接待移民群众来信来访8件25人次，有效解决移民热点难点问题5个，制止越级访、网络联访和集体上访苗头2件，连续7年保持县级移民单位访“零”越级信访最高纪录。

慰问与救助 开展新春、“七一”等节日困难慰问活动,发放移民助学资金1.93万元，补助珊溪移民农村医疗补助3.113万元，珊溪水库移民农村医疗保险率达到100%。继续开展珊溪水库小额贷款贴息补助，鼓励移民自主创业、发展生产，增加收入。2014年，发放珊溪水库移民小额贷款贴息补助15.03万元，

作风效能建设 一是制定党风廉政建设学习教育计划、工作计划及各项规章制度，按照“照镜子、正衣冠、洗洗澡、治治病”的总要求，围绕“为民、务实、清廉”主要内容，聚焦“四风”突出问题，联系工作实际，扎扎实实完成了学习教育、听取意见，查摆问题、开展批评，整改落实、建章立制三个环节的工作任务，达到了预期的目标。二是组织开展“5·10”思廉日教育活动，提高移民干部反腐倡廉意识。通过组织党员干部重温《中国共产党章程》《廉政准则》等有关党纪条规，发放法律法规和廉政刊物，观看警示教育片，干部誓廉等活动形式，时刻唤起党员干部的思廉、从廉、护廉之心，认真践行廉政承诺，真正做到严于律己、严以用权、严以修身，弘扬社会清风正气。三是健全制度、强化措施，做好领导干部廉洁自律工作。领导班子带头执行《中国共产党党员领导干部廉洁从政若干准则(试行)》《中国共产党党内监督条例（试行）》《中国共产党纪律处分条例》《廉政准则》和廉洁自律的各项规定，制止奢侈浪费行为发生，严格执行“四大纪律、八项要求”，严格落实“十条禁令”的有关规定。不断完善《服务承诺制度》《首问负责制度》《一次性告知制度》《限时办结制度》等制度。四是强化监督、健全机制，严肃查处各种违规违纪行为。工作上，凡涉及重大决策，重大事项安排和大额度资金的使用，都通过办党组集体讨论决定；人事上，对干部的提拔任用认真按照《党政领导干部选拔任用工作条例》要求，分管纪检监察全程参与，坚持民主推荐，党组审议，用前公示，做到公正、公开、公平；接待上，严格执行上级的有关规定，做到“定点、定量、定标准、对口接待、减少陪客人数、统一安排”。

（陈王友）

新居民服务管理

概　况 2014年，紧扣“人口结构减员优化”目标，以“环境整治、经济转型、依法管理”为途径，多措并举、综合施策，积极引导人口合理有序流动。网上登记率、“人户一致”率、出租房登记率、出租房屋治安管理责任保证书签订率、信息注销率等“五率”均达到100%，突破省、市考核指

标要求。在“E居卡”项目建设方面，2014年，制卡219360张，发卡率99.22%，总刷卡率为90%，居全市第一。截至2014年年底，全县在册新居民总数较2012年年底下降22.7%，圆满完成市对县“人口结构减员优化”考核目标任务，得满分，考核成绩并列全市第一名，被评为2014年度部门人口计生工作先进集体。

优化人口结构 截至2014年年底，已排查出租房53520户，其中存在安全隐患的32441户，整改率为98.32%；新居民子女入学数为18362人，入学率100%，占义务教育学校在校生人数的20%；加强企业和生产经营单位安全生产管理，已排查26578家，其中存在安全隐患14564家，整改14328家，查封107家；劳动维权举报投诉案件结案率100%，劳动人事争议案件结案率98.33%；加强计生属地管理，查验、发放限期补办流入育龄妇女《流动人口婚育证明》78053人次，流入已婚育龄妇女登记管理率95.49%，流入已婚育龄妇女免费孕环检率100%。

精准化管理 一是开展信息采集专项行动。组织开展全县新居民基础信息采集“春雷行动”、出租房专项整治行动等专项行动，2014年以来，全县共新登记新居民267872人、注销286932人，新登记出租房4357户。二是推进社会管理“四网合一”工作。结合现有的新居民服务管理、安全生产管理和消防安全管理等网格，以固定区域为单位，整合优化街道管理网格，创新工作方法，共建共享，构建覆盖社会管理各方信息的“一张网、一支队伍、一个平台”管理格局，打破原有分散管理格局，切实提高社会管理服务能力，从而从更高起点推进“平安永嘉”建设，确保社会和谐稳定，确保人民安居乐业。三是开展新居民“区域化管理、捆绑式服务”工作。在总结去年乌牛试点经验的同时，进一步完善并下发了《关于实施新居民“区域化管理、捆绑式服务”工作的意见》，按照要求建立健全区域工作体系，实行定人、定位、定责，并依托新居民服务管理大厅，为新居民提供办证、积分申请、计生、维权等“一站式”捆绑服务。四是自主研发信息平台。自主研发开通了“永嘉县‘人户分离’计划生育信息系统”，推进新居民计划生育“一盘棋”工作。自主研发“永嘉县出租房屋信息管理系统”，实现出租房屋相关信息与有关部门共享，提升精准化管理水平。五是推广“流管通”“E居卡”项目。于4月份启动新居民“流管通”项目建设工作，通过两次招投标，已按要求完成210部“流管通”的建设任务，并在全县9个新居民服务管理所全面推广使用，努力实现全面覆盖，充分发挥“流管通”在新居民管理工作中的作用。六是开展双向协作工作。12月3日至5日，县新居民服务管理局、县公安局等相关人员一行6人，专程赴县流动人口集中流出地江西省乐平市、鄱阳县开展了双向协作交流工作，达成了协作共识。

民生项目建设 组织开展新居民“民生项目”建设，努力改善新居民工作、生活环境。一是改善新居民居住条件。截至2014年年底，全县年度新开工建设新居民住房面积93175.3平方米，其中新居民安心公寓 58510.8平方米，集体宿舍楼改扩建1.95万平方米。二是保障新居民随迁子女平等接受义务教育。2014年，全县共有89所学校接纳义务教育阶段新居民子女入学，共接纳新居民子女入学18362人，占全县义务教育在校生总数的19.6%，新居民随迁子女就读公办学校率达64.2%。2014年积分制新居民子女入读优质学校从去年的30个名额增加到50个名额，中小学公办优质学校扩大到18所。三是做好新居民计划生育服务工作。依托“永嘉县‘人户分离’人口计划生育信息系统”，积极配合计生部门狠抓“人户分离”人口计生“一盘棋”管理。2014年以来，登记录入县内“人户分离”人口48366人（其中，在册37027人），排查登记省外流入已婚育龄妇女出生婴儿信息1369条、流入已婚育龄妇女（包括县内“人户分离”已婚育龄妇女）在孕信息1111条、县内“人户分离”已婚育龄妇女未落实长效措施信息58条。 四是丰富新居民精神生活。联合有关部门举办永嘉县新居民趣味运动会、“最美新永嘉人”评选等活动，开展送电影、送文艺等活动100场，惠及新居民3.1万人，多层次满足新居民的精神文化需求，不断丰富新居民业余生活。五是巩固和扩大新居民劳动就业。联合县人力资源和社会保障局举办春季公益性就业促进会，企业自主举办岗位技能培训共计33340人次。新上岗就业人员累计数168679人，新上岗就业人员累计岗前培训35416人，上岗培训率为98.04%。

新居民维权工作 一是建设新居民党支部。在全县范围建立流动党员档案，共计流动党员312

名。9个新居民所牵头在辖区企业建立了9个新居民党员之家，开展文化、体育、爱国教育、纪念建党周年学习会等活动。二是创新新居民权益保障模式。创立以新居民“以外调外”为主体，人民调解、法律援助及党代表帮扶等多种维权调解途径并立的新居民权益保障模式，共建立18个维权调解站点和9个党代表站。截至2014年底，已调解各类矛盾纠纷155起，调解成功率95%以上，涉及赔偿金额高达302万元。三是推进新居民加入工会工作。狠抓组织建设、源头入会、优化服务和机制建设，积极推动新居民加入工会组织。

新居民关爱活动 一是开展春运送温暖活动。1月17日，联合县总工会向川渝贵籍优秀新居民赠送免费返乡机票34张。并通过在各返乡站点开展政策咨询、网络购票、困难帮扶、免费电话等多项志愿服务活动，让踏上归途的新居民们切实感受温暖。同时联合县慈善总会、县总工会和红蜻蜓集团共同举办永嘉“情系新居民 迎新慈善宴”，全县70多名新居民欢聚一堂、举杯共庆，迎接新春佳节到来。二是开展扶危助困活动。联合民政部门出台《永嘉县新居民临时救助实施办法》，在节日期间对生活遇到特殊困难的新居民进行走访慰问并实施救助。共开展新居民扶危助困活动22次，惠及新居民人数706人，慰问金达到17.46万元。三是开展新居民子女关爱活动。相继开展了“快乐‘六一’·体验成长”、“关爱新居民子女暑期安全”、“金秋助学”“送教进新居民子弟学校”等系列活动。

（郑晓娟）

水务管理

概 况 2014年，县水务集团按照县委、县政府的总体部署和要求，以“五水共治”工作为中心，以党的群众路线教育实践活动和我县国有企业改革为契机，狠抓工程建设、安全生产、营业管理及服务、队伍建设等工作重点，真抓实干、开拓创新，取得了较好的经济效益和社会效益。2014年全年完成供水14560万吨（其中向乐清原水供应7200万吨），主营业务收入达1.65亿元，实现利润3711万元（税前）；完成污水处理和污水输送1200万吨；全年完成固定资产投资10211万元，占年度计划投资的127.5%；完成给水主管网建设21.8千米。

工程建设 2014年，重点建设项目11个，全年完成固定资产投资10211万元，占年度计划投资的127.5%。主要工程建设情况如下：楠溪江供水工程完成电站、左岸人行交通桥、左岸绿化工程、钢结构玻璃墙安装等附属工程的施工；黄田水厂及配套管网一期工程主要完成配套给水管网建设6.2千米；桥头水厂主要完成配套管网建设3千米；桥下水厂一期工程完成土建主体，已进入设备安装和装修阶段，安装供水管道3.6千米；上塘水厂扩建工程完成配套主管网建设9千米；乌牛水厂水净化改造工程于2014年1月开工，6月份完工并已投产。管网改造工程，2014年，完成管网改造工程21个，在建工程5个，共安装DN100及以上管线18.6千米，DN100以下的管线37千米。污水工程建设。桥下污水处理厂于2013年12月进场施工，2014年底已完成土建，现已进入外墙装修和设备安装阶段；上塘污水净化站二期工程于2013年年底开工，2014年6月已完工并投入运行。其他两个污水项目前期也取得很大进展，江东污水处理厂完成土地定界、项目建议书审批、总平和选址、环评和水保编制，土地利用规划已报批；黄田污水处理厂水保已批复，环评已批复，可研文本编制完成，地质灾害评估已完成，利用规划已报批。年底县政府决定对江东和黄田两个污水处理厂工程实行PPP融资模式，对社会公开招商，确定投资主体，实行投资建设营运一体化管理。

安全生产 集团始终坚持“安全第一，预防为主”，全力确保供排水安全，平安水务建设初见成效。一是水质安全得到有效保障。水质安全是企业生存、立足之本，随着桥头、黄田两个新水厂和乌牛净水一体化工程的建成投入使用，2014年，下属五大水厂均具备了生产合格水的条件，出厂水各项指标均达国家饮用水卫生标准，水质合格率达99%以上。瓯北水司于2014年10月被浙江省卫生计生委评为“饮用水卫生监督量化分级A级单位”。二是抓好安全日常管理。全面落实安全生产责任制，进一步加大安全生产考核力度，与各公司签订了安全生产责任状，层层落实安全管理工作责任制；加大了安全教育培训力度，提高了员工的安全意识；每个季度和重大节假日前均开展安全生产大检查，排查安全生产隐患，督促施工单位做好工程安全防护措施，并加强节假日值班安排。下属上塘水司于2014年12

月通过了“安全标准化三级企业”考评。三是强化安全应急保障。认真部署落实《永嘉县城镇供水突发事故应急预案（修订）》，进一步完善了各项应急预案，基本完成供排水应急预案体系建设，并组织应急救援预案演练，组织开展了城市供水突发事故应急演习、漏氯应急处置技能演练、消防灭火演练等活动提高供排水安全应急处理实战能力。特别是2014年春节和年末，因干旱少雨乌牛水厂两度原水告急，供水形势严峻，集团上下同心协力共克时艰，迅速研究制定应急供水方案，通过调用消防车运水送水等措施，渡过了乌牛用水危机。

营业管理 重要经营指标取得较快增长。一是供水回收率明显提高。部分供水管网陈旧，漏损严重，成为企业提高经济效益和长远发展的瓶颈。近几年，集团制定了各个自来水企业的供水回收率年度考核目标，也投入了大量资金对旧网进行改造，部署落实检漏、管网和水表的基本情况普查，加快超期使用水表的更换、表务管理等工作。2014年，下属各水司的供水回收率得到前所未有的提高，上塘水司供水回收率达到78.13%，比上年提升9.53%；瓯北水司73.24%，比上年提升3.90%；黄田、桥头及乌牛水厂的供水回收率也有较大幅度提高。二是加强供水服务，用户满意率进一步提高。落实各服务窗口供水即办事项服务制度、首问责任制、承诺服务制、文明服务标准等；进一步扩大供水范围，新增用户近3000户；加快用户信息收集，增多可代缴代扣银行，扩大代收代扣覆盖区域；营业窗口实行无双休日制度；一律实行先审批后停水，并通过集团门户网站、短信、微信等向社会发布停水公告；还加强营业稽查，根据《水务稽查管理项目与记分标准》，针对抄表收费、管网管理、服务质量、用户投诉等方面，加大稽查力度。积极开展文明创建活动，下属上塘水司通过了省级文明单位复评。

内部管理 进一步完善目标考核责任制，大力开展正风肃纪工作。2014年集团在往年目标责任制考核的基础上进一步完善，注重过程督评，重点对党建、纪检（效能作风）、制水（水质安全）、营销（管网）、原水、排水、安装七大块工作实行每季一督评，建立“六个一”督评机制，督评成绩计入年终绩效考核总分。同时狠抓正风肃纪工作，集团纪委牵头定期或不定期进行突击检查，着重对公车私用、公务接待、劳动纪律等方面作重点检查，做到发现一起、查处一起、通报一起，共开展正风肃纪巡查10多次，查处违反公车管理、工作纪律等规定5起，处罚责任人7人，并在集团范围内通报，使职工的工作纪律作风进一步转变，取得了明显成效。在年末行风评议中5个受评单位均有明显进位。

队伍建设 2014年，水务集团以党的群众路线教育活动为契机，着重在推进党风廉政建设，提高队伍的凝聚力、战斗力上下功夫。一是认真贯彻落实习近平同志关于厉行勤俭节约反对铺张浪费的重要批示精神、中央“八项规定”和省委“六个严禁”的要求及关于厉行勤俭节约的有关规定，制定执行《车辆管理补充规定》《公务接待规定》，落实廉政灶制度，严格控制经费支出，2014年，集团“三公”经费支出同比下降20%。二是全面推进党风廉政和廉政风险防控机制建设，制定并执行“三书两报告”制度和“一岗双责”制度，明确廉政责任，层层签订责任书，细化党风廉政建设责任分解。重点落实《集团公司物资采购管理办法》，加强对物资的监管，开展对物资采购、入出库和清查盘存等环节的督查，要求做到账账相符、账卡相符、账物相符。三是结合党的群众路线教育活动，举行各种报告会、宣讲会、培训会等10余场，加强职工思想政治教育、业务知识及操作技能培训。四是开展“七一”慰问老党员、党内关爱基金捐赠、“双百结对、扶残助残”、“党员星期六志愿者服务日”等党员活动和职工登山、运动会、岗位技能竞赛等工会活动，传递正能量，增强职工的向心力、凝聚力。

（王好好）

农村经济

农　业

概　况　2014年，永嘉县农业部门全面贯彻落实中央、省、市、县有关农业和农村工作的各项决策部署，在农村改革、产业提升、农民增收、政策保障等方面克难攻坚。全县实现农业生产总值16.01亿元。农村人均纯收入15404元，较上年增长10.6%。

产业科教　2014年，加大休闲农业各项创建工作的力度，组织参加全国休闲农业创意精品推介活动，美丽乡村稻草人项目获得了景观创意金奖；组织参加中国最美休闲乡村和中国美丽田园推介活动，埭头村获得中国最美休闲乡村称号；组织参加市农家乐休闲旅游烹饪大赛，获得团体金奖2个，其中1个作品入选“全市十大名宴”。不断强化农业招商引资，共签约16个农业“招商选资”项目，并完成2个省级园区建设，6个市级园区建设，新增农业招商引资实际到位资金9.17亿元。创建省级非示范农业公共服务中心7个，连续3年实施基层农技推广体系改革与建设示范县项目，共遴选农业科技示范户600户、农业科技示范基地18个，组织农技人员知识更新培训50人次。11月，在岩头镇岭根村、三江街道龙下村、南城街道西前村、乌牛街道横屿村开展农业科技下乡活动，赠送科技经费、有机肥及农作物种子、农机具等农业生产必需的生产资料并开展农产品质量安全、生猪屠宰安全、禁毒安全等宣传。组织相关农业科技人员开展技术培训、指导和咨询活动，及时把农业实用技术送到农民手中，农民反响良好。

综合执法　2014年，以“绿剑执法”系列行动为载体，共出动车辆150余次，出动执法人员456人次，检查了89家农资店，78家兽药店，责令整改17家，监督抽检农业投入品29个，不合格8个，查处违法行为8起，立案8起，结案8起，现场咨询培训200多人次，印发宣传资料2000余份。全县农产品（蔬菜）定性动态监测6129批次，其中合格6041批次，合格率98.6%，瘦肉精检测12056份，向公众免费开放县农产品快速检测中心，各镇（街道）农产品快速检测室都在5月底前对公众免费开放，有效保障了全县农产品安全，取得12个国家级无公害农产品认证，完成2个国家级无公害农产品复查换证工作。加强楠溪江生态修复和渔业资源保护，2014年共投入171万元用于加强楠溪江渔业资源增殖，共采购瓯江彩鲤、香鱼、河鳗、河蟹、甲鱼、光倒刺鲃、鳙鱼、鲢鱼等8个品种总数量330多万尾（只），同时严厉打击电鱼、毒鱼、炸鱼，出动执法检查350次，其中楠溪江巡查220多次，瓯江和西溪、菇溪巡查120余次，通宵管理42次，查处各类渔业违法案件57件，其中炸鱼3件，毒鱼2件，电鱼41件，其他案件11件，没收电鱼工具45套，地笼网和流刺网等网具300多副计3000多米，行政拘留2人，对保护县渔业资源和渔业水域生态环境起了重要作用。

粮食与蔬菜生产　2014年，全县认证粮食生产功能面积1313公顷，合计认证粮食生产功能区面积5600公顷。全县农作物播种面积32000公顷，比上年增973公顷，其中全县粮食作物播种面积21393公顷，总产11.81万吨，获评温州市粮食生产先进县。蔬菜播种面积5360公顷，总产11.25万吨，果用瓜播种面积1287公顷，总产0.31万吨，建立“千亩水稻示范方”3个，合计面积253公顷；“百亩示范方”7个，合计面积111公顷。通过粮食高产创建，粮食单产连破新高。2014年，乌牛街道陈宝生种植的“甬优12”亩产高达873.5千克；碧莲镇邵园村试种的“Y两优900”经测产，平均亩产稻谷822千克。

特产经济 2014年，全县新增杨梅、桃、橘柚、白枇杷、蓝莓等果品面积170公顷，“乌牛早”等名优茶产量达564吨，产值1.97亿元；水果2.95万吨，产值1.42亿元，特产总产值3.39亿元，创历史新高。稻田养鱼面积5533公顷，比上年增180公顷，产量1650吨，比上年增产256吨；瓯江、楠溪江捕捞产量729吨，比上年减17吨；全县水产品总量3465吨，比上年增284吨，增幅为8.9%；渔业总产值9868万元，比上年增1508万元，增幅为18.0%。参加了温州早茶节、省绿茶博览会，连续举办了第三届杨梅节、早香柚节及首届红柿文化节等5项节庆推介活动，提高了产品知名度。大力推广果茶标准化生产技术，全年推广应用特产标准化生产面积1353公顷，其中茶叶1067公顷，水果287公顷，做到科学管理，标准化生产，清洁化加工。

畜牧畜医管理 2014年，由于受H7N9禽流感疫情影响，畜禽养殖周期偏长、市场价格因素变化和饲料成本上涨等原因，畜牧业生产总体呈下降趋势。生猪年末存栏9.1万头，同比下降25.4%，生猪出栏16.9万头，同比下降5%；家禽年末存栏130万羽，同比增加27.5%，家禽出栏209万羽，同比下降5%；羊存栏约4.7万只、出栏4.5万只，与上年同期基本持平；牛存栏1.2万头，同比增加11.1%，出栏约为0.5万头，同比增加66.7%；兔存栏4.1万只，兔出栏8.8万只，较上年同期略降。积极响应“五水共治”畜牧业污染治理工作，出台《永嘉县畜禽养殖功能区方案》《永嘉县畜禽规模养殖场污染综合整治方案》《永嘉县生态畜牧业发展规划》《永嘉县生态畜牧业发展实施方案》等政策方案，开展了农业、环保、能源等多部门联合调查，关停或拆除搬迁禁养殖区养殖场403个，落实生态消纳地6067公顷；新增沼液利用7.5万吨，超额完成省市下达任务。2014年，申请开展“水禽旱养技术研究与示范”项目，永嘉县旭圆养殖有限公司等6个水禽养殖场申报的试验项目均完成项目协议书规定的各项基础设施建设任务，并通过了竣工验收。共发放使用疫苗猪口蹄疫103万毫升、牛羊口蹄疫19.85万毫升、禽流感204.5万毫升、猪蓝耳病46.8万毫升，排查禽场225个、无害化处理农贸市场家禽1163羽，规模养殖场免疫密度100%，确保养殖环节不发生H7N9禽流感疫情，成功举办了浙江省重大动物疫情四级应急演习，全力打好动物H7N9禽流感防控攻坚战。开展春季、秋季、百日行动等3个专项行动和兽药、肉制品、安全生产等3个专项检查，共出动执法人员270人次，检查规模养殖场150个、兽药经营企业9家、定点屠宰场3个、农贸市场2个。2014年，共抽检330个规模养殖场的2970份尿液样品、3个定点生猪屠宰场的2652份尿液样品，经检测合格率均达100%。生猪屠宰场瘦肉精自检23726份尿液样品，合格率为100%，备案调入生猪1270批次计7.4万头，报验率100%，产地检疫生猪15.2万头，屠宰检疫15.5万头，无害化处理屠宰场病死猪756头、不合格内脏2.28万千克。建成公益性无害化处理池4个、规模养殖场无害化处理池24个，共计1066立方米。2014年，共建成规模养殖场无害化处理池87个（其中公益性9个）计2901立方米，无害化处理设施建设力度、无害化处理设施建设容积居全市之最，无害化处理能力已覆盖全县。

农经管理 2014年，“三位一体”农村合作体系建设初见成效，认证市级示范化“三位一体”合作组织16家，新增家庭农场92家。加快农村资金互助会建设，全县共开业农村资金互助会8家，农民专业合作社内部组建农信部2家，完成408家合作社的信用备案工作。实现县、镇（街道）、村（社区）三级联网，所有村社“三资”数据已进账入网。同时积极开展“确权登记，入图上册”工作，全年完成415个村确权工作。新增土地流转1440公顷，新增土地流转率达到8.52%；土地承包经营权抵押担保贷款2宗；完成股份经济合作社银行账户变更866家，完成率达到95.80%，有效增加了农村发展活力。

农业机械 2014年，完成各类农机化资金投入1250余万元，新增各类新式农机具776台（套），新建市级农机安全示范合作社2家、粮食烘干中心1家、区域性农机维修中心1家，全年完成水稻机插面积1350公顷，农业机械化综合水平提高2.58%。拖拉机安全形势基本平稳，发生拖拉机上道路交通死亡事故1起，死亡1人。联合开展农机安全生产专项整治组织安全执法检查42次，共有351人次参加检查；检查上道路拖拉机259台次，纠正违法拖拉机39台次，其中：违法载人和人货混装26起，准驾不符12起；检查其他农业机械52台次，共纠正违法、违规操作行为68起；检查农机维修点9家，纠正违法、违规行为51起。通过安全检查，有效消除了事故隐患。

土壤肥料 2014年，共推广应用测土配方施肥技术31800公顷，完成不合理施肥（纯量）减量485吨，推广商品有机肥0.82万吨。粮棉油糖等大田作物田间3414肥效试验2个、经济作物“2+X”田间肥效试验2个、肥料校正试验1个；10个新型农业经营主体建立典型示范样板，按照“三年一轮回”的要求，采集和分析土壤样品300个。建立了2个万亩以上测土配方施肥示范区、5个千亩以上的示范片、10个百亩以上的村示范方，完成测土配方施肥面积31800公顷次。

植物保护 2014年，督促落实柑橘黄龙病病树的挖除和柑橘木虱的防治工作，乌牛、桥头、桥下等地共发生柑橘黄龙病27公顷1333株，已全部挖除，病株处理合格率达到100%。组织专职植物检疫执法人员到蔬菜制种基地进行产地检疫，对温州神鹿、温州吴桥、温州康篮等6家制种公司在永嘉东皋、鹤盛、岩头苍坡等地的42公顷蔬菜制种基地进行种子产地检疫，开具产地检疫证书27份。铲除加拿大一枝黄花2.51公顷，同比下降33.47%。

（陈贤豪）

林　业

概　况 2014年，永嘉县林业部门紧紧围绕“林业增效，农民增收”的根本性目标，以“五水共治”“美丽乡村”建设为抓手，狠抓森林资源保护管理，扎实推进生态文明建设。2014年，全县林业总产值21.1579亿元，比上年增长6.5735亿元，增长率45.07%。其中第一产业产值4.5791亿元，第二产业产值8.0224亿元，与上年基本持平；第三产业产值8.5564亿元，比上年增长6.0359亿元。2014年，全县森林覆盖率为72.77%。造林1643.4公顷，其中重点防护林514.7公顷，造林面积比上年增加120公顷；森林抚育7333公顷，比上年增加2267公顷；累计调运珍贵树种10.2万株，其中浙江楠2万株、红锥1万株、枫香6.6万株、榉树0.6万株，新造景观林333公顷。

林业产业 2014年，全县林下经济总产值11.9574亿元，比上年增长6.2478亿元。新增油茶基地341.3 公顷，累计达674.7 公顷；先后在四海山、大洋山、桥下塘山等地引进铁皮石斛先进种植技术，种植面积约47公顷，其中四海山林场引进外资1700万元，已建成约33公顷的基地及其他相应的配套设施。2014年，全县林区道路立项51条计202.2千米，建成并通过验收139.7千米，下拨补助资金838.2万元。

森林旅游 2014年，共接待森林旅游317.6万人次，总产值8.0267亿元，比上年增加5.6187亿元，其中直接收入6954万元，森林旅游呈现快速增长态势。2014年，新增森林公园5个，全县森林公园累计达20个，其中国家级森林公园1个（龙湾潭）、省级2个（四海山、五星潭）、市级5个（绿嶂山、石板岩、东蒙山、醉溪、岩龙）、城郊森林公园12个。成功创建省级森林村庄4个，建成森林绿道35千米；积极配合市林业局做好温州市创建国家级森林城市的各项相关工作，为顺利通过验收发挥重要作用。

林业改革 2014年，永嘉国有林场体制改革持续深入，其中正江山林场改制已告完成，性质由差额转为全额，即由传统出售林木模式转为旅游休闲服务模式；四海山林场也于12月启动改革。林权制度改革不断加速，共办理林权流转手续27件，面积1827.6公顷，完成市定任务的913.45%，流转面积和完成率均排名全市第一。落实发放2013年度林权流转政府奖励（补助）资金13件，共计金额155万元。办理林权证抵押贷款1笔，贷款额50万元，安排林权证抵押贷款财政贴息2笔，贴息资金25000元。共受理勘界申请58起，成功勘界34起，面积3939.1公顷，次数和面积分别比上年同期增加62%和60%。共登记发放林权证86本，山场200处，面积4553.4公顷，林权证发放和面积分别比上年同期增加132%和31%。2014年，共收受林业信访80件，纠正林权证错登6件，调处纠纷10起，参加行政应诉案件1起。

林业行政审批 2014年，全县共受理行政许可4131件，办结4131件，其中即办件3510件，承诺件621件，承诺件按时办结率达100%。其中征收占用林地54件，面积91.40公顷，预收森林植被恢复费335.0556万元；上报省厅核准4件、市局6件，面积50.07公顷；使用县定额20.60公顷，占县定额数29.37%；批准林业生产服务设施占用林地44件，面积41.32公顷；办理省一般保护陆生野生动物驯养繁殖许可1件，办理省一般保护陆生野生动物狩猎许可10件；办理木竹经营（加工）核准3件。

林业执法 2014年，森林公安共出警95起，立刑事案件28起，破24起，撤销案件4起，其中滥伐案件8起、火灾案件12起、盗伐3起、非法收购珍稀野生动物2起、损坏林木1起、非法占用林地1起、故意毁坏财物1起；取保候审18人，刑拘5人。共查处林业行政案件122起，罚款126.5411万元，其中滥伐林木17起、林木火灾2起、破坏林地49起、毁坏林木2起、盗伐林木1起、非法收购林木1起、非法运输木材50起。共开展林业各类专项执法4次，巡检木材流量4415立方米，出动人员243人次,车辆111辆次，共查获违法运输车辆37辆，樟树大苗2株,木材材积207.74立方米，共处理木材变价款95792元。其中“天网行动”中，排查酒店会所10余家、农家乐20余家，查获穿山甲32只、娃娃鱼1条。

森林消防 2014年，全县共发生森林火灾4起，过火面积54.3公顷，受害面积18.1公顷，森林火灾发生率2次/10万公顷，森林火灾受害率0.09‰，与上年同期相比，过火面积下降了69 %，受害率下降了68%，发生率下降了50%。2014年，全县共跨区域调派队伍101队次、2097人次，分别比上年同期增加71%、31%；出动次数最多为上塘镇森林消防第一中队，达25队次。跨区域扑救时间超过4小时的23队次，超过10小时的7 队次。2014年，财政预算投入达395万元，比上年增加95万元，增幅32%。2014年，实行森林火情月排名通报制度，对各镇（街道）的每月森林火情发生情况进行综合排名，并落实相应措施。出台了有关县级队伍安全管理，队员入队、退队规定等有关规范队伍管理的文件，进一步促进县级队伍建设。同时，应用“先部署、宣传，后督查，管理，全程应急准备”模式开展防控。清明节期间，安排相关人员到重点火灾隐患镇（街道）、主要路口进行督查，重点督查各项准备工作。利用各类平台开展宣传，其中媒体宣传16期，分发宣传挂图5000份、发放公开信5000封、设置警示牌22个、制作横幅85条、安排宣传车20辆次、发送防火短信10000条，直接受教育1000余人。清明节、国庆节期间全县没有大的森林火灾和人员伤亡事故发生。

森林病虫害防治 2014年，全县林业有害生物发生率为0.83%，成灾面积与成灾率均为0，无公害防治率100%，测报准确率94%，种苗产地检疫率100%。开展农林植物检疫联合执法活动，共出动检疫执法人员120人次，检查花卉苗木、蔬菜种子生产销售企业（个人）18家，检查种子2905千克，检查苗木21.66万株。开展“绿剑”检疫执法行动，组织行动24次，出动执法人员120余人次，检查涉松企业56家，涉木企业81家，发放宣传资料345份。开展植物检疫，共检疫调运木材7149.81立方米，木制品226立方米。到2014年年底，全县范围内共设立30个监测点，其中市级2 个、县级20个，与乐清、黄岩等松材线虫病疫区交界处和楠溪江核心景区设立镇级监测点5个，在上塘、瓯北、桥下等沿江镇(街道)设立机动监测点3个，切实加强松林生长情况监测。

林业队伍建设 2014年3月5日，根据县委的统一部署，县林业部门开展党的群众路线教育实践活动，紧紧围绕“照镜子、正衣冠、洗洗澡、治治病”的总要求，以贯彻落实中央八项规定为切入点，聚焦和解决“四风”突出问题,精心组织，有序推进，取得了阶段性成果。林业部门13个党支部、218名党员干部参加学习教育活动。开展谈心谈话70人次，召开座谈会5次，征求到意见建议33条，其中反映“四风”问题18条，工作层面问题4条，具体人和事问题4条，对教育实践活动的意见建议3条，其他问题4条。开展集中学习14次，其中连续两天以上集中学习1次，开展参观活动1次，中心组学习月均2次以上，全体党员集中学习月均1次以上，各党支部组织集体学习3次以上。自活动开展以来，林业行政效能不断提速，工作作风持续向好发展，各项工作迈上了新的台阶。

（戴益勉）

水　利

概　况 2014年，完成“五水共治”投资20.45亿元，占年度计划的119.80%，其中完成水利投资9.39亿元，占年度计划的101.84%；争取上级补助资金2.6亿元，“十二五”四年以来累计争取资金达12.6亿元，创历史新高。

“五水共治” 2014年，切实履行县治水办职责，较好地完成全县“五水共治”工作的协调、指导和考核工作；建立和完善“五水共治”建设美丽浙南水乡领导挂钩制度、督查考核排名通告约谈制度等工作机制；细化分解全县“五水共治”建设美丽浙南水乡重点工作任务，下达了2014年治水建设计划任务，编制完成《永嘉县美丽浙南水乡建设总体规划纲要（2013—2020）》；加强舆论宣传，鼓励动员各类志愿者积极投身治水工作，在县级以上媒体开设专刊、专栏，大力营造实施“五水共治”建设美丽浙南水乡的浓厚氛围。在全面推进全县“五水共治”的过程中，造纸、化工、印染等行业得到全方位整治提升，企业污水排放实现严格控管，倒逼企业转型升级措施扎实有力，县河道整体环境明显好转。针对瓯北河道黑臭治理问题，率全市之先引进生态清淤技术，再结合两岸拆违和污水管网建设，整个瓯北河网的整治难题出现突破性进展,并全面消灭垃圾河。扎实推进7项在建省级重点水利工程，建成8个中心镇污水处理站，高质量完成146个农村生活污水治理，改造提升25座滨水公园。投入2.9亿元，完成河道整治27.4千米、河道生态修复5.6万平方米和水土保持治理26.44千米。全面落实“河长制”，实现河道治理“一河一策”；整治黑臭河25条，累计治理长度35.79千米，涌现出菇溪、西溪、中塘溪等一批样板河道。全部消灭58条垃圾河，累计整治长度达208千米，并且达到全县河道日常保洁全覆盖；完成涉河拆违、清障38.31万平方米，实现水岸共治。此外，瓯北清淤固化一体化技术试点工作开展顺利，效果初显。

防汛防台抗旱 2014年，坚决贯彻落实“不死人、少伤人、少损失”指导方针，做到早安排、早部署、早检查、早整改、早落实，积极应对台风影响和突发极端天气袭击，防汛防台抗旱工作取得全面胜利。按照“预警到镇（街道）、预案到社（村）、责任到人”的工作部署，全面落实防汛抗旱责任制，积极修订完善各类预案，狠抓抢险队伍建设和抢险物资增补工作，完成基层防汛防台规范化建设，灾害预测、预报、预警、应急指挥智能化建设进一步完善。全局干部职工及710名村级水利员（包括210名水库山塘管理员）和609名地质灾害隐患巡查员，始终坚守岗位、深入一线，台风暴雨期间，全县814座山塘水库的安全监管、行政、技术责任人始终坚守岗位，实行24小时驻库巡查观测。33处防汛安全隐患在时限内完全整改落实到位；20座病险山塘严格执行“险库放空，病库限蓄”的安全度汛制度，对高水位运行水库提前泄洪，全县山塘水库累计拦蓄洪水3000万立方米，无一险情出现。

水利工程建设 2014年，实施以大带小、典型示范引领作用，切实发挥省重点水利工程在质量监督、安全管理、政策处理等方面的优势。瓯江治理、县排涝应急、瓯北三江标准堤、桥头菇溪河道治理和桥下西溪主河道治理等7项省级重点水利工程累计完成投资6.76亿元，超额完成年度计划的107.3%，其中县排涝应急工程超计划完成主体工程，提前发挥排涝效益。完成69个农村饮用水工程项目建设，实现投资3140万元，解决饮水不安全人口3.17万人，超额完成年度投资1500万元和解决饮水不安全人口3万人的目标，农村饮水安全问题得到有效改善。按照“一人一库一塘”建设责任制要求，与施工单位签订建设承诺书，建立全县198座重要水库山塘手机智能化管理网络，有力促进工程建设管理。完成2013年度李浦、底水坑等8座山塘综合整治（续建），共投资405万元；完成2014年度15座山塘综合整治，共投资2000万元，占年度计划的179.37%，同步完成水库大坝安全技术认定3座，水库竣工验收2座，水电站竣工验收4座。在各镇（街道）的共同努力下，面上农田水利建设完成投资1530万元，新增高效节水灌溉面积167公顷，新增改善灌溉面积873公顷，农田灌溉水平进一步提升；成功申报中央财政第六批农田水利重点县，委托设计单位编制完成《永嘉县小型农田水利重点县工作方案》，计划利用三年时间投资1.2亿元，全面提升全县农田水利抗灾水平。

水利管理 2014年，以“强化红线意识、促进安全发展”为主题，全力做好水利工程建设质量安全工作。以“打非治违”专项整治为契机，全面开展安全生产大检查和“查无保安促稳百日”攻坚专项活动，成立6个监督检查组进行监督检查指导，发现安全隐患28处，整改28处，整改率100%；挂牌整治2处，整改2处，整改率100%，“打非治违”整体情况良好。同时，针对无证和关闭取缔后又擅自生产经营建设和违反相关水利技术标准强制性条文等情况，检查发现并取缔整改7起。出台《永嘉县政府投资水利小工程预选承包商实施细则》，建立永嘉县水利小工程预选承包商库，严进宽出，实施准入淘汰制，极大简化了水利小工程招投标程序，有效防止腐败案件发生。按照分级管理原则，实现县级以上的水利水电工程建设项目招标投标已全部进入县级公共资源交易市场，杜绝暗箱操作根源。全年完成监管县级平台招标共计15项，工程中标价合计1.82亿元。建立“局领导带头、质监站负责、站所配合”三级质量监督体系，全县重点水利建设质量监督活动实现全覆盖，做到“一月一活动、一月一反馈、一季一问责”，面上水利工程建设由站所全面负责，重点隐蔽工程联合验收，全年开展计划质监活动36次，不定期检查62次，约谈施工企业3次，发返工整改通知单5件；同时，积极开展水利安全文明标化工地创建，全年创建县级安全文明标化工地8个，县内500万元以上水利工程创建率达100%，有力促进了水利建设质量安全，实现全年安全生产“零事故”。

水利改革 2014年，按照省、市、县有关文件精神，围绕精简、规范、提速等主要环节，对行政审批服务事项进行了再清理、再合并、再调整，完成水利局权力清单梳理工作，权力事项从上年的356项精减至216项，其中行政许可类减少至19项，非行政许可类减少至3项。贯彻行政审批扁平化，落实市县同权审批。践行群众路线教育宗旨，进一步简化审批手续，共受理行政审批事项79件，办结率100%，平均承诺件时限为7.4天，实际平均时限为4.1天。按时参加行政审批中心组织的联合审批、联合审查、联合踏勘、联合会商110余次，下乡入村现场踏勘审核办理个人建房联系单107件；完成水保审批28件。严格执行规费征收章程，做到票据与数额相统一，不违规、不乱收，确保应收尽收。全年共收取各类规费663.11万元，其中水资源费621.45万元，收取水土保持补偿费38.04万元，其他3.62万元。

水利行业能力 2014年，始终坚持把党风廉政建设和反腐败工作与业务工作同研究、同部署、同督考，环环相扣、同步到位。及时调整领导责任分工。坚持第一责任人和“一岗双责”制度，根据班子分工调整同步调整反腐倡廉责任分工，做到主要领导带头执行民主集中制，坚持“三重一大”问题集体讨论决定。与所属机关科室、下属单位签订《县水利局2014年度党风廉政建设责任书》29份，确保了人员到位，责任到位，措施到位。勤廉机关（科室）、勤廉站所纳入年度科室及局属有关单位重要工作责任目标考核。重点抓好作风行风建设、公车管理、资金监管，加大督考力度，考核结果作为年度评先表彰和重要目标考核的依据。坚持以德为先，德才兼备的用人标准，大力推进指挥部和局机关人员干部交流机制，提拔能干事的人、重用干成事的人、限制不干事的人。2014年，提拔中层干部11名（中层正职6人、中层副职5人），交流轮岗12名。认真做好来信来访各项工作，全年共接到各类举报、网络舆情、信访41件，转办1件，回复处置率100%。同时积极办理人大建议政协提案共计28件，主办建议提案共19件，会办9件，获2014年度县政协提案办理先进单位。切实抓好宣传报道工作，共向各级媒体报送水利信息20余篇；在水利部、省水利厅、温州水利网等政府门户网站发表信息449篇；同时全力抓好政务信息上报工作，录用30余篇，并多次获省市领导批示，获县政府政务信息先进单位，为水利建设营造了良好氛围。

荣誉录 2014年，永嘉县人民政府获中共浙江省委、浙江省人民政府颁发的全省“五水共治”工作优秀县（市、区）大禹鼎，同时获“农村污水生活处理”优胜县和全省水利工作考核优秀县等荣誉称号。

（陈安宁）

农村能源

畜牧养殖场沼气工程 2014年，永嘉县农村能源办公室（简称县能源办）深入实施畜牧养殖场畜牧养殖污染治理项目，当年列入县级治理项目的温州顺优养殖有限公司、永嘉郭山云飞畜牧有限公司、永嘉新开田农业综合开发有限公司等6家畜牧养殖场完成了总池容2345立方米的沼气工程，年处理养殖场污水4.22万吨；年沼肥利用面积573公顷，沼肥利用量5.1万吨。

沼液异地利用试点工作 2014年，根据永嘉实际情况，积极探索沼液异地利用并开展试点工作。确定以畜牧场自我消纳为主，组织异地运输为辅，使养殖和种植有机结合，实现畜牧养殖场沼液全部综合利用目标。通过对全县畜牧养殖场和种植业的调查，确定由县为农沼气服务部、县郭山云飞畜牧有限公司和县联兴农业综合开发场承担此项目试点工作。

太阳能节能产品推广 2014年，县能源办以示范为手段，抓好太阳能节能产品推广，形成由单一的太阳能热水器到太阳能集中供热、太阳能发电、太阳能路灯和杀虫灯示范项目全面推进的局面。到12月，全县太阳能热水器的安装量达到6250平方米，实施太阳能路灯项目11个村，安装太阳能路灯147盏。

畜禽养殖场沼气安全管理 2014年，县能源办对沼气工程档案实行专人管理，制定了《沼气安全使用操作规程》，并建立严格的管理制度。每年举办一次沼气工程安全管理培训班，请市、县农村能源专家讲课，4月份已组织105人参加培训。通过培训，使业主掌握相关业务知识，从而规范沼气工程运行程序，消除沼气工程安全隐患。

（厉和平）

工业经济

泵阀工业

行业概况 2014年，受国内外市场经济低迷影响，全省通用泵阀企业普遍增速较慢，除部分龙头企业由于品牌效益能够维持正常生产经营外，很多企业特别是中小企业订单量明显减少，甚至没有订单。全年永嘉县泵阀行业共完成工业总产值255亿元，其中108家（包括铸造）规上企业共完成产值107.1亿元，同比增长1.4%；自营外贸出口2.45亿美元，同比-1.1%。

增长缓慢原因 2014年，国内市场萧条，国家对固定资产投资的严格把控直接影响了市场对泵阀产品的需求。国内通用泵阀产品严重过剩，企业为了求生存，低价恶性竞争激烈。国际市场持续萎缩，泵阀外贸出口呈现负增长状态，许多中小企业没有严格按照国际标准生产，在铸锻件、产品质量和品质方面等方面满足不了外贸发展的需求，许多国外客商纷纷将订单转移到江苏等地；银行系统为了防范风险，在持续不断地收贷、压贷，固定资产大幅缩水，部分企业深陷信贷危机，无暇顾及实业，在研发、设备、销售、人才和管理等方面投入严重不足，丧失了许多市场份额；企业间的整合协作能力不够，大小企业协作不够深入，不够紧密。部分大企业一直订单忙不过来，而中小企业却没有订单，个别大企业因找不到好的协作厂商，自身产能又跟不上而被迫放弃了许多订单。

建言献策 2014年，永嘉县政府、泵阀行业协会和生产企业充分认识到永嘉泵阀产业发展面临的危机与挑战，通过采取一些系列措施，积极有效推进永嘉泵阀产业转型升级。协会积极建言献策，为政府制定产业转型升级与可持续发展提供建议案。分别编写并通过龙头企业的人大代表和政协委员向温州市和永嘉县政府提交了《关于加快永嘉系统流程装备高新产业基地建设的提案》和《关于加快永嘉泵阀小微企业船业基地建设的建议案》，详细分析了全行业面临的问题与困难，提出了产业发展思路与解决方案。联合科研机构，推进产品科技创新和产业转型升级。以创建浙江省政府首个“系统流程装备高新技术产业基地”契机，努力实现泵阀产业系统流程装备“智能化、成套化、网络化”总体目标，协会与中国联通浙江分公司签订战略合作协议，联合研制开发智慧阀门，编制出了《永嘉泵阀产业系统流程装备智慧阀门研发设计方案》，产品研发进入了实质可操作阶段。12月11日，协会向永嘉县人民政府申报的“泵阀物联网云服务系统研发项目”获得永嘉县第二批重大科技攻关示范项目立项，总科技补助经费100万元。

考察合作 2014年，协会组团企业和政府相关部门负责人于4月4日和5月27日分别考察了杭州中化天正设计院、浙江工业经济研究所和海康威视集团，并组织了浙江大学、浙江工业大学、中国电子科技集团第三十六研究所、第五十二研究所的国内电子信息和物联网方面的权威专家召开了系统流程装备技术对接会，寻求“系统流程装备高新产业基地”建设的可行性方案。10月8至12日，由县委常委、副县长胡琦带队，县科技局、县经信局和省泵阀协会组织伯特利、超达、宣达、凯泉、罗托克、瓯美尔和温州联通负责人前往浙江大学、中国电子科技集团第三十六研究所和中国联通物联网基地考察对接，取得了良好的效果。10月16日，三十六所派出7人技术团队分别到伯特利、超达、宣达、凯泉等企业做技术调研，各项合作与研发工作正在积极地推进。组织永嘉县政府、网络经济局、温州网盛公司及相关会员企业分别考察阿里巴巴总部、桐庐阿里巴巴产业带和义乌淘宝村，学习先进电商经验，为未来建设阿里电商产业带提供决策参考。

品牌创建 2014年，协会落实“全国知名品牌创建示范区”规划纲要，打造国家级产业区域品牌，夯实产业基础。自国家质监总局发函同意永嘉筹建“全国泵阀知名品牌创建示范区”，根据国家质监总局《“全国知名品牌创建示范区”建设工作指导意见》，协助质监部门积极参与收集材料编写《全国知名品牌创建示范区筹建规划》、落实“示范区创建宣传”“创建质量月”及“先进质量管理模式培训”等相关措施，创建工作全面开展。

环保治理 2014年，协会牵头行业环保治理整顿工作，规范行业生产行为。不锈钢泵阀产品及零部件需要采取“钝化、磷化”除锈工艺，清洗过程中使用弱酸和药物，排放物超出了环保法规定的指标，环保局联合公安局抓捕并刑拘了5位加工店负责人，给永嘉一个地区就带来了20多亿元的产值冲击，相关企业纷纷要求协调政府部门，寻找解决办法。在协会努力和推动下，永嘉县人民政府组织环保、经信、土地、园区和协会等部门召开协调会，通过行业整治方案。联合有关科研机构，引进新技术，寻早新工艺，彻底解决环保问题。6月10日，协会向永嘉县政府提交了《关于阀门黑皮磷化处理整治初步建议方案的报告》，提出了解决方案。协助龙头企业寻找新的表面处理工艺，并取得了一定的实质进展，有效缓解了行业性环保危机。

企业参展 2014年，协会积极筹备产业国际贸易技术对接会，拓展市场发展空间。引进国际先进的人才技术力量，推进产业有效转型升级，提高产业的国际知名度与影响力。3月，协会积极筹划、推动在德国杜塞尔多夫举办的全球最大的世界阀门博览会上举行“永嘉·中国泵阀之乡品牌推介”，组织召开了5次协调会，多次赴上海阀门世界办事处协调相关事宜，并向永嘉县人民政府和温州市人民政府提交了《关于举办“永嘉·中国泵阀之乡”德国杜塞尔多夫全球品牌推介会的方案》。12月2日，与永嘉县人民政府主办、温州市贸促会承办的“永嘉·中国泵阀之乡品牌推荐会”在德国杜塞尔多夫成功举行，永嘉县委书记娄绍光在会上对永嘉阀门做了重点推荐。此届展会永嘉有32家企业参展，12家企业观展，共计100余人参加会议。活动有效提升了“中国泵阀之乡”在全球的知名度和影响力。

人才培训和引进 2014年，协会为了进一步规范和提高行业一线操作技术人员的操作行为和技能，联合永嘉县泵阀科技创新服务中心开展了“开展全县阀门技术（试压）专项能力职业技能培训鉴定工作”，首期共有26家企业的57名报名参加培训并通过了理论和操作考试；联合质监部门特邀国家质监总局的专家于4月11—12日举办了“泵阀产业质量、品牌培训班”对全行业300多的老板和高级管理人员进行了专题培训；于5月份和“258人才市场”签订合作协议，向会员企业宣传“258人才市场”每月月底定期举办的酒店封闭式“中高级人才招聘会”与“营销、外贸专场招聘会”，并把相关资料以协会文件的形式发放给会员企业，“258人才市场”则以优惠的条件为协会会员企业提供人才招聘服务。联合浙江省质量技术监督教育培训中心和永嘉县泵阀科技创新服务中心，于6月24日—7月2日在永嘉举办了一期“物理金相检验和工业化学分析人员技术培训班”，共有25家企业的45名技术人员参加培训并取证；协助永嘉县科技服务中心泵阀行业工程师和技术人员的培训和取证工作，全省共有300多位报名参加，264人通过了技术等级考试，其中139人获得了工程师资格。8月22日，协会与伯特利集团联合举办“API认证研讨会”，特邀API北京办事处培训部主任高洁、培训师何成耀主讲“API认证的行业价值”“API铸造及锻造厂认证”“API最新审核要求”等内容并回答了企业提出的相关问题。9月8日，法国专家组织ECTI项目负责人Philipp Jean-Michel Joseph先生在省外专局领导郭小军、市县人力资源和社会保障局领导的陪同下来到永嘉举行国际高级专家人才对接会，宣达集团董事长叶际宣、超达集团董事长王汉洲、伯特利集团副总经理金克雨；方正集团总经理王奕彤和协会秘书长陈文荣参加了座谈，为引进国际性高端产业人才搭建起了畅通渠道。9月19日，由协会主办、温州利融科技有限公司协办的三维流体设计分析技术CFD培训会在永嘉举行，会员企业的70余名科研设计人员参加培训。重点介绍国内外三维设计的应用状态、如何使用流体分析在三维软件中的模拟、实际案例解析等多方面的内容，通过此次培训使永嘉阀门企业了解国际领先机械设计方案、了解如何使用三维软件进行阀门设计、如何使用软件进行常见的流体模拟仿真技术等，取得了良好的效果。10月17日，根据温州市人力资源和社会保障局《关于申报温州市高技能人才公共实训基地的通知》文件精神和要求，牵头联合永嘉县第三职业学校和永嘉县泵阀科技创新服务中心成立“温州市泵阀行业高技能人才实训基地”，并向市人力资源和社会保障局提交书面申请报告和申请材料。11月24日，前往开封大学机电学院，与学院相关负责人进行交流对接阀门班毕业生分配工作事宜。12月14日，联合泵阀科技创新服务中心开展泵阀行业技师自主评定工作结束，经过严格的笔试、面试，共计35人取得了技师资格。

搭建融资平台 2014年，协会在通过与平安银行、中国银行、民生银行等原有合作银行向中小企业贷出3.8亿元的基础上，与邮政银行永嘉支行签订合作协议，为泵阀行业中小企业争得1亿元人民币的信贷资金，与广发银行和工商银行积极商讨设立泵阀行业中小企业专项信贷资金事宜，努力解决行业中小企业的融资难题。

宣传工作 2014年，协会全面开展宣传活动，维护区域品牌，提高产业影响力。制作8分钟的《中国泵阀之乡》英文宣传片，在德国世界阀门展现场和“阀门国际贸易网”上播放；在《中国工业报》头条上发表了《实施品牌战略 温州阀门进入中石油高端市场》的长篇文章，在温州新闻联播和《温州都市报》《温州商报》上做了大量宣传，取得了良好的效果。全年共编辑出版《泵阀纵横》杂志2期、《中国泵阀之乡》报纸4期、《产业外贸预警》简讯4期，更新网站信息1215条。

协会荣誉 协会“泵阀外贸预警示范点”被省商务厅评为“2014年度省对外贸易预警示范点优秀单位”（全市3家）；被浙江省经济和信息化委员会评选为“2014年度省级经信领域协会工作绩效评价A级协会”和“2014年度省级经信领域优秀协会”。协会秘书长陈文荣获得由人力资源和社会保障部、全国机械工业联合会共同颁发的“全国机械工业先进工作者”称号。

（陈文荣）

鞋革工业

概　况 2014年，全县鞋革行业积极应对新常态下的复杂经济环境，把握“稳中求进，稳中求好”的工作基调，克坚攻难，经济运行基本持稳，但经济下行压力仍较大。据48家规上企业统计，2014年完成工业产值120亿元，同比增长1.28%，其中年产值亿元以上的企业19家，完成工业总产值107亿元，同比增长1.67%，瓯北城市新区完成工业产值113亿元，同比增长1.45%，乌牛街道完成工业产值5.7亿元，同比下滑6.21%。

运行特点 2014年，龙头企业继续发挥着重要的支撑作用，年产值亿元以上的企业增加了4家，达到19家（其中制鞋业17家）其总产值占规上鞋企总产值89%。全年鞋革企业面临下行压力较大，由于整个传统制鞋业面临国内外市场的压力， 2014年二季度以后勉强走稳，但全年增速仍在低位徘徊，从统计情况来看48家规上鞋企负增长的24家站46%。品牌企业市场创新力度加大，如奥康国际已着手进行渠道布局和网络结构的优化调整，通过开设国际馆、名品馆等方式寻求新的业绩增长点，同时继续加大电商业务投入推动销售增长，此外为推进品牌营销，聘请韩国影视明星“都教授”为品牌形象代理人，以进一步深化品牌的宣传力度，红蜻蜓在打造品牌时尚化方面走在同行前列，走传统产业向时尚产业发展的路子。蜘蛛王加大代理商的改革力度，最大限度地支持代理商的市场创新能力。电子商务营销占同行领先地位，奥康、红蜻蜓、杰豪、日泰等企业率先开展电子商务营销，全年线上销售额已达到近10亿元，同比增长15%，其线上销售额，品牌影响力逐步扩大，有力地拓展了品牌企业的市场拓展能力，如奥康鞋业正式与阿里巴巴签订协议开展O2O合作，从3月20日开始，市民在奥康店里买鞋，只需拿出手机扫扫二维码即可付款，成为全国首家在全国范围内实现线上支付业务的鞋企。国际形势继续严峻，特别是对出口俄罗斯、乌克兰的鞋企影响较大，国内市场行情低迷，企业成本压力增大，普遍认为，企业成本在工人工资增长，银行利息普遍提高的影响下，企业利润下降，扩大生产的信心不足

品牌提升 继续发挥《浙江省鞋革商标品牌基地》和《中国鞋都·男鞋生产基地》的产业集群优势，在严峻的国内外经济形势下，广大鞋革企业注重实业发展，专心自身品牌建设，在历届全国真皮标志排头品牌评选中，均领先全国同行，3家企业评为“中国真皮领先鞋王”，1家企业评为“中国真皮

鞋王”，2家企业评为“中国真皮名鞋”。由世界品牌实验室公布的《中国500最具价值品牌榜》中，奥康红蜻蜓蝉联上榜，“奥康”品牌价值继2011年首超“百丽”后，2014年品牌价值上升到155.29亿元，再次蝉联全国鞋革行业榜首，红蜻蜓儿童品牌，经10年发展已跻身国家10强，分别获得“中国十大童鞋品牌”“中国十大童装品牌”荣誉称号，红蜻蜓皮具被授予皮具行业“中国致敬品牌”。在出口品牌建设方面也取得佳绩，奥康获评出口信用管理最高等级“全国出入境检验检疫信用管理AA级企业”和“浙江省出口名牌”称号，爱玛鞋业获“温州市出口名牌”称号。

科技创新 2014年，永嘉鞋革行业重视科技投入，努力开展院企校合作，以技术改造和设计创新为抓手，努力提高产品的技术含量和时尚度，倡导科技制鞋、环保制鞋、以提高产品品质为目标，努力提升品牌影响力。奥康与多家院校建立长期合作关系，以“省级科技研究院”和“高科技数字化研发中心”为平台，全方面开展制鞋科技和研发工作，并大投入引进国际先进设备，对生产线进行技术改造，以“机器换人”为手段，提高生产水平、生产效率和经济效益，花巨资引进意大利先进生产设备对生产线进行技术改造，建立国际水平的生产样板车间“时尚流水线”正式投用，经国家人力资源和劳动保障部批准，“博士后科研工作站”落户红蜻蜓，成为省内首家拥有博士后工作站的制鞋企业，并获准招收博士后。同时，由于红蜻蜓在科技创新方面的突出表现，在全国轻工业科技大会上获“十一五”科技创新先进集体奖，成为国内唯一获此殊荣的制鞋企业。

（柯国杰）

纽扣工业

概　况 2014年，永嘉共有纽扣企业289家，其中重点企业49家，规模以上企业16家，从业人员28000余人，拥有中国驰名商标1个、省著名商标5个、市知名商标7个、县名牌商标11个。在品牌意识引领下，桥头纽扣产业规模日益扩大，逐步完成由商贸型经济向工贸型经济、由有形市场向无形市场、由区域经济向全球经济承接的转变。全年完成工业总产值22亿元同比增长3.25%。全县规上纽扣企业全年缴纳国税、地税合计2.59亿元，同比增长20.63%。

服务会员 2014年，永嘉县桥头纽扣商会积极与各级政府部门沟通交流，争取得到最大支持和帮助。帮助会员企业办实事、解难题。探索新时期工作的新途径，充分利用商会工作平台，加强与兄弟商会的沟通交流，开展各类考察参观活动，引导会员企业开展自主创新、实施品牌战略，增强质量兴企、品牌强企的意识。以人为本，引导会员企业关爱员工、服务员工，帮助会员企业构建和谐的劳动关系。

纽扣工艺师培训 2014年，永嘉县桥头纽扣商会重视专业技术人才的培养，指导纽扣工艺师培训基地坚持以服务为宗旨、以技能提升为导向的培训方针，进一步密切学校与社会的联系，加强与企业的合作，实行理论和实践相结合的培训模式，推进学校教育教学持续健康发展。全年开展企业在职员工提升培训328人次，通过考试发证人数253人次，积极组织企业税务政策培训、电商动员等讲座，为桥头纽扣事业的后续发展提供了有力的人才支撑。

行业污染整治 桥头镇纽扣行业污染整治属温州市7个污染整治市政府挂牌督办项目之一，是永嘉县生态县建设的重要内容。为了符合新环保法政策，商会积极帮助成员企业完成生化池等环保设施的建设，有效实现生产与生态的良性循环，推动行业节能减排工作更上新台阶。

非公有制党建 2014年，永嘉县桥头纽扣商会党支部发挥核心作用，积极吸收企业骨干加入党组织，为企业培养和输送优秀党员，为非公有制党建做出积极贡献，2014年被评为“永嘉县五星级党支部”。

社会责任 2014年，永嘉县桥头纽扣商会在使自己企业污水、污泥、废料、废气等的各项指标达标的同时，积极投身家乡环境公益事业的建设，为姑溪河绿化带捐资500万。“六一”儿童节，商会关工委到桥头第三小学给新居民子女们送上节日的问候与礼物。期间，浙江迈利发服饰有限公司、温州金科轻工制品有限公司、温州市方圆金属纽扣有限公司等携带礼物进校园，与师生共度节日。

（王成新）

拉链工业

概　况 2014年永嘉县拉链商会本着做好行业自律、加强自身管理和一切为了会员企业服务的宗旨，不断完善自身组织建设，提升凝聚力和导向力，充分发挥政企之间的桥梁纽带作用，提升了“中国拉链之乡”区域品牌。截至年底，永嘉县拉链行业配套企业260余家，拥有中国驰名商标1枚、省名牌商标3枚、市名牌商标10枚，从业人员约1.8万余人，全年实现产值约21亿元。

服务会员 3月1日，组织召开理事会新春开工会议，议定工资工价，倡导企业坚持诚信经营。9月，组织会员企业90家到青岛参加中国拉链协会年会，并考察了当地的市场和经济。12月25日，商会举办了68人的职业经理人培训，其中58人取得了职业技能证书。

非公有制党建 “七一”喜迎建党93周年之际，商会党支部组织党员参加温州长城拉链集团、和合拉链公司举办的庆党建活动，拉链行业37名党员们在桥头国际饭店举办庆党建座谈活动。

（常 梅）

教玩具行业

概 况 2014年，温州教玩具行业协会在上级有关部门的正确指导下，组织和带领全体会员企业积极配合当地党委、政府和有关部门的中心工作，充分发挥党和政府联系广大会员的桥梁纽带作用，努力探索自我教育、自我管理、自我服务、自我发展新路子，促进教玩具产业稳步增长，使教玩具产业发展始终走在全县其他的行业的前列，为永嘉经济社会发展做出应有的贡献。

大事记 2月28日，教育部教育装备研究与发展中心李玉先副主任一行3人，在省教育技术中心副主任赵杭生，市教育局副局长徐立泉等人陪同下，对永嘉教玩具行业进行考察，副县长郑焕东汇报了第三届全国幼儿园优秀自制教玩具展评活动承办的相关情况。3月18日，协会参与制定实施大型充气玩具（淘气堡）企业联盟标准意向书签订。4月8日至10日，组织17家会员企业参加在广州开展的第26届国际玩具展，共设摊51个。4月13日，在县技术质量监督局牵头下，协会组织40多家企业召开制订实施大型充气玩具（淘气堡）企业联盟标准研讨会。4月18日，签订了承办第三届全国幼儿园优秀自制玩具展品承办协议书。5月28日至29日，国家教育部教育装备中心顺利在永嘉举办了第三届全国幼儿园优秀自制玩具展评活动的培训会。6月11日，省委宣传部文化事业处副处长楼胆群到桥下调研文化创业园创建工作有关课题，会长章常义陪同。6月18日，第三届全国幼儿园优秀自制玩具展评活动筹备小组成立，全面启动展评活动前的各项准备工作。6月23日至28日，协会组织人员深入各理事单位调研，听取理事企业对协会工作的意见和建议，以及企业在发展中遇到的困难和问题。7月9日，省、市群众路线教育督导组组长程子林，副组长胡宝钗到桥下教玩具市场开展走基层，探民情，听民意，解民难活动。7月11日，儿童家具、摇马、童车标准培训会在立本集团五楼会议室召开，30多家生产儿童家具的企业参加培训。8月15日下午，浙江省教玩具产品质量检测中心现场调研领导小组陆品、陈德文等专家到桥下镇教玩具市场就建立教玩具质量检测中心事项进行现场实地考察。9月2日，温州市教玩具行业协会理事扩大会议在奇特乐集团三楼会议室召开，协会全体理事及部分规上企业负责人参加会议，会议确定第三届全国幼儿园优秀自制玩教具展评活动赞助企业等有关事项。9月11日至12日，国家教育部教育装备中心副主任李玉先对第三次全国幼儿园优秀自制玩教展评活动的前期筹备工作进行实地调研。10月13日，2014年第十三届中国(上海)国际玩具及教育设备展览会开幕，永嘉凯奇、永浪、立本、巧巧实业、潜力等40多家企业参展，认购摊位面积达1600多平方米。10月21日，温州海关乐清办事处副主任黄晓呈一行到桥下奇特乐集团、立本集团、永浪集团、华夏游乐有限公司、潜力玩具有限公司等龙头企业对产品出口问题进行实地调研并在奇特乐集团有限公司进行了座谈。11月21日至23日，第三届（永嘉杯）全国幼儿自制玩教具展评活动在温州国际展览中心顺利开馆。来自全国31个省、市（自治区）幼儿园老师带着自己精心制作的870多件作品参加展评活动，永嘉23家从事教玩具生产的龙头企业亮相此次活动。国家教育部原副部长柳斌、教育部教育装备研究与发展中心主任曹志祥、副主任刘诗海、李玉先、浙江省教育厅事厅长于永明、永嘉县人民政府县长姜景峰及有关部门领导参加展评活动总结大会。12月15日，协会召开充气游乐设施联盟标准制订研讨会，10多家充气游乐设施生产企业负责人参加了研讨会。

（吴立敏）

电镀工业

概 况 2014年，永嘉县电镀行业瓯北五星电镀基地、桥头电镀基地、县禾益实业有限公司（上塘）、县尊宝铁丝有限公司（黄田）、县广义表面处理有限公司（黄田）、县乌牛永乐五金美工厂、县长江洁具制造有限公司（瓯北林垟）等标杆电镀都相继进入正式运行生产加工（除桥下镇电镀标杆点未建成外）。淘汰“低小散”，从手动式转行百分之八十以上自动化操作的电镀工艺管理模式能有效地提升电镀工艺技术水平与生产能力的提高。不利因素是搞标杆电镀规范化企业，要求高、投资大。全年电镀加工企业60%亏损，20%保本，20%稍有利润。

协会换届 2014年，永嘉县电镀行业协会坚持以科学发展观理论为指导，坚决贯彻与执行上级政府及有关部门的指示精神，充分发挥协会的桥梁和纽带作用，团结会员，同心协力、攻坚克难，为本行业服务。3月20日，召开三届一次会员大会，遵守与执行协会的章程规定，选举产生出45名理事，并在理事中产生出第三届协会17名协会领导班子。申请了业务主管单位永嘉县经信局，对协会的前两届账目进行了财务审计。

制度完善 换届后的新班子能继续传承上届班子优良传统，设置成立了五大服务组（①行业自律与维权组：指专门对本行业的电镀加工价格、质量自律、环保协调、维护权益。②学术交流与科普组：指电镀行业学术研讨、科普宣传、论文评选。③新技术咨询与推广组：指有关技术咨询、四新推广、人员培训。④商务工作与联宜组：指商务活动、考察交流、展会筹划、内外联宜、组织建设、发展会员。⑤政企沟通平台服务组：指重点对政企沟通、行业服务、利益诉求、重大决策等）；组建协会财务理财小组，每季度对本协会的财务收支情况进行内部审查。成立全县电镀片区六个联络组，专人片区负责搞好沟通联络。

服务会员 新班子工作启动后，研究决定了一年四次（每季末的28日）召开协会会长办公扩大会议，及时了解全县各片段的电镀企业生产经营情况和会员企业的呼声，有效、快速地为企业解决难题。走访企业，现场办公。五星百盛电镀在基建审批中遇到一些政策性问题，协会主动带企业到县有关部门要求尽快解决。桥头基地出现意外火灾，协会以最快时间赶赴现场了情况，分析起火原因，提出补救措施，做好企业消防慰问。调解协会内部会员企业之间在经营生产中的应收应付款到位问题所发生的矛盾。通过调解，把会员之间的矛盾消灭在萌芽状态。

考察交流 2014年11月，协会在福建省“表面工程协会”（友好协会）的支持下，组织全体理事赴福建泉州、晋江、石狮同行业企业考察交流，借鉴福建电镀同行的企业管理模式，学习先进的工艺技术。

党建活动 2014年6月24日，协会党支部组织党员和乐清市“表面工程协会”党员一起，赴永嘉红十三军纪念馆参加纪念活动，在碑前庄严宣誓。激励新老党员在新时期中发挥先进模范作用，为经济社会发展做出应有贡献。

（汪祥吾）

五金饰扣工业

概　况 永嘉有五金饰扣、饰品产业的大小企业1000多家，遍布黄田每个村庄，产品种类和规格达20多万种，有一个40余公顷的小五金工业园区（黄田）。引领产业上规模的龙头企业20多家，带动着整个区域的小五金产业发展。年产值达30多亿元。2014年，受国内外经济形势影响及环保重整治阶段压力，工人工资比上年同比又提增10%以上。五金饰扣企业出现年初开工迟，全年忙季时间短，年末停工早状况，企业总产值和上年度对比下降10%—20%。

服务企业 协会秘书处定期对会员企业发放协会简报月刊。协会办公室每周4次发微信和2次在移动E管家向会员发布市场五金原材料价格信息、新设备信息及新工业等信息，为企业在生产活动经营中提供可靠的投资依据为企业服务。坚持不定期地深入到企业中调查摸底，了解企业实情，归纳综合分析提出应对措施，把行业情况及时地反馈给政府有关部门作为制定有关政策依据。全年协会共参加了县经信局、瓯北城市新区召集的行业经营分析和县人大常委会主任现场调查的行业汇报会三次，共同探讨行业中的发展优势与存在的弊端，提出建设性决策意见。

安全培训 2014年5月30日，协会和电镀协会联合在瓯北梦江大酒店举办了安全生产暨消防安全培训会议。邀请县消防局宣教室潘柏松主任、县安监局刘伟都副局长在培训会上授课。提高企业对安全生产的思想意识，要求企业时刻牢记安全生产的重要性，狠狠抓住安全生产这根弦，去报企业各方平安。

环保整治 协会对134家会员企业进行调查统计，建议环保部门分期、分批实施，先在43家最好的水抛企业中试点，逐步推开。6月，多家企业成功进行试运行并将该项工作全面推开，迎接新环保法到来。由于永嘉动车站建成和楠溪江口堤塘工程建成原因，黄田千石矛前东河的河水堵塞，千石工业园区内河严重污染。协会专题召集班子会议提整治方案，计划所需治理经费，宣传发动，组织企业筹资6万元资金，用半个月时间将黑河污水治理完成，受到广大群众与企业的好评。

考察交流 为打开五金饰扣市场销售商口新局面，受本省嘉兴市桐乡濮院面料市场的邀请，2014年5月9日，协会召集30来名会员企业前往考察交流。使会员企业广开思路、改变创业观念，打开本行业产品的营销渠道。10月，组织理事单位赴义乌、永康学习考察。学习先进工业与生产设备以及企业内部的管理模式和五金饰扣车间的生产管理流程方式，相互探讨研究分析，对照自己企业，找差距。

（汪祥吾）

铸造行业

概　况 2014年，永嘉共有铸造企业104家，其中会员企业67家、非会员企业37家。企业主要分布在瓯北、上塘、沙头、桥下、乌牛等镇（街道）。全年累计实现工业总产值12.96亿元，比上年同期下降0.85亿元，同比增长率为-6.15%，累计实现各项税费7970万元。

协会工作 2014年，协会开展调查研究，走访企业，倾听会员呼声，对事关企业发展的难点和热点问题进行了全面的剖析，并提供给政府有关部门做出正确的决策。深入掌握一手资料，为本行业经济运行情况分析提供翔实的依据。1月23日，在永嘉县公安消防局四楼参加清剿火患消防工作部署会。并将清剿火患、防范火患的一系列知识、意识，在各会员单位中开展并实施。3月5日和4月9日，陪同省经信委领导、省铸造行业协会常务副会长郭建明、金立和秘书长杨春帆等来永嘉调研指导工作。在温州市开城机械有限公司召开座谈会，向协会提出了许多的宝贵意见。4月24日，县国税局局长陈海洪及相关科室负责人调研协会，了解铸造企业税收负担过重及降低金属废旧回收企业财政返还条件问题。6月5日和7月7日，协会分别参加了县政府召开的铸造行业表面处理工艺协调会，针对产业政策现状，就如何解决铸造企业表面处理工艺以及环评审批问题共商良策。8月18日，省铸造行业准入专家考核小组莅临永嘉县远洋铸业有限公司、永嘉县环球机械厂进行铸造行业准入现场技术条件审查。10月22日，经县经信局、县财政局考核组的逐项考查，协会最终获得了一等财政补助金10万元。11月12日，协会组织各会员企业在永嘉县曙光铸业有限公司，召开铸件表面处理工艺环评项目现场会议，协会明确要求各会员企业积极提升产业结构，向绿色铸造发展。12月16日，市经信委徐竹良副主任及行业处温兴杰到永嘉县调研铸造行业发展现状。徐竹良分别走访了开诚机械有限公司、环球铸业有限公司、兰开铸造有限公司，询问有关技术改造问题，环保设备情况及经营状况等，听取企业对接下来发展全市铸造产业的建议与意见。

组织培训 2014年4月10日，协会在县科技大楼五楼召开铸造行业准入条件申报培训和不锈钢铸造表面处理工艺整改与技改方案会议。要求铸造企业尽快创造条件申报行业准入。4月21日，组织部分企业到开诚机械有限公司学习培训铸造行业准入条件申报内容以及要求。为切实保护劳动者身体健康，深度了解职业病防治工作。5月19日，协办县卫生局主办的职业卫生管理人员培训，邀请了省职业病防治专家为大家做了“职业病防治法律责任介绍”和“职业病危害因素与防护知识”的培训。铸造企业负责人约30余人参加了会议。通过培训，进一步提高各企业主对职业病防治的法律责任意识和相关专业知识，更有效地促进企业职业卫生的管理工作，为职业病防治工作创造良好条件。6月9日，协会组织会员企业到龙湾万隆阀门铸造有限公司参观考察，学习他们的先进生产管理经验及对环境保护的重视措施。6月19日，协会根据民政局下发《关于开展“社会组织服务社会”主题实践活动的通知》（永民〔2014〕3号）的精神，组织各企业人员在开诚机械有限公司二楼举行安全生产知识教育培训。7月25日组织会员企业参加经信局举办的《5S现场管理推行实务》免费培训。7月26日组织会员企业参加经信局举办的《两化深度融合和企业转型升级》。10月，协会开始动员会员企业23名一线生产技术管理人员，参加温州市2014年度锻铸造专业技术职称评审申报工作。

服务企业 6月4日，“96871”产业集群服务平台说明会在县中小企业服务中心会议室（红蜻蜓集团4楼）举行，该服务平台具有融资、法律维权、创业辅导、管理咨询、信息咨询、市场开拓、人力资源等八大块服务内容，覆盖企业需要的各个方面。中小微企业可以随时访问，自助服务、方便快捷。与会企业签订了合作协议。

宣传工作 2014年，永嘉县铸造行业协会为全面做好宣传工作，加强信息沟通，扩大协会影响力。共刊出《铸造简报》6期。开展对外交流，建立产品展示平台，努将我县的优质铸造产品推向市场。

（徐海光）

工艺美术行业

概　况 永嘉县工艺美术行业协会成立于2002年7月，目前有会员105人，大多从事木雕行业，人才队伍基本分布在乌牛、瓯北、上塘等广大乡村。全境有木雕企业数十家，工艺传承人数3000多人。雕刻的产品主要以佛像为主。产品远销日本、欧美、东南亚等80多个国家和地区。日本最著名工艺美术企业“翠云堂”有相当部分佛像就在永嘉生产。

展览获奖 2014年，永嘉县工艺美术工作者在4月22日开幕的“第四届中国杭州精品博览会”共取得金奖6枚，银奖10枚的好成绩。周宝亮（树叶拼画《楠溪风情》）获特别金奖；叶春定《关爱》、汪庆升《出赛曲》、余建晓《李清照》、张华俊《乡村的童年》、王青山《对局》、叶圣善《女娲补天》获金奖；陈建仁《寿》、高仁孝《奋进》、孙显秋《不空啰嗦》、丁理达《白衣观音》、陈林荣《成龙》、高敏哲《钓鱼岛》、厉金克《同气连枝》、陈福森《道》、金孝会《达摩》获银奖；10月18至22日，协会率团参加2014世界工艺文化节暨第九届中国（东阳）木雕竹编工艺美术博览会。共获得金奖1枚，银奖6枚，铜奖4枚。高生顺木雕作品《争花斗艳》获金奖；高仁孝的木雕作品《春满大地》、陈建仁的木雕作品《三飞天》、叶小鹏的木雕作品《月满西楼》、夏瑞分的木雕作品《刘海戏蟾》、陈清华的木雕作品《三阳开泰》、郑国地的木雕作品《楠溪印象之九——自强不息》获银奖。

举办活动 2014年10月28日至31日，在县档案馆一楼大厅举办“县第二届木雕艺术展”即木雕大奖赛活动，参展作品共有55件，参加现场木雕制作大赛的有14人。县四套领导班子、宣传部部长林小露等分批前来观赏，温州工艺美术行业协会会长周锦云大师带队来永参观、指导。8月8日，协会三届三次全体会员大会在瓯北人人国际酒店召开，新增会员18名（共计会员106人）。陈民安、徐利衡提任为副会长，陈林荣、蒋金安、翁云达（新会员）新增为理事。10月29日，在县文化局召开永嘉首届木雕行业发展论坛。中国工艺美术大师周锦云、陈锡强、叶萌春等参加。

个人成绩 2014年，叶圣善晋升为工艺美术师；汪庆升、叶春定晋升为高级工艺美术师；汪庆升、叶春定被浙江省人民政府授予“浙江省工艺美术大师”称号。

（张千红）

旅馆与餐饮行业

概　况 2014年，永嘉餐饮市场呈现出曲折前进的运行态势，与全国一样在缓慢中前行。各会员单位积极创造营销方法，改变经营理念，促使旅馆与餐饮行业能稳步增长，利用现代化互联网住宿餐饮模式，在网上预定和销售的策略等技术，使得最终年度旅馆与餐饮业有所回稳，降幅较上年度有明显下降。全县限额以上住宿业实现营业额1.50亿元，同比下降6.9%；限额以上餐饮业实现营业额2.11亿元，同比下降15.1%。

交流发展 2014年，协会根据工作进展情况每一时段都制作了简报，发布给会员单位，全年共制作简报11期，发布协会文件18个，使会员单位及时了解行业情况及国家的政策法规，增强法律意识。转发政府相关文件，提醒各会员单位节日期间加强安全生产工作，做好H7N9禽流感防控工作，迎接新版餐饮服务食品安全等级公示专项检查等。做好请进来走出去工作，邀请县食品药品监督管理局局长周启德、书记周忠明，瓯北所所长叶辉、叶圣文等一行9人到协会交流；到温州市饭店与餐饮行业协会交流学习经验。走访永嘉宾馆、国际饭店、诚大桥头饭店等副会长单位，交流学习安全生产经验，了解会员单位经营状况。参加上级管理单位组织的培训和会议10多次。

提升形象 2014年，协会为树立会员企业的形象，转发经信局21号文件，让会员单位及时做好节能降耗的申报工作。提升单位能源利用率、降低生产经营成本，增强企业市场竞争力。参加“2014年永嘉县人民政府关于进一步促进餐饮住宿业持续稳定发展的实施意见”的研讨会议。协会慰问了温州“3·12”火灾消防官兵，各会员单位还自行组织各种慰问、献爱心、慈善等公益活动。组织会员单位参加县经信局举办的永嘉县企业家素质提升培训工程首期培训会，提高企业家的决策、应变能力、开拓创新能力和经营管理水平。5月30日，参加“永嘉县企业集群窗口服务平台”签约仪式，各会员单位可以通过平台，获取自己所需的信息。

维护会员利益 经过协会的几经努力，为会员单位申请的优惠政策于2014年初收到了成效。根据县人民政府62—63号文件内容，有关的税费优惠政策等信息协会及时通过手机信息、协会QQ群、协会简报、转发文本及通过电话转达消息。协会就水费、排污费、房产税减免等与有关部门联系，最终，凡纳入管网管理且运行正常的企业都能享受排污费减免；水费、房产税减免等正在协调。

技能培训 2014年，协会工作人员走访了瓯北劳动分局，为企业服务人员服务技能提升做了交流。全年组织开展学习培训4次，培训人数520人次。6月5日，协会和永嘉县卫生监督所瓯北分所共同举办住宿行业卫生知识培训会，瓯北片200多家旅馆业单位参加会议。7月10日，协会和永嘉县瓯北食品药品监督管理所举办餐饮服务单位改造提升培训会。瓯北辖区内餐饮单位、企事业食堂、学校等195家单位240余名相关负责人参加了会议。11月3日，协会与江北中心派出所联合召开瓯北片旅馆培训会，辖区内24家旅馆单位参加培训。12月17日，协会与县公安局外事大队联合召开全县旅馆业前台服务人员境外人员临时入住登记培训会，特邀请温州市公安局出入境管理局外管专家欧阳超老师、县公安局外事大队林华东大队长等授课，全县50余家旅馆80多人参加了会议。

树立行业典型 2014年，协会会员单位钱塘世纪大酒店、永嘉宾馆和桥头国际饭店创建安全生产标准化工作率先开展，人人国际酒店、新楠溪江大酒店、王府大酒店、梦江大酒店、桥头饭店、东海明珠大酒店、锦江大酒店等七家单位正在创建。为顺利推进餐饮服务食品安全省级示范街创建工作，进一步提升餐饮单位食品安全管理水平，协会邀请永嘉县市场监督管理局瓯北分所来协会对瓯北阳光大道餐饮单位进行省级餐饮服务示范街创建工作推进会进行会议指导。日常管理由协会工作人员每月一次现场指导督促，加快省级餐饮服务示范街创建工作。人人国际大酒店、温州梦江大酒店、桥头国际饭店、桥头饭店、永嘉县乌牛大酒店等单位开展了“阳光厨房”创建工作。人人国际酒店、梦江大酒店、钱塘世纪大酒店、桥头国际饭店、乌牛大酒店等会员单位荣获浙江省“省级餐饮服务食品安全示范单位”，新楠溪江大酒店、王府大酒店、东海明珠大酒店、海上天餐饮、江北金公子牛排馆、江北美江餐厅等会员单位荣获“温州市餐饮服务食品安全示范单位”。

党建活动 2014年，协会党支部积极组织党员学习6次，重点学习了习近平总书记系列重要讲话和党的十八届二中、四中全会精神，在新形势下党和国家事业发展的一列重大理论和现实问题，提出了许多富有创见的新思想新观点新论断，促使党员们深刻领会讲话内容，使党员们能够统一思想，紧跟中央精神和改革步伐。在学习中党员们畅所欲言、坦诚相见，同时还讨论了党支部开展活动计划。

（翁晓峰）

永嘉企业

浙江奥康鞋业股份有限公司 浙江奥康鞋业股份有限公司是中国领先的皮鞋品牌运营商及零售商，是中国最大的民营制鞋企业之一，于2012年4月26日在上海证券交易所A股主板正式挂牌上市（奥康国际603001）。2014年，销售额296530万元，同比增长6.04%。连续5年位列中国工业行业效益十佳企业第一位。2014年，浙江奥康鞋业股份有限公司营业收入逾30亿元（其中电子商务营业收入近3亿元），利税总额4亿余元

服务资源整合　2014年，浙江奥康鞋业股份有限公司调整职能部门管理模式，以“网状”交叉管理方式服务业务部门。实施“五位一体”管控机制，从“行政纪律、考勤纪律、廉政纪律、财务纪律、人事纪律”五个方面进行规范，强化了公司规范化管理与内部管控力度。战略管理部门向外整合信息资源，向内提供决策资源，贯彻战略到终端一线。启动股权激励，完成员工持股计划第一期，并筹备、推进第二批核心人员的激励工作。加快推进事业经理人的转变步伐，打造“命运共同体”。根据五年战略规划，建立6大专业板块商学院，调动内部的培训意识，发掘内部的学习潜能。通过提前规划、大胆选拔、委以实职、长期跟踪，建立人才梯队。创新激励模式，先后在终端、职能部门启动“马年开宝马”“卓越绩效奖”等激励活动，有效激发各单位工作积极性、促进终端盈利水平的提升。

产品资源整合　2014年，浙江奥康鞋业股份有限公司着眼于通用性研发和整合原材料供应资源，建立了“供应生态圈”，推进产业链各企业单位共创共赢，增强公司软实力建设。通过原材料资源整合、加强现场管理，实现生产成本市场化；实行“一线一风格”的机制，实现生产精细化，进一步提高生产效率；梳理产品品质保障机制，完善管理流程，全面提升并保障产品质量。细分品牌的市场定位，进行渠道互补，通过市场信息整合、产品试销机制，推出布洛克系列、舒适透系统、固特异系统和经典商务系统等明星产品，有效地集约资源，实现产品效益最大化。

渠道资源整合　2014年，浙江奥康鞋业股份有限公司针对原有渠道资源，经过系统规划，进行渠道资源的优化建设，有效提升效益。建成以总店、国际馆、名品馆为核心的效益型网络结构，完成线下渠道资源的整合。根据遵循“大企业，小老板”的原则，开展线上渠道资源的整合。以“走出去、引进来”的发展思路，加强整合国际贸易的渠道资源整合。相继开展“520时尚盛典”“康龙休闲馆”“休闲营”“楠溪江徒步”“大鸭梨”等活动，提升品牌的知名度和美誉度。通过研发PLM基础平台建设，生产信息化改造，销售移动微会员的实施上线，移动智能分析平台等信息化建设工作，推动研发、生产、营销全方位变革。

企业荣誉　2014年，浙江奥康鞋业股份有限公司通过了“全国质量奖”复评，荣获“中国制造业五百强”“中国绿公司百强”“浙江省制造业百强企业”“浙江省电子商务百强网络零售10强企业”“温州市百佳工业企业”“温州市商贸业十强企业”“永嘉县功勋企业”“永嘉县税费十强工业企业”等荣誉称号。根据第二十届中国最有价值品牌研究报告，奥康品牌价值达155.29亿元，位列第26位，居国内鞋业品牌第一。

（夏传晓）

报喜鸟集团有限公司 报喜鸟集团有限公司组建于1996年，是一家以服装为主业，涉足地产和投资领域的综合性现代化企业集团。集团下属一家服饰上市公司、两家地产开发公司和两家创业投资

公司，拥有4个原创服饰品牌、3个国际代理品牌、3个服装生产基地及1000多家销售网点。员工6000多人，总资产70亿元，年销售收入逾30亿元，连续17年进入全国服装行业销售收入及利税双百强前列。2014年外部经济形势和服装内销市场持续弱势，报喜鸟面临着更艰难的经营环境，公司围绕“提升坪效求生存、提高性价比谋发展”的战略思想，持续打造效率驱动型企业，努力提高运营质量，不断优化供应链改革，基本实现了销售和利润达到预期目标。

转型提升　2014年，公司继续实施多品牌发展战略，以“提升坪效求生存、提升性价比谋发展”为原则，围绕“三个重点”“三个提升”积极转型（“三个重点”指零售公司充分发挥分公司作用、品牌公司继续大力发展代理商、各公司积极发展电商业务，“三个提升”指提升性价比、提升产销率、提升坪效），供应链提升效果明显，逐步走向规范化，引进优秀供应商，淘汰落后的供应商，控制SKU，整合供应商渠道，实现供应商集中化，旗下品牌实现统一对外采购，增强协同性，控制成本；强化商品企划管理，提高原创产品比例，增强研发实力；直营平台销售快速增长，销售业绩、商场地位均有提升，多品牌协同作用日益明显；继续大力推进全品类私人定制业务，线上C2B平台快速上线，线下量体定制体验区改造取得成效，竞争优势进一步体现；奥莱销售中心延续发展势头，超额完成任务；电商运营整体有明显提升，通过结构重建、人才快速引进等，明确了各品牌的运营方向；信息系统再次升级，统一公司及下属子公司的系统运用，解决不同经营模式的业务处理方案，为业务发展提供技术支持。打造品牌自媒体，整合纸媒、网络视频、社交网站等多领域推广平台，三屏联动，并通过为由著名演员郭涛、袁咏仪主演的电视剧《温州两家人》提高品牌服装赞助，为“世界互联网大会”新华网媒体提供服装赞助，成功举办第六届新锐人物评选活动、喜·阅先生评选活动、“喜·阅挚爱 见证永恒”报喜鸟三亚集体婚礼等一系列品牌推广活动，提升品牌知名度和美誉度；营销政策更趋灵活，主动调整经营不佳、未能达到发展要求的店铺，提高品牌运营效率；逐步开展全智能吊挂系统及生产信息化建设，实现智能化制造，为私人量体定制业务提供及时、高品质的产品保障；实行聚焦战略，果断关闭报喜鸟女装业务。截至2014年12月31日，报喜鸟品牌网点数为871家，营业面积约为19.25万平方米。

关爱员工　公司努力构建和谐企业，营造“快乐工作，快乐学习”的良好氛围。公司将“唯人、唯实、唯新、唯美”作为企业的核心价值观；尊重劳动、尊重人才、尊重知识、尊重创造；关爱员工，公司每年投入600多万元的食堂补贴用于改善员工膳食；尊重和维护本企业员工的合法权益，生产车间和职工宿舍安装空调，改善劳动生活条件；建立免费的职工活动中心；组织员工旅游、体检，举办运动会、元旦晚会、员工演讲比赛、新年宴会；启动报喜鸟爱心基金，为多位家庭困难的职工送去慰问金，帮助他们度过眼前困难，树立生活信心。

社会公益　2014年，报喜鸟本着“回报社会”的企业宗旨积极参与各种社会公益活动。继续实施捐资助学计划，全年新增捐助6位贫困大学新生，继续捐助12位历届大学在校生（10年来累计捐助45位家庭贫困大学生，金额122万元）；8月20日，向鲁甸地震灾区捐赠价值240万元的衣物；“八一”期间慰问人民子弟兵及退伍老兵；为永嘉县消防退伍兵送去报喜鸟精品西服；每年开展无偿献血活动，为构建和谐社会贡献出一份力量。

企业荣誉　2014年，报喜鸟各项工作稳步推进、企业销售业绩及利润基本达到预期目标，并积极致力于员工福利改善及社会公益慈善事业，获得了各级部门的肯定和表彰，先后荣获“2014中国纺织服装行业品牌价值50强企业”“浙江慈善奖”“温州市百佳工业企业”“温州市百佳诚信企业”“永嘉县功勋企业”等荣誉称号。

（童　芸）

红蜻蜓集团有限公司　红蜻蜓集团有限公司创建于1995年，位于温州永嘉瓯北东瓯工业园区，是一家以研发、生产、销售皮鞋、童鞋童装、皮具为一体的现代化企业。在温州、广州、重庆建立了鞋类研发与生产基地，年产皮鞋一千多万双；在国内各个经济重点城市拥有销售分公司和数千家销售终端。系国家中型企业、中国皮革工业协会优势企业、全国民企500强、全国行业百强、浙江省重点民营企业。2014年，红蜻蜓集团年产值32亿元，上缴税金3.3亿元。

国标制订　2014年，红蜻蜓和中国制鞋与皮革工业研究院等单位通力合作，制订的GSB16-3086-2013《皮革中富马酸二甲酯标准样品》和GSB16-3087-2013《皮革中铅、镉、镍、铬、钴、铜、锑、砷、汞标准样品》，由国家质量监督检验检疫总局、国家标准化管理委员正式批准发布，这是中国首次制订皮革基体样品标准品，填补了国标皮革基体标准样品的空白。标准以皮革材料为基体，含有一定量的重金属或富马酸二甲酯的样品，化学物质在皮革中分布均匀、形态稳定，具有足够均匀性和多种化学、物理等性能特征。用于皮革中有害物质的定性定量分析，作为质控样品用于能力检验、对比试验、能力评价、方法确认等实验室质控活动。全面提升皮革化学检测技术的准确性、确保相关文字标准的有效实施，提高皮革及其制品的安全性，保护消费者的健康，提升消费者的生活品质。

质量提升　2014年7月5日至9月底，红蜻蜓开展第三届“质量季”活动，期间举行了宣传动员、教育培训、质量大检查、技能比武大赛、啄木鸟行动、互动终端等活动，进一步推动质量意识、产品质量和质量管理水平的提升。以浙江省皮革协会、省经贸工会首次举办的全国制鞋职工技能竞赛为契机，选拔技能好手“走出去”参与公司外部技能比武；以各分厂、事业部为单位，举办同工序的技能培训与比武活动，提供全员参与竞技的机会，以达到“比、学、赶、超”的目的；新增QC小组知识技能普及、省级QC小组成果案例展示及质量成本理念培训，丰富质量知识认知结构；由红蜻蜓注塑事业部耕耘QC小组研究的《提高注塑鞋帮底粘合牢固度》课题，和女鞋事业部五分厂把犁深耕QC小组研究的《降低压合饰件不良率》课题均获得浙江省QC成果二等奖和温州市QC成果一等奖。男鞋事业部一分厂精益QC小组研究的《提高织物材料串花工序生产效率》课题、男鞋事业部二分厂奋进QC小组研究的《降低高边鞋欠胶、露白返工率》课题均获得温州市QC成果二等奖。

关爱员工　企业文化是红蜻蜓企业的核心竞争力，也是红蜻蜓品牌独特魅力和个性体现。2014年，红蜻蜓在关爱员工、开展企业文化活动上出台一系列举措。5月，红蜻蜓举行“释放能量”第五届运动会，总部、驻外各个生产基地以及全国销售分公司约5000余名员工参加了球类、田径类、拔河、篮球比赛；7月，红蜻蜓投入百余万元装修浦西园区168间宿舍，改造上海康桥园区员工食堂和宿舍；9月，红蜻蜓启动五星园区宿舍热水供应系统管道工程，投入十余万元在浦西园区一、二、六分厂上手车间安装水帘，五分厂上手车间安装3台排风机。在园区开设夏日医疗室，聘请医生为员工坐诊看病等。10月30日，召开第一次职工（会员）代表大会。审议通过《浙江红蜻蜓鞋业有限公司集体合同（草案）》；审议通过《奖惩管理制度（草案）》的决议；审议通过《浙江红蜻蜓鞋业股份有限公司第一次工会会员代表大会选举办法（草案）》。

（李晓平）

伯特利阀门集团　伯特利阀门集团创办于1998年，是国家火炬计划重点高新技术企业，浙江省工业行业龙头骨干企业、浙江省泵阀行业协会会长单位。2014年实现工业总产值6.2亿元，税收3317万元。被评为永嘉县功勋企业。

技术创新　2014年，公司申报的7项专利均得到受理，其中有3项为国家发明专利，4项为国家实用新型专利。全年共申报新产品项目8项，上报省经信委4项，顺利通过验收。企业先后获得了“高新技术企业”“省级企业技术中心”“高性能上装式蝶阀发明专利”。DTV蒸煮器顶阀获得永嘉县科技进步奖二等奖、温州市科技进步奖二等奖。通过了“浙江省著名商标”“浙江省出口名牌”“温州市出口名牌”延续复审，申报了“省科技项目招标”及“浙江省科学技术奖”等。牵头通过了“浙江省重点产业技术联盟”。

人文管理　1月13日，公司首次召开员工退休欢送会，欢送支部老党员光荣退休，并送上慰问金和纪念品。1月22日，公司召开2013年度总结表彰大会，对优秀员工和部门、技术创新先进个人、优秀党员和工会会员进行了表彰。3月3—7日，公司组织开展健康体检周活动。3月8日，工会向全体女员工发放“三八”节礼品。4月22日，公司工会五届三次会员代表大会暨一届一次职工代表大会隆重召开。5月16日，公司关工委联合红十字会举办应急救护培训班。6月8日，公司组织单身青年参加“相约楠溪江，牵手青春梦”党建联盟青年联谊会活动。6月22日，伯特利组织15名员工参加县第二届新居民运动会，取得三个单项的名次。6月29日，伯特利安排10名员工参加“税企杯”羽毛球邀请赛暨党建联盟“重走红军路、助力中国梦”活动。7月7日，工会对因病休养的会员李传明进行了慰问，送上慰问金2500元。7月12日，公司邀请温州市手足外科专家来为新员工授课。7月20日，公司邀请温州手足外科医院来公司为212名一线员工现场体检。10月18日，公司安全办组织了冬季消防灭火演练。

企业荣誉　2月，公司省外贸公共服务平台项目通过验收。3月，公司关工委被评为温州市级“五好”关工委。5月，伯特利团委荣获永嘉县青年安全生产示范岗。8月，公司获评温州市首届工资集体协商示范企业。9月，球阀车间被温州市总工会授予温州市“五型”班组模范班组。11月，公司获批省科技厅第二批高新技术企业认定，获温州市科学技术进步奖二等奖。

大事记　1月14日，支持大若岩镇大元下村美丽乡村建设资金20万元。2月25日，第二期“伯特利班”开班仪式在永嘉三职举行。4月11日，温州市副市长任玉明来公司调研。5月4日，工会组织84名会员及家属雁荡山一日游。6月30日，公司党支部书记黄永赞参加全县纪念建党93周年大会，并获县委“十佳”两新组织党组织书记表彰。7月4—6日，党工团一行28人赴广东潮汕动车三日游。8月20日，河南平顶山市市长张国伟一行参观交流。8月23日，浙江省党群群众路线督导组组长张志义带领督导组一行走访调研集团。9月12日，国家质检总局领导一行到公司考察。11月5日，省泵阀行业协会在铂尔曼酒店举行换届大会，公司董事长黄胜丰再次当选为会长。12月3日，世界经济论坛中国区执行董事施力伟到公司访问。

（黄永赞）

超达阀门集团股份有限公司

超达阀门集团股份有限公司创建于1984年；注册资金13688万元，总资产46593万元，2013年4月15日，经国家工商总局批准，公司由“浙江超达阀门股份有限公司”更名为“超达阀门集团股份有限公司”，并核准以该企业为核心企业组建“超达阀门集团”。公司主要生产金属硬密封球阀、低温阀门、波纹管阀门、对夹止回阀、高压耐磨调节阀、组合三通阀、井口阀等特色产品以及符合ANSI/API、BS、DIN、JIS和GB标准的球阀、闸阀、止回阀、截止阀和蝶阀等。产品广泛应用于石油、石化、天然气、煤化工、多晶硅、冶金、电力等行业，并出口欧美、亚太、中东等国家和地区，先后被英荷壳牌石油公司、阿曼国家石油公司、伊朗南方石油公司、韩国SK等大型国际终端客户批准为合格供应商。2014年阀门销售收入4.69亿元，其中出口1.12亿元。

集团运作　2014年，随着公司业务规模不断增长，超达对集团组织架构和部门设置进行了合理调整，以现代企业制度为保证，科学配置企业集团资产，发挥集团优势，提高资本的运营效率，进一步完善规范集团化运作，提升管理效力。被西班牙柯纳多集团（全球性工业服务企业，全球设仓库有售后，为能源工程公司整体打包服务）批准为合格供应商。7月9日，成立了全资销售子公司“超达集团温州电子商务有限公司”，兼管超达阀门集团电子商务部，专业在网上销售超达牌阀门产品。电商负责人王云达独立制作了电商网站ChaodaValves.com，获得了永嘉县首届“我店我秀”网店评选大赛创新奖，将实时展示超达集团的新产品和资讯。8月，在美国休斯敦，创建“超达集团美国有限公司”,聘请原美国福斯中国区总裁傅先生担任CEO,启动API591 认证工作,拓展北美市场。11月，超达阀门集团丽水有限公司一期工程动工，截至年底完成占地12.8公顷地厂房的围墙和三个车间共3.8万平方米基础建设，综合大楼基础工程也已开始。公司注册资金1亿元，将建设年产1.5万吨高质量阀门生产基地。青田超达铸造有限公司二期工程已基本完成，铸造车间1.1万平方米、宿舍5860平方米，建成后将专业生产精密铸件，采用先进技术和工艺，确保了超达阀门的铸件质量和产量。镇海超达、江苏超达、内蒙古超达阀门维修服务有限公司在现场管理、维修质量、安全生产、节能环保、行为规范等方面大幅度提升，保持了强劲的发展势头，增长率32%以上。

技术合作　2014年，超达继续开展与科研高校的产学研技术合作，实现有效的技术对接和优势互补。继续和开封大学进行人才培养合作，定向培养阀门专业技术人才。4月，超达与兰州理工大学温州研究生分院签订了研究生联合培养合作协议，建立研究生联合培养基地，培养高水平高层次的专业技术人才。7月，超达集团聘请2名阀门行业资深专家作为企业技术顾问，为企业在煤化工、石油化工等行业关键阀门产品开发和创新提供技术支持。9月，总工程师邱晓来被聘为全国管路附件标准化技术委员会委员。11月，超达与兰州理工大学温州泵阀工程研究院签订了科技特派员派驻协议书，为企业引进高水平高学历的专业人才，指导协助企业开展阀门自动化、网络化及智能化控制技术和用于苛刻工况的阀门耐磨材料的技术难点攻关。12月，公司创建了“浙江省博士后科研工作站”，为集团技术创新和管理提升创造了人才条件。与东南大学联合招收毕业于日本名古屋大学的高海峰博士成为博士后科研工作站的首位博士后。

科技创新　2014年共申报国家专利36项，其中发明专利15项；实用新型专利20项，外观设计专利1项；获得授权的国家专利33项（其中发明专利2项）、实用新型专利30项、外观设计专利1项。累计获得国家专利104项。作为浙江省系统流程装备产业技术创新综合试点企业，2月公司正式挂牌成立重点企业研究院，组建超达阀门集团系统流程装备研究院，作为省级重点企业研究院，在未来三年时间内将得到各级政府的资金支持，同时稳步推进研究院各项建设工作，完善研究院实验科室、检验设备和人才培养建设，有力地推动企业向高端化、智能化、成套化阀门和系统流程装备方向发展。4月21日，超达集团和浙江大学流体动力与机电系统国家重点实验室合作开发的数字式电液比例控制球阀项目，成功开发出基于直接机械角度反馈转阀的数字式伺服控制球阀，实现了阀门的精确控制，顺利通过科技局专家组的验收。取得了良好的经济效益和社会效益。4月21日，超达集团县科技项目“阀门试验与检测国内外技术进展及分析研究”通过科技局专家组项目验收，项目收集整理ISO国际标准、API标准、欧盟EN标准、壳牌MESC标准、GB标准、JB国家机械行业标准等共计122项，对阀门试验等国内外最新的标准和规范进行了详细的分析和研究论述，发表学术论文3篇。10月11日，超达集团与保一集团、科福龙集团等多家阀门企业组建浙江省装备制造业阀门产业技术联盟，致力于打造浙江省高端阀门产品。11月4日，“大口径无外泄漏波纹管闸阀”被列入《中国阀门新产品名录》。11月13日，省经信委、省财政厅、省国税局、省地税局主持的浙江省省级企业技术中心评价中，超达企业技术中心被评为浙江省优秀省级企业技术中心（全省711家省级技术中心排名第七，阀门行业排名第一）。11月13日，超达集团与浙江省泵阀协会、宣达集团等多家实力企业组建浙江省泵阀物联网云服务产业技术创新战略联盟，利用互联网云技术实现阀门产业升级转型。12月8日，“用于系统流程的高性能高可靠性自动控制阀门”项目被浙江省科技厅列为浙江省重大科技专项。12月15日，超达集团因标准化工作基础扎实、技术标准创新能力突出，获批准成为浙江省企业技术标准创新基地。全省仅有15家，成为当年温州唯一一家标准创新基地。12月18日，超达集团重点科研项目“苛刻工况耐磨球阀”通过专家组鉴定验收，被评为省级工业新产品。该项目先后申报了国家专利64项，其中发明专利27项、实用新型专利37项，已获授权专利43项，其中发明专利6项、实用新型专利37项，公开发明专利21项，拥有完全的自主知识产权。12月29日，“煤化工用苛刻工况耐磨球阀”被温州市经信委列为2014年温州市重点行业关键共性技术创新项目。12月，高参数特种耐磨球阀荣获浙江省技术发明二等奖、浙江机械工业科学技术一等奖、温州市科学技术进步一等奖和永嘉县科学技术进步一等奖。

铸造基地　青田超达铸造有限公司实现了不锈钢铸件和中温蜡铸件的流水线生产，实现产值6310万元，铸造网站www.Cast.CD继续更新中文产品信息。铸造模具全部经过浇注系统模拟仿真，集团全部采用铸造基地生产的铸件，确保了阀门的铸件质量。顺利通过TS换证和不锈钢增项、ISO9001、ISO14001和ISO18001体系年度审核。开发了一系列新产品，经模拟仿真和拍片验证，符合率达95%。不锈钢、合金钢比重增加，超达产品结构调整取得明显成效。

党团工会　超达党支部被评为永嘉县先进基层党组织，现有党员41人，按照“坚持标准、保证质量、改善结构、稳定发展”的方针做好党员队伍发展工作。超达团委共有团员117名；超达工会会员280名，会员生日当天会收到工会发放的蛋糕券，体现了工会组织对会员的关怀与爱心。三八妇女节由公司女工委组织43位女员工去海南三亚活动，丰富了女员工生活。耗资20多万元组织“超达春节联欢团拜会”，丰富了员工文化生活。

公益事业　2014年，由超达公司提供专项奖金鼓励国内科技人才进行技术创新和学术交流的《阀门》杂志“超达”杯全国阀门优秀论文评奖活动继续进行。公司高度重视爱心基金和扶贫帮困工作，超达爱心基金会现有会员434人，全年发放爱心基金款29.64万元。全年资助永嘉山区贫困大学生40人，比上年增加4人，资助金额16.5万元（累计资助100余名专本科大学生，共发放助学金60余万元）。公司设立了资金规模为1000万元的超达慈善冠名基金，全年用于贫困助学款16.5万元、大病救助10万元，其他3.14万元，为社会慈善事业做出了应有贡献。

企业荣誉　2014年，超达集团连续第十三年被评为高新技术企业，连续七年被评为永嘉县功勋企业，连续十五年被评为县纳税大户。新认定为国家高新技术企业。10月，超达集团为韩国SK能源投资10亿美元在蔚山建设的100万吨PX项目提供了6000多台高品质阀门，18日开工典礼上，SK能源副总裁给超达集团董事长颁发奖牌，给予表彰。11月，荣获2014年度温州市科技创新百强企业。12月，通过复评获得“浙江省专利示范企业”称号；超达集团“数字式电液比例控制球阀”和“大口径高压无外泄漏波纹管阀门”2项产品列入温州市与浙江大学产学研合作十周年成果展；超达供应的1500台高压、临氢工况耐磨球阀成功应用于目前国内最大的煤制氢单元——中石化茂名分公司年产20万吨煤制氢项目，运行高效稳定，被客户评定为年度优秀供应商。

（王云达）

蜘蛛王集团　蜘蛛王集团有限公司组建于1996年，是一家以制鞋业为龙头、多元化发展的大型民营无区域性集团公司。集团总部坐落在永嘉县瓯江三桥工业区。产品销售网络覆盖全国各地，功能鞋远销欧盟、美国、加拿大、澳大利亚、中国香港及中东、东南亚等三十多个国家和地区。2014年销售额达3.8亿，实现利润2327.75万元。董事长许承建，总裁蒋小芳。

营销战略　蜘蛛王集团采用连锁经营模式，专卖店、厅遍布国内市场；并结合“互联网+”，拓展互联网渠道，利用互联网平台助推强势品牌建设。6月14日，蜘蛛王2014“稳中求进·步步共赢”营销年会在香格里拉酒店隆重召开，300多位来自全国各区域的营销精英欢聚一堂，共商品牌发展大计。7月，蜘蛛王全国各区域紧扣年会“稳中求进·步步共赢”精神，陆续开展表彰会。为加强区域交流，促进共同发展。召开营销沟通会，各区域分享了市场拓展及团队运作、终端销售的成功经验。8月，公司号召各地积极创新营销模式，因地制宜推广PK机制，有效推进终端店铺业绩良性增长。

品牌形象　2014年，蜘蛛王集团秉持“实施国际化名牌战略，创建蜘蛛王恒久事业”宗旨，全面导入CIS战略工程。于年初推出新版货柜设计方案，向各区域广泛征求意见。4月，以温州五马二店为试点推出新版欧式货柜。推出时尚馆并在充分吸收合理化建议的基础上不断改进。在9月18—26日召开的蜘蛛王2015春季新品订货会期间，公司精心打造的三个展厅同时亮相。在上海进行新一轮的平面广告拍摄工作，并推出形象代言人胡军与外模的平面形象组合，用于产品画册、专柜形象、户外广告及平面媒体等。

团队培训　2014年，蜘蛛王集团本着以人为本治企理念，高度重视团队建设，注重终端经营管理及销售人员业务素质的培训提升，“督导特训营”已成为蜘蛛王特色标签。5月和7月，集团先后召开第四期和第五期360°商品管理特训营，来自全国各区域精英近200人参加。6月，公司在温州香格里拉酒店举办“孙子兵法”与商战谋略主题培训会，各区域终端精英200多人参加。8月5—7日，蜘蛛王集团全能督导特训营第二季第一期在集团总部举行，培训内容包括3.0时代管理方法在内的室内集中授课和分批到店铺实操诊断。11月2—4日，蜘蛛王集团全能督导特训营第二季第二期举行，以“开学季”为主题，学习了零距离销售之“建立心智模式”“心零距离，不销而销”“引人入胜+体验式感官模式”和“万能话术+快乐成交”等内容。还不定期多次派员到分公司指导、授课，支持区域培训工作。

公益事业　2014年2月13日，集团推出新春第一善举，董事长许承建向“爱心温州·善行天下·明眸工程”捐款120万元，资助500多名中西部地区眼病患者复明。5月20日，“明眸工程·大凉山行”启动，集团捐赠30万元，全国人大常委、民盟中央副主席龙庄伟对蜘蛛王长期支持明眸工程的爱心予以高度赞扬。8月，云南鲁甸发生6.5级地震,蜘蛛王集团通过云南销售分公司向灾区捐款10万元。12月，集团携手北大共同开启体育梦想计划，第一座“乔程运动场”落地青海。12月9日，蜘蛛王集团联合永嘉县红十字会、县教育局、县关工委等6家单位开展“关爱留守儿童、红十字爱在身边”主题公益活动，为全县12个学校的56名贫困学生进行资助。

企业荣誉　2014年2月，蜘蛛王集团先后跻身2013年度温州市综合评价百佳工业企业、2013年永嘉县工业百强企业；获浙江第四届慈善奖机构捐赠奖（全省唯一获奖鞋企）。3月，蜘蛛王集团获得2013年度永嘉县功勋企业、县纳税大户称号。10月，集团公司一路赞助支持的“明眸工程”公益事业获得国务院促进民族团结进步荣誉。12月，集团公司通过ISO国际质量体系认证复审。本年内，集团高管、代理商还获得了中国“2014最具价值CIO”、2013温州“全国杰出营销精英”等荣誉。

（郭　力）

浙江亚龙教育装备股份有限公司　浙江亚龙教育装备股份有限公司始创于1983年，2014年有员工1000多人，其中工程师、高级工程师、技师、高级技师300余人。亚龙是教育部远程职业教育资源开发基地、教育部高职中职教师实践培训基地、浙江省教育装备工程技术研究中心、财政部产业化重点支持企业、科技部创新基金重点支持企业、博士后科研工作站、谭建荣院士工作站、中国教育装备行业协会副会长单位，温州市百佳企业等荣誉。亚龙装备全资控股浙江亚龙教育装备研究院、亚龙职业培训学校等。全年销售额5亿余元，上缴利税4167万元。公司董事长陈继权。

技术标准　2014年，亚龙自主研发的“物联网智能家居实验实训考核装置”获得浙江省重点高新技术产品开发项目立项。该设备完全仿真再现了真实智能家居的应用场景，实训人员可利用手机和计算机实现该智能家居实训设备所有功能的远程控制，不但提供了功能众多的实验项目，还具备真实感强烈的演示效果。设备作为全国大学生智能建筑工程实践技能竞赛的指定设备，拥有广大的应用及市场前景，为高等院校课程设计、毕业设计、课外科技活动和竞赛所开发的平台，体现了灵活性、开放、创新、综合、跨领域、跨专业的设计理念。亚龙装备自主开发200多项专利和软件著作权技术成果，国家级高新技术企业，拥有多个国家863项目、国家创新基金项目和省部级科研与攻关项目，拥有国家级新产品和国家火炬计划支持产品，荣获浙江省科技进步一等奖、人力资源和社会保障部科技成果二等奖；亚龙系列产品被国务院选定为国礼产品；亚龙参与了东盟国家、教育部、人力资源和社会保障部的行业标准起草，系列产品成为东盟技能大赛、全国职业院校技能大赛、全国技工院校技能大赛、全国大学生实践技能大赛的合作伙伴。

“亚龙—谭建荣院士工作站”成立　2014年，亚龙装备与中国工程院院士谭建荣正式签约，成立“亚龙-谭建荣院士工作站”，将围绕亚龙企业发展急需解决的重大关键技术难题，联合攻关；同时通过院士工作站的成立，引进院士及其创新团队的技术成果，在企业科技成果转化和产业化方面，培育自主知识产权和自主品牌；建立院士工作站的工作重点，主要是发展工业机器人、虚拟现实技术两大领域，为我国工程教育和职业教育人才培养培训开发系列教育装备、课程开发、师资培训等做学教一体化人才培养整体解决方案。

技术输出　2014年10月，第十届东盟技能大赛在越南河内举行，亚龙YL-335B工业自动化教育装备和亚龙YL-569C数控车床实训设备将分别作为“industrial automation工业自动化”赛项和“CNC maintenance 数控维修”赛项的指定装备，并为之提供技术标准。亚龙装备的技术标准、产品设备、教育理念被东盟十国认可，成为中国唯一迈入东盟十国技术技能标准的教育装备企业，标志着中国技术技能标准正走向世界，引领了中国职业教育和教育文化理念更好地走向世界。

战略合作　2014年，亚龙装备与安川电机（中国）有限公司签约战略合作，共建“安川-亚龙技术应用中心”项目。凭借双方各自优势实行强强联合，利用和发挥做学教一体化人才培养整体解决方案，在全国各地选择具备条件的院校成立安川-亚龙技术应用中心（机器人应用中心），为各行业企业提供“机器换人”（用自动化和机器人代替生产员工）的整体解决方案。

大赛承办　亚龙装备自2007年教育部在重庆举办全国中等职业学校技能大赛和2008年首届全国职业院校技能大赛开始，连续8年成为大赛有关赛项的合作伙伴和器材供应商，并提供技术支持。2014年，“亚龙”杯户式中央空调安装与调试赛项、电机装配与运行检测赛项、数控机床装调维修与升级改造赛项作为新增赛项，指引职业教育专业办学新方向，体现了服务国家战略性新兴产业发展需求，促进职业教育人才培养与产业发展结合的办赛理念。“亚龙杯”全国职业院校机电类专业教师教学能力大赛由全国机械职业教育教学指导委员会和机械工业教育发展中心主办。浙江亚龙教育装备股份有限公司作为大赛承办单位之一，为大赛提供指定装备及技术标准。本次大赛分为高职和中职（含技工类院校）两个组别，共9个赛项，并创新采用“1名教师+1名学生”共同组队参赛的方式，采取“教学设计+展示答辩+实际操作”组合方式进行。各个赛项指定设备是依据工作过程为导向，在“做中学”的任务驱动、项目教学等先进教学理念的基础上进行设计的，依据亚龙“做学教一体化人才培养的整体解决方案”，既具有真实的生产性功能，同时又整合学习性功能的要求。

领导关怀　2014年4月1日，浙江省省长李强一行莅临亚龙装备视察指导,对亚龙装备的技术开发和技术服务给予了充分的肯定，鼓励亚龙装备能够坚守实业，掌握核心技术，加大市场拓展和产业整合力度，坚持自主创新，进一步将企业做强、做大。

企业荣誉　2014年，亚龙装备荣获“温州百佳工业企业”称号；荣登“温州市2014年科技创新百强企业”榜单第10名；获2013年度“永嘉县县长质量奖”荣誉；创新科技成果获2014年度浙江省科学技术奖三等奖、浙江省重点技术创新项目等荣誉。4月29日，亚龙装备作为永嘉县唯一的企业入选“浙江省模范集体”。

（郑　璋）

宣达实业集团有限公司　宣达实业集团有限公司创建于1990年，总部位于浙江温州东瓯工业区，是一家集研发、生产、销售、服务于一体的国家重点高新技术企业。注册资金1亿元，拥有员工600余人。2014年集团旗下共有10家子公司，并分别在温州、上海、江苏拥有三大研发和生产基地。建立了完善的质量管理保证体系，公司先后通过了ISO90001、ISO14001、GB/T28001管理体系认证；特种设备制造许可证TS；美国石油协会API 6D、API 600、API6FA、API 607；欧盟压力指令CE认证。是中国阀协常务副理事单位；泵协副理事长单位；中石化、中石油以及中核集团等大型企业的网络供应商；是省著名商标、省知名商号、省名牌产品。2014年，实现产值6亿余元，销售额4亿余元，上缴税收3000多万元。

科技创新　公司坚持科技引领未来，“宣品质之本，达双赢之举”的发展理念，在行业内率先建立首个民营耐腐蚀特种金属材料研究院（浙江省宣达耐腐蚀特种金属材料研究院），被浙江省科技厅提升为重点企业研究院，并与清华大学、浙大、北科大以及日本材料和环境试验公司、世界腐蚀协会等国内外高校、科研院所开展长期合作，确保产品技术领先，推动企业创新，构筑企业核心竞争力。

新产品专利　2014年，公司拥有5项国家级新产品,12项浙江省级新产品,有64项国家专利产品，3项国家火炬计划项目、两家国家创新基金项目，多项产品获省级科技进步奖。设计完成具有世界先进水平、拥有自主知识产权的中国第一套低温余热回收系统，标志着中国硫酸制造设备成套化和硫酸工程设计跻身国际先进水平，圆了中国硫酸几十年的梦想；集团公司先后研发出多种耐高温、耐磨、耐腐蚀金属新材料和近百种泵阀与环保设备新产品。极好地解决了用于石油、石化、化工及电力等行业苛刻工况的材料和设备，宣达（XDS）镍基，高硅，六钼，双向，铁素体等系列的特种不锈钢的成功研发填补了国内空白，达到世界领先水平。

主要产品　主营工业泵阀、化工设备，特种金属材料以及环保工业总承包等四大产业板块。主要产品有通用阀门：闸截止阀、球阀、蝶阀、旋塞阀、隔膜阀、节流阀、调节阀。石油、石化、硫酸、冶炼、电站、钢厂、煤化工等系统专用阀。金属衬塑阀门及特种金属材料阀门。金属和非金属耐腐蚀泵、流程泵。特种不锈钢管道和钢塑复合管及配件。金属容器、工程塑料和特种不锈钢衬里塔、釜、罐、槽等各类容器。硫酸化工成套设备，环保工程。

（薛晓红）

凯泉集团　凯泉集团位于永嘉东瓯工业园区，其前身是1988年9月创立的“瓯北水泵厂”，1994年5月更名为“浙江凯泉泵业制造公司”，2002年7月，公司迁移到新工业园，并更名为“凯泉集团有限公司”。集团是集设计、生产、销售泵、给水设备及泵用控制设备于一体的大型综合性泵业公司，是中国泵行业的龙头企业。总资产25亿元，在上海、浙江、河北、辽宁、安徽等省市拥有7家企业，5个工业园区，总占地面积近66.67公顷，生产性建筑面积35万平方米。2014年产值2.70亿元，实缴税费1756万元，较上年增长了4%，为永嘉县纳税大户。董事长林凯文，总经理黄卫宁。

人才队伍　2014年，集团有

员工5000多人，80%员工具有大专以上学历，其中工程技术人员750多名，主要由全国知名水泵专家教授、博士硕士、中高级工程师构成，形成了具有创新思维的梯队人才结构。

服务客户　集团非常注重服务与技术、服务与业务的结合，实现增值服务，300名技术支持工程师为客户提供专业的全方位的方案支持。运用先进的ERP系统和电子商务系统快速响应用户需求，全程控制订单执行流程。覆盖全国的服务网络——32个销售分公司、361个办事处，实施“蓝色舰队”服务和4小时快速反应机制，随时响应客户需求。凯泉自始至终为客户着想，满足客户个性化的需求，打造性能可靠的世界精品。

装备体系　2014年，凯泉集团拥有力学研究室、水利研究室、材料应用研究室三个先进的基础研究室。建立了热冲击试验台、高精度闭式试验台、大型水利测试中心三个国内领先甚至达到世界先进水平的测试平台。同时，凯泉拥有国内最先进、最完备的制造装备体系，装备了1200台/套先进的生产和检测设备。其中进口设备56台，大型加工设备240台，数控加工设备300余台/套。为全面进军核电、火电用泵领域，投资1.5亿元，建造了建筑面积达1万平方米的重型车间，厂房轨高24米，单钩起吊150吨行车，具备了核电主泵装配能力。投入3亿巨资，从国外进口大批最先进的技术装备（Profimill4000/100-T六轴五联动龙门镗铣加工中心、九轴五联动落地镗铣加工中心、AC46TM-4000重型高精立式车铣中心、TRT314HS六轴五联动加工中心、2.5米重型高精立式车铣中心）等，具备国际先进的加工制造能力，保障了核电、火电用泵等高端产品的品质。

公益活动　凯泉集团总裁林凯文先生，自2003年设立2000万元“林凯文教育基金”以来，每年计提利息50万元用于资助品学兼优而家庭相对困难的高中生、大学生和个别研究生，为家乡的教育事业和人才培养做出了杰出的贡献，荣获中共永嘉县委、永嘉县人民政府颁发的2014年度情系嘉园奖。

企业荣誉　凯泉集团获得了“中国质量信用AAA级”“全国合同信用等级AAA级”“质量、信誉、服务三优企业”“全国企业文化建设先进单位”等称号。荣获2014年度永嘉县“功勋企业”“纳税大户”等荣誉。

（杨繁荣）

浙江红黄蓝服饰股份有限公司　浙江红黄蓝服饰股份公司成立于2008年6月，由红黄蓝集团有限公司控股发起设立，2008年3月被永嘉县人民政府列入永嘉县第一批拟上市企业，并于2010年5月被温州市人民政府列入温州市第三批拟上市企业。总资产6.57亿元，2014年销售额达3.89亿元，同比增长22.8%；上缴税额1222万元，同比增加30.1%；2014年捐赠社会慈善事业金额120万元。

夯实基础　公司坚持以科学发展观为统领，力争成为“中国一流的童装品牌运营商”，围绕“规范经营、提升业绩”总目标，扎扎实实打基础，认认真真做主业，坚持诚信立企、服务兴企、统筹兼顾取得和谐发展、人才强企的发展战略，在各个方面取得长足发展。制定执行企业战略，招聘配置，薪酬福利，培训开发，劳动关系，制度建设，团队文化建设方面都采取专业人员设立的系统管理方式。强强联合使企业员工综合能力提升和企业的战略发展紧密互动结合，为企业的持久高速发展夯实基础，从而也为“外扩”策略的实现提供必要保障。

营销服务　公司上下坚持“创一流品质时尚童装”思想下，扩大人力资源招聘渠道，多方网络各种营销专业人才，组建专业高效，层级分明的营销团队以加大全国各个地区的业务拓展，抢占市场占有率。统一形象，突出宣传，掌握时尚-产品风格定位，透视理念-共同运作、资源共享，制定终端手册，立体化的高效传播和复制，为客户提供优质完善的服务，专业化的营销指导，实现利益一体化的共赢局面。公司全国加盟，代理，直营立体化的销售体系已经使公司业绩实现高速持续增长。

体系管理　公司在全国同行业较早建立ISO9001质量管理体系和ISO14001环境管理体系；建立一支专业、稳定的专业技术队伍，深入分析童装流行趋势、童装面辅料、童装生产技术和童装营销策略，设立了市级企业技术研发中心；并通过企业标准化良好行为和计量管理体系AAA级认证。作为童装制造商代表积极参与国家纺织服装行业标准制订，至2014年累计起草制定了4项国家标准、6项行业标准、一项部颁标准。

社会责任　公司结合童装产品专为儿童服务的特征和注重社会效益要求，以“绿色、环保”为理念，在提高产品质量上下功夫，使生产的儿童服饰即符合国家标准又保证儿童穿着舒适、时尚、健康。同时，还全面协助积极开展一系列关爱社会少年儿童事业发展行动。每逢“六一”儿童节，公司关工委都主动协同市、县有关部门和新闻媒体，选择永嘉山区小学进行节日慰问，向贫困、残疾学生赠送益智书籍、书包文具、儿童服装。连续举办“暑期欢乐营”活动，帮助外来员工子女联系学校，解决入学难题。激发青年员工的感恩之心，举办慈善募捐献爱心活动，为救灾、助学、助残、扶贫、济困等社会公益事业做贡献。

和谐环境营造　公司作为行业龙头企业，带头履行社会责任，建立健全了社会责任管理体系，严格遵守《劳动法》，劳动合同签订率达100%，采用标准工作时间，如延长工作时间都事先与职工协商，并支付加班工资；按规定为员工办理了养老保险、医疗保险、工伤保险等“五险一金”，覆盖率达到100%。按规定成立工会组织，拨专款专用，定期按规定召开工会和工会活动。成立职工调解中心，每月设立2次的接待日，积极化解各种员工矛盾。在各种企业活动中工会积极发挥民主决策，维护员工利益，协调矛盾，教育员工的主要职能。

员工福利　2014年，公司根据物价上涨的实际情况，全面提高了员工的薪酬和福利待遇。扩大了社保和医保人数，增加了物价、伙食补贴，改善了食堂用膳方式。在继续运行“爱心基金”“慈善基金”的同时，新设立 “幸福基金”，注资100万元，员工购房、购车、订婚遇到资金困难，可以无息贷款，受到员工欢迎。

党建工作　公司党支部始终坚持党建带工团建设的原则，开展服务党员、职工和企业活动。根据社会主义核心价值体系建设的总要求，整合各种学习会、沟通会、培训会、内部报纸、宣传栏等信息资源，灵活务实地对青年员工进行理想信念、优秀文化、道德法制、奋斗奉献教育。组织参与企业开展的“学习实践科学发展观”“争先创优”“学党史、颂党恩、跟党走”“学雷锋”主题教育活动和“巾帼文明示范岗”“市级青年文明号”等实践活动，激发他们投身企业发展和为社会服务的热情。

（徐伊丽）

日泰集团有限公司　日泰集团有限公司位于永嘉县东瓯工业园区。其前身为永嘉金泰利鞋服有限公司（始创于1989年），并先后更名为浙江金泰利鞋业有限公司，浙江日泰鞋业有限公司，日泰鞋业有限公司。2006年3月升格为集团公司，系全国无区域企业、全国制鞋业重点骨干企业、中国鞋都功勋企业、浙江省皮革工业协会副理事长单位等。集团下设5个子公司，涉及皮鞋、鞋材、服饰等多个行业。集团总占地面积3.33公顷，建筑面积35000余平方米。有员工2000余人，30多个分公司、近2500家销售终端（专卖店、商场专厅）。2014年销售6.8亿元，纳税1100多万元。现任集团公司董事长金哲新，法人代表金哲敏。

认证标准　日泰集团先后通过ISO9001质量管理体系认证和ISO14001环境管理体系。承办了国家级项目《中国人群脚型规律的研究》华东区域脚型测量；独家承担了新“国标鞋”的试制工作；共同研发环保型鞋用胶粘剂——水性聚氨酯大底胶粘剂、高物性环保型光亮剂的研制；成为全国唯一一家获得“中国生产力促进奖”的制鞋生产企业。参与起草国家标准GB 28011-2011《鞋类钢勾心》、行业标准《工艺鞋》（2010-3019T-QB）、《鞋类弹性材料试验方法（抗疲劳性）》（2012-0281T-QB）等3个标准的制定工作。参与起草2012-1260T-QB《鞋类组合内底和半托底》《鞋类和鞋类部件中存在的限量物质邻苯二甲酸酯的测定》2个国家行业标准制定。

安全生产　2013年 6月“全国安全生产活动月”期间，公司与永嘉县安全生产技术协会、东瓯街道共同承办了以“强化安全基础，推动安全发展”为主题的大型安全生产综合应急救援演练,县安全生产技术协会全体会员派代表参会观摩。2013年度通过安全生产标准化认证，获温州市安全生产监督管理局颁发的安全生产标准化三级企业（轻工）证书，获2013年度永嘉县级安全文化示范企业、永嘉县安全生产A级企业、永嘉县青年安全生产示范岗集体（永嘉县安全生产监督管理局和共青团永嘉县委），2014年获温州市安全文化示范企业，2012年、2013年、2014年度永嘉县“十杯十佳”竞赛平安企业创建工作先进企业。

公益慈善　日泰集团有限公司出资10万元，支持县红十字会建立“红十字关爱新居民项目资金”用于救助遭遇重特大疾病、火灾、车祸等不幸的新居民；捐赠40万元参与“美丽永嘉乡村”建设；扶贫捐资结对贫困大学生5人；举办全家福的中秋晚宴，突出家文化；互看互学，“红色接力”走进井冈山；“八一”拥军、情暖永嘉红十字博爱公益项目等众多公益活动，赢得了社会各界的普遍赞誉。获温州市文明单位、温州市第四届“非公企业十佳精神文明活动创新奖”、温州市红十字博爱功勋奖先进集体。

荣　誉　荣获“全国制鞋标准化中心监制产品”，国家鞋类质量监督中心抽检优等品、连续多年荣获全国“真皮标志杯”皮鞋设计一等奖等荣誉。获得“浙江名牌产品”称号至今；获国家免检产品、“浙江省三优企业”称号并入选“浙江省皮革行业科技进步优秀企业”，入选“中国皮革和制鞋行业科技示范企业”，获“2010中国鞋类行业最具价值百强品牌”和“中国十大真皮鞋企业”称号，2012年获中国真皮名鞋（复评）、2013年被认定为“浙江省名牌产品”（复评）、2013年度获浙江省皮革行业建功立业明星企业；2013年企业荣获“浙江省知名商号”（复评）。2014年获永嘉县质量奖。

（李凯胜）

浙江流遍机械润滑有限公司　浙江流遍机械润滑有限公司系国家高新技术企业，国家火炬计划骨干企业，国内数控机械集中润滑系统专业配套厂家，董事长柯周列，总经理余强光。企业注册资金为2042.01万元人民币，总资产占用11316.75万元，厂房占地面积2.38公顷，建筑面积29012平方米，职工180人，其中大中专毕业生62人，专业技术人员45人。2014年度，实现销售7342.69万元，较上年同比增长6.8%；销售利润765万元，同比下降4.0%；实交税金873.8万元，较上年基本持平；年度投入研发资金327.61万元，占销售产值4.46%。全年发放职工工资总额为944.72万元，较上年同比增长5.8%。

技术创新　公司拥有温州市级技术中心与永嘉县级研发中心，专业技术人员25人。2014年，完成DBS（N）半封闭式电动油脂泵、DDB2半封闭式多点电动油脂泵、DCB型恒流多点润滑泵新产品试制3项；KHB型中高压车辆底盘集中润滑装置产品荣获浙江机械工业科学技术成果三等奖、永嘉县科技成果二等奖；年内获得实用新型专利2项（证书专利号为ZL201420112936.9与ZL201420210107.4号）；高新技术企业通过全国高新技术企业认定管理工作领导小组办公室第二次复审合格；市级企业技术中心工作经温经信技装【2014】352号评价为优秀技术中心；ISO9001：2008质量管理体系通过上海达卫师认证有限公司复审合格。

市场开拓　本公司年度增设广州流遍、扬州流遍二家销售分公司（合计18家），销售网络不断完善，从事分公司销售人员约为220余人。参加国家级、省级机床、纺机、工程机械、汽车行业、风电行业等展览会参展12次，投入展览会、杂志及广告宣传费用为70.47万元，市场知名度进一步提高。

节能减排　随着生产设备的增加，用电量也随着增大，为控制用电量，车间用电、办公用电、生活用电都规定控制管理，及时关电拉闸，对七部电梯实行闭开使用，职工生活区按室独立安装电表结算等，通过控制，使万元产值能耗标煤低于全县机械工业平均用电水平线以下。

党建工作　公司党支部现有正式党员9名，预备党员1名。党支部具有管理制度与工作计划，党员活动工作正常开展，能够发挥先进模范作用。通过党支部活动，及时发现进步青年，鼓励他们争取入党，有效增强了员工队伍的凝聚力。

关爱员工　公司具有外来员工集体宿舍、员工食堂，并设有员工活动场所，场所内有乒乓桌、台球桌、电视、羽毛球等娱乐活动设施，基本能满足员工业余活动。全体职工逢年春节享有假期工资、开门红包、夏季、中秋节、工作服、工作鞋、卫生用品等福利发放，员工队伍相对稳定。鼓励职工自学专升本 、职称评定、专业技术、安全生产、电梯运行、电焊操作等培训工作，培训费由企业负担。并组织员工操作培训等，使员工培训工作正常化。

企业荣誉　企业为国家高新技术企业、国家火炬计划骨干企业、浙江省国税局、地税局AAA级纳税信用企业、永嘉县明星企业、纳税大户、安全生产标准化先进单位、ISO9001：2008质量管理体系认证、部分产品CE认证、“YONGJIA”市级知名商标、温州市专利示范企业，KHB型中高压车辆底盘集中润滑装置获得浙江省科技厅科学技术成果登记，并获得“中国道路运输杯”2014年度最佳客车零部件奖等。

（柯周列）

杰豪集团　杰豪集团有限公司是一家以专业制造、销售皮鞋为主，多元化经营的民营企业。系市鞋革行业协会副理事长，温州市青年企业家协会常务理事，浙江省皮革协会副理事长，中国皮革工业协会常务理事，是县纳税大户、巨龙企业，温州市活力和谐企业、浙江省质量管理示范企业、浙江省工商企业AA级“守合同重信用”单位。杰豪皮鞋获评永嘉县县长质量奖、中国真皮鞋王等荣誉。2014年，在市场竞争不断加剧情况下，杰豪集团以变应变，不断创新商业模式，苦练内功，通过科技进步和管理进步，打造企业的核心竞争力。

垂直终端　2014年，杰豪推行垂直终端管理模式，即逐步取消区域营销公司以及片区管理两个层级，由总部与终端直接对接。将产品直供终端，减少了物流配送时间、成本，加快了货品的循环周期，提高了市场反应速度；避免大量的库存，减少了在中间环节的大量库存的存在，降低了企业经营风险；提高了资金的回笼速度，终端经销商只要成本下降，货品供应到位，经营必定好转，有效加快了资金回笼速度；企业更直接地了解市场，与终端的直接对接，可以方便及时准确的了解到市场的准确动态，便于做出决策。

统一配送　原来的配送体系是与三级管理模式相承袭的，即产品由公司配送到各个区域公司，再由区域公司配送到各个终端。这种配送体系，毫无疑问在时间、成本上都明显增加。2014年，杰豪由总部建立大物流中心，对终端实行货品的直供。为保证货品直供效率以及质量的提升，实现产、物流配送以及终端销售一体化管理，通过分销系统，可以登录任何一个终端，查看任何一个环节的进度情况，有利于进度的跟踪以及对货品的调配。

电子商务　杰豪电子商务营销尽管取得了一定成效，在淘宝天猫、京东、拍拍等诸多平台上建设成功，2014年，杰豪致力于进行网络分销商队伍的建立。通过招募、培训100多名网络分销商，加快品牌及产品在市场上的推广，实现对网络市场的占领。

环保节能　杰豪集团积极响应国家号召，推行“低碳、环保、节能”理念，在公司内部改革生产流程，整合工艺，使用节能环保产品。出资数十万元，引进等离子废气处理设施，对喷漆、刷胶等环节产生的废气进行专项处理（该项设施目前为国内领先技术，在温州鞋业界还较少采用）。使生产环节产生的废气有害物大大降低，对于环境改变有极大的促进作用。

（陆安云）

温州长城拉链集团　温州长城拉链集团在多年全球经济低迷的状况下，仍然保持稳中有进的良好局面，各项经济指标都能保持良好状态。2014年实现销售收入1.5亿元，实现税收1000多万元。保持永嘉县巨龙企业称号，

技术更新　2014年，温州长城拉链集团加大投资力度，全面推进“机器换人”。投入巨资更换4吨锅炉，增加了中心线车间的第二条缝线生产线，新购入成型机、缝合机、织带机、整筋机以及拉头组装机等，为企业继续技改、提升生产效能做出了努力。

环保治理　2014年度，公司将环保工作作为重点工作来抓，污水治理、废气治理、噪声治理都得到了明显提升，全面通过了印染整治58条验收，顺利通过了ISO9001国际质量体系认证与ISO14001国际环境体系认证复审，使广大员工的工作生活环境得到了良好的保障。

安全生产　2014年，温州长城拉链集团大力推进安全生产管理工作，多次开展安全生产与安全消防演练，全年实现“零事故”，被评为安全生产先进管理单位。

公益事业　2014年，温州长城拉链集团赞助在桥头举行的“长城拉链杯”永嘉县自行车爬坡赛。总裁叶克连出资支持“菇溪桥头摄影集”发行；为消防事业捐资助款；公司与桥头新埔村友好结对；配合总工会慰问困难员工；配合计生办慰问独生子女家庭等公益慈善事业。

党　建　2014年，温州长城拉链集团党支部在桥头镇“两新”组织带领下，与育才、新城、方圆、诚大等党支部组成党建联盟，开展了党建联盟促“两新”，“两新”组织促“两美”活动，由党员、普通员工组织的茶话会，让大家畅谈工作生活情况，畅所欲言，提建议出良策，取得了良好成效。

荣　誉　2014年，温州长城拉链集团被评为永嘉县文明单位、“永嘉县五好关工委”荣誉称号。公司总裁叶克连被评为永嘉县优秀社会主义建设者；公司员工向桂花荣获“永嘉县十佳职工称号”。

（邹招余）

奇特乐集团有限公司　奇特乐集团有限公司坐落于“中国教玩具之都”——永嘉县桥下镇，公司创立于1996年，初称“永嘉县飞龙教玩具有限公司”，1998年改名为“温州市飞龙娱乐设备有限公司”，2003年更名为“浙江奇特乐游乐设备有限公司”，2007年升格

为“奇特乐集团有限公司”。是一家专业研发、生产、销售儿童大型户外游乐设备和教玩具的综合型企业集团。公司占地2.53公顷，辖6家子公司和120多家全球销售网点，在美国、比利时设立了分公司，产品畅销五大洲80多个国家和地区。公司注册资本5189万元，有员工528人。2014年产值2.68亿元，出口额8618万元，利税1734万元。连续11年综合经济指标在全国教玩具行业中名列前茅，是中国游乐设备行业销量最大的企业之一，在亚洲游具行业中居于主导地位。董事长章金飞。

专利认证　奇特乐是IPEMA国际游乐设备生产商协会会员单位，是国内唯一一家取得美国ATSM机构资格证书的企业。产品通过了美国ASTM、加拿大CSA安标、欧盟CE认证、德国TUV机构EN1176认证和国内ISO9001、GB/T28001和GB/T24001、3C和十环等多项认证。公司注重新产品研发和知识产权的转化，截至2014年年底拥有自主专利147项，专利技术产品类别涵盖户外游乐设施、教具、玩具等22个系列100多个种类。2008年和2010年成功立项并实施了“滚塑模具及设备研发中心建设项目”和“塑料仿木型材研发与应用项目”，2013年参与起草了《无动力类游乐设施儿童滑梯》《术语》《秋千》等3项国家标准的制定。

技术创新　奇特乐以“诚信、务实、高效、创新”作为企业的经营理念，确立了“争创世界名牌，实现产业报国”的企业使命。随着企业规模的不断壮大，公司加强引进人才、引进先进的生产设备，应用新技术、新工艺、新材料、注重质量管理体系的完善，导入优良的企业文化，不断提升产品档次和附加值。奇特乐设有新产品研发中心、模具设计中心、营销服务中心，2008年以来公司先后引进了最新的生产设备工艺，使吹塑、注塑产品替代了国外产品，目前公司的滚塑、吹塑、注塑技术站在同行业的前列。

社会责任　公司致富思源，情系桑梓，热衷公益，在保持企业健康快速发展的同时，积极参与各项公益事业，以实际行动回报社会，2004年以来累计为地方新农村建设、社会教育、扶贫帮残、抗震救灾等公益事业捐款1500多万元。2008年汶川地震和2010年青海玉树、甘肃舟曲受灾，公司赈灾总值600多万元。2013年3月组建了奇特乐志愿服务队，定期组织员工到乡镇公路进行路面清洁工作，还投入20多万元购买了机动船义务当起了“河段长”，主动请缨承包了露礁至桥下镇约5千米河道保洁工作。2013年4月雅安地震后，公司董事长章金飞第一时间联系了“温州日报慈善分会”，向雅安捐款100万元。2013年7月10日公司出资承办“红色七月、放飞梦想”桥下镇外来少数民族员工子女夏令营活动。

荣　誉　公司创办20多年来，先后荣获各级政府部门授予的“海关A类管理企业”“浙江省名牌产品”“浙江省知名商号”“浙江省著名商标”“浙江省诚信民营企业”“浙江省专利示范企业”“浙江省信用管理示范企业”、永嘉县“功勋企业”等多项殊荣。

（邵和忠）

交通　邮政　信息产业

交　通

概　况　2014年，是永嘉交通运输乘势而上、扩大战果的关键之年，也是行业改进提升、转型发展的重要一年。永嘉县交通运输局在县委、县政府的正确领导和上级交通部门的关心指导下，认真学习贯彻党的十八大、十八届三中、四中全会精神，深入开展党的群众路线教育实践活动，紧紧围绕“十大推进”工作重点，凝心聚力，锐意进取，强化措施，狠抓落实，交通项目建设扎实推进，有效投资继续保持高位，物流配送网络不断完善，城乡客运创新发展，依法行政逐步强化，行业安全形势保持平稳，部门自身建设不断加强，全县交通运输工作呈现较快协调发展态势，在全县年度考绩和全市交通运输系统年度目标考核中均被评为优秀单位。

基础设施建设

工程建设　2014年，全县交通固定资产投资共完成14.39亿元，年度计划完成率为102%，有效投资总额居全市前列。其中重点交通项目监管工程完成投资12.61亿元，年度计划完成率为99%；县政府投资建设项目完成投资1.78亿元，年度计划完成率119%。诸永高速公路温州段延伸工程（瓯江过江通道）完成投资46344万元，占年度计划的119%；104国道三江至李浦连接线公路工程完成投资6428万元，占年度计划的174%；41省道南复线岩头至大若岩段公路工程完成投资18211万元，占年度计划的107%；沙头镇石埠至西垟公路工程完成投资3760万元，占年度计划投资100%；永缙线碧莲过境段改建工程因政策处理受阻，基本处于停工状态，完成投资120万元，占年度计划的15%；104国道西过境公路永嘉段改建工程完成投资10270万元，占年度计划的103%；41省道福佑至沙头段改建工程完成投资30450万元，占年度计划投资102%；永缙线巽宅至界坑段公路改建工程完成投资800万元，占年度计划的40%。建成农村联网公路34.8千米，农村公路大中修125.47千米、农村公路安保工程109.5千米，改造完成桥上桥、铁坑桥、清水埠立交桥等8座病危桥梁。

前期工作　认真制定交通项目前期工作计划，加强项目进度目标节点控制和进展情况汇报分析，2014年8个计划项目均顺利完成年度目标任务，其中49省道（S333）桥下至桥头段、壬黄线改建工程完成工可和项建书编制；岩表线岩头至五尺段完成工可审查和项建书编制；大若岩至上塘公路工程对工可进行了修改完善；温岭至永嘉公路大若岩至巽宅段完成线位方案和工可编制；缙云至苍南公路巽宅至桥下段、椒江至永嘉公路永嘉段、枫林至李浦公路等工程有关前期工作进一步深化。积极争取台州椒江至永嘉岩坦的规划322省道向西延伸（经溪口、潘坑、大岙、巽宅至青田与330国道相接）、永嘉瓯北至丽水庆元的规划324省道向东延伸（经上塘、乌牛和乐清白石，至洞头与330国道相接）两个项目，得到省市有关领导高度重视和大力支持。

公路养护　坚持“养护优先”原则，不断推进养护专业化建设，逐步建立集路基、路面、构筑物、控制区和沿线设施为一体的全方位、多层次日常养护管理体系，全年共投入日常小修保养经费1462万元。强化养护精细化管理，成立了沉降处置施工组、路面灌缝养护组等多支精细养护队伍，落实桥梁养护常态化管理，集中治理干线公路地下管道疏通和路面积水难题；不断提高养护科学化程度，在全市范围内率先使用纤维碎石封层技术，将高分子密封胶使用于公路路面灌缝工作。不断提升养护机械化水平，全年共投入745万元用于养护设备采购，引进了进口沥青摊步机、拌和机、隧道清洗车等先进机械设备，公路机械化养护程度达90%以上；建立了公路养护机械设备维修保养站，专门用于机械设备维修和定期保养。不断规范农村公路养护管理，继续强化农村公路日常巡查和季度考核工作，全年共开展4次村道公路养护管理工作考核，每月开展2次县乡公路检查考核，新增巽宅镇和东城街道两个乡级规范化农村公路管理站。全年完成104国道预防性养护工程7千米、49省道大中修工程15.066千米，投入资金3100万元；完成县政府“十大惠民实事”之一的农村公路路面提升工程，实施线路共16条，合计里程125.47千米，投入资金3830万元。养护管理工作获得全省半年度考核温州地区第一名，农村公路养护管理工作名列全市前茅。

交通运输发展

运力结构 至2014年年底，永嘉县营运车辆达到4040辆，同比增长1.87%。其中营运客车912辆18172客位，同比减少27辆772客位，下降2.88%；营运货车3128辆11857吨，同比增加101辆833吨，分别增长3.3%和7.6%，营运货车的重型化率达到25.2%，箱式化率达到27.4%。营运客车中，班线客车为471辆11372客位，平均客位达24.1，班线客车中农村客运车辆达到423辆9562客位。营运货车中，小型车达到2027辆，占64.8%；中型货车达到107辆，占3.4%；大型车达到994辆，占31.8%。营运货车中个体货车929辆，比重达到29.7%。重型车辆达到789辆，比上年增长9.3%。厢式货车达到858辆，比上年增长3.7%。危险品运输车辆达到267辆，比上年减少6%。

公路运输 2014年，永嘉县完成旅客运输量3995万人次，周转量176375万千米，同比分别增长6.8%和6.5%，完成货物运输量1144万吨，周转量107391万吨千米，同比分别增长6.9%和7.3%。公路客运平稳增长，县内短途和旅游客流稳步增长，中长途班线客运量小幅下降。随着城乡交通基础设施和客运一体化不断推进，县内短途客运量同比增长7.6 %，旅游客运量同比增长7.4%。

城乡客运 完成永嘉公共交通发展规划编制工作，努力形成综合考虑永嘉旅游、百姓出行、交通拥堵及绿色环保等因素、城乡公交和农村客运协调发展、一体化推进的科学公共交通规划；成功对县域内客运班线进行统筹重组，基本上实现了客运企业区域化分片经营，结束了几十年来同一片区由多家企业各自为政、混杂交叉经营的局面，大大提高了管理效率，也为城乡客运一体化的推进扫清了企业相互之间利益掣肘的障碍；优化整合客运线路，调整了瓯北103路、107路班线走向，开通安丰至温州、桥头至温州动车站公交班线，完成了仁溪线公交改造；出台《永嘉县出租车行业专项整治工作实施方案》，对运价进行了调整，实行打表服务；在全市县（市）级地区率先建成了城区社区巴士系统，10月份上塘36辆巴士投入运营；在鹤盛镇推行“乡村小巴”运营试点，确定七座小客车车型，制定了运营规则和经营模式，具体明确相关部门、试点镇责任，建立了长效政策支持保障机制，为破解山区群众出行“最后一千米”难题摸索出了一条切实可行的新路，也为“黑车”治理提供了治本之策。

交通物流 着力推进物流节点建设，建成了具有物流库场、仓储智能配送、电子商务功能的五洲货运中心综合物流基地。至年底，23家物流企业已进驻营业，初步形成了产业集聚效应。积极配合做好黄田物流园区、乐清湾货运专线永嘉货运站前期工作，完成新力石油化工有限公司等码头装卸工艺技改项目。进一步完善城乡物流配送网络，推进物流信息整合，加强交通运输市场秩序监管。至年底，全县道路物流企业共有166家，其中AAA级龙头企业1家，AAAA级龙头企业1家，泰利、高通等9家企业已对接全国或全省物流信息平台。

交通行业管理

安全管理 以“平安交通”建设为总抓手，突出基础和源头管理，狠抓责任和制度落实，行业安全管理进入良性运行轨道。客运企业安全生产管理制度进一步完善，长运公司等两家客运企业和长顺公司等四家危险品运输企业已顺利完成安全标准化建设，对承包车主、驾驶员的安全教育和监控管理力度进一步加大，安全生产基层基础得到夯实。优化安全考核办法，采取以日常检查考核得分计算考核奖金制，加大检查力度，对违反规定的企业进行现场扣分，使安全生产管理取得实效。深入推进“平安工地”建设，加强在建工程和养护施工及渡口安全管理。开展安全隐患点整治工作，对农村公路临水临崖、高落差危险隐患和省市挂牌的104国道乌牛段、瓯北段两个交通事故多发点进行跟踪治理。2014年全县道路运输行业共发生道路行车9座以上营运客车同责及以上事故2起，死亡2人，占全年考核指标的33.33%；没有发生水上交通和交通建设工程、养护施工事故，行业安全形势总体平稳。

行政执法 认真开展部门权力清单和责任清单清理工作，依据交通运输法律、法规和方针政策及交通运输局“三定”方案，组织局机关各科室和县公路、运管、港航部门深入开展清查清理，切实明确了县交通运输部门所具有的行政权力内容，共上报县级保留权力449项、共性权力8项、审核转报权力18项，均通过县编委审核并在浙江政务服务网上发布。根据“部门责任清单”清理要求，理清了部门职责、与相关部门的职责边界、事中事后监督管理制度和公共服务事项，并上报县编办审核。集中开展交通运输“打非治违”专项行动，加大“双超”治理和“黑车”打击力度，全年共查处公路违章违法案件229件、超限运输车辆742辆，卸载货物20382吨，罚款294.96万元，卸载货物量和市定任务完成率均排名全市第一；查处道路运输违章违法案件669件，罚款100.43万元；查处港航违章违法案件9件，罚款3.74万元，行政处罚准确率都达100%。

工程监管 积极开展“标化工地”创建和“工程质量安全专项整治”活动，加强日常监督执法和专项监督检查力度，强化质量安全监督交底，明确质量安全控制要点，抓好质量安全问题整治。2014年主管农村公路工程项目15个，协管国省道工程项目5个，在建交通工程监督覆盖率、造价监控范围均达到100%，交竣工项目10个，质量合格率达到100%。

勤廉机关创建

深入贯彻落实党的群众路线教育实践活动各项要求，多层面广泛征求意见，深入开展对照检查，认真梳理“四风”问题，切实抓好建章立制和整改落实。继续加强以构建惩防体系为重点的反腐倡廉建设，认真落实党风廉政建设党委主体责任和“三书两报告”等制度，强化领导干部“一岗双责”意识，建立健全领导体制和工作机制，出台《关于建设“清廉交通”的实施意见》《关于进一步规范“三公”经费管理的规定》等制度文件，组织开展“5·10”思廉日活动，对17名局属新提任的中层干部开展了任前廉政谈话，筑牢拒腐防变防线。深入开展正风肃纪行动和政风行风评议工作，出台了《永嘉县交通运输局影响机关效能行为责任追究办法（试行）》等文件，强化纪律规定落实和责任追究。2014年局机关公务接待费12673元，公务用车费用按照车改政策要求执行良好，因公出差管理进一步规范，共对13名违反效能管理规定人员予以责任追究，干部队伍建设进一步加强，领导干部从政行为进一步规范，被县委县政府评为2014年度“勤廉机关”。

（李建友）

港航管理

概　况 县港航管理局位于瓯江北岸的永嘉瓯北，前身为温州市港航管理局永嘉分局，为永嘉县交通运输局管理的承担行政职能的财政全额拨款事业单位，其主要职责有港口、航道发展规划建设和港口行政许可，港航行政执法及行业监督管理，对涉及航道建筑物、岸线使用审批等。2014年是全面贯彻落实党的十八届三中全会精神、深化改革的开局之年，是实施“十二五”规划、全面推动港航建设的关键之年。永嘉县港航管理局以开展党的群众路线教育实践活动为契机和县交通运输局“十大推进”重点工作为中心，促进依法行政和改革创新，构建和谐港航，围绕上级工作安排和局年初工作部署，紧紧依靠全局广大职工，统一思想、明确目标、扎实工作，为永嘉县的经济社会发展作出应有的贡献。

行业安全管理 进一步深化“平安港航”创建工作，加强日常安全检查，开展各项安全专项整治活动，采取强有力的措施，确保行业安全生产社会化管理各项措施落到实处。全年永嘉港航系统未发生安全生产事故，各项安全指数为零。

健全安全责任制，强化安全生产标准化建设。以落实企业安全生产主体责任为主线，以强化安全生产“双基”（基层、基础）为重点，开展企业安全生产标准化建设工作。通过安全生产标准化自评员培训，让企业掌握最新的安全生产相关法律法规、标准和规范，制定交通运输企业安全生产标准化达标管理办法、评级程序和达标标准，明确工作流程，细化安全生产达标标准。全面落实港航系统安全生产警示制度，每季度召开安全生产工作例会，对每家签发安全隐患督查通知书的企业进行逐一分析，落实有力措施，强化整改力度。

精心谋划以“强化红线意识、促进安全发展”为主题的“安全生产月”和“安全生产万里行”活动，加强行业安全生产常识宣传、应急抢险、隐患排查等各项工作。一是要加强领导组织，落实责任，制定实施方案和细化工作安排表，确保活动工作项项有人管，事事有人负责，件件落实到位；二是要加强宣传力度，在码头、港区明显位置悬挂横幅标语、挂图、彩旗等。6月16日参加县政府的大型安全咨询日活动，发放以《港口危险货物安全管理规定》为主要内容的精制宣传手册500份以及印有安全标语的家用围裙等500件宣传物品，增强广大群众安全生产的责任意识，营造人人关心安全、人人重视安全的良好氛围；三是指导企业建立完善应急预案体系和提升实际操作能力，组织各港航企业人员进行应急预案培训、演练、评估，重点加强危险品、客运事故应急处置方面的演练，取得较好的效果。

全面夯实安全生产基础，加大排查整治力度，按照落责任、强措施、查隐患、严整改的要求，坚持执行危货企业每月一次，普货企业隔月一次的安全检查制度，及时排隐患、严整改、落责任、强措施。为营造安全生产管理的高压态势，深入开展加强“平安交通”建设集中整治安全生产专项活动、永嘉十大中重点领域安全生产专项整治行动、港口危险化学品安全专项整治、“大排查大整治”、“打非治违”、输油管线专项整治、重大火灾隐患集中整治等一系列安全生产治理大行动，集中力量对无证、证照不全或过期、超许可范围非法从事港口作业、水路运输、水上施工建设、未持有合格的船舶检验证书和船舶登记证书从事营运等违法行为实施严格管理与打击。对辖区三家危险品企业的油气管道开展彻底排查，督促严格执行责任、措施、资金、期限和应急预案“五落实”，进一步强化了港航企业安全管理规范化，标准化建设，全面提升行业安全生产管理水平。全年共开展安全检查93家次，出动检查人员244人次，出车41辆次，责令限期整改安全隐患2处。

在“麦德姆”、“夏浪”、“凤凰”等台风来临之际，切实做好台风防御工作，做到早动员、早部署、早检查、早落实，强化全体干部职工防台责任意识，全面落实防台应急预案。一是坚持“以人为本、以防为主、以避为先、防避抢救有序”的原则，认真落实好防台领导责任，明确巡查管理、台风监测预警、船只回港避风、人员避险转移等各类责任人，并将任务分解落实到每个岗位，做到组织体系、工作机制、应急管理和保障措施“四到位”，全面提升防台抗台能力。二是进一步明确预警程序和职责，将预警信息迅速传递到企、到船、到人，落实防台风预案和船只避风方案，坚持“领导靠前指挥、干部坚守一线”，即使是台风发生在双休日或黄金周，也全体进岗到位，对港口及通航水域凡有可能危及人员安全的所有隐患和危险地带进行全面排查，做好人员、设施和船舶的撤离转移工作，坚持不死人、少伤人的防台原则，努力把损失降到最低限度。三是做好灾后巡查和走访，为防范次生灾害的发生，在台风警报解除后，对行业内各企业开展走访调查，做好灾后总结，发动并指导企业开展灾后生产自救，抢时间修复码头基础设施设备，清理潮水带来的淤泥和垃圾碎屑，争取最短时间内恢复客货运输码头正常运营，尽心尽力尽责做好抗台救灾工作。

港口行政管理 做好规划统筹文章，积极谋划港航基础设施建设和行业安全监督管理标准化、规范化、制度化建设。开展瓯江港区永嘉作业区乌牛沿江岸线港口开发综合经济研究，进行乌牛沿线建设码头的SWOT分析及乌牛沿江岸线港口码头运输需求分析和预测。实施永嘉县港航系统安全生产警示制度课题研究，构建预防控制体系，进一步完善安全生产长效管理机制。积极配合参与温州市内河航运发展规划编制工作，明确内河航运的发展方向，作为今后一段时期指导全县内河航运建设的重要依据，促进和保障内河航运跨越开发并率先实现现代化。开展瓯江中下游航运养护工程及相关工作，全面发挥内河航运的优势，优化水资源的综合利用，促进和完善永嘉综合物流体系建设。

为企业提供全方位、多层次的服务措施，实施港口企业技改竣工验收工作。针对永嘉县新力石油化工有限公司要求增加港口经营范围（增加装卸货种）的报告和通过能力提升（500吨级提升1000吨级）技改工作，于2013年获批了初步设计和施工图设计，在施工完成后于2014年5月23日永嘉县新力石油化工有限公司技改工程在永嘉组织了竣工验收会议。验收委员会听取审阅工程建设、设计、施工、监理报告，进行现场检查和资料审查，允许港口经营。

全面开展规范港口经营行为专项整治工作，结合全市港航管理系统“严执法、优服务”活动，我局严格按照宣传发动、集中整治和巩固总结三个阶段进行，逐步规范永嘉县港口企业的经营行为，保护合法经营、打击违规违法经营、提升港口企业的服务水平，健全完善港口监管制度和方法，建立起长效监管机制。通过对无港口经营许可证从事经营的码头进行排查，第一批共查处6家无证经营码头。其中，浦石砂石码头、龙桥沙场、燕芬建材加工厂和阳光沙场等被列入试点整治范围。第二批整治列入明年计划，将根据试点成果向县政府提出专题报告，联合水利、国土、质检、电力等部门实施整治。今年共办理港口岸线临时许可4个，办理危货港口经营许可2家（危货附证发放8张）、客运港口许可2家、普货3家。

加强港口管理和货运管理，严格落实船舶到港验证制度和港口危险货物作业申报制度（24小时前申报），按时完成港口货物吞吐量的录入和统计上报。全年完成港口吞吐量958709吨，比去年同期增加1.51%。其中各货物流量中，钢材3688吨，水泥1900吨，煤炭及制品268495吨，矿建材料584507吨。

水运管理 切实做好节假日期间的水路运输工作，认真部署各项节日水路运输应对措施，完善应急处置预案，落实值班制度和履行责任制工作，做足节日运输安全准备工作，杜绝带病船舶参加营运，确保圆满完成节假日水路运输各项工作任务。为提高水路客运企业服务质量和服务水平，于春运期间特别开展“情满旅途”活动，联合中石化温州永嘉分公司开展“送关爱、倾真情、创和谐、献爱心”活动，在阴雨潮冷的天气把预先定制的500把“爱心”雨伞送给过往旅客。在节假日增派党团员专门负责为老、弱、病、残等上下船帮扶服务，为旅客免费提供热开水、感冒类等急救药品，体现情满港航、情满旅途的浓厚氛围。

规范水路运输市场管理，对辖区的水路运输业及水路运输服务业经营资质年度核查工作和船舶年度审验及营运证换发工作进行认真核实，从严把关，维护水运市场秩序。⑴企业的年度审验。2014年，永嘉航区有5家运输（服务）企业，水运客运企业2家，服务业1家，瓯江水系砂石运输企业1家，温州沿海普货企业1家，经对5家港航企业上报资料的审核，结合现场检查情况，认定5家企业合格，经上报市局审核核查合格率为100%。⑵营运单船的年度核查和营运证换发工作。2014年，永嘉航区有客渡船5艘，计1797客位，专业汽车渡5艘（其中2艘光租经营管理），计60车位，高速客船3艘，计154客位，普通货物运输船舶149艘，计26702载重吨。经核查符合营运资质条件的船舶143艘，计26170载重吨，核查换证率为96%。

认真开展行政权力清单梳理，规范行政权力。根据县委、县政府《关于开展县级部门职权清理推行权力清单制度工作方案》及行政权力清单工作会议的部署和要求，对所有权力、服务、决定事项进行彻底清理，实行“全面清、全员清、依法清、规范清”，力争做到不漏项、不留死角。在权力清单梳理期间共参加县政府组织的专题培训2次，学习掌握相关法律法规、政策规定和清理的具体要求，明确行政权力、服务事项的各种类型。通过全面清理，共清理行政权力事项共7类185项，共性权力5项，审核转报7项。

为促进内河航运事业的绿色发展、低碳发展、循环发展，努力实现永嘉内河航运事业发展与水环境改善的共赢目标。根据市港航管理局《温州市港航管理系统“五水共治”实施方案》要求，以四大主要任务和三项保障措施及时开展了该项工作。一是加强对船舶污染治理实行跟踪管理。要求船舶油污水，生活污水，船舶垃圾实行定点回收；二是抓好源头管理，将港航企业参与“五水共治”工作纳入企业诚信体系考评；三是抓设施完善。严格落实港口建设项目环保设施“三同时”制度；四是抓现场管理。加大现场执法力度，杜绝非法向瓯江楠溪江港口航道倾倒废泥土和船舶排放泥浆现象。2014上半年，联合海事、水利等部门查处擅自改装非法吸沙船舶3艘并监督强制拆解。

航道管理 从辖区航道实际出发，确保航道畅通为重点，坚持航道建、养齐抓，全面提高航道的通航能力。全年航道巡查出车、艇32（车、艘）次、153人次，巡查航道2846千米（内河1569千米、沿海1277千米）。完成航区11座示位航标灯智能化升级改造工程，改造后的航标做到航标遥测遥控管理系统覆盖永嘉航区瓯江主干航道，进一步保障了瓯江航道船舶航行的安全、畅通。完成金溪渡口专项资金补助工作。针对龙桥客运航道和瓯北客运码头前沿水深严重淤积安全隐患，县港航管理局根据市局的下拨资金情况召开局长办公会议，给予永嘉县轮船公司、永嘉县交通公司共20万元的航道疏浚资金补助，用于落实温州至永嘉客运航线的清淤疏浚，提升渡运通航安全。协助市局做好有关瓯江中下游养护的前期工作。参加了瓯江治理工程定性分析专家咨询会议，就黄田段施工对主通航孔的影响提出了变更施工方案的建议，督促业主及时变更，确保工程的顺利施工且进度不受影响；参加省局组织的甬台温成品油、天然气管道通航安全论证会，要求相关业主、施工单位做好前期有关工作并办理许可手续。

行政执法 县港航管理局在充实执法队伍力量的基础上，强化执法监督，在严格执法、文明服务两方面狠下功夫,取得成效。一是加强对执法人员业务知识学习，积极参加省市举办的各类执法知识讲座和培训，按照上级部门的轮训方案开展实施，及时掌握所学实质内容，做到学以致用，并结合港航实际开展依法行政工作。同时按要求开展好执法证年审考试和执法证的换证及年审工作。二是按照“三基三化”的要求，统筹安排基层站所标准化建设，完成宣传栏、标志标语、执法车辆统一标识、安装警灯等工作。三是整合力量，加大执法检查力度，切实落实生态省建设和“五水共治”要求，积极开展瓯江水系砂石运输市场专项整治、航运行政执法等全市统一部署的专项行动，严厉打击非法向航道倾倒废弃土的行为，县港航管理局拓展执法模式，联合市区港航分局、县水利局等单位开展联合执法行动，有效地遏制了违法行为的势头。依法查处港政、航政、运政各类违法违章行为，规范行政执法文书制作，落实案卷归档制度。全年执法检查108次（其中开展联合执法检查5次），出车94次，出艇14次，共计459人次，处理行政执法案件9件（其中航政案件5件、运政案件4件），罚款金额共37420元，联合相关部门拆解3艘擅自改装非法吸砂船舶。同时，督促104国道西过境瓯江特大桥补办涉航建筑物行政许可，责令褚永高速延伸桥工程整改碍航废弃物等。

党的群众路线教育实践活动 按照县交通运输局党委开展党的群众路线教育实践活动的总体要求及总体部署，全局在工作实际的基础上制订实施方案，有计划、有步骤地完成了各阶段任务，取得了积极成效，达到了预期目的。在学习教育、听取意见阶段，通过专题学习会、讲座、观看参观纪念馆等进行党章、党史、国情、廉政全面的学习教育，共开展专题学习会6次，参加专题讲座1次，观看教育电影1次，红色教育活动1次，党员干部每人撰写学习心得体会1篇。对准“四风”问题，通过寄送征求意见表，开展“基层走亲连心解忧”活动和谈心交心活动，共采集问题意见33条，较好地找出了差距、抓住存在的突出问题。在查摆问题、开展批评阶段，党员干部直面问题不遮掩，主动认领不推卸，紧扣“四风”，共梳理出领导“四风”问题15条，反映工作层面问题9条，反映具体人和事问题7条，反映对教育实践活动的意见建议2条，反映其他的问题1条。组织生活会上开展批评和自我批评，真正做到了揭短亮丑谈不足、事例说话不抽象、诚恳虚心接受批评，勇于检讨，承担责任。整改落实、建章立制阶段，一是完善抓整改，吸纳了一些好的做法，并逐步以制度形式固定下来，对以往的一些制度、规定也进行了重新修订完善。二是围绕解决问题抓整改，认真贯彻边学边改、边议边改的精神，及时解决个人“四风”、业务工作、自身建设等方面比较明显、容易改的一些问题。针对其他整改事项一一制定整改措施，按照整改事项难易程度规定了整改时限，党支部负责督促整改措施的落实。三是围绕群众满意抓整改。通过召开行风监督员座谈会交流意见，发放群众测评表的形式，让群众了解、检查整改成果，弥补不足、巩固改进。

文明创建 县港航管理局以深入开展党的群众路线教育实践活动为载体，以社会主义核心价值体系建设为根本，全面深化“四型港航”建设，确立“严执法、优服务、提效能、肃纪律、争最美”五大行动，大力弘扬港航精神，不断深化文明创建活动。利用道德讲堂宣讲平台和各种宣传阵地，长期有效地进行以社会主义核心价值体系为核心的思想道德建设。加强“三化四型”建设创建最美行业工作，以《浙江港航文化手册》为导向，围绕“寻找港航人身边故事，展现港航人文化风采”活动主题撰写港航文学作品2篇，提炼行业价值理念，创建“最美行业”口号5条，充分推动港航文化建设，提升港航软实力。深入开展美丽窗口创建活动，进一步提升港口码头（港区）的管理和服务水平，开展了瓯北客运码头港区环境整治工作，完善港区安保、卫生等制度，更新老旧客渡船一艘，在春运期间掀起“情满旅途”活动，志愿者在低温湿冷阴雨天气为来往的旅客们送上爱心雨伞，保障旅客出行更便捷、更顺畅、更温馨，使港航优良的服务理念深入人心。开展节俭养德全民节约行动，通过电子屏显示宣传标语加强节俭养德理念普及，积极推进“文明餐桌”和“五个一”节约行动。建立“党团员星期六志愿服务队”，开展志愿服务活动。开展综合文体活动、知识竞赛、驻企服务和“走亲连心”活动等多种形式，积极培育健康向上、团结和谐的人文环境，增强单位的凝聚力和向心力。

廉政建设 以党的群众路线教育实践活动为主线，依托干部职工集中学习、职工大会、道德讲堂等为载体，坚持理论学习教育，强化党员干部的党性观念和党性意识，增强勤政廉洁，遵纪守法的自觉性，规范从政行为。深化正风肃纪专项行动，从严执行中央“八项规定”和省委“28条”、“六个严禁”等要求，突出警示教育的威慑和警醒作用，持之以恒纠正“四风”问题。打造“清廉港航”品牌，深入执行党风廉政建设责任制，认真贯彻落实《廉政准则》，参加“5·10”思廉日教育讲座和参观反“四风”图片漫画展，不断提高党员干部执政水平和拒腐防变能力。以转变单位作风、提高工作效率，做好群众工作、推动跨越发展为重点，注重监督评廉，推行党务公开， 聘请行风监督员召开座谈会，广泛征求意见和建议，接受群众监督，提高服务群众和依法行政水平。严格执行财经纪律，落实收支“两条线”规定，加强财务预算管理，科学合理使用年度专项经费，严格控制“三公”经费。

（陈　崇）

邮　政

概　况 2014年，永嘉县邮政局深入践行省邮政公司“一引三转”，即以信息化引领，实现向加大创新驱动转变、向深化企业内控转变、向提供现代服务转变的总体思路，遵循信息转型、向善利民、韧者精神“三项”实践法则，打好平台、民生、文化、交通、融合“五张牌”的要求，对内，用以人为本的情怀铸就企业人文生态，对外，以向善利民的姿态创造企业发展生态，扎实推进“信息引领、文化养人”战略落地，各项工作取得了良好的成绩。

2014年，永嘉县邮政局有合同工A类157名、合同工B类10名、其他用工167名，下设综合办公室、市场经营部、人力财务部3个管理职能部门，函件局、金融业务局2个专业局，1个大客户中心，下辖清水埠、东瓯、城关、桥头、乌牛、黄田、永临、沙头、岩头、岩坦、碧莲、四川、枫林等13个支局，另设西溪、大若岩、鹤盛3个空白乡镇邮政代办所。

邮政经营实现新突破 2014年，全县邮政业务收入持续平稳增长，完成业务总收入7235.77万元，同比增长11.64%，完成年计划的103.28%，在全省73个县市局规模排名中位列19位，与上年持平，总收入增长率、完成率都位列全市第二位。坚持利润导向，实现规模与效益双丰收，重点发展金融业务与“两包”（国际小包、国内小包）业务。2014年，金融业务实现收入3451.79万元，同比增长17.01%，其中储蓄余额首次突破16亿元，全年代理保险系统保费突破亿元大关。函件业务实现收入2292.96万元，其中“两包”业务规模凸显，完成收入1932.91万元，成为函件业务收入、总收入乃至企业利润增长的重要拉动力量；创新邮政封片卡开发，结合“把美丽永嘉寄出去”DIY明信片现场活动，与“1号店·中国特色永嘉馆”电商一起向市民免费发放5万枚DIY明信片；融合书信和电商文化的主题邮局“漫邮局”在狮子岩景点建立，成为我县首个特色主题邮局；完善了“投递营销经理制”，建立了“收投合一”的报刊发行经营体系。电商和分销等新兴业务得到培育，其中“自邮一族”会员制车险新业务发展迅猛，全年以136.56%的完成率排名全市第一。包裹、集邮、代理速递等邮政业务得到稳步发展。

打造“三大”城乡综合服务平台 一是完成了全部网点标准化改造和金融一代转型工作，全县累计铺设CRS、ATM自助机具31台。二是累计建成信息化村邮站达184个，有效运营率达100%，便民服务交易量36.23万笔，全省排名第18位；交易金额2287万元，实现收入26.3万元，全省现业局排名19位；三是在全县完成了2.1万个信报箱安装工作，在上塘安装了永嘉首个智能化E邮柜（智能化自助包裹存取机）。四是补建了西溪、大若岩邮政代办所，完成了国家发改委下达的空白乡镇邮政局所建设任务。五是服务于老年群体，成立了永临首个邮政“夕阳红”俱乐部，在全县建立了农村代投中心，完成了黄田、西溪和城关3个简化版E邮局（现代化综合服务大厅）装修工作。向县政府提交了E邮柜、电子商务进万村建设方案，加快解决城市投递“最后100米”问题。向善利民的平台还多次被浙江卫视、《今日永嘉》、永嘉电视台等社会媒体宣传报道。

和谐建企不断推进 一是对外做好服务。不断加强邮政窗口服务，开展“窗口微笑服务”活动，深化质量内控管理，全面推行从业人员违规行为积分考核，让客户享受邮政优质的商业服务水平，全年用户满意度达90分以上。同时融入社会服务，与巽宅镇进书村开展文明结对、扶贫活动。二是对内做好服务。积极宣贯“以信为本、韧者常青”企业文化核心理念，引导员工树立“马上办、立即干”“日事日毕、日清日高”工作作风。三是建队伍，提素质，先后组建完善了理财经理、邮政综合营销、投递营销经理和由全局其他员工组成的兼职营销等4支队伍，其中金融人员保险持证率达96%、银行业持证率37%，投递获地区团体及个人一等奖，储蓄的点钞、反假币也均获地区一等奖，两者均代表地区参加了省级比赛。四是强风控保安全，坚持问题导向，从建章立制方面完善企业风险内控体系，先后出台了支局基础管理、财务、人力、风险等方面的13个内控办法。五是扎实开展党的群众路线教育实践活动的学习教育，完成了听取意见；查摆问题，开展批评；整改落实，建章立制三个环节的各项活动，重点突出，特色显著，成效明显，并认真贯彻落实党风廉政建设，严格执行中央“八项规定”。六是运用丰富多彩的载体和活动方式，倡导“以信为本、韧者常青”“辛勤工作、愉快生活”等理念，把员工的心态调整到积极的点上，凝聚释放正能量。2014年，永嘉县邮政局通过了“浙江省文明单位”复评。浙江卫视先后两次报道永嘉邮政投递员和村邮站，市、县级报纸、电视等媒体也多次大片篇幅报道永嘉邮政的向善利民服务，内外形象不断向好的方向发展。

（郑　宗）

中国电信

概　况 2014年，中国电信永嘉分公司在上级公司和县委、县政府的领导下，按照上级公司年度工作部署，紧紧围绕年度“12345”工作目标，实行市场化运作，采用“一去两化新三者”战略，推进行业信息化应用，调整业务结构，盘活用好各种资源，拓展移动互联网等新兴业务领域；紧密围绕“创新和服务双领先推动规模发展”这条主线，进一步提升创新、服务、集约与运营四大能力，推动三个规模发展取得新突破。2014年公司有员工272人，设有4个职能部门和12个生产经营单元，全年完成业务收入超过2.4亿元。

智慧城市·平安永嘉 2014年，永嘉分公司进一步推进公安民安工程建设，于当年10月完成民安工程五期建设，共新建高清摄像头298个、新增卡口系统9套（113个摄像头），并于12月通过验收。民安工程治安全球眼监控点“密且不漏”，遍布全县重点区域，进一步提升了全县社会治安管理水平和信息防控能力。中国电信完成永嘉县公安局刑侦视频中心建设，为有效预防和打击犯罪提供了新的利剑。针对个人家庭和企业用户，中国电信与国内最大的综合监控产品供应商海康威视合作，推出移动互联网新产品“翼眼”，让全县人民感受

永嘉县信息化居家养老服务平台启动仪式现场。

到了智慧家庭的魅力。通过手机客户端，即可随时随地查看家里的情况，人在外，家就在身边，切实增强了群众安全感。

智慧社区·信息化养老 2014年，中国电信全力推进行业信息化应用，助力信息化居家养老，构建智慧社区。温州市委老干部局、温州电信公司共同搭建的"一键通"信息服务平台于今年在永嘉得到推广。在永嘉县老龄办牵头和老年协会协助下，永嘉分公司积极行动，全力支撑，于1月17日在永嘉县大会堂举行"永嘉县信息化居家养老服务平台启动仪式"。据了解，至2014年年底，该平台已覆盖全县700余名老人，实现老人爱心看护。

节能减排·光进铜退 自2013年9月，永嘉首个程控交换母局退网后，2014年，电信永嘉分公司上塘老局已经服役了20年的程控交换机也成功退网。上塘老局的退网，是永嘉通信网络从全铜向全光迈进的新里程碑，是永嘉程控交换退出历史舞台的重要一步，也预示着上塘城关及周边地区率先步入智能光网时代。上塘老局下挂2个模块局1个接入网，预计整体退网后每月将节约用电5万元左右。铜退光进，中国电信一方面抓紧退铜退网脚步，同时另一方面加快"光网城市"光纤网络的建设。2014年，永嘉分公司退铜退网完成交换缩容25104线，ADSL缩容8742线，LAN下电52台。同时今年新增光缆649.55皮长千米，FTTH接入能力进一步提升，为全县步入全光时代打下了基础。

天翼4G·电信双百兆 2014年，LTE-4G开始商用，无线上网越来越快。作为全国第二批中国电信天翼4G上市的城市，中国电信温州分公司于9月5日正式发售电信天翼4G套餐。永嘉分公司在LTE-4G网络的建设进度方面走在全市前列。2014年，中国电信永嘉分公司经过LTE-4G网络的二期改造和新建，加上已完成的一期改造和新建，一共开通LTE-4G基站网点228个，4G信号已覆盖全县所有乡镇所在地和楠溪江景区。在用户畅享移动网络的同时，永嘉分公司对光网宽带进行了提速。中国电信永嘉分公司2014年推出宽带、4G网络双百兆品质服务，正式为全县地区用户提供百兆光纤宽带服务，实现了光纤大发展、宽带大提速。

电子商务行业协会成立 6月12日上午，永嘉县召开网络经济发展大会暨县电子商务行业协会成立大会，中国电信永嘉分公司王晓峰副总经理当选为常务副会长。永嘉县委书记盛秋平出席会议并作重要讲话，他强调要大力发展各类电子商务企业，深入推进电子商务进万村工程，全面推广"淘宝村"模式，积极推进"智慧城市"和"4G城市"建设。全县上下要顺应潮流、开拓创新，大力发展"一号新产业"，建设网络经济强县。

安全生产·健康发展 2014年4月，中华全国总工会、国家安全生产监督管理总局对2013年度全国"安康杯"竞赛先进集体和优秀个人进行了通报表彰。永嘉分公司被授予全国"安康杯"竞赛优胜单位。同年，永嘉分公司还通过了省级文明单位创建复评。这些荣誉的取得，与全体员工的努力分不开。永嘉分公司2014年落实出入证日常管理，制定车辆管理办法，加强员工食堂管理，落实安全生产工作，没有发生各类责任事故、火灾和案件。

用心为民服务 2014年，中国电信永嘉分公司积极贯彻党的群众路线，用心为民服务。这一年，永嘉分公司对装维服务质量提出了新的要求，服务质量得到了提升，服务效率也得到了提高。同时，永嘉分公司坚持"用户至上、用心服务"的服务理念，以客户为中心的理念，打造良好企业形象。截至

中国电信永嘉分公司被授予全国"安康杯"竞赛优胜单位。

2014年11月份，共处理投诉单1.2万件，用户投诉处理的满意度为95.2%，给用户带来贴心的服务。

2014年，中国电信永嘉分公司积极参加永嘉县政府应急抗台保障、永嘉县消防应急保障、永嘉县国防应急保障、县政府电视电话会议、国税新大楼搬迁、楠溪国际房车露营论坛等应急项目，为其提供通信支撑保障，受到县领导的肯定，获得社会各界的好评。

2014年，中国电信永嘉分公司依旧坚持承担着历史赋予的通信普遍服务重任。特别是沙头及以上山区偏远地区，其固话、宽带等年总收入远远不能支撑设备线路维护及局房折旧等费用。为了方便山区广大群众的通信，为山区地方经济发展和社会进步作出贡献，中国电信永嘉分公司每年都要主动承担的亏损超过1000万元。

凝聚团队力量 2014年，中国电信永嘉分公司积极开展“一家人创建”活动。以实现团队、目标利益、管理、文化和资源五个融合为目标，打造有激情、有活力、有信心，勇于挑战、锐意创新、扛得住压力、追求高绩效的 “一家人” 团队。同年补助金额20万元进行四小建设。连续四期开展总经理走进部室活动，收集问题和建议40多条，并逐条予以解决。持续开展员工关爱行动：开展节日送温暖、夏日送清凉活动，在传统节日及酷暑时节对一线员工进行慰问。坚持做好五必访五必贺活动。对20多名困难员工进行补助。 同时积极开展员工文体活动：组织楠溪江露营基地大型翼起来户外趣味野炊活动；电信员工一家人“翼”起来徒步健身活动；加强员工思想品质，全年组织开展道德讲堂2次，讲述先进员工典型事迹。并组织开展户外拓展活动，提高团队凝聚力。

（何必夫　叶东海）

移动公司

概　况 2014年，永嘉分公司以党的十八大和十八届三中全会精神为指引，深入贯彻落实省公司、市公司的战略部署，以转型与创新为驱动，以全面实现区域市场的领导者地位为目标，围绕市场大势强把控、流量经营促收入、渠道终端争份额、政企市场拓蓝海、客户满意寻突破等主导计划，智慧经营，转型创优，较好地完成了各项主要指标：截至2014年年底，实现运营收入6.4亿元。全年建设开通4G基站590个，完善TD覆盖能力，开通TD基站78个，完成宽带建设6.5万户，可装覆盖比达107%。补盲或解决弱覆盖，开通2G基站53个，开通WLAN热点12个。

至2014年年底，中国移动永嘉分公司在永嘉县境内建物理基站805个（2G基站880个，3G基站654个，4G基站888个），用户总数71万，有员工214人。

网络工程建设 2014年，中国移动永嘉分公司网络部紧紧围绕“网络建设增能力”的主导计划，重点通过对日常工作短木板的跟踪解决，稳步提升网络建设和维护工作，进一步加强了无线和有线能力建设，通过基础管理夯实维护日常工作。重点针对网络质量与安全、网络用户感知、网络能力建设三方面通过多项措施继续深化网络运维管理能力。

4G覆盖能力快速提升。“一天多站”的速度较好地完成基站建设。快速提升4G覆盖能力，开通4G基站590个（其中F频段409个、D频段89个、E频段42个、高速20个、高铁20个、国道6个、城际4个）。完善TD覆盖能力，开通TD基站78个（其中农村覆盖51个）。补盲或解决弱覆盖，开通2G基站53个（其中宏站32个、室分21个）。开通WLAN热点12个。

有线覆盖能力向深度和厚度延伸。完成宽带建设任务6.5万户，并于8月底提前全部完成小区、商企覆盖目标，并做好政企厚覆盖建设（工业区也已完成10个中的8个并在年底全部完成），深度和厚度进一步得到延伸。通过快速补网的推进，及时响应覆盖盲区的市场发展需求，可装覆盖比达107%居全地区前列。完成千石工业区、桥头外资工业区厚覆盖的管道建设；完成桥头洛溪等7个村的污水排污管道跟进工程；完成41省道南复线的管道建设；跟进三李公路的管道建设；攻克瓯北塔下路等5条难点管道的建设任务。完成102孔千米，在建设23孔千米。完成15个主辅配工程，完成光缆敷设皮长443千米。

全业务持续快速发展。完成装机3.2万户，拆机1.2万台；累计综合接入2206家（其中互联网专线856条，语音1053条，传输专线297条）；新增OLT设备15台；完成民安5期156个摄像点、公安一卡管车项目的建设，完成4家环保视频监控项目。

传统维护继续夯实。完成蓄电池测试564组，模拟量监控安装及更换113个站点，蓄电池更换271组，电表更换57个站点，开关电源更换10个站点，开关电源托盘替换38个站点，模块拆闲补忙150个站点，基站退服率均保持在0.025%以下。

客户服务 中国移动永嘉分公司上下高度重视服务工作，深入开展"为民服务创先争优"活动。通过晨会、演练、内训等方式加强业务知识和岗位技能学习，通过不断自查、整改专项提升服务质量。"三亮三比三创三评"工作开展有序。公开服务事项和服务流程，公示服务标准，在相关营业窗口、生产部门设立党员示范岗等，亮出党员身份，亮明岗位责任，强化自我约束；通过设置公示牌、公示板等形式，公开承诺，接受群众监督。开展岗位明星、服务标兵评比，开展文明服务、诚信服务、优质服务竞赛，促进服务态度和作风进一步改进。争创巾帼文明岗、文明服务示范点、青年文明号、争创优秀服务标兵。通过设置意见本，以及聘请社会监督员、开展客户满意度调查等方式，开展群众评议，做好群众意见反馈和问题整改工作，以实际效果取信于民。

投诉督办处理 优化投诉热点分析机制，重点提升投诉处理及时率与满意率，加强投诉专员的投诉处理质量，投诉及时率持续达到99%以上的要求，投诉处理满意率名列地区前三。加强落地督导，每月开展业务服务规范性检查，提升窗口营销服务能力。注重业务培训效果，针对业务落后的营业人员进行业务培训并现场测试效果，加强内训师业务骨干培养，树立标杆，带动整体业务素质提升。优化投诉处理流程，宣贯一线投诉处理指南，建立投诉案例库，实现信息共享；建立热点投诉责任关注机制，加强与市公司专业部门沟通，限时反馈处理进展或结果，快速处理响应；落实升级投诉预警机制、升级投诉跟踪监控和重大投诉督办处理；增加热点投诉处理进展及结果的每日跟踪通报，形成闭环；落实每月服务质量分析会制度，推动投诉深层次问题的彻底解决与流程的改造优化。

提升文化驱动力 开展"道德讲堂"活动，落实"超越平凡——做最好、做最快""两个行为规范"等系列活动，全力做好省级文明单位复评工作，有效提升企业软实力。推行"五六七现场工作法"，创服务型组织。深入一线，发现如"成员收集三步法"、"综合接入营销经验"等优秀案例342个，复制优秀案例98个，解决问题2237个。深入荣誉体系建设，选树典型，挖掘荣誉体系的正面效应，打造班组特色文化，形成员工自动自发行为，建立人人争先创优的局面。强化了安全生产，落实安全生产责任制，突出重点部门、部位和环节的安全管理。加强安全检查与整改力度，消除安全隐患。积极开展"安全生产月"各项活动，开展驾驶员"安康杯"知识竞赛和消防知识竞赛活动，加强员工安全教育，提高全员安全意识，2014年较大安全责任事故为0。

提高政治保障力 多次组织公司管理层、关键岗位人员开展党风廉政课，举办党风廉政建设专题教育讲座和社会主义核心价值观专题讲座，并组织全体员工学习岗位行为规范、观看廉政视频等；贯彻执行国家方针政策，落实国家相关规定；"5·10"思廉日活动丰富，集体学习、视频教育、交流讨论等方式召集公司所有党员、关键岗位以及业务管理员举行2014纪检专题学习会,并在当日组织党员深入一线开展志愿者服务活动，为前来移动公司办理业务的人员排忧解难。组织各级干部员工学习了解中央精神，树立移动良好的社会形象，创造和谐工作环境。

履行社会责任 紧紧围绕县委"转作风、优环境"的工作主题，在积极开展自身行风建设的同时，深入开展挂钩联系工作。以建设"大家"为己任，积极开展结对共建。开展"慈善一日捐"、"五水共治"捐款、"爱心服务站"助力中考、高考、联合公安消防局开展"一畅两会"消防宣传，联合永嘉公安消防局、永嘉流动管理局、上塘中心城区开展"青年志愿者为民服务活动"等。

（钱爱珠）

联通公司

概　况 中国联合网络通信有限公司永嘉县分公司职工人数为67人（截至12月份），内设综合支撑部、建设维护中心、客户服务中心；下辖永嘉移网区域营销中心，永嘉固网区域营销中心，永嘉商企营销中心，永嘉行业营销中心；建有上塘、瓯北、桥头、千石、龙桥等五个营业厅。12月初，公司主要负责人变动，瓯海分公司副总经理王智调任永嘉县分公司副总经理（主持工作），原总经理裘文杰调回省公司市场营销部。

经营情况 2014年，永嘉县分公司主营业务收入完成5904.39万元，同比增长-10.6%；通服收入完成5719.68万元，同比增长

-10.71%。其中，公众移网完成4386.24万元，同比增长-11.3%，集团业务完成806.08万元，同比增长-6.99%，固网业务预计完成1333.44万元，同比增长-8.71%，ICT收入184.71万元，同比增长-7%。

6月28日下午，为感谢VIP客户长期以来对联通公司的支持与关爱，永嘉分公司在上塘国大影城成功举办了VIP客户影视俱乐部活动，邀请100多位联通VIP客户观看3D科幻巨作《变形金刚4》。7月17日，沃金柜集中拓展大赛在永嘉分公司举办，来自鹿城、龙湾、乐清分公司的共6支代表队参加此次活动。本次拓展大赛共新建签约级沃金柜85家，预备级沃金柜54家，共完成积分319分。8月1日，永嘉分公司桥头桥东北大街营业厅正式对外营业。8月15—16日永嘉分公司在瓯北东瓯营业厅举办了第一届“夏日炒王”大赛，活动内容丰富，节目精彩。9月秋季校园迎新促销活动，在永嘉电大职业学校、永嘉二职、三职学校开展扫楼扫宿舍活动，发展800多户学生用户，现实了永嘉校园迎新活动发展量质的突破。

工程建设和网络优化 2014年永嘉分公司新建移网3G基站新建40个，4G基站新建20个，室分新建4个。FTTH驻地网工程建设，新增配线11000线。已全部投入市场使用。拆装移维工作满意度有所提升。

加强能耗管理，通过日常查检，对高能耗基站做针对性的整改，核对PUE异常基站，对不在用基站关闭财务计提，基本完成年度的能耗管控任务。加强“转供电”改“直供电”整改，提高增值税专用发票获取率，推广电费充值卡，完成7家基站用电整改。加强基站3A达标整改，针对基站跳纤凌乱，设备接地不规范，以3A标准进行整改，使大部分基站符合基本要求。加强基站长链整治及改换防鼠光缆工作，2014年长链累计有12条，到年底完成11条整治。传输网元环保护率整改，永嘉分公司的成环率为50%，经过对下挂点和下挂链的整改成环，目前已经提升到62%。

综合建设 1月23日，公司总经理助理张海丰随县领导赴挂钩的大若岩镇进行扶贫慰问，并送上慰问金。

7月8日上午，公司开展“行动学习”培训活动，围绕“599融合礼包”营销开展讨论，裘文杰总经理亲自授课，移网、固网和营业线的工作人员参加此次培训。8月份，参加温州市第十一届消费者信得过单位申评。9月份办理了桥头桥东北大街营业厅营业执照、组织机构代码证等。

（胡乐乐）

城乡建设

综　述

2014年，永嘉县城乡建设深入贯穿推进改革创新一个主题，做到城镇污水治理与环境综合整治两个突出，理顺规划引领与统筹发展、城镇管理与服务群众、社会管理和维护稳定等三种关系，抓住质量和安全、建筑业转型、住房保障和供应、房产市场稳定四个要点，实现治污水、治违建、治危房、治拥堵、治脏乱五大突破，扎实推动住房和城乡规划建设工作迈上新台阶，各方面工作成效显著。

规划审批与监察

规　划　紧紧围绕“城乡一体、产城互动、节约集约、生态宜居、和谐发展”的要求，进一步提升城市发展的质量和水平。完成县低效土地再开发专项规划编制，启动中心城区交通专项规划、黄田片区概念规划、重点地段城市设计及控规修编、永嘉县中心城区（三江）地下空间开发利用控制性详细规划、县城（上塘）给排水专项规划修编、永嘉县教育设施布点规划、县城排水防涝专项规划等7个专项规划及141个村庄的规划新编和修编工作。启动了48个控规项目的调整工作，为推进重点项目的审批建设提供规划保障。

审　批　始终贯彻“不说不能办，只说怎么办”的服务理念，加强服务创新，全面推进行政审批制度改革，完善审批方式方法，规范工作流程，提高办事效率。实行“权力清单”和“责任清单”，共梳理出行政许可、行政处罚、行政强制、备案27项等14方面592项。并将“权力清单”“责任清单”进行网上公示，推进行政权力、责任公开透明运行；将房屋初始登记7项审批事项下放到基层所，进一步推进简政放权。积极推进审批制度改革，积极贯彻绿色通道、模拟审批等制度，从快从优为三江立体城、大自然滨江花园、瓯江治理工程、41省道福佑至沙头段工程等10个招商引资、重点工程审批项目提供服务。按照“两集中、两到位”的要求，不断规范审批服务行为，深入实施首问负责制和一次性告知等服务制度；对于重点项目、民生项目则采取绿色通道、现场办公等方式，主动提供优质审批服务，不断优化审批服务环境。2014年，共办理选址意见书40个，预选址意见35个，建设用地规划许可证65个，临时建设用地规划许可证7个，规划设计条件书42份，模拟规划设计条件书4份，建设工程规划许可证61个，施工许可证68个，发放产权证8900多个，审批事项提前办结率达到了100%。

监　察　坚持“方向不变、政策不松、力度不减”，确保城乡规划顺利实施。进一步明确管控责任,加大管控覆盖面和查处力度,重点加强私建审批批后监管工作，做到了应拆必拆。组织8000多人次拆违246处，组织、参与拆除违法建筑面积136万平方米。另外，积极参与相关部门的拆违行动，相互配合，形成合力，确保无违建创建活动全面铺开。

城镇建设与管理

城镇交通建设　以规划实施落实保障，以“打卡口、接断头、续框架”为重点完善城市道路及配套设施建设。开工新建或改造道路项目7条5.55千米；完成新建或改造道路项目8条9.352千米；开工断头路2条，完工2条；完成影响通行的路口改造7处；完成停车位1131个，其中公共停车位394个；完成公共自行车1100辆，停靠点44个；新增公交路线4条，公交站点23个，开通社区巴士线路4条。

污水处理 2014年全县住建系统紧紧围绕全省“五水共治”建设的总体部署，坚持把生态良好作为经济社会发展的“底线”，全力推进城镇污水和垃圾处理设施体系建设，集中力量在规划和建设污水和生活处理设施、供水和滨水公园方面做了大量的工作，在治污水、排涝水、保供水和抓节水方面都取得了阶段性的成效。

一是突出“治水”相关规划引领作用。完成县城（上塘）、瓯北（黄田—三江片）给排水专项规划修编、县城排水防涝专项规划，完成8个中心镇的给排水专项规划报批，对“五水共治”工作做好规划引领作用。

二是大力推进城镇污水处理设施建设。完成2014年市目标要求：建成运行上塘污水处理厂二期，完成桥下污水处理厂一期，开工建设江东污水处理厂一期和黄田污水处理厂一期，完成城区和中心镇污水管网工程完成55千米；建成7个镇级污水处理站（碧莲、巽宅、岩坦、大若岩、鹤盛、岩头、枫林）；开工建设1个沙头镇污水处理站。2014年，开工建设16座完成13座生活垃圾中转站，城镇污水处理率达到87%。

2014年，全县以城镇污水处理为重点助力“五水共治”，加快城镇生活污水基础设施和滨水公园建设，全面改善县域水环境。2014年以来，建成上塘污水处理厂二期并投入使用，建成桥下污水处理厂一期主体工程。全力推进全县8个污水处理站建设，目前岩头等7座已完成主体建设，开工建设沙头污水处理站。建成城镇污水管网58千米。全县城镇污水处理率达89%，城乡生活垃圾处理率100%。建成滨水公园25座，全面完成市对县目标任务。

三是紧抓供排水基础设施建设。市目标要求改造积水点8处，建设雨水管网11千米，提标改造污水管网7千米，雨污分流改造管网7千米，清淤排水管网100千米，建设供水管管网6千米，改造供水管网14千米，新建水厂1座（设计能力3万吨/日）；改造水厂1座（5万吨/日），建设屋顶集雨等雨水收集系统（处）60处，改造节水器具1065套，改造一户一表2500户。完成上塘12处积水点改造，完成雨水管网12.57千米，提标改造污水管网7.55千米，雨污分流改造管网7.55千米，清淤排水管网100千米，建设供水管管网10.92千米，改造供水管网17千米，新建桥下自来水厂1座（设计能力3万吨/日）已竣工，已进入办理结算阶段；改造黄田自来水厂1座（5万吨/日）已投入使用，完成全县屋顶集雨等雨水收集系统（处）60处建设，改造全县节水器具1030套，改造全县“一户一表”3500户。

四是继续完善滨水公园建设。其中2014年的滨水公园建设任务数为25座（其中10座新建，15座改造提升）总投资额为5998万元。

垃圾无害化处理 出台《关于进一步做好全县生活垃圾保洁、运输、处置工作的实施意见》，深入实施“户集、村收、镇运、县处理”模式及垃圾运输市场化机制，全面推行生活垃圾保洁、运输、处置一体化保洁机制，进一步改善城乡人居环境。全县已建成垃圾中转站13座（渠口、桥头外垟头、上塘下寮、陡门、枫林、黄田、桥下垟湾、上塘城南、城东、东瓯五星、瓯北罗浮、岩头、桥头白垟），开工16座（上塘峙口、乌牛码道、碧莲山坑、东瓯林垟、大若岩、桥下西溪、梅岙、桥头白垟，鹤盛、巽宅、沙头花坦、乌牛新庄、桥下徐岙、昆阳、金桥、茗岙）。将瓯北、桥头、沙头、岩坦、碧莲纳入垃圾运输市场化，城乡生活垃圾集中收集覆盖率达100%、无害化处理率达100%，城市主要道路机扫率达72.63%。

燃气行业管理 突出重点，努力抓好燃气安全生产工作。一是抓好节假日和日常燃气安全管理工作。对该办辖区内燃气安全隐患进行排查和督查整改。全年共排查18家62场次，基本上都存在不同程度的安全隐患，发放整改通知书46张次，排除安全隐患55项。二是积极做好6月份“安全生产月”活动各项工作。制作了燃气安全使用手册10000册，广告横幅100幅，纸杯10万个和环保袋10000条，发放给各储配站、各配送中心安全宣传，并在上塘、瓯北、桥头、桥下、岩头、碧莲、巽宅、岩坦等地进行现场发放宣传用品并进行宣传解读用气安全知识。三是强化燃气行业人员的业务培训工作。从业人员专业素质低下，操作不规范是燃气安全事故发生的重要原因，因此加强业务培训势在必行。协助燃气行业协会对18名燃气行业人员进行资格证书培训，全部取得了资格证书。四是定期或不定期地对瓶装燃气价格过高的热点问题进行检查。通过打电话和实地检查的形式对各配送中心零售到户的价格进行检查。其价格不能高于县政府协调会议协商的参考价。如发现高于参考价的，发现一次警告，发现三次及三次以上的，在年终考核时将评为不合格。五是加强对无证经营户的打击力度。联合执法人员在公安等单位的配合下对无证经营户进行专项整治，严厉查处，共查处瓶装燃气无证经营户28起，联合查获非法经营钢瓶1166多瓶（其中不合格钢气瓶就达540多瓶），共排除16处重大安全隐患点，一定程度上保证了燃气市场安全运行。六是积极落实城镇燃气输送管道安全整治工作。1—11月份，该办在辖区内进行专项检查中发现输送管道存在安全隐患的有7处，至年底已有5处整改完成，还有2处正在整改之中。七是认真落实安全生产“打非治违”专项行动。8—11月份，该办积极开展“打非治违”专项行动，打击破坏损害油气管道行为，整治管道周边乱建乱挖乱钻问题的有2起，出动执法检查组12次，其中参加执法检查人员36人次，检查企业单位和场所38家次。

建筑产业与市场秩序

建筑产业发展概况 进一步提升工程质量和企业资质，提高建筑业产业竞争力。强化建筑工地的文明标化工地创建和标准化管理。全年完成建筑业施工总产值65.51亿元，其中省外产值4.72亿元，完成房地产（含安置房）固定资产投资119.10亿元。加强了新墙材专项基金征收管理，全年征收174个新开工项目预缴款1381.88万元，办理返退项目53个，返退资金1188万元。

建筑市场监管 完成施工单位企业资质及项目岗位管理人员备案登记表58份，受理外地建筑业企业进永备案7家，外地建筑业企业退出永嘉2家；引导总承包三级企业晋升二级，鼓励发展专业分包，上报施工总承包三级企业晋升二级2家，上报老建筑业企业新增资质4家，上报资质增项7项，新增施工总承包三级企业2家，新增预拌商品混凝土三级企业2家，新增建筑智能化工程专业承包三级企业1家。办理勘察前备案共89件，建筑面积1335682平方米；施工图审查备案85件，建筑面积2876341平方米；办理民用建筑节能意见书37件，建筑面积1364241平方米。

工程质量与安全生产 加强建筑质量管理制度建设，健全工程质量终身责任制。推进建筑工程质量通病防治，贯彻落实《温州市建筑工程质量通病控制实施办法》，提高全县建筑工程质量水平。对工程项目实行结构实体检验，确保保障性安居工程分户验收率及设置永久性责任标牌率达100%。按照全覆盖、明重点、零容忍、强监督、硬问责的要求，全面落实建筑工地、市政公用设施建设等方面非法违法行为的监管和处置。建立建筑工程重大隐患挂牌库，推行工程差别化监管，加强对安全生产重点部位、重点环节的有效监控，严格执行安全生产事故“一票否决”制度，以最严格惩罚措施处置非法违法行为，确保安全生产“零事故”。全县在建项目240个，施工建筑面积410万平方米，其中今年新列入质量监管在建项目64个、面积167万平方米，新列入安全监管在建项目72个、面积138万平方米，进一步提升了工程质量和施工安全管理水平，获温州市“瓯江杯”优质工程奖1项，创市级标化工地3个、县级标化工地7个。

房地产管理

房地产权属登记 规范房屋登记，坚持依法登记，牢固树立便民、为民办事意识，改变工作作风，进一步加强了便民惠民服务力度。对学生办理入学手续急需房产证的房屋登记，开通应急绿色通道，特事特办；应教育系统及入学学生家长要求，就近查询房屋权属登记信息，经研究后将查询权限下放房屋属地住建所，便利群众需求；上塘北墩西移民安置房因多方面原因致使交付使用达7年之久不能办理土地、房屋登记，经协调，该问题截至年底已初步解决；上塘后村安置房亦因历史遗留问题达10年之久的登记经研究得到解决，村民反响极好；按县政府要求，对全县2000多处国有房产进行登记，抽调力量集中精力推进登记进度；对自由组合建造的房屋登记程序给予优化，简化登记程序，维护了权利人的合法权益；对农商银行因改制需办理房屋登记，与该行集体研讨形成共识，将全县60多处房屋登记在册；解决了诸如斯多纳公司分割登记、乌牛大联横岚岙高速公路拆迁，县级以上重点工作拆迁安置等历史遗留问题。全力做好城镇既有住宅房屋调查登记工作，调查城镇既有住宅2487多幢。全年办理房屋登记6165件。其中初始登记(住宅)3250件，面积48.20万平方米，非住宅217件，面积47.43万平方米；变更登记(住宅)322件，面积5.94万平方米，非住宅133件，面积16.77万平方米；更正登记(住宅)40件，面积0.66万平方米，非住宅7件，面积1.58万平方米；换证登记（住宅）27件，面积0.39万平方米，非住宅2件，面积0.15万平方米；补证登记(住宅)87件，面积1.70万平方米，非住宅12件，面积0.76万平方米；注销登记116件，面积2.08万平方米；二手房交易登记（住宅）749件，面积10.10平方米，非住宅132件，面积12.99平方米；赠予、继承等转移登记（住宅）373件，面积5.98万平方米，非住宅25件，面积3.41万平方米；商品房转移登记（住宅）777件，面积10.90万平方米，非住宅12件，面积0.11万平方米。抵押设立登记488件，面积24.38万平方米；抵押注销登记4950件，面积205.85平方米；最高额抵押设立登记4020件，面积201.09万平方米；预购商品房预告登记（住宅）2035件，面积24.69万平方米，非住宅17件，面积0.10万平方米；预告商品房抵押权预告登记2207件，面积19.25万平方米；发放房屋所有权证8088本，面积167.07万平方米；装订档案4570件；受理查询26500人次；出具自建自住证明157份；遗失登记359件。

房地产市场管理 深入贯彻落实国家、省市宏观调控政策精神，严格规范管理房地产市场秩序。认真执行商品房预售资金监管办法。2014年以来，组织对全县各房地产开发企业预售资金收缴情况进行检查，尤其对预售情况不乐观的项目重点跟踪监管检查，未发现违规现象。认真执行商品房网上销售管理办法。全年共批准预售商品房项目11个，共预售面积52.18万平方米，同步实施现场监管，现场提取认购房源名单，对未符合商品房预售条件的商品房项目做好前期政策咨询指导，杜绝违规行为。积极做好房地产交易、抵押指导工作。全县共办理二手房交易881件，成交面积23.09万平方米，成交金额10.50亿元；抵押设立登记4518件，抵押面积229.83万平方米；签订商品房买卖合同2457套，销售面积28.77万平方米，成交金额37.86亿元；办理《商品房买卖合同》备案登记2708套。

房屋安全管理 强化房屋安全查勘鉴定，履行工作职能，全年共出具房屋鉴定586件，鉴定建筑面积约12.60万平方米，发放改危通知书380张。按照全县统一安排，开展老楼危楼的排查工作，共排查危房19213栋，户数21022户，建筑面积425万平方米；发现问题楼房5827栋，6696户，建筑面积98万平方米；2014年已解危123栋，487户，解危建筑面积4.20万平方米。

房屋征收工作 全面推进“房屋阳光征收与补偿”工作，依法公开房屋征收与补偿有关法律法规、配套政策等资料，进一步做好宣传和解释工作。建立房屋征收房地产价格评估机构管理机制，加强中介机构管理，规范中介执业行为，建立良好的市场秩序，保障中介机构合法权益，促进房屋征收工作顺利完成。建立房屋征收补偿档案，推进签约、备案和公开的信息化监督。大力推进征收项目的征收补偿工作进程，完成上塘中心城区环城北路西向延伸项目，补偿方案年底已公示；全力打通41省道南复线岩头至大若岩段工程项目，按征收程序逐步推进；启动104国道永嘉三江至李浦连线工程项目，组织相关部门对该项目的房屋补偿方案进行讨论，并对未登记权属建筑的认定工作进行指导。进一步加强对实施单位的监督、指导，保障被征收人的合法权利，促进项目的顺利开展。

规范物业管理 永嘉县共有住宅小区77个，其中实行专业物业管理住宅小区（大厦）有47个，管理面积总计287万平方米，从事物业管理工作人员713人。研究出台《永嘉县物业专项维修资金申报使用规程》，进一步健全维修资金管理体系，物业项目招投标监管到位率达100%。组织开展全县高层楼宇安全大检查行动，积极参与全市物业管理评优活动，其中“建设大厦”“中楠国际广场”“瓯城花苑”等三个物业管理项目获得“温州市物业管理示范项目”称号。

服务行业工作 围绕“两提两争”主题，积极践行党的群众路线教育实践活动，全力提升行业服务水平。一是突出审批服务效能，完成一批重点项目的模拟审批。始终贯彻“不说不能办，只说怎么办”的服务理念，加强服务创新，全面推进行政审批制度改革，完善审批方式方法，规范工作流程，提高办事效率。实行“权力清单”和“责任清单”，共梳理出行政许可、行政处罚、行政强制、备案27项等14方面592项。并将“权力清单”“责任清单”进行网上公示，推进行政权力、责任公开透明运行；将房屋初始登记7项审批事项下放到基层所，进一步推进简政放权。积极推进审批制度改革，积极贯彻绿色通道、模拟审批等制度，从快从优为三江立体城、大自然滨江花园、瓯江治理工程、41省道福佑至沙头段工程等10个招商引资、重点工程审批项目提供服务。按照“两集中、两到位”的要求，不断规范审批服务行为，深入实施首问负责制和一次性告知等服务制度；对于重点项目、民生项目则采取绿色通道、现场办公等方式，主动提供优质审批服务，不断优化审批服务环境。2014年，共办理选址意见书40个，预选址意见35个，建设用地规划许可证65个，临时建设用地规划许可证7个，规划设计条件书42份，模拟规划设计条件书4份，建设工程规划许可证61个，施工许可证68个，审批事项提前办结率达100%。二是抓好测绘业提升。“数字永嘉”地理空间框架建设项目设计书顺利通过省专家组评审，项目建设进入实质性实施阶段，完成188平方千米1：500数字地形图、860平方千米1：2000数字地形图基础地理信息数据采集、建库。个人住房信息系统一期项目完成建成区房产图基础测绘数据建库约5.5万户15.8平方千米。天地图节点建设采用与市局共建模式稳步推进，楠溪江传统古建筑的测绘及相关资料的整理和拯救利用工作有序进行。进一步健全运行机制，设立统一窗口，推行竣工测绘和房产测绘“二测合一”服务，做到“统一接单、统一合同、统一勘测、统一收费、统一成果”，不断提升测绘服务能力。三是白蚁防治行动大力实施。规范防治行为，实现安全生产无事故，施工质量无投诉的目标，进一步提高服务品位，树立行业形象，受到广大群众的好评。积极落实任务，开展白蚁蚁情蚁害情况普查活动。分别对全县10个小区、10个行政村的房屋建筑、20座水利设施、5个园林绿化、5%的古树名木、10处文物古建和10块山林果园进行普查，结合历史资料和蚁情记录的分析研究，明确各地白蚁种类、分布及危害现状，为推广应用白蚁种群控制新技术提供技术支撑。全年完成白蚁灭治47户、民房45处，建筑面积约1.50万平方米；签订新建房屋白蚁预防合同59份，合同面积147.94万平方米，新建房屋白蚁预防施药面积126.54万平方米；实现经济收入291.50万元。同时，进一步加强防治宣传，提高群众知情率。在《今日永嘉》报上刊登《城市房屋白蚁防治管理规定》《浙江省房屋建筑白蚁防治管理办法》解答，刊登白蚁防治知识宣传，内容包括白蚁小知识、白蚁的特点等。制作宣传标语，开展一次现场咨询会，为群众答疑解惑；分发彩印宣传资料350册、灭蚁药物400包、宣传水杯500个。加强设施建设，建立白蚁防治管理系统网络平台，提高服务水平，在购置白蚁防治车的基础上，建设白蚁防治管理系统网络平台。

城镇住房体制改革

保障性住房建设　研究制定《县农村住宅联户拆建管理暂行办法》《关于加强人才住房保障工作的若干意见》《县上塘三元堂二期经济适用房申请购买实施方案》《县公共租赁住房管理细则》，加快推进保障房落到实处。2014年新开工保障性安居工程2417套，其中公共租赁住房234套；城中村改造2183套；基本建成323套，其中竣工323套；交付使用323套。新增廉租住房保障家庭45户，新增廉租住房租赁补贴45户，完成农村困难群众住房救助1400户，新增城镇住房保障覆盖率3.44%。

农村困难群众住房救助　贯彻《永嘉县农村危房改造试点工作实施方案》，确保到2015年基本解决农村困难家庭危房改造。2014年坚持“早落实、勤跟踪、严验收”的工作方法，严格申报材料审查机制，紧紧抓好项目建设动态跟踪，完成农村困难群众住房救助900户。

廉租房保障资格审核　建立联合审核制度，强化廉租住房保障年度审核工作，联合公安车辆管理部门对永嘉县602名廉租住房保障对象（户主或其配偶）拥有小汽车情况进行审核调查，查明其中34户廉租住房保障家庭名下现有车辆登记，其中有1户家庭拥有3辆汽车，6户家庭每户拥有2辆汽车，依照《永嘉县居民家庭经济状况核对实施办法》《永嘉县廉租住房保障办法》的有关规定，中止该34户家庭的廉租住房保障资格，涉及人数达109人，减少2014年廉租住房租赁补贴支出191520元。

（黄　凯）

住房公积金管理

概　况　2014年，住房公积金归集4.97亿元，同比增长16.55%，归集余额达15.06亿元。全年发放个人住房公积金贷款720户，贷款金额4.84亿元，同比增加123.04%。至12月底，贷款余额达7.16亿元，个人住房公积金贷款比率为59.12%。全县有5520人次办理住房公积金提取，提取住房公积金1.38亿元，同比增长46.81%。2014年继续采取各种措施强化贷后管理，住房公积金贷款风险控制较好，1—12月份住房公积金贷款逾期率均为0。2014年全年业务收入5696.65万元，增值收益达2632.17万元。

住房公积金扩面 将住房公积金制度扩面工作列为首要工作，多措并举，全力以赴，落实和完成年度扩面任务。截至12月底，新增住房公积金缴存人数3502人，实现净增缴存人数1799人，完成年度任务的119.93%。一是争取政府重视。积极向县委、县政府领导汇报制度扩面所取得的工作成绩和存在的困难问题，在工作上得到领导的肯定和重视。二是密切部门联动。积极与县人力资源社会保障局进行协调沟通，于5月份将“按规缴存住房公积金”正式纳入全县新的个人劳动合同和集体劳动合同。加强与县教育局协同配合，于8月份召开全县民办教育机构负责人会议，就民办教育机构落实住房公积金制度工作进行部署和政策业务培训。积极与县总工会进行沟通，于9月12日与永嘉县总工会联合转发《浙江省住房和城乡建设厅 浙江省总工会关于进一步维护职工住房公积金合法权益的通知》（永公积金〔2014〕20号）文件。加强与交通等重点行业管理部门的联系，力争出台重点行业落实住房公积金制度政策性文件。三是强化政策宣传。认真制定《2014年度住房公积金政策法规宣传月活动实施方案》，修订完善《住房公积金十问答》《住房公积金业务办事指南》《住房公积金业务告知书》等宣传资料，利用报纸、网络、电视和各家银行的大幅广告、电子屏、宣传栏、资料柜等媒体专栏和宣传工具，开展政策法规宣传活动；结合年度月缴存额调整和年度验审工作，于6月19日，专题召开非公有制企业经办人政策宣传和业务培训会议，提升其法规政策宣传能力和业务办事能力。按照“抓重点、宣政策、促建制”的工作思路，落实“一线工作法”，到报喜鸟、奥康、红蜻蜓、育才控股、海事海星等规模以上企业，开展制度调研和政策宣传活动，督促其按规落实建制工作。对拟上市企业及其下属单位要求出具住房公积金缴存证明的申请，进行严格把关审核，确保其按规缴存住房公积金。注重在日常业务办理中加强法规政策宣讲和缴存业务管理，及时掌握和处置异常缴存情况，对不按规定缴存住房公积金的企业，采取上门宣传的方式，进行重点督促，以点带面，促进制度落实。在认真落实常规法规政策宣传的基础上，认真收集分中心成立以来归集、使用住房公积金的历年数据，编制了一份《走近温州市住房公积金管理中心永嘉分中心》宣传册，并在《今日永嘉》报上专版刊登，用数据宣传住房公积金制度给缴存职工所带来的实惠，用住房公积金优惠政策的吸引力强化宣传效果。四是拓宽银政合作。修订完善《永嘉分中心住房公积金存款余额调配与受托银行扩面工作业绩挂钩实施办法》文件，充分发挥银行的整体优势，调动协办银行参与扩面工作的积极性和主动性。在3月11日，召开住房公积金协办银行工作会议，部署制度扩面合作工作；在5月28日，召开受托银行扩面工作推进会，强化扩面合作；在9月份，与温州银行永嘉支行、邮政储蓄银行永嘉县支行签订扩面合作协议书，拓宽制度扩面合作银行范围，形成资源互补、相互竞争的银政合作氛围。分批次对扩面合作银行经办人员进行法规政策和扩面业务培训，努力打造一支充满活力的编外法规政策宣传队伍，提高制度宣传面。加强制度扩面业绩登记管理工作，及时调配存款余额，兑现存扩挂钩规定。

服务效能不断提升 按照“多层次受理、全方位服务、无障碍交流、零距离沟通”的要求，深化文明创建，创新服务方式，加强窗口队伍建设，提高办事效率，优化服务质量。一是规范窗口管理。5月21日制定印发了《温州市住房公积金管理中心永嘉分中心办事大厅服务管理工作规范》（永公积金〔2014〕8号）文件，对窗口服务进行规范，组织人员参加市中心规范服务培训，结合《道德讲坛》活动，组织服务礼仪培训，多方设法统一配置服装，确保《规范》落实。二是完善服务制度。建立和实行窗口工作人员手机统一管理、“周六无休日”办公和“一周一督查、一月一检查”等制度，完善和落实分中心《办事窗口服务承诺制度》和办事窗口服务明星评选活动，不断提升服务质量和水平，最大限度方便群众办事。三是深化文明创建。以创建“群众满意单位”活动为抓手，完善办事窗口软、硬件建设；以落实党的群众路线教育实践活动为载体，多层次、全方位开展各项文明创建活动和深化民主评议政风行风活动，努力营造“诚信、和谐、廉洁、高效”的服务环境，争创省级文明单位。四是推出惠民政策。本着“为民、惠民”的服务理念，开展低收入困难家庭住房公积金贷款贴息工作调研，积极向县政府汇报和争取实施此项惠民政策。9月3日，经永嘉县人民政府常务会议研究同意，印发《永嘉县人民政府办公室关于印发永嘉县低收入困难家庭住房公积金贷款贴息管理实施办法（试行）的通知》（永政办发〔2014〕103号）文件，从2015年1月1日开始实施该项惠民政策。

廉政建设日益加强 分中心高度重视党风廉政建设和纪检监察工作，营造良好的廉政文化，促进内部管理的提升，职工素质的增强。一是落实组织领导，强化党风廉政建设责任制。成立党风廉政建设领导小组，通过分中心主任与各科室和个人层层签订《2014年党风廉政建设责任书》，研究制定《2014年党风廉政建设和反腐败重点工作组织领导责任分工》文件。根据县委、县政府《2014年度落实党风廉政建设责任制考核办法》的要求，分中心印发了《2014年党风廉政建设及纪检监察工作要点》《2014年度党风廉政建设和惩防体系建设工作计划》等文件，有效落实党风廉政建设责任制，推动反腐倡廉建设各项任务落到实处，确保纪检监察工作顺利开展。二是落实宣传教育，营造机关廉政氛围。结合党的群众路线教育实践活动，深入开展反腐倡廉宣传教育，研究制定《2014年党风廉政建设教育学习实施方案》（永公积金党组〔2014〕11号）文件，筑牢拒腐防变的思想道德防线。组织党员干部认真学习和落实《廉政准则》，强化纪律观念。开展“坚定理想信念、增强党性观念、强化党的纪律”专题学习教育，组织全体党员干部集中观看《焦裕禄》《关于认真学习贯彻习近平总书记指导兰考县委常委班子专题民主生活会时的重要讲话精神的通知》《信仰》等影片，增强人民公仆意识，坚定为人民服务的理想信念。开展“5·10”思廉日活动，荐读思廉辅导材料，组织党员干部写廉政誓言。深入开展廉政文化建设。充分利用服务大厅、办公室、会议室、走廊等场所平台展示文化图片、警语，营造良好的廉政文化氛围。三是强化风险防控，狠抓作风建设。认真学习贯彻中央关于改进工作作风、密切联系群众的“八项规定”和省委28条具体办法、“六项禁令”。严格实行三公管理。实行阳光公开公务招待费等支出经费，进一步深化作风建设。认真执行“三书两报告”制度。分发领导干部落实党风廉政建设《责任分工报告书》、职能科室落实党风廉政建设《主要工作函告书》，明确分中心班子领导和职能科室落实党风廉政建设责任制的工作目标、要求和方法。召开半年度党风廉政汇报会，班子成员和科室负责人汇报上半年分管的党风廉政工作。着力抓好公务接待、资金规范管理、津补贴规范、劳动纪律管理等制度的落实，实行公务支出公开制度，公务接待，车改补贴使用等经费支出在单位内公示。四是加强内部管理。以党的群众路线教育实践活动为契机，以打造“为民、务实、清廉”队伍为引领，强化干部队伍能力建设。强化学习，以党的群众路线教育实践活动为主要载体，采取自学和集中学相结合的办法，有效提高干部职工的理论水平。通过专题培训、集中学习等方式，提高干部职工的业务技能，更好地为当地缴存职工提供服务。群工团组织健全，精心组织“红七月、服务月”系列活动。到县荣军院、儿童福利院开展党员敬老爱幼、济困扶弱志愿活动，参观革命历史纪念馆，重温入党誓言，切实增强党员意识。开展“慈善一日捐”活动，全体干部职工慷慨解囊，努力创建和谐社会的道德情操。

班子队伍建设常抓不懈 分中心党组作为永嘉住房公积金事业发展的领导核心，其“龙头”作用能否充分发挥，主要取决于党组自身建设的水平。为此，分中心党组非常重视班子自身建设。一是坚持党组理论中心组学习制度。在学习过程中，主要领导遵守时间，带头学习，班子成员也都能按照要求开展学习活动，从而保证了理论中心组学习真正取得实效。二是坚持落实班子成员分工责任制。结合县分中心实际情况和班子成员各自特点，根据市中心的要求，科学分工，明确班子成员的岗位职责，要求他们认真落实廉洁从政相关规定。三是坚持强化民主集中制。认真实行单位“三重一大”事项和其他重要工作通过党组和主任办公会议集体决策制度，推进权力公开透明运行。四是以党的群众路线教育活动提升班子建设。分中心开展了党的群众路线教育活动，经过深入学习，听取意见，查摆问题，开展批评，整改落实，建章立制等环节，认真细致地查找了领导班子和班子成员存在的“四风”问题，针对“四风”问题班子和班子成员总共列出了18项详细的整改清单，确定整改时限，并在单位内公示，接受全体干部职工的监督。根据督导组确认，现都已整改到位。五是坚持注重维护班子的团结和统一。党组领导能够团结、带领班子成员做好工作，班子成员在党组的领导下，认真做好分管范围内的工作。在日常工作中做到“大事讲原则，小事讲风格”，遇事多商量多沟通，努力营造一种真诚相待、宽松和谐的氛围。

大事记

2014年2月7日，中共永嘉县委、永嘉县人民政府《关于2013年度考绩结果的通报》永委发〔2014〕14号文件通报良好单位（46个），其中永嘉分中心名列其中。4月，永嘉分中心获得“温州市文明单位”荣誉称号。4月，永嘉分中心获得“温州市青年文明号”荣誉称号。6月，永嘉分中心推出“周六无休日”服务，切实解决群众反映较多的“我下班你也下班”的办事难问题，最大限度方便群众办事。6月19日，永嘉分中心在瓯北人人国际大酒店召开2014年度政策宣传暨业务培训会议，会议由胡永暖副主任主持并作重要讲话，业务管理科科长林永康做业务培训，参加会议的是全县已缴存住房公积金的非公有制企业经办人，到会人数近200人。9月9日，永嘉县正式出台《永嘉县人民政府办公室关于印发永嘉县低收入困难家庭住房公积金贷款贴息管理实施办法（试行）的通知》（永政办发〔2014〕103号），该办法从2015年1月1日开始实施。12月12日，永嘉分中心档案管理工作省二级认定通过。

（钱丽琴）

国土资源

综 述

2014年，永嘉县国土资源局在市局党委、县委、县政府和县人大、县政协的正确领导、监督下，紧紧围绕“振新实体经济，服务发展大局”工作思路，严格履行“保障发展、保护耕地、保护生态”工作职责，以突出抓好国土资源管理和加强队伍建设、自身建设为重点，务实勤政，廉洁从政，狠抓落实，圆满完成全年各项既定目标和上级下达的任务。

土地开发整理

耕地垦造 2014年上级下达全县耕地垦造任务是140公顷，2012年和2013年立项遗留的项目还有32个，2014年竣工2个项目，面积46.7公顷，加上往年超额完成的44公顷，共完成90.7公顷。

高标准基本农田建设 2014年，完成高标准基本农田建设2600.2公顷，顺利完成市政府下达全县的任务2533.3公顷。

农村土地综合整治项目清理共批准20个项目，有5个项目由于拆旧复垦难以置换和拆除而要求取消。在15个要求继续实施的项目中，其中7个项目已经过资金预算审核，启动拆旧方案，有2个村已经拆除，面积达1.2公顷，已完成供地4个项目，建新区周转指标为5.7公顷。另外2014年上级下达全县的农村土地综合整治报批任务是40公顷，已组件上报市局3个项目，拆旧复垦面积16.7公顷，申请周转指标15.6公顷。

地产市场管理

征地报批 2014年，共组建14个城市计划批次，面积75.1公顷，4个单独选址项目，面积123.8公顷，计划用地报批及时完成，。主动谋划，调整思路，积极对接，四次追加用地计划指标43.5公顷，有效缓解了项目用地报批中新增建设用地指标不足的严峻状态。

农村宅基地管理 2014年，办理农用地审批16宗，临时用地审批19宗，办理农民个人建房用地审批4205户。同时，积极开展全县农村无房户、危房户、住房困难户情况调查，并初步建立了全县农村无房户、危房户数据库，为合理安排农用地指标，使农村无房户、危房户占用耕地建房难得到有效缓解，有利地促进了农村社会的和谐稳定。

供地管理 2014年，累计公开出让储备土地26宗，面积为11.2公顷，应收土地出让金为7295万元。累计完成5宗土地使用权的收储工作，面积为20.4公顷.已支付收储补偿费6117.28万元。临时利用储备土地5宗，累计实现储备资产的零星收入86.92万元。累计办理预选址地块29个，面积为51.9公顷。累计支付前期开发费用858.86万元。

土地清理 2014年，共完成转而未供125.5公顷，完成率110.7%，供而未用163.1公顷，完成率89%，基本完成了上级下达的任务。

土地执法

土地执法监察巡查 2014年，全面推行三项土地执法监察机制，即违法监管共同责任机制、执法监察责任追究机制和执法监管部门联动机制。全年共开展联合巡查6936次，出动人员19573人数，现场发现并制止违法案件595起，制止率100%，涉及违法面积229090.3平方米，其中占用耕地93774平方米。通过联合巡查和制止力度的加大，违法案件宗数和违法面积与往年相比均有所下降，违法用地行为得到了有效控制。

土地卫片执法检查 2014年

土地矿产卫片执法监督检查图斑经拆分合并上报为283宗，总计面积89.1公顷，耕地面积38.6公顷。其中违法用地249宗，面积76.2公顷，耕地面积33.7公顷。（其中历史批文87宗，面积38.0公顷，耕地面积20.1公顷。国土资源部审核未通过地块22宗，面积9.4公顷，耕地面积3.1公顷）。永嘉县2014年卫片的违占比为27.18%，扣减历史批文为10.99%，扣减三类用地及历史批文后违占比为10.12%。

案件查处 2014年全年共立案100件，已申请法院执行案件160件，法院作出裁决94件，组织力量对造成社会恶劣影响的沙头镇陈剑非法占地的房屋进行了强制拆除。

信访维稳 2014年，永嘉县国土资源局继续实行领导班子接访活动，由局领导班子于每周三轮流在信访大厅接访，到目前共接访56次，受理群众信访43件，解决39件。全年共收到群众来信来访593批（件），受理114件，全部予以办结，信访秩序明显得到改善。同时高度重视信访积案排查的化解工作，成功化解市局交办2件信访积案。

培训和宣传 2014年，永嘉县国土资源局按照省厅召开的全省农村干部国土资源法律法规知识教育培训会议精神和要求对全县农村村两委主要负责人进行了国土资源法律法规培训。开展了“4·22”世界地球日、“6·25”全国土地日、“12·4”法制宣传日活动，利用不同的主题，采取不同的形式，通过图片展览、知识竞赛、开通公众微信号、走进法院直面庭审、府院互动座谈等一系列活动进行宣传教育。

内部管理 梳理上报了县国土资源局152项行政权力清单并向全社会进行了公开。出台了《关于明确执法监察工作职责与案件查处有关规定的通知》文件，进一步明确了执法监察机构和执法监察队伍的职责分工。创建“阳光执法”的公开网络。在门户网站主页开辟“阳光执法”专栏,集中公开了执法监察工作涉及的事项。

地籍管理

按照省厅和市局的要求，从管理体制与作风建设、土地登记、土地确权与权属争议调处、土地调查、地籍信息系统建设与地籍档案管理五个方面开展了土地登记标准化达标建设。继续进行地籍档案数字化建库工作，不断优化地籍管理手段，完成2.2万宗权属调查和核对，完成66个村6.2万宗土地内业整理和数字建库，城镇数字地籍调查覆盖率达87%。继续破解土地登记难，通过请示、会议纪要、决定、函等方式，解决了300多宗地的土地登记难问题。

矿政管理

根据省厅《浙江省矿产资源总体规划（2016—2020）编制工作方案》要求，做好前期工作。围绕矿政管理重点工作中群众关心的热点问题，开展阳光矿政建设，制定了《永嘉县2014年度阳光矿政实施方案》，成功出让桥下镇上村坑底垅普通建筑用石料矿，成为全市首个在市交易平台网上报名的矿山挂牌项目，全年共收取出让金4723万元。为进一步保障重点工程的建筑石料，加快对41省道永嘉福佑至沙头段改建工程建筑用石料（凝灰岩）矿的报批工作。同时在市局地矿处的大力支持下，永嘉县政府投入资金2000多万元，治理了21个废弃采矿点，特别是桥头镇岩门废弃采矿点，治理资金达1000多万，高效完成了市局下达的废弃矿山治理任务，在全市对各县市区的“四边三化”考核中，永嘉县矿山治理一项一直名列前茅。

地质灾害

加强地质灾害防治群测群防机制建设，组织开展全县突发地质灾害应急预案演练和一年一度县村级监测员培训会议，根据地质灾害防治规划，完成《2014年度永嘉县地质灾害防治方案》修编工作，同时制定了年度地质灾害防治计划，落实防治任务。全力推进地质灾害工程治理，碧莲镇上村刘光崇屋后滑坡已组织验收；乌牛街道十八垄村村东钱师坚屋后滑坡治理工程已完成工程部分，正着手准备竣工验收资料；北城街道柯师湾村滑坡地质灾害治理工程已完成工程量的90%。另增补了4处地质灾害治理工程，桥下镇胜山村陈胜利等屋后滑坡、桥下镇里村陈建勇屋后滑坡、碧莲镇小巨村泥石流等3处地质灾害治理工程已技术交底；枫林镇大木兑村滑坡群治理工程至年底正在勘察设计。

（陈　翔）

环境保护

综　述

2014年，永嘉县环保工作坚持以科学发展观为指导，努力完成年度各项目标任务，全县生态环境质量继续保持良好态势，楠溪江中上游水质常年保持在I、II类，地表水水质达标率100%，跨行政区域河流交接断面（清水埠）水质达到良好以上，县级以上集中式饮用水源地（楠溪江引水工程）水质达标率100%，环境空气质量优良率93.9%。2014年，深入开展国家生态县创建，编制完成《国家生态县建设规划》和乌牛等3个街道生态建设规划，沙头镇等6个申报创建国家级生态镇（街道）通过省级核查，桥下镇等5个镇（街道）通过省级生态镇（街道）命名公示。

污染源治理与管理

污染物减排　2014年，县人民政府制定《2014年永嘉县主要污染物总量减排计划》，下达25个年度减排重点项目，全面推进2个污水集中处理工程、6个工业企业污染治理工程、16个结构减排工程、1个农业源治理工程等减排重点项目。全力督促上塘、瓯北、桥头等地加快市政污水管网建设和维护，促进污水处理厂规范运行。编制实施《永嘉县畜禽养殖区划分方案》，切实推进农业领域的减排。经市减排办核算，2014年化学需氧量、氨氮、二氧化硫和氮氧化物排放量分别比上年同期下降3.03%、2.69%、3.76%和6.03%，圆满完成年度减排任务。

水环境治理　2014年，坚持对环境违法行为"零容忍"，按照"五个一律"的要求切实加强涉水污染源监管。深入开展涉水排污企业排查整治专项行动，共检查涉水排污企业537家，其中责令限期整改128家，取缔非法排污企业65家，刑事拘留57人。对191个农村生活污水处理设施建设进行技术指导。全面完成全县水环境质量常规监测，省控地表水断面、饮用水源的例行监测和国控、省控企业的监督性监测。每月定期对134条河长制河道和黑臭河、垃圾河进行水质监测。编制完成《水功能区水环境功能区划分方案》和《6个饮用水源保护区划分方案》。

大气污染防治　2014年，出台《永嘉县大气重污染应急预案（试行）》，健全大气重污染应急处置机制。制定实施《永嘉县大气污染防治实施方案（2014—2017）》和《永嘉县2014年度大气污染防治工作计划》，开展年度十大实事建设。设置上塘中心城区建成区"高污染燃料禁燃区"。投入800多万元，建成4大流域5座空气质量自动监测站。深入开展行业VOCs治理和上塘、瓯北餐饮油烟净化装置配备工作。加强机动车监管，建成永新蓝天机动车尾气检测有限公司、五洲汽车综合性能检测站，机动车尾气检测站投入运行，出台黄标车淘汰补助办法和黄标车限行区域方案，共受理1200多辆"黄标车"淘汰补助申请，发放机动车环保标志52873个。

污染整治　2014年，电镀行业整治提升完成扫尾工作。全县原有29家造纸企业（38条流水线）整合重组成的7家产能5万吨以上的企业，全部完成整治提升。全县印染、化工、合成革等三大行业共关停5家企业，其余19家企业按照"一厂一策"要求，全面完成行业整治提升工作。造纸、化工、印染、合成革行业污染整治通过市政府核查验收。同时，自加压力，全面启动拉链、阀门、铸造、小五金等行业的污染整治。

环境日常管理　2014年，完成环境影响评价项目审批224个，"三同时"验收项目65个，排污许可证核发、换发241个。完成16家企业的清洁生产审核，对223家企业的环境信用行为进行评价。组织开展环境安全隐患排查工作，检查企业405家，发现环境安全隐患共9处，完成整改 6处。加强对危险废物的监管，共监督转移危险废物2930.2吨，处置医疗废物148吨，18 家企业创成危险废物产生和经营“双达标”单位。按时完成全县地表水、饮用水水源、交接断面的常规监测和国控、省控企业的定期监测。菇溪黄坦、楠溪江饮用水源水质自动监测站和上塘、瓯北空气自动站运行正常。

环境日常监察 2014年，积极推行环境执法监管网格化，将全县划分为19个监管单元连同全县89家重污染企业落实到具体的网格监管责任人，实现环境执法“全覆盖、无缝隙、制度化、精细化、规范化”。强化联动执法，积极会同公安部门严格执行“两高”关于环境污染罪的司法解释，严厉打击环境犯罪行为共出动执法人员10256人次，检查企业4660厂次。

城乡环境综合整治

2014年，深入实施“四边三化”行动，严格按照“半月一督查，一月一会商，双月一考核”工作制度开展各项工作，共牵头组织119次督查考核，参与1126人次，召开12次商会，解决各类重、难点问题25件，合计下发整治任务3136个。共拆除“四边区域”违法建（构）筑物2484处，面积69.66万平方米，拆除广告牌（违法无序非公路标志）1356处，面积6.64平方米，清理垃圾、废弃物共19167处，重量9.76万吨，共绿化“四边区域” 77.4千米，面积15.39万平方米。

法制建设

2014年，严格执行《永嘉县环境保护行政处罚规范》和《永嘉县环保局行政处罚自由裁量权适用规则》，深入实施重污染企业专管员定期轮换制度和责任追究制度。不断健全环境行政执法责任制，充分发挥法制监督职能，严厉查处各类环境违法案件，全年共立案查处167件环境违法案件，39家移交公安部门，57人被刑拘。全年无一起行政复议和行政诉讼案件发生。积极开展环境法律法规的普法工作。

宣传教育

2014年“6·5”世界环境日，以县委理论中心组（扩大）学习会的形式，邀请国家环保部生态司原司长彭近新教授作生态文明建设讲座，举办全县生态环保工作成就图片展。“6·30”浙江生态日，举行保护母亲河宣传周活动启动仪式，成立保护母亲河生态监护队，开展公众环保体验日、“五水共治”沙龙等活动。组织“生态文明讲师团”深入基层开展10多场次的生态环保宣讲。在全县大力营造人人支持、人人参与生态环保的良好氛围。

环保专项行动

2014年，深入开展整治违法排污企业、保障群众健康、打击非法窝点、遏制污染转移等环保专项行动，加大对全县集中式饮用水源等重点区域的监督检查，开展打击无证无照违法排污企业行动，坚持“打早、打小、打了”的方针，发现一家，打击取缔一家，切实解决一些群众反映强烈的突出环境污染问题，打击取缔各种“十五小”企业145家次。

议案提案和信访办理

2014年，高度重视议案提案办理，召开座谈会、上门征求意见、深入调查研究，协助办理2个代表建议和2个委员提案。切实加强环境举报投诉调查处理，巩固“环境举报‘零障碍’、环境投诉‘零重复’、环境信访‘零越级’”的工作成果，全面畅通信访渠道，健全高效、快速反应的信访调处机制，深入开展信访隐患排查，实施领导信访接待日活动和“12369”环保热线24小时值班制度，全年共对875件环境信访件进行有效调处，处理率100%。

环境监测

监测站概况 2014年，永嘉县环境监测站共有在岗监测人员15人，学历全部大专以上，全部拥有专业技术职称，其中高级职称1人、中级职称4人。监测站除拥有常用的环境监测仪器外，还配备原子吸收分光光度计、红外测油仪、紫外分光光度计及气相色谱仪、带频谱分析的噪声仪、原子荧光仪等精密分析仪器和温湿度表、PB-10酸度计、电导仪等仪器。另外，还配备了计算机等相关辅助仪器。其中一般仪器35台、采样仪器12台、大型仪器15台，汽车1辆。

地表水监测站位

	站位	河流
省控	碧莲	楠溪江
	沙头	
市控	石柱	
	黄坦	菇　溪
县控	窑底	菇　溪
	桥下	西　溪
	乌牛	乌牛溪
	鹅浦	鹅浦河
	瓯北	新桥河

水质、大气自动监测站位 2014年，桥头黄坦地面水自动站运行稳定，并与省环保厅联网；上塘、瓯北环境空气自动监测站运行稳定，并与浙江省环境空气质量指数发布平台联网，对上塘、瓯北的空气质量实行日报制度。

监测项目及监测频次 地表水必测项目有水温、气温、pH值、溶解氧、悬浮物、挥发酚、氰化物、总砷、总铅、总镉、石油类、电导率、高锰酸盐指数、五日生化需氧量、氨氮、硝酸盐氮等；选测项目有硫酸盐、氯化物、溶解性铁、总锰、总铜、总锌、总磷、氟化物等。全年常规监测6次，采样时间为单月上旬。分析方法依据各项目国家标准及《水和废水监测分析方法》第四版。大气环境项目为二氧化硫、二氧化氮、臭氧、PM10、PM2.5等。逢雨必测的pH值、电导率、降水量，每月监测一次降水中的主要阴阳离子。

环境监测成果 2014年，永嘉县环境监测站共完成496次的委托性监测，包括换证监测、生态监测、监督监测、验收监测及一般委托监测，已出具水、气、声监测报告分别406份、49份、99份；完成所有的例行监测任务；全年共获得监测数据近1.9万个（不包括自动站数据）。

大气环境质量状况 2014年，永嘉县环境空气质量仍然保持良好水平，环境空气有效天数361天（优74天、良265天、轻微污染18天、中度污染2天、重度污染2天），优良339天，优良率93.9%。2014年，上塘镇、瓯北镇首要污染物均为PM2.5。2014年对209家重点工业企业统计汇总结果表明，永嘉工业废气排放总量45.92亿标立方米，比上年略有减少。工业废气中主要污染物二氧化硫、烟尘排放量分别为1171.17吨、467.74吨。永嘉工业废气主要分布于瓯北、上塘等区域，其中上塘的废气排放量为最大，其次为瓯北。二氧化硫、烟尘主要排放区域为瓯北、上塘。永嘉是国家确定的酸雨控制区。2014年共采降水样品116个，降水pH值范围3.91—6.21，其中pH值小于5.60的酸雨样品有106个，酸雨率达91.4%,比上年略有上升，年平均pH值为4.92，比上年有所上升。

水环境状况 2014年，永嘉地表水体水质略有改善，但总体水质质量状况不容乐观，部分水体水质没有达到地面水功能区划的要求。全县境内主要为二江（楠溪江、瓯江）、二溪（菇溪、西溪）、四河（永乐河、鹅浦河、瓯北、黄田），其中楠溪江有碧莲、石柱、沙头3个监测点。依据《地表水环境质量标准》GB3838-2002，2014年境内主要地表水体水质状况如下：碧莲、沙头、石柱、桥下、乌牛、窑底、黄坦7个站位水质与上年相比基本保持稳定，都达到功能要求类别。其中碧莲、沙头、石柱、桥下、黄坦、窑底的12项参评水质指标均达到《地表水环境质量标准》GB3838-2002中Ⅱ类标准，其水质定类主要污染因子为总磷、氨氮。乌牛溪和瓯北内河水质为劣Ⅴ类，其水质定类主要污染因子为氨氮、总磷，2014年鹅浦河水质降为Ⅴ类，定类主要污染因子为氨氮。楠溪江水环境状况基本不变，各断面都能满足功能要求。内河流域中乌牛、瓯北、鹅浦均不能满足功能要求，主要污染物为氨氮、总磷。沙头断面以上4千米的下盛岙是全县主要的生活饮用水源地，是楠溪江引水工程的取水口，以城市环境综合整治定量考核中饮用水源水质的12个项目来评价，饮用水源水质达标率为100%。

（陈支持）

旅　游

综　述

2014年，永嘉县累计接待游客510.68万人次，同比增长23.01%，其中国内旅游者507.05万人次，同比增长22.89%；海外旅游者33519人次，同比增长30.44%。实现旅游总收入39.25亿元，同比增长28.07%；门票收入3006.22万元，同比增长40.77%。

旅游资源管理与保护

2014年，完成岩头、枫林、苍坡“两镇一村”保护规划编制和县级相关单位意见征求。完成埭头村、暨家寨村、张溪林坑、茶园坑等4个重点村落保护规划并批复。完成楠溪江景区民宿规划、房车露营规划、环湖生态园策划方案。完成芙蓉传统村落规划并争取到财政补助和土地指标。分批启动村庄规划编制，开展枫林镇龚埠、兆潭、朱山头和田东4个重点村庄规划编制工作。启动大楠溪、源头、四海山、石桅岩景区详细规划编制。开展“景区综合整治宣传月”活动，通过发放宣传资料、设咨询点等形式,认真做好《风景名胜区条例》《浙江省风景名胜区条例》等有关法规政策的宣传。严格执行景区建设项目“一书两证”制度，严格依照规划审批和管理项目，共审批乡村建设规划许可证70件，私建用地规划许可18件，工程规划许可10件，公建建设项目选址意见书2件，建设用地规划许可5件，工程规划许可1件，初步设计审批1件。加强资源巡查监管，加大违法违规案件的依法查处力度，依法查处景区违法违规案件，截至12月底，共出动巡查77次，共查处违章建设案件101起，合计拆违面积10054.59平方米。认真做好景区村庄私建审批职能的“接、放、管”工作，加强业务培训，规范审批流程，同时加大监察巡查力度，切实抓好规划实施管理。

旅游重点项目建设

2014年，完成纯旅游固定资产投资65002万元，其中社会投资56139万元、政府投资8863万元。金珠瀑文化休闲中心、百丈瀑等一批项目相继对外开放营业，建成了全省首个设施规范的楠溪江国际房车露营基地。芙蓉山庄拆扩建工程、楠溪山居酒店等旅游重点项目建设有序推进。加强景区基础配套设施建设，实施古村落保护利用、红色旅游、景区设备设施更新、大若岩十二峰景点基础设施和景区公厕等项目。推进国家AAAAA级旅游景区创建，石桅岩景区AAAAA提升项目完成了扩初设计方案。加快智慧旅游建设步伐，开通官方微信公众号，建成龙湾潭、崖下库、石门台3个体验点。强化旅游招商服务，鹤盛镇黄坑旅游文化村、桥下大龙山生态休闲旅游度假中心和楠溪江垄溪养生度假村3个旅游项目已土地挂牌出让，签约楠溪状元村——屿北古村落文化旅游区。民宿发展迅速，2014年有民宿61户，房间446个，床位766张，餐位1967个，打造了云逸、楠园、枫驿、归园田居等一批精品民宿，在一定程度上弥补了旅游接待能力不足的问题。

旅游市场开发与管理

2014年，成功举办2014楠溪江·国际房车露营高峰论坛、第十一届浙江山水旅游节和浙江省第三届运动休闲旅游节等系列活动，宣传推广楠溪江旅游形象和新业态。制作了《楠溪江手绘导游图》《旅游指南》《楠溪江住宿餐饮指南》等一批旅游宣传资料。加强与浙江之声、浙江卫视《浙江气象》、浙江在线新闻网站、703804网站、交通之声、《香港文汇报》、《温州日报》等省内外媒体的深度合作，向主要客源地投放多媒体楠溪江旅游形象宣传广告。举行楠溪江（上海）旅游专场推介会，制作楠溪江主题形象花车，借助上海旅游节进行巡游展示。组织参加浙江省（山东）旅游交易会和杭州、台湾等旅游宣传推介活动，全面展示楠溪江丰富的旅游资源，全力推广“中国长寿之乡”等品牌。继续实施楠溪江团队游客招徕奖励措施，充分发挥旅行商对外宣传招徕客源的主渠道作用，有效拓展了旅游市场空间。2014年，楠溪江获评“当代最美世外桃源”“最佳乡村旅游度假目的地”等称号。

旅游行业管理

2014年，深入开展景区环境百日专项整治行动，狠抓违章和环境卫生治理，做好古建筑修缮工作。全面落实楠溪江景区环境卫生保洁工作专题会议纪要精神，按照“一把扫帚扫到底”的工作要求，落实卫生保洁专项经费，出台景区卫生保洁管理办法，充实保洁人员力量，明确卫生保洁责任范围，实行保洁分段包干责任制，建立卫生保洁工作长效机制，景区环境卫生保洁明显改善，在城乡市容环境卫生、农村保洁和创建国家卫生城镇工作考核评比中名列第一。出台品牌酒店引进、民宿管理等政策措施，进一步完善旅游政策体系，着力发挥政策引导和驱动作用。大力促进旅游服务质量提升，桥头饭店被评定为“银叶级绿色饭店”。强化安全责任落实，加强旅游安全宣传和防范，杜绝发生旅游安全责任事故。全面排查，及时整改，查漏补缺，认真做好国家级风景名胜区执法检查各项工作和国家AAAA级景区复核工作。

（盛颖颖）

新开发景点简介

楠溪江金珠瀑文化休闲中心（永嘉书院） 项目位于沙头镇珠岸村和大若岩镇都南村，总用地面积10.57公顷，总建筑面积30000平方米，总投资5.5亿元，具有健身、度假休闲、娱乐、文化创作、展览、学术研究等功能，体现永嘉文化内涵的综合性文化旅游项目。项目由永嘉县文化置业房开有限公司投资，2007年1月开工建设，2014年5月1日正式营业，2014年接待游客81800人次，门票收入125万元。

百丈瀑景区 位于大若岩镇府岸村，属楠溪江风景名胜区大若岩景区荆州段4级保护区，部分涉及核心保护区。百丈瀑是浙江省第二大瀑布，瀑从124米的高崖飞出，疑为白绫千尺，银河倒悬。随着季节气候不同，形态也呈现出万千变化。百丈瀑近旁，还有天烛峰、一支香、美人岩等峰石奇景，2014年10月1日正式营业，全年接待游客17051人次，门票收入49.65万元。

永嘉五星潭省级森林公园 位于永嘉大若岩镇藤溪村，景区森林面积453.33公顷，林木资源丰富，各种植物799种，国家级保护植物6种，国家重点保护动物8种。景区以登山、垂钓、露营、赏景为旅游特色，集旅游观光、休闲度假、探险猎奇、科普教育诸多功能等于一体的旅游目的地。景区距温州40余千米，诸永高速、41省道、永缙公路均可到达，地理位置优越，交通便利，2014年接待游客80800人次，门票收入21.3万元。

重点工程建设

综　述

2014年安排县重点工程52项（新增重点项目8项），其中要求建成11项，新开工9项，续建32项。年度计划投资55.64亿元，同比增长22.3%，财务支出59.66亿元（其中争取上级拨款或补助6.77亿元，县财政26.12亿元，自筹26.77亿元）。分行业计划安排：交通项目11项，总投资105.77亿元，年度计划投资14.25亿元，占年度计划投资的25.61%，财务支出17.67亿元；农林水项目7项，总投资47.90亿元，年度计划投资6.71亿元，占年度计划投资的12.06%，财务支出7.31亿元；能源通信项目3项，总投资6.04亿元，年度计划投资2.12亿元，占年度计划投资的3.81%，财务支出2.12亿元；城建流通项目17项，总投资135.75亿元，年度计划投资23.62亿元，占年度计划投资的42.45%，财务支出23.62亿元；社会事业项目7项，总投资14.90亿元，年度计划投资2.70亿元，占年度计划投资的4.85%，财务支出2.70亿元。旅游项目7项，总投资21.40亿元，年度计划投资6.25亿元，占年度计划投资的11.23%，财务支出6.25亿元。

建设情况

诸永高速公路温州段延伸线工程　诸永高速公路温州段延伸工程（温州瓯江过江通道）起于诸永高速公路永嘉复合枢纽（瓯北镇北岙村），经三江，跨瓯江至南岸市区，终点在市区矮凳桥路北侧与民航路北段连接，路线全长约8.063千米。项目投资概算约26.47亿元，计划建设工期36个月。该项目于2010年12月份开工，至2014年12月底，瓯越大桥已建成通车。

41省道永嘉沙头至福佑段改建工程　41省道永嘉沙头至福佑段改建工程全长25千米，其中岩头至沙头段一级公路13千米，岩头至福佑段二级公路12千米。隧道长约3050米/6座，桥梁长约2140米/7座。项目投资概算约20.56亿元，工程于2014年3月份开工，至2014年12月底，完成总工程量的13.45%。

永缙线巽宅经金溪至界坑公路改建工程　改建后路线全长20.4千米，比原公路缩短9.1千米，预计总造价1.18亿元，按重丘三级公路标准建设，工程分两期进行，一期11.11千米，二期9.29千米，总投资1.18亿元。至2014年12月底，路基基本完成，路面15%。

104国道永嘉三江至李浦连接线工程　起点为三江片区与新建104国道相接，终点为上塘李浦村，与上塘越江大桥连接，二级公路14.90千米，设计时速60千米，路基宽10米,其中大桥长约500米/3座，隧道长约430米/1座，总投资3.25亿元。截至2014年12月底，总体完成84.66%,完成路基98.89%,桥梁98.98%,隧道100%，路面73.26%，隧道机电72.31%.

41省道南复线岩头至大若岩段公路工程　起点岩头镇楠溪江二桥桥头，终点接大若岩的永缙线，全长约15.040千米，一级公路标准，其中隧道长3560米/3座，设计时速60千米，整体式路基宽度为23米，分离式路基宽度为11.25米，总造价估算为8.89亿元，项目总用地6.33公顷。至2014年12月底，完成交工验收。

104国道温州西过境公路永嘉段改建工程　全长7.18千米，双向六车道一级公路标准兼顾城市道路，其中特大桥2.345千米/座，桥面宽36米，主线路基宽50米，连接线路基宽32米，总造价估算为15.86亿元。至2014年12月底，坟墓迁移协议签订完成；特大桥主梁施工；安置房施工图已完成。

瓯北大桥工程 全长1075米，主桥长265米，宽31米，江中引桥及东西岸引桥总长810米。立交匝道长675米，东岸地面道路长300米。总投资5.31亿元，至2014年12月底，大桥主体完成交工验收，附属工程匝道建设启动。

永嘉沙头镇石埠至西垟公路工程 二级公路5.66千米。其中隧道1480米1座，大桥351米1座，设计时速60千米，路基宽10米。截至2014年12月底，总体完成69.8%，路基40%，隧道91.1%，桥梁38.7%。

瓯北西段标准堤工程 标准堤7.52千米，防洪标准50年一遇；新建5座水闸，加固水闸2座，防洪标准50年一遇，防涝标准20年一遇；开挖三闸河1.87千米。工程总投资约6.49亿元，至2014年12月底，主体工程基本建成，组织附属绿化工程建设启动。

桥下镇西溪三期防洪工程 总长3.77千米，防洪标准20年一遇。至2014年12月底，完成灌注桩处理3.66千米，完成两岸一级挡墙共计2500米，完成后侧土方回填2400米，完成箱涵2座，施工进行2座。

桥头菇溪河道整治工程 治理河道8.28千米，防洪堤总长16.5千米，主要建设内容为两岸防洪堤、堰坝及河道疏浚，防洪标准20年一遇。至2014年12月底，一、二、三期工程完工，四期工程完成80%，五期完成25%。

瓯北三江标准堤工程 工程北起后江水库，终点为开垟水闸，总长12.12千米，总用地面积约3公顷，沿线涉及重建及加固水闸共7座，拟定总投资11.8亿元,建设工期4年,其中5.8千米“强塘固房”段工程建成将三江片的防洪标准提高到50年一遇。至2014年12月底，第一阶段Ⅰ标开始堤内干砌石挡墙施工，Ⅱ标完成分部工程验收；第二阶段Ⅰ标因堤线调整停工，Ⅱ标完成全线直立挡墙闭合并开始堤顶栏杆及花岗岩施工，挂彩闸完成闸房浇筑及外墙涂料，开垟闸完成闸房混凝土框架结构施工；第三阶段完成灌注桩1700根，完成轻框基础开挖1100米，完成垫层及框格梁浇筑9跨计252米。

三塘隧洞分洪应急工程 排涝标准为20年一遇。鹅浦溪排涝工程线路长3907 米，中塘～下塘排涝线路长4967 米，总长8874 米。其中隧洞长5797 米，明渠2294 米，暗渠长529 米，新建节制闸3座，排水闸2座，排涝泵站2座，修建堤防和护岸3799 米。工程总工期36个月，工程静态总投资7.07亿元。工程已建成，已投入使用。

瓯江治理工程 黄田、桥下、桥头新建堤防及护岸18.58千米，包括交叉建筑物排水闸12座，涵洞11座。至2014年12月底，工程累计完成总工程量75%。累计完成堤防基础处理18.5千米，水闸基础处理11座，上部结构11千米，完成绿化工程招投标。

永嘉县西向供水工程桥头、桥下水厂一期工程 桥头水厂一期日供水3万吨，铺设管网41.2千米，总用地2.26公顷，建筑面积4420平方米。桥下水厂一期日供水2万吨，铺设管网52千米。至2014年12月底，桥头水厂已建成并投入使用，管网铺设完成35千米。桥下水厂一期工程土建完成综合池、综合楼、食堂、机修仓库、v型滤池等主体完成，进入内部和外立面装修。自控设备正在组织安装，供水管道完成安装3.6千米。

县看守所拘留所戒毒所迁建工程 用地8.72公顷，建筑面积4.69万平方米。工程概算1.86亿元。截至2014年12月底，主体工程均已结顶，进行外立面装饰和设备安装。

永嘉县城体育馆、游泳馆 用地4公顷，建筑面积18500平方米，其中3000座体育馆9500平方米、游泳馆6000平方米、羽毛球馆3000平方米。至2014年12月底，完成土建工程、进行装修及附属配套设施建设。

县委党校及教育研训大楼 总用地0.72公顷，总建筑面积2.49万平方米，其中新建综合楼18929平方米，食堂2225平方米，架空层、地下车库、人防、设备用房等3743平方米，停车位107辆。至2014年12月底，主楼土建竣工验收，准备进入装修工程。

瓯北商务中心 用地7.2公顷，总建筑面积20.59万平方米，其中商业5.8万平方米，办公写字楼2万平方米，公寓、住宅、餐饮等12.8万平方米。工程总投资40亿元，至2014年12月底，1号地块购物中心和住宅楼一体化大楼已结顶，2号地块（住宅）已办理交工验收，3号地块（酒店）完成交工验收，已试营业。

县公共文化活动中心 地上建筑面积6.4万平方米，地下室2.1万平方米。总投资47680万元。至2014年12月底，已完成一期主楼十到十三层底板、完成一期裙房五层底板浇捣、二期西侧负一层底板混凝土浇捣50%、二期东侧正负零施工。

桥头维多利广场 总用地面积3.57公顷，总建筑面积81229平方米，包括五星级酒店、商业及写字楼为一体的现代化城市综合体，总投资近10亿元。至2014年12月底，主体砖砌体及混凝土二次浇筑全部完成，具备中间结构验收条件，外立面幕墙施工完成15%。

上塘商业步行街 用地2.35公顷，总建筑面积43603平方米，总投资5.14亿元。目前已完成桩基工程，正在主体工程施工。

县中医院综合医疗大楼工程 用地2.35公顷，建筑面积29983平方米，地下室5280平方米，层高13层，停车位178个。至2014年12月底，完成地下室，主体工程建设，装修预算核审中，完成电梯招标审批工作。

220千伏清水输变电工程 新建220千伏清水变电所，24万千伏安变压器2台，用地面积1.09公顷，总投资1.5亿元。至2014年12月底，已完成主厂房基础部分及室外围墙工程。

110千伏输变电工程 共两座（中塘输变电工程、桥头输变电工程）。总投资1.34亿元。至2014年12月底，中塘输变电工程完成土地征收；桥头输变电工程完成主厂房施工。

甬台温天然气管道永嘉段工程 线路总长约30千米，其中隧洞约6.5千米，设阀室2座，分输站1座。至2014年12月底，管线完成总工程量50%。隧道、盾构、分输站施工。

大若岩养生保健中心 总用地面积5.45公顷，项目将集乡村休闲、文化娱乐、健康养生、旅游观光于一体。总投资10亿元。至2014年12月底，主体工程部分结顶。

（厉安义）

商　务

永嘉商贸

概　况　2014年，永嘉县经信局紧紧围绕“拓市场、促消费、扩投资、创优势、优服务”这一工作主线，攻坚克难，切实保障商贸流通工作平稳运行。全县实现社会消费品零售总额117.2亿元，同比增长14.2%，高于全市增速1.4个百分点，其中限上社会消费品零售总额39.5亿元，同比增长8.1%。

电子商务　2014年，永嘉电子商务行业协会成立，出台了扶持电商产业发展、扶持跨境电商、规范网络市场、完善统计机制的政策文件，完成电商产业发展规划编制，形成了较为完善的政策体系。每年安排专项扶持资金不少于500万元，另设跨境电商扶持经费200万元、平台建设经费150万元、培训经费50万元。打造7个“淘宝村”，成为全省拥有最多“淘宝村”的县（区），并创成全省“最大”、温州市唯一的“淘宝镇”（桥下镇）。全县涉网工业企业5585家，占全部注册企业的68.9%，在天猫、京东等第三方电子商务平台上注册的旗舰店、专营、专卖店302家，孵化了奥康、红蜻蜓等一批知名网络品牌。全年网络零售额90.36亿元，同比增长80.7%，其中B2C销售额48.21亿元，B2B销售额42.15亿元。荣获全国网购潮县、全国电商百佳县、浙江省“电商换市”十大创新样本等称号。

农村流通体系建设　2014年，为进一步改善农村消费环境，继续实施万村千乡市场工程，在2家城镇超市设立生鲜农产品放心柜，严格按照“四个推进”“六有要求”“七项制度”要求开展工作。鼓励华联超市、嘉德隆超市、国嘉超市、供销超市加大农超对接的投入力度，加强与农户、农产品基地、农民专业合作社的合作，提高直采比例，大力开拓农村消费市场。推进农产品流通和市场体系建设，将城关综合农贸市场改建、禾光蔬菜豆芽菜加工配送中心、巽宅农贸市场改造提升三个惠民工程项目列入农村市场与农产品流通集中连片建设项目。截至12月底，城关综合农贸市场改造主体工程已经全面结顶；禾光蔬菜豆芽菜加工配送中心土建工程完成，主厂房投入使用，11月份进入试生产阶段；巽宅农贸市场主体工程结顶。

成品油市场　截至2014年12月底，永嘉共有33个加油站，其中中石化14个、中石油6个（其中租用5个）、高速服务区4个、民营9个。全年各成品油经营企业共销售成品油20.5万吨，其中汽油销售量11.1万吨，柴油销售量9.4万吨，同比分别增长6%和2%，汽油销售量因民用汽车保有量增加保持平稳增长态势，柴油销售量受经济影响增长缓慢。加油站的运营逐步向规范化、制度化方向发展。

典当行市场　截至2014年年底，永嘉共有典当企业8家、分公司1家，拥有资产总额1.26亿元，从业人员73人。全年典当行发放当金总额5.63亿元，其中动产质押典当额0.95亿元，同比增长59.69%，房地产抵押典当额4.68亿元，同比下降9.71%，上缴税金174万元，主营业务收入1409万元，主营业务利润302万元。动产质押的高速增长反映出典当行的经营方式更加灵活，典当经营管理规范性不断增强，社会贡献能力进一步提高，行业整体发展较为稳定。

二手车市场　永嘉县二手车交易市场，位于东瓯街道五星工业区，内有32户经营户，整个市场管理规范，2014年二手车交易量4100多辆，交易额达9726万元。温州浙南汽车设备回收有限公司永嘉分公司全年共回收报废汽车2408辆，其中黄标车1650辆，摩托车94辆。

商贸流通项目建设 2014年，永嘉县经信局坚持把商贸流通业项目建设作为推动全县商务经济发展的主抓手，充分挖掘民间投资，全县商贸流通服务业重点项目建设亮点纷呈。瓯北商务中心项目，总投资40亿元，其标志性建筑3号地块温州铂尔曼酒店已于12月9日正式营业，1号地块大型一站式购物中心和住宅楼一体化大楼已开展招商工作；桥头维多利广场项目，总投资10亿元，酒店主楼已结顶；上塘商业步行街总投资5亿元，进行桩基施工。国嘉超市购物中心于10月份开业，东海明珠四季酒店于12月份开业，奥迪4S店正进行主体工程建设。楠溪江旅游文化商业街现处在招商阶段（县财政每年安排不少于1000万元的商业街建设专项资金予以扶持）。瓯北聚谷国际商贸城、永嘉县世贸中心、三江商务中心等商贸流通项目都在进行前期工作。

市场监督管理 2014年，永嘉县经信局扎实开展安全生产检查工作，指导商贸企业开展安全生产，排查隐患，强化预防。针对加油站安全经营综合检查、安全生产、散装汽油零售及超市“放心柜”生鲜农产品质量安全、二手车市场整顿等共开展执法检查20余次，出动执法人员50人次，联合各有关部门执法5次，接到投诉举报电话3次，取缔无证加油点1个，下达责令整改通知书4份。开展加油站年检工作；开展对典当行实行网上动态监管和实地检查及年检初审工作；引导帮助6家酒类流通企业办理酒类流通备案手续，规范酒类流通市场秩序；开展黄标车淘汰审核工作；开展单用途预付卡发卡企业检查工作。

市场监测分析 2014年，永嘉县经信局建成永嘉商务预报平台，安排专人负责网站维护和信息发布，并开展成品油零售统计工作，每月发布成品油市场监测分析报告。永嘉县生活必需品应急管理平台平稳运行，监测范围涉及鞋服、水泵、饮用水、猪肉、大米等。市场监测与分析为引导生产、经营和消费提供服务，保证了对市场的适时监控和有效供给。

（金双双）

供销合作社联合社

概　况 2014年，永嘉县供销合作社联合社围绕统筹城乡发展，牢记为农服务宗旨。按照县委、县政府的总体部署和上级社的工作要求，进一步创新工作理念，转变服务方式、拓宽服务领域。全年全系统实现国内总购进6.04亿元，实现总经营收入6.67亿元，全系统利润汇总744万元。

农合联建设 2014年，县供销联社以生产合作、供销合作、信用合作“三位一体”农村新型合作体系建设为抓手，创新组织体系和服务机制。发展枫林镇农合联和南城街道农合联为温州市级示范性“三位一体”服务组织，新增桥下镇农合联为“三位一体”合作服务组织。引导与支持专业合作社、基层供销社、农业龙头企业等加强农产品流通、农资购销的联合与合作，整合资源、提升品牌。11月4—7日开展初级农产品经纪人培训一期72人。借助基层供销经营网络，利用电子商务网络销售平台1号店永嘉馆的线上网络优势，构建多渠道、多形式的农产品产销对接机制，服务“三农”。推进农村资金互助会规范化运营，对资金互助会加强监督管理，严谨做好资金互助会发展。全年共开业运行农村资金互助会8家，共拥有会员1618户，注册入股资金1966万元，累计向会员投放互助金125笔1211万元，惠及农户375人。

“三社”建设 2014年，县供销联社继续做好基层供销社、综合服务社、农民专业合作社建设。改造鹤盛供销社，做好对鹤盛、枫林、沙头三家困难社帮扶工作。推进基层网点改造提升工程，全年投资126.16万元，完成日用公司仓库、岩头社生资门市部、乌销社综合楼、岩坦社综合楼、四川社中心门市部、上塘社服装市场、黄田社千石供销超市等7个项目建设。推进农业产业化，促进农民产业联合，全年新发展商洲、楠耕、梅坦、佳行兔业等4家农民专业合作社，新成立永嘉县三属农业专业合作社联合社和永嘉县仙桂农业专业合作社联合社等2家专业合作社联合社。拓展供销社为农服务领域，延伸服务网络，年内发展乌牛王宅、仁溪等47家综合服务社，完成上塘、瓯北、乌牛、岩头、四川、桥下等6家经营服务综合体的建设。

“新网工程”建设 2014年，全县基层供销社和农资公司供应化肥26504吨、农药814吨。在春耕期间，各农资经营网点普遍延长营业时间，实行早开门晚关门，继续开展免费送农资下乡活动，确保农业生产资料供应。县供销超市有限公司推进日用消费品连锁经营网络建设。全年新增14家连锁门店，销售额达2.02亿元。开展对全县再生资源回收现状的调研工作，寻求新的业务增长点，争取供销系统再生资源回收经营业务取得突破。

农产品电子商务 2014年，成立温州嘉合电子商务公司，做好电子商务“供销百馆万店”工程地方馆建设，推动县内优质农副产品、旅游产品资源的有效整合。1号店永嘉馆于5月6日成功上线营业，筛选20余家供应商作为公司产品供应链，并和其中13家建立长期稳定的合作关系，整体经营态势良好。结合“中国早香柚之乡”国家级金名片，举办“网络早香柚节”活动。

农信担保 2014年，县农信融资担保有限公司实现稳中有升，共为农业企业、农民专业合作社、农村种养殖大户提贷款担保金额8289万元，担保户数389户。其中扶贫小额担保贷款金额1572万元，担保户数135户，带动户数2123户，有效地缓解了涉农企业生产经营中遇到的资金缺乏、贷款难的问题。同时，县农信担保公司开拓经营范围，开展新型抵押物担保，积极推进农信担保增资工作，继续完善制度，规范运作，严控风险。

作风建设 2014年，县供销联社深入开展党的群众路线教育实践活动，按照中央和省市县委的部署安排，及时部署，成立县供销联社党的群众路线教育实践活动领导小组，广泛听取意见建议，深入查摆突出问题，认真开展批评和自我批评，班子和个人制定整改措施，按照“群众满意、确保实效”的工作要求，扎扎实实搞好整改落实工作，群众路线教育实践活动进展顺利，取得明显成效。贯彻落实党的十八大以来关于党风廉洁建设的各项要求，突出反腐倡廉制度建设，提升服务品牌，提高办事效率，营造干事创业和创优争先的浓厚氛围。开展对基层社和下属公司的审计工作和对青山杨梅专业合作社示范基地及配套设施建设项目财政扶持资金使用情况督查。开展机关效能建设，出台《永嘉县供销社社务规范公务接待制度》《永嘉县供销社出勤考核管理制度》《永嘉县供销社信访接待制度》《永嘉县供销社财务管理制度》等。开展驻企服务工作，按照县驻企办的要求，到企业宣传相关政策，深入了解企业基本情况和在发展碰到的难题，为企业解决困难13个。

其他工作 2014年，县供销联社部署供销联社综合改革试点工作（全省24家综合改革试点单位之一），按照试点要求，成立试点工作领导小组，制定综合改革实施方案，开展综合试点工作。落实各项责任制。对县级企业继续实行经理任期目标责任制，与各公司经理（厂长）签订责任书，对基层供销社继续实行目标考核制，与下属各单位签订《2014年党风廉政建设责任书》《2014年信访工作目标管理责任书》《2014年安全生产目标管理责任书》等，加强对下属单位的管理。做好系统职工养老保险工作，及时办理到龄职工的退休手续和中途断档人员的续保工作，健全人事档案管理。做好信访维稳工作，全年共受理信访件4件次，信访办结率100%，成功处理网络舆情1件次。

（郑建兄）

永嘉县烟草专卖局

概　况 2014年，永嘉县烟草专卖局（分公司）围绕“整体提升、优质运行”目标，以优化“美丽永烟”，深度携手“美丽温烟”为主载体，各项工作取得较快进展。

经济运行 2014年，永嘉县烟草专卖局（分公司）全年销售卷烟34794.6箱，同比下降0.85%，实现含税销售额117770.2万元，同比增长5.9%；毛利26415.9万元，同比增长6.8%；实现利税总额27053.9万元，同比增加6.3%；单箱销售额3.4万元，同比增长6.9%，绝对值增长2100元。

品牌培育 2014年，永嘉县烟草专卖局（分公司）推行“周点评、月分析、季回头、年总结”工作法，开展数据分析，强化对市场的预判和把控，突出高价位品牌、重点品牌、主销品牌引导，拓展宣传培育渠道，实行全员营销，超额完成任务。全年销售七匹狼800.2箱，金圣129.9箱，万宝路41.5箱。

终端建设 2014年，永嘉县烟草专卖局（分公司）实行质量与速度并重，服务与培训并行，升降退机制并进，推进现代终端建设，于9月份提前完成星级现代零售终端建设任务，共建成583户，其中三星47户、二星228户、一星308户，占比12.1%，完成准星级终端建设250户，占比5.2%。

打假破网 2014年，永嘉县烟草专卖局（分公司）保量提质，探索新型案件，开展多警种合作，推进打假破网新突破。“7·16”销售假烟网络案被确立为国标网络案。特别是联合温州市局、市公安局交通治安分局，破获“1·17”特大全链条互联网销售假烟案，这是永嘉烟草历史第一起部督案件。全年共查获各类违法案件158起，大要案12起（移送公安5起）；查获各类违法卷烟8013.4条（假冒680.1条），总值181.76万元，罚没款37.95万元。

市场监管 2014年，永嘉县烟草专卖局（分公司）注重分类管理，对辖区卷烟零售户进行层层筛选，建立重点户档案，明确监管次数和标准要求，分区落实监管责任；注重刚柔并济，运用《零售户综合管理办法》的货量供应调整，对人证不符、证址不符等市场顽疾进行约束，另对辖区内弱势群体进行了“一对一帮扶”工作；注重联合打击，联合县市场监督管理局开展了整顿卷烟市场经营秩序“蓝天1号”专项联合行动，有效打击了售假贩私、无证经营等行为。

许可证监管 2014年，永嘉县烟草专卖局（分公司）通过规范许可，实现许可数量稳中有降。全年新办236项，不予许可78项，变更138项，延续873项，停业20项，个转企13项，注销194户，总户数为4999户。拓展“法律三审”要求，严格落实法律法规规定，确保“两卷质量”和合同质量，有效防范各类法律风险。

安全管理 2014年，永嘉县烟草专卖局（分公司）践行“强化红线意识，促进安全发展”主题，创新性推出“全身运动”式安全管理理念，不仅坚持驾驶员月度安全例会、中层及以上领导干部跟车制度，并且借助行业内外安全机构监督检查时机，完善了安全责任体系，采取了安全检查无死角和安全工作无漏项，确保了安全无重大事故。

文化建设 2014年，永嘉县烟草专卖局（分公司）形成了班子带头示范、中层拼搏负重、全员携手发力的文化建设方阵。民主管理方面，搭建了以领导约谈、驻点指导为尖，全员质询为身，全员大会为基的金字塔式立体沟通平台。班组文化方面，全面启动特色所部建设，瓯北所部的廉洁文化进基层，桥头所部的“三型组织”创建，上塘所部的“文明创建”，岩头所部的“源”团队建设，各具特色，全面开花。学习提升方面，进一步拓展“学习型”组织外延，统筹策划成立 “十大技能”小组，不断磨合、调整方式，增强学习实效。创新方面，两项QC获得省质协二等奖，两项市质协一等奖，两项温州市局二等奖，两项三等奖。精神文明建设方面，顺利通过省级文明单位复评验收。

（刘乐鸣）

食盐专营

概　况 2014年，永嘉盐务局（公司）认真履行专营职责，狠抓工作落实，促使各项本职工作有序推进，确保食盐市场有效供应。全年购进盐产品4744.86吨，销售4744吨，销售收入1357.56万元，创税利205.97元，其中利润97.38万元。

盐务管理 2014年，永嘉盐务局根据市局《保障食盐安全，提高食盐“三率”专项整治行动方案》文件精神，加强对季节性蔬菜加工用盐及大包装食盐的管理，组织盐政、运销科室等人员对周边学校、餐饮、用盐单位等重点企业进行为期3个月的专项整治行动，确保大包装食盐及其他用盐不会流入口食盐市场。累计出动执法次数108次，执法人员计332人次。检查食盐转委批173家次、零售店413家、用盐企业197家次、食堂餐饮166家次、农贸市场25个。查获违法案件1件，没收违法所得65元，罚款1265元。

党风廉政建设 2014年，永嘉盐务局加强党风廉政建设和防腐倡廉工作，落实中央改进工作作风、密切联系群众八项规定和省委“28条办法”和“六个严禁”，坚决纠正“四风”，严格执行厉行节约、反对浪费的各项规定，完善“三公”经费预算管理和公开制度。

服务“三农” 2014年，永嘉盐务局组织各科室深入到各杨梅基地进行调研、走访当地果农，为果农和加工客户搭桥牵线，为果农和加工客户服务。全年杨梅加工用盐销量同比增加35%，提高了企业经济效益的同时也为当地果农增加经济收益，达到双赢。

办公场所搬迁 因市场管理与内部业务衔接需要。永嘉盐务局（公司）办公场所从上塘永建路225号3楼搬迁至永嘉江北街道楠江东路110号。

（郑华原）

粮油购销

概　况 2014年，永嘉县粮食局协同相关部门进行调查和研究，及时出台《关于切实抓好2014年度粮食产销工作的通知》的订单粮食收购政策，为做好本年度的粮食订单签订工作和粮食收购工作打下基础。确定了早籼谷收购价格每百市斤135元，另每交售50公斤早稻谷奖励30元，每亩最高奖励240元；一般农户，每交售50公斤早稻谷奖励20元，最高每亩不超过160元；晚籼谷收购价格每百市斤139元，政府补贴每百市斤20元；2014年共收购粮食订单4095吨，由于永嘉的粮源相对紧缺，粮食部门及时在网上粮食市场发布采购公告，完成轮换任务，确保粮食安全。

粮食调研与统计 2014年年初，永嘉县粮食局组织和抽调业务骨干对全县11家粮油经营企业、2家加工企业、3家粮食转化企业及8个中心镇（街道）的20个行政村的粮食供需平衡情况、社会食用植物油及油料供需情况进行调查。摸清2013年度的社会粮食、食用植物油及油料供需、粮油生产、外购粮油及人口流动等情况，完成相应的报表，为政府部门对2014年的粮油决策提供科学的依据。

仓储管理 2014年，永嘉县粮食局按季开展四次“一符四无”粮油检查工作和粮食库存检查工作，共检查9个粮食承储单位，20个库点86个仓间，仓容共20960吨，粮食18000吨，食用油55吨，实现“一符四无”合格率达100％。为保障粮食储存，全年共投入仓储设施修理资金85万元。

（叶际群）

物资购销

概　况 2014年永嘉县物资系统销售收入6229万元，同比下降189%。销售数量方面，工业炸药2831吨，同比下降16.5%；工业雷管125万发，同比增长2%；工业导索175万米，同比下降44.5%；剧毒品635吨，同比增长150%；煤炭2.6万吨，同比下降842%；实现利税715万元。

安全管理 2014年，物资系统在加强对安全工作的常规检查之外，民爆仓库重点做了以下工作，一是仓库实行领导带班值班制度常态化；民爆仓库实行双安全员制度，全面执行领导现场带班制度。二是加强应急管理为重点，进一步提高应急处置能力；化轻公司6月份在新民爆仓库举行了一年一度的常规安全演习，演习以单位员工在火灾情况下疏散逃生、消防灭火和现场救援为主要内容，来检验化轻公司全体员工的应急处置能力和实际操作能力，通过这次演习提升了企业员工应急处置水平。三是加强职工安全培训，提高职工的安全意识；全年多次邀请专家到单位进行安全消防知识讲座，多次组织员工安全知识考试。四是加强安全检查，排除存在的安全隐患；全系统共计进行安全大小检查6次，发现安全隐患7起，及时落实作出整改。新增安保人员2名，对民爆仓库实行24小时不间断的值班巡逻，加强了安保培训，全面提高了对日常发生事件的应急处置能力和应对抗暴能力。

内部管理 全年盘活了停产企业1处闲置资产，通过责任制及时收回企业应收款。根据新的劳动法，全体员工重新签订了新的劳动合同书和岗位聘任书及岗位责任制。为了加快信息化进程，和温州软件信息有限公司签订了网站系统开发合同，对公司原有的网络系统进行全面更新升级，提升了民爆管理服务平台，加速企业的无纸化办公。

全面推进安全生产标准化创建工作。根据国家、省科工办的相关要求，开展了安全生产标准化建设，成立了安全生产标准化建设领导小组，制定了方案，其中综合管理有18个要素，208个小项；总体条件有5个要素，41个小项；仓储设施及现场管理有9个要素，91个小项。12月3日，省科工办安全生产标准化建设考评组对化轻公司标准化创建工作进行考评，评定结果934.22分为A级达标企业，名列全省销售企业第二名。

（徐益明）

对外贸易

概　况 2014年,面对国内外市场需求持续不振和年初外贸震荡下滑的不利局势，永嘉外经贸事业紧盯“四外”考核指标，围绕“抓订单、拓市场，育品牌、挖潜力，建平台、促升级”的思路，扎实推进外经贸各项重点工作，外经贸发展实现平稳过渡。

外贸发展情况 2014年，永嘉企业库中有进出口企业513家，其中自营生产企业403家，外商投资企业33家，外贸企业77家，已开展出口业务的有367家。进出口总额76890万美元，同比增长-2.7%；其中外贸自营出口68494万美元，同比增长0.58%，进口8396万美元，同比增长-23%。实现高新机电产品进出口额4.47亿美元，占全县进出口总额的58.1%，排名温州全市前三。年出口额超过1000万美元的企业共有16家，出口额在500万美元—1000万美元的企业共有14家，出口额在100万美元—500万美元的企业共95家。在自营出口的产品大类中，最大类产品为泵阀。全年泵阀行业总出口为24786万美元，同比增长1.12%，占全县出口额的36.19%。鞋类行业总出口额为10886万美元，同比增长-21.65%，占全县总出口额的15.89%，服装行业总出口额为5912万美元，同比增长-2.95%，占全县总出口额的8.63%，教玩具行业总出口额为6458万美元，同比增长16.88%,占总出口额的9.43%。在进口方面，2014年全县总进口额为8396万美元，同比增长-23%，主要进口产品为原材料，主要进口企业有温州鹏程控股集团有限公司、永嘉县中宏工贸有限公司、浙江奥康鞋业股份有限公司等。由于本地银行授信紧缩，导致本县最大的进口企业温州鹏程控股集团有限公司进口锐减，影响全县出口增长。

服务外贸 2014年，永嘉县政府联合各涉外部门开展外贸企业走访活动，解决了一批外贸企业发展难题，其中奥康、迷西仕、伯特利等30来家出口重点企业的18个发展难题均得以解决。修改完善《永嘉县2014年度鼓励开放型经济发展若干扶持措施》，推出八大措施，安排1500万元年度专项资金用于扶持开放型经济发展（全年累计兑现开放型经济扶持资金约1300万元），受惠企业200多家。加强外贸运行监测，分镇（街道）开分析座谈会，每月形成分析报告供市、县领导参考（监测员获市局监测工作先进信息员称号）。县政府组织县经信局、财政、国税等涉外单位赴义乌动员在外永嘉人出口企业，为家乡外贸发展做贡献。

服务平台建设 2014年，县委书记率领经信、科技、质监和工业园区等部门负责人，组织30多家阀门企业参加在杜塞尔多夫（德国）“阀门世界”展览会，期间举办了永嘉“中国泵阀之乡”国际化发展系列活动，在全球泵阀最权威的展会上打响永嘉泵阀区域品牌。县经贸局联合县教玩具行业协会，多次赴北京、广州与中国轻工商会衔接，筹建（2015年）春季广交会永嘉教玩具展品专区，获轻工商会领导认同，在国内最具影响力的综合型展会上整体推出永嘉教玩具出口基地品牌，提升永嘉教玩具区域品牌知名度。全年新获得省出口名牌2枚（方正、奇特乐累计8枚）；市出口名牌2枚（永浪、奥华累计15枚）。

挖掘外贸潜力 发展跨境电商，发挥县经贸局网络局（全市首设）的机构优势和跨境电子商务扶持政策（2014年度落实跨境电子商务补助金额200多万元），助推企业拓展跨境电子商务，加快发展新兴贸易业态。挖掘新兴市场，积极开展新兴市场推介和出口信用险、信保代宣传，为企业开拓新兴市场牵线搭桥、提供政策支持，对阿联酋、伊朗、日本等方向出口始终保持在30%以上的快速增长。培育外贸综合服务企业，县五金行业耗资3000多万元，为五金饰扣企业走出国门打造专属跨境电商平台“微扣网”，设立为中小企业出口提供综合服务的嘉顿贸易公司（提供出口订单、出口通关等系列服务）。

外资企业管理 2014年，永嘉县共有外商投资企业62家(开业的)，分支机构6家，正常生产的有45家（包括分支机构5家），年度销售收入24.85亿元。全年完成温州市艺原工艺品有限公司台商独资项目、温州中土土壤地下水修复技术有限公司项目、温州茂晶微电子有限公司项目（桥头工业园区）、南方阀门增资约210万美元4个外资项目的审批工作，累计注册资本金额约800万美元，其中台商投资的温州市艺原工艺品有限公司项目在跟踪服务下，完成实际到位外资70万美元。

外经服务 截至2014年年底，永嘉县企业在境外建立办事处或分公司（目前仍在运营的）共35家。全年审批3个项目共536万美元的投资额，分别为浙江超达阀门股份有限公司驻美国分公司（中方投资156万美元）、浙江百禾鞋业有限公司驻乌克兰、加拿大两个分公司（中方投资额共200万美元）、温州佳凯实业有限公司驻阿联酋迪拜分公司（中方投资额180万美元）。服务贸易方面，服务外包离岸合同执行金额281万美元，完成年度任务的213%。

（陈忠平）

市　场

综　述

概　况　2014年，永嘉县市场建设累计总投资11542万元，市场建筑总面积4万平方米。2014年全县市场交易总额达27.375亿元。成交额超亿元市场1个，其成交额达17.816亿元。至年末，永嘉县共拥有各类市场14个，其中消费品市场12个、生产资料市场2个。

市场管理　2014年，永嘉县共有在册农贸市场11个，其中，上塘1个，瓯北6个，乌牛2个，桥头1个、巽宅1个。按照省、市、县政府决定今年全县继续开展农贸市场改造提升工作，开展放心农贸市场创建。2014年创建省级放心市场3家（乌牛祥池农贸市场、瓯北蔡桥农贸市场、上塘城西农贸市场）；创建市级二星级市场（永嘉县二手车交易市场）。

食品安全检测　2014年，永嘉县市场监督管理局继续深入推进农贸市场的食品安全监管工作，注重安全检测技能的提高和食品安全检测。全年全县共检测18191个批次，不合格443个批次，不合格食品791.54公斤，合格率达98%，其中退市290个批次，涉及商品数量529.94公斤，销毁103批次，涉及商品数量261.6公斤。

（金玉燕）

个体劳动者协会 民营企业协会

概　况　2014年，永嘉个体劳动者协会、民营企业协会（简称县个民协）努力克服机构改革和体制、人员、经费等问题，确保各项工作有序地推进。搭建“个转企”引领平台，广泛深入地宣传发动，制定无偿代办流程和“个转企”考核目标，帮助891家个体工商户成功转为企业。多措并举，做好“红色工程”工作，开展个体工商户党员先锋指数考评活动，建立完善党建工作联系点，积极组织参加党建工作示范点、党务工作者和个体工商户党员先进典型评选活动，提升非公有制党建水平。深入企业走访，“双对接”助企共破发展困境，切实掌握企业发展过程中存在的问题和困难，帮助解决难题，加强培训，倡导诚信为本，努力推进民营经济创新发展。

服务民企　“五员服务”，搭建“个转企”引领平台助会员转型。当好宣传员，鼓励转型，广泛地宣传发动，利用短信平台、《永嘉民营经济网》，印发各种宣传资料，广泛宣传发动。当好代办员，全程代办，协会指定专人全程无偿代办，制定无偿代办流程和“个转企”考核目标，帮助891家个体工商户成功转为企业。当好服务员，企业回访，实行回访制度，引导企业守法经营，并通过填写企业走访表，认真记录、收集、反馈企业会员反映的诉求，从而更好地助推企业发展。当好联络员，获得肯定，“个转企”工作得到了政府部门的肯定。

非公有制党建　凝心聚力，搭建“红色工程”工作平台提升党建水平。继续开展先锋考评工作，按照有关文件精神，2014年在全县范围继续开展个体工商户党员先锋指数考评活动，共有72人参加考评，共评出五星4人、四星8人、三星60人。建立完善党建工作联系点，在桥头、桥下个民协分会党组织设立联系点，强化商品交易市场党建工作联系，开展联络指导工作。丰富活动方式，开展慰问送温暖活动，年初组织各分会到乌牛街道洪山村、桥下镇敬老院、岩坦镇溪下等地开展慰问送温暖活动，每到一处都送上慰问金和慰问品。积极参加“五水共治”活动，组织几十名妇女到狮子岩景区、丽水街等地开展以“建美丽楠溪江，展巾帼风采”为主题的环保志愿活动。开展“‘六一’献爱心”活动，组织热心人士，联合永嘉科信小额贷款股份有限公司，来到永嘉县岩坦镇溪下小学开展“迎六一献爱心”活动，为该校200余名学生，每人赠送了一个新书包、一套文具、一本课外书。

开展供需信息大调查活动，完成在册民营企业需求摸底，以开通QQ群、微信公共平台、走访企业等多形式，深入了解企业需求，建立“双对接”活动重点企业数据库163家。开展各类培训活动，邀请永嘉电大老师为全县300多家民营企业送上现代科技现代金融服务专题讲座，使企业获益颇多，此外各分会也积极配合有关部门和会员企业做好各类法律、法规和技能培训。开展大走访大调研活动，真正为会员排忧解难，共走访会员企业313家，帮助20多家民营企业解决生产经营中遇到的困难和问题。

诚信建设 县个民协联合县委宣传部、永嘉县工商局、永嘉司法局等多家单位开展第三届“十佳诚信典范企业”和“十佳诚信典范个体工商户”评选活动；开展“诚信民营企业”和“诚信个体工商户”双百佳评选活动，在会员中营造“诚实立身，信誉兴业”的良好风尚，积极推荐欧拉姆阀门科技有限公司和浙江巧巧实业有限公司申报温州市“诚信守法企业”。鼓励企业参加温州市“百佳诚信企业”申报，永嘉有11家企业榜上有名。激发党员先进示范作用。为树立示范，学习典型，争创先进，永嘉县积极动员个体户参加省工商局组织开展的“树立和学习党建工作示范点、党务工作者和个体工商户党员先进典型活动”，永嘉县个体工商户党员徐丹媚事迹被评为全省先进，参加省局表彰会议。

基础保障 2014年，在机构合并后，强化与市局、县委、县政府及县相关部门沟通联系，并多次到乐清、平阳等兄弟单位了解协会改革转型的情况、学习经验，较稳妥地处理工作人员所关心的问题，充实食品安全协管职能，稳步推进协会转型，提高工作人员的积极性，完善内部管理制度，加强工作人员的管理，以更好地推进非公有制党建相关工作的落实。

（陈丽芬）

财政　税务

综　述

2014年是国内外经济形势错综复杂的一年，也是永嘉县克难攻坚、奋力推进转型发展的一年。永嘉县财政地税部门积极履行财政职能，深入实践科学发展观，加快转变经济发展方式，秉承“依法治税、为民理财、务实创新、廉洁高效”的工作理念和“实、稳、优”的财税核心价值观，切实加大财政惠民力度，全力确保收入稳健增长，促进永嘉县经济社会持续平稳健康发展。全县财政总收入40.51亿元，增长4.9%，其中公共财政预算收入22.31亿元，增长7.0%。地税部门共组织各项收入36.44亿元，增长6.32%，其中税收收入18.90亿元，增长2.18%(含契、耕两税)，完成省局计划的100.01%；社保基金收入15.58亿元，增长11.66%。全县公共财政预算支出45.26亿元，增长12.59%。全年民生领域投入达32.40亿元，占县本级财政一般预算支出的71.6%。

财　政

财税征管　一是加强综合税收分析。密切关注国家税制改革动态和走向，开展前瞻性研究，及时掌握政策调整变化对地方税收收入的影响，积极应对，为组织收入提供政策支持，为党委政府当好参谋助手。二是规范税源税种管理。密切关注房地产业、建筑业、金融保险业“营改增”动态，继续抓好营业税征管，全面落实小微企业营业税、企业所得税优惠政策，加强企业股权转让、厂房转让的征管，做好资源税改革应对预案。三是优化税收收入结构。去年公共财政预算收入占财政总收入的比重为55.1%，较上年提高了1.1个百分点；地方税入库12.68亿元，地方税比重为67.1%，比2013年提高6.4个百分点。四是抓好重点税源监控。加强重点税源企业的清查筛选，全面调整县重点税源监控范围，调整后的监控户数达1036户，比上一年增加93户，按2014年数据统计所入库税收13.54亿元，占2014年全年地税入库税收18.90亿元的71.64%，大大高于重点税源占比60%以上的省局要求。五是严控三公经费支出。2014年，全县严格执行上级有关规定，厉行节约，大力压缩“三公经费”，全年“三公经费”支出4530万元，同比下降38.6%，控管效果显著，其中公务接待费同比下降56.0%。

扶持民生　2014年，永嘉县财政地税部门严格按照公共财政要求，进一步调整优化财政支出结构，集中财力支持教育、社会保障、医疗卫生等民生事业发展，确保新增财力三分之二以上用于民生。一是落实教育优先发展政策。落实教育支出12.83亿元，健全教育经费保障机制，推进全县教育现代化建设进程；实施扶困助学政策，落实助学资金4276万元。二是保障基层文化投入。继续支持农村特色文化、电影公益性放映、农家书屋、舞台艺术送农民等文化活动。三是保障社保资金投入。提高新农合筹资标准，新农合人均财政补助提高到490元。四是保障重点工程投入。依据项目实际进度，累计拨付县内重点工程建设资金9.10亿元，支持诸永高速公路温州段延伸工程、41省道南复线岩头至大若岩段等项目建设。

体制改革　2014年，永嘉县财政地税部门加快财税改革、监管和信息化建设步伐，逐步建立起运行有序、管理规范、约束有力、科学高效的财税运行机制。一是出台《永嘉县预算追加管理办法（试行）》。进一步强化预算约束，预算追加原则上集中在每年7月、10月、12月三个月份三次集中研究审批。做好国库集中支付改革，国库集中支付系统实施全覆盖，截至去年9月15日，全县20个功能区管委会、镇（街道）全部进入乡镇国库集中支付系统，全县国库集中支付改革单位达270个（其中县本级250个、乡镇20个）。截至11月底全县公务卡发卡数10551张，激活卡量9132张，有效率为87%。二是持续深化龙版应用。按照上级部门要求，以模块应用为基础，以业务培训为助力，以实际工作为核心，做好查询管理、风险管理等模块的应用工作，多角度深化龙版应用，提升业务水平。

服务社会 一是开展走村入企活动。结合“纳税大户”授牌，中小企业税收优惠政策辅导，浙商创业创新等活动和县“走百企，解难题”工作部署，累计走访企业468户，召开座谈会21次，解决问题35大类，开展“税收政策送上门”行动，通过开展与纳税人“面对面”座谈会，举办新办企业办税人员培训班等形式进行税费政策宣传，听取纳税人意见。二是行政审批提速增效。推进涉税事项受理、审核、审批等环节向办税窗口前移，简化报送资料，缩短办税时间，涉税审批事项和涉税管理事项相比2011年减少了79项，缩短时限的有85项，与法定时限相比，总提速85.0%，现169项涉税事项中，当场办理的有108项，限时办理的有61项，当场办理率达到近65.0%。三是纳税满意度调查。

2014年度永嘉县纳税大户名单

序号	企业名称	序号	企业名称
1	奥康鞋业销售有限公司	26	宏地置业有限公司
2	浙江永嘉农村商业银行股份有限公司	27	中国移动通信集团浙江有限公司永嘉分公司
3	浙江奥康鞋业股份有限公司	28	浙江康亨服饰有限公司
4	红蜻蜓集团有限公司	29	方圆阀门集团有限公司
5	浙江报喜鸟服饰股份有限公司	30	奇特乐集团有限公司
6	国网浙江永嘉县供电公司	31	凯泉集团有限公司
7	永嘉法洋置业有限公司	32	科福龙阀门集团有限公司
8	中瓯地产集团温州房地产有限公司	33	大众阀门集团有限公司
9	温州市烟草公司永嘉分公司	34	良精集团有限公司
10	温州市中楠房地产开发有限公司上塘分公司	35	温州市开诚机械有限公司
11	亚龙科技集团有限公司	36	浙江麦得机器有限公司
12	中瓯地产集团永嘉房地产有限公司	37	温州市大川房地产开发有限公司永嘉宣达分公司
13	超达阀门集团股份有限公司	38	浙江永嘉恒升村镇银行股份有限公司
14	伯特利阀门集团有限公司	39	上正阀门集团有限公司
15	球豹阀门有限公司	40	龙威(温州)新科技鞋业有限公司
16	浙江鲍斯高服饰有限公司	41	永一阀门集团有限公司
17	浙江凤凰尚品贸易有限公司	42	永嘉绿色动力再生能源有限公司
18	浙江迷西仕服饰有限公司	43	红黄蓝集团有限公司
19	永嘉县瑞丰小额贷款股份有限公司	44	育才控股集团有限公司
20	蜘蛛王集团有限公司	45	凯奇集团有限公司
21	迦南科技集团有限公司	46	宣达实业集团有限公司
22	方正阀门集团有限公司	47	浙江科一合成革有限公司
23	永嘉县置诚房地产有限公司	48	永嘉万新尚瑞置业有限公司
24	保一集团有限公司	49	浙江红蜻蜓电子商务有限公司
25	中泉集团有限公司	50	温州市龙新建设开发有限公司永嘉分公司

2014年2月至3月，省地税局委托第三方调查机构在全省范围内（不含宁波）开展了2013年度全省地税系统纳税人满意度及需求调查，在此次调查中，县地税局以88.4分的成绩位列71个县（市、区）局第一名，上塘分局、桥下分局、桥头分局分别位列256个分局的第三、第四、第七位。2014年在国家税务总局组织的全国税务系统纳税人满意度及需求调查中，省地税局列全国第二位，其中我局作为全省三个抽样县之一参与调查，受到省地税局的充分肯定。

队伍建设 财政局始终致力于打造一支团结、高效、和谐、廉洁的财税队伍。一是全面深入推进学习型党组织建设。努力增强学习活动的导向性和带动力。制订机关党建工作要点，制订述学、评学、考学制度和计划，建立机关党委岗位目标责任制，制订完善党员发展流程。以廉政文化"进机关"为契机，把廉政文化建设作为创建学习型党组织的突破口和重要载体来抓，进一步增强财税文化的影响力、吸引力和渗透力。建立健全工作责任制，通过理论中心组学习、支部定期集中学习、主题教育、岗位培训和调查研究等多种形式，有计划、分层次地开展学习教育培训。认真做好党的群众路线教育实践活动。积极创新教育形式，组织党员撰写党的群众路线教育实践活动学习心得98篇，155名党员不信教公开承诺155条。上报剖析材料155篇，并且通过心得交流、深入查摆"四风"问题。二是进一步加强精神文明创建，提高反腐保廉。开展"五型机关"创建活动。以"为民、务实、清廉、高效"的机关文化为引领，以"简单事立即办，复杂事限时办，特殊事紧急办"为主要内容的"即办制"为载体，积极营造"一日事一日毕"的政务环境，推进效率型机关创建。扎实抓好反腐倡廉建设。开展"读书思廉"活动，引导党员干部读廉、思廉、践廉；通过在宣传栏建设税收文化长廊，在办公楼宣传窗宣传党的历程，努力在全系统营造"廉荣贪耻，和谐向上"的廉政文化氛围，加强对干部廉政文化意识的熏陶。2014年，财政局在各类考核评比中均名列前茅：在推进惩防体系建设和落实党风廉政建设责任制工作中，财政局获评市地税局先进集体、全县先进集体和勤廉机关，上塘、瓯北分局获评勤廉站所；在全县年度考绩中，财政局名列县政府经济组第一。

（张康登）

国 税

概 况 2014年，全县国税系统深入学习贯彻党的十八大和十八届三中、四中全会精神，以改革创新为动力，以深入开展党的群众路线教育实践活动为契机，全面做好各项国税工作，较好地发挥了税收在稳增长、调结构、促改革、惠民生等方面的积极作用，为全县经济持续平稳发展和社会和谐稳定作出了新的贡献。国税局现有内设机构12个，下设直属机构（稽查局）1个，基层征收单位设有税务分局（瓯北、桥头、乌牛）3个和税源管理二科（上塘）1个。县局主要负责全县27000多纳税户的税收征管工作。2014年，县国税局积极克服国内外经济形势严峻的不利因素，坚持组织收入原则，加强税收经济联动分析，税收收入得到了持续、稳定的增长。2014年组织税收收入22.76亿元，增收1.52亿元，同比增长7.14%。

教育实践活动深入开展 县局按照省、市局和县委要求以贯彻中央"为民务实清廉"和总局"三个三"主题落地要求为抓手，以开展"便民办税春风行动"、实施"扎根工程"为着力点，把规定动作做到位，把自选动作做精彩，整个教育实践活动进展有序、扎实深入，取得了显著成效。一是开展学习教育、听取意见。党组和各党支部都做到学习内容不漏项、覆盖范围不漏人、教育形式多样化，增强了广大党员干部的理想信念、宗旨意识、群众观点。党组坚持开门纳谏，聚焦"四风"，广泛征求各方面意见建议42条。二是认真对照检查、开展批评。深入开展谈心交心，把问题谈开谈实，把思想谈深谈通，局领导班子和班子成员的对照检查材料数易其稿，精益求精，找准问题，剖析根源，真正做到见人见物见思想、灵魂深处受触动。开好专题民主生活会，真诚开展批评与自我批评，红脸出汗、加油鼓劲，达到"团结—批评—团结"的目的。三是推进整改落实、建章立制。县局制定了《整改措施责任分解表》，领导班子教育实践活动整改任务共42项，班子整改措施42条，已全部整改完成。除了完成省、市局要求的规定动作外，县局还开展了"党员导税助推服务""铁面无私，正风肃纪"专项行动，推行"三单一表·督评一体"工作机制，建立了"楠溪税务文化大讲堂"长效机制。整个教育实践活动得到了省局督导组和市局的充分肯定。教育实践活动群众测评满意度达100%。

国税收入任务圆满完成 2014年以来，永嘉经济发展面临较大下行压力，“三期叠加”对经济运行的影响持续显现，经济税源状况不佳给国税组织收入工作带来了巨大挑战。面对严峻的经济税收形势，全县国税系统上下齐心、迎难而上，广大国税干部艰苦奋战、无私奉献，国税组织收入工作取得来之不易的成绩。2014年组织税收收入22.76亿元，增收1.52亿元，增长7.14%，完成调整后年度计划的100.3%。其中免抵调库增收1.22亿元，占全县税收增量的80%；国税组织的地方财政收入5.6亿元，增长8.91%，为地方改革发展提供了坚实的财力保障。

税收调控作用较好 发挥全面落实各项税收优惠政策，帮扶企业渡过难关，促进经济转型升级。一是“营改增”试点稳步推进。顺利实现铁路运输、邮政服务和电信业“营改增”。2014年，全县2730户“营改增”纳税人累计实现销售收入8.6亿元，入库税收3627万元。全县因实施营改增减税895万元，其中试点纳税人因税制转换减税705万元，非试点纳税人因增加抵扣预计减税190万元。二是全面落实税收优惠政策。落实好增值税转型等结构性减税政策以及鼓励资源综合利用、扶持现代服务业发展等一系列税收优惠政策，2014年累计办理各类减免退税6520万元，有力地促进了地方经济发展、技术进步和社会和谐。三是及时办理出口退税。全面落实出口退税政策，推行出口退税分类管理，优化出口退税服务、减轻企业资金压力。全年累计办理出口货物免抵退税5.99亿元，其中直接办理出口退税2.9亿元，有力地支持了我县外贸经济的健康发展。

纳税人满意度持续提升 一是开展“便民办税春风行动”。制定了43项具体便民服务工作任务，提高办税效率，减轻纳税人负担。完善办税服务厅管理考核制度，落实首问责任制，优化窗口资源配置，推进延伸办税场所标准化规范化建设，拓展自助办税范围、功能和渠道。二是认真落实《全国县级税务机关纳税服务规范（1.0版）》。加强宣传辅导和业务培训，推进县级税务机关纳税服务规范（1.0版）全面落地。实现全部业务窗口受理、窗口出件、压缩审批流程、方便纳税人的服务要求。三是大力规范税收执法。深化税务行政审批制度改革，清理排查涉税行政审批项目，积极开展规范进户执法，切实解决重复进户、多头检查问题。积极开展税务柔性执法试点。2014年县局依法行政工作成效显著，被命名“浙江省依法行政示范单位”。

税收征管绩效不断提高 一是以风险管理为导向加强税源管理。及时反馈省局下达的两批重点税源风险应对任务，完成重点税源风险提示应对任务87户，完成重点税源纳税评估任务45户（其中中止3户），共计补缴税款2372万元，同比增长355%，户均补缴税款达56万元。加强征管状况分析监控，积极开展漏征漏管户清理与风险管理专项检查工作，共完成1009户纳税人清理检查工作。切实增强信息管税，提升税收征管质量。二是深化税源专业化管理。通过整合职能，团队化管理，集体负责分权制约，改变税收管理员各事统管的局面，降低执法风险和廉政风险。从5月份开始在乌牛分局试点半年多时间，效果明显，为进一步推广、深化征管模式改革提供了宝贵经验。三是加强税收征管保障工作。认真贯彻落实省政府办公厅《关于加强税收征管保障工作的意见》《温州市人民政府涉税信息交互实施办法》文件精神。积极与地税部门配合提请出台了《永嘉县人民政府涉税信息交互实施办法》，对“涉税信息交互”“税收执法协助”“保障实施”等内容予以规范。四是加强各税种管理。做好增值税征收率简并工作和增值税防伪税控系统升级版推行的前期准备工作。继续做好企业所得税后续审核工作，补缴企业所得税637万元，补缴增值税92万元，加收滞纳金41万元，调减亏损781万元。完善企业所得税核定征收管理。按照省、市局的统一部署，完善反避税防控体系，开展股权转让、股息红利非居民税收专项检查。五是加强税务稽查。严厉打击骗取出口退税和发票违法犯罪活动，抓好重点税源企业检查、大要案查处工作，查处大要案1户，涉及税款101万元，全年累计查补收入994万元。

干部队伍活力显著增强 一是加强人才队伍建设。重点建立了“道德讲堂”和“楠溪税务文化大讲堂”活动的长效机制。在干部队伍素质教育方面，做到培训有计划，学分有考核，全员培训有质量，打造了一支推进全县税收现代化建设的专业人才队伍。二是各项创建工作迈上新台阶。2014年县局

永嘉县国税收入前三十名情况表

所属时间：2014年1—12月　　　　单位：万元

排名	企　业　名　称	负责人	累计税额	上年同期数	增减率	地址
1	奥康集团	王振滔	14834.80	15172.41	−2.23%	黄田街道
2	浙江永嘉农村商业银行股份有限公司	苏加标	10048.44	8060.78	24.66%	北城街道
3	红蜻蜓集团	钱金波	8545.83	8129.77	5.12%	江北街道
4	国网浙江永嘉县供电公司	陈　浩	7719.33	6753.85	14.30%	南城街道
5	温州市烟草公司永嘉分公司	陈兴明	4194.36	4210.44	−0.38%	江北街道
6	报喜鸟集团	吴志泽	4172.65	6741.58	−38.11%	江北街道
7	超达阀门集团股份有限公司	王汉洲	2648.21	1949.27	35.86%	江北街道
8	球豹阀门有限公司	余三豹	2638.00	1155.70	128.26%	东瓯街道
9	浙江鲍斯高服饰有限公司	陈进宝	2346.22	1852.61	26.64%	东瓯街道
10	伯特利阀门集团有限公司	黄胜丰	2341.57	2450.03	−4.43%	江北街道
11	亚龙科技集团	陈继权	1882.44	1602.54	17.47%	东瓯街道
12	永嘉县瑞丰小额贷款股份有限公司	王振滔	1880.13	1528.33	23.02%	江北街道
13	浙江迷西仕服饰有限公司	余强春	1617.10	1102.31	46.70%	东瓯街道
14	方正阀门集团有限公司	方存正	1396.77	758.43	84.17%	江北街道
15	保一集团	张晓东	1389.72	966.95	43.72%	江北街道
16	方圆阀门集团有限公司	叶春年	1370.70	1512.17	−9.36%	东瓯街道
17	东蒙集团	池慧杰	1344.93	1498.72	−10.26%	乌牛街道
18	迦南科技集团	方亨志	1288.57	1160.36	11.05%	东瓯街道
19	永嘉绿色动力再生能源有限公司	侯志勇	1226.85	543.17	125.87%	江北街道
20	浙江康亨服饰有限公司	康孝祥	1210.18	887.38	36.38%	江北街道
21	龙威（温州）新科技鞋业有限公司	许　驹	1175.83	725.86	61.99%	江北街道
22	浙江科一合成革有限公司	徐长久	1156.37	1221.20	−5.31%	东瓯街道
23	科福龙阀门集团有限公司	谢建东	1130.51	484.20	133.48%	东瓯街道
24	温州市开诚机械有限公司	瞿建银	1099.26	387.03	184.02%	南城街道
25	凯泉集团	林凯文	1096.61	1161.85	−5.61%	东瓯街道
26	奇特乐集团有限公司	章莲芬	1030.76	992.60	3.84%	桥下镇
27	永一阀门集团	赵春岳	1014.65	1053.21	−3.66%	东瓯街道
28	大众阀门集团	金志渊	1003.18	567.49	76.77%	江北街道
29	凯奇集团有限公司	章定长	996.71	348.49	186.01%	桥下镇
30	浙江麦得机器有限公司	吴志寿	941.66	709.66	32.69%	东瓯街道

注：30强企业税收84742万元占全县税收（不含车购税）205564元的42%；较上年同期75688万元增长11.96%。

通过强化责任、全员参与、创新载体等方式进一步提高各项创建水平，经过全局上下的努力，被评为浙江省文明单位、浙江省依法行政示范单位，温州市规范化数字档案室；办税服务厅先后被评为市级巾帼文明岗、县级文明服务示范点、县级“十大效能示范岗”。

党风廉政建设扎实推进 一是加强作风效能建设。全面落实中央八项规定，严格执行《全省国税系统贯彻落实改进工作作风、密切联系群众有关规定的实施意见》，开展正风肃纪专项行动，严明工作纪律，改进工作作风，开展作风效能检查，切实解决在“庸、懒、散”方面存在的突出问题。二是加大治理查办力度。在全县国税系统开展违规兼职、投资入股、经商办企业专项治理工作，规范干部从业行为。加大案件查办力度，2014年对3名干部进行了党纪政纪处分。三是积极探索载体创新。创新推广“三单一表 督评一体”工作机制，切实落实总局“能不进户的，或者可进可不进的，均不进户”精神。该项机制已经被列为省局管理创新立项项目，推广以来，干部规范执法意识、服务效率显著提升。2014年县局被评永嘉县落实党风廉政建设责任制先进集体。

内部行政管理规范高效 一是全面实施综合绩效管理。认真落实市局绩效管理办法，研究制定符合我县实际的绩效管理办法和指标体系，并组织全体中层干部进行专题培训，将上级要求的每项指标分解到每一个科室和基层单位，提升绩效管理水平。二是加强内部行政管理。严明财经纪律，认真落实《党政机关厉行节约反对浪费条例》，建立和完善财务制度，严格执行中央关于公务接待、公务用车、办公用房和办公设备有关规定。三是扎实开展税收科研工作。深入开展专题调研，多项调研报告得到县委县政府主要领导批示肯定。四是稳步开展规范津补贴工作。提高思想认识，加强组织领导，做好政策宣传，畅通诉求渠道，及时有效地化解出现的矛盾和问题，确保全县国税干部队伍的总体稳定。五是顺利实现新大楼的搬迁。本着厉行节约的精神精心筹划，严控2830万元的基建预算规模，确保搬迁目标顺利实现。

（郑文龙）

2014年度获省、部级以上先进单位与先进个人

单位：

先进单位或个人	荣誉称号	颁奖单位
永嘉县国家税务局	浙江省依法行政示范单位	浙江省全面推行依法行政工作领导小组
永嘉县国家税务局	浙江省文明单位	浙江省精神文明委员会

金融　保险　证券

综　述

概　况　2014年，永嘉县金融机构在县委、县政府的坚强领导下，以党的十八大和十八届三中、四中全会精神为指导，以科学发展观统领工作全局，牢牢把握继续坚持稳中求进的总基调，围绕县委、县政府“五水共治”“旅游文化”“网络产业发展”“水乡建设”等重点产业规划和战略目标任务，以金融支持实体经济发展为目标，深入开展“普惠金融服务年”和“金融生态维护年”活动，有效加大对全县重点领域和关键环节信贷支持，优化金融生态环境，改善金融服务，全县金融业实现有序健康发展，为地方经济转型升级提供有力的金融支持。

存　款　截至12月末，全县本外币存款余额447.13亿元，比年初增加7.10亿元，同比增长1.61%，增速在温州辖区排名第五（在文成、泰顺、洞头和乐清之后，苍南、平阳负增长）；全县人民币各项存款余额441.80亿元，比年初新增6.02亿元，增长1.38%；增量同比少增42.23亿元，增速同比回落11.07个百分点，低于全市平均水平0.76个百分点。全县个人人民币存款余额279.93亿元，比年初新增6.86亿元，增量同比少增30.16亿元。其中，储蓄存款余额274.56亿元，比年初新增6.59亿元，增量同比少增26.14亿元。法人机构人民币储蓄存款余额274.56亿元，比年初新增6.59亿元，增速为2.46%。其中，六大国有商业银行储蓄存款新增0.06亿元；九家股份制商业银行下降0.72亿元，较年初下降6.82%；两家法人机构储蓄存款余额91.50亿元，较年初新增7.25亿元，增长8.61%，增速为全县3.5倍。

贷　款　截至12月末，本外币贷款余额423.80亿元，比年初增加41.96亿元，同比增长10.99%，增量、增速均在温州辖区保持领先水平；贷款不良率0.96%，远低于全市平均水平。全县人民币贷款余额422.94亿元，较年初新增42.08亿元，同比增长11.05%，增量与去年同期持平。全县“三农”领域贷款338.42亿元，同比增长9.50%。全县小微企业贷款余额96.03亿元，比年初新增18.81亿元，增量是全部企业贷款增量的88.76%。全县人民币短期贷款余额312.22亿元，比年初增加5.11亿元，增量同比少增9.17亿元，仅占全部贷款增量的12.14%，中长期贷款余额109.96亿元，比年初增加37.71亿元，增量同比多增8.56亿元，占全部贷款增量的89.61%，同比增长52.20%，短期贷款与中长期贷款之比为2.84：1（历史最高点是2012年第二季度的7.52：1）。房地产贷款余额53.28亿元，比年初新增14.97亿元，增速为39.01%，同比多增9.03亿元。其中，购房贷款余额51.64亿元，比年初新增14.43亿元，增速38.71%；房地产开发贷款余额1.64亿元，比年初新增0.54亿元。

贷款不良率　2014年，永嘉银行业金融机构通过打包、转让、核销等方式累计处置不良信贷资产3.88亿元，累计使用政府应急转贷资金4.97亿元。截至12月末，全县人民币不良贷款余额4.03亿元，不良率0.95%，在各县市排名第三（在洞头、泰顺之后），远低于全市4.08%的平均不良率水平，区域金融生态优势明显。但从行别分析来看，部分机构贷款不良率偏高，风险处置压力大，给正常业务经营带来巨大干扰。

证券业务　截至12月末，全县3家证券营业部托管资产33.25亿元，同比增长163.52%；单月股票交易额242.63亿元，同比增长604.94%。营业收入882.40万元，同比增长283.31%。

保险业务　截至12月末，全县

全年保险业务收入10.57亿元，同比增长15.90%，其中财产保险保费收入4.81亿元，同比增长22.37%；人身保险业务（保费）收入5.76亿元，同比增长10.99%。全县保险行业赔款给付支出3.35亿元，同比增长21.77%，其中财产险赔款支出2.34亿元，同比增长11.20%；人身险赔款支出1.01亿元，同比增长56.31%。保险业务收入保持良好发展的态势。

中国人民银行永嘉县支行

群众路线教育实践活动 2014年，中国人民银行永嘉县支行加强组织领导，有序推进党的群众路线教育实践活动深入开展，认真学习和领会习近平总书记重要讲话精神，紧紧围绕中央和上级行党委关于开展第二批党的群众路线教育实践活动部署，认真抓好学习教育、听取意见；查摆问题、开展批评；整改落实、建章立制等各个环节。先后召开教育实践活动各类动员会、推进会、通报会共计4次，开展中心组集中学习11天，编发路教简报12期，其中《规定动作到位自选动作出彩》在上级行路教简报中刊登。班子成员撰写学习心得体会共6篇，确保思想不松懈、活动有力度。制订《永嘉县支行领导班子党的群众路线教育实践活动整改方案》，研究确定了涉及文风会风问题、党群干群关系不够密切问题、铺张浪费行为等3项专项整治任务。组织对已有制度进行认真梳理，列明制度清单，提出改、立等梳理意见，需要修改完善的制度8项，需要新建的制度18项。

落实稳健货币政策 2014年，中国人民银行永嘉县支行加大信贷投放引导力度。围绕县域经济发展战略规划，认真处理好执行稳健的货币政策与支持地方经济发展的关系，按照“用好增量，盘活存量”的总体要求，制订出台《2014年永嘉县信贷工作指导意见》，开展行长信贷走访，引导金融机构增加信贷投放，推动贷款余额首次突破400亿大关。实现了落实稳健货币政策与支持地方经济发展的有机结合。

货币政策工具运用 2014年，中国人民银行永嘉县支行加强窗口指导力度，提高货币政策的执行力度。组织召开涉农金融机构服务座谈会、金融工作务虚会、行长（经理）联席会等专题工作会议10余次，引导金融机构调整信贷结构，明确投放重点。

服务“三农” 2014年，中国人民银行永嘉县支行向上级行申请支农、支小再贷款规模，用足、用活专项票据兑付激励政策，对永嘉农商银行给予下调0.5个百分点的存款准备金优惠政策。全年累计向辖内法人金融机构发放支农、支小再贷款3.83亿元，有效拓宽支农支小信贷规模。加大重点领域和薄弱环节信贷支持。扩大农村产权抵押物范围。出台普惠金融服务年活动方案，鼓励辖内银行机构探索农村土地承包经营权、林权、宅基地抵押等金融创新，促成辖内首笔土地承包经营权抵押贷款成功落地。开展信贷投向专项调查活动，统筹规划合意贷款规模和投放进度，鼓励法人金融机构拓宽农村金融服务覆盖面。

信用体系建设 2014年，中国人民银行永嘉县支行加强征信管理，拓宽征信影响覆盖面。联合县教育局开展“征信知识进学校”系列宣传活动，推动银行机构与校园专项对接，开展征信知识辩论赛和征文比赛，提升学生的自我信用保护意识。开展征信业务现场检查，组织全县240名银行征信从业人员进行资格认证考试。企业信用评级工作全面推进。推动县政府印发《关于开展2014年度全县借款企业资信评级工作的通知》，开展企业信用评级对接活动，提高企业信用意识。截至11月末，全县116家待评级企业共完成信用评级103家，评级率达88.79%（工作成效作为典型在全市范围内推广）。继续信用数据采集，有效推进“三信”成果运用。继续推进农户信用信息采集，截至11月末，导入浙江省农户信用信息管理系统6.33万户，覆盖面达40.60%。评定信用户15.59万户，信用村483个。有效拓宽信用评定价值，为永嘉4个省、市两级信用村整村批发授信6100万元，惠及信用户272户。

涉外企业金融服务 2014年，中国人民银行永嘉县支行认真落实货币贸易外汇改革各项便利化政策措施，完善《涉外企业辅导办法》，简化企业结汇、购付汇手续，利用多样化的信息交流平台加强对辖内企业外汇业务指导，组织召开贸易融资推进会，现场3家涉外企业成功签约贸易融资合同6850万元。二是进一步改革资本项目外汇管理方式。放宽境外直接投资前期费用管理和境内企业境外放款管理，简化境内机构利润汇出审核，并成功办理了永嘉县首笔外汇资本金意愿结汇业务69.99万美元。三是跨境人民币结算有序推进。积极开展人民币结算专题宣传，提升跨境人民币业务在县域企业中的知晓度，截至11月末，全县跨境人民币交易总额达6.64亿元，同比增长403.03%。

维护金融稳定 2014年，中国人民银行永嘉县支行引导辖内银行机构改善资产结构。制订出台《金融生态维护年活动方案》，开展金融机构不良贷款化解和风险企业帮扶工作专项调查，督促辖内商业银行加大不良信贷资产的处置和化解工作。落实金融稳定重大事项报告制度，建立企业不良贷款周报机制，密切关注辖区经济形势和金融运行情况。开展信贷运行月度报告，进一步加强与地方部门的信息共享。截至11月末，支行共发送不良贷款反馈单7份，报送企业不良贷款周报39期，上报企业风险报告18期，重大事项报告6期。加强政府相关部门的协调配合。按照“不缺位、不越位”的原则，协助政府做好风险防控工作，共同参与全县企业的风险处置。认真做好华光电力企业资金风险，房地产项目预售资金监管等协调工作，帮助企业提高资金运转效率。加强与公安司法机关相互协作，打击非法集资行为，全年全县非法集资案件数量、金额均出现下降趋势，有效维护县域金融秩序稳定。

健全机制 2014年，中国人民银行永嘉县支行制作新设金融机构准入操作流程图，进一步优化工作流程，提高工作效率。共完成受理平安银行永嘉小微专营支行、民生银行永嘉支行、广发银行永嘉支行和宁波银行永嘉支行四家商业银行的准入申请。完成2013年辖内全部商业银行的考核评价，结合考核情况制订2014年综合执法检查方案。探索建立金融消费者权益保护工作常态机制，有效落实金融消费权益保护统计机制，开展专项业务检查，进一步完善消费者投诉受理机制，全年共受理处置消费者投诉2起。

跨境资金监测 2014年，中国人民银行永嘉县支行围绕“五个转变”要求，积极探索行之有效的非现场监测和现场核查方式方法，加强辖内外汇业务的合规性管理。开展涉外银行机构综合评定，确定A级行3家。强化国际收支申报管理，开展外汇业务专项检查，督促外汇指定银行切实履行代为监管职责。加大外汇违规打击力度，完成对嘉途服饰有限公司涉嫌资本金结汇违规问题的立案查处。

农村支付建设 2014年，中国人民银行永嘉县支行完善农村支付服务基础环境，协助县政府出台关于进一步加强农村支付环境建设的实施意见。推进网上支付品牌试点，推荐“小京岙-淘宝村”“西岙”参加省级、市级网上支付应用示范区申报。加强银行卡收单市场监管。进一步完善和优化农村地区、偏远山区的金融便民设施，开展助农取款点考核评价，推动金融综合服务站建设，截至11月末，全辖188个空白行政村均已设立金融便民服务点，偏远山区覆盖率达80%。

国库服务 2014年，中国人民银行永嘉县支行坚持以保障资金安全为基础，认真落实异地强制代班制度，定期开展国库资金风险评估和统计。参加全国国库业务知识竞赛，开展“国债知识进校园、送下乡”等专题宣传活动，不断夯实国库基础工作。加强对外监管，对2家国库集中收付业务代理行开展现场检查，受理4家国库集中支付代理银行代理业务的申请。

内部管理 2014年，中国人民银行永嘉县支行综合保障服务能力不断提升。推进科技管理规范化建设，完成对支行电子设备管理、互联网管理等6项制度的修订，认真落实互联网接入端口搬迁、机房标准化改造等科技安全工程。不断增强节能意识，层层签订节能减排目标责任书，修订完善《职工食堂管理暂行办法》，开展形式多样、内容丰富的节能宣传周活动。出台《永嘉县支行财务操作模式改革方案》，从财务组织构架、管理权限、制度保障等方面入手，进一步规范财务处置流程。

安全生产 2014年，中国人民银行永嘉县支行不断夯实安全保卫基础，健全要害岗位考核体系，层层签订安全责任书，认真落实安全生产例行检查、日常巡查、节假日值班抽查等制度。开展安全生产自查月活动，对重要部位、重要业务系统开展安全隐患排查。组织开展消防安全演练，定期检验安全防范设备运行，维护支行正常安全运行。积极开展“平安金融场所”创建工作，并获得县委、县政府肯定，金融系统安全管理成效作为典型进行推广。

文明创建 2014年，中国人民银行永嘉县支行成立由党组书记任组长，党、工、团负责人为成员的三级联动机制，开展“我为支行照镜子”“文明礼仪测试”等专项整治活动。推动“文明窗口”建设，设立群众意见投诉箱，服务流程图等便民设施。深入开展“党、工、团”共建活动，共开展“志愿护水”“慈善一日捐”“无偿献血”“爱心图书”等社会公益活动6次。开展道德讲堂观摩活动，推进社会主义核心价值观传播，全年共开展道德讲堂8次，参加人员100多人次。

学习培训 2014年，中国人民银行永嘉县支行加强专业技术职务人员管理和职称聘任，顺利完成5人中级职称续聘和1人初级专业技术职务认定工作。试行专业技术人员调研导师制度，成功申报2篇县社科联调研课题。利用远程培训系统平台，建立学习实践计划表，通过宣传栏、电子公告、手机短信等方式进行重点学习，引导员工加强自我学习。全年支行共组织参加各类学习、培训80余人次。

（周 彪）

中国工商银行股份有限公司永嘉支行

概 况 2014年，中国工商银行股份有限公司永嘉支行（简称工商银行永嘉支行）面对愈发复杂的外部经济金融环境，在上级行、当地党委、政府的正确领导下，认真贯彻落实国家金融法律法规和上级行要求，积极面对新常态，扎实推进各项工作，实现平稳持续发展。截至2014年末，本外币各项存款余额44.31亿元，其中储蓄存款余额26.41亿元，对公存款余额17.57亿元。本外币各项贷款余额41.32亿元，新增金融融资量8453万元。其中公司贷款余额29.14亿元，个人贷款余额12.17亿元，不良贷款余额802万元，不良率0.19%。全年实现拨备后利润16508万元，实现中间业务收入4350万元。

内控管理 2014年，工商银行永嘉支行严格按照工作规程，认真审议全行重大内控管理制度和管理办法，讨论各项内控管理考核结果，推动全行内控文化建设，研究落实相关内控管理重大问题，有效履行内控委工作职责。加强内控机制和制度建设，有效规避风险。制定了《中国工商银行永嘉支行2014年内控管理工作意见》，明确了全行内控管理工作目标、工作重点、工作措施和具体工作要求。修订完善《永嘉支行2014年内控管理考核办法》,继续执行《永嘉支行员工内控帮扶实施办法(试行)》《永嘉支行反洗钱客户信息维护考核方案》《中国工商银行永嘉支行网点运行专业管理综合考评规定》等一些考核措施，进一步明确内控管理工作责任，落实内控管理重点工作，有效推动全行内控管理体系的完善和内控管理水平的提高。通过落实“三个一”工作措施，推动支行内控分管行长加强内控管理履职。切实做好内控日常化管理工作，提高内控管理水平，全面提升内控管理能力。

业务创新 2014年，工商银行永嘉支行积极推进创新产品支持当地实体经济发展。针对小微企业融资“短、频、快”的需求特点，推出了“小贷通”产品，根据区域块状经济特色，对泵阀、五金、教玩具等产业集聚园区，进行多渠道的数据收集，扩大营销目标库，致力于发掘一批专注于实业、融资需求在500万元以下的优质小微企业。为盘活企业资产，破解小企业担保难问题,推出了抵押物余值项下信用贷款品种。年末累计发放5000万元的抵押物余值项下信用贷款。为满足小企业扩大产能、引入设备而购置厂房等固定资产的资金需求，推出了小企业中长期固定资产项目贷款产品“固贷通”并成功办理了工行温州分行系统内首笔“固贷通”业务，既解决了客户购买厂房的资金需求，也为更好地为小企业服务提供了新途径。推进理财产品由期次型向净值型转型，进一步提升了客户理财便利度。创新推出了e灵通、托管理财通、稳利系列、同利系列、量化投资、国债期货等10余项新业务。

消费者权益 2014年，工商银行永嘉支行进一步重视消费者权益保护，组织开展内容丰富、形式多样、贴近百姓的金融知识普及活动，多角度开展集中宣教活动。先后开展了“‘3·15’主题教育”“普及金融知识万里行”“金融知识普及月”等主题宣传活动。持续推进常态化宣教工作。根据总行修订编制的2014版《消费者金融知识宣教手册》，为消费者提供更加丰富的学习素材。上级行实时更新门户网站“金融知识与收费专栏”，确保其时效性。

（金晓文）

中国农业银行股份有限公司永嘉县支行

概 况 2014年，中国农业银行股份有限公司永嘉县支行(简称农行永嘉县支行)以全县经济和金融工作会议精神为导向，主动应对复杂的经济金融形势，深入贯彻落实县委、县政府加快转型经济发展方式，积极对接县政府民生建设工程，全面开展支持实体经济发展的金融活动，严格执行货币信贷政策和外汇管理法规政策，以改善金融服务为目标，深化公司治理及内控管理，稳步推进建设区域最佳银行目标.年末，全行各项存款余额104.36亿元，各项贷款余额77.54亿元，比年初新增5.83亿元，实现中间业务收入9469万元.

组织架构 2014年，农行永嘉县支行共有员工262人，本级设有综合管理部、风险管理部、个人金融部、财会运营部、公司业务部、国际业务部及营业中心，下辖9个网点和6个非全日制空白乡镇金融服务点，同时新增设了包括碧莲在内的9个惠农服务点。持续加大实体经济支持力度，迅速推进服务“三农”基础工作，深入提炼“与客户共创价值，伴永嘉经济发展”的经营理念，围绕年初工作提出的目标和任务，加快转变经营方式。

服务“三农” 2014年，农行永嘉县支行围绕农总行提出的“面向‘三农’，服务城乡”的宗旨，结合县域经济发展特点，进一步扩大金融支农工作力度。支持农业龙头企业发展，带动农民致富；降低涉农贷款门槛，开发农民联建房等贷款，对接旧城改造项目；选派业务骨干到主要乡镇街道挂职，对接新城镇化、“五水共治”和美丽乡村建设等金融需求；推进惠农理财室布点，进一步扩充服务三农的能力；择优筛选一批行政村，开展“金融自治村”创建，支持特色农业发展；推出“三农”结算银行卡——“新农宝”卡，提供惠农贷、理财、医疗等六项服务，给农村居民最大实惠；布设惠农通机具，解决农民日常小额取现及转账需求，借助惠农通，在乡村建起了一个快速、直接、通畅的支付渠道网络，满足农民取款、转账、查询、刷卡消费等基础金融需求，解决了政府惠农资金快捷、安全到达农民手中的难题；加快手机银行等网络免费结算工具推广。

服务提升 2014年，农行永嘉县支行全面推进网点服务管理和6S管理，狠抓《网点服务质量考核办法》的落实。采用多种方式按月对网点的客户满意度、客户满意率、投诉控制率、服务管理等工作执行情况进行检查考核，按季对网点服务情况进行通报。强化“大堂服务”理念，细化大堂经理及各序列员工服务考核细则，使服务管理制度化，全面提高服务质量和办事效率，树立规范、高效的农行服务新形象。突出金融服务“三农”，主动开展送“普惠”金融知识进村、进社区、进企业的宣传活动，举办了反洗钱、个人征信、反假币、便农支付结算等专题宣传，让群众了解金融政策、掌握金融知识、得到满意的金融服务，丰富了农村金融结算知识的普及。同时承担了绝大多数农村地区的破币、火烧钞兑换工作，体现区域大行责任。

内控合规 2014年，农行永嘉县支行时刻以“安全即是效益”的理念为统领，以落实内控合规政策制度为主线，梳理完善规章制度、严格风险执行力考核、强化风险问责机制，建立了优质高效的内控合规文化。全年无重大违规违纪行为，无重大责任事故，无重大事实风险，内控评价连续（2003—2014年）获一类行，连续12年无经济、刑事案件。监管经理坚持深入基层检查辅导，深入开展定期检查和专项检查，及时发现会计管理和会计核算中的薄弱环节和漏洞，及时督促其落实整改，规范操作。监管检查工作能做到精心准备,认真组织，检查有计划、有提纲、有小结。全年共开展常规检查4次，突击检查1次，接受当地人行支付清算系统风险排查1次和财预算外账户专项检查1次,配合上级行组织开展了有人服务离行自助网点业务专项检查、反洗钱工作专项检查、有价单证、重要空白凭证管理及交接管理整治专项检查等各类专项检查17次，共检查柜员人员500多人次、单位结算账户新开户数量426个、新增印鉴数426个、印鉴变更数58个、授权主管人数15人、柜员现金箱285个、自助设备钞箱 131 台。发出整改通知书56份，限期整改内容期104条，做到份份通知有整改、有反馈。检查中发现的问题基本得到落实，达到了预期目的。

风险控制 2014年，农行永嘉县支行以“主办行”为抓手，扎实推进统一授信工作。根据银监部门及市分行有关“主办行”制度推进工作要求，完成所辖26家企业授信总额、对外担保总额测算、系统录入工作；安排人员参加市局集中培训，做好转培训和答疑工作；制作并下发了配套的《主办行测算调查表》；主动与企业沟通，争取企业的理解和支持，对区域内影响力大且融资总额需求大的企业，多次上门与企业高管面对面沟通，研究授信总额问题；做好与协办行的协商，逐家征询协办行意见，协商确定每户企业的授信总额、对外担保总额。加强准入管理，严格执行“三个十”信贷准入；加强风险排查，按市分行21条风险信号逐户排查；加强到期催收管理；加强担保链风险管理，继续深入推进担保链风险排查和化解工作，及时预警；

加强押品管理，严防押品贬值风险。加强潜在风险化解，对排查发现的潜在风险企业，严格按照一户一策措施前瞻性防控信用风险。对产能过剩的淘汰型行业客户做到及时退出。加强不良贷款清收处置力度，对该诉讼的客户坚决进行诉讼，对已诉讼的不良贷款跟踪进度，及时收回不良贷款，同时紧抓不良资产转让核销工作。

企业文化 2014年，农行永嘉县支行深入提炼“与客户共创价值，伴永嘉经济发展”的经营理念。着力解决客户、基层和一线员工反映强烈的“中梗阻”问题，着力解决联系、服务群众“最后一千米”问题，使全行上下形成向上、向善的力量，牢固树立起“三严三实”作风，使员工精神状态更加阳光，纪律更加严明，工作更加务实，促进各项业务持续稳健发展。

（陈　醇）

中国建设银行股份有限公司永嘉支行

概　况 2014年，中国建设银行股份有限公司永嘉支行（简称建设银行永嘉支行）认真贯彻落实总分行决策和部署，紧密结合地方发展实际，强化开拓创新，加快战略转型，深化结构调整，加大金融支持力度，同时强化全面风险管理和安全营运，推进和谐支行建设，实现各项业务持续健康发展。至年末，本外币存款余额47.53亿元，比年初降低2.76亿元；本外币贷款余额45.75亿元，比年初余额增加2.24亿元。存贷比96.25%，86.52%，同比提高9.73个百分点。按五级风险分类统计，本外币不良贷款余额 2108万元，比年初减少1604万元，不良率0.46%,比年初下降0.39个百分点。实现账面利润1.65亿元。

建行永嘉支行主要业务指标情况表　（单位：万元）

项目	2013年年末余额	2014年年末余额	2014年新增	增长率
本外币存款	502866	475304	−27562	−5.48%
对公存款	210386	201567	−8819	−4.19%
个人存款	292480	273737	−18743	−6.41%
各项贷款	435065	457477	22412	5.15%
账面利润	15732	16504	772	4.91%

信贷支持 2014年，建设银行永嘉支行打造良好的信用环境。开展“重塑信用品质、服务实体经济”主题活动,大力宣传《征信业管理条例》，普及征信知识,强化信用意识。以“8·8”诚信日等活动为主要载体，开展内容丰富、形式多样的诚信主题活动。开展“双十条”升级版主题活动，支持“小微”企业。为力推“小微”金融二次腾飞，推进“两链”风险化解和企业帮扶，对存款不良贷款进行分类处置，腾出规模，将资金投放到实体经济上，大力推广“善融贷”“速贷通”“供应贷”“助保贷”等信贷产品，持续加大对永嘉实体经济的金融支持力度，缓解“小微”企业资金困难，保持信贷总量合理增长。截至年末，公司及机构类贷款余额27.99亿元，其中小微企业贷款余额达到11.08亿元。将项目贷款作为全年贷款新增的重点投向，开展了一系列支持政府重点项目建设主题活动。3月，根据永嘉县政府下达的年度投资计划和全县优质企业名单，确定2014年重点项目和目标范围，梳理好名单。全面走访项目业主单位，积极开展业务合作洽谈，支持政府重大项目。开展优化项目贷款申报流程讨论会，讨论申报过程中存在的问题，向上级行提出流程改善的意见建议，以加强过程管理，提高申报效率。在5月至11月期间每月定期召开项目对接推进会，确定目标项目申报责任单位，布置项目推进安排，把项目落到实处。授信永嘉县三江新城开发投资有限公司7亿元信贷项目，发放贷款2.6亿元。

优质服务 2014年，建设银行永嘉支行“三综合”建设提升服务力。完成了乌牛支行、广场支行、瓯北支行综合营销团队建设。制定《2014年柜面人员技能测试实施方案》，开展各类竞赛活动。5月24日，组织46名柜员进行传票输入、汉字输入、VDCC柜面模拟操作、单指单张点钞、多指多张点钞五项业务技能测试。8月25日，举办第一届员工业务知识竞赛，竞赛内容分业务知识笔试、现场知识问答（分个人必答、团队抢答、自选风险题三项）、模拟营销等三个环节，共80余人参加。12月13日，组织45位柜员开展五项业务技能测试。全年参加市建行举办的第十五届“劳动杯”业务技能比赛获团体第六名。落实会计检辅员定期对营业网点的柜台服务监控录像进行抽查，检查柜员的“迎候姿势、迎侯话语、受理交流、送别姿势、送别话语”等状况，发现做不到位的柜员，提出整改意见并督促落实改进。完善投诉处理机制。建立投诉联系人名单，制定投诉处理流程，建立客服热线、分行、支行、网点四级投诉渠道，完善反馈机制，投诉处理完毕后让客户评价投诉处理满意度。

资产质量 2014年，建设银行永嘉支行排除潜在风险。定期召开月初风险防控分析会，对每个网点的潜在贷款风险户进行排摸分析，提出具体的监测、化解或跟踪处置意见，确保新增贷款不产生不良。制定《2014年度公司类不良贷款清收处置考核办法》，明确对纳入处置清单的不良户逐户落实处置。每个网点签订不良贷款处置和控制目标责任书，每周通报计划进度，未完成周计划的，次周一向支行做专题汇报。对已经形成的大额不良贷款，指定客户经理“待岗收贷”。全年成功处置6户共3524万元，其中现金回收2176万元，核销1348万元。提早准备处理呆账贷款。对于满足核销条件的项目，提早搜集核销相关材料，力争早核销。同时对已核销的呆账，经常打探“死账”信息，保留追索权。全年成功回收已核销不良贷款115万元。把好增量贷款准入关。主动营销经营稳健、效益良好、风险较低的客户，重点关注企业互保多、关联多和合作银行多的“三多”企业，确保新增贷款的质量。

风险管理 2014年，建设银行永嘉支行夯实基础管理，完善防控机制。完善制度建设，细化操作流程，并利用风险联席会议、案件防控分析会、网点晨会、安全警示教育专题讲座等形式进行案件防控、风险合规、员工职业操守等方面学习教育，强化风险防控，确保全年无案件和重大责任事故。强化风险监测反馈。制定《2014年网点会计质量及操作风险检查考核办法》，强化对会计核算质量和内控管理的考核，对网点的操作风险点进行汇总、梳理，逐项整理并下发整改通知书督促整改，集中力量整治好屡查屡犯现象。加强监察安保工作。开展创建平安活动、金融安全“心防工程”建设、“正风肃纪 勤业守廉”主题教育活动、“管控关键环节 防范突出风险”案件专项治理活动，层层签订廉洁从业、安全运营目标管理责任书，明确责任目标和落实目标的具体措施。同时深入开展员工个人贷款情况风险排查和员工行为排查，对与中介公司、投资公司等可能涉及民间借贷的客户交往过密的员工，作为排查重点，防范民间借贷向银行转嫁风险。发挥积分管理在风险控制和案件防范方面的重要作用，引导和督促全行员工遵章守纪，依法合规经营。全年支行共积分183分，个人积分人数59人，积分人次109次；对被积分员工减发绩效工资10150元。

文明创建 2014年，建设银行永嘉支行把文明单位创建工作落实为“一把手”工程，召开3次文明创建研讨会，召开1次动员大会，真正形成党政工团齐抓共管的工作格局。制定方案重行动。制定《学雷锋活动总体方案》《志愿服务活动实施方案》等十三项重点工作实施方案，组织开展相关工作。开展“共建美丽永嘉——志愿者在行动”志愿服务活动，在文明共建结对村潘二村和岩头丽水街向村民和游客讲解防诈防抢、健康饮食、反假币知识等并分发、张贴文明出游宣传卡片；在沙头镇岭下溪边向车户分发“抵制六大危险驾驶行为”“倡导六大文明交通行为”等卡片；在上塘环城西路、县前路、永兴路、瓯北双塔路等路道值守斑马线劝阻不文明交通行为。组织志愿服务者在瓯北轮船码头设点开展夏日送清凉活动，为来往行人提供伏茶。全年参加志愿服务100余人次，分发宣传资料500余份。采取多种形式开展思想道德、社会公德、家庭美德、个人品德教育。开展“道德讲堂”活动4次，读书活动2次，每个网点晨会经典诵读若干次，征集员工心得体会18篇。开展“五个一”活动。建立10个“遵德守礼”上墙；向全行发“文明餐桌”倡议书，食堂餐桌摆放“文明用餐”提示牌。开展争优创先活动。开展评比先进、“服务之星”等。全年获省建行级“服务明星”4人、微笑之星1人，合规之星2人。开展文体活动。每季举办季度生日员工集体活动；每周举办羽毛球比赛活动；3月23日，组织员工到张溪南正顶开展登山活动；4月，邀请健康咨询师为员工作为期一周的健康咨询义诊活动；4月27日，组织青年团员到楠溪江CS基地开展户外拓展训练活动；11月9日，选派13名选手参加永嘉县金融系统趣味运动会并摘得团体桂冠；

一位员工参加省分行“翰墨丹青建行情”摄影比赛，获一等奖。

产品创新 2014年，建设银行永嘉支行“供应贷”对接人行融资平台。8月，成功通过人行搭建的中征应收账款融资服务平台，为某鞋业公司的一家上游企业发放流动资金贷款200万元，这是永嘉县金融机构首次通过该平台为企业提供信贷交易。3月，成功为某鞋业公司办理首笔50万美元的“汇权盈”——人民币对外汇期权组合业务，实现了该项业务零的突破。推出“车易贷”业务，突出手续简便、费用低廉、期限灵活、方便办理四大优点。9月，在全县首发“银联”单位结算卡，突破了原单位结算卡只能在建行系统内交易的限制，实现了跨行应用，客户凭卡可在任一有银联标志的ATM机和POS机上结算。推出短信银行客户端服务。客户通过该服务功能即可完成账户查询、转账缴费、话费充值、信用卡服务、金融资讯查询等短信金融服务。推出个人网银“快捷转账”服务功能。无须网银盾，面向已经绑定网银盾的建行个人网银客户，适用于活期转账、定活互转（非卡内）、向企业转账、向手机转账等，可以满足客户的日常小额转账需求。

（张俊杰）

中国银行股份有限公司永嘉县支行

概　况 2014年，中国银行股份有限公司永嘉县支行（简称中国银行永嘉县支行）围绕“清收化解、客户群拓展、内控防案”三大工作主线，坚持以效益为中心，做大做强“大投行、大银行卡”业务，各项业务取得了明显成效。截至年底，实现账面净利润11305万元，比上年增长11.40%；本外币存款余额合计296451万元，比年初新增29789万元，增幅11.17%；其中，人民币存款余额262784万元，比年初新增25912万元，增幅10.94%，市场占有率比年初增加1.31%；人民币金融机构存款余额3651万元，比年初新增1038万元，增幅39.73%；外币存款余额5502万美元，外币市场份额占永嘉四大行总额的63.79%。

资产质量 2014年，中国银行永嘉县支行在资产业务规模有序、快速扩大的同时，注重不良贷款控制，有效保持资产质量优良。截至12月底，本外币不良贷款余额2595.66万元，不良率0.67%，低于当地平均水平。全年累计清收不良贷款3272.75万元。高度重视授信风险防范，加强对新上任客户经理的风险管理培训，严格落实执行四个必须及每月的自查工作；增强客户经理风险意识，做好贷前、贷中、贷后三查工作，客户经理每月至少一次上门拜访客户，了解企业生产经营状况。

助力小微企业 2014年，中国银行永嘉县支行贯彻落实市委、市政府提出的金融支持实体经济的政策要求，服务当地小微企业，全年共成功投放5笔“微型企业贷款”，总金额833万元，全年累计向小微企业投放贷款4.16亿元。在小微企业的金融创新上，支行注重批量化与供应链上的拓展，以支持当地大企业为核心，辐射性支持其上下游中小微企业，结合永嘉当地市场和行业特点，力推特色融资产品，以加大对当地优质中小微企业的支持力度，进而有效支持当地实体经济的发展。先后推出专为小微企业设计的“供应链融资”“网融通”“拍卖通”等产品。

支持重点工程 2014年，中国银行永嘉县支行为永嘉万新尚瑞置业有限公司取得授信批复4.5亿元，并于11月27日成功投放贷款8000万元，是中国银行永嘉县支行自1993年成立以来的首笔房地产开发项目贷款。为永嘉县三江标准堤塘项目获得授信批复4.2亿元、为温州瓯江通道项目获得授信批复7亿元， 12月，为三江片区房地产开发项目三号地块成功获得授信批复5亿元。各项目均已实现投放，有力支持了当地重点工程建设。

支持域内企业 2014年，中国银行永嘉县支行重视信贷资金投入，向上级行积极争取政策支持、规模支持，引入域外资金为永嘉企业服务，全年累计为永嘉企业办理信托资金9亿元，帮助永嘉当地酒店获得中国银行温州市分行授信批复2.4亿元。积极响应政府部门提出的“让利于企业、减轻企业负担”的号召。通过向上级行争取，做好企业服务、不断投入信贷资金，降低企业贷款利率，与上年相比，为企业减少成本超过600万元。

惠农惠民 2014年，中国银行永嘉县支行深入贯彻落实十八届三中全会关于深化农村经济体制改革，加快构建新型农业经营体系的要求，以服务“三农”为宗旨，创新启动“福农卡”项目。与多家公司达成合作意向，对特定农户配发福农卡77张，授信额度达1000万元，并减免该项目的福农卡年费（280元/年）。累计为农户办理

“兴农贷”贷款30多万元，为特约商户办理“商户分期付款”5000多万元，为国家自留地安置、旧村改造、旧城改造等城镇化建设项目办理“兴城安置贷”1.8亿元，有效缓解了农户和当地居民在生产存续期间的资金短缺问题，促进了永嘉当地金融市场资金流动。

跨境业务 截至2014年底，中国银行永嘉县支行实现国际结算量25267.39万美元，市场份额为37.74%，跨境人民币结算量19553.86万元，占全县跨境人民币总量的48.56%，传统优势业务国际结算和跨境人民币结算继续保持良好态势。

内控安保 2014年，中国银行永嘉县支行实现全年内控及案防工作稳步推进。全年组织现场、非现场检查40多次，内容涵盖每月重空实物管理专项非现场检查、国际收支申报检查、业务经理履职检查、出纳业务检查、“排风险、强基础、防案件”专项自查、2014年案件风险排查等。修改调整《永嘉支行经营性分支机构内控（业务经理）管理考核办法》，实行全面考核、捆绑考核，强化业务经理的履职能力。贯彻落实上级行及公安、银监安全保卫工作精神，遵循“预防为主，综合治理，谁主管，谁负责”的指导原则，切实开展“心防工程”“平安中行”创建活动，组织全辖员工开展消防安全学习及消防演练，强化了员工的安全防范意识，使安全管理落到了实处，被省公安厅、省社会管理综合治理委员会办公室评为2013年省级治安示范单位和全省创建治安安全单位活动成绩突出单位；被永嘉县委、县政府评为2013年度“十佳、十杯”平安金融场所创建工作先进单位。

企业文化 2014年，中国银行永嘉县支行落实民主管理制度，提高民主管理效能，切实维护员工权益，努力为员工办实事、解难题，营造积极向上的企业文化。安排员工免费体检；出台相关的慰问制度，为每位员工送上生日蛋糕卡，探望生育女员工、关爱生病员工，积极开展文明单位创建活动,与桥下镇瓯渠村扶贫结对。12月15日，成功召开中国银行永嘉县支行第四届四次职工代表大会。组织员工参加各类行内外文体活动，在中国银行温州市分行篮球比赛中获得了第一名的好成绩，在温州市分行第八届职工田径运动会及趣味项目比赛中荣获团体总分第四名，在县金融工会组织的县金融系统趣味运动会中荣获团体总分第三名的成绩，组织“三八”妇女活动、一线员工“送清凉”“送温暖”和慈善一日捐活动，根据全行女员工多（约占60%）的特点，开办员工瑜伽班。（徐 静）

永嘉农商银行

概　况 2014年，永嘉农商银行荣获浙江农信经营管理一级单位，评上浙江农信“十强农村银行”、全省银行业金融机构安全防范工作成绩突出集体、温州农信先进单位、温州银监平安金融创建十佳、案防安保十佳单位、县功勋企业等荣誉称号，3家支行成功创建温州农信文明规范服务示范单位。截至年末，存款余额115.24亿元，比年初新增8.01亿元，增幅7.47%，市场占有率26.38%，比年初新增1.51个百分点。贷款余额88.93亿元，比年初新增11.14亿元，增幅14.32%，市场占有率21.03%，比年初新增0.61个百分点。不良贷款余额6417万元，不良贷款率0.72%，控制在目标之内。信贷资产减值准备余额7.29亿万元，信贷资产减值准备充足率446.38%，拨备覆盖率1135.47%，资本充足率18.28%，核心资本充足率17.22%。实现各项收入9.63亿元，同比增加1.5亿元，增长18.39%。利润总额3.08亿元，同比增加4150万元，增长15.57%。纳税1.51亿元。

发展基础 2014年，永嘉农商银行累计存款户82.6万户（新增40000户）。贷款户3.64万户（新增3570户）。丰收小额贷款卡（创业卡）2.78万张，市民卡45.50万张，贷记卡1.90万张，网银（手机银行）9.71万户。电子银行业务替代率69.68%，比年初提高16.4个百分点。推出“丰收贷您游楠溪”等各类业务营销活动8次，开办市民卡圈存、专项营销，按季开展柜面主题营销活动，推出积分免费洗车、水费代扣9.5折优惠和IC卡闪付有礼活动，开办贷记卡分期业务。办理永嘉农商银行中间业务客户58万名，人均1.64项。全年代收付业务467万笔，同比增加30.75%，交易金额27.38亿元，同比增加12.72%，中间业务收入1269万元。推出“丰收·永佳”理财产品，开办永嘉县水费代收业务。

普惠金融 2014年，永嘉农商银行新增ATM机32台（总141台），离行式自助银行新增6家（总10家），POS（电话宝）新增960台（总2218台）。引入通联第三方支付机构，拓展异地POS业务，新增异地POS机107台（总155台）。创建省、市网上支付应用示范区各1个。推出微信公众号，发布产品服务信息15期。推出"电商创业贷"，发放94笔计2051万元。推出扶持民宿发展"旅游民宿贷款"、助推楠溪江古村落景区建设"古村落保护贷"、让农户圆梦安家"安居乐贷"、满足农户改善住房资金需求"农村住房改造贷"、拓宽农户收入来源"农家乐贷"，该五大产品执行一般种养业保证贷款利率同档期下浮18%—30%不等。全年共发放美丽乡村贷近3亿元，惠及农户1563户，预计让利312万元。大力推广"增信式""分段式"贷款和农房抵押、林权抵押、景区收费权质押贷款。评定信用户14.97万户，占建档农户83.70%，评定信用村540个，占比60%，省、市级信用镇9个，省、市级信用村23个。在岩头、沙头试点整村授信业务，授信金额6100万元，用信4607万元，惠及农户272户。

金融服务 2014年，永嘉农商银行涉农贷款余额82.16亿元，比上年增加10.6亿元，增长14.81%；小微企业贷款余额24.41亿元，比年初上升4.61亿元，增幅23.3%，贷款户数36400户，承担了全县95%以上的支农贷款和2/3以上的农户贷款，小微企业贷款916家，是永嘉县发放小微企业贷款户数最多的金融机构。代理涉及老百姓日常生活密切相关的公用事业性缴费、政府各类涉农补贴的发放、社保资金收缴发放，年代理笔数467.34万笔，交易金额27.38亿元，始终坚持免费服务承诺。农业龙头企业、农业合作社贷款实行优惠利率，发放农业企业（合作社）贷款12026万元，惠及农户273户，预计让利380万元。加大投放扶贫小额贷款，全年投放1534万元，惠及农户129户。联合县委宣传部，出资50万元成立"最美永嘉人"公益基金。在现有45个网点的基础上，继续运营好设立在"金融服务空白区"的东皋、西源、溪下、潘坑、茗岙、山坑、石染等7家金融服务点，为农户办理小额存取款业务。在农村小卖部、社区便民服务中心布放电话宝、自助终端等，布放助农服务点458个，覆盖率50.66%，让农户在家门口就能领取涉农、养老补贴等小额取款服务，让政府的好政策更快更好的落到实处。

风险管理 2014年，永嘉农商银行强化风险监测预警，下发风险提示，定期发布风险经理简报。完善授信管理办法，细化客户准入标准，严控"两高一剩"、高风险客户。加强不良贷款管理，召开新增大额不良贷款质询会，下达不良贷款清非指标。梳理、新定制度227个。严防操作风险，推进会计基础等级创建。落实"人事四项基本制度"，岗位轮换50人。开展监察巡检，创新员工行为动态考核，开展"七廉七进"和"5·10"思廉日宣传、廉洁合规文化进机关、进支行，组织作风建设检查和正风肃纪专项行动。做好九大项目检查和非法集资、案件风险等排查工作。举办案防大讲堂，加强警示教育，开展员工银行账户交易和银行贷款风险排查。常规审计与专项审计相结合，开展内控评价、经济责任、贷记卡等审计项目及调查29个，提出整改意见271条，下发审计通报与风险提示6份，加强辅助审计系统非现场监测与分析，发挥好审计监督与服务职能。开展"替代式"检查，出台月查辅导管理办法。加强监督，电话回访贷款新客户。扎实推进安全保卫工作，开展突发事件应急预案桌面和实地演练，组织消防安全知识培训、安全知识测试等，推进"心防工程"建设，防范电信诈骗案件12起，避免客户经济损失22万元。

经营管理 2014年，永嘉农商银行深化法人改革，农商银行顺利挂牌开业。强化考核引导，修改和完善各类绩效考核办法，突出工作业绩和个人贡献度。加强财务预算，监测支行财务费用执行情况，引导财务资源向业务拓展倾斜。梳理、简化91项业务审批流程、环节。提高科技支撑作用，完成90多次的数据分析提取。作风实现有效转变，扎实开展党的群众路线教育实践活动，认真查找"四风"问题、"四气"现象，并逐条落实整改。队伍建设逐步优化，加强青年人才培育，加大内训师培养力度，举办"勤学·乐讲"青年大讲坛，加强岗位练兵活动，技能实现了"同业领先、系统进位"。合理配置干部资源，完善公开公平公正的用人机制，形成了能上能下的干部管理新常态。

企业文化 2014年，永嘉农商银行成立金融学会，举办了首届年会，开展职工趣味运动会、农商银行好声音比赛、首届青年文化节和"我与农信共成长"文化活动。打造家园文化，组织"休假式"体检，对生活困难、生病、退休员工开展慰问、捐款，全年慰问53人次。

（吕永攀）

中国农业发展银行永嘉县信贷组

概　况　2014年，中国农业发展银行永嘉县信贷组认真贯彻落实省分行行长会议和市分行年初工作会议精神，围绕保障国家粮食安全和城乡发展一体化，着力加大支农力度。截至年末，各项存款余额20105万元，比年初增加4459万元，增长29%；日均存款18031万元，比上年增加7300万元，增长68%；贷款余额66163万元，比年初增加19418万元，增长42%；日均贷款50233万元，比上年增加30602万元，增长156%；中间业务收入7.96万元；不良贷款继续保持零余额。

储备粮油轮换工作　2014年，中国农业发展银行永嘉县信贷组继续做好粮食库存管理工作，严控风险。深入分析形势，创新监管措施，严把收购质量、库存管理、销售监督、货款回笼等各个环节，定期与不定期进行粮食查库工作，协助国有粮食购销企业做好粮油抛售等一系列相关工作，确保粮食资金供应及储备粮油轮换工作有序进行。累计轮换粮食598.5万公斤，其中抛售粮食598.5万公斤，收回贷款1709万元；收购粮食409万公斤，发放贷款1117万元。截至2014年年底，粮食总库存1728.5万公斤，成品油5.5万公斤。

贷款投放与管理　2014年，中国农业发展银行永嘉县信贷组做好中长期项目贷款发放和贷后管理工作，累计发放中长期项目贷款60400万元，其中永嘉县粮食储备库工程项目贷款3400万元；永嘉县鹤盛镇、碧莲镇、巽宅镇、桥下镇等30个区块垦造耕地项目贷款47000万元；永嘉县三塘隧洞分洪应急工程项目贷款10000万元。

信贷基础管理　2014年，中国农业发展银行永嘉县信贷组把信贷基础管理年活动和党的群众路线教育实践活动有机结合，开展了对信贷人员制度落实、尽职履责和合规操作等情况的自查，重点自查贷款发放、贷后监管、合规操作、风险把控等不落实、不到位、不规范带来的风险。针对检查中发现的问题，重点抓好制度落实等措施，强化贷后管理，力求消除隐患，提升基础管理水平，打好发展的基石。

风险管理　2014年，中国农业发展银行永嘉县信贷组实施精细化管理，全面做好贷款风险排查工作。为切实防范信贷风险，将精细化管理理念与信贷管理工作相结合，加强对各类贷款的监测和管理，提前落实风险管理防控措施。

（方崇伟）

兴业银行股份有限公司温州永嘉支行

概　况　截至2014年12月31日，兴业银行股份有限公司温州永嘉支行总资产达177100.60万元，比年初新增2772.18万，增幅1.6%；总负债167597.8万元，比年初下降6712.9万；本外币各项存款余额131,310.76 万元，比年初新增10465.95万元，其中公司存款余额104918.96万元，储蓄存款余额26,391.80 万元；各项贷款余额178,114.78 万元，比年初增加4494万元，其中公司贷款余额159,795.万元，个人贷款余额18,318.64 万元；实现账面利润9502.8万余元，较去年增3634.08万元，增幅62%；不良贷款率为0。

信贷业务　2014年，兴业银行股份有限公司温州永嘉支行为进一步发挥金融对实体经济发展的支持和服务作用，着力解决企业融资难、融资贵问题，助推产业转型升级，帮扶企业健康发展，切实做好全面风险管理的同时，不断提升服务质量。盘活现有信贷存量，调整信贷结构，将信贷资金投入与社会发展相符的行业。深化小微企业信贷业务和服务创新，成立小企业专营团队，作为支行的一级部门专职负责小微企业业务的市场拓展、业务推进等工作，制定了科学、合理、快速、简便的小微企业贷款审批流程，推出了“易速贷”“连连贷”等适合小微企业融资特点的信贷产品和抵押方式，并正在着力开展中小企业专项信用贷款业务，对小企业贷款的贷款规模不列入存贷比考核，放开规模限制。推出“白领贷”“旅游贷”等零售贷款项目，满足了广大客户的消费需求。共投放重点建设项目信贷资金9.91亿元,用于重大基础设施项目及产业提升项目，对生态环境项目、民生改善项目继续予以信贷支持。

服务提升　2014年，兴业银行股份有限公司温州永嘉支行抓好服务环境的改变，配合分行逐步改善营业网点的服务环境，提升网点综合竞争力，使支行营业部达到宽敞、明亮、分区更加合理，将零售客户经理前移到一线办公，使客户享受到“一站式”服务。实施“走出去，请进来”营销策略，变“坐商”为“行商”，深入永嘉高档社区，向社区居民推介本行理财产品和保险业务，推动银行个人金融业务的发展。同时，抓好网点业务主管的现场管理能力和大堂引导员工、柜员的服务提升，使支行整体服务意识得到较大改变。

（陈仁华）

温州银行永嘉支行

概　况　2014年，温州银行永嘉支行面对区域经济形势持续不利影响、金融市场竞争加剧以及利率市场化进程加快所带来的各种经营压力，围绕深化转型升级、打造品牌文化的目标，坚持定位转小、考核转效、业务转变、网点转型的理念，构建产品有特色、服务有特效、品牌要突出、文化有特征的发展新格局。截至12月31日，各项人民币存款余额115294万元，贷款余额101779万元，不良贷款余额604万元，不良率为0.59%。

业务营销　2014年，为贯彻落实“重塑信用品质，服务实体经济”，助力地方经济，温州银行永嘉支行加快小微贷款专项投放，共计发放7.44亿元，比年初新增1.81亿元，增长率为18.4%。完成全市首个BT项目（2.85亿元）的贷款发放，有力地支持了地方基础设施建设。与市住房公积金中心永嘉分中心联合开展“2014年度住房公积金制度扩面工作”，切实做好金融民生服务。同时开展常态性的普惠金融宣传，弘扬典范经验，使金融知识走进千家万户。温州银行永嘉支行积极调整核心竞争力，挖掘疏理现有及潜在客户的不同需求，进行差异化精准服务，建立具有长远合作关系的优质客群。

风险管理　2014年，温州银行永嘉支行建立完善的风险预警机制，定期及不定期进行各类风险的排查，强化贷后管理，密切关注企业动态。针对严峻的外部金融形势，全面落实信贷“三查”制度，严格把关有效监管，确保业务操作合法合规。积极开展防火、防盗、防抢防暴及防电信诈骗等安全演习，增强员工应对突发事件的能力。

团队建设　2014年，温州银行永嘉支行开展“群众路线教育”工作倡导新风，全体在职员工联系自身实际，遵照“照镜子、正衣冠、洗洗澡、治治病”的要求，对自我进行深入剖析反省，寻找差距提升自我素养。注重精神文明建设，开展各项活动丰富员工业余生活。强化内控管理，进行员工家访关注员工动态。获得市级文明单位、市级巾帼文明示范岗、市级巾帼文明单位、市级保卫工作先进集体、县级青年文明号等荣誉。

（张　怡）

中国邮政储蓄银行永嘉县支行

概　况　2014年，中国邮政储蓄银行永嘉县支行紧紧围绕邮储银行转型和永嘉经济建设发展实际，坚持以“严密管理，高效服务，强力发展，加快转型”为核心推进各项工作，秉承“融入地方经济，促进社会发展”的理念，坚持走地方特色发展路径，在为社会各界提供优质金融服务，实现了向全功能商业银行的转型和跨越。截至2014年末，各项贷款余额15.96亿，同比增长40.49%；各项存款余额为30.51亿元，同比增长8.92%，其中个人存款为26.44亿元，增长9.3%；完成金融收入7040万元，同比增长13.59%；净利润3838万元，同比增长15.05%。

内控管理　2014年，中国邮政储蓄银行永嘉县支行坚持经营发展与内控管理“两手抓、两促进”，搭建了覆盖“全员、全业务、全流程”的全面风险管理体系。开展会计基础达标、信贷业务“达标固防”、安防“心防工程”等基础达标活动，健全内控管理三道防线；开展信贷“排雷行动”、营业网点“雷霆行动”等风险排查，暴露、缓释和化解各类风险；贯彻省分行二次修订下发的《中国邮政储蓄银行浙江省分行员工违规行为处理办法》和《中国邮政储蓄银行浙江省分行员工轻微违规行为积分管理办法》，强化刚性执行，严格问责管理；加强贷款全流程管理，确保资金流向实体经济，注重对企业经营的监督和帮扶。截至年末，不良贷款率0.43%，优于永嘉同业和邮储银行系统平均水平。全年辖内零案件，被县公安局推荐为年度省级治安安全单位。荣获2013—2014年度省级治安安全示范单位和县政府颁发的“十杯·十佳”竞赛平安金融场所创建工作先进集体称号。被评为永嘉县文明单位。

服务实体经济　2014年，中国邮政储蓄银行永嘉县支行为降低企业融资成本，应对企业融资难问题，不断创新模式、丰富产品、优化流程，下沉金融服务，设立小企业中心和特色支行，实施小额贷款和小企业贷款专营，完善审查审批机制，助力永嘉实体经济。深化“重塑信用品质 服务实体经济”，开展了“走千家，访万户助小微——2014·邮储阳光行动”，通过银政企合作，深入探索并建立金融支持实体经济发展的长效机制。通过实地走访、组织推介会、送贷下乡等多种形式，为小微企业服务。探索差异化、特色发展模式，争取总行区域信贷政策，获“泵阀行业特色支行”授牌（系邮储银行全国181家特色支行之一）。加快产品创新，陆续推出“小额循环贷款”、小微企业的“快捷贷”等新产品。全年累计发放小额循环贷款185万元，快捷贷款510万元。累计发放小企业贷款2.34亿元，结余2.26亿元，农户贷款1.90亿元，结余5047万元。

服务“三农” 2014年，中国邮政储蓄银行永嘉县支行坚持普惠金融发展模式，深化“三农”服务，加快推进农村金融体制改革，建立健全农村金融体系，持续加大信贷支农力度，以信用村建设为契机，不断扩大支农资金规模。开展“送贷下乡”活动，继原针对山区农民找担保人难而推出的农户联保贷款业务和农房抵押贷款业务之后，设立了3个金融空白乡镇服务点、51个银行卡助农取款服务点，解决了农村地区取款难问题；在此基础上，叠加理财、结算、小额信贷、代缴费等金融服务，打造农村综合金融服务站。

渠道建设 2014年，中国邮政储蓄银行永嘉县支行加强对服务渠道的战略研究和规划，协调好自营和代理网点布局，做到错位经营，差别定位，互补发展。扩大电子渠道和自助渠道的覆盖面，提升自助服务能力，通过网点改造，改善网点服务形象。加快网上银行、电话银行等电子银行客户的推广拓展力度，优化服务手段、创新分层服务方式，促进网点转型，增强网点服务能力。截至年末，拥有营业网点20个，其中自营网点4个，空白乡镇金融服务点3个，代理网点13个，90%的网点分布在非城区；拥有ATM（CRS）机共52台；提供电话银行、网上银行、手机银行等电子服务渠道，电子银行客户突破14.5万户。

（叶丽丽）

永嘉恒升村镇银行

概　况 2014年，永嘉恒升村镇银行在各级地方政府及监管部门大力支持和帮助下，坚守支农支小市场定位，坚定“小额、流动、分散、本土化”信贷原则，扎根永嘉农村市场，服务县域“三农”经济，步步为营，稳扎稳打，实现各项业务健康、有序发展。截至2014年年末，各项存款余额72226万元，其中，对公存款余额8623万元，占比11.94%；个人存款余额为63603万元，占比88.06%。各项贷款余额120248万元，其中，涉农贷款余额116405万元，占总比96.8%；小微企业贷款余额47966万元，占比39.8%。贷款户数3071户，户均贷款39.16万元。全年实现各项收入10782万元，上缴各类税收1009万元。

结算渠道 2014年，永嘉恒升村镇银行在现有的结算渠道建设基础上，不断改进和完善支付结算系统，加快电子银行服务体系建设。网上银行、手机银行和银行卡业务上线进展顺利。网上银行、手机银行、银行本票等业务分别于4月、6月、11月试运行或开通。银行卡业务通过了人民银行杭州中心支行审批，于12月下旬发行。银行结算系统及结算渠道的不断完善，丰富了金融服务手段，提升了服务水平，为长远发展奠定坚实有力基础，标志着永嘉恒升村镇银行跨行结算电子化业务迈上了一个新的台阶。

平安金融 2014年，永嘉恒升村镇银行为了持续提高经营管理和服务水平，贯彻落实银监部门关于深化平安建设的决策部署，深入推进平安金融创建工作，积极筑牢各类风险防线。成立了平安金融创建工作领导小组。领导小组以创建“平安金融单位”为载体，结合“基础管理　全面风控”一年一载体专项教育活动，在切实贯彻落实年初签订的综合管理责任书的同时，进一步细化平安金融创建工作实施方案，层层落实创建工作责任，确保全行平安金融创建工作稳步、深入推进。先后组织开展抵押物风险排查、大额未到期贷款排查、非法集资风险专项排查、重点领域风险排查、从业人员个人账户资金交易情况风险排查等各类专项排查，规范了信贷人员从业行为，筑牢了员工合规意识，有效防范了各类操作风险。被温州银监分局评为2014年度温州市“平安金融创建十佳单位”（系全市唯一村镇银行）。

支农支小 2014年，永嘉恒升村镇银行结合当地农村金融市场情况，先后精心组织开展了“走村入户、转变作风、争创佳绩”业务营销活动、“助小微、惠民生、促发展”业务竞赛活动等各类主题营销活动，并结合“走村入户”“送金融知识下乡”等活动，大力推广、普及农村金融知识，积极传达“服务实体经济”“帮扶小微企业”信贷服务理念，有序推进农村信用体系建设，着力改善农村金融生态环境。为满足“三农”经济和小微企业多样化融资需求，充分发挥一级法人机构决策链短、管理灵活、审批高效的优势，顺应当地金融市场需求，积极探索产品创新、业务创新，先后推出了“种养贷”“乡农贷”“展期宝”和农村土地承包经营权抵押贷款等业务产品，赢得了广大客户的认可和支持。秉承“小额、流动、分散、本土化”信贷原则，强化信贷准入和退出机制，进一步优化信贷结构，实现将更多的信贷资金投向“三农”经济及小微企业。截至年末，该行户均贷款39.16万元，比年初下降8.16万元。

资产质量 2014年，永嘉恒升村镇银行为了应对不良贷款反弹趋势，进一步明确信贷风险管理责任，严格按照贷款新规要求贯彻贷款“三查”工作，落实不良贷款问责机制。加大不良清收力度，有效化解贷款风险，先后组织开展了不良贷款清收活动月和秋冬清非大会战活动。在司法部门大力配合下，全面掌握案件执行进度，对未到期的风险贷款提前向法院提起诉讼，申请实现担保物权，对恶意逃废债行为坚决予以打击，发挥震慑效应。该行通过控新和收旧双管齐下，力促风险管理加速从“防堵”向“控制”转变，顺利完成了年度不良贷款控制目标，实现不良贷款继续“双降”。

团队建设 2014年，永嘉恒升村镇银行在认真贯彻执行金融方针政策的同时，不断健全并落实各项规章制度，着力提高团队制度执行力。结合业务竞赛和技能考核，针对各条线积极开展业务知识学习和专业技能培训，全面提升员工综合业务水平。引进优秀人才,通过强化内部绩效管理，完善人才发展通道，进一步健全激励监督机制，提升团队凝聚力和向心力。共开展了4次技能考核，组织员工参加培训300余人次，受训范围100%。内部晋升提拔了13名干部，向社会公开招录引进了14名优秀人员。

荣　誉 2014年，永嘉恒升村镇银行先后荣获“（2013年）全省创建治安安全单位活动成绩突出单位”、温州市首届“百佳诚信企业”“（永嘉县）2013年度‘十杯·十佳’竞赛平安金融场所创建工作先进集体”“（永嘉县2013年度）纳税大户”“（永嘉县2013年度）优秀企业”等荣誉。先后被为温州市“平安金融创建十佳单位”“（永嘉县）纳税大户”“（永嘉县）明星企业”。

（王裕杉）

华夏银行永嘉支行

概　况 截至2014年年末，华夏银行永嘉支行各项存款余额10.26亿元，其中对公存款8.76亿万元；个人存款1.50亿元，较上年末新增2.04亿元，增长24.79%；贷款余额20.18亿元，较2013年年末新增2.77亿元，增长15.89%；不良资产780万元。（有关指标见下表）

支持地方经济 2014年，华夏银行永嘉支行为促进永嘉县地方经济的发展，履行作为商业银行帮扶企业的义务，积极进行金融产品的创新，大力开发核心企业上下游合作关系，通过链式效应为企业提供更全面的配套服务。为永嘉县水利投资集团有限公司水利建设融资1亿元，支持地方公共设施建设；为永嘉县瓯北城市投资集团有限公司水利项目提供5000万元融资，加大公共设施建设项目的融资服务支持力度。通过与地方支柱产业的相关行业协会合作，帮助协会内小企业解决融资难题，为地方支柱经济添砖加瓦，促进其和谐发展。

信贷结构 2014年，华夏银行永嘉支行积极树立“中小企业金融服务商”形象，打造以小微企业客户、小微企业业务占主导的特色银行，集中优势资源为小微企业提供“小、快、灵”的金融服务。建立小企业授信业务快速审批机制，通过向支行直接派驻专职审批人大大加快信贷业务审批流程。在贷款投放政策与额度上向小微企业倾斜，全力支持500万元以下规模的贷款要求，充分满足小微企业的融资需求。努力打造以对接工业园区管委会、行业协会、商业协会、专业交易市场管理方和核心企业等平台客户为主要模式的合作和联系，搭建

项目	2011年开业时余额	2013年年末余额	2014年新增	增长率
本外币存款	43154	82239	20387	24.79%
对公存款	30903	50911	36689	72.06%
个人存款	12230	31329	−16303	−52.04%
各项贷款	24514	174141	27677	15.89%

营销平台，创新客户互荐机制和退出机制，通过多种经营模式和服务渠道，实现批量开发，以更便利的方式更好地服务更多的小微企业。

提升服务 2014年，华夏银行永嘉支行为有效提升整体服务质量，取消公司客户经理与个人客户经理的划分，全面提升客户经理业务水平，为客户提供综合多样的全面服务。提升柜面服务质量，要求员工提升业务技能，减少客户办理业务所需时间。加大硬件设施的投入，设置拉卡拉便民刷卡机、叫号机、醒目的业务办理导向标志、简洁美观的公告栏等，并在醒目处明示服务项目内容与价格。为树立良好服务形象，注重员工礼仪、服务态度的培养，为客户提供良好的服务氛围。

风险管理 2014年，华夏银行永嘉支行建立完善的风险防范机制，定期及不定期进行风险排查，及时整改发现的问题，提高员工的风险防范意识。每年开展不少于2次的防火、防盗、防暴力抢劫等安全演习，配备了防爆毯等先进的安全设备，增加员工应对突发事件的能力。完善内控制度，规范信贷业务申报、审批、发放及贷后检查流程，提高信贷资产质量，严格加强对违规操作的处罚力度。积极举办与风险防范有关的讲座、召开风险防范管理会议、组织员工自我学习风险防范知识，提升员工的风险防范认知水平，争取从根本上杜绝操作风险隐患。

（厉显勇）

招商银行永嘉支行

概　况 2014年，招商银行永嘉支行认真贯彻执行国家金融法律法规和各项监管政策，围绕总行“加快转型、稳健发展”的工作指导思想和打造“轻型银行”的转型要求，抓住升格一级分行的有利契机，力抓负债，加快大企业大项目拓展，加快不良资产清收处置，努力发展中间业务，业务结构得以优化调整。截至2014年12月末，各项存款余额9.47亿元，比年初增加5.53亿元，增幅140.32%。其中对公存款余额8.18亿元，比年初增加5.32亿元，增幅186.46%；储蓄存款余额1.2922亿元，比年初增加0.21亿元，增幅19.01%。一般性贷款余额152492亿元，比年初减少2.14亿元，其中对公贷款余额7.2亿元，比年初减少0.70亿元；零售贷款余额80458亿元，比年初减少1.44亿元。存贷比为62.15%，与去年相比增加39.49%。不良贷款余额0.63亿元，比年初减少0.16亿元；不良率4.12%，比年初下降0.4个百分点；关注类贷款余额1.03亿元，比年初增加0.20亿元，关注率6.78%，比年初上升了1.98个百分点。

组织结构 2014年，招商银行永嘉支行升格为一级分行，直属总行管理。同时招商银行永嘉支行升格为一级支行，分设综合室、公司银行部、零售银行部、运营管理部。

制度建设 2014年，招商银行永嘉支行提出了精细化管理的要求，制定并完善相关制度，对相关操作作出规范，规范合规管理，加强风险控制。推进制度梳理工作，对全部有效制度文件、作废制度文件、待改进制度文件进行了清理；并专门汇总制订全行主要业务适用有效制度对应清单，通过邮件下发员工，进一步规范业务办理。依据温州当地监管要求，在总分行考核体系的基础上，结合实际情况，分别制定了支行平衡计分卡考核办法及管理部室平衡计分卡考核办法，对每项业务指标与管理工作制定了考核标准和评分标准，有效推动了业务发展。根据实际业务开展情况不断进行测算与调整，提高了考核的精确度，促进了精细化管理水平的提高。

队伍建设 2014年，招商银行永嘉支行优先充实管理一线与市场一线的人员配置。全面进行柜面整合，实行综合柜员制，将整合出来的人员充实到支行市场队伍。制定干部达标基本标准，对不合格的干部进行调整，对空缺岗位实行竞聘上岗，开展后备干部竞聘，储备人才。对职能部门内部队伍结构进行调整。优先配置核心岗位，补齐缺失环节，保证中后台管理部门为一线提供强有力的支持。加大新员工招聘力度，面向全国高等院校招录高学历人才，累计录用3人，为队伍结构注入新鲜血液。

合规管理 2014年，招商银行永嘉支行严格遵守外部监管部门、招商银行总分行和自身的各项内控管理要求，成立了“招商银行永嘉支行合规管理委员会”，建立并完善各项内控管理和风险防范机制，完善业务流程、风险管理和内部控制，确保各项业务的安全运行，形成“合规、理性、稳健、进取、全员”的合规文化。倡导“主动合规”“合规创造价值”等合规理念，践行合规政策，将合规经营理念融入招银文化，将“合规守法”普及到每一个岗位、员工、环节，有效防范业务和操作风险隐患。提升合规管理对业务拓展的支持保障力度，持续提高全行合规意识和水平。

管理创新 2014年，招商银行永嘉支行主动挖掘和培育一批有潜力的中小企业，特别是大力扶持有利于增加就业、符合国家产业政策、有市场发展前景、信誉良好、产品技术含量高、经济效益好的中小企业。把培育优质的中小企业客户作为优化信贷结构、控制经营风险的重要举措。深入市场，调研分析中小企业经营特点和规律。针对中小民营企业“急、频、小”的融资需求特点，大力开办资产抵押、担保、票据承兑与贴现、保函、信用证、出口押汇等多种信贷业务。提供增值服务，开办多种中间业务，满足企业业务需要。利用资源优势，为企业提供咨询服务，向企业反馈最新的市场信息和行业分析，为企业的发展决策提供指导帮助。加强和中小企业联系，增加与中小企业的感情互信，逐步与中小企业建立稳定的信贷关系。依托营业网点和功能强大的网上银行、电话银行、手机银行和自助终端等各种服务渠道，努力提升综合服务水平。细化市场，制定个性化营销方案，满足广大客户日益增长的金融理财需求。开办住房按揭贷款、小额质押贷款、汽车消费贷款等个人融资产品。凭借专业的理财产品投资管理团队和丰富的金融市场投资经验，打造稳健理财服务品牌，向市民提供一流的产品和服务。推行总行CBS现金管理产品、“薪福计划”养老金融产品、黄金租赁产品等特色金融产品，探索信用贷款、融资租赁、知识产权质押、动产质押、应收账款质押、股权质押等新兴业务创新，加大新产品的推广力度，提高市场份额和使用效果，争做新兴市场的领头羊。

不良资产处置 2014年，招商银行永嘉支行成立了资产清收小组，定期召开资产质量分析会议，根据新形势新情况动态分析资产质量状况，摸索不良贷款分类管理措施，根据不良贷款不同占用形态、清收潜力和政策性因素，进一步细化不良贷款分类，分别制定管理目标处置策略和清收盘活措施，并落实项目责任人，使工作职责与经济利益直接挂钩。实行风险预警管理，对信贷资产进行风险提示和通报；建立不良资产清收处置工作例会制度，对不良资产清收处置工作动态进行通报，以增强不良资产清收处置工作意识。对授信企业进行重新排查，排查面达到81%，重点排查了光伏、不锈钢、钢铁贸易、建筑行业、有色金属加工、皮革制品、进出口贸易等十几个行业。加强与执法部门的业务联系和沟通，争取诉讼工作上的支持与配合，针对不良贷款户的具体情况分别通过仲裁、担保物权实现、普通程序等途径达到提高处置效率的效果。对发生违约情形的贷款客户依法提起诉讼，及时查封贷款抵押物或资产，通过采取强制执行和拍卖资产方式来清收处置不良资产，以加快不良资产清收处置工作步伐。

运营管理 2014年，招商银行永嘉支行以强化业务管理，推进支付结算工作，深化检查督导力度为重点开展全年会计工作。开展业务技能知识培训，开展“专业运营”主题学习和“将技能训练进行到底”技能强化活动，全年培训学习58人次。持续开展督导检查工作，全年完成现场常规检查一次，检查网点覆盖率100%；按季组织开展督导检查，其中非现场检查方式开展，达到每季网点覆盖率100%；全面开展账户年检工作，完成银企对账工作，通过全面广泛的对账和存款滚动检查，未发现风险案件。全年无发生会计风险损失案件。

安保工作 2014年，招商银行永嘉支行坚持安全保卫工作“一把手”负责制，实施“一票否决”，通过签订“反腐倡廉安全保卫及案件防范责任书”，实施一岗双责，双线问责，两手抓，两手硬，确保安保工作落到实处；全年全行开展了多次常规安保检查和 2次突击检查；为细化突发事件应急预案，提升应急能力，出台3个应急预案，组织演练各类预案2次，组织各类安保培训25人次；配合公安部门开展打击银行卡犯罪专项行动和打击电信诈骗活动；在严峻的经济金融形势下，深入开展全员职业操守教育和异常行为排查工作基础上，重点对员工是否参与民间高利贷、非法集资、非法担保等方面展开深入排查，切实加强员工行为管理。

（陈　文）

交通银行股份有限公司温州永嘉支行

概　况 2014年，交通银行股份有限公司温州永嘉支行（简称交通银行永嘉支行）认真贯彻落实国家金融法律法规和人民银行政策规定，认真落实国家货币信贷政策和外汇管理法规政策。积极完成人民银行的各项工作部署，配合做好各类宣传教育活动。在支付结算业务、货币金银业务、国库业务、清算服务和会计经营业务、外汇业务、反洗钱工作上，能做到严格执行相关政策和规定。截至年末，各项存贷款总额突破21亿元。人民币存款余额为8.13亿元，较年初增加1.87亿元。实现账面利润7655万元，同比增加833万元；实现本外币中间业务收入394万元。

内控管理 2014年，交通银行永嘉支行建立和优化了小微贷款准入退出机制，在控制风险的同时，大大提高审批效率，为小微企业及企业主融资提供了更加优质的服务。通过各部门协调分工，严控各类信用风险、操作风险和政策风险。开展“违规放贷”排查、“员工贷款”排查等排除隐患，确保业务健康发展。开展了“依法合规稳健经营”主题学习实践活动，通过案例教育、合规教育、警示教育，进一步加强对员工行为管控，强化案件防控体系建设。根据温州分行制定的经营目标考核办法，结合支行实际情况制定细则，对员工实施无边界、全产品计价考核，按照以客户为中心，以产品营销、客户发展、战略转型、内控风险等指标为载体，指标到人、激励到位、约束到位。

渠道拓展 2014年，交通银行永嘉支行重点营销政府优质大项目和纳税50强大企业。变被动为主动，积极与相关政府部门对接，寻找合适优质项目。与永嘉县中医院继续深化合作，成功营销了永嘉县人民医院急诊大楼建设项目。树立“绿色信贷”理念，抓好信贷本源回归，对新发展客户摸清“为什么贷、款到哪里去、用什么还”，严格贷款用途。坚持抓好减退加固工作，对名单内企业抓完成进度。按好客户标准对存量授信客户划分为好客户、基础客户、一般客户和风险客户四大类，一户一策区别对待。做好商贸结算类、理财类、个贷类个人客户的拓展。结合自身发展和永嘉市场实际，主动调整发展思路，收缩战线，集中资源，有的放矢地选择了贸易流通类、理财（代发）、个贷类三大类客户作为发展主攻方向，努力培育支行的业务特色和核心客户群体。全年新增家易通客户近200户，表内外理财规模提升至3亿元，全年新增个人贷款0.57亿元。

服务提升 2014年，交通银行永嘉支行在全行范围内开展“我的微笑，真心相伴”服务提升专项劳动竞赛。通过微信平台、短信平台、客户满意度调查问卷等方式，把关于“我的微笑，真心相伴”服务提升专项劳动竞赛的相关内容进行宣传，收集客户意见和建议。继续推出便民化服务举措，提供按揭业务上门服务、个贷业务限时办结、周末定期开展上门理财咨询等服务；进一步优化硬件配置，除更新部分便民箱、功能指示牌、分区指示牌、广告灯箱外，还增配了婴儿推车、婴儿座椅、停车指示牌等物品。开展了科室员工定期服务互评工作，利用周会时间，员工之间面对面对一周以来的服务工作进行表扬肯定和寻找问题，使服务提升工作深入每位员工的思想。

团队建设 2014年，交通银行永嘉支行始终向员工灌输先有作为后有地位的道理，鼓励员工积极参加分行各类竞聘竞岗活动来锻炼自己，提升自己。在分行后备人员竞聘中，支行在公司、个金、营运等条线均有人员入选。通过案例讲座、专业心理咨询等手段，使得员工的心理健康状况得到更大程度的关心。开展丰富多彩的员工生活，联合永嘉人行团委开展“五水共治共建美丽永嘉”团日活动，参加县人行和市分行组织的趣味运动会，进一步激活了队伍活力，团队氛围更加和谐。

（陈明明）

中国人民财产保险股份有限公司永嘉支公司

概　况 2014年，中国人民财产保险股份有限公司永嘉支公司（简称人保财险永嘉支公司）在市公司党委、总经理室的正确领导下，以学习贯彻党的十八大精神和开展党的群众路线教育实践活动为动力，紧紧围绕省公司“实施品质战略、建设价值强司”的工作主基调，贯彻落实市公司“做强车险，稳中提质；做大非车险，稳中求快；做实农险，稳中有为”的总体工作目标。团结拼搏，真抓实干，攻坚克难，业务发展稳中有进，管理基础持续夯实，可持续发展能力得到提升。全年实现保费收入16541万元，同比增长25.99 %，实现利润2099万元。未决赔款准备金提取充足，应收保费控制在较低水平，各项理赔指标均处于比较理想的状态，公司业务呈现稳步增长的良好态势。

抢占先机 2014年，人保财险永嘉支公司提前启动“百日开门红”竞赛方案。确定20%的总增长目标，并分解任务到部门、到人。在巩固渠道、块状业务的同时，以分散性车险业务为主要目标，差异化配置资源，重点突出转入业务竞争力与优质业务获取能力，坚持每日督导、每周通报、每月考核，强化过程推进，竞赛方案取得了良好的成效。适时推出“双过半”业务竞赛活动，据根市场的变化，每月对业务资源配置进行调整，紧贴市场变化，把有限资源向优质业务倾斜，增强优质业务获取能力。

渠道创新 2014年，人保财险永嘉支公司持续挖掘车商渠道合作潜力，重点抓好合同执行管理、理赔资源的集中、业务发展的进程把握、驻店员综合职能发挥以及车商电销续保合作。与县邮政局进行多次业务沟通商洽，建立了有效畅通的通联机制，更好地整合和发挥了邮政现有的平台资源，开展全方位的业务合作，扩大人保服务触角。全年共实现保费收入265万元，其中车险238万元，学幼险27万元。

业务结构改善 2014年，人保财险永嘉支公司围绕有效益发展主旋律，车险通过车险辅助系统的运用、资源整合及销售费用差异化配置，进一步优化业务结构，提升业务品质，提高盈利能力，放大规模效应；非车险以拓展政府合作、重点项目、银保渠道为重点，加快了农网布局工作，为明年非车险发展打牢基础，全县农村小额意外人身伤害保险在前期取得了较大的突破；调整改善考核大纲与承保方案，差异化配置财务资源，鼓励发展优质业务、效益险种，控制高风险、高成本业务；进一步加大对优质客户的增值服务项目的投入，提升了公司优质业务获取能力和业务发展品质。

强化管控 2014年，人保财险永嘉支公司面对当前转型发展、管理升级时期，强化承保、出单等基础管理工作，注重提高业务质量，防范金融风险，防止病从口入。推广IT 新技术应用，助推业务管理上台阶。开发完善业务辅助系统，既为公司切实掌握业务的真实来源，也为后续的费用差异化配置提供了有效的数据支持；实施成本领先战略，突出效益经营导向，提高精细化管理水平，持续提升内在发展品质；制订并出台了客户信息真实性考核办法，加强业务风险管控，提升风险识别能力，加快提升了优质业务获取能力，坚决剔除劣质业务。根据业务的实际经营效果适时进行政策的动态调整；加强了重点企业、重点阶段的防灾防损工作。加强了车险理赔基础管理，以人伤案件为主抓手，提高医疗审核，调解诉讼质量，有效降低了人伤赔款，同时加强第一现场查勘、核损、核赔等关键环节的管控，确保了公司有效益地发展。强化预算管理，压缩和控制行政费用开支，将有限的费用资源用于拓展市场。

服务转型 2014年，人保财险永嘉支公司根据上级公司要求，结合永嘉实际情况，严格按照工作方案的安排，强化协调配合，将综合柜面改造工作落实到位，切实优化服务界面。进一步优化营业厅柜面服务流程，提高服务标准化程度，整合柜面窗口服务资源，构建以外部客户体验为导向的标准化、专业化、亲情化的营业厅柜面服务界面，提升客户满意度。以标准化服务和保险业优质服务示范窗口创建活动为抓手，加强出单窗口及理赔线标准化服务的督导和处罚力度，推进“以客户为中心”的战略转型，在销售、理赔、咨询、投诉等客户接触端口抓好标准化服务的落实。进一步优化客户体验，抓好落地服务，做好客户分级分类，为优质客户提供更完备的增值服务项目。充分利用“人保之友”俱乐部建设契机，提升承保、理赔增值服务。依托标准化服务建设抓好服务延伸，倡导上级为下级、二线为一线的服务氛围，共同实现以客户为中心的服务转型，使客户资源在公司全员服务中得到持续巩固发展。

企业文化 2014年，人保财险永嘉支公司发挥工会、团委作用、开展文体活动,最大限度的发挥文化力在公司全面管理、改革发展中的引领作用。以党、团、工活动的开展为载体，丰富员工的文化生活。开展了“重走红军路，弘扬爱国情”践行群众路线教育实践活动，参与由中国人民银行永嘉县支行联合县总工会、县体育局举办的永嘉县首届金融系统趣味运动会，举行了登文成红枫古道活动。加深了员工间的交流，强化了员工的归属感，增强了公司的凝聚力。

关心职工 2014年，人保财险永嘉支公司本着“群众利益无小事”的理念，大力开展送温暖、献爱心活动。组织公司人员进行一次身体检查，持续开展职工生日送温馨活动，坚持领导带队开展病患、困难员工慰问，保障退休老同志待遇。使广大干部职工切实感受到大家庭的温暖。宣传好人好事，弘扬社会正气，在公司传递正能量。

服务民生 2014年，人保财险永嘉支公司一直密切关注城乡居民大病保险项目，主动向政府和有关部门传达公司服务民生的愿望，赢得了政府的理解与支持。11月5日，永嘉支公司经过激烈角逐，成功中标永嘉县城乡居民大病保险项目，获得全省最大城乡居民大病保险项目，保费收入1405万元，全年应收保费控制在93万元以内。本项目的成功中标对公司进一步密切与政府各职能部门的沟通，更好地服务地方经济发展和保障民生建设具有重大意义。

（刘伯村）

中国人寿保险股份有限公司永嘉县支公司

概　况　2014年，中国人寿保险股份有限公司永嘉县支公司（简称中国人寿永嘉支公司）在当地政府和市公司总经理室的正确领导下，以科学发展观为指导，按照年初既定的个险渠道“稳健”发展，团险渠道“确保”完成，银保渠道有所“变化”的目标开展工作，保持了公司整体业务平稳增长。截至12月31日，共实现总保费 42528万元，市场份额 82 %左右。短期险赔案3055件，赔款947万元，简单赔付率42%；满期给付及生存金返还3090笔，给付总额 3263万元；长期寿险赔案173件，赔款972万元；长期险保单质押借款7858笔，借款总额28870万元。荣获年度总公司优秀综合支公司奖、年度永嘉县金融改革创新奖等荣誉称号。

个险渠道　2014年，中国人寿永嘉支公司在上年高平台下，取得了全面的发展，保质保量提前超额完成了所有的KPI指标，多项指标更是创下了历史新高，主要KPI指标完成情况如下：

KPI项目	目　标	完成数	完成率
3—5年期（出单）	1610	1641	102%
十年期（出单）	3380	4447	132%
标　保	2779	3753	135%
短期险	710	963	136%
新增转正人力	204	330	161%
主险举绩	3228	2937	91%
综合举绩	4992	5391	108%

在十年期、增员、短期险和客户经营方面取得了较大的突破，十年期、增员、短期险均创下历史新高，各项完成率均高居全市千万级县公司第一名，综合排名居全市第二名。

团险渠道　2014年，中国人寿永嘉支公司团险在巩固原有渠道老业务的基础下，积极开拓农村小额保险新渠道，开辟新的增长点，主要KPI指标完成情况如下：（数据截至12月31日）

项目	年度目标	完成数	完成率
短期险保费	1535	1265	82%
短意险	971	871	90%
农村小额	241	179	74.18%
企业年金	140	200	143%
“三农”人力	7	12	171%

村干部的投保对象由往年的各村主要干部扩大到各村两委，由原先的80万元保费增加至102万元，得到了有效的增长。将全县学平险统一由原来的70元增费至100元，并相应提高保险责任。全年学平险658万元，同比增长率28.7%。妇女安康保险业取得突破性进展，在巽宅镇试点成功，保费4.2万元。

银保渠道　主要KPI指标完成情况如下：（截至12月31日）

项目	年度目标	完成数	完成率
总保费	5020	4870	97%
期交	1006	604	60.08%
短期险	400	49	12.25%
规划师人力	23	21	91.30%

运营渠道　完成了乌牛营销服务部、黄田营销服务部的租赁工作和桥头营业部的新租赁的迁址工作，并对上塘本级、瓯北营业部、乌牛营销服务部、黄田营销服务部的门店招牌重新制作。完成2009至2013年会计档案的整理工作。档案整理速度与质量得到市公司的好评。公司的集中采购项目严格执行上级规定，未违反授权性规定、程序性规定、廉洁性规定。公司认真执行上级财务工作会议精神，严格执行公司的管理办法，费用报销的暂行规定，有效的管理得到认真执行。对股份公司34750件保单进行了变更、上报导入。共处理大大小小客户投诉案件60余件，共处理

个险长险新单20645件、团险短险5000余件、保全51000余件、受理理赔案件3100余件、处理新单回访件3126件、处理会办单1558件、续期回访5883件、收付费等业务。全年共调查案件901件，较去年同比增长了290.65%，其中预警面访50余件，加大对“两关”的调查力度和宣导，有效地控制了赔付率的增长，被温州市财贸系统评选为2014年度“市级品牌示范岗”。

（孙　文）

中国太平洋财产保险股份有限公司永嘉支公司

概　况　2014年，中国太平洋财产保险股份有限公司永嘉支公司（简称太平洋财产保险永嘉支公司）实现保费收入11224万元，同比增长24.42%，市场份额为23.32%，上升0.38个百分点，居永嘉产险市场第二;新增五洲营销服务部1个;被温州分公司评为年度“经营管理先进单位”。

服务体系建设　2014年，太平洋财产保险永嘉支公司围绕以“客户需求为导向”战略转型和保监会“抓服务”的监管思路，针对社会广泛关注的“理赔难”问题，多次召开理赔听询会、理赔督导会等专题会议。开展了“7·8”保险公众宣传日、“8·8”诚信日等活动，提升公司服务信息的透明度。加强客户投诉管理，对投诉处理时效指标进行跟踪考核，进一步畅通了投诉渠道，认真对待、妥善处理各类客户投诉，切实维护消费者权益。

风险防范　2014年，太平洋财产保险永嘉支公司结合外部市场、监管环境和业务变化趋势，贯彻执行各项法律法规以及保监会等监规规定，进一步巩固内控优化项目成果，加强内控合规责任体系建设，切实将合规经营的要求传导至每位员工，不断完善管理制度、加大监督检查、严格内部问责、加强合规教育，建立了健全内控机制，经营风险得到了有效防范，确保了公司运营健康稳定，为公司战略转型创造了良好环境。

人才培育　2014年，太平洋财产保险永嘉支公司建立完善的员工考核制度，提升员工工作积极性。切实发挥教育培训工作对公司可持续价值增长与员工职业生涯发展的支持作用，鼓励员工继续教育，参加学历教育培训，全面提高员工的文化水平。组织全司青年新员工开展职业生涯培训，使员工树立正确的人生观、事业观、职业观，进一步推动员工素质工程建设。有针对性地进行业务培训，不断提高员工对公司发展要求以及政策方向的理解能力和执行能力。定期开展文化活动，丰富员工的业余生活，创造积极向上团队氛围，增加职工凝聚力。

企业文化　2014年，太平洋财产保险永嘉支公司党、工、团组织充分发挥自身优势，围绕公司工作，组织开展了劳动竞赛、文娱比赛活动等，用文化来激发思想、激励创新、传递价值、树立形象，把员工的认识统一到公司对重大改革发展事项的决策和部署上，使公司在加快转型升级中继续走在行业、系统前列。进一步扩大内外宣传力度，展示发展成果，树立了良好的品牌形象。廉政建设　2014年，太平洋财产保险永嘉支公司贯彻落实县委、县政府“勤廉永嘉”建设精神，深入推进公司廉政建设。成立了“勤廉金融”创建工作小组，制定了廉政建设工作计划，紧抓廉政建设不放松。充分发挥公司领导第一责任人的作用，带头贯彻落实党风廉政建设工作部署，贯彻落实党风廉政建设责任制。党员领导干部积极发挥模范作用，从廉洁工作和思想教育两方面抓好职工教育，组织开展廉洁文化教育活动，营造创建氛围，明确学习内容，提高全员素质。

社会责任　2014年，太平洋财产保险永嘉支公司加强社会责任建设，将公司自身发展同社会发展需求更好地结合起来，提供风险保障、服务“三农”、开展公益慈善事业等，充分发挥社会“稳定器”作用。以诚信文本，以稳健为体，以卓越为魂，聚焦社会需求，努力打造一家“在你身边”的一流保险金融服务企业。响应总公司“责任照亮未来”品牌化公益活动，将贫困及孤残儿童作为关注对象，通过组织员工团委拓展活动等户外机会，进行扶贫慰问活动。11月30日对茗岙山区学校进行了慰问，为山区的孩子送去了文具和冬日暖被。通过进行扶贫慰问等系列活动，增强了员工的社会责任感，更好地履行了企业的社会责任。

（黄　鸣）

申银万国证券永嘉双塔路营业部

概　况　2014年，申银万国证券永嘉双塔路营业部根据温州分公司一体化运营试点要求，围绕机制与体制转型、组织架构与人员调整、工资与考核模式创新，形成了以一个业务团队为基础框架的组织架构，并持续完善优化。全年实现考核利润978.83万元；业务净收入实际完成1467.65万元；净有效开户数152户；产品销售收入15.79万元。

转型发展 2014年，申银万国证券永嘉双塔路营业部根据转型发展的新形势，把握创新发展机遇，进一步加强融资融券、IB业务，持续保持领先优势。逐步提升产品创新能力，推动产品业务发展。进一步完善内控制度提升服务与管理水平，根据一体化运营实践，进一步完善了内部控制制度以及操作流程，提升了内部管理的效率及水平。以发展投资顾问为基础，通过初步的梳理、整合，进一步优化了投顾及投顾助理客户服务的标准及流程、提升了投资顾问服务的深度和广度、提高了投资顾问服务与产品销售对接能力。为进一步激励员工争优创先，制定了员工绩效考核办法；建立了定期学习培训制度，提升了营业部的学习氛围；通过优化工作流程，有效提高工作效率；通过合理分工及兼职，促使营业部更加高效有序运行。

服务客户 2014年，申银万国证券永嘉双塔路营业部针对营业部存量客户，年初制定存量客户维护开发计划，每位员工随机分配存量客户，做持续电话营销。并在中间增加双融、产品等业务介绍。通过回访工作，激活一部分存量客户，并依托公司理财产品，让存量客户持续引入资金。统一员工思想，深入认识信用业务对稳定和开发活跃客户资源、实现转型发展的重要性；制定了双融业务专项考核办法及营销技巧，有效促进了双融业务发展，超额完成双融日均余额指标。

通过安排专人负责，全体员工互相协作，对目标客户做持续、耐心营销，逐步增加客户对证券公司理财产品信任度，通过努力，理财产品保有量有了一定量的增长，认购客户数也在逐步增加。积极走访企业、金融办、银行等机构，寻找合适企业来开展各项投融资服务。

党团建设 2014年，申银万国证券永嘉双塔路营业部定期召开民主生活会，通过交叉审核审批手续，加强内部监督控制，促进廉政建设。坚持以党建带团建，加强对营业部团组织的领导建设工作，完成了营业部团支部的组建工作，不断巩固党的青年群众基础。开设了党员学习园地宣传栏，并对栏目进行及时更新，有效促进了营业部的文化氛围。制订了营业部费用管理实施细则、重大事项集体讨论制度，设立了兼职监察员、合规管理员岗位。

（蒋良策）

工商行政管理

概　况　2014年，永嘉县有个体工商户40867户，同比增加10%；注册资金197613.64万元，同比增长14%。全年共新设立企业2983家，其中有限公司2418家、分公司130家、非公司企业法人6家、非公司企业法人分支4家、个人独资企业194家、个人独资企业分支机构1家、合伙企业43家、农民专业合作社182家。全年变更企业1857家。全县共有各类企业14564家，其中有限公司9079家、个人独资企业1948家、合伙企业581家、其他内资企业1805家，农民专业合作社1151户。2014年度冠省名企业67家，无区域公司12家、组建集团1家。共有各类市场14个，全年成交额273750万元。

服务企业　2014年，县政府下发了《关于开展“个转企提质扩面暨长效机制建设年”活动的实施意见》（永政办发〔2014〕107号），拟定《永嘉县“个转企”工作行业指导目录》和《关于开展2013年度“个转企”财政奖励资金核拨工作的通知》协同相关部门下发实施，加速推进“个转企”工作，落实“三免两减半”政策。截至12月30日，全县完成个转企898家，完成率为119.73%，个转公司制企业所占比率为67.82%，2013年、2014年两年累计转公司制企业所占比率为47.37%；个转企企业小升规6家。在工作推进中，继续推行“多证联办”服务机制，在行政审批中心窗口和8个工商分局（所）窗口全部实行四证联办；继续实行一址多照、一照多址、筹建登记；继续开展股权出资、股权出质、债转股登记工作，有效解决企业融资难问题。牢牢把握好商事登记制度改革的关键节点，结合浙商回归和党的群众路线教育实践活动，坚持问题导向，强化工作责任，提升服务形象。特别针对个转企、浙商回归项目实行“工商服务小组”模式，以现场指导、集中指导、开辟绿色通道等方式，做到优先受理、优先办理、优先反馈。对转型企业实行相关部门联合上门回访制度，帮助完善和协调有关优惠政策落实、财务管理、安全生产、劳动用工、社会保障等方面实际问题，了解新企业的经营状况，探寻转型升级的一般规律，帮助转型企业做强做大。目前已完成浙商回归办理数8家，注册资本总额达77952万元，主要涉及电子商务、阀门、旅游开发等。

扶农措施　在扩大农村市场主体方面，放低市场准入门槛，为农民进入市场开辟绿色通道。引导提高农民市场主体意识，鼓励其因地制宜从事农产品加工、种养、养殖、服务等行业。同时，根据季节特点，集中开展专项整治行动，对假冒伪劣农资商品进行清查，杜绝其流入市场、坑农害农，促进红盾护农扎实有效开展，为农民增收做好服务工作。农资处罚案件3起，维护了广大人民群众的利益。

品牌建设　通过大力推动商标注册量、完善商标培育数据库、倾力培育“四名”商标等措施，助推我县商标增量提质，2014年，全县新增驰名商标1件，新增省著名商标5件，新增市知名商标5件，新增县名牌商标16件。至年底，全县拥有行政认定驰名商标9件，省著名商标56件，市知名商标55件，县名牌商标93件，集体商标6件，省级商标专业品牌基地5个，市级专业商标品牌基地1个。在日常商标监管服务中全面推行“五书”工作制度。即《申请商标注册告知书》《争创驰（著、知）名商标建议书》《商标规范使用提示书》《商标违规使用警示书》《商标维权保护联络书》，将行政指导全面融入商标监督管理工作中，使商标行政指导工作领域不断拓展延伸。全县共立案查处各类商标违法案件57起，案值49.08万元；罚没款50.43万元，没收销毁侵权商品49022件；移送司法机关案件1件，案值7.53万元。涉外商标22件，占总数的38.6%，罚没款11.42万元。

消费维权 2014年，创建消费维权服务站7家，其中示范服务站1家，开通消费投诉处理绿色通道企业1家。共受理申诉举报1147起，其中申诉922起，举报225起，涉案金额174.6万元，为消费者挽回经济损失94.3万元。永嘉县市场监督管理局以“国际消费者权益日”、《食品安全法》宣传周为契机，通过“送法下乡”“消费维权进校园”“生态消费”等活动进行广泛的宣传，使广大群众更多地了解消费维法律法规知识，关注新修订的消法赋予的相关权益。今年共组织各类的宣传活动14场次，分发宣传资料3000多份，并开展消费维权“进课堂、进社区、进农村、进景区”等活动，为900多名群众和学生讲授科学消费和相关维权知识，凸显“新消法、新权益、新责任”的宣传主旨。

信用监管 2014年，成功培育出“浙江省信用管理示范企业”13家，“浙江省信用管理示范行业”一个，“温州市信用管理示范（先进）企业”27家，上报创建“浙江省信用管理示范企业”5家，进入答辩的4家，占全市的23.53%，最终被确定的3家为浙江省信用管理示范企业；创建“温州市信用管理示范（先进）企业”15家，被市局列入公告征求意见6家，占全市的14.63%，2014年评选出县级信用管理示范（先进）企业27家，信用管理示范网商6家。被省局确定为2014年度省信用监管创新联系点单位，负责开展信用联盟重点项目推广工作组织。进一步加强中介行业信用的推进工作。重点在涉及企业登记代理、商标代理等领域的中介机构实施信用监管，推进信用体系建设，在调查摸底、征求各分局所意见的基础上，10月16日率全市之先召开了企业登记代理、商标代理信用监管会议，通过了信用管理办法，确定了相关指标体系，做出了诚信承诺，通过自查、核准程序，实现信用监管的有效性。

食品安全监管 2014年，永嘉县市场监督管理局共立案查处食品案件110起（其中检测不合格食品案件31件，“三无”及过期食品案件34件，无证无照经营食品案件9件，其他36件），涉案金额11.8万元，罚没款59.24万元，查扣和销毁一批假冒白酒、鸡爪、过期面包糕点等；共办理食品流通许可1455件，累计办理食品流通许可6830件。在流通许可中，结合日常监管的难点，严把食品流通准入关口，进一步加强始业教育和从业人员继续教育。同时，继续深化落实食品批发“一票通”制度，至年底共有123家食品经营户纳入电子监管平台，其中新安装28家，新安装率为29.8%，验收通过电子监管示范单位7家，共录入电子台账187万条，使用率达100%，进一步完善了食品安全的溯源体系。结合食品安全日常监管，加强对校园周边、商场超市、农贸市场、批发经营户等重点场所的巡查力度，对存在问题的食品经营户进行行政约谈，要求落实整改措施，明确整改期限，排除安全隐患；实行批发经营户主体和仓库备案工作，全面管控食品批发单位经营情况，掌握批发户经营动态；积极开展“品牌超市进校园”工作，进一步优化校园食品安全环境；积极借助“3·15”国际消费者权益日、食品安全宣传周、食品安全进校园、进社区等活动，开展食品安全知识的宣传，全力提升民众食品安全意识。2014年，县局共排查和整治食品安全隐患点30个，开展行政约谈85家，创建“校园品牌超市”11家，完成率达50%（目标为40%），完成主体和仓库备案食品批发经营单位30家，开展小食杂整规4800多家，整规率达99%，分发各类宣传资料4500余份，处理食品申诉举报55件，受理率和处理率均为100%。

网络监管 出台了《永嘉县工商行政管理局网络经济助推发展项目行政指导方案》，明确了指导内容、指导手段、时间步骤、指导分工等，同时助推网络经济规范有序发展列入县局重点项目，全年从事2家电子商务的个体成功转型为公司，8家电商从传统企业中剥离出来，新批从事网上经营企业178家、个体户23家，新批企业名称中含有“电子商务”字样的企业55家、个体户1家，注册资本15970万元。加强对网络经营行为监管，重点加强查办非法主体网站、网络虚假宣传、网络销售假冒伪劣商品、虚假网络标识等领域，并组织开展了“铁网九号”网络违法经营行为专项整治活动，指导基层分局、所开展网络经营行为的监管。查处或办结网络违法案件20起，其中10万元以上案件1起，万元以上案件14起，罚没款（暂扣款）272038元，没收皮鞋136双，发放责令改正通知书66个。

无照治理 2014年，出台了《2014年永嘉县无证无照经营行为整治规范实施方案》（永政发〔2014〕49号）等文件，形成全县合力抓好无照整治工作。集中力量开展无照经营大排查大整治、城中村安全综合整治、黑网吧专项整治、无证无照经营“打非治违”整等专项整治活动，累计排摸无证无照经营2733户，清理整治完成2642户，其中疏导登记2280户，重点领域查处取缔241户，确保重点领域无证无照经营处置率达90%以上。抄告前置部门301户，立案处罚72户，查处取缔黑网吧27家，查扣电脑215台。

基础建设 根据《永嘉县人民政府关于改革完善食品药品监管体制的实施意见》（永政发〔2014〕8号）精神，设立永嘉县市场监督管理局，挂永嘉县工商行政管理局、永嘉县食品药品监督管理局、永嘉县食品安全委员会办公室牌子。整合了原县工商局、食药监局和县食安办职责，并划入县质监局的食品安全监管职责，开始对食品生产、流通和餐饮环节实行集中统一监管。县市场监督管理局是主管全县工商行政管理和食品药品监督管理工作的县政府工作部门。

（金玉燕）

物价管理

价格监测 2014年，定期进行常规性价格监测，落实与完善价格监测预警报告及分析制度。完善重要商品价格的周报、旬报、月报及快报制度，使制度落到实处。完善节假日价格应急监测机制，提高突发事件应对能力。在节假日期间对全县市场价格进行应急监测，并对节前、节后的市场价格状态进行监测巡查，分析部分商品价格的节日效应与日常价格动态的区别。增加了黑木耳、八角、花椒、干辣椒、白木耳、黄花菜等7个常规监测项目，填补了永嘉对干货调料价格监测的数据空白。并对土特产及农贸市场的一些未列入常规价格监测的商品价格进行采集，掌握全县各商品市场真实价格信息。

物价监督检查 2014年，永嘉县物价局监督检查分局共查处价格违法案件5件，实施经济制裁333777.17元（罚款37572元，没收296205.17元）。1月至11月，永嘉县价格举报中心共受理各类价格政策咨询和投诉举报34件。2014年，根据上级文件精神，结合永嘉实际，永嘉县物价局监督检查分局开展了快递行业明码标价检查、清费减负政策落实情况专项督查、涉农涉企价格和收费专项检查、农贸市场价格政策落实情况专项检查工作、商业银行服务价格信息披露工作落实情况专项检查、药品和医疗服务价格专项检查、旅行社明码标价专项检查等一系列专项检查。

价格认证 2014年，共为公安机关受理价格鉴定518起，办结396起，涉案标的金额331万元，为稳定社会治安、改善永嘉投资环境作出积极贡献。对永嘉县食品总公司屠宰服务成本、永嘉县福利中心养老服务成本及岩头中心区供水有限公司供水成本、百丈瀑森林公园门票成本、四海山森林公园门票成本、出租车营运等进行成本监审及成本调查，共核减成本1863.10万元，为政府科学制定商品或服务价格提供了翔实可信的成本依据。2014年，生猪价格起伏不定，根据省队安排，密切关注县内的生猪调查点的生猪成本及销价、仔猪价格，及时向上月报，为政府决策提供依据。

水价、电价等价格改革 2014年，根据上塘居民阶梯水价听证会的5点意见，进行认真研究和沟通并提出处理建议，写出书面听证报告，提交永嘉县发展和改革局领导与审价委员会审议，并上报县政府做出决定。2014年，认真贯彻实施《浙江省物价局关于完善小水电上网电价政策有关事项的通知》，对上县电网的76家水电站的投产时间、装机容量，技改增容情况反复核对并结合实地调查确认，按规定测算县网各水电站小水电综合上网电价，并上报市发改委。

幼儿园收费管理 2014年，根据《中华人民共和国价格法》《中华人民共和国教育法》《中华人民共和国民办教育促进法》《幼儿园管理条例》等法律法规条文，下发《关于规范幼儿园收费管理的通知》（永发改费〔2014〕12号），做好9所新办（公办）幼儿园收费许可证核发工作，做好永嘉县民办幼儿园收费情况调研工作和部分民办幼儿园收费标准备案工作。

游览参观点门票价格管理 2014年，根据《浙江省旅游景点价格及收费管理办法》《浙江省物价局关于加强游览参观点票价管理的通知》（浙价服〔2009〕254号）等有关文件规定，做好新开放的永嘉书院、百丈瀑景点试行门票价格相关事宜，四海山森林公园门票价格调整、龙湾潭森林公园门票价格有关工作。

出租汽车运价管理 2014年，

进一步完善客运出租汽车价格形成机制，保障行业稳定、健康、有序地发展，缓解城市交通矛盾，按照县政府协调会议精神，做好出租汽车运价调整调查工作。

（潘晓春、朱秀平、胡建云）

质量技术监督

概　况　2014年，永嘉县质量技术监督局以深入开展党的群众路线教育主题实践活动为统领，以建设“质量强县示范县”为主线，以保障“三个安全”为重点，以“十大项目”等重点工作建设为载体，以全面提高产品质量，保障人民生命健康安全，促进地方经济发展为目标，进一步解放思想，创新思路，转变作风，强化服务，全面深化“三大基础”工作，不断完善“大监管”格局，全力推进质检平台建设，扎实推进各项职能工作取得实效，为永嘉地方经济转型升级和社会经济科学发展提供更好的保障和服务。

名牌培育工作　2014年，永嘉县质量技术监督局坚定不移地把建设“省级质量强县示范县”这条主线贯穿始终，坚持把名牌工作作为助推经济转型提升的重要驱动引擎，充分发挥质量强县领导小组办公室的牵头作用，扎实推进质量强县工作，深入推广先进质量管理，不断加大名牌推广和培育力度，有序推进品牌战略，质量强县工作对于“三大基础”工作的推动作用明显，名牌培育体系日臻完善，保护地方优势产业业绩突出。根据《“全国泵阀产业知名品牌创建示范区”筹建规划》的要求，组织开展《永嘉泵阀产业聚集区品牌建设规划（2014—2020年）》编制，建立了质量状况分析报告制度，拓展了示范区创建宣传渠道，并组织协调有关部门着重做好泵阀产业文化培育、泵阀产品质量提升、质量信用信息平台建设、区域品牌培育创建等各项工作。牵头联合发改、住建、环保等12个部门共同开展“质量月”宣传活动，共接受群众现场咨询500余人次，分发宣传资料1400余份，同时在中国泵阀网、永嘉电视台、永嘉网、政府政务网等各类信息平台进行质量宣传报道。对2013年度首次荣获“各级政府质量奖”“各级名牌产品”“各级品牌商标”等奖项的53家先进企业和单位予以通报表彰奖励，奖励资金共计380万元。开展先进质量管理孵化基地建设，导入卓越绩效企业10家，累计已达到42家。推动奥康等10家企业实行首席质量官制度，推荐上报的奥康鞋业“基于卓越绩效模式管理创新的研究”、红蜻蜓鞋业“浙江省中小学质量教育社会实践基地”项目获得省质量管理创新项目奖，两家企业因此分别获得30万元、15万元的专项经费补助。举办“永嘉泵阀产业品牌创建、培育、保护及QC小组等系列专题讲座”、QC工具及应用等专题质量培训讲座3期，全县省、市名牌企业及泵阀规模以上企业参加培训共225人次。组织开展2014年度县长质量奖评选和市长质量奖申报工作，育才控股集团有限公司、日泰集团有限公司、方圆阀门集团有限公司荣获2014年县长质量奖，宣达实业集团有限公司、奇特乐集团有限公司荣获2014年永嘉县县长质量奖提名奖。2014年，新增浙江名牌3个（百强阀门、浙东高中压阀门、方圆阀门），通过复评4个（奥康红火鸟皮鞋、良精阀门、奇特乐集团、海星海事）；新增温州名牌产品6个、通过复评12个，永嘉县瓯北阀门生产基地顺利通过温州市优质产品生产示范区复评。另外我县的浙江省阀门标准化技术委员会、国家阀门质量监督检验中心和超达阀门股份集团有限公司分别获得省质监局、省科技厅“2014年度浙江省区域技术标准联合创新基地”和“2014年度浙江企业技术标准创新基地”立项，这也是温州市目前仅有的两个获得技术标准研究创新基地立项项目。至年底，全县共有省政府质量奖企业1家、市长质量奖企业2家、县长质量奖企业12家；浙江名牌共32个、温州名牌共37个，名牌工作位居全市各县（市、区）前列。

标准化计量工作　2014年，进一步实施标准化战略，民生计量和能源计量工作协调发展，认证认评工作有效开展，企业质量技术管理基础工作进一步夯实。农业标准化示范工作有效推进，积极帮助做好农业标准化示范项目建设和国家标准、行业标准、联盟标准、地方标准规范制修订及其他标准化服务。2014年，帮助指导《稻鱼共生标准化示范区》获得省技术标准战略试点示范项目奖,《杨梅标准化栽培推广示范》被列入2014年市级农业标准化推广示范项目，另外，2013年立项的10个县级农业标准化推广示范项目均通过验收。指导企业开展国际标准、国家标准、行业标准、地方标准、联盟标准制修订，奥康鞋业、方圆阀门集团等企业参与了1个国际标准、2个国家标准、11个行业标准的制修订，其中以方圆阀门集团为主制修订国家标准1个。国家阀门质检中心为主修订的《阀门的检验和试验方法》省地方标准已列入2014年第三批省地方标准制修订计划。《大型充气玩具（淘气堡）》企业联盟标准省级项目已经正式启动，现联盟标准正在起草制定中。保一集团有限公司承担的浙江省阀门标准化技术委员会秘书处工作，获得了标准化组织建设项目奖及10万元的专项经费补助。2014年，共完成企业标准备案70个（其中新备案43个、复审27个）。亚龙教育设备股份公司顺利通过AAA级标准化良好行为确认，立信阀门等12家企业顺利通过AA级标准化良好行为确认。落实采标任务，进一步完善了规上企业主导产品生产执行标准数据库，采标率达41.79%。服务业标准化工作有序开展，联合县发改、财政局下发《关于下达2014年县级服务业标准化试点项目计划的通知》，对全县7个试点项目予以立项。积极帮助企业做好市级服务业标准化试点项目评估验收的准备工作，泰利物流集团有限公司承担的“物流服务业标准化试点”项目、奥康鞋业销售有限公司承担的“鞋类产品电子商务服务标准化试点”项目等2个市级项目均已顺利通过市专家组验收。计量基础工作扎实有效。进一步强化了民生计量、能源计量与法制计量工作，全面提高计量工作服务国计民生的有效性，充分发挥计量的基础保障作用。先后借助计量宣传日、质量宣传月、“诚信计量自我承诺”等活动，广泛开展民生计量的宣传普及工作，发放宣传资料1200余份。全年采取上门服务方式实施强制检定医疗机构、集贸市场、加油站等器具合计2447台件，合格2410台件，合格率为98.5%，并及时发布公布检定结果。大力推进贸市场推行在用衡器“四统一”工作，7家省级文明示范农贸市场已经推行在用衡器“四统一”管理模式。加强对电业系统电能表检定的监管，水表、煤气表建标已完成计量标准设备招投标；组织血压计、小容量、电子计价秤等3个项目参加全省计量比对；出租车计价器整车检定装置已通过计量标准考核。加快高耗能落后机电设备（产品）淘汰和能效标识备案工作，全县17家企业已全部通过能效标识备案。开展效能标识知识的普及和宣传，加强效能标识制度的落实，全县重点用能企业共40家，计量器具配备符合国家强制性标准的企业38家，配备率达95%。做好计量行政许可工作，强化证后监管。对全县6家重点管理计量器具生产企业、4家非重点管理计量器具生产企业进行监督检查。对计量器具销售企业、计量技术机构、行政监督管理等单位进行了计量风险隐患排查，未出现省级计量器具产品监督抽查不合格的企业和单位。

食品质量安全监管 2014年，永嘉县质量技术监督局为保障食品监管职能交接过渡期间全县食品生产环节质量安全，不断强化日常监督检查、执法抽查力度。先后开展了以“食品安全百日严打行动”为重点的多个专项整治行动和食品生产环节“万批食品大抽检”等工作，确保了全县食品生产环节的质量安全。9月3日，县质量技术监督局与县市场管理局签署了“交接备忘录”，备忘录内容主要包括业务交接、权责交接和其他事项，标志着县食品生产环节监管职能实现“无缝衔接”、平稳过渡。

特种设备安全监察 2014年，永嘉县有特种设备10119台（其中锅炉231台、压力容器1068台、电梯2206台、起重机械6237台、厂内机动车辆317台、游乐设施1台套、压力管道59条），另外，共检验液化石油气钢瓶58354只，其中氧气瓶989只、氩气瓶55只，总报废15176只，其中氧气瓶33只。数据库内企业654家，已取证企业430家，已申请受理企业106家，承诺不生产压力管道阀门企业58家，停产、转产、合并企业98家。为有效遏制特种设备生产和使用中的违法行为，积极开展中小学特种设备安全大检查、压力管道元件专项整治、特种设备领域安全生产大检查大整治等多次专项整治活动，全年共出动人员2075人次，检查企业587家，设备2327台，发出监察指令书67份，发现隐患1138处，整改隐患1135处，隐患整治率为99.73%。严格落实特种行政审批，进行特种设备过户、停用、注销，作业人员发证等行政许可工作。今年共受理特种设备安装维修改造告知1069台，其中电梯告知287台，起重机械告知716台，简易升降机22台，锅炉告知20台，压力管道工程告知21件，压力容器告知3件。共受理特种设备停用、注销、变更登记413起，设备884台，启用43起，设备93台；特种设备作业人员发证736人。压力管道元件取证工作成效明显，2014年新增取证企业21家，受理企业100家，现场评审48家。数据库内企业654家，已取证企业430家，已申请受理企业106家，承诺不生产压力管道阀门企业58家，停产、转产、合并企业98家。推进区域监管新模式，强化特种设备全过程安全监管，并在去年工作基础上，继续推进特种设备安全大监管机制，县政府已将特种设备安全工作列入乡镇（部门）目标责任制考核，成为县政府对乡镇考核的必备项目之一。形成了“党委领导、政府监管、行业管理、企业负责、社会监督”的特种设备安全管理与安全监察常态工作机制。突出对重点单位的监管。强化对全县12家重点监控单位44台特种设备的安全监管，建立工作台账，明确监管责任人，对每个特种设备重点监控单位进行4次以上现场巡查，在节日期间加强对人员密集场所、旅游景区、娱乐场所和节日活动场所特种设备的检查，确保“三个重点”特种设备的四个率达到100%。2014年特种设备现场安全监督检查任务规定检查使用单位312家，实际完成检查603家，完成率为193.27%。强化宣传教育，以特种设备进企业、进社区、进校园的“三进”活动为抓手，强化安全知识宣传。加大对企业的安全知识宣传教育力度，印制《特种设备安全管理企业负责人读本》580份、特种设备工作人员联系卡1000份，并免费上门发放给企业。分别联合县教育局、县住建局对7家学校和19个社区开展电梯、液化石油气、游乐设施安全知识宣传活动，印发宣传手册3500份，张贴宣传海报500张，营造全社会关注特种设备安全的良好氛围。2014年，举办特种设备安全知识培训班4期，免费培训人员264人。

重点产品质量安全监管 2014年，永嘉县质量技术监督局以建设大监管格局为目标，围绕保障质量安全和产业转型升级，强化监督抽查和后处理工作力度，探索完善监管方式预防质量风险事故，建立科学、长效、全面的监管机制，确保重点产品质量安全稳定。做好省级工业产品生产许可证受理工作，全年共受理12家企业13次申请，其中1家企业现场审查不合格，已发证12家企业。全年需年审工业产品生产许可证获证企业43家，证书44张，已100%完成年审工作。强化许可证获证企业证后监管，对全县61家工业产品生产许可证获证企业进行全面巡查，完成巡查117频次。截至年底，全县共有工业产品生产许可证获证企业61家，证书63张（已全部建档），为进一步加强工业产品生产许可证企业后续监督，督促获证企业落实产品质量安全主体责任，对全县获证企业实施A、B、C分类监管（A类企业7家、B类企业53家、C类企业1家），对A类企业实施责任监管方式，对B类企业实施常态监管方式，对C类企业实施加严监管方式。狠抓重点产品整治，2014年制定《永嘉县重点关注产品质量监管实施方案》，同时将阀门、儿童服装产品列为2014年重点关注产品，根据历年监管情况对2类产品开展质量安全风险与预测分析，确保重点关注产品监管工作有序开展。2013年9月，县特色产业—儿童服装行业因为存在区域性产品质量问题而被市政府红牌警告。2013年10月起，县质量技术监督局联合经信、工商等部门开展为期1年的儿童服装专项整治工作。推动县政府成立永嘉县儿童服装产品质量专项整治工作领导小组，印发《永嘉县儿童服装产品质量专项整治实施方案》，制定《永嘉县儿童服装产品质量专项整治工作计划推进表》，进一步细化儿童服装整治工作具体内容，明确整治工作各阶段时间节点。联合瓯北城市新区、江北街道、安监局、工商局等多部门对儿童服装生产企业进行全面排查，掌握全县儿童服装行业实际生产经营状况，编写《永嘉县童装行业质量情况分析报告》。通过开展调查摸底、实施分类监管、考核生产条件、打击质量违法、组织质量帮扶等一列整治手段，坚持打击、帮扶两手抓，既加强监管，严厉打击和查处各类质量违法行为，净化童装市场，又深化服务，以召开培训班、印发资料、网络宣传、现场指导等手段帮助企业落实生产条件，提升产品质量。举办“儿童服装产品质量培训班”“儿童家具产品质量培训班”共2期，印发资料300余份，培训人次200余人次。同时，推动成立永嘉县童装行业协会，进一步强化了县儿童服装行业自律及行业规范，化解儿童服装企业的一盘散沙现象。为巩固儿童服装产品质量整治成果，联合县市监督管理局开展童装布料、辅料联合执法，对珠岙村内的服装布料、辅料厂商进行监督检查。专项整治期间，共开展专项执法4次，联合执法5次，出动执法人员420余人次，累计检查童装生产经营单位、原辅料生产单位77家，立案查处2家，责令改正38家，注销5家。经过一年的整治，实现了儿童服装企业普遍依法经营、儿童服装产品违法生产行为基本杜绝、儿童服装产品质量显著提升的工作目标，2014年10月，整治工作顺利通过市政府考核验收组的验收，永嘉县童装红牌警告成功摘牌。完成我县阀门、泵、皮鞋等198家企业生产的16种198批次产品的定期监督抽查，产品覆盖率超过95%，其中合格189批次，合格率为95.45%，比温州地区平均水平高出1.86个百分点。根据永嘉产业特点及实际情况，针对儿童产品、压力管道元件、教玩具等开展“蓝剑”“火炼”系列和重点产品、重点行业专项执法行动20余次，在全县范围内形成了打假治劣的高压态势。

打假治劣 坚持“监管和服务并重，安全和民生优先，质量和效益统一”的理念，积极探索科学有效的质量安全大稽查监管模式，深入实施技术执法、专项执法和综合执法等执法模式，认真履行各项稽查职能。为确保执法工作对社会的有效性和贡献率，对潜在危害大、范围影响广、关系国计民生的重点产品开展专项执法行动，先后开展保“两节”的“蓝剑1号”、护农的“蓝剑2号”、压力管道元件专项的“蓝剑3号”等蓝剑系列行动、“火炼2号”压力管道元件专项执法行动及桥下教玩具等重点产品专项整治等十多个专项行动，涉及方面有儿童系列产品、特种设备以及护农产品、强制性认证产品、生产许可证产品、电线电缆等，为整顿和规范市场经济秩序做出积极的贡献。

2014年，累计出动行政执法人员3701人次，检查企业（商店）1623家，查处违法案件56件，其中大要案23件，执行罚没款为62.31万元，共受理、解决关于食品、油品、家用电器等产品质量申诉案9件，质量申诉案件解决率达100%，一年来没有发现违法违纪的现象，没有出现复议撤销、变更案件和行政诉讼败诉案件。

区域监管工作 2014年，进一步夯实基层质量安全监管基础，完善基层质量安全监管网络，提升基层质量安全监管和质量服务能力，推动基层质量安全监管工作融入地方政府主要工作，进一步提高基层质监占座规范化运行水平，加强区域监管与服务的制度化建设。同时，进一步规范了“12365”投诉举报处置工作。全年处置中心共承接、查办、反馈投诉举报案件27件，业务咨询100多起，成功调解申诉9起，挽回直接经济损失50多万元，结案率、反馈率、满意率均达100%。深入推进质量安全区域监管与服务工作，进一步探索和建立质监工作的新思路、新方法和新机制，进一步加强基层质量监管工作，充分发挥“三员”队伍在质监工作中的积极作用，使“三员”队伍参与到日常监督巡查工作中。

技术提升和质量帮扶 2014年1月，国家质检总局和国家认监委发文同意成立国家阀门质量监督检验中心（浙江），标志着全国首个建在县级行政区域内的国家阀门质检中心和全省首个国家级阀门质检中心正式落户永嘉。2月份，国家阀门质量监督检验中心验收工作获永嘉县政府嘉奖奖励。按照A级国家质检中心和打造“国内领先 国际一流”实验室目标，进一步提升国家阀门质检中心综合能力，至12月底，全年已累计完成投资405万元（累计总投资6738万元）。2014年，该中心全年共完成130家企业259个类别725批次型式试验阀门（较2013年同期企业数量增加了45%，批次数增加了41%），共发放了133家企业254份型式试验报告。检测地域涉及上海、北京、福建、江苏等16个省市和台湾地区，以及美国、法国、日本等近10个境外国家，切实帮助阀门企业作好型式试验的相关技术工作，使其顺利取得制造许可证，获得市场准入资格，发挥了巨大的经济效益和社会效益。开展质量技术帮扶，泵阀、服装皮鞋两个帮扶小组共帮助58家企业解决技术难题和共性难题，培训人员10多人次。帮助江南阀门、大众阀门集团、开维喜阀门集团、凯斯通阀门等20多家企业完成了新产品检测，使其顺利通过科技创新项目验收或新产品鉴定评审，得到企业高度赞赏。为减轻企业负担，全年降低了温控仪、出租汽车、加油机、万用表、电子天平、计价器等20多种计量器具的检定费，为300多家企业减少了13.4万元计量检定费；降低了光谱、拉伸等理化分析检测费，为企业减少了4.3万元理化检测费。9月，浙江省教玩具产品质量检验中心正式经省质监局批准同意筹建。10月，国家阀门中心与兰州理工大学温州泵阀研究院、兰州理工大学温州研究生分院三家机构整合方案获得批准，温州市机构编制委员会正式同意设立温州系统流程装备科学研究院，由永嘉县政府直属管理，机构规格相当于副县级。全年技术机构已完成累计投资655万元，主要用于国家阀门中心的危害性逸散介质用阀门FE型式试验系统研发和阀门气动执行装置综合测试机，省教玩具检测中心的新实验室装修、配套设施建设以及耐候性能测试仪等仪器设备购置，县食品与农产品检测中心的高速离心机、高压灭菌锅等小型仪器选型和实验室通风系统、理化台面的设计修改等。永嘉县计量所接受了省质监局法定计量能力建设考核以及6个扩项项目和4个定量包装项目的现场考核，均通过考核通过；国家阀门中心共组织实验室间比对验证和能力验证10次，结果均为满意，有效保障出具检测数据准确可靠；食品与农产品综合检测中心通过设备采购和实验室建设，进一步提升了农药残留、重金属、微生物、食品添加剂及非法添加物等方面的检测能力。围绕主线开展各类检测，严格落实省市县各类监督抽查。全年技术机构共抽查536批次，其中浙江省"五水共治"专项监督抽查阀门158批次，省级飞行监督抽查水泵50批次，市级监督抽查130批次，县级监督抽查198批次。全年完成各类委托检验3110批次，其中阀门800批次，理化委托1200批次（包括焊接工艺评定、冲击试验、晶间腐蚀试验），水泵、电机165批次，皮鞋、服装等委托检验945批次。合计检定校准测试计量器具33624台件，其中游标卡尺7726件、压力表13014只、千分尺2524件。通过对各类检验检测结果分析，尤其是不合格情况的原因分析及整改提高，帮助企业改进和提高产品质量，防止出现区域性产品质量问题，阀门产品监督抽查合格率稳定在90%以上，保证和提高了阀门等产业的整体质量水平。

科技管理创新　2014年，国家阀门质检中心新获得《一种阀门抗扭、弯试验方法》（2014.12.17）、《一种阀门抗扭、弯安全性能综合试验装置》（2014.12.03）两项发明专利，《一种耐冲刷料浆阀》（201420353962）等6项目实用新型专利，新受理《一种减压阀寿命试验装置》等8项发明专利。截至年底，已获得12项实用新型专利，受理了14项目发明专利。加强科研项目申报，《阀门压力性能智能化检测能力的提升》《减压阀连续运行寿命试验装置研制》等多个项目获国家质检总局、省质监局立项。

党风廉政和效能行风　2014年，永嘉县质量技术监督局进一步推进惩防体系建设，强化廉政风险防控机制。全面落实党风廉政建设责任制，制定出台《2014年党风廉政建设和反腐败工作责任分解与任务分工》《永嘉县质量技术监督局惩治和预防腐败体系建设2014年工作计划》等文件，将党风廉政建设的工作任务分解到班子成员和各个部门，层层签订责任状，明确作风效能建设及党风廉政建设的责任和目标要求，坚持做到纪检监察工作与全局工作一起部署，一起检查，一起考核。规范从政行为，成立了正风肃纪领导小组，对正风肃纪各项工作做了全面部署。建立起由"一把手"负总责，分管领导具体抓，办公室及监察室共同落实的工作机制。领导小组坚持每周一检查，每月一汇总，及时发现并解决存在的问题。通过微信群交流各自的心得体会，如每周廉政提示、廉政微故事、廉政誓言等。干部从严管理，加强对重点环节和十大项目的监督管理，对全体干部职工投资入股和经商办企以及小水电股份持有等情况进行了排查，对1名参股水电项目的干部责令清退。强化监督查处，进一步完善内部督查机制，经常性组织纪律作风专项督查活动，对干部执纪执勤、上下班考勤等制度执行情况和有无不务正业、擅离职守等情况进行明察暗访，全年局纪委开展专项检查36次。深化"三公"管理。认真落实公务接待"三严四禁"、"廉政灶"制度，严格执行外出学习参观考察计划管理、审核报批、公示公开、财务核销和责任追究五项管理制度，及时按规定清理办公用房，截至12月底，公务接待实际支出1.93万元，与上年同期相比减少6.8万元，减少77.9%，公务用车运行实际支出35.6万元，与上年同期相比减少6.19万元，减少14.8%。全年没有组织公费外出考察，党务政务均按规定做到及时公开。积极开展民主评议政风行风工作，以市级文明单位建设和党的群众路线教育实践活动为契机，不断加强对局涉及收费的项目进行监督管理，继续推进企业减负工作，对县质检院计量器具检定收费、理化分析检测费进行适当调整，为企业减负17.7万元；3月局获评市级文明单位荣誉，桥头所荣获2013年度"勤廉站所荣誉"，质监窗口办理"个转企"、二次转型的个体代码证1516，窗口因工作突出获得了"县十大效能示范岗"称号，瓯北分局等三个基层站所均参加地方政府行风评议。狠抓反腐倡廉宣传教育工作，以"5·10"思廉日活动为契机，先后开展了读书思廉、教育促廉、警示宣廉、演讲倡廉等系列反腐倡廉宣传活动。另外今年还发放廉政警示宣传册130份、组织观影110余人次，发送廉政短信息12条。加快审批制度改革，促进提速提效。大力执行即办制，组织机构代码证从原来承诺件改为即办件，随到即办，联合工商等部门推出"五部门四证"联合集中"一窗式”办理，为企业打造办证各环节无缝衔接服务平台。共办理代码证书5739个；办理特种设备登记事项1363台；审批事项提前办结率达到了99.83%。采用特事特办、专人负责的方法，从快从优办理代码业务，至年底，办理村级组织村经济合作社改为股份经济合作社，办理1000个代码证，完成县所有村级经济组织办证；培育市场主体，办理“个转企”、二次转型的个体代码证1516个。法制质监建设大力推进，继续以依法行政示范单位建设为抓手，不断推动全县系统法治化进程。认真开展权力清单梳理。对全局涉及的全部行政权力进行整合和梳理，通过自行梳理、上级对照、同级比对、审核反馈等方式和步骤，历时5个月，经三报三回，在保障权力清单合法、准确的基础之上，进一步对梳理结果进行精简，给权力清单“瘦身”，共梳理部门本级保留职权333项、核准转报7项、共性行政权力8项，相比一报时减少272项，精简比例达到81.68%。权力清单现已对外发布，目前正在进行省市县三级的权力事项比对规范。通过权力清单梳理规范，明确质监部门权力边界和范围，把权力置于监督的阳光之下，真正做到“法无授权不可为”。切实加强法制监督工作，严格执行大要案报备审查制度和内部案卷评查等制度，全年共向县政府法制办报备大案4件，内部评查行政处罚案卷60个；规范自由裁量行为，对《永嘉县质量技术监督局行政处罚自由裁量权实施细则（试行）》等不合理部分的修改完善；10月起，正式对局行政执法案件实行全面网络监管，实现了执法办案全过程监管，进一步规范局行政执法工作。深化“六五”普法工作，组织干部职工参加各级组织的知识更新、法律法规专题等各种学习培训40期，组织各种面向企业的约谈会、培训会和宣贯会14期，共计培训580余人次，有效地提高了内部人员法律素质和依法行政能力，有力地普及了特种设备安全法等法律知识。

党的群众路线教育实践活动 2014年，永嘉县质量技术监督局以深入开展党的群众路线教育主题实践活动为抓手，围绕优化质监形象，提升服务水平的工作目标，大力开展行风、政风建设，不断增强系统干部职工政治素养和工作能力，实现了质监工作的有为、有位、有效。按照县委的统一部署和要求，成立了局路教活动领导小组，并结合实际制定了详细的实施计划，明确任务分工和完成步骤，确保活动扎实推进。深化理论学习，坚持做到局党委带头学，各支部集中学，党员个人自己学，特色宣教广泛学。通过开展中心组理论学习、“三学三思三观”主题大讨论、“学先进、找差距、作表率”主题教育、红色经典寻访、干部职工演讲比赛等一系列学习教育活动，深化党员干部群众对教育实践活动的认识，营造浓厚的宣传氛围。广泛征集意见，深入开展调查研究，通过群众提、自己找、上级点、互相帮，广泛征求干部群众意见，组织召开群众路线座谈会6次，面对面听取不同层面人士的建议意见；开展“基层走亲连心解忧”和驻企服务员活动，选定在质量奖申报、名牌培育、特种设备使用等方面存在实际困难家企业作为活动联系点，开展蹲点调研，累计走访企业53家；拓展意见征集渠道，通过发放征求意见函、设立征求意见箱等方式，面向全社会征求意见建议。活动期间共征求到意见建议85条次。查摆问题、开展批评，领导班子及成员放下包袱、直面问题，通过撰写对照检查材料、开展交心谈心、召开专题民主生活会等方式，认真查摆“四风”方面存在的问题，真刀真枪开展批评和自我批评，领导班子共查摆问题19个、制定整改措施14条，班子成员共查摆问题85个、制定整改措施18条，班子成员之间累计提出批评意见28条，真正做到了“红红脸、出出汗、排排毒”，达到了“团结—批评—团结”的目标。落实整改成效，坚持边学边改、边整边改，全局党员领导干部共梳理制定整改措施150条，大部分整改措施都已经在年底前完成，整改清单均对外予以公示，接受广大群众的监督。严格执行“马上改”机制，全年累计梳理“马上改”项目共16项，落实“已经改”项目共16项，登报公示“已经改”项目5条。将整改落实与建章立制紧密结合，对已有制度进行全面梳理，认真做好制度的废、改、立，及时进行“升级换代”，整改期间共清理各类制度23个，废止制度3个，修改制度6个，新建制度办法14个，将教育实践活动中的成功经验和有效做法制度化。

2014年，永嘉县质量技术监督局被授予“第十六批温州市文明单位”“温州市卫生先进单位”等荣誉称号，国家阀门质检中心顺利通过国家质检总局验收，并受到永嘉县政府的通令嘉奖，县行政审批服务中心质监窗口获“十大效能示范岗”荣誉。局领导调研论文分别获“2013年度永嘉县党政系统优秀调研成果一等奖”“2014年度全县机关党建理论研究成果优秀奖”，2篇论文入选《中国质量技术监督杂志》。此外，多人在省市县组织的各类主题演讲比赛、书画摄影作品大赛、知识竞赛等比赛中屡获佳绩。

（谢向鸥）

食品药品监督管理

概　况　2014年，永嘉县辖区内有涉药单位791家，其中药品经营企业225家，医疗机构518家，医疗器械经营企业42家（经营隐形眼镜28家），医疗器械生产企业4家，药品生产企业1家，药品批发企业 1家；食品生产加工单位74家（含小作坊5家），QS证82个，地产食品20种（主要食品有饮用水、茶叶、肉制品加工、糕点、谷物粉类制成品），食品经营单位6782户，餐饮服务单位2356家。全年完成行政许可审批总件1522件，其中药品经营397件，医疗器械9件，餐饮服务1011件，执业药师105件。2014年以来，未发生一起重大食品药品安全事故，有效保障了全县人民的饮食用药安全。

体制机制建设　永嘉县于2014年1月份开始着手推进新一轮食品安全监管体制改革。6月初，生猪定点屠宰监管职责及相应机构由县经信局划转县农业局；7月21日，县市场监督管理局正式挂牌运行，整合了原县工商局、食药监局和县食安办职责，并划入县质监局的食品安全监管职责，开始对食品生产、流通和餐饮环节实行集中统一监管。永嘉县市场监督管理局下挂永嘉县工商行政管理局、永嘉县食品药品监督管理局、永嘉县食品安全委员会办公室牌子，内设15个科室。截至12月底，碧莲药监、工商所以及桥头药监、工商所实现了办公场地的合并。

食品安全综合协调　出台了《永嘉县食品安全基层责任网络建设实施方案》，强化基层食品安全管理责任。全县18个镇街均成立了由行政一把手为主任的食品药品安全委员会和分管领导为主任的委员会办公室，统一组织协调辖区食品安全工作，办公室有专人负责日常工作。同时进一步完善基层食品安全网格化管理建设，按照“健全机构、配备人员、明确职责、下放权力、严格考核、强化保障”的总体目标，按照以镇街为大网格、农村行政村（城镇社区）为中网格、一定数量村民小组（居民小组）为小网格的食品安全工作网格化监管体系和责任体系建设要求，在原有1008个食品药品安全责任网格的基础上，开展了“四网合一”（整合新居民管理、安全生产、消防安全和食品药品安全网，建立综合的社会安全管理网）工作，至年底已在11个重点镇街落实专职协管员283人，每人年报酬达到3.5万元，并已于10月份进行了统一培训，其他镇街原有的食品药品安全协管员也开展了相应培训，确保基层监管到位。进一步建立健全了食品安全联席会议、联合执法、信息管理、考核督查、风险防控、舆情监测、事故处置、社会参与等八方面的工作机制，重点抓好相关制度的落实。特别是通过细化年度绩效考核内容，明确了年度工作任务和监管责任；建立了食品安全“黑名单”制度和重点学校校园周边食品安全驻点责任人制度，确定了首批20家学校的驻点食品安全责任人。同时强化工作督查，由县领导带队督查达20多次，有力推进了各项工作落实，有效提升了食品安全综合监管效能。

千万学生饮食放心工程　继续深入实施千万学生饮食放心工程。在2013年的基础上，今年县政府将30家学校食堂改造提升列入年度民生工程，以食堂改造提升为重点，进一步深化千万学生饮食放心工程，提升学校食品安全保障水平，全县投入1700多万元改造中小学食堂42个，并在18个学校食堂推行“阳光厨房”。至年底，全县学校（托幼机构）食堂量化分级A、B等级占77.5%、大宗食品统一配送或者定点采购占86.1%、校园品牌超市店占50%、学校饮用水通过城镇或农村饮用水放心工程管网接入率100%、学生食品安全知识知晓率达80%。

食品安全专项整治　强化餐饮环节食品安全整治，组织开展了食品安全“百日严打”行动、校园周边食品安全、城中村食品安全和明胶、米面制品、肉制品等整治活动，认真做好上海“福喜”问题产品等突发事件应对处置工作，严厉打击食品安全违法犯罪行为。全年共出动执法人员2436人次，检查餐饮服务经营单位4669家次，排查治理餐饮环节食品安全风险隐患118个，取缔无证餐饮单位58家，餐饮监督覆盖率和整改率均达到100%；抽检餐饮环节包子馒头、含乳饮品、食用冰、现榨果汁、面包、月饼、熟肉制品等各类食品1555批次（定量抽检406批次），餐饮具1500份，抽检后处理完成率100%。全年全县餐饮环节未发生一起群体性食物中毒事故。开展保健食品化妆品专项整治，结合美容美发行业规范使用化妆品专项检查活动，对辖区内保健食品化妆品生产经营单位进行了全面检查，共计出动执法人员261人次，检查保化生产经营使用单位222家次，抽检保健食品15批次，化妆品25批次，评价性抽检的20个批次全部检测合格。

餐饮、保化安全监管 积极实施餐饮服务食品安全量化分级管理和“黑名单”制度，建立餐饮保化生产经营企业诚信档案，强化企业指导，动员社会参与，推进企业主体责任落实。全县持证3个月以上的2067家餐饮单位已全部进行评定，并在店堂公示量化等级，其中A、B级达到了318家；培训餐饮单位食品安全管理员2500余人次，有力推进了餐饮单位食品原料索证索票、餐饮具消毒等制度的落实；配合县食安办公布“黑名单”2期，建立了大中型餐饮单位诚信监管档案；组织开展了“寻找笑脸餐厅，关注食品安全”等宣传活动，并多次邀请市民、人大代表和政协委员等社会各界人士参与“你点题，我检测”“食品安全开放日”等互动活动,受到了社会各界好评。组织保化监管人员培训，推进保化生产经营企业索证索票和非特化妆品产品生产备案等制度落实，在全县建立了保化生产及规模经营企业监管档案。此外，全力做好重大活动和节假日食品安全保障，积极参与卫生县城和文明县城建设，圆满完成了世界永商大会、“金山丽水”闹元宵活动、2014楠溪江·国际房车露营高峰论坛系列活动、2014浙江第十一届山水旅游节和中高考等重大活动食品安全保障工作。组织开展了元旦、春节、“五一”、中秋、国庆等重大节假日食品安全专项检查，确保了全县节日食品安全。

药械安全监管 2014年县局共出动执法人员2660人次，检查4家次药品生产企业，465家次药品经营企业、599家次医疗机构，4家次医疗器械生产企业，39家次医疗器械经营企业，药包材生产企业4家次。共完成ADR报告823例（任务数631），MDR报告100例（任务数79）。已分别完成本年度目标值的130.4%和126.6%，超额完成了任务。2014年度大力着重开展医疗器械“五整治”专项行动，责令整改48家，发现各类器械违法案件8件，罚款5万余元。2014年的医疗器械“五整治”工作获得温州市局“隐患排查先进单位”和“机制建设先进单位”称号。

打假治劣 2014年来，共出动检查人员7980人次，检查餐饮单位5393家次，涉药单位1783家次，医疗器械单位839家次，保健食品单位450家次，化妆品单位449家次；查处了一批“毒凤爪”“毒馒头”“毒狗肉”等案件，共行政立案164起，（其中餐饮食品127件，药械、保健食品案件36件），罚没款金额到位60.5万元，没收物品3.61万元，刑事立案42起，涉案货值超过1亿元；判决食品安全刑事案件25起，判处实刑27人，缓刑20人，罚金54.9万元，受理举报投诉及咨询68件，申请人民法院执行4件，通报公安机关线索11条，餐饮刑事立案9件。完成药品检测监督抽样任务120批（任务数120批），完成率100%；完成药品评价性抽样20批（任务数20批），完成率100%。配合完成快速检测任务159批（任务数140批），完成率113%。完成化妆品监督抽验2批次（任务数2批），完成率100%；完成医疗监督抽验2批次（任务数2批），完成率100%；完成省市级全年餐饮监督抽验任务70批次，完成率100%。

示范创建 全年组织开展了各类餐饮和保化示范创建活动，圆满完成了各项创建任务，通过示范引导，推进行业整体提升。一是深入实施餐饮服务“321”示范工程，全县共已创建省级餐饮示范单位10家，市级餐饮示范街2条，市级餐饮示范单位42家，已通过验收的省级餐饮示范街2条，省级示范单位11家。二是开展“阳光厨房”创建活动，促进餐饮行业自律，让消费者看得清楚，吃得放心，在全县创建“阳光厨房”32家。三是开展景区“美丽餐馆”建设，促进全县旅游业发展。针对县楠溪江景区餐饮单位硬件设施落后、管理服务水平低、食品安全隐患大等问题，在狮子岩景区探索开展了“美丽餐馆”建设，组织景区17家餐饮店进行了全面改造，受到县委主要领导批示肯定。四是开展保健食品和化妆品示范创建活动，申报并通过省级验收保健食品示范店10家，覆盖了10个乡镇街道。

宣传教育 为更好地服从和服务于食品药品安全监管中心工作，筑牢食品药品安全防线，2014年以来，县局巧借载体，丰富形式，开展了形式多样的食品药品安全宣教工作。一是制作食品药品安全宣传册3万余册，利用“进村入企”、广场宣传、药业餐饮培训等，向群众和从业人员分发食品、药品、医疗器械《食品安全法》、科普读物、宣传海报等资料，接受群众咨询1950余人次。二是组织人员分类培训。今年以来，对全县15家餐饮单位负责人进行了约谈，开展餐饮从业人员培训3226人次，发放食品安全管理员证书347份；对全县基层药品不良反应监测人员开展知识更新培训800余人次；对系统内部监管人员开展药械、餐饮、行政许可、法律法规等业务培训365余人次。三是组织开展“你点题，我检测”“你举报、我查处”“我宣传、你传播”“我执法、你参与”等系列活动，激发公众参与食品安全监督的热情，营造人人关心关注食品安全的浓厚社会氛围。四是积极开展信息报送工作。通过完善信息沟通报送平台，借助电视、广播、网络等宣传媒介，制作食品药品宣传短片循环播放，认真开展食品药品安全信息宣传报道，及时上报各类政务信息。全年被省局采纳71篇，市局采纳300篇，县级采纳39篇，发布政务微博708条，发送短信9000余条。

自身建设 一是扎实推进基层服务型党组织建设。深入推进党的群众路线教育实践活动，把“照镜子、正衣冠、洗洗澡、治治病”的要求落到实处，结合日常工作实际，动员全体干部职工以高度的思想自觉和行动自觉积极投身教育实践活动，在紧抓系统队伍建设的同时，按照县委统一部署，继续推进星级党组织的评定和创建，开展党员干部“三进三服务”“双服务一认领”“我带头、我奉献，帮你实现微心愿”等活动。二是深入开展“八项整治”和“效能提速”专项行动。全年开展“正风肃纪”专项督查活动8次，查处1件违反八项规定行为；严把行政案件审核关，认真做好县局行政执法案件审核工作。加强行政审批工作，提高服务水平和审批效能，行政审批窗口连续三个月被评为红星窗口；2月，窗口黄国光被市政府评为2013年度温州市行政审批和公共资源交易服务工作先进个人（药监系统全市仅2人）。三是领导班子定期到基层开展走亲连心解忧活动，帮助解决各类实际问题和困难。到挂钩黄田街道慰问计生困难户20户；向企业提出合理化建议10余条，梳理难题16个，解决5个，受到企业好评；关心困难职工和老党员的生活，对其中17户进行了上门慰问。四是落实党委主体责任与纪检监督责任，将党风廉政建设和作风建设工作责任落实到班子成员及职能科室上，形成了“一岗双责”的工作格局。实行效能督查常态化，大幅提高督查频率。建立廉政效能监察系统，对行政审批窗口进行电子视频监控，规范窗口行政行为。出台《廉政效能督查实施办法》和《廉政效能督查记分和责任追究办法》，记分情形涉及内务管理及对外监管服务共11大项59小项内容，累计廉政效能记分15分。

（白文静）

统计工作

概　况 2014年，在县委、县政府的正确领导和市统计局的大力支持下，县局紧紧围绕县委、县政府中心工作,始终坚持以提高统计能力、提高统计数据质量和提高政府统计公信为核心，着力推进统计科学发展，树立统计行业新形象，既努力当好参谋出思路，又提升素质强服务，全面优质地完成了各项工作任务。

统计服务 围绕全县中心工作，开发方便实用的统计资料产品，有针对性地开展各项统计调查分析和统计咨询服务，确保信息工作巩固提升，为党政领导决策当好参谋，为社会公众提供统计信息服务。不断创新，提高质量，高标准做好信息小卡片、《统计月报》、《永嘉统计年鉴》等3种统计资料的编辑发行，在采用传统纸质统计专报的同时，配以手机短信、QQ统计群、政务公开网、微博等现代化手段传播统计信息，让各级各部门领导在第一时间了解全县经济形势和重点指标排位情况，使社会大众快速、便捷地掌握统计信息。

统计基层基础规范化建设 2014年深化统计基层基础规范化建设，规范统计调查对象业务流程，加强基本单位名录库和信息化建设，不断夯实统计基层基础，全面提升统计工作能力、提高源头数据质量，为全县统计事业改革与发展奠定坚实基础。督促基层单位健全机构组织，配备适应统计任务需要的人员队伍。着力抓好“四上”企业统计基础复评与创建工作，对规范化创建合格单位满两年的，及时进行复查复评。加强名录库维护管理。通过加强与各部门的沟通，实现企业信息共享，及时提供新增、变更和注销单位的名录资料，了解“个转企”工作开展情况，及时做好新增单位的入库管理；严格执行“四上”企业调查单位的新增、变更、退出审批流程；以第三次经济普查为契机，狠抓单位基础信息规范工作，对在库单位数量和信息进行全面修改和更新，进一步提高名录库信息的准确性和完整性。

统计法制建设 深化统计“六五”普法，全面落实行政执法责任制，依法规范统计行政处罚自由裁量权，完善行政处罚案件监督机制,加大对重点工作目标任务和社会热点统计数据的统计执法力度，着力提升依法统计水平,为有序开展统计工作保驾护航。一是以统计继续教育培训、统计行政执法检查员培训、统计从业资格考试培训、统计职称考试为教育主平台，以统计法律法规、第三次全国经济普查、统计重大事件等为法制宣传教育主题材，进一步加大《统计法》宣传力度，增强统计员、调查对象及公众法制意识。二是加大统计执法力度，局领导带领执法人员深入各镇街和企事业单位，依法查处统计违法行为，全年完成统计稽查56家、查处统计违法案件34起，确保了统计数据质量，维护了政府统计的公信力。三是把重点企业监测数据库对象扩大到全部规上企业，建立健全统计数据的关联匹配分析机制。对11家主营业务收入与工业产值不匹配企业进行核查,切实消除瞒报、漏报、虚报等统计违法现象。

统计监测 围绕县重点工作，认真实施一产、二产、三产统计及各项专项调查，强化投资统计监测，加强数据审核、综合核算、预警分析，客观反映全县经济运行情况，高质量完成各项统计监测调查工作，及时反映各项重点工作进展情况，为推进全县重点工作提供有力支持。

强化GDP核算工作 根据市统计局对县（市）区GDP季、年报核算工作的要求，加大与市局相关专业处（室）的协调，做好与县财政、地税、金融、通信、邮政等相关基础数据采集部门的沟通衔接，及时发现基础数据中存在的差距和问题，着力提升上报数据的质量，确保GDP核算更加真实准确地反映全县经济总量和趋势。

能源统计 做好强化监控月度规上工业能源报表的数据质量；不定期组织专业人员到重点能耗企业督导能源统计情况，对能源统计工作进行指导与检查，以便及时发现问题，及时解决问题，及时通报情况。

经济普查 第三次全国经济普查是重大的国情国力调查、县情县力调查。全县经普对象约有13965个法人单位、33819个个体户。全面掌握我县第二产业、第三产业的发展规模、结构和效益等情况。上半年县经普办高度重视，精心组织，周密安排，克服困难，圆满完成正式入户登记普查工作，全面铺开数据审核工作，按照应统尽统的原则，加强查漏补缺工作，在接受市经普办抽查时得到了充分肯定。下半年县经普办再接再厉，扎实做好经普资料的核对工作。

作风建设 认真开展党的群众路线教育实践活动，改进干部作风、提高统计工作效率，不断深化机关效能建设。自2014年2月份以来，县局深入开展了以解决党风干部“四风”问题为主要内容的党的群众路线教育实践活动，切实解决了突出问题，教育实践活动成效显著。继续落实惩防体系和党风廉政建设、反腐败工作，严格遵守中央关于改进工作作风、密切联系群众的“八项规定”、省委“六项禁令”，严格遵守工作纪律，大力精简会议和文件简报，坚持厉行勤俭节约，进一步改进局机关的工作作风，全局形成了严守工作纪律、争先创优、廉洁务实的良好风气。

（孙宏豪）

审计工作

概　况 2014年，永嘉县审计局共有干部职工28人，内设办公室、法制科、经济责任审计局、财政金融审计科、行政事业审计科、基建外资审计科等6个科室，下辖两个事业单位。全年完成审计项目19个，审计查出违规金额3174万元，应上缴财政2753万元，管理不规范金额44855万元；委托审计政府投资单项工程129个，审定金额62647.6万元，核减资金3343.6万元，核减率5.09%。向纪检、司法部门移送案件线索7起。连续第七年获得省、市审计机关考核优秀单位称号。

财政“同级审” 按照财政审计大格局的框架，进一步强化全部政府性资金审计，通过2013年度财政预算执行情况审计与全部政府性资金专项审计调查、县财政存量资金审计，揭示出公共财政预算编制不完整、预算追加率高、暂付款及预拨金额大、专项资金结余大，以及存量资金账面结余与实际存款差额大等问题，报告得到县政府及有关部门重视，除县人大常委会、县政府常务会外，县委常委会也首次专题听取了“同级审”汇报，并就整改落实工作提出要求。针对审计近年来反映的本级预算追加率大、预算约束力不强等问题，2014年5月份，县政府研究出台了

《永嘉县预算追加管理办法（试行）》，进一步完善了预算管理，强化了预算调整监管工作。积极推进部门预算公开，促进县公安局、财政局等12个部门首次向社会“摊开账本”，在县公务网公开2014年度部门预算及“三公”经费预算，接受公众监督。2014年的“同级审”报告60余处直接点名有关单位、部门，直面问题，敢于揭露，反响强烈，得到各方充分肯定和较高评价。

经济责任审计 加强领导干部经济责任审计，全年完成县卫生局、县环保局等经责审计项目10个，查出违规金额2575万元，管理不规范金额29707万元，应交财政2608.95万元，责令清退违规发放津补贴95.40万元。在经责审计中关注民生工作，如在鹤盛镇原党委书记、镇长离任审计中，发现该镇有118.75万元扶贫补助资金未及时发放到位，对此，审计组结合群众路线教育活动，责令被审计单位限期发放，同时审计人员进行现场集中发放，上门将资金送到补助对象手中，受到群众的欢迎。在环保局经济责任审计中，就对2011年滞留的260万元的环保经费做出审计决定，予以收缴财政，重新安排使用。在卫生局经济责任审计中，对社区经费中责任医生补助经费偏低的问题，提出了审计建议，推动了卫生部门制定出台了相关管理制度，提高民生资金使用效益。深化经济责任审计评价机制建设，在2013年在镇（街）实施经责审计量化评价的基础上，2014年继续围绕“一观三化一廉”核心内容，结合部门实际，拟定量化指标，在卫生局等单位进行部门试点量化评价工作，并取得了经验。

专项审计调查 2013年，专项资金审计调查主要围绕服务中心、关注民生、关注热点展开。特别是全省部署的涉农资金审计项目，县局成立分管领导亲自担任审计组长的审计组，与县检察院建立协作配合机制，对全县20家重点农业企业进行审计调查，发现了部分涉农项目虚报投资额、多头补助重复补助、验收审核把关不严等问题，并将有关情况向县领导及时进行汇报，得到县长批示，责成相关职能部门按政策严格把关，有效挽回损失303万元，并由此推动出台了《永嘉县财政支农专项资金项目库管理办法》等制度，由财政、农业等部门统一建立项目库，科学、统筹安排涉农项目，规范补助资金发放。根据省厅统一部署，开展了公务支出公款消费专项审计，组织全县81家一级预算单位开展自查，并对28家单位进行抽查。审计表明我县从严控制公款消费取得了成效，28家单位公务接待费、因公出国（境）费和会议费分别下降54.5%、30%和60.9%，但也发现部分单位存在公务支出经费使用不规范、制度执行不严肃和管理不完善等问题，并针对存在问题的单位，相应作出《审计决定》10个，责成清退违规发放津补贴及个人车补共计46.60万元。审计报告得到县委书记的批示，要求有关部门单位要根据审计发现问题迅速进行整改，做到规范运行。并推动县政府出台了《关于建立健全公务支出公款消费审计制度的意见》，使公务支出公款消费的审计监督更加制度化规范化。

基建审计 加大对政府投资项目的监督力度，为规范工程管理、提高政府投资效益严把审计关口，完成了保障性安居工程、三塘隧洞分洪应急工程、瓯北西段标准堤工程、瓯江治理工程等4个投资项目的审计工作。在保障性安居工程审计中，针对相关单位掌握情况不全、数据审核把关不严、缺乏沟通协调机制、部分保障性住房空置等问题，撰写《审计专报》向县领导汇报，引起了重视，县政府专门召开会议落实整改。加强了对投资项目和协审单位的监管，出台了《永嘉县审计局关于政府投资项目审计操作办法》《永嘉县政府投资项目工程造价结算审计委托社会中介机构管理办法》等制度，进一步规范了政府投资审计行为。实行公开招标方式，择优选取10家中介机构作为政府投资审计协审单位，并签订了3年期的协审服务合同。委托审计政府投资单项工程129个，核减资金3343.6万元，核减率5.09%，比往年有了明显提高，有效节约了工程成本。

内部审计 进一步加强内审工作，重视内审机构队伍建设，积极督促和指导符合条件的被审计单位建立内审机构，今年新增镇街内审机构5个；加强内审业务指导，召开了内审交流会议，表彰了内审先进集体和个人。2014年共有2个内审项目获省优、1个获省表彰，并有1个内审机构被评为省先进集体，2个被评为市先进集体，内审工作成效显著。

（陈继勋）

安全生产监督管理

概 况 2014年，永嘉县安全生产监督管理局在县委、县政府的高度重视和正确领导下，县局坚持“安全第一、预防为主、综合治理”的方针，以党的群众路线教育实践活动为契机，以安全生产“十大工程”（健全和完善安全生产责任体系工程、重大事故隐患挂牌整治工程、安全监察执法“411”工程、安全隐患整改“四百”工程、安全生产本质提升工程、危险品生产企业监管提升工程、安全文化示范企业建设工程、安全生产教育培训“666”工程、安全生产行政审批“阳光服务”工程、应急救援能力提升工程）为抓手，振奋精神、集中攻坚，深入推进安全生产隐患排查整治、责任落实、宣传教育、基础建设等各项工作扎实有序开展，切实维护了全县安全生产形势的持续稳定好转。

安全生产事故 2014年，全县工矿、道路交通、水上交通三个重要领域共发生事故166起，同比下降14.87%；死亡63人，同比下降11.27%；受伤118人，同比下降20.27%；直接经济损失171.32万元，同比下降19.06%。道路交通领域发生一起死亡3人的较大事故，未发生矿山、烟花爆竹和危险化学品事故。

1.工矿商贸领域：事故4起，死亡4人，直接经济损失160万元，同比均下降20%。

2.道路交通领域：事故162起，死亡59人，受伤118人，直接经济损失11.32万元，同比分别下降14.74%、10.61%、30%和3.01%。

3.水上交通领域：事故起数、死亡人数、受伤人数、直接经济损失均为0。

4.消防领域：事故38起，无人员死亡，受伤4人，直接经济损失80.59万元，因统计口径变化，不与2013年做比较。

安全生产责任制落实 强化“党政同责、一岗双责”的责任体系的建立，制定出台了《关于加强安全生产促进安全发展的意见》，在落实安全生产工作领导负责制和党管安全的领导责任等方面提出具体内容，对发挥各级党组织对安全生产工作的政治优势、宣传优势、组织优势和联系群众的优势提出了明确要求。坚持每季度召开安全生产工作例会，强调部署安全生产工作，层层落实安全责任，全年各镇（街道）、部门、企业、村居共签订安全生产责任书9000余份。不断完善考核方式，强化领导带队的督促检查，不定期地深入一线抓督查、抓落实，全年开展安全生产大检查7次、工作督查4次，解决各类问题35个。严肃责任追究，全年审核一票否决事项5788项，其中单位2495家次、个人3293人次，共否决15项。

专项活动 十大重点领域专项整治：突出油气化工输送管道和液化石油气经营使用、交通运输、居住房屋出租和人员密集场所、特种设备和涉氨制冷企业、建筑施工、高层楼宇与旧住宅楼、危化品与烟花爆竹、渔业船舶、学校安全、食品安全等十大重点领域，深入开展专项整治。全年共出动执法人员19049人次、排查13663处，发现存在非法违法作业697处；发现安全隐患（含设备隐患）4983处，完成整改4882处；查处无证无照作业844家，取缔127家，行政拘留4人；发放整改指令书1415份，立案938起，处罚503.86万元；教育培训人员13582人次。

城中村安全综合整治：坚持突出重点整治村、突出安全隐患整治、突出重要环节检查，全力推进城中村安全综合整治工作。截至年底，16个城中村列入整治，全年累计整治完成无证无照生产经营单位190家，违法建筑 21538平方米，居住出租房数量 1829户,涉及生产经营安全单位91家，涉及非法供用电单位 48家，涉及食品安全单位85家，涉及环境污染单位15家，外来人口减少数量 11539人，关闭或取缔生产经营单位72家，各城中村安全条件大有改善。

“三场所两企业”专项整治：强化对涉尘、喷涂、有限空间作业场所和涉氨制冷、船舶修造企业等涉及危险作业环节的排查整治。经排查梳理，全县共有涉及“三场所两企业”的单位633家，其中涉及有限空间场所8家，涉及可燃爆粉尘作业场所65家，涉及喷涂作业场所552家，涉及船舶修造企业5家，涉氨制冷企业4家。全年检查发现并整治隐患748条，取缔关闭场所57家。

重大事故隐患挂牌整治：严格落实重大隐患挂牌“六个一”和领导跟踪督办制度，督促102家重大事故隐患挂牌单位开展隐患整改，其中工商贸市级挂牌3家、县级21家、镇级35家，道路交通省级挂牌16处、市级2处，消防市级挂牌2家、县级23家，全部按时完成整改并验收销号。

行政执法监察：深入实施主题执法计划执法监察计划，全年先后开展烟花爆竹专项执法、企业教育培训专项执法、高温汛期及“三场所两企业”专项执法以及非煤矿山领域专项执法4次“主题执法”活动。共检查单位4269家，发现隐患9240处，全部整改到位，立案处罚128件、立案数居全市第二，收缴并销毁烟花爆竹17412箱，罚款达216.72万元。并通过强化领导包案责任制和息诉稳控力度，强化举报工作，全年共查处各类举报140件。

企业本质安全提升 按照“同步创建、同步推进、同步申报、同步考核、同步管理”的要求，通过政策激励、经济支持、上门服务、跟踪督办等措施，引导和鼓励企业开展安全生产标准化和诚信机制创建活动，实行“一次考核两个结果”，提升企业本质安全水平。截至2014年年底，全县328家规上企业通过三级标准化验收、达标率达96.5%，设立示范企业2家；101家小微企业通过标准化验收，超出年度任务数的12.2%，578家企业列入诚信管理A类等级、1家列入黑名单管理。同时，12家企业通过安全文化建设示范企业验收，其中市级2家、县级10家。

教育培训 依托“安全生产月”等载体，深入持久地开展安全生产公益性宣传活动，发放各类宣传手册、宣传礼品、公益广告单共计24.64万份。同时创新渠道和方式，开展事故警示教育周、安全文化宣传周、应急救援演练周活动，举行事故图片展25次，累计为1000余人次模拟应急疏散；通过在《温州晚报》《新瓯北》加开“安全生产永嘉行”专栏、电台滚动播出《生命的红线》宣传片等，营造良好氛围。同时，进一步深化安全生产“五进”活动，深入学校、企业等地，举办安全知识讲座8场、发放安全资料1.38万份。加强安全教育培训工作，全年共培训企业负责人1900人、安全管理人员1893人、特种作业人员387人、企业员工102432人，超额完成市下达的培训任务。

“安全生产月”期间，全县共悬挂标语、横幅共2179条，张贴宣传画12564张，出动宣传车195台次，刊出黑板报1581期，参观图片展览近37898人次，举办知识竞赛163场、演讲比赛6场、安全文艺宣传6场，开展安全咨询30次，发放宣传资料143120份，培训职工47845人，组织执法检查427次。

事故调查 严格按照“四个一律”的要求，联合公安、总工会等，邀请检察院，对2014年发生的永嘉县福源鞋材有限公司“2·27”机械伤害事故、浙江喜来登电梯有限公司“9·22”工人触电事故、永嘉县万众阀门有限公司“10·14”物体打击事故、科福龙阀门集团有限公司“10·17”物体打击事故等4起事故开展调查，并对涉及事故的4家单位和4名责任人予以处罚，共收缴罚款40万元。

行政审批 全年共受理行政许可案件165件，退件0件。其中烟花爆竹零售经营许可证66家，地址变更2家，提前注销1家；危险化学品经营许可证，甲类换证7家，乙类新换证1家，丙类新办3家，换证17家；安全评价报告备案13家，重大危险源登记备案2家，危险化学品建设项目试生产（使用）方案备案1家，应急预案登记备案48家；建设项目安全设施设计审查2家，竣工验收2家。

应急管理 进一步整合全县安全生产救援资源，强化应急救援队伍建设，成立1了支综合救援队伍和危险化学品、燃气、成品油、烟花爆竹、非煤矿山等5支专业救援队伍，投入经费4万元，配齐必要的应急救援器材和设备，并聘请了10名行业专家指导企业建立应急预案、完善应急体系。积极开展应急演练活动，来组织开展县级安全生产综合演练1次:6月18日,在桥头镇东大合成化工有限公司举行2014年安全生产事故应急救援综合演练。同时，督促指导高危行业领域开展演练40余次，在商场、娱乐场所等举行专项演练16次，参与人员600余人次。

基层基础建设 网格化建设：进一步推进“三网合一”建设，全面完善全县安全生产网格排查信息系统，着力构筑基层安全生产工作责任网。至年底，全县已建成大网格18个、中网格111个、小网格1039个，实施动态管理的生产经营单位5665家，合计录入一般隐患5113处、整改率84.02%，重大隐患280处、整改98.57%。

执法规范化建设：强化行政执法“三化”，即案本规范化、执法程序化、信息公开化，不断提升执法水平和队伍专业性，在2014年全市安监系统“岗位练兵”竞技中，县安监局取得第一名。组织开展安监系统知识更新培训2期，培训安监干部261人次。指桥下、乌牛、沙头、黄田4个镇（街道）的安监中心市级安全生产执法规范化验收。

（徐晨曦）

公共资源交易管理

概　况 2014年以来，永嘉县公共资源交易平台在永嘉县委、县政府的有力领导下，以打造公开、公平、公正和便民利民的交易平台为抓手，全面贯彻落实党的十八届三中、四中全会精神，以党的群众路线教育实践活动为指导，狠抓工作落实，加快公共资源交易平台建设，深化公共资源配置市场化改革，促进了永嘉经济社会的平稳发展。

公共资源交易情况 2014年，永嘉县公共资源交易平台围绕“优化流程、提质提效”目标，坚持高效、廉洁的工作方法和服务方式，共成功进行建设工程、政府采购、国有土地、国有产权等交易项目1409宗，交易总额38.79亿元，总共节约资金4.51亿元，增收资金133.6万元。其中建设工程交易122宗，预算投资40.60亿元，实际中标价36.32亿元，为建设单位节约资金4.28亿元，节约率为10.54%；政府采购项目1223宗，预算资金18869万元，实际中标16539万元，为财政节约资金2330万元，节约率为12.35%；国有土地交易27宗，起始价为7897万元，成交价为7986万元，增价89万元，增价比为1.13%，出让成功率达87.10%;国有产权交易37宗，起始价为105.35万元，成交价为149.95万元，增价44.6万元，增价比为42.34%，出让成功率达94.87%。以上四大项目交易最大限度地实现了国有资产的保值和增值，节约了财政支出，在复杂严峻的经济形势下，确保资金使用达到比较高的效益。

制度建设和完善 2014年，永嘉县公共资源交易管理委员会办公室不断完善制度建设，加强招投标规范化管理。一是出台《永嘉县工程建设项目招标投标管理办法（试行）》（永政办发〔2014〕146号）和《永嘉县镇级招标投标管理办法（试行）》（永政办发〔2014〕147号），明确交易范围和规模标准，加强对永嘉县工程建设项目招投标活动和镇级招投标活动的监督管理，尽量避免违规发包、直接发包或不按正常程序采用土谈判的方式等现象的发生。二是加强单位内部管理。在群众路线教育活动期间，针对各种途径征集到的意见建议，出台了《关于进一步加强“三公经费”管理的通知》、《关于进一步严格执行考勤、请销假制度的通知》等一系列规章制度。严格执行中央、省、市、县有关公务接待规定。全体干部职工及时调整自身精神状态，激发了锐意进取的工作热情，以积极的干劲投入到永嘉招投标工作中。

实施招标文件联合审查制 2014年，永嘉县公共资源交易管理委员会办公室充分发挥招投标联席会议的职能，严格执行招标文件联合审查制度。针对合同估算价为1亿元以上的工程项目（市政和园林项目5000万元以上、体育场地设施和电梯项目1000万元以上、智能化项目500万元以上）招标文件，实施联合审查。由永嘉县公共资源交易管委办牵头，组织县纪委、发改、财政、住建、交通、水利和审计等部门共同把关，重点审查投标人资格条件、招标项目的技术标准和要求是否存在为特定投标人量身定做的情况，做到监督关口前移，防止设计漏项、缺项、排斥潜在投标人等问题。2014年对温州市监管中心建设工程等27个重大项目实施联合审查，一些项目的招标文件经过了多次严格审查，有效提高了招标文件的透明度和精确度，减少了人为因素对招标工作的影响。

全力支持“五水共治” 2014年,永嘉县公共资源交易管理委员会办公室切实强化“敢于担当”精神，严格执行县委、县政府关于“五水共治”政策规定，共推五水共治项目建设。根据《进一步加强农村生活污水治理工程质量管理的通知》《永嘉县农村生活污水治理工作实施细则》等文件的要求，积极为相关部门、业主出谋划策，主动参与生活污水处理设施的设计、询价、招标等全过程，并做好服务和指导工作。全面实施小工程简易招投标程序，对“五水共治”项目优化审批流程，简化招投标程序，规范管材采购，强化质量管理。2014年年底前，已全部完成岩头、碧莲等8个中心镇污水处理站与大若岩镇藤溪村等179个农村生活污水处理终端及管网的招标，及时完成碧莲镇邵园村等32个美丽乡村“一事一议”工程的招标工作。为“五水共治”项目提供服务保障，为永嘉县取得2014年度“五水共治”工作优秀县大禹鼎作出了一定贡献。

强化标中监管 2014年，永嘉县公共资源交易管理委员会办公室正确履行招标投标交易活动中的监督职能，并做好评标专家库的建设和管理，确保平台交易活动顺利进行。一是加强对开标评标全过程的监管。由评标突发事件处理领导小组协调和处理评标过程中的突发事件。对疑似围标串标、假资质、假材料、假业绩的情况，及时介入调查处理。二是将已入围但未参与投标的单位列入跟踪管理对象。出台《关于进一步严肃招标投标活动纪律的通知》，对投标入围后不按规定时间参加招投标或在标书送达、开标、澄清等环节未按规定时间到达的投标人，计入该企业的不良行为记录。三是加大评标专家管理。积极组织专家培训及专家库扩容工作；对评审专家实行智能抽签电话语音通知，增强保密性；对重大项目坚持本地专家回避，省市专家抽取；实行专家后评估制度，及时将专家评标情况记入电子档案，对违反专家管理规定、存在不良行为的人员采取清出专家库处理。进一步严格评标现场的监管规定，明确不准收红包。

加强标后监督　2014年，永嘉县公共资源交易管理委员会办公室继续加强与职能部门的横向沟通，形成监管合力，确保项目建设顺利推进。一是积极受理投诉质疑件。2014年1月至12月共受理涉及招投标单位的投诉件12件，其中投诉有效4件。对4件有效投诉我办积极受理，组织专家重新复评或将投诉件转相关行业主管部门办理，投诉件处理率100%，复议率为0。二是联合监管部门开展常态标后检查。2014年，对瓯北公共资源交易平台、永嘉县农村生活污水治理工程、政府单位采购项目等进行专项检查，发现问题及时督促有关部门予以处理。2014年10月下旬至今，由县委农办牵头，对永嘉县的农村生活污水治理工程开展质量监管专项督查活动，对督查中发现的问题按照相关规定进行严肃处理。全力将农村生活污水治理这项民生工程做实、做好。

规范政府采购行为　2014年，永嘉县公共资源交易管理委员会办公室进一步规范政府采购行为。一是全面实施政府采购标前审批系统。该系统为温州市创新项目，自2013年9月开始试运行，至年底只有永嘉和平阳在实施。通过加大软硬件开发、组织采购人员业务培训、完善标前审批操作流程，使永嘉县各部门采购审批事项得到了极大的提速。2014年永嘉县网上审批总采购项目达1223宗，采购总额1.65亿元，节约率12.35%。二是规范采购验收行为。通过组织财政部门及专家不定期进行验收检查，严把采购质量关。先后组织相关人员及专家对永嘉县人民政府办公室网络设备、县卫生局区域医疗信息系统（软件部分）、县农业局鱼苗采购、永嘉县永临中学发电机组项目等进行了验收检查，作出专业判断和验收决议，对发现的问题责令企业进行整改。

加大力度打击围标、串标　2014年，永嘉县公共资源交易管理委员会办公室积极协助永嘉县纪委、法院、检察院、财政局、住建局等主管部门查办招投标违法违纪案件。对于串通、围标或通过弄虚作假参与投标等违法行为，协助相关部门进行严厉打击。例如，2014年4月21日、8月11日永嘉县法院分别开庭宣判的两个案件，对投标人在6个工程项目中围标、串标、挂靠等行为，以串通投标罪对12人进行了判处。

深化远程异地电子评标　2014年，永嘉县公共资源交易管理委员会办公室继续推进远程异地电子评标。通过不断完善，将电子辅助评标系统和远程异地评标系统合并升级成一个电子招投标系统，并于2014年3月份统一办理CA专用锁。电子招投标系统的升级实现了资格预审与资格后审项目的同步，即资格后审项目也可以进行异地远程评审（注：原异地远程评标仅适用于资格预审项目）。2014年9月2日，温州市远程异地评标现场观摩会暨电子化招投标推进会在永嘉县公共资源交易中心召开。会上，与会人员共同商讨远程异地评标和电子化招投标的布局推进和完善工作，并与龙湾对接了首个资格后审项目的远程异地评标。2014年有6个项目采用远程异地电子评标，46个项目通过电子招投标系统完成招投标。实施远程异地电子评标，有效解决了永嘉县部分专业专家资源不足和“常委专家”问题。

抓干部队伍建设　2014年，永嘉县公共资源交易管理委员会办公室全面贯彻党的十八届三中全会精神和有关作风建设要求，结合党的群众路线教育实践活动，狠抓干部队伍建设。领导班子注重夯实思想认识和理论基础，强化反腐倡廉教育，落实党风廉政建设责任制。严格对照要求，扎实开展群众路线教育活动。通过广泛开展蹲点调研、驻企走访联系等活动，全体党员干部走访了乌牛、三江、江北街道的结对企业45家，慰问农户53户。班子成员分别带队赴大若岩镇、三江街道等地慰问困难群众18户，送去扶贫慰问金共17000元，并送上慰问品。为大若岩镇田垟村和藤溪村分别捐助1万元、3万元，以实际行动支持挂钩联系村居的项目建设。通过路教活动，全体党员干部工作作风进一步转变，党群干群关系进一步密切。并顺利通过了永嘉县重点中层科室督考、政风行风评议等多种形式的考评，荣获2014年度温州市行政审批制度改革工作先进集体，招投标服务工作得到了广大群众的认可。

（余纯纯）

教 育

综 述

2014年，永嘉教育工作在县委、县政府的正确领导和上级教育部门的悉心指导下，以党的十八大精神为指导，深入开展党的群众路线教育实践活动，紧紧围绕县委、县政府建设“三生相融·幸福永嘉”的战略部署和“提高教育质量，促进教育公平，加快教育现代化建设，办好人民满意教育”的工作目标，以“讲奉献、强素质，提质量、育新人”为工作抓手，凝心聚力，克难攻坚，在学校基本建设、义务教育均衡发展、民办教育综合改革、师资队伍建设、教育教学质量提升等方面均取得明显进步，圆满完成了年初制定的工作目标和任务，在全市教育科学和谐发展业绩考核中再次荣获一等奖。

综合工作

教育宣传 2014年，县教育局进一步加强教育宣传，致力于办好永嘉教育网、《永嘉教育》、《永嘉教育信息》、永嘉教育微博等“一网两报一微博”，着力于学校通讯员、信息联络员、发行导读员三支队伍建设。全年编发《永嘉教育信息》12期、《永嘉教育》报纸4期，刊出《今日永嘉——教育特刊》1期、永嘉电视台“教师风采”7期，发出永嘉教育微博290条。在县级以上各类媒体发表新闻信息300多条，视频新闻50多条。其中专题报道《突围同质化办学——浙江永嘉中学崛起之路》在《中国教育报》（2014年1月15日）整版刊登，反映上塘中学高一6班爱心事迹的《延续二十二年的爱心接力》在《光明日报》第1版（5月2日）刊登、反映永嘉民办教育综合改革成果的《公助民办激活一池春水——温州翔宇中学带来“鲶鱼效应”》在《浙江日报》（1月17日）刊登，《永嘉民办学校首次免费供应营养午餐》在《浙江教育报》刊登，并获得2014年度温州市教育好新闻奖。长篇专报信息《永嘉中学突围同质化办学，五载时间高考重点上线人数实现翻番增长》在《温州市政务信息》刊出，信息《永嘉县“百校改造工程”提升薄弱校区整体办学水平》受到省教育厅厅长刘希平批示肯定。在中国教育电视台和浙江卫视各播出1条，在浙江教育网络台播出14条，在温州教育网络台播出41条，排名全市第一。

教育党建 2014年，县教育局把开展党的群众路线教育实践活动作为一项重大政治任务，纳入党建工作重要内容。成立领导和工作机构，召开动员大会，强化对习总书记系列重要讲话精神和必读书目的学习，深入开展“三思三观”活动，大力学习弘扬焦裕禄精神，扎实抓好马克思主义宗教观等方面的学习教育，精心完成“加课”内容。同时，着力在自选动作上出特色、提实效。坚持开门搞活动，全力聚焦“四风”问题，全面落实“九联系”制度，深入实施“红色细胞工程”，扎实开展“基层走亲连心解忧”和“干部走基层、骨干入社区、教师大家访、家长进校园”活动，真正做到“四进四联系”，做到即知即改。活动期间，累计召开座谈会142个，谈话186人，征集意见建议239条，解决问题91个，新建制度15个，取得了显著成效，县教育局被评为党建工作先进单位。

学前教育

2014年，县教育局进一步巩固发展2011—2013年学前教育三年行动计划成果，制订新一轮三年行动计划，大力发展公办幼儿园和民办普惠性幼儿园，积极创建等级幼儿园14所，等级园覆盖率达80.9%，中心镇公办幼儿园建成率和镇（街道）等级中心幼儿园创建率均达到100%，指导创建学前教育（先进）达标镇（街道）5个。强化学前教育师资队伍建设，组织园长、幼儿教师参加《儿童发展与指南》全员培训，动员400名幼儿教师参加资格证考前培训，260人顺利考取教师资格证。拨付102.7万元对民办幼儿园457名教师进行教师资格证奖励。组织幼儿教师学历培训，大专（本科）顺利毕业194人。开展无证幼儿园专项整治行动，完成整改审批35所，其中停办4所，取得明显成效。幼儿入园率95%；创建等级幼儿园一级1所（瓯北太阳花幼儿园）、二级1所（瓯北中楠幼儿园）、三级12所：桥下镇中心幼儿园、沙头镇中心幼儿园、巽宅镇中心幼儿园、大若岩镇水云幼儿园、瓯北东瓯幼儿园、瓯北王家圩幼儿园、瓯北乐百氏幼儿园、瓯北乐乐幼儿园、桥下镇六一幼儿园、上塘育才幼儿园、上塘妈妈乐幼儿园、枫林镇天天乐幼儿园，等级园覆盖率达80.9%,中心镇公办幼儿园建成率和镇（街道）等级中心幼儿园创建率均达到100%，指导创建学前教育（先进）达标镇（街道）5个（桥下镇、碧莲镇、大若岩镇、岩坦镇、东瓯街道）。

义务教育

2014年是永嘉创建全国义务教育发展基本均衡县的关键一年，全县上下高度重视，落实各项举措，进行最后攻坚。积极探索教育体制改革和管理创新，在民办教育综合改革、校区制办学模式、教师流动和师资均衡（如新考录教师电脑摇号调配）等方面不断推陈出新。5月份，永嘉顺利通过省级评估验收。针对评估组的反馈意见，对存在的不足逐一抓好整改，县政府及时追加了2011年义务教育预算内经费2317.8万元、2012年教师培训经费964万元，确保教育经费投入“三增长两提高”，在教育薄弱环节上重点抓好管理提升，锲而不舍地推进创建工作。小学入学率、巩固率均为100%，初中入学率、巩固率均为99.98%，“三类残疾”儿童入学率96.98%，6—15周岁持证残疾儿童总入学率为96.61%；18362名新居民子女就读得到妥善安排，其中符合条件的6864人全部安排在公办学校就读。

高中教育

2014年，县教育局整合优化教育资源，全面推动普通高中教育优质发展，全面提高教育教学质量。全县初中毕业生9144人，升入各类高中8873人，初升高比率为97.04%，普职比为1.44∶1；优质高中招生名额分配到初中学校占公费生的比例为82.14%，择校生占公费生的比例为9.58%。深化普通高中课程改革，合理配置教师，引导学生根据自己的兴趣、特长和能力选课，开展分层走班教学。高考成绩连创历史新高，2014年全县上重点线492人，其中永嘉中学453人，单校总数居全市第二名。永嘉中学连续三年受到县政府嘉奖，2014年还被评为“全国教育系统先进集体”。

普高教育 全县初中毕业生9144人，升入各类高中8873人，初升高比率为97.04%，普职比为1.44∶1；优质高中招生名额分配到初中学校占公费生的比例为82.14%，择校生占公费生的比例为9.58%。

职业教育 2014年，县教育局不断推进重点职校建设，县二职二期工程竣工，县三职操场和实训车间建设已投标。加快中职专业调整步伐，县三职停招计算机应用和市场营销专业，泵阀制造技术专业被评为省级特色专业，被评为中职学生省级创业基地，商品经营专业成功创建市级实训基地。永嘉被评为2013年度省财政补助与职业教育发展挂钩考核优秀单位，得到省财政补助400万元，获省中职教育“以奖代补”专业结构调整和校网布局调整奖补资金200万元。县职中、县二职成功转评为省一级中职学校，县三职转评为省二级中职学校。调整专业2个（县三职停招计算机应用和市场营销专业），创建省级特色专业1个（县三职泵阀制造技术专业）、省级学生创业基地1个（县三职）、市级实训基地1个（县三职商品经营专业），转评省一级职业学校2所（县职中、县二职）、省二级职业学校1所（县三职）。

特殊教育

2014年，县教育局特殊教育工作再迈新台阶。全年财政资助困难生33875人1909万元；在系统内开展教师“慈善一日捐”和学生“献爱心·共成长”募捐活动，共筹得捐款193万元，慰问贫困师生769人115万元；此外，社会各界助教助学热情高涨，在外企业家反哺家乡，捐助桥头中学体艺馆等建设资金820万元。“楠溪情”教育基金、林凯文教育基金等结对资助409人237万元，“情系永嘉·圆梦大学”结对资助219人113万元。8所民办学校1895名学生享受免费营养餐，尤其是企业捐资100多万元，为新居民子女学校提供免费中餐，这是全省首例。在外商会、民间团体和爱心人士积极开展送温暖活动，资助衣被等款项25万元，使每一位贫困生都能够温暖过冬，捐资办学助学已成为永嘉的一种新风尚。实行以公办学校为主、民办学校为辅的招生政策，接受符合条件的新居民子女免费入学，新创办2所优质新居民子女学校，现全县有6所民办学校和85所公办学校接受新居民子女入学。继续实施积分入学和企业人才子女入学政策,安排了88名新居民子女在优质公办学校就读。2014年18362名新居民子女就读得到妥善安排，其中符合条件的6864人全部安排在公办学校就读,最大限度满足新居民子女共享优质教育资源需求。此外，还投入190万元，用于改善新居民子女学校办学条件。完善残疾学生和残疾人家庭子女助学政策，对483名持证残疾儿童开展调查摸底，并进行分类安置入学，总入学率为96.61%。其中“三类残疾”儿童共有298人，已入学289人，入学率为96.98%。落实152名随班就读学生15倍生均公用经费131.4万元，残疾儿童免费入学，住校生视困难程度享受生活补助。抓好资源教室建设，完成仁溪一小、巽宅中心小学资源教室的创建工作，至年底永嘉已有6个资源教室。依法落实税费优惠政策，下拨专项奖补资金500万元、政府购买服务1800多万元。完成38所试点学校教师人事代理414人，事业养老保险、医疗保险372人，企业保险306人，教师参保率达97.6%。落实公、民办学校结对20所。

成人教育

2014年，成人教育工作有效推进。加大经费投入，在“双证制”教育、扫盲工作、社区教育等方面投入513.12万元；创建省标准化成人校12所，市示范社区学校1所，市一、二级社区学校3所，省级新型农民素质培训基地1个，新建社区分校15所，老年学习苑4个；强化理论研究和教育培训，完成市社区教育科研课题立项2项，省级优秀科研成果1项，省级社区教育特色课程1个。成人高中和“双证制”教育共招生1668人，毕业1406人，完成家政服务、脱盲、新型农民等各类培训86235人次。永嘉成功创建省级社区教育示范区（全市仅永嘉县、瓯海区2个）。

民办教育

2014年，县教育局进一步深化民办教育综合改革，突破政策壁垒，贯彻落实永嘉版的“1+14”政策体系。建立由身份管理向岗位管理转变的教师自由流动机制，消除公办教师后顾之忧。依法落实税费优惠政策，下拨专项奖补资金500万元、政府购买服务1800万元，并解决教师社会保障问题。创新办学机制。总结“翔宇”模式，建立互助机制，开展名家进民校、公民办学校结对互助活动，推进公民办学校共同发展；在民办学校实行与公办学校一样的爱心营养餐工程，引起社会普遍关注，《浙江教育报》《温州日报》等媒体争相报道。扩张优质资源。引进鹿城慧才小学、玉环楚门育才小学，创办优质新居民子女学校2所（瓯北育民学校、永嘉县慧才小学），解决了1200人的“读好书”问题。3月份，教育部民办教育综合改革调研组高度评价了永嘉民办教育改革：“全国民办教育综合改革看浙江，浙江改革看温州，温州改革看永嘉。”11月份，全市民办教育综合改革工作推进会在永嘉召开，永嘉经验得到市局及兄弟县（市、区）的一致好评。

素质教育

2014年，永嘉素质教育工作不断开创崭新局面。贯彻落实中小学生守则和日常行为规范要求，开展全员行规达标活动，教育引导学生自觉遵守社会公德、家庭美德和校纪校规，做文明学生。用好省编地方德育教材，高质量开发《弟子规》《三字经》《活力永嘉》等乡土教材，并在各学科教学中渗透德育内容，增强德育工作实效性。深入开展德育特色学校、少先队特色学校创建活动，开展“小道德模范、美德少年、文明小公民”及“自强好少年”评选活动。举行“与梦同行”中小学生演讲比赛，瓯北五中徐齐同学在省级比赛中荣获一等奖。此外，加强德育干部和班主任队伍建设，在省班主任基本功大赛中，3位老师获一等奖，并代表我省参加长三角地区班主任基本功大赛。全年1142名学生分别被授予省市县级优秀学生、优秀学生干部等荣誉称号，其中5人获省级三好学生称号。112个班级获市、县级先进班集体称号。贯彻执行省、市减负工作精神，修改完善各项减负规章制度，逐层签订责任书，设立监督电话和电子邮箱，开展定期巡查和专项检查，把减负工作作为教育规范化建设重要内容列入学校、校长年度考核项目。同时，积极探索“轻负担高质量”的有效措施，开展专项课题研究，深化课堂教学改革，引导全体教师在认真备课、精讲多练、精选作业、合作学习、加强课堂教学有效性研究等方面下功夫，着力打造“活力课堂”，促进减负提质工作落实。举办万名学生参加的艺术节，共评出1348个奖项，其中127个节目在市里获奖，19人次在省里获奖，瓯北三小原创歌舞剧《邮递笑脸》在省艺术节荣获一等奖并获省级优秀组织奖，县教育局获市级优秀组织奖；举办学生体育节，在县第36届学生运动会上9人次打破4项县记录。派出78名运动员参加市少年儿童跆拳道、拳击散手、乒乓球、足球等9个项目的比赛，共获得20枚金牌。在市中学生篮球赛中城关中学、上塘中学分获三、四名好成绩，代表温州市参加省级比赛。罗浮中学等8所学校申报全国和省级校园足球特色学校，在城西小学设立了中国象棋学校。2014年永嘉《国家学生体质健康标准》测试成绩排名全市第四名；办好科技节，开展科技创新大赛、少儿“七巧科技”等系列活动，提高学生科普意识；组织读书节活动，开展“新华杯”中小学生暑假读好书暨“爱我楠溪山水·品读经典美文”活动、“弘扬雷锋精神，争当美德少年”主题实践系列活动、“节能减排，低碳生活”征文等活动，强化校园文化建设。

教学研究

2014年，县教育局着力研制学为中心的课堂教学评价标准，开出课堂教学研究课，召开评价标准研讨会，促进评价标准的完善和更新，并加以推广与应用。强化质量监控，建立健全质量监测、质量分析、质量评价、质量激励四项制度。完成实验小学等18所学校省义务教育阶段质量监测工作，并召开中考质量分析会，认真分析中小学教育教学存在的问题，寻找提高教育教学质量的切入口，确保教育教学质量稳中有升。

教育经费

2014年，县教育局进一步加大教育经费投入，加快学校建设。全年固定资产投资3.31亿元，完成投资率126%；实施续建和新开工项目39个，新扩建校舍81142平方米，其中危（旧）房改造24008平方米；完成罗东小学、枫林镇中学等迁建学校附属工程；投入2778万元用于26所标准化学校创建；投入2432万元对42所农村薄弱学校进行改造；投入1292万元完成中小学校舍加固项目11个；结合“省千万学生饮食放心工程”，投资2950万元用于中小学食堂改造，该项目被列为县政府2014年“十大惠民实事”之一，其中列入市政府惠民项目26个，争取市补助资金584万元，全年计划改造食堂30个，实际完成40个。此外，还落实了2011年、2012年和2014年义务教育学校山区教师生活补贴2180万元。

教育信息化

2014年，永嘉教育信息化工作全面提升。全年教育装备投入3455.39万元，添置计算机1429台、更新多媒体小平台230套，学校无线网络覆盖率达30%。成功创建市示范数字化校园5所：城西小学、罗浮中学、上塘中学、城关中学、瓯北四小，市数字化校园1所（城西中学），超额完成任务，城西小学在全市做创建工作典型发言。69所学校完成市统一用户认证及单点登陆，比例达56.6%。义务教育学校教师网络学习空间开通5917人，开通率92.6%。组织1818名教师分4期参加教育技术能力培训，并完成乡土教材《楠溪石墙》拍摄任务。积极推进五类标准化功能室和示范功能室建设，成功创建标准化音乐室、体育室、美术室各39个、图书馆28个、实验室26个、示范功能室11个，圆满完成市下达任务。着力推进书香校园工程，投入329.54万元，添置图书229440册，创建书香校园示范校1所（瓯北二小）、书香校园6所：瓯北一小、枫林镇中心、西溪一小、碧莲镇中心、永嘉二中、实验中学。全年教育装备投入3455.39万元，添置计算机1429台，更新多媒体小平台230套，学校无线网络覆盖率达30%。

教师队伍建设

2014年，永嘉教师队伍建设工作不断强化，突出师德教育。围绕建设德才兼备教师队伍的根本目标，规范教师职业道德考核，完善师德建设长效机制。积极参与市师德楷模等评选活动，深入开展教师职业道德教育和暑期师德法制培训，开展以“学习先进事迹·争当最美教师”为主题的集中师德师风教育活动,评出10名“最美教师”，在全系统开展向古庙学校杨云敬、桥头中学魏玉献等最美老师学习活动，营造良好师德师风建设氛围。完善师德师风建设长效机制，确定每年10月为师德师风专项检查月，形成学校自查、学区督查、县局抽查的工作格局,并做好学校、家长、社会三位一体的师德考核评价工作，有力促进了全县师德师风建设。提升教师素质。足额下达教师培训经费1400万元，加强校本研训，引领教师专业成长。深入实施“561”人才培养行动计划，针对校长、教师培养路径图，举办骨干校长高级研修班、后备干部培训班和骨干教师高级研修班，择优选派教师参加各级各类培训，全年教师培训达到675164学时。积极开展各类先进评比活动，共评选全国优秀教师1名、省特级教师1人、省春蚕奖7名、省绿叶奖1人、省市师德楷模11名、市终身班主任奖11名、市新闻奖教金优秀校长教师12名、市三坛教师49名，市级各类年度先进44名，县十佳校长10名，以及其他县级各类先进206名。强化干部队伍。认真落实干部选拔任用相关文件精神，严格执行干部配备职数、任用条件、选拔任用原则和程序，全年局机关（直属单位）中层干部、直属学校校级干部交流26人、提任18人，镇街中小学校级干部交流28人、提任23人，调整工作平稳，社会反响良好。此外，根据工作需要，同意部分学校对其内设机构的中层干部做了调整。做好名师名校长的培训工作，定期举办骨干校长高级研修班，并进行德能勤绩廉等多方面的考核，不断提高干部队伍战斗力。幼儿园、小学、初中、普高、职高教师的学历合格率分别为100%、99.9%、99.64%、99.09%、97.94%，获得中学高级职称的比例分别为1.89%、1.19%、17.3%、27.93%、23.6%，小学、初中的高学历率分别为94.55%、91.72%。

依法治教工作

2014年，永嘉依法治教工作全面铺开。强化党风廉政建设。以党的群众路线教育实践活动、“勤廉教育”创建和师德师风建设等三大活动为载体，以健全制度为主线，完善惩防体系，严格“三公”管理，全年支出接待费（含住宿费）39615元，与上年46062元同比下降3.58%，占全年控制额的22.01%。积极打造阳光招生、阳光基建、阳光采购和阳光人事等“阳光工程”，着力落实党风廉政建设主体责任。以规范管理为抓手，严守干部选拔任用纪律，针对教育不正之风开展正风肃纪专项行动109次311人次，进一步强化了全系统的作风建设。此外，加大内审和案件查处力度，全年共完成经济责任审计项目30个，审计总金额达4.95亿元，审计出财务处理不当资金1183万元、违纪资金109.47万元。受理信访件95件（含重复件17件），报结95件，报结率100%。立案查处8件，行政处分8人，书面效能告诫12人，谈话诫勉5人，通报批评1所学校。县教育局被评为落实党风廉政建设责任制先进单位、信访工作先进集体。深化平安校园建设。充分利用班会、广播、墙报、讲座等宣传资源，深入开展防溺水、交通、消防、用电、饮食卫生等安全常识教育。结合“3·31”安全教育日、“5·12”国难日、“9·18”国耻日等，组织全县15万师生开展了458场消防、防震、逃生等方面的安全演练活动。组织学生安全千万家教师家访活动，全县6428位教师对52568名学生进行家访，家访率达100%。投入“三防”经费1280万元，重点对民办幼儿园物防、技防设施予以完善，全县学校“三防”覆盖率达到100%。开展校舍及消防安全专项整治，共排查公民办学校校舍584幢，投入1300多万元对7幢存在安全隐患的校舍进行加固，投入400万元改造消防安全隐患70余处。联合相关部门开展10多次的校园周边环境综合整治，重点整治校园周边黑网吧、无证游戏室、流动摊点，切实净化校园周边环境。规范社会办学行为。配合县政府开展无证幼儿园专项整治工作，对57所无证幼儿园按照“整改审批一批、规范改造一批、取缔停办一批、规范新建一批”的原则进行分类处置，完成整改审批35所，其中停办4所，取得明显成效；加大力度规范民办非学历教育培训机构办学行为，组织人员开展专题调研，对全县民办非学历教育培训机构进行“地毯式”大排查，及时摸清底细，汇总上报县政府。加大整改力度，及时送达《停办通知书》，暑假检查发现的57家非法办学机构中已有18家在收到《停办通知书》后停办。同时，对经整改符合办学条件的10家民办非学历教育培训机构及时审批核发了办学许可证。此外，还多次配合市场监督、文化等部门对社会力量举办的各类违规非法教育、托管机构进行排查整顿，切实规范社会办学行为。

教育改革

2014年，永嘉教育改革工作取得新突破。推进教研机构整合。整合教研室和教师进修学校，成立教师发展中心，并以此为契机，加强制度建设，落实科室责任，理顺内部事务，缩短人员磨合期，以“改进教研方式和培训方式、实施研训一体”为导向，以“促进教师专业发展”和“提高教育教学质量”为重点，以“促进有效学习”和“课堂教学方式变革”为抓手，不断强化教师教育工作的服务意识和质量观念，全面提升学生素质和教师专业素养。开展课改试点工作。确定实验中学、瓯北中心小学等12所初中小学为课改首批试点学校，并完成6所市第二批课改试点校申报工作。做好“以学定教”课堂教学变革实验工作。指导与引领试点学校进行有效尝试，让学生面对面参与合作学习和探究学习，把传统教学中以教为主的课堂改变为以学生自主学习为主的课堂，切实减轻学生学业负担，提高教育教学质量。

优质教育资源创建

成功创建全国教育系统先进集体1个（永嘉中学），市一、二级学校13所，一级：上塘城关中学；二级：瓯北二中、黄田中学、桥头镇中学、沙头镇济时中学、碧莲镇中学、巽宅镇中学、瓯北二小、上塘城北小学、桥下镇中心小学、枫林镇中心小学、沙头镇渠口小学、碧莲镇中心小学。省特色示范校一级1所（永嘉中学）、二级1所（罗浮中学）。毒品预防教育示范校省级1所（永嘉中学）、市级1所（县三职）、五星级学校3所（上塘中学、实验中学、乌牛中学）。省级绿色学校2所（县三职、碧莲镇中）。省级家长示范校3所（城西中学、碧莲中心小学、瓯北中心幼儿园）。县级艺术特色校4所（城关中学、瓯北中心小学、瓯北五小、巽宅中心小学小溪校区）。县级体育特色校4所（实验中学、桥头镇中、桥下镇中、千石小学）。创建省义务教育标准化学校15所：县体育运动学校、中塘小学、罗东小学、瓯北一小、乌牛二小、枫林镇福和希望小学、港头学校、岩头镇中心小学、潘坑小学、五尺小学、水云学校、西岙小学、大岙小学、应坑学校、巽宅镇中心小学。改造薄弱学校42所，完成校舍加固项目11个；争取市补助资金584万元，完成改造食堂40个。

（汪琼芳）

科学技术

综　述

2014年，永嘉县科学技术局围绕全县经济社会发展大局，贯彻落实党的十八届三中、四中全会精神，深入开展党的群众路线教育实践活动，以重点工作项目为抓手，以提升创新能力、健全创新体系和发展高新技术产业为目的，扎实开展各项科技工作，取得较为显著的成效。全年新增高新技术企业9家、省级专利示范企业3家、省级科技型中小企业12家、省级农业科技企业7家、市级科技（创新）型企业14家、县级科技（创新）型企业14家、县级农业科技型企业11家、县级专利示范企业10家，新增省级企业研究院2家、省级企业研发中心4家、省级农业科技企业研发中心2家、市级企业研发中心5家、县级企业研发（技术）中心20家，荣获“省级科技强县”称号，顺利通过省级知识产权示范县创建验收。

重大科技项目

省级重大科技攻关项目　积极组织行业关键共性技术申报省级重大科技攻关项目，申报省级重大科技专项10项，其中浙江迦南科技有限公司的“双腔式智能清洗机及检测系统研发”项目、超达阀门集团股份有限公司的“用于系统流程的高性能高可靠性自动控制阀门”项目和宣达实业集团有限公司的“超纯高铬铁素体合金的研究与开发及其在系统流程装备中的应用”项目被列入2014年省级重大科技专项，争取省级科技经费350万元。

市级以上科技项目申报　围绕我县支柱产业发展，开展产业关键技术攻关，积极向上争取项目，全年新增市级以上科技计划项目62项，其中国家级科技型中小企业技术创新基金项目和国家级火炬计划项目各1个、省级重大科技专项3个、省级新产品试制计划36项、省级团队科技特派员项目2项、省级科技特派员项目13项、省级农业科技成果转化1项、市级科技特派员项目3项，共争取上级补助经费1025万元。其中，温州市金龙拉链机械有限公司的“全自动数控超声波贴胶冲孔机”列入国家级科技型中小企业技术创新基金项目，浙江奥康鞋业股份有限公司的“直透型排湿透气健康鞋的研究及产业化”列入国家级火炬计划项目。

县级科技计划项目　认真组织实施县级科技计划项目，全年下达科技计划项目四批共200项，安排科技经费3804.65万元，其中工业项目36项，安排经费785万元；农业项目49项，安排经费380万元；社会项目61项，安排经费537.95万元；专利技术产业化项目8项，安排经费170万；科技创新奖励项目20项，安排经费806.7万元;创新平台建设项目12项，安排经费850万元;科技创新专项及配套项目13项，安排经费215万元；县级重大科技攻关示范项目1个，安排经费60万元。

高新技术产业

加强高新技术产业和战略性新兴产业的政策引导，制订了《2014年度永嘉县科技计划项目申报指南》《永嘉县科技创新奖励实施细则（修订）》等政策文件，重点支持符合高新技术产业和战略新兴产业领域的新产品开发、新技术研究，以科技项目补助和奖励为抓手，引导企业积极开展高新技术产品的开发，促进高新技术产业发展。依据国家《高新技术企业认定管理办法》《浙江省创新型企业建设与管理办法》《浙江省科技型中小企业认定工作实施意见》和《温州市科技（创新）型企业认定管理办法》，开展高新技术企业、创新型企业和科技型中小企业的申报培训工作。全年新增高新技术企业9家、省级科技型中小企业12家、市级科技（创新）型企业14家。

创新平台和载体建设

加快推进系统流程装备省级高新技术产业化基地建设：一是编制了《永嘉县系统流程装备产业发展规划》；二是引进系统流程装备产业工程设计平台，2014年4月初和5月下旬分别组织重点企业和相关部门赴杭州（浙江省天正设计工程有限公司）和上海（上海河图工程设计股份有限公司）进行了交流，洽谈相关合作事宜；三是引进系统流程装备智能化、网络化技术和项目，9月下旬，组织重点企业和相关部门赴浙大、中国电子科技集团、无锡物联网基地考察、交流，推进企业智能化、网络化以及泵阀产品、系统技术的引进和合作；四是推进重点企业研究院建设，指导超达阀门集团股份有限公司和宣达实业集团有限公司两家重点企业研究院制定发展规划、引进人才和开展技术创新。两家重点企业研究院分别与兰州理工大学、哈工大建立了人才、技术合作，两家大学分别派出科技特派员进驻企业服务。

加快兰州理工大学温州研究生分院建设，培养符合永嘉泵阀产业升级需求的管理、研发人才。10月16日，兰州理工大学温州研究生分院举行第一届研究生开学典礼，目前该校位于浙江红黄兰服饰股份有限公司的厂房内，校区面积达4933.36平方米左右，在校生为40名全日制硕士研究生，2013年9月至2014年8月期间，该40名研究生已在兰州理工大学进行基础课程学习，接下来的实践和硕士学位论文在温州研究生分院进行。

科技合作与交流

强化与大院名校的合作交流，先后引进湖北理工大学与育才控股集团共建“永嘉县教育装备与游乐设施公共创新服务平台”、华东理工大学与方正阀门集团有限公司建立“高端阀门实验室”。加强网上技术合作交流，实现科技资源配置市场化，科技成果产业化，大力实施网上技术合作交流。全年完成竞价（拍卖）项目和现场签约项目各2项，现场签约项目金额达200万元；网上技术市场签约项目18项，项目合同成交额达5870万元，完成考核指标的126%。精心组织开展科技合作交流，通过“走出去、引进来”的方式，先后组织46家企业分别赴北京、上海、重庆、大连等地开展科技合作交流活动，企业家们了解激光与光电、智慧城市、科技与文化融合、节能环保等领域的最新成果和应用，达成意向合作项目12项；联合中科院政策与管理所，中科院创新发展研究中心产业部一起对永嘉鞋业发展阶段历程，目前总体情况，存在的问题、解决思路，政府和行业协会在其中的角色等进行调研，为下步政府出台扶持政策提供参考。帮助京驰公司与台湾金积德博士成功合作，并入围浙江省第七批“千人计划”，有力地促进了科技成果的转化和产业化。

科技成果和科技服务

科技成果 积极组织申报省科学技术奖和市科技进步奖。申报省级科学技术奖6项、市科技进步奖8项，获得省科学技术奖2项（二等奖1项、三等级1项）、市科技进步8项（一等奖2项、二等奖2项、三等奖4项），获奖质量创历史新高。其中，超达阀门集团股份有限公司的“高参数特种耐磨球阀”荣获省技术发明二等奖，浙江亚龙教育装备股份有限公司的“自动加工与装配生产线实训考核设备”荣获省科技进步三等奖；浙江迦南科技股份有限公司的“模块化制药柔性生产线装备”、超达阀门集团股份有限公司的“高参数特种耐磨球阀”荣获市科学技术进步奖一等奖，伯特利阀门集团有限公司的“DTV蒸煮器顶阀”、保一集团有限公司的“城际燃气专用大口径管道球阀研发”荣获市科学技术进步奖二等奖，浙江志远阀门配件有限公司的“一种阀杆倒密封面滚光装置和设备”、永嘉县科兴林业种苗场的“黄栀子新品种选育与栽培技术研究”、浙江中孚流体机械有限公司的“污水电磁阀”、浙江亚龙教育装备股份有限公司的“电梯安装、维修与保养实训考核装置”荣获市科学技术进步奖三等奖。认真组织永嘉县科技进步奖的评选工作，有43个项目申报永嘉县科技进步奖，认定“高参数特种耐磨球阀”等35个项目获得永嘉县2013年度科技进步奖。2014年度全县专利申请量达1817件，其中发明专利162件、实用新型1039件、外观设计616件；专利授权量达1498件，其中发明专利45件（同比增长12.5%）、实用新型930件（同比增长35%）、外观设计523件。

农业科技成果转化 全年组

织引进"大粒香"茅贡米、粳稻浙优12、密斯黛蓝莓、金手指葡萄、红肉火龙果、长果桑葚、黑木耳、花菇、姬松茸、湖羊、黄颡鱼等39个高效农业新品种，并对罗川杨梅、中药材三叶青等优势种质资源进行保护性开发，建立种苗繁育基地；组织实施"红肉火龙果等引种试验及种植技术示范""黑木耳916引种高效栽培技术示范""铁皮石斛生态有机设施栽培技术示范"等30多项农业实用技术，建立了铁皮石斛、葡萄、蓝莓、食用菌、淡水养殖等40多个科技示范基地。开发出永嘉黑茶、蜂蜜、杨梅酒、柿子酒、破壁灵芝粉胶囊等农产品深加工产品。这些科技项目的实施，进一步放大农业科技示范效应，推动了全县农业科技成果的推广应用。

实施科技特派员"创业示范工程" 2014年度全县共有各级科技特派员35人，其中省级13人、市级3人、县级9人、团队科技特派员10人。实施科技开发项目22项，其中团队科技特派员项目3项。争取财政资金176万元，引进、推广新品种18个，推广新技术16项，培训2840人次，发放技术资料6820份，建立科技特派员创业基地19个，带动项目投资704万元，实现利润1540万元，参与农民人均增收超过16%。开展科技特派员创业活动1次，举办科技培训2次，培训130多人。同时，做好省级科技特派员项目验收和市级科技特派员项目中期检查工作，确保项目的实施效果。鼓励科技特派员跨区域联合攻关重大科技计划项目，并在科技开发、科技培训、科技合作等方面取得了一定成效，提高了特派员服务新农村建设的水平，进一步增强了科技特派员对农业和农村经济发展的支撑和保障作用。

科技下乡 一是1月27日赴三江商务区箬隆村参加文化、科技、卫生"三下乡"集中服务活动，共发放防震减灾宣传手册500多份，名特优种子1600多份，价值7000多元，科技助农资金5万元，并开展了"防震减灾""特种蔬菜栽培技术"等方面知识宣传教育活动。二是5月21日在碧莲镇、大若岩镇开展以"科技助农富民专题服务"为主题的永嘉县科技（科普）活动周，举办早香柚提质增效和稻鱼共生生态养殖专题培训班，邀请市海洋渔业局陈坚研究员和省亚作所高级实验师徐文荣讲课，分发科普宣传资料500多份，参与培训102人。三是5月份跟民政局、科协等部门联合开展"5·12"防震减灾宣传周活动，同时与永嘉县南城街道城西社区居民委员会联合开展省级地震安全示范社区创建。

科技服务 一是做好创新创业人才引进与培育工作。全年共开展创新创业人才培训12期，受训人员814人次，其中，高校毕业生、农村劳动力就业技能培训3期，共102人；企业在职工人技能提升培训5期，共186人；SYB创业培训2期，共239人；泵阀专业技术职称培训和铸造专业技术职称培训各1期，参训人员分别为264人和23人，经过培训、理论考试、面试，236人获得泵阀工程师、助理工程师等专业技术职称资格证书，17人获得铸造工程师专业技术职称证书，并积极开拓远程教育市场。对"永嘉远程教育平台"（http://www.yjvae.com）的板块做了进一步调整和优化，实现线上线下的教学互动。同时共引进海内外高科技创新创业团队7支共42人，其中两支团队分别入选浙江省第七批"千人计划"和温州市2014年度"580海外精英引进计划"，为我县企业的科技创新和科技成果转化提供了人才支撑。二是开展走访调研。充分利用大院名校的科研优势，会同浙江大学永嘉技术转移中心力量，围绕永嘉县系统流程装备产业，开展企业调研工作，共走访企业90多家，收集技术需求21项，联系院士、教授专家20多人。同时，就县系统流程装备目前情况、存在的问题、解决思路等情况开展调研，撰写了调研文章《关于加快推进我县系统流程装备产业发展的思考与建议》，为县政府提供决策参考。三是加强科技信息跟踪与技术服务。全年新增17789条泵阀专利数据，包含发明专利4832条、实用新型11438条、外观专利1519条，并按产品功能、结构、工艺材料、区域等各属性归类到阀门专利数据库，同时，创建了阀门专利PDF电子文档库，与专利数据库中专利记录一一对应。先后为中诚阀门、兴宏阀门、温州浩然标准件厂、乔龙阀杆等单位或个人提供了专利数据查询及专利申报咨询等服务97次；编辑印刷《2013年阀门标准集》10册，并为企业提供标准服务157次，刊出《永嘉技术创新》与《泵阀标准技术》各4期，设计阀标准图纸30套。针对技术薄弱的中小企业，推出中小企业技术服务会员制，为300多家企业提供科技政策、项目申报、专利申请、阀门设计标准、人才培训等为一体的综合性科技服务。

（章志容　李艳芬）

文化　新闻

文化工作

概　况　2014年，永嘉县文化广电新闻出版局紧紧围绕建设文化强县目标，不断巩固省级文化先进县创建成果，文化建设迈上了新台阶，取得了新成效。

文化设施建设有序推进　县公共文化活动中心建设进展顺利，继续推进镇街道文化中心建设，新建了鹤盛、三江、乌牛文化中心，完成37个社区文化服务中心的规范化建设，至此全县82个社区都实现了文化服务中心的建设任务。建成文化广场舞台26个，完成水乡文化4个重点建设项目，创成市文化强镇2个，市文化示范新社区4个。

文化活动丰富多彩　举办了三年一度的永嘉县第五届文化艺术节，包含第五届群众声乐大赛、第六届民间职业剧团传统戏会演、全县社区团队展演等12项活动，活动贯穿全年。继续实施"群星计划"，对全县386支文艺团队、5528名文化志愿者进行专业培训、才艺比赛、星级达标，评选出一批优秀文艺团队和文化志愿者。完成送戏下乡276场，送图书1.2万册，送电影6340场，送展览22场、文化走亲8场；积极参与市级以上文化部门举办的各项比赛活动12场次，完成了16个文艺精品创作，音乐、舞蹈等作品获得省市金奖10个、银奖12个、铜奖14个。小品《刘二嫂打呼噜》在第十一届中国小戏艺术节上荣获推荐剧目，并被评为观众最喜欢的优秀剧目。永昆创作文化部立项剧目《牡丹亭》，参加文化部展演活动，并获得金奖；昆曲大戏《谢灵运》打造进展顺利，《金印记》获评省"五个一工程"奖。赴香港参加昆曲交流活动，是温州市剧团首次应邀参加香港戏曲节活动。

文化产业提升态势良好　出台了《永嘉县文化产业扶持办法》，编制《永嘉县文化创意产业发展规划（2014—2020年）》。该规划是我市第一部有关文创产业发展指导文本。完成《文化产业扶持政策汇编》。落实木雕创意产业园区建设，项目投资总额8000万元。完成"权力清单"、责任清单梳理工作，配合完成审批规范化自查和交叉检查工作。

文化市场管理有序开展　县文广新局执法大队办理的擅自修缮不可移动文物案入选全国文化市场重大案件，并被国家文物局评为"全国文物行政处罚案卷评查优秀案卷"。连续四年被国家版权局授予二等功单位。重点开展了"扫黄打非""净网行动"等专项行动，积极配合省级文明县城、平安建设等创建工作，实施文化市场网格化管理。全年共出动1538人次，检查经营单位1428家。联合工商、公安等部门取缔31家"黑网吧"、33个无证演出大棚、37家无证电子游戏室、3家无证KTV、12个音像摊点、12家无证书摊。收缴非法书刊1178多本、非法音像制品3456余张；没收电子游（艺）机41台，地面卫星接收设备71套，办理行政案件33件，已结案33件，其中移送司法机关追究刑事责任案件1件。积极开展各类专项行动。联合公安、工商、教育、电信等部门开展4次"扫黄打非"集中统一行动。联合文明办、教育、工商等部门，开展校园周边整治工作，发现问题及时整治，对中、小学周边的商店开展了多次检查。开展"清源2014""秋风2014"专项行动，依法查除制售传播违禁出版物的行为；加大对出版物销售场所和批发、零售单位检查力度，严厉打击宣扬淫秽色情、凶杀暴力、封建迷信等内容的出版物，从严查处制售盗版影视剧音像制品行为，依法收缴非法时政、军事、党史、宗教、医疗类等报刊。开展"净网2014"

专项行动，持续净化网络文化环境。专项行动对区域内的网络公司和网吧进行了检查。针对全县的网站论坛、贴吧、博客、社交网站、搜索引擎、即时通信群组进行了检查，对其中的淫秽色情信息进行了清理和删除；对淫秽色情书刊、光盘，特别是以未成年人为题材和传播对象的淫秽色情出版物进行了检查、清缴。

创新广播电视管理 加强对播出机构的宣传指导、广告监管和实地巡查，实现广播电视安全播出零事故；加强"2131"电影放映的监督管理，实施电影放映队伍素质提升工程，制作宣传教育短片，播放禁毒、廉政教育等片头广告5088场次；开展农村数字电影固定示范点创建工作，成功创建14个室内示范放映点、2个室外放映点，其中3个被市局评为先进放映点。

扎实推进新闻出版工作 推进农家书屋维护提升工作，加强动态调整，推进农家书屋合理布局。召开全县农家书屋管理员工作会议，对137个农家书屋管理员进行培训辅导。加强规范化建设，与财政局联合出台《关于加强农家书屋管理工作的通知》，并配套出台《永嘉县农家书屋工作绩效考核细则》，参加全省农家书屋星级评选活动，获得全省五星级农家书屋3家、四星级2家。印刷品承印五项管理制度建设在市局组织的交叉检查中取得第2名。

非物质文化遗产 公布了第七批县级非物质文化遗产名录21个，推荐永嘉花棍舞等16个项目申报第八批市级"非遗"名录，公布了首批10个县级非物质文化遗产传承基地，其中7个被确定为市级非遗传承基地。评选公布全县首批县级"非遗"传承人30个，其中16个被确定为市级"非遗"传承人。成功申报市级传承集体2个、代表性群体3个，名列全市前茅。积极开展"非遗"传承活动，组织举办永嘉泥塑等"非遗"项目培训。2月，《浙江日报》、省文化厅专家到永嘉对永嘉乱弹进行了专题采访，并在《浙江日报》人文专栏对永嘉乱弹进行了专题报道。5月，永嘉县成功承办了由省文化厅、浙江日报社、浙江广电集团联合主办的"浙江好腔调"传统戏剧系列研讨之永嘉乱弹现象研讨会，组织了永嘉传习所乱弹剧团赴台州、建德参加"浙江好腔调"传统戏剧系列展演。永嘉县碧莲镇应界坑村荣获"传统戏剧特色村"称号，成为全省首批10个特色村之一。

文化礼堂建设 县委、县政府在2013年出台了《永嘉县农村文化礼堂建设方案》，按照"文化礼堂、精神家园"的定位，以有场所、有展示、有活动、有队伍、有机制等"五有"为基本标准，结合"美丽乡村"和"文化强县"建设，通过3年左右的努力，在全县范围内建成相当一批集学教型、礼仪型、娱乐型等"三型"于一体的农村文化礼堂。到2015年，实现每个农村社区都有1个以上文化礼堂的工作目标。2013年已建成33个文化礼堂，2014年截至10月底，提前两个月超额完成26所文化礼堂建设。全县文化礼堂建设进度处于全省领先位次，荣膺"全省文化礼堂建设先进县"。文化礼堂建设紧紧围绕有"魂"、有"型"、有"范"、有"神"、有"量"等"五个有"，力推文化礼堂建设再上新台阶。通过开展开堂仪式、"村晚"活动、理论宣讲、"道德模范"、"最美系列"评选等活动，使文化礼堂管起来、用起来、活起来，真正成为农村基层的文化地标，成为广大群众的精神家园。

文物工作 一是全面完成可移动文物普查第一阶段工作，有序开展第二阶段工作。落实普查经费30万元，完成全县488家国有单位文物收藏情况的排查摸底，采集完善140多件馆藏文物的基础信息。制定出台《加强文物保护和管理工作的实施意见》，成立文物保护专项经费用于各级文物保护单位的修缮维护。较好落实了"三二一"计划，出台《加强文物保护和管理工作的实施意见》、《关于规范不可移动文物修缮保护工作的若干规定》以及《永嘉县文保员管理办法》；争取到每年县级文物维护经费200万元，历史文化村落专项保护资金300万元，共500万元用于各级文物保护单位的修缮保护和日常维护。召开了全县文保员工作会议，开展文物消防安全演练、全县文物大调查等活动，在市局工作会议上作了典型发言。二是开展文物维修工作。完成国保单位蓬溪谢氏大宗、渠口叶氏大宗，省保鹤盛西源三官亭、屿北村乡土建筑之钟寿堂等3处古民居、县保鹤盛东皋矸步修缮工程方案文本编制工作；完成了国保单位永嘉郡祠，省保单位吴超征故居，县保单位白泉大房小宗祠日常维护工程；组织验收了国保单位郑氏大宗和红十三军军部旧址，省保单位马第大屋、戴蒙书院及故居和南垟村乡土建筑（古民居）修缮工程。三是有效落实"四有"工作。采取突出重点，逐步建立健全文物“四有”工作的指导精神，划定保护区域范围，建立记录档案。完成了3处国家重点文物保护单位红十三军军部旧址、金昭牌坊和宪台牌坊、楠溪江宗祠建筑群，5处省级保护单位吴超征故居、梅坦谷宅、溪口李氏大屋、蓬溪谢氏宗祠、屿北村乡土建筑的“四有”档案制作。四是做好文物征集。及时做好征集文物入库、登记入册，4月到瓯北花岙村征集5件出土佛塔石构件；完成对廊下村出土三块南宋名人墓志碑复制，并送还给廊下村朱氏宗族；征集了五十多件瓯瓷流散文物。

图书管理与服务 一是举办大型“猜灯谜，品元宵”主题系列活动。活动在上塘鹅浦公园、碧莲文化中心、岩头丽水街等地开展，为期三天，共投放灯谜9000条，总计参与群众达6.3万余人次。二是创建温州首家景区内图书馆——永嘉书院图书分馆。9月，县图书馆永嘉书院分馆正式挂牌成立，是全县首个设在旅游景区内的图书馆。三是建成温州市泰石将军图书馆。泰石将军图书馆永嘉分馆位于沙头镇泰石村西南地块，工程总建筑面积为869.76平方米，占地面积560.5平方米。内设图书馆、展览厅、阅览室、书画创室等，已将12180余册图书纳入将军图书馆，纳入县图书馆总分馆系统平台，实现一卡通管理借阅。四是做好读者服务活动。截至2014年年底全县总藏书量计48.4万册，其中县图书馆本部的总藏书量为19.7万册，全年购置图书36493册，新增藏书37699册，新订报纸杂志等刊物1086种，接受社会各界捐赠藏书1206册次；举办各类读者活动（含讲座、辅导培训）66场次，参与人数8.3万人次；新增读者借阅证4113个；送书下乡（含赠送图书）123516册次；帮助创办农村、社区、学校、企业等基层图书馆（室、分馆）共6家；建成文化共享工程基层示范服务点3家，县图书馆全年共接待读者数27万余人次。

（李安乐）

图书馆公共服务

工作概况 2014年来，永嘉图书馆不断深化体制改革，建章立制，合理建馆，不断加强人才引进机制，逐渐改善永嘉县图书馆办馆条件，加快网络化、数字化图书馆建设步伐，实现了与浙江图书馆、温州市图书馆等各公共图书馆资源共建共享，进一步挖掘了地方文献资源力度，丰富了馆藏文献内容，重点规范构成以县图书馆与少儿馆为主阵地的中心服务体系，以筹建乡镇分馆、村图书室、政府部门图书室、学校图书室、企业图书室及共享工程网点等为次阵地的节点服务体系，以流动汽车图书馆直设固定服务点与流通服务点为辐射阵地的流动服务体系，以全县基层图书馆（室）藏书交流服务中心组织业务辅导与藏书交流为业务基地的全县图书馆（室）事业建设服务体系，以文化共享阅览平台与少儿图书馆（文明E少年）为平台的网络服务体系；促进了以读者满意、馆员满意、政府满意三满意为导向的多元化服务，最大限度地满足公众的精神文化需求，发挥了公共图书馆的职能作用。

读者服务活动工作 永嘉图书馆有效发挥了公共图书馆的社会服务职能作用，扩大了馆藏规模和增加了读者活动。永嘉图书馆总藏书量410699册，2014年全年入库编目（购置图书）36493册，新增入藏图书37699册，接受社会各界捐赠藏书1206册次；举办各类读者活动（含讲座、展览、辅导培训）66场次，参与人数8.3万余人次；全年共接待读者人数23万余人次。连续举办了“元宵节猜灯谜”等大型读者活动，拓展了服务活动空间，丰富了服务内容。

总分馆建设工作 在永嘉县图书馆总分馆一体化框架下，永嘉县图书馆调整升级通借通还、读者证功能、业务内容等方面服务工作，加强文献采购，组织开展区域性图书馆馆际协作合作活动，提高业务人员综合素质；合理调整人员和部门科室岗位配置；加强地方文献资源数据库采集等工作。2014年度送书下乡123516册次；现已建成镇级分馆5家，分别为瓯北双塔分馆（建于1988年，馆藏19771册），沙头镇分馆（建于2013年，馆藏11056册），大若岩分馆（建于2013年，馆藏10023册），巽宅镇分馆（建于2013年，馆藏10064册），泰石将军图书馆（建于2014年，馆藏13695册）；另外，还帮助社区（村）、学校、企业等创办基层图书馆（室）120家，实现了永嘉县公共图书馆总分馆借阅一卡通借通还服务。

文化共享工程工作 永嘉县图书馆按国家文化共享工程配置标准与电子阅览室配置标准购置设备，制定了永嘉县文化共享工程建设规划、年度工作计划和管理制度。建成了永嘉党员干部学习网，企业创新企业学习平台。利用共享工程电子阅览室、文化共享阅读平台、基层服务点开展社会服务活动，制作网上读者证、企业创业创新学习卡、党员干部学习卡，送共享视频进农村，进企业，进机关，进学校。对全县基层服务点进行上门安装指导，组织培训使用，实行免费上网，设立电子阅读专区。定期更新永嘉党员干部学习网，企业创业创新学习平台内容，根据文化部相关规范要求建成了信息安全管理平台，建立了完善的资产、人员、服务、考核机制等管理制度；制定对本县及各镇、社区公共电子阅览室建设和服务管理和统计制度，并利用管理平台实现有效管理；先后被评选为永嘉县宣传思想文化工作创新奖。我馆在全省公共图书馆地方文献工作考评中获得特色资源奖。

基础设施设备建设 在基础设施设备建设方面。现有馆舍建筑面积3157平方米（其中图书馆舍4层楼1740平方米，少儿图书馆4层楼1417平方米），阅览座席共350个(其中成人图书馆报刊阅览102个、地方文献参考咨询30个、电子阅览50个、盲人阅览30个，少儿阅览150个)；在用计算机81台（其中电子阅览室42台，自动化办公系统30台,共享工程支中心机房5台、读者书目查阅4台）；宽带接入电信专线10M，移动专线10M，共用温州市图书馆总分馆借阅管理系统的采访、编目、流通、OPAC、读者管理等模块，系统数据共享，运行正常，数据备份，界面友好，数据开放，存储容量与温州市图书馆签订使用协议。

文献资源建设工作 永嘉县图书馆现有馆藏总量410699册，电子文献与温州市图书馆签订使用协议，自2009年来每年图书平均入藏量7260种，报刊平均入藏量810种，视听资料平均入藏量50件；地方文献资料设有专柜专架，专门目录，专人管理人员，每年有组织开展征集工作；对重点报纸，期刊，年鉴，地方文献资料等保持连续采集，基本图书每种复本为3本，工具书复本为1本，每年组织读者提建议，设立藏书建设委员会，根据本地读者需求组织采购书刊；对图书报刊等文献资料按照国家标准《中图法》和《著录规则》等行业标准进行编目，并从国家、省市图书馆下载使用书目，对所采集文献资料按期完成编目并上架借阅；文献加工统一书标、登录号、馆藏章；设立机读目录查询电脑供查询，设有专人管理、维护，并提供查询书目辅导；所馆藏图书采用开架借阅，并按要求进行排架，控制差错率95%内，设有架位维护人员，有文献保护规章制度，书库配有灭火器，有防盗警报器、夜间有人执勤，并会定期做图书除尘清理、书库卫生消毒、防湿通风等工作；能及时修复破损图书，认真做好防火、防盗、防虫、防潮、防尘等措施；数字资源与温州市图书馆签订使用协议；馆藏中文文献书目数字化96%；对地方文献工作按要求制定计划，并完成全省课题《山水永嘉资源数据库》《永嘉乱弹资源数据库》，做好相关地方文献数据库建设工作。

少儿读者服务工作 永嘉少儿图书馆作为永嘉图书馆的重要组成部分，是一座面向新时期，具有社会教育、少儿文献、智力开发、信息传播、文化娱乐等多功能的现代化少儿图书馆。馆内设立少儿图书外借、报刊阅览、少儿娱乐游戏，多功能演播厅等功能科室，年接待读者量约9.3万余人次，现为浙江省县级少年儿童图书馆示范性文化设施。常年举办和组织少儿阅读服务活动，包括夏令营、朗读大赛、电视大奖赛、未成年人思想道德图片展、书法大赛、家长培训会、爱品格讲座等活动。2014年共举办读书活动23次。

（朱子正）

档案工作

综　述 2014年，深入贯彻落实中办、国办《关于加强和改进新形势下档案工作的意见》、省“两办”《关于加强和改进新形势下档案工作的实施意见》，以走向依法管理、走向开放、走向现代化为根本要求，以建设法治档案、智慧档案、民生档案、平安档案、活力档案为抓手，强化组织领导，狠抓落实，推进永嘉档案事业全面发展。

档案开放利用服务 县档案局深入实施浙江省档案局“五档共建”工作，继续加大鉴定开放力度，共鉴定县委、县委宣传部等单位的文书档案490卷，开放428卷，限制62卷。加入温州市档案目录共享平台，向该平台上传地籍档案目录共66274条。该平台于2014年11月正式上线运行，使永嘉县综合档案馆“馆际一体化”进程迈开第一步，为广大群众跨馆查询档案提供了极大的便利。开设“异地查档，跨馆服务”热线，提升服务效率，为社会提供优质档案利用服务。2014年1月至12月5日，档案馆共接待来馆查阅档案的群众达3379人次，调阅档案6330卷次，取证3013件次，其中复印18580页，拍照取证497页，摘抄取证205页。

档案工作信息化建设 2014年开展馆藏档案数字化加工项目，共投入50万元，完成县府办、县劳动局、县知青办、县教育局等4个全宗共约90万页档案的抢救修补和数字化加工工作。开展传统纸质档案数字化加工的指导工作，并大力开展档案数字化加工成果备份数据的接收工作；根据浙江省档案局《关于深化推进国家专业档案登记备份工作的通知》，接收县卫生局病历档案、县审计局省审计业务管理系统备份数据、县环保局省环境自动监测与信息管理系统备份数据和县教育局省中小学生学籍管理系统备份数据；完成迁移档案管理系统，挂接容量近1T的馆藏档案数字化加工项目一期数据，著录档案检索目录204380条。

档案业务指导 一年来，对县委办、县人保局、县统战部等60多个部门的档案工作开展日常业务指导和各类创建活动的指导。对县公路运输管理局、岩头镇人民政府的档案目标管理工作进行验收。建立县重点建设项目名册，对各重点建设项目责任单位开展档案工作指导，并对永嘉县山洪灾害防治县级非工程措施建设项目、毛竹水电站、104国道永嘉乌牛至张堡段改建工程项目、41省道上塘至岭下段工程指挥部、永嘉垃圾焚烧发电厂项目等档案进行专项验收。

档案执法检查 档案局和人大组织开展档案行政执法检查。年初，县人大常委会将《档案法》实施列入2014年的执法检查。8月27—28日，永嘉县人大常委会在全县组织开展《档案法》贯彻实施情况的执法检查，永嘉县档案局和人大积极组织人员配合执法检查。执法检查组对永嘉县发改局、交通运输局、民政局、碧莲镇、巽宅镇、三塘隧洞分洪应急工程指挥部等单位进行了实地检查、听取工作报告。通过执法检查，全面、真实、准确了解掌握全县《档案法》的贯彻落实情况，从而找准症结，对症下药，推进全县档案管理工作登上新台阶。

档案编研和征集工作 编辑出版档案编研成果《田园楠溪》。《田园楠溪》选取永嘉本土摄影家李昌贤的200余幅摄影作品，并将其整理为“村居、田园、牧歌、劳作、民风”等五个章节，搭配文字注释，生动彰显了永嘉独特的耕读文化和宗教文化。保留了楠溪已经消失、即将消失的人文、自然风光。该书于12月中旬正式由浙江摄影出版社出版发行，被浙江省档案局列入2014年档案编研精品项目。此外，挖掘、传承、保护永嘉传统文化，永嘉县档案局征、收集整理了全县百岁老人资料，建立百岁老人专门档案；征、收集部分村“家训、村训”；继续开展永嘉地方方言语音录建档工作，制作了永嘉方言山歌视音频专题档案。

档案文化“六进”活动 永嘉县档案局组织开展档案文化产品进社区、农村、学校、企业活动，分别向枫林、岩坦、桥下、桥头等镇的文化中心、文化礼堂、企业赠送历年档案编研作品六种1000多册，同时积极融入农村文化礼堂创建活动。发挥档案部门的特殊作用，今年继续开展档案记忆基地的创建活动，在岩头镇芙蓉村、岩坦镇屿北村建立“乡村记忆基地”，在奥康集团开展“企业记忆之窗”创建活动。

档案业务培训 积极组织省市局组织的档案编研培训、执法人员培训和其他各类业务培训以及县人力资源和社会保障局组织的专业技术人员继续教育。严格贯彻落实相关规定，认真开展领导干部用法学法和公务员网络学堂学习，并全员通过相关考试考核。组织人员对县人武部、乌牛水闸指挥部、方正阀门集团和红黄兰集团档案工作人员开展档案培训，通过业务培训和学习，提高档案干部队伍业务素养，带动全县档案系统整体发展。

（黄雪玲）

地方志工作

概　况 2014年，永嘉县人民政府地方志办公室在县委、县政府的正确领导下，坚持以邓小平理论和“三个代表”重要思想为指导，深入贯彻落实科学发展观，以党的十八大和十八届三中、四中全会精神为指导，深入开展党的群众路线教育实践活动，紧紧围绕县委、县政府工作目标，自觉服从服务于全县改革开放和发展的大局,不断加强自身建设，带领全体干部职工开拓进取，狠抓工作落实，认真编纂《永嘉县志（1991—2010）》《永嘉年鉴（2014）》《永嘉壁画》，认真宣传《地方志工作条例》，重视方志队伍建设，推进地方志信息化工作，认真开展方志学术研究，深入挖掘地方文献，推动学科建设，努力开创全县地方志工作“一业为主，九业并举”的发展目标。以“为党写史，为民修志”为中心，切实履行职能职责，主要做了以下几个方面的工作：

编纂《永嘉县志（1991—2010）》 按照“人员再落实、业务再培训、考核再细化”的工作思路，扎实推进《永嘉县志（1991—2010）》编纂工作。续修《永嘉县志》是将永嘉20年的人和事准确而详实地记入史册。《永嘉县志（1991—2010）》分上、下两册，设44编、222章、768节，约300万文字，是永嘉县解放以来单体文字容量最大的文化系统工程。这是一项浩大的系统工程和群体工程，需要动员大量人员，收集大量材料，花费大量财力来完成。按照县政府47次常务会议通过的《永嘉县志》编纂方案，2014年要完成“初稿”任务，截至12月31日，完成《永嘉县志（1991—2010）》“凡例”“大事”等四十编“初稿”编纂任务，约占全志的90%。此外，根据工作实际，已经完成“大事记”等19编“送审稿”的审定工作，约占全志40%。

编纂出版《永嘉年鉴（2014）》 按照“完成初稿要快、修改加工要细、出版发行要精”(快细精)的工作要求，完成《永嘉年鉴》编纂出版发行工作。年鉴编纂是地方志工作的常规工作，一年一鉴。自2004年创刊以来，连续编纂出版10部，累计960万文字。《永嘉年鉴（2014年版）》由卷首、百科、卷尾三部分组成，按类目、分目、条目三个层次框架编排。卷首设地图、彩页、中英文目录、特载、专记、大事记和总述，百科部分按事物属性设38个类目，卷尾设统计资料、规范性文件选编、附录和索引，由方志出版社出版发行。全书100万字，收入条目1175条，插入彩色图片190张，全面系统地反映永嘉县2013年经济社会发展的基本情况。178个行政机关与企事业单位参与组稿编写。从制订编纂方案，落实撰稿人员、完成编辑、总纂与送审，工作环环相扣。8月23日与方志出版社签订图书出版合同，10月17日，通过方志出版社“三审”，12月18日报县人民政府批准同意出版，12月发行。

有序推进地方文献整理和地方志信息化工作

1.办好《永嘉方志》

《永嘉方志》是一本立足本土的方志文化专业刊物，设有修志纪要、舆地纪实、春秋纪盛、人物纪略、民俗纪趣等栏目，刊载地情文章，交流各部门单位地方志编研工作的经验和体会，以期推动、促进全县地方志和年鉴事业的发展，宣传永嘉丰富的历史文化底蕴，弘扬永嘉精神，展示永嘉人的风采，成为永嘉方志同仁理论交流的园地、学术探讨的窗口、沟通信息的平台，旨在古今兼顾，学行并重，弘扬永嘉优良的方志传统。

2.“永嘉方志网”改版运行

自2012年5月18日，“永嘉方志网”（http://www.yjdfz.cn/）正式开通试运行。网站的开通标志着永嘉地方志的研究、宣传从传统媒体，进步到网络层面，迈出“数字方志”的第一步。2014年对原网站进行改版。新版“永嘉方志网”设七个专栏，具体有永嘉概况、志鉴动态、地情文化、学术研究、读志用志、政策法规、方志论坛，并根据专栏内容设有组织机构、通知公告、职能科室等多个子栏目。网站采用文字、图片等多种方式，为广大读者提供方志资料服务。“永嘉方志网”的建立，旨在通过新的平台，发布最地方志工作动态，展示地方志研究成果，更好地发挥地方志“存史、资政、教化”的作用。

3.继续做好《永嘉姓氏志》的前期材料整理工作

积极宣传《地方志工作条例》 为更好地学习宣传贯彻落实《地方志工作条例》，促进地方志事业全面发展。5月16日，永嘉县举行纪念国务院《地方志工作条例》颁布八周年小型座谈会，通过县级机关事务局电子显示屏和自己单位电子显示屏宣传《地方志工作条例》《浙江省实施〈地方志工作条例〉办法》，并借助最新的电子阅报屏进行滚动宣传，既节俭环保，又使宣传新颖高效。进一步发挥地方志“存史、资政、教化”的作用，扎实推动二轮工作。

加强学习，提高质量 通过“请进来”和“走出去”的方式，深化业务培训，积极致力于提高人员素质和整体水平。开展“一月一本书，一季一文章，半年有论文，全年有课题”活动。要求每一位编辑做到：一月看一本书，一个季度要发表一篇文章；半年有完成一篇学术论文，一年有一个研究课题。切实提高编辑水平，服务方志事业。

开展“书香五月，读志用志”活动 向全县书馆赠送地方志书。为了弘扬和传承地方传统文化，让广大人民群众方便利用志书查阅地情资料，更好地实现地方志存史、资政、教化及服务社会、服务大众的功能，5月，县志办组织方志进社区活动，开展“书香五月，读志用志”活动，送近422份收集自各地的方志图书到县图书馆，让县图书馆分发到各社区，以实现共享地方文化信息资源的目的。

认真编纂《永嘉壁画》 编纂出版《永嘉壁画》，壁画的拍摄工作异常辛苦，通常要在夜间用特种灯光打在画面上，才能拍摄到清晰的壁画。经过两年多的辛勤积累，壁画的拍摄工作已于2014年5月初结束。该工程于2012年6月完成课题论证，制订策划书，2012年底完成全县所有路亭的壁画的摄影与文字记录，2014年2月完成对“荆州壁画”的记录，3月完成对“绿嶂壁画”的记录，4月完成对“屿北、山下壁画”的记录，5月上旬，完成篇目设计、文字录入和照片遴选，形成初稿，适时出版《永嘉壁画》。

（金建秋）

广播电视

概 况 2014年，永嘉广播电视台深入学习贯彻党的十八大精神和十八届三中、四中全会精神，紧紧按照县委、县政府和县委宣传部的工作部署，深入开展党的群众路线教育实践活动，自觉服从和服务于全县经济社会发展大局。以宣传工作为中心，以台网分离工作为重点，以2014年重点项目为抓手，始终坚持宣传抓导向、播出保安全、事业谋发展、服务惠民生、队伍强管理，各项工作取得新进展，获评2014年度全市文化广电新闻出版工作先进集体。台编制数293人，在编人员218人，其中台机关在编人员109人、乡镇站在编人员109人。

主题报道 2014年，永嘉广播电视新闻围绕县委、县政府中心工作，利用《永嘉新闻》《永广新闻》等栏目，加大系列报道、典型报道力度，突出主题报道，唱响主旋律。推出了“深入开展党的群众路线教育实践活动”“五水共治”“正风肃纪曝光台”“正风肃纪进行时”“市民监督台”“最美永嘉人”等十多组重大主题报道，其中“三改一拆、四边三化、五水共治”等专栏播出报道400多篇。继续抓好党政一把手对话网民活动现场录播及后期制作、播出工作，有效发挥了主流媒体的舆论引导力。

舆论监督 6月，永嘉电视台新闻综合频道推出舆论监督类新闻栏目《永嘉聚焦》。节目通过记者现场采访、当事人讲述、监督对象观点、市民监督团分析和要求、问题解决等环节，重点针对“五水共治”“三改一拆”“四边三化”“作风效能”等工作中出现的问题，开展以“树立政府形象 推进工作落实”为目的的舆论监督，促进政府部门转变职能，改进作风，优化发展环境，提高服务水平，发挥积极作用。县委、县政府要求，对该栏目播出的舆论监督报道，相关镇街和部门要立即采取解释和整改行动，每一个问题都要有后续解决的跟踪报道。县纪委、县委考绩办等部门把报道反映的问题列入督察内容，对没有及时采取相应措施的镇街和部门，督促其进行整改。报道反馈内容在永嘉电视台《永嘉新闻》栏目和《今日永嘉》报上刊发。全年共播出27期节目，报道反映的问题基本得到解决。

对农宣传 广播对农栏目有每周三档的《魅力乡村》，分周一人文版、周三乡土版和周五综合版，每期15分钟，每周总时长为45分钟。电视台有三档自办对农栏目和一档外购对农栏目，分别是《无名走乡村》《楠溪风》《聚焦三农》和《农村大讲堂》。每周对农节目总时长55分钟，其中自办对农节目时长45分钟。

廉政宣传 精心打造《热点100度》《楠溪廉潮》等廉政宣传品牌栏目，全年《热点一百度》播出48期，《楠溪廉潮》播出52期。与县纪委合办，推出“正风肃纪进行时”专栏，播出30期，为永嘉党风廉政建设营造了浓厚的舆论氛围。

新闻外宣 全年电视新闻在央视《新闻联播》播出7条，在央视其他频道、栏目播出20条。在浙江卫视播出新闻318条，总分在全省73个县级台中排名第二，再次获得全省广播电视新闻协作特等奖。其中《百名干部进村赶考 助推五水共治》《永嘉整治攻坚月1016个项目“马上改”》《铁腕治水 倒逼“小造纸”抱团重组》等多条新闻以单条形式在《浙江新闻联播》播出；在《浙江新闻联播》片尾播出永嘉的“最美乡村”41个，是全省播出最美乡村条数最多的县级台，获浙江卫视《最美乡村拉滚》系列重大项目协作奖。在浙江卫视《时代先锋》共播出6期专题，内容涉及“三百”工程、治水河长、好支书等。全年在《温州新闻联播》播出电视新闻202条，其中有20条上了头条，全市排名第二。在温州瓯江先锋频道播出30多条新闻和专题。全年广播新闻在中央台播出14条，在省电台播出38条，排名28名，获全省广播新闻协作三等奖。全年在市电台播出413条，排名第一。

品牌提升 永嘉广播电视品牌栏目《永广新闻》《永嘉新闻》

加大主题报道策划，更加关注经济发展、文明创建、城市治堵、美丽乡村建设、五水共治等群众关心关注的热点。电视民生栏目《左邻右舍》改版扩容，从原来的15分钟延长到20分钟，新增5分钟板块时间，包括《左邻右舍看天下》等板块。

9月，温州广电传媒集团与永嘉县广播电视台举行为期五年的战略合作签约仪式，永嘉电台FM102.2与温州交通之声在节目制作、人才培养、广告经营方面全面合作，提升节目质量，加大品牌提升。永嘉电台FM102.2转为102.2文艺调频，于2015年1月1日正式开播，在温州地区全面发声。

媒体服务 先后完成信访专题片《维护合法信访权力 惩治非法信访行为》、"三改一拆"专题片《拆出正义与公平 拆出发展新空间》、组织部电教专题片《干部沉下去 民情浮上来》和《早香柚栽培技术》制作，并抽调精干力量，集中攻坚制作了三江教堂处置警示片《拆违没有法外之地——三江违法宗教建筑处置始末及思考》等。成功举办了全县娱乐主持人大赛、小记者选拔赛等活动。

一省一网建设 完成一、二次资产评估工作，并分别经县政府常务会议、县委常委会讨论通过，县财政局发文批复同意，与浙江华数正式签订合作协议，7月25日之前完成事业编制人员双向选择工作。9月，永嘉华数广电网络有限公司举行第一次董事会，选举董事长、总经理、副总经理等主要班子，台网分离工作正式完成。公司部门的主要负责人按程序任命，公司相关工作人员到岗到位正式营运。

广电低保工程 至2014年年底全县低保总数12340户，其中新增低保625户，撤销271户，在民政部门的密切配合下，自愿申请安装的低保户已100%免费收看有线电视，如期完成广电低保数字化工程建设任务。

应急广播体系建设 农村应急广播体系建设被列入浙江省政府2014年"为民实事"。永嘉广播电视台作为县应急广播体系建设主要承建者，积极制定建设方案和具体工作计划。工程投资概算1200万元，计划分两年完成，2014年年底前完成全县30%的农村应急广播体系建设，计划投资500万元。2015年实现全县全覆盖，计划投资700万元。应急广播建设任务重，时间紧，2014年永嘉广播电视台及时跟进省局招标进度，督促相关单位及部门予以配合，完成了方案制定和设备选型。在选型中，利用邀请谈判评标法，在省局中标的七家供应商中选择了3家，采用二次报价，设备采购价比省定价降低了53%，为财政节省资金近300万元。

经营创收 2014年利用数字电视整转的有利时机，积极发展高端用户，延伸广电产业链，努力培育经营创收新的增长点。全台总收入7199.30万元。进一步加强广告播出管理，拓展业务空间，继续运营原有收入渠道的同时，强化抓好少儿栏目《快乐童声秀》、收费专题和活动策划，进一步挖掘广告潜力，全年电视、广播广告收入600万元。

安全播出 安全播出工作年初有部署，月月有检查和登记备案，年终有总结。加强安全播出组织保障，成立安全播出领导小组，落实好应急保障预案、值班值守等制度，并定期开展评估。5月9日，与县委宣传部、县委610办公室、县公安局、县文广新局等单位联合开展全县安全播出演练，并对有关人员进行培训。特别是2014年8月1日温州发生有线电视被非法信号插播事件后，进一步健全并强化有关制度落实，加大自查力度，针对存在的安全隐患及时进行整改，重要保障期确保台班子成员值班，严格执行零报告制度，户外设施维护、人员到位。全年未出现安全播出事故。

队伍建设 加强制度建设，严格执行总额控制和财务单列制度，出台广电站财务管理制度。按规定时间和要求公布单位权利清单目录。10月，出台新的考勤请假制度，一天四次脸部识别考勤。规范公务接待，全台公务接待经费比2013年减少60%以上。严格公车管理，严肃新闻纪律，加强新闻管理，认真抓好在编不在岗人员、编外用工人员的清理规范工作。工程项目招投标程序规范进行。加强动态监管，全年对全系统各部门、各广播电视站进行20多人次督查，并列入年度党风廉政建设责任考核。电视中心获2013至2014年度永嘉县劳动模范和劳动模范集体称号。

教育实践活动 扎实深入学习，台班子广泛听取意见和建议。到17个站、12个科室召开干部、职工等不同层面座谈会20多个，发放200份调查问卷，深入调查党员干部"四风"方面的突出问题。针对查摆出的问题，建章立制，落实便民措施。如上塘数字电视营业厅原来参照机关事业单位上下班

附件：

2014年度获省、部级以上先进单位与个人

先进单位或个人	荣誉称号	颁奖单位
永嘉电视台	2014年度全省广播电视新闻协作县级电视特等奖	浙江广播电视集团
永嘉人民广播电台	2014年度全省广播电视新闻协作县级广播三等奖	浙江广播电视集团
胡旭艳	2014年度全省广播电视新闻协作先进个人	浙江广播电视集团

时间，给办事群众造成不便。5月起，安排工作人员每天中午、周末轮流值班。如原先17个广电站电视用户只能到所在站缴费， 8月起，各站用户可到就近营业厅缴费。认真撰写对照检查材料、深入谈心交心，扎实开展班子专题民主生活会，整改落实扎实有效。班子提出了10项整改项目，明确整改措施和目标要求、责任领导、整改时间等。属于个人的问题明确整改的时限，即知即改。

（金　曦）

新闻信息

概　况　2014年，永嘉县新闻信息中心紧紧围绕县委、县政府的中心工作，以深化“两提两争”主题实践活动作为党的群众路线教育实践活动的主抓手，强化新闻策划，突出栏目经营，注重新闻深度，重视事业发展，不断提升宣传报道工作水平，推动办报办网质量的提升和事业发展，有效地锻炼了队伍，较好地完成了年初确定的工作目标，为全县经济社会的发展营造了良好的舆论氛围。至年底，县新闻信息中心设七个职能部室，分别为：办公室，记者部、编辑部、周末部、网络部、拓展部（广告部）、瓯北记者站。下辖《今日永嘉》、永嘉网、永嘉手机报、永嘉网视频中心、电子阅报屏、中国永嘉微信和微博等两报一网两屏（频）微系列等平台。

主题报道　2014年，该中心围绕县委、县政府中心工作，充分发挥舆论造势和推动工作的作用，进一步策划宣传了“两提两争”主题实践活动、招商选资、“双百攻坚”、驻企服务等工作等重大主题报道，为县委中心工作宣传造势。一是突出主题报道宣传。2014年继续以深化“两提两争”主题实践活动为总载体，围绕“五水共治”“党的群众路线教育实践活动”“经济建设”“平安永嘉”建设等内容及时在《今日永嘉》重要版面和永嘉网醒目位置分别开辟专栏和专题，有重点、分阶段、多形式和全方位的宣传，并保持一版天天有“两提两争”的重点稿件，每周有“两提两争”的专题报道，每月有宣传的侧重点。主要以动态报道、专题策划、言论引导、典型引路、记者直击等形式开展宣传。截至目前，刊发稿件2000多篇。比如：配合三江违法建筑拆除，推出“三江违法建筑系列报道”专栏，连续5天共刊出稿件 23 篇、加印报纸 220000 份，分别分发到沿江重点乡镇，营造强大的舆论氛围。二是强化舆论监督，充分发挥“市民监督团”作用，实现了群众监督和新闻舆论监督有机结合，围绕环境整治、项目建设等重点工作和群众关注的热点，确保每周至少开展一次市民监督活动，同时也得到了县委、县政府主要领导的肯定。截至年底，刊发监督稿件300多篇。三是围绕美丽浙南水乡建设，自设特色载体——开展“活水源头在永嘉——支流踏访大型采风活动”，并邀请县人大、政协、检察院以及相关专业人士以市民监督团的名义进行舆论监督，先后开设“支流踏访大型采风活动”专题、专栏、专版等系列报道，充分展示了县主流媒体影响力和权威性。截至年底，支流踏访大型采风活动和“五水共治”报道刊发稿件700多篇，“三改一拆”新闻报道刊发稿件200多篇。

此外，该中心以深入开展教育实践活动为契机，继续宣传李成相典型事迹报道，并推出了“寻找李成相式的好干部”新栏目，激励全县广大党员干部争做“对党忠诚、忘我奉献、一心为民、大公无私”的李成相式干部；继续报道“救火老人麻顺祥”“火光里，最可爱的人冲在最前面”等这些典型人物的宣传，发挥正面典型激励教育作用；还有以永嘉商人谢岩斌“千里寻人，只为还债”为契机，推出了“寻访永商的诚信故事”等先进典型事迹，发挥正面典型激励教育作用等一组先进典型人物群像，全力推进“红色细胞工程”等工作，为全县经济社会又好又快发展营造了良好的舆论环境。

服务民生平台建设　县新闻信息中心一直来都非常关注社会民

生，并开展了大量的工作，一是充分发挥“记者帮帮团”“专家服务团”两大主力团，走进“专业村”帮助农户或企业解决难题，截至年底，已先后走进桥下镇西岙村、岩坦镇闪坑村、碧莲镇上村等地，每到一处都得到了业主和广大农户的好评。同时该中心注重报网结合，凝聚记者帮帮团和专家服务团两团的力量，整合微信、民意留言板、民家热线、QQ群等信息资源，对读者和网友的提问做到及时回应，全方位锁定民生动态。二是强化舆论监督，充分发挥“市民监督团”作用，实现了群众监督和新闻舆论监督有机结合，围绕“五水共治”、项目建设等重点工作和群众关注的热点，确保每周至少开展一次市民监督活动，同时也得到了县委、县政府主要领导的肯定。截至年底，刊发监督稿件200多篇。三是继续开展了第15个年头的“真情100”结对助学活动，2014年共结对助学50人，截至年底共结对1062人，让广大的贫困学生感受到社会的温暖。四是继续开展了第8个年头的“年关送暖”活动，目前此项活动已走了7站，并得到了当地群众的欢迎和好评。

此外，为深化“走转改”活动，广电以一年四季的每个节日为主要内容，做好相关主题报道策划，并以记者深入基层，生动展现群众的生产生活、真实反映百姓的心声期盼，及时推出“践行走转改、唱好四季歌”栏目，此外，还把握抓住一年二十四节气，及时推出相关新闻，也充分反映全县干群昂扬奋进、激情跨越的精神风貌。截至年底，刊发稿件120多篇。

全媒体融合发展 2014年，县新闻信息中心坚持“报业为主，多元经营”的发展思路，创新突破，一是率全省之先，推出数字化、互动式电子阅报屏，投资150多万元，先后投放33台高清电子显示屏（包括户外电子阅报屏6台）终端落地，其主要分布在县行政中心、办事服务大厅、银行、宾馆酒店、车站、游客服务中心等室内人流密集场所。并依托《今日永嘉》、永嘉网新闻资源，实时在各地的显示终端推送突发公共事件预警信息、党务政务通告、重大决策等信息，为永嘉市民实现轻松电子读报等服务，推进永嘉县精神文明建设；二是把《楠溪江周末》进行了全新的改版和进一步丰富了阅读内容，并实行了小报化；三是永嘉网于2014年5月18日全新改版上线，主要体现在“看新闻、观天下，聊民生、话发展，识永嘉、赏楠溪，品生活、享时尚”五大板块。四是进一步完善了中国永嘉微博、微信内容，强化“富”媒体资源利用，提升中国永嘉微博、微信的社会影响力，如今年创办的“中国永嘉”微信公众号，通过近一年的运营，截至12月底，已拥有订阅用户5万多人次。五是永嘉手机报再次调整了栏目，丰富了内容，提升了影响力，手机报用户得到稳中有升。

经营改革突破 2014年，永嘉县新闻信息中心以党的群众路线教育实践活动为契机，结合实际，通过“六个动”（即：学习触动、典型打动、载体互动、查改震动、领导带动、整体推动），实现“六个变”。即：发行模式变（发行全员化、监督常态化、对接无缝化）、广告模式变（由个人承包制——目标责任制；由一人独挑——众人合挑；由个体管理——集体管理；由死指标——活指标。）、财务管理变【会计出纳（广告专款员）分开，广告流程管理、日清月结】、考核机制变（突出广告经营奖，跟所有人挂钩，月月兑现，形成“人人跟广告有关，人人从广告受益”的利益导向）、报网风格变（报纸“大加小”，周末小报化，要闻、城乡、民生各为5个版面；《今日永嘉》改名《永嘉日报》；网络改版，“看新闻、观天下，聊民生、话发展，识永嘉、赏楠溪，品生活、享时尚”五大板块）、签发流程变（实行班子领导每日轮流值班制；拟成立编辑委员会，报纸上印上值班领导大名；不仅对报纸负责，同时对网站、手机报负责；不仅对新闻负责，也要对广告负责）。

经过以上系列的改革和半年多实践工作，该中心广告经营取得了可喜的突破。截至年底，广告总经营额达300万元，已到账250多万元。

队伍建设 该中心为打造一支“健康、和谐、充满活力”的阳光团队，从突破体制、创新机制、强化计划、注重学习等四个方面入手，即，探索广告经营改革管理新路，从突破体制这个根本上全力调动工作人员积极性。一是进一步强化了考勤规范，以领导带头、办公室以身作则、夜班人员规范、个别一线人员提醒，全员绩效考核制度进一步完善，实行利益捆绑；二是强化项目管理，实行项目责任制管理；三是强化创新驱动，不论科室、不论岗位，除了“每月之星”，再设“每月创新奖”，鼓励人人出精品、人人出创意；四是强化计划落实，在“日周月季年”计划的基础上，实施了“即事即办、今事今清、周事周毕、月事月结”，确保流程通畅。五是实行清样擂台赛（班子领导每日轮流值班制），自2014年4月份实行班子领导每日轮流值班清样擂台赛后，广大读者纷纷来电来信普遍反映《今日永嘉》内容丰富了，也有看头了。

省级新闻奖 2014年度浙江省县市区域报好新闻奖评比中，《今日永嘉》选送的7件作品获奖，其中一等奖3个、二等奖3个、三等奖1个。分别为：热点引导报道《拆出一片新天地，绘就一幅新蓝图》（作者：汪雪琼、陈胜豪）获一等奖，重大主题报道《“活水源头在永嘉”——支流踏访采风活动》（作者：汤海鹏、陈胜豪、叶琼华等采风团成员）获一等奖，系列报道《中国传奇：抗战老兵的再生缘》（作者：汤海鹏、潘金花、陈胜豪）获一等奖；消息《首笔民间借贷备案在永产生》(作者：范海国)获二等奖，通讯《带着轮椅上的丈夫去上课》(作者：柳苗苗)获二等奖，摄影作品《永嘉“梦回唐朝”六姐妹成网络红人》（作者：汪学斌）获二等奖；典型报道《我们的书记是累死的》（汤海鹏、潘金花、陈胜豪、徐圆圆、潘锋雷等）获三等奖。

此外，由省记协县市区域报工作委员会主办的2014年度浙江省县市区域报最佳媒体奖评比中，永嘉县新闻信息中心凭借广告经营改革创新，并率全省之先推出互动式电子阅报屏项目等举措，荣获2014年度经营创新优胜奖。

（戴益洪）

体 育

综 述

2014年，永嘉县体育事业发展局（简称县体育局）围绕年初制定的工作任务，认真贯彻党和国家的体育方针和政策，全面落实《中华人民共和国体育法》《全民健身条例》等法律法规，积极组队参加省第十五届运动会，组织开展全民健身等系列活动，切实加强体育产业和体育社团管理，大力倡导科学、文明、健康的生活方式，较好地完成了全年的工作任务。2014年，县体育局成功承办了浙江省第三届运动休闲旅游节暨2014楠溪江国际户外休闲嘉年华——为爱同行·壹基金2014(永嘉)健行活动、2014全国户外越野挑战赛和2014华东地区越野车场地邀请赛。1月22日下午，县体育局、县新闻信息中心、县文明办、县志办在县少儿图书馆会议室联合举行十八届三中全会精神宣讲会，邀请县委宣传部副部长徐志勇作十八届三中全会精神解读报告，全体党员干部百余人参加。2月24日，温州市训练竞赛工作会议在永嘉县体育运动学校召开，市体育局训竞处处长陈红主持会议，县体育局局长潘教勤致欢迎词，市体育局副局长朱跃斌，市体校校长、市体育局副局长方志方，市体校副校长卢峰，市竞管中心主任徐志敏，市体育局训竞处副处长张捷等在主席台就座，各县（市、区）体育局分管副局长、竞训科长、体校校长等参加了会议。3月5日下午，县体育局召开党的群众路线教育实践活动动员大会。局党组书记、局长潘教勤主持会议，县体育局全体党员、体校负责人、退休老干部等30多人参加会议。县委第十五督导组成员到会指导。会上，潘教勤宣读了县体育局党的群众路线教育实践活动实施方案，并对活动的开展做出全面部署安排，明确了群众路线教育实践活动的指导思想和目标要求。县政协副主席、县委第十五督导组组长厉明富作了重要讲话。

群众体育

重大赛事 2014年4月25日，永嘉县机关干部职工钓鱼比赛在桥下镇梅岙瓯龙生态渔场举行。来自机关各部门31个单位的116名运动员参加比赛，县政法委的虞湖滨以16.56千克的成绩获得第一名，周小龙（供电公司）、卢永新（国税局）分别获第二和第三名。5月10日，永嘉县干部职工足球比赛在县体育场举行。机关企事业单位、镇（街道）的22支代表队218名足球爱好者参加比赛。经过4天62场的激烈角逐，县公安局获得冠军；县体育局、县委组织部分获第二名、第三名，县委办获得第四名。6月22日，县体育局、县新居民局、县总工会在瓯北一中举办浙江省第二届体育节暨永嘉新居民趣味运动会。比赛分个人项目11项和单项团体项目3项，全县41支企业代表队的616名运动员参加比赛。8月19日，浙江省第二届全民体育节暨永嘉县健身排舞比赛在永嘉县文化中心举行，比赛由县委宣传部、县文明办、县妇联、县关工委、县文化广电新闻出版局、县体育局、县体育总会主办，县健身舞协会承办。来自全县19支代表队的276人参加此次比赛。9月28日，永嘉县干部职工乒乓球比赛在上塘举行，比赛由县体育局、县总工会、县直机关工委主办，县乒乓球协会承办，机关各部门的28支代表队共178人参加。经过三天角逐，男子团体第一名到第八名依次是：住建局、公安局、国土局、教育局、瓯北城市新区、市场管理局、卫生局、广播电视台；女子团体第一名到第四名依次是：卫生局、农商银行、财政局、教育局；男子单打第一名到第八名依次是：林光益（岩坦镇）、

华东地区越野车场地邀请赛现场

戴晓斌（国土资源局）、周群（国土资源局）、周学锋（公安局）、柯贤丰（交通局）、朱健（公安局）、邹胜国（教育局）、李中叶（公安局）；女子单打第一名到第八名依次是：郑默（卫生局）、高丽英（农商银行）、徐静月（卫生局）、李小洁（市场管理局）、何俊琳（电信局）、郑芬（教育局）、胡小红（教育局）、李曼（财政局）。10月25日，华东地区越野车场地邀请赛在永嘉县碧莲镇石湖村举行，县体育局、碧莲镇政府主办，越野e族浙江大队温州分队承办，县委常委、人武部政委罗晴军参加决赛开幕式。来自福建、江苏、安徽、温州等地120台越野车辆参加角逐，比赛分为专业组、量产组、女子组三个级别。11月9日，永嘉县金融系统趣味运动会在县体育场举行，比赛分单项7个项目和集体3个项目，来自全县金融系统23支代表队的400多名运动员参加比赛。11月21日，永嘉县干部职工登山比赛在大若岩镇五星潭景区举行，来自全县各部门单位63支代表队的314名运动员参加，比赛项目分男子青年组、男子中老年组、女子青年组和女子中老年组。最后决出了各组前8名的名次。其中，男子青年组依次为：徐呈省（教育局）、林通炼（交通局）、陈长鑫（县法院）、陈武豹（黄田镇）、谷文龙（巽宅镇）、陈晓义（财政局）、杨锋（林业局）、金李保（畜牧兽医局）；男子中老年组依次为：谢章荣（农办）、季世俊（教育局）、徐纯岭（教育局）、李斌（卫生局）、郑磊（大若岩镇）、周建敏（卫生局）、陈群（质监局）、刘灏（住建局）；女子青年组依次为：汪晓平（教育局）、林晓丹（卫生局）、陈瑜（东城街道）、麻雪珍（卫生局）、金鸳鸯（国资办）、陈丽芬（市场管理局）、周思思（残联）、董小娥（文化广电局）；女子中老年组依次为：林美燕（上塘中心城区）、郑碎兰（桥下镇）、林素珍（黄田镇）、陈鲜艳（瓯北中心城区）、蔡松兰（公路段）、周晓华（畜牧兽医局）、潘颖青（瓯北城市新区）、张美华（三江街道）。11月29日，永嘉县体育系统登山比赛在永嘉书院举行，来自全县各镇（街道）宣传、文化体育口、县体育局机关人员等约70人参加。

乡村赛事 2014年5月12日，红蜻蜓集团举行“释放能量”第五届运动会，“红蜻蜓”总部、驻外各个生产基地以及全国销售分公司约5000余名员工参加了球类、田径类及拔河、篮球比赛。5月27日，碧莲镇第二届全民运动会在碧莲中学举行，比赛分篮球、象棋、乒乓球、登山、田径、趣味等六大项目，全镇30个建置村和镇机关部门组队参赛。6月5日，大若岩镇第二届全民运动会在水云中学举行，比赛分象棋、乒乓球、登山、田径、趣味等五大项目，全镇37个建置村和镇机关部门组队参赛。

群众体育网络建设 2014年，县体育局继续加强基层群众体育组织网络建设，加强对部门、镇（街道）体育骨干培训，努力提高他们的工作水平。指导和协助碧莲镇、大若岩镇、巽宅镇等强镇（街道）复评工作、指导和协助桥头镇小博士幼儿园创建省级体育示范园。4月16日至6月3日，分别在巽宅镇、碧莲镇、大若岩镇、县体校共举办了4期三级社会体育指导员培训班，经考核，郑益得等336人为三级社会体育指导员。组织14人参加一级社会体育指导员培训，其中1人参加国家级社会体育指导员培训。开展国民体质监测工作，全年共监测972人（其中碧莲镇275人、巽宅镇335人、大若岩镇332人）；开展公民体质监测工作，全年共测试4835人。

残疾人运动会 2014年6月20日，县残联、县体育局、县教育局、县民政局在县体育运动学校联合主办县第二届残疾人运动会，来自全县各地的18支代表队218名残疾人运动员，分别参加了田径、乒乓球、羽毛球、游泳、中国象棋、飞镖等6个大项目75个小项目的比赛。县委副书记、县长娄绍光宣布县第二届残疾人运动会开幕，副县长林建波致开幕辞，县领导胡明凯、金丐旦出席开幕式。

体育总会及主要活动 2014年，县体育总会以浙江省第二届全民体育节为抓手，结合全国第六个“全民健身日”主题活动，先后共组织开展全民健身、学习培训等活动40多场次，参加人员达15000多人。其中，与有关单位联合举办的有浙江省第二届全民体育节暨2014年“楠溪云岚杯”县羽毛球俱乐部联赛、县羽毛球男子双打混合双打排位赛，县庆“三八”妇女节妇女门球赛，县快乐篮球联赛，县“永泰杯”乒乓球联赛，“农商银行杯”县第十二届围棋比赛，县武术交流表演赛，省级非物质文化遗产南拳交流大会，“宏信科教杯”县业余网球积分赛，“长城杯”永嘉县自行车爬坡邀请赛，“楠溪江杯”县门球邀请赛，县健身排舞比赛，县千人健行大会，“国际华城杯”永嘉县万米长跑邀请赛等赛事活动。2月21日，召开县体育协会工作会议，会上表彰了县中老年健身舞协会、长跑协会、乒乓球协会、羽毛球协会、篮球协会、足球协会等六个先进集体和戴雪芬等16位先进个人。根据各协会组织开展健身活动实际情况，安排了2014年度健身活动补助资金共计18.3万元。2014年，在充分调查研究的基础上，严格按照体育社团设立的条件、标准，先后批复同意成立县户外发展协会、县体育舞蹈协会，并经县民政部门注册、登记，使单项体育协会总数从原来的18个增加到20个。3月6日，中共永嘉县委组织部发文（永组发〔2014〕12号），同意成立中共永嘉县体育事业发展局社会组织联合委员会，叶龙飞、潘罗华、王忠阔等3人为委员，叶龙飞任书记。

老年体育 2014年，县老年人体育协会与市老年人体育协会密切配合，成功承办浙江省第二届全民体育节暨温州市老年人门球比赛。先后共选派100多名运动员，参加由市老年人体育协会组织举办的浙江省第二届全民体育节暨2014年温州市老年人象棋、太极拳（剑）、乒乓球、门球、柔力球（套路）、女子气排球、健身球操、地掷球、门球（农村）、“钱库杯”第五届老年人气排球等10项比赛，均取得优异成绩。9月20日上午，县体育局、县体育总会主办，县登山协会承办，县老年人体育协会协办的浙江省第二届全民体育节暨永嘉县千人健行活动在永嘉广场举行。共有来自各部门、镇（街道）及不同阶层、不同人群的31个团队1000多名老中青健身爱好者参加。11月4日，县老干部局主办，县门球协会协办承办的2014年全县离退休干部门球个人比赛在县门球场开赛，来自全县的20余名离退休人员参赛。11月13日，县老年人门球比赛在上塘举行，来自上塘、瓯北的共20支代表队、140多名运动员参加。

竞技体育

市级竞技 2014年，永嘉共组织388名运动员参加温州市少年儿童田径、跆拳道、拳击、举重、羽毛球、乒乓球、网球、射箭、射击、篮球、足球、摔跤、象棋、游泳等14个项目的比赛，共获得56枚金牌、29枚银牌、35枚铜牌。获拳击团体第一名，摔跤团体第一名，举重团体第二名，跆拳道团体第二名，田径团体第二名，男子足球甲组第一名、乙组第四名。

省级竞技 2014年，永嘉籍运动员参加浙江省各项比赛，共获得23枚金牌、16枚银牌、13枚铜牌。其中参加省第十五届运动会共获得14枚金牌、11枚银牌、10枚铜牌，总分347.5分。

国家级竞技 2014年，永嘉籍运动员参加国家级比赛，共获得6枚金牌、4枚银牌、4枚铜牌。其中：徐崇峰参加全国少年象棋锦标赛，获男子个人第一名。李奕骏参加“士宝杯”全国少儿游泳锦标赛，获男子11岁混合全能第一名、4×50米自由泳接力第一名、50米蛙泳第三名、50米蝶泳第三名、50米自由泳第四名、400米自由泳第五名、50米仰泳第五名。金银鹏参加全国青年田径锦标赛，获男子400米第二名。徐崇峰参加全国青年象棋锦标赛，获男子个人第二名。陈森森参加全国青年U-18赛艇锦标赛，获男子轻量级单人双桨2000米第一名、双人双桨2000米第一名。金银鹏参加全国田径冠军赛暨大奖赛总决赛，获男子400米第五名。滕孙燕参加全国赛艇锦标赛，获2000米双人单桨第一名。潘立达参加全国春季赛艇锦标赛，获2000米八人单桨有舵手第五名。金优飞参加全国赛艇锦标赛，获女子2000米四人单桨第三名、女子2000米八人单桨有舵手第三名。陈森森参加全国赛艇锦标赛，获男子轻量级双人双桨2000米第四名。金优飞、滕孙燕参加中国赛艇多人公开赛，获女子500米八人单桨有舵手第二名、1000米八人单桨有舵手第二名。

国际竞技 2014年，陈森森参加世界赛艇锦标赛，获男子双人双桨第六名。

运动员培养 2014年，县体育部门输送2人到省队集训，其中1人在省队转试训，1人在省队转正。输送1人到成都体院竞技学校训练，1人输送到八一体工队。输送20名运动员到市体校训练。

学校体育

2014年3月21日下午，县教育局和县体育局联合举办的全县中小学生足球赛在县体育场开幕。全县各中小学的16支代表队共100名运动员参加。经过3天角逐，桥下一小、实验小学、瓯北二小、外国语实验小学、千石小学、岩头中心小学、瓯北五小、井大小学获得小学组前八名；城关中学、实验中学、黄田中学、巽宅中学、桥下一中、城西中学、瓯北五中、瓯北三中获得初中组前八名。

2014年4月11日，县教育局和体育局联合举办的永嘉县第七届小学生篮球比赛在上塘中心城区举行，共有19所小学派出代表队参加，经过三天比赛，桥头二小、瓯北七小、巽宅中心小学、实验小学、城北小学、井大小学、溪下学校依次获得男子组前八名；城西小学、实验小学、外语实小、瓯北七小、城东小学、瓯北三小、瓯北二小、碧莲中心小学依次获得女子组前八名。

2014年5月16日，县教育局和体育局联合举办的永嘉县第二十七届初中生篮球比赛在上塘中心城区举行，共有11所初中派出代表队参加，经过三天比赛，城关中学、实验中学、瓯北五中、城西中学、瓯北一中、鹤盛中学、碧莲中学、黄田中学依次获得男子组前八名；城关中学、巽宅中学、实验中学、瓯北二中、大岙中学依次获得女子组前五名。

2014年9月20日，县教育局和体育局联合举办的全县第七届中小学生乒乓球比赛在上塘中心城区健路乒乓球俱乐部举行，全县11所小学、10所初中、8所高中共176名运动员参加，经过两天的拼搏，永嘉中学、上塘中学、楠江中学、永嘉二中、永临中学、永嘉二职、永嘉三职依次获高中组团体前七名；桥头镇中、实验中学、岩头镇中、鲤溪中学、瓯北五中、乌牛一中、济时中学、城西中学依次获初中组团体前八名；桥头二小、瓯北中心小学、实验小学、黄田小学、白云小学、外语实小、瓯北一小、桥头九小依次获小学组团体前八名。永嘉中学廖远帆、楠江中学吴昭绪、永嘉中学周柯秀、上塘中学包州健、上塘中学张文隆、永嘉二中潘礼强、永嘉中学谢文韬、楠江中学金长青依次获高中组男子单打前八名；实验中学陈成、桥头镇中吴尊、桥头镇中吴文迪、桥头镇中罗志强、桥头镇中章龙、鲤溪中学李永志、乌牛一中马晓亮、鲤溪中学李伟豪依次获初中组男子单打前八名；桥头二小陈俊宇、桥头二小叶宸瑜、白云小学唐森宇、瓯北中心小学林瑞彦、桥头二小吴凯骏、桥头二小邹墨、黄田小学杜伊达、瓯北四小叶漩凯依次获小学组男子单打前八名。上塘中学郑乐乐、永嘉中学朱瑞洁、楠江中学周洁、永临中学王以帖、永嘉二中郑飞飞、永嘉二中徐小琴、永嘉三职王珍、永临中学李娇依次获高中组女子单打前八名；瓯北五中吴依蔓、瓯北五中林千然、乌牛一中傅林珊、城西中学金芝帆、城关中学黄言诺、实验中学赵淼清、乌牛一中施文文、黄田中学金田冰依次获初中组女子单打前八名；外国语实验小学戴含秀、外国语实验小学郑晨烁、桥头二小王心妍、瓯北中心小学陈知妤、瓯北四小郑焱引、瓯北四小张丁予、瓯北四小胡淑淑、桥头二小陈琦琦依次获小学组女子单打前八名。

2014年10月11日，县教育局和县体育局联合举办的全县第二十七届高中生篮球比赛在上塘举行，10所高中派出代表队参加，经过二天比赛，上塘中学、永嘉体校、罗浮中学、永嘉中学、永嘉职业中学、楠江中学、碧莲中学、永嘉二中依次获男子组第一名至第八名。上塘中学、永嘉中学、碧莲中学、永嘉二职、永嘉二中、永嘉职业中学依次获女子组第一名至第六名。

2014年11月14日至16日，县教育局和县体育局联合举办的全县第三十六届中小学生田径运动会在永嘉实验中学举行，来自全县98所中小学的1038名运动员参加。瓯北八小、桥头五小、永嘉二职、水云中学、鲤溪中学、巽宅镇中心小学等代表队获得本届田径运动会体育道德风尚奖。金玲芳等38名教师被评为体育先进工作者；胡玲玲等38名教师被评为业余训练优秀指导师；金晓丹等17名教师被评为优秀裁判员。团体总分与奖牌收获情况如下：

小学甲组团体总分前八名依次为外国语实验小学（135分）、瓯北二小（115分）、瓯北三小（84分）、城西小学（68分）、乌牛一小（65.5分）、瓯北五小（58分）、桥头小学（57分）、黄田小学（48分）；同时，瓯北小学获9金2银2铜，外国语实验小学获6金4银2铜，城西小学获9金3铜，瓯北三小获2金3银。小学乙组团体总分前八名依次为沙头小学（161分）、渠口小学（132分）、岩头小学（98分）、岩坦小学（77分）、碧莲小学（74分）、鹤盛小学（62分）、枫林小学（51分）、大若岩小学（45.5分）；同时，沙头小学获8金4银3铜，渠口小学获7金5银2铜，岩坦小学获3金3银1铜，碧莲小学获2金2银3铜。初中甲组团体总分前八名依次为实验中学（179分）、瓯北五中（160分）、城西中学（147分）、城关中学（109分）、黄田中学（89.5分）、瓯北二中（85分）、瓯北一中（83分）、桥头中学（65分）；同时，瓯北五中获8金5银3铜，城西中学获7金4银4铜，实验中学获6金8银3铜，桥下一中获3金1银7铜。初中乙组团体总分前八名依次为碧莲镇中学（151分）、鹤盛中学（149分）、巽宅镇中学（93分）、岩头镇中学（88分）、济时中学（85分）、枫林镇中学（74.5分）、岩坦镇中学（73分）、大若岩镇中学（70分）；同时，鹤盛中学获10金4银2铜，碧莲镇中学获6金8银1铜，岩头镇中学获2金4银2铜，枫林镇中学获2金2银3铜。高中组团体总分前八名依次为永嘉中学（273分）、罗浮中学（222分）、永嘉二中（133分）、上塘中学（95分）、永临中学（89分）、碧莲中学（67分）、楠江中学（63分）、职业中学（39分）；同时，永嘉中学获20金6银6铜，罗浮中学获5金15银5铜，永嘉二中获2金6铜，上塘中学获1金4银3铜。

2014年11月29日至30日，县教育局和县体育局举办的永嘉县第五届中小学生羽毛球比赛在永嘉体校举行，共有25支代表队约150人参加，比赛分高中、初中男子团体、女子团体；男子单打、女子单打。小学男女混合团体；男子单打、女子单打。上塘中学、楠江中学、永嘉二中、永嘉三职、罗溪中学、永临中学、碧莲中学依次获得高中男子团体前八名；上塘中学、永嘉二中、楠江中学、永嘉三职依次获得高中女子团体前四名；实验中学、城关中学、城西中学、碧莲镇中、瓯北一中、乌牛一中、济时中学、桥下一中依次获得初中男子团体前八名；实验中学、瓯北一中、桥下一中、乌牛一中、城西中学依次获得女子团体前五名；外国语实验小学、实验小学、桥头镇中心小学、城西小学、瓯北镇中心小学、沙头小学、乌牛一小、黄田小学依次获得小学混合组前八名。

2014年12月5日至6日，县教育局和县体育局举办的永嘉县中小学生象棋比赛在城西中学举行，设置项目有高中混合团体、初中混合团体、小学混合团体和高中男女个人赛、初中男女个人赛、小学男女个人赛、幼儿个人赛。罗浮中学、永嘉中学、永嘉三职、碧莲中学、永嘉二中、永临中学、楠江中学依次获得高中组第一名至第七名；城西中学、瓯北五中、城关中学、乌牛一中、翔宇中学、瓯北一中、碧莲镇中学、实验中学依次获得初中组第一名至第八名；城西小学、桥下中心小学、外国语实验小学、瓯北中心小学、瓯北一小、实验小学、桥头二小、乌牛一小依次获得小学组第一名至第八名。同时，获得高中男子组个人前八名的有：夏嘉昂（罗溪中学）、林斌师（永嘉中学）、柯金桥（永嘉中学）、蒋良乐（罗浮中学）、章彬彬（永临中学）、叶滕（永嘉三职）、郑志奔（碧莲中学）、李豪鹏（碧莲中学）；获得高中女子组个人前八名的有：潘思纯（罗浮中学）、陈敏（永嘉中学）、李宛芳（罗浮中学）、胡雅诗（永嘉中学）、徐琼芳（永嘉中学）、徐玉燕（永嘉三职）、董莹莹（永嘉三职）、李苎曼（永嘉二中）；获得初中男子组个人前八名的有：林乐彬（乌牛一中）、谢文琪（城西中学）、王澄亮（城关中学）、王家祥（翔宇中学）、廖皓爽（瓯北五中）、吴泓量（城西中学）、林鑫堃（城西中学）、赵诣（翔宇中学）；获得初中女子组个人前八名的有：汤露然（城西中学）、王朵朵（实验中学）、刘柠慧（城关中学）、郑洁（碧莲镇中）、林司琪（瓯北五中）、胡蝶（乌牛一中）、赵唯妙（瓯北五中）、焦依然（乌牛一中）；获得小学男子甲组个人前八名的有：麻倞榜（城西小学）、龚依成（瓯北八小）、李维政（城西小学）、邱杨奔（瓯北一小）、潘公正（城东小学）、王繁崇（实验小学）、邵子凡（永外实小）、金键（瓯北中心小学）；获得小学女子甲组个人前八名的有：吴欣阳（桥下中心小学）、朱禾佳（城西小学）、陈宣宇（桥头二小）、麻榲莹（瓯北一小）、潘伊梦（城北小学）、刘伊唯（城西小学）、金伊佳（乌牛一小）、吴怡（乌牛一小）；获得小学男子乙组个人前八名的有：潘恒洋（城西小学）、徐暄博（桥下中心小学）、叶贤博（外国语实验小学）、赵宣哲（城西小学）、郑思源（外国语实验小学）、杨丁道（外国语实验小学）、邵子铿（桥下中心）、金锦润（瓯北中心小学）；获得小学女子乙组个人前八名的有：董蕊焱（桥下中心小学）、应娅舸（城西小学）、潘析妮（实验小学）、叶妍杉（城西小学）、周嘉怡（瓯北三小）、姚维佳（桥下中心小学）、陈依诺（城西小学）、戴雅婷（瓯北中心小学）。

浙江省第三届运动会休闲旅游节暨楠溪江国际户外休闲嘉年华——为爱同行·壹基金2014（永嘉）健行活动出发仪式现场

体育产业

2014年，制定出台永嘉运动休闲产业发展专项引导资金使用管理暂行办法；坚持“品牌引领”，创建浙江省运动休闲基地、创评省级运动休闲旅游优秀项目和市级品牌体育用品示范企业；节俭高效承办浙江省第三届运动休闲旅游节、楠溪江首届国际户外休闲嘉年华，搭建体育产业发展共享平台；加强部门协作，推进体育产业与旅游、文化有机融合发展；推进民间体育项目建设，做好高危险性体育项目经营许可等工作。

2014年5月9日，召开温州市体育产业、体育彩票工作暨经营高危险性体育项目管理工作会议，县体育局获2013年度温州市体育产业工作先进单位称号；楠溪江竹筏旅游总社(竹筏漂流项目)、龙湾潭森林滑道有限公司(森林健身滑道项目)、五星潭森林公园旅游开发有限公司(垂钓项目)获得2013年度温州市运动休闲旅游优秀项目；中楠国际广场游泳馆、龙湾潭森林滑道有限公司获得温州市体育服务业先进单位称号。潘统进获得2013年度温州市体育产业工作先进个人，潘统平获得温州市体育依法行政工作先进个人。同时，永嘉获得2013年度浙江省体育彩票销售量突破亿元县(市、区)、2013年度浙江省体育彩票销售市场份额占比居前十名的县（市）。

2014年5月20日，县体育局召开体育产业工作暨经营高危险性体育项目管理工作会议，各游泳经营场所业主、有关运动休闲产业经营企业单位负责人参加会议，局党组成员刘志铙在会上作重要讲话。会议决定加大对各经营场所存在问题的整改力度。

2014年10月22日，省体育局、旅游局发文（浙体经〔2014〕323号）公布2014年浙江省运动休闲旅游示范基地、精品线路和优秀项目，永嘉楠溪江1号房车露营地、小楠溪香樟花园被认定为省优秀项目。

2014年10月25日，浙江省第三届运动休闲旅游节暨楠溪江国际户外休闲嘉年华——为爱同行·壹基金2014(永嘉)健行活动在岩头镇西岸村房车露营基地举行出发仪式。县委副书记、代县长姜景峰，副县长周俊武出席仪式。来自全国各地的750支队伍、3000余人参与此次活动，经过楠溪江狮子岩、芙蓉古村、永嘉书院、香樟花园等风景名胜点，全程42.8千米，历时16个多小时。

2014年10月26日晚7点，全国户外越野挑战赛颁奖仪式暨楠溪江国际户外电影节闭幕式在县人民大会堂举行，国家体育总局登山运动管理中心户外部主任张志坚、永嘉县人民政府副县长周俊武为全国户外越野挑战赛获奖运动员颁奖并宣布电影节闭幕。

体育基础设施建设

2014年，全县共有体育场地2603个，用地面积1675090平方米，建筑面积67233平方米，场地面积1252429平方米。其中，室内体育场地290个，场地面积35794平方米；室外体育场地2313个，场地面积1216635平方米。人均体育场地面积1.29平方米。

2014年，分布在各乡村的体育场地1753个，占67.35%；分布在校园的体育场地544个，占20.90%；分布在机关企事业单位的体育场地199个，占7.64%；分布在广场公园的体育场地14个，仅占0.54%。

2014年，共建成篮球场18个（亮灯工程1个），健身点38处，维修和更换健身点22处，改建门球场3个、拆装式游泳池1个，进一步完善和加强农村健身设施网路。

2014年3月14日上午，永嘉县人民政府副县长周俊武、县府办副主任汪庆珍、县体育局局长潘教勤、上塘中心城区副主任周俊晓等一行前往永嘉县体育馆、游泳馆建设工地，听取有关负责人的工作汇报，进一步了解工程项目的计划安排、组织实施情况及建设中存在的现实问题和具体困难，并就加快项目建设提出意见。

（潘统平）

卫　生

综　述

2014年，以深化医药卫生体制改革为主线，以开展党的群众路线教育实践活动为抓手，克难攻坚，开拓进取，较好地实现了年度卫生工作目标，卫生改革发展上了一个新台阶。2014年，省政府发文正式命名永嘉为“浙江省卫生强县”，永嘉成为全市首批获得命名的县，并累计创成市级卫生强镇（街道）8个。永嘉还被省卫生计生委确定为“浙江省慢性非传染性疾病综合防控示范区”。2014年，卫生事业共投入33408.35万元（不包括城乡居民医疗经费），占全县财政总支出的7.3%。全县共设置医疗卫生机构534家，其中综合性医院1家，中医医院1家，公共卫生机构5所（县妇幼保健院与南城街道社区卫生服务中心合署办公），卫生院27家，社区卫生服务中心15家，民营医院9家，门诊部42家，个体诊所75家，社区卫生服务站52家，村卫生室295家（其中公立92家），医务室12家。全县卫生系统在编人员2610人，高级职称155人（其中正高级职称13人），中级职称484人，执业医师（包括助理）1997人，注册护士1143人，床位数1667张，按户籍人口计，每千人口医师数2.05人、护士数1.24人、床位数1.7张。全年公立医疗机构业务收入61423.15万元，同比增长17.90%；门急诊324.68万人次，同比增长7.73%；出院病人34826人次，同比增长23.12%。

卫生改革

2014年，按照“保基本、强基层、建机制”要求，扎实推进医药卫生体制改革。2014年1月，县中医院交由温州医科大学附属第一医院托管，挂牌温州医科大学附属第一医院永嘉分院，托管后住院人次同比增长30.2%，三类以上手术同比增长74.4%，医疗业务收入同比增长37.6%，医院服务能力、学科建设和群众满意度均有不同程度的提升。在县人民医院成立全市首家县级影像诊断中心，实现优质医疗资源共建共享。开展分级诊疗试点工作，永嘉被纳入全省8个试点县（市区）之一，是年底正式启动此项工作。出台《关于进一步完善基层医疗卫生事业单位绩效工资分配的指导意见》（永政办发〔2014〕151号），考核合格、年度收支结余的单位，允许在绩效工资基准线的基础上上浮60%。同时，在山区工作的给予适当补助，最多每个月补助360元。出台《永嘉县开展县乡村卫生一体化综合管理工作方案》（永政办发〔2014〕153号），开展县乡村卫生一体化综合管理试点工作，促进县域人才、技术、信息和管理等医疗卫生资源统筹配置。基本药物制度进一步巩固，基本药物制度覆盖率100%，减轻群众用药负担6000多万元。修订完善社会资本办医综合改革配套政策，形成了“1+14”升级版文件，按照“非禁即入”原则，进一步开放医疗服务市场。

医疗卫生服务体系

基础设施建设　2014年，固定资产投资额达7015万元，完成全年任务数的113.1%。投资2.7亿元的县中医院医疗综合大楼主体工程顺利结顶；投资1亿元的县人民医院急诊综合楼自2014年6月份进场施工以来，进展顺利，已完成主体工程4层。完成岩坦镇中心卫生院装修改造。

社区卫生服务机构标准化建设　2014年，瓯北城市新区医院、碧莲镇中心卫生院成功创建具有二级乙等水平的卫生院，江北街道社区卫生服务中心通过省级示范社区卫生服务中心创建评估。完成乡镇卫生院等级评审工作，桥下镇中心卫生院、碧莲镇中心卫生院被命名为省级甲等卫生院，鹤盛镇中心卫生院、沙头镇中心卫生院等13家被命名为省级乙等卫生院。创建卫生监督协管服务示范点2个、星级规范化预防接种门诊2家。

村卫生室建设 2014年，筹建10个流动社区卫生服务站，解决偏远山区群众就医难问题，10辆流动服务车已购置。346家村级医疗机构已全部实行基本型一体化管理，管理率为100%，其中281家实行紧密型一体化管理，管理率为80.98%。

卫生队伍建设 2014年，深入实施卫技人员素质提升工程，出台《永嘉县住院医师规范化培训实施方案》，开展新模式住院医师规范化培训，完成卫技人员培训3600人次。新招录卫技人员126人，定向培养农村社区医生20人。新晋升正高级职称3人，副高级职称24人。出台《永嘉县全科医生培养管理办法》（永政办发〔2015〕1号），探索建立全科医生“县管乡用”新机制。加强重点学科建设，县人民医院泌尿外科被列入浙江省县级医学龙头学科建设计划。开展事业单位在编不在岗人员和编制外合同用工的规范清理工作，梳理出在编不在岗工作人员24人,编制外合同用工清退82人、保留295人、派遣77人。

公共卫生

公共卫生服务项目 2014年，人均基本公共卫生服务经费补助标准35元。基本公共卫生服务项目顺利完成，0—18岁中小学生、儿童体检率100%，60岁以上老年人体检率74.69%。建立城乡居民电子健康档案88.7万份，规范建档率82.84%；高血压规范管理率64.98%，糖尿病规范管理率65.80%，老年人规范建档率83.10%。重大公共卫生项目超额完成，增补叶酸7721人，完成率154.42%；农村妇女住院分娩补助5758人，完成率143.95%；完成10018名宫颈癌、1000名乳腺癌检查任务；免费婚检率100%。

疾病防控 2014年，省级慢性非传染性疾病综合防控示范区创建顺利通过考核验收。全县传染病发病率稳中有降，无甲类传染病发病报告。全面落实人感染H7N9禽流感各项防控措施，确保全县H7N9病例“零发生”。免疫规划成果进一步巩固，基础免疫接种率分别为：卡介苗应种9634人次，实种9620人次，接种率99.8%；脊灰糖丸疫苗应种40852人次，实种40780人次，接种率99.82%；百白破应种42080人次，实种42012人次，接种率99.84%；麻疹类疫苗应种21789人次，实种21737人次，接种率99.76%；乙肝疫苗应种29966人次，实种29930人次，接种率99.88%，甲肝疫苗应种10335人次，实种10319人次，接种率99.85%。落实预防控制艾滋病“四免一关怀”政策，开展美沙酮药物维持治疗。落实结核病免费治疗政策，肺结核病人系统管理率99.02%，治愈率91.03%。完成第一轮适龄儿童窝沟封闭工作，项目机构覆盖率89.68%。

妇幼保健 2014年，孕产妇系统管理率96.14%，高危孕妇住院分娩率100%，2岁以下儿童当年系统管理率97.01%，孕产妇死亡率为零，5岁以下儿童死亡率3.14‰。积极做好“三项筛查”（产前筛查、新生儿疾病筛查、新生儿听力筛查）工作，产前筛查率91.27%，新生儿听力筛查率99.87%，新生儿疾病筛查率99.87%。实施艾滋病母婴阻断工程项目，完成妇女病检查63055人，艾滋病、梅毒和乙肝检测率100%。出生医学证明当年发证率93.56%。积极开展性别比综合治理工作，据卫生国统报表统计，性别比由2013年的122.13：100下降到118.93：100，下降了3.2个比值。

公共卫生应急处理 2014年，启动省级卫生应急工作示范县创建，举行基层防疫人员应急技术处置培训，组织开展台风自然灾害卫生应急处置演练，全年未发生突发公共卫生事件。院前急救体系建设进一步加强，新建成1个站点，全县建成了“一中心十三个急救站点”的院前急救体系。完成无偿献血7289人次，无偿献血比例100%。

卫生监督执法

2014年，共出动卫生监督执法2658人次，监督检查4699户次，立案139件，其中移送公安案件2起，强制执行6起，报批罚没款65.86万元。受理举报投诉22件，办结22件。办理各类卫生许可证254件。开展打击非法行医专项行动、基层医疗机构整顿专项活动，428家中小医疗机构依法执业分级监管率100%，查处无证行医28家，移送公安部门追究刑事责任2件。加强医疗废物处置管理，立案查处20件。全面实行公共场所量化分级管理，全县1243家公共场所，已量化分级1084家，量化分级率87.21%，4家单位通过“公共场所卫生信誉度A级”评审。加强饮用水卫生监管，启用了全县首个生活饮用水水质远程在线监测系统。创建放射防护管理规范化达标医院1家。开展卫生监督协管示范创建，江北街道社区服务中心、碧莲镇中心卫生院通过创建验收。

爱国卫生运动

2014年，出台《永嘉县2014年卫生创建工作考核办法（试行）》（永政办发〔2014〕68号）文件，加强卫生城市创建工作，年终考核排名全市中上水平。结合“五水共治”工作，大力开展农村卫生户厕改造，完成卫生厕所改造27个村、4385户，卫生厕所普及率95.32%、无害化卫生厕所普及率77.66%。加强基层卫生创建工作，成功创建3个省级卫生村，33个市级卫生村，鹤盛镇通过市级卫生镇考核验收。健康教育工作卓有成效，举办各类健康教育讲座376场次，创成市级无烟单位42个、健康促进医院7所、健康促进学校4所，群众健康知识知晓率86.5%。

医疗质量管理

2014年，以“三好一满意”（服务好、质量好、医德好、群众满意）活动为载体，深入实施医疗质量持续改进计划，医疗质量得到进一步提高。完善县医疗质量控制中心和10个专业分中心职能，将医疗质量控制网络进一步延伸至各中心镇卫生院、街道社区卫生服务中心，组织县人民医院、县中医院质控专家组交叉检查。实施“医疗服务阳光用药工程”，重点加强药品采购、处方点评和信息公开等关键环节的管理与监督，开展处方点评464次，点评处方12万张，停用药品47种次。整合市、县医院优质医疗卫生资源，在县人民医院与温州市影像诊断中心联网的基础上，将中心卫生院、社区卫生服务中心以及民营医院的PACS相互链接，建成首个联通市、县、乡三级医疗网络的医学影像中心。加大平安医院创建力度，全年共受理医疗纠纷14起，成功调处14起，调处率达100%。

中医中药

2014年，投入114万元专项经费，实施基层中医药服务能力提升工程，全县中医药服务能力中心镇卫生院（社区卫生服务中心）达100%，服务站达81.1%。加强中医药从业人员培训和培养，邀请省中医药学会副秘书长王晓鸣、主任金明兰到永嘉开展中医药技能知识培训，全县所有村级医疗机构负责人和各村责任医师650余人参加了为期2天的培训会，并为参会人员统一印发了“中医药技能知识培训证书”。建设市级中医住院医师规范化培训临床实践基地1个，组织参加中医全科医师岗位培训25人，选派中医人员24人到省市各类医院进修。

医疗行风建设

2014年，结合党的群众路线教育活动，深入推进“勤廉卫生”创建，建立医务人员医德考评档案，完善医德考评制度，动员医务人员共拒收红包98400元，上缴医药回扣至“581廉政账户”91043元。桥头镇沈岗村卫生室祁维盛被评为温州市“最美乡村医生”。严格执行中央“八项规定”，全系统公务接待费用支出同比下降61.18%，公车费用支出同比下降33.89%。开展“廉洁从医正风肃纪年”活动，对27人进行了问责，其中2人书面效能告诫3个月，1人书面效能告诫6个月，对5人的违纪问题进行了立案处理。加强财务、基建、医药器材购置等重点环节监管，完成医疗器械及基建工程项目招标监督10次，对8家卫生院任期经济责任及单位业务收支进行了审计。深化行政审批制度改革，做好权力清单梳理工作，卫生行业形象得到进一步提升。

2014年中心卫生院以上医疗卫生机构基本情况

单位名称	床位数		职工人数											全年门诊人次	全年住院人次
	编制床位	实有床位	合计	卫技人员							其他技术人员	管理人员	后勤人员		
				小计	执业医师	执业助理	注册护士	药房人员	检验人员	其他					
县人民医院	340	428	584	521	129	38	259	34	21	40	32	6	25	485715	14640
县中医院	450	410	473	446	143	8	172	33	17	47	26	6	21	572039	13115
县卫生监督所	0	0	51	6	5		1	0	0	0	1	44	0	0	0
县疾控中心	0	0	57	40	23	2	1	0	14	0	3	7	7	0	0
县妇幼保健院	80	40	159	135	41	13	45	15	9	12	13	6	5	154799	995
县血站	0	0	22	16	3		4		4	5	4	1	1	0	0
永嘉县120急救指挥中心	0	0	5	1	1	0	0	0	0	0	0	4	0	0	0
县二医	50	50	110	98	28	17	24	7	4	17	8	4	3	117108	198
县三医	60	96	155	139	50	15	47	10	7	10	7	3	6	245112	1515
瓯北中心卫生院	80	80	116	107	52	9	27	9	6	4	2	1	6	164133	904
沙头中心卫生院	10	5	35	28	8	1	6	4	2	7	0	3	4	25775	10
桥下中心卫生院	50	35	109	90	35	6	22	6	5	27	5	4	3	256821	898
碧莲中心卫生院	50	30	60	48	16	7	11	5	3	6	6	4	2	79162	685
巽宅中心卫生院	20	10	45	37	11	6	8	6	3	3	4	1	3	64155	93
岩坦中心卫生院	20	7	30	25	8	5	8	3	1	0	4	1	0	53900	27
枫林中心卫生院	0	0	0	35	6	8	7	6	1	7	4	1	0	66168	0
鹤盛中心卫生院	4	0	25	16	2	6	3	1	2	2	3	4	2	30814	0
大若岩中心卫生院	0	0	22	16	3	3	5	1	1	3	2	4	1	47362	0
乌牛街道社区卫生服务中心	60	50	115	97	20	12	29	6	6	24	16	0	2	122170	1278
东城街道社区卫生服务中心	0	0	31	28	8	3	10	2	1	4	0	1	2	115074	0
北城街道社区卫生服务中心	0	0	13	12	3	2	2	1	1	3	0	1	0	4808	0
黄田街道社区卫生服务中心	20	10	42	34	14	3	6	4	3	4	1	5	2	55730	100
三江街道社区卫生服务中心	0	0	31	25	9	3	5	3	2	3	1	3	2	59448	0
东瓯街道社区卫生服务中心	0	0	23	20	6	3	4	3	2	2	0	2	3	58130	0

（肖秀恩）

功能区　镇（街道）

上塘中心城区

2014年主要项目数据库

项　目	单　位	合　计
总面积	平方千米	231.5
建置村	个	114
社区	个	5
总人口	人	130900
外来人口	人	10000
生产总值	万元	406900
工业总产值	万元	170300
第三产业增加值	万元	262700
固定资产投资	万元	435000
全社会用电量	万千瓦时	21000
财税收入	万元	58500

经济发展概况　2014年，上塘中心城区实现地区生产总值40.69亿元，同比增长10.7%；工业总产值17.3亿元；公共财政预算收入5.85亿元。固定资产投资43.5亿元，同比增长4.6%（投资总量居全县第一），其中工业性投资5.3亿元；工业总产值17.3亿元，其中规上工业企业产值17亿元；招商选资完成8.2亿元，完成年度计划的109%。全年实现国税收入2.38亿，同比增长30.41%；地税收入3.47亿元。转而未供土地26.69公顷，完成年度任务的161.43%；供而未用土地51公顷，完成年度任务的89.16%；盘活存量用地3.75公顷，完成年度任务的112.50%。完成了24公顷绿化任务。2014年，加快城区经济建设进度，努力打造小微企业园。上塘唯一的滨江工业园区基本形成，已入园企业15家，投产1家，完工4家，新开工2家，并全力加强园区基础设施建设。城区产业集聚和企业技改提升明显，拆除旧厂房3.69公顷，新的造纸基地总投资3.37亿元，原有21家造纸企业提升整合成4家，产业转型企业1家，全部建成投产。同时，抓好招商选资，占地2公顷的华东地区最大豆芽生产基地已投产，占地3公顷多的仁里村奶牛养殖基地即将投产，为农业企业向规模化转型树立了榜样。总占地2.3公顷、总投资3亿元的上塘首个总部经济回归项目，也是永嘉最大家居建材装饰市场的上塘黄屿家居建材装饰市场正式落地，戈田红梅观光休闲园、黄屿蔬果农产品综合批发市场、上塘五星级宾馆等招商项目基本达成投资意向。

城乡建设　2014年，依托项目建设推进城市化进程。建成市政道路4条，总长1.6千米。投入资金2570万元，打通了繁华路、县前路（浦东段）等“断头路”；县前路改造提前完工；在建道路8条，总长6.5千米，投资概算3.45亿元。旧城改造有序推进，永建路北段A区主体工程、屿门—黄屿农房点3幢主体工程结顶，下堡旧村改造完工，推进仁堂等旧村改造。乌岩山公园一期主体工程完工，绿嶂山公园有序推进，启动上霞山公园开发前期工作，扮靓屿山公园，做美鹅浦公园、中塘溪公园等滨水公园。紧盯县“体育两馆”工程，已完成总工程量的80%。2014年，确定美丽浙南水乡项目31个，总投资8.275亿元，已完成7.59亿元，占总投资的91.9%。完成上塘污水处理厂二期工程，日处理能力1万吨，平均日处理量0.83万吨。建成污水管网21千米，分三个区块主干道实行全覆盖。临城南路和菜场的2座污水泵站建成运行。已规划的6座垃圾中转站建成了4座。建成3个街道40个垃圾收集点，达到村村垃圾无害化处理。柯师湾段河道治理工程顺利通过市级验收，陡门溪治理一期竣工。鹅浦溪、中塘溪、下塘溪段河流完成河道治理5.62千米。启动了屿门湖、下堡浦河道治理工程。

城市管理　2014年，围绕“美丽乡村建设”“国家级卫生县城创建”活动，全力推进“四边三化”“三改一拆”行动，强化城区环境综合管理。积极联动城管、工商等部门，开展对四小车、流动摊贩及其他不文明行为整治行动。完成下堡西路闲置地、黄屿高速路道河边等绿化24700平方米。拆除网架92个、灯箱与广告牌97个，绿化1300平方米。优化审批环境，处理了一批信访遗留问题，多次开展建筑工地以及与燃气经营相关的安全生产专项督查，加强新居民基础信息采集及出租房屋整治等工作，努力创建“平安上塘”。

基层组织建设 2014年，认真抓好区属党组织的思想、组织、作风、制度和党风廉政建设，各项党务工作稳步推进。一是活动开展求特色。组织党员星期六志愿服务、“红七月、服务月”等活动，结合城区实际，推出领导干部“十个一”、党员干部“七个一”创新活动，围绕中心城区重点工作，做到领导带头、全党参与，不断推动广大党员干部深入基层、深入实际、深入群众，充分发挥党员干部服务大局、服务民生作用。二是学习教育全覆盖。结合党的群众路线教育，切实抓好党员干部学习教育，采取集中学习和个人自学相结合、书本学习和外请讲授相结合、影像学习和实地考察相结合的方式，建立周三夜学制度，33个区属党组织700多名党员实现学习教育全覆盖。三是各项工作重程序。党务干部职务任免重程序，党员发展严标准重程序、处置党员重程序，做到公平、公正、公开。全年发展党员8名，转正8名，开除党籍1名，除名1名。四是制度建设规范化。建立深化党组织“三会一课”制度、党支部书记工作例会制度、“创建学习型党组织”工作制度以及党员干部谈心交心工作制度，突出制度建设的针对性和实用性，使党建制度成为党员干部联系和服务群众的硬约束、高压线，成为城区项目建设取得显著成绩的一个重要法宝。同时，积极做好驻企服务、人事编制、计生、老干部、关工委等工作的同步开展。通过走访、座谈，加强与代表的沟通、联系，充分听取、采纳合理意见，完成了7件县政协提案、4件县人大提案的答复工作。

党风廉政建设 2014年，扎实开展党的群众路线教育实践活动，深化干部人事制度改革，推行周一早会，坚持“月学制”。在转变工作作风上，以“勤廉上塘”建设为抓手，严格落实中央“八项规定”，深化领导干部“九联系”制度和领导干部“四千行动”，改进作风，重心下移。同时，还制定了科学的考绩制度、严明的监察制度、系统的组织制度、强劲的督察制度、快速的协调制度、便捷的审批制度、严格的执法制度等，通过制度加强管理，激发活力。2014年，严格执行相关规定，全面推进勤廉政府建设。“三公经费”支出33.41万元，同比下降34.2%。其中公务接待支出6100元，同比下降91%；公车经费支出32.8万元，同比下降25.7%；会议费（餐费）支出6.16万元，同比下降44.3%。进入城区公共资源交易中心招投标48件，投标总额为7972.51万元，中标金额为4013.72万元，节省资金3958.79万元。城区接信访72件，已办结66件，还有6件正在办理之中，其中纪委监察室已受理2件，已办结2件，息访2件，初信初访办结率达100%。

荣誉录 2014年，上塘中心城区获省文明县城、市电网建设先进集体、市节约型公共机构示范单位、市尊师重教先进集体、市第三次经济普查先进集体、县无烟单位、县工作绩效考核二等奖、县勤廉镇街、县土地清理工作先进单位、县安全生产工作年度考核先进单位、县安全生产目标管理责任制优秀单位等荣誉称号。

（邵赛丹）

北城街道

2014年街道数据库

项目	单位	合计
总面积	平方千米	66.2
耕地面积	公顷	443.6
农作物播种面积	公顷	892
粮食作物播种面积	公顷	620
建置村	个	42
居委会	个	2
总人口	人	35987
外来人口	人	6325
农业总产值	万元	—
工业总产值	万元	10561
财税收入	万元	1277
农民人均收入	元	—

经济发展概况 2014年，北城街道国内生产总值约8.27亿元。其中，规模以下工业产值1.06亿元，增速11.9%，位居全县第二；第一产业产值约4800万元，增速4%。2014年，按照“深入解放思想、深化责任落实、优化招商环境、致力引资创富”工作思路，突出抓好招商选资工作，确定山节村、马兰坦村标准化养殖场、大亨村苗木基地和家庭农场、半山梅花谷项目等5个招商引资项目，累计总投资1.46亿元。到年底，完成投资2500余万元，完成土地流转56公顷。其中山

2014年建置村（居委会）数据库

村（居）名	书记	主任	村（居）民小组	人口
三元堂	叶蔓菁	叶建岳	10	1143
横溪	谢秀平	谢秀义	9	920
水碓湾	方松波	方存多	3	429
云加山	谢金松	盛云生	1	109
中村	柯永前	林卫周	4	552
后村	陈光省	柯永久	3	567
下湾	王力	翁晓微	6	504
路口	叶加永	曾忠友	6	449
东山下	杨方贤	杨国行	16	865
十二盘	王贤勃	廖金国	11	529
阮加埄	蒋珍康	蒋用可	12	565
牛家门	杨建国	叶进森	4	145
柯师湾	虞绍众	廖建兴	7	975
杭郭	廖光碎	廖爱仲	18	712
塘山	金孝新	金云林	8	426
岭后	徐永静	潘统吉	8	375
阮加山	施士寅	施建南	8	474
朱岙	胡连元	胡方成	7	642
大亨	叶永昌	叶建当	20	802
上庵	叶林开	廖祥者	7	485
下庵	虞大益	叶人力	4	210
江北田	廖远珍	廖远锋	3	133
岭山	杨方忠	杨建南	4	259
虞家村	虞绍建	虞和平	8	363
中埄	廖大宝	杨丐俊	6	207
枫树下	廖远锋	廖云国	4	269
山节	叶会珍	叶加曹	11	539
马兰坦	叶丐开	叶祥算	8	338
金元埄	王巧慧	叶秀吉	5	248
底寮	王恩典	王恩松	10	852
外寮	王方星	王益春	13	881
前坪	王启毫	王哲荣	6	403
江山	陈松汉	王贤孝	9	644
朱寮	廖克藤	廖秀敏	12	841
八里	钱成统	钱建克	6	550
芬益	杨世林	杨文斌	6	370
中心	肖丐炜	杨家叩	3	270
芬星	温文英	温怀程	5	444
山坪	肖士川	肖士楼	3	197
陈下	陈建国	陈国林	5	282
银场	肖成波		20	1125
江坑	杨庆梯	钱长分	3	199
城北★	盛栋梁	盛定孟		9988
城中★	汪样本	汪祥		4186
戈田（特产场）				521

注：带★号为社区居委会。

节村农业标准化养殖场总投资1200万元，累计土地流转7.3公顷，已完成土建工程，完成投资额720万元；半山梅花谷项目总投资1亿元，已完成土地流转15.3公顷，达成意向土地流转20公顷，到年底，完成投资1600余万元，已进入实质性建设阶段；大亨苗木基地和家庭农场总投资3000万元，土地流转33公顷，已签订合同，并着手编制规划设计方案，完成投资120万元。

城乡建设 2014年，加快推进基础设施建设，上下线拓宽改建工程已完成政策处理和手续报批工作，完成勤奋路和科研路建设并投入使用，路口溪路口至虞家村段小河流域治理完成总工程量90%，人民医院西侧急诊综合楼完成主体工程50%，县计生服务站拆建工程投入施工，三元堂村村民安置房主体工程顺利结顶，后村村民安置房工程竣工进入验收阶段。2014年，以“五水共治”为主线，结合农村保洁、“双清”“三改一拆”“青山白化治理”等工作，大力推进综合环境整治，改善人居环境。完成大亨等6个村的污水处理设施建设，开展“垃圾河”治理工作，根据实际情况，对辖区内4条“垃圾河”制定治理方案和分年度计划，实施“一河一策”治理，全面实施“河长制”；积极引导和发动社会力量进入治水领域，先后成立志愿者队伍45支，加入五水共治、环境保护工作；农村保洁工作取得新成效，新建农村垃圾屋20座，村垃圾屋建造率达100%，农村保洁长效机制进一步完善，新增4个市级卫生村；以“三改一拆”为手段，超额完成上级下达的任务，全年共拆除违法建筑31808平方米，拆除宗教场所违法建筑6处、整改4处，有效遏制了违建行为；继续开展“青山白化治理”行动，是年审批“公益性公墓”2处，位于东山下村的公墓已开工建设。

社会事业 2014年，紧紧围绕“三生融合，幸福北城”这一主题，开展各项社会事业建设，顺利通过了市级文明街道复评工作；“春泥计划”实施率达到100%，城北社区和鹅浦社区成为一类示范社区；乡村学校少年宫取得新进展，城北小学、路口小学获评二类示范；继续开展文明村、文明户评选，优化民风、净化村风。深入实施农民健康工程，不断完善城乡医疗卫生服务体系和城乡居民医疗保险体系，城乡居民合作医疗保险参保率达到99%以上。健全城乡居民社会养老保险制度，做好60周岁以下城乡居民社会养老保险筹资，落实60周岁以上居民社会保险金发放，新增高龄老人补助28人；完善农村五保和城乡“三无”人员集中供养，按月发放分散供养人员供养金；完善城乡最低生活保障，共有536户、919人享受定额低保救济。全力推进残疾人事业发展，温州市“爱心街道”创建顺利通过验收，积极开展“助残日”“爱耳日”等宣传、义诊活动，免费发放轮椅、助听器无障碍设施进家庭等康复器材92件。全面落实农村政策性住房保险和困难群众住房救助工作。发展老年福利服务事业，加快养老服务体系建设，建成芬星、东山下、金元垟3个居家养老照料服务中心并顺利通过市级考核验收。积极开展红十字会工作，当年获永嘉县红十字会先进工作单位称号，完成应急救护员培训89名、造血干细胞采集19人、人体器官捐献一例。完善城北社区文化礼堂建设，建成银场村文化礼堂，继续实施文化繁荣工程，开展“迎新祈福、马年吉祥”联欢活动、“我们的节日·端午节”大手牵小手一起过端午系列活动、永嘉县首届业余文艺团队展演北城街道专场、庆祝建党93周年暨“老年人保护法”颁布一周年文艺演出、“九九重阳节”戏剧演出等大型活动；新增村级篮球场2个、健身苑点3处，同时对辖区内所有健身苑点的破旧器材进行更换或维修。计划生育工作进一步优化片组划分和联片驻村干部配备；实行“一月一排名、一月一考核”强化日常督查考核，深入实施计生“强基创优”工程，强化村居计生服务管理基础，实施计生网格化工作格局，全面提升计生工作水准，计生硬性指标和软件建设全面突破，计生考核名列全县镇（街道）年终考核前列。开展省级农业公共服务中心示范创建，配设农业公共服务大厅，增设农产品检测室。除场地需要扩容外，其他各项考核都基本达标。防汛抗旱能力得到加强，完成江坑、下湾等村多处山塘加固、除险修复工程和三面光水渠修建，完成东山下村饮用水安全项目，外寮村饮用水安全项目主体工程已竣工。

平安建设 2014年，坚持以科学发展为统揽，以“社会矛盾化解，社会管理创新”为重点，以构建和谐社会为目标，强化各项工作措施，全面推进平安建设。2014年，辖区内社会安定，基本保持平稳态势，各种社会矛盾逐步得到化解。一是强化宣传发动，营造浓厚工作氛围。开展综治平安建设公开承诺和创建“平安家庭”活动，加强媒介宣传、入户访视，制作分发5000份平安家庭门牌进村逐户张贴。二是强化治安巡逻，落实防控工作措施。完善治安防控体系，在各主要路口及人口密集的村庄安装视频监控探头，将监控区域覆盖辖区内主要路段和主要村居；各村居(社区)都建立村级巡逻联防队，整合街道辖下的城北社区巡逻队、三轮车巡逻队、永安巡逻队及其巡逻路线和区域；扩大巡逻覆盖面，合理设置巡逻路线和巡更点，构筑防“点”巡“线”控“面”的全时空、多区域、无缝隙覆盖巡逻机制;三是强化排查整治，完善网格化管理，维护社会安定团结。建立出租屋流动人口综合信息管理平台，及时对调查摸底的信息进行整理。加大对“邪教组织”的监控力度，将邪教人员纳入动态管控。继续完善网格信息，提高禁毒工作成效，2014年街道在册吸毒人员133人，达成瘾程度62人，帮教对象21人，社区康复总数9人，社区戒毒总数10人，2014年新增7人，复吸14人，已办理脱毒手续2人，在服美沙酮6人。四是强化矛盾化解，消除不利因素影响。进一步完善“大调解”工作网络，健全人民调解、行政调解和司法调解相衔接的多元化矛盾纠纷调处机制，受理调处各类矛盾纠纷58件，调处成功58件，调处成功率达100%；落实接访制度，规范信访秩序，全年共接待处理各类信访问题20件，已答复各类信访问题20个，相比上年总量有所减少，信访工作在年终考核中获得全县第一。五是强化安全生产工作，出动安全检查人员413人，累计检查112次，累计检查生产经营单位163家次，查出安全隐患问题45条，全部整改完毕，其中县级挂牌整治重大事故隐患8条，本级重大事故隐患4条。查出无证无照加工场3家，并抄告工商部门。取缔铝锁抛光加工场1家。

基层党建 2014年，按照县委的统一部署，开展党的群众路线教育实践活动，并以此为契机，完成相关工作。一是扎实开展“红色细胞工程”建设，全面建立“两个全覆盖”，组建党员志愿者队伍55支，开展党员“星期六”等志愿服务活动，其中街道老人协会和各村党员干部组建的“美丽乡村”志愿服务队成为全县“五水共治”的先进典型。深入开展“走村不漏户、户户见干部”和“联系不漏户、党群心贴心”活动，街道831名党员干部联系走访农户7500多户。扎实推进永嘉“民情E通”微信平台建设，及时反馈处理意见。深入开展基层党组织“五星争创”和“双服务一认领”活动，充分发挥党员的先锋模范作用，围绕“五水共治”“四边三化”等中心工作，组织开展便民服务、走访慰问、义务劳动等志愿活动70多次，扎实推进基层服务型党组织建设。二是开展软弱涣散党组织整顿工作，对村级组织换届进行“回头看”，结合党组织星级评定结果、党员队伍建设等工作，对被认定为软弱涣散党组织的杭郭、大亨、枫树下、芬星等4个村党支部，进行实地调研，详细听取工作汇报，了解后进原因，帮助制定整改提升措施和发展思路，落实领导包干制度，先后12次下村指导和调研，共帮助解决实际问题7个，基本达到预期目的。加强村级组织带头人队伍建设，抓好三项承诺的兑现，全年共组织培训6次，建立村级后备干部人才库134人。坚持从严管理干部，开展正风肃纪行动7次，约谈村居干部19次。全面落实“三会一课”、支部固定活动日等制度，加强党员经常性教育，及时开展不合格党员处置，保持党员队伍的纯洁性，深入开展马克思主义宗教观教育，组织党员签订不信教承诺书，加大信教党员的处置力度，共开除信教党员1名、限期整改1名。通过开展软弱涣散党组织整顿，以点带面，推动全街道基层党组织工作机制有效贯彻落实，基层党组织战斗力明显提升。三是扎实推进阵地建设，按照“分类实施、分批推进”的原则，与“文化礼堂”建设相结合，扎实推进村民中心建设，完成后村、三元堂、路口等7个村“村民中心”标识挂牌，启动岭山、朱寮、牛角门、上庵、陈下山等5个村活动场所租用工作，同时启动筹备新建办公楼的各项程序，其中岭山、朱寮等4个村办公楼已开工建设。

荣誉录 2014年，北城街道被命名为温州市卫生强街道，市级文明街道通过复评验收，并获得温州市“爱心街道”、永嘉县红十字会先进工作单位等荣誉称号。招商选资工作获全县一等奖、计划生育年度考核获全县三等奖；城北社区获温州市“四星级幸福社区”、市级四就近示范社区等称号。

（滕宏鸥）

东城街道

2014年街道数据库

项　目	单　位	合　计
总面积	平方千米	109.0
耕地面积	公顷	887
农作物播种面积	公顷	1564
粮食作物播种面积	公顷	1061
建置村	个	41
居委会	个	1
农村新社区	个	3
总人口	个	45091
外来人口	人	2996
农业总产值	万元	7637
工业总产值	万元	12212
财税收入	万元	1658

农　业 2014年，以创建绿色生态品牌和科技兴农为导向，全面落实农业保险等惠农政策，加大粮食生产扶持力度，农田绿肥有机肥秸秆还田135公顷，推广新型农机具47台，连作早晚稻播种面积340公顷。12月，完成陡门片粮食生产功能区建设，积极创建省级“千亩”稻田示范基地，扶持陡门蓝莓基地、长源12.3公顷双季稻田养鱼基地，陡门蓝莓、梅花、生姜、番薯枣、金银花等特色农业产业化经营步伐加快。禾光蔬菜食品有限公司作为回归永商投资项目，已完成基础设施建设，一期占地2公顷，投资1.5亿元，豆芽基地已进入试生产阶段。

工　贸 2014年，协助上塘中心城区不断完善峙口滨江工业园区配套管理服务。规划面积67公顷的上塘滨江工业园区，一期规划33公顷，已有１１家企业落户该工业园，规模均在0.7公顷以上，总投资达数亿。其中浙江贝普科技有限公司规模最大，占地11.5公顷，总投资4000多万元，生产的主要产品Ｋ１型一次性使用自毁式注射器是21世纪全球重点推广的600项科技成果之一，企业厂房主体部分已基本完工。天朗卫浴、固特锁具、鑫锐铜型、金强锁业等4家企业已正式投产。2014年，完成“个转企”任务23家，完成小微企业转型升级为规模以上企业培育对象1家；推进限额以下（商贸）服务业企业转为限额以上（商贸）服务业企业1家；服务业增加值4.78亿元，限额以上企业社会消费品零售总额3485.9万元，外贸出口总额110.31万美元，工商在册企业565户。

城乡建设 2014年，深入开展“四边三化”“三改一拆”“青山白化整治”等专项行动。抓好山林绿化和城区环境绿化，营造各类苗木800公顷，生态公益林2950.9公顷。全面开展丧葬陋习整治，骨灰跟踪管理180人，拆除新建坟墓42座，对已生态化改造的606座坟墓加强巡查，东坑村、山溪头村、金竹垟村等3个公益性公墓选址获得审批，有效控制了沿路青山白化现象。坚决贯彻执行“违必

2014年建置村（居委会）数据库

村（居）名	书记	主任	村（居）民小组	人口
浦口	黄天双	黄仁众	8	1156
前村	汪黎接	汪祥恩	5	535
浦东	叶崇甫	汤建香	6	932
嶂岙	金世宗	尤小玉	7	932
渭石	孙建石	孙鹏飞	16	2055
敬仁	徐培升	陈培元	15	1845
立新	梅永定	梅永开	4	494
绿峰	李炳全	徐建朋	10	1480
河底	潘建国	施小东	3	373
绿嶂	叶宏高	陈贤平	6	401
绿上	陈克行	杨阿靖	8	822
石介下	杨云和	叶建忠	2	155
峙口	苏文	厉育平	18	2399
焦坑	董建胜	缪春伟	3	364
仁里	陈久旺	汪庆光	4	540
河岙	娄炳远	郑元泽	12	1623
大龙山	邱杨文	刘小龙	5	622
溪头	黄达汉	吴文定	4	469
山仓	王哲忠	王云利	15	1868
河屿	陈建华	陈利贵	12	1401
长源	李仁兄	金胡宽	8	1370
大岙坦	叶丏茂	胡念丰	3	473
高山	高祥荣	黄 远	3	701
全安	柯碎华	柯荣靖	7	816
大溪	张建新	陈招仁	8	1147
陡门	陈龙有	陈卫林	13	1478
东坑	陈建华	陈昭仁	3	316
牛伦	翁兴宽	黄金永	2	144
西林垟	李中有	李松飞	14	943
山溪头	高仁德	高金宣	2	226
平坑	黄丏显	林云尧	7	843
绍山	叶圣枢	叶圣博	4	378
翁山	柯永海	柯恩荣	3	362
上庄山	廖克育	廖文榜	2	225
梅岙	陈荣区	陈爱义	5	563
潘垟	陈招益	刘祥玉	6	813
茅竹坑	李忠业	李 石	3	274
珠山	陈光泽	卓丏柳	8	1014
林村	林文杰	林日聪	2	168
全山	陈建新	徐少考	2	237
金竹垟	张国富	张恩龙	8	1104
城东★	叶松鹤	张志乐	50	10297

拆”“六先拆”政策，每月通过调查摸底列出“十大违建王”，明确拆违责任人，限期整改到位，有效推进诸永高速沿线、41省道沿线宗教场所违建部分拆除工作，共完成拆违140多处54517平方米，完成全年任务109%，其中宗教场所拆违7315平方米。2014年，五水共治等重大民生工程持续推进。摸清辖区内“垃圾河”7条、黑臭河1条的污染情况，建立了垃圾河、黑臭河治理实施方案、沿岸垃圾收集处理和保洁长效管理制度，落实保洁人员，明确河长职责，建立巡查监管制度。被列入重点黑臭河整治的山仓河“两河整治”实施方案委托永嘉县水利水电勘测设计院完成设计，已组建永嘉县仓宁农业开发有限公司，并经环评、农业设施用地等审批，生态畜牧业发展模式以解决屡拆不决的源头污染问题，并结合河道疏浚、引水补充及水生动植物净化水体，该工程总投资183.87万元，力争按期完成黑臭河治理。农村生活污水治理逐步推进，是年完成大溪、大岙坦、潘垟、上庄山、梅岙、绍山、金竹垟等7个村的生活污水治理工程。投资258.25万元，完成嶂岙村饮用水工程建设；启动河网综合整治工程，完成楠溪江、陡门溪沿岸防护林补植29.9公顷，村庄绿化1.3公顷。2014年，对照县考核任务要求，按月推进清洁乡村整治和美丽乡村环境整治，成功创建市级卫生村1个（上庄山），大力开展“春泥计划”示范村（社区）的创建活动，创建陡门、望江、峙口3个文化型幸福社区。全面开展环境卫生整治，新建垃圾收集点14个，配置垃圾箱（筒）580个，生活垃圾无害化处理率达100%。41个村都设保洁员，对辖区村居洁化工作进行考核，考核结果纳入村级组织和村主要干部年度考核内容，对工作扎实、成绩突出的村予以奖励，对工作不到位的村予以通报批评。

社会事业 2014年，社会保障体系不断完善，全街道共登记备案社会组织总数133个，平均每个社区33个。原有社会专业人才9人，新增社工25人，新建县社会工作示范点1个，受理低保申请168件，走访民政服务对象499户，办理老年人优待证475个，老年人信息库采集6511人，新增低保对象20户，重残对象11人，取消低保对象1户，重残对象1人。上报60周岁以上退伍军人29人，帮助解决实际困难125件，为18名立功受奖现役军人发放奖金1.8万元，发放49名退伍军人生活补助费7.2万元。高龄津贴发放146人，新增58人，办理高中、大学学生生活困难救助75件；申请大病救助30人、临时救助30户、火灾救助16户、台风救助13

户、春荒救济86户，慈善救助55户35.8万元。城乡居民医疗保险参保33647人，峙口村、西林垟村居家照料服务中心全面改善，设床位42张，新增城东社区居家照料服务中心1个，新创建金竹垟、绍山、大龙山、高山、河底5家居家照料服务中心。日常办理残疾人事项229件，其中享受免费轮椅车37人、免费助听器13人、白内障康复23人，新增居家安养18人、集中托养33人、无障碍设施进家庭13户。2014年，计划生育工作突破性别比治理、社会抚养费征收、网格化管理等难点，不断加强计生服务员队伍建设，提高计生优质服务水平。2014年，全面推进素质教育，不断完善教育软硬件设施，投入10万元用于增加各社会文化服务中心基础设施，新增书籍5000余册，建成陡门村文化礼堂，组建文化业余团队13支。积极开展老年人联欢活动、健身操表演、“三·八”妇女节趣味比赛等活动，成功举行群众路线教育专题文艺会演、永嘉县文化艺术团队东城街道专场比赛，丰富了群众文化生活。2014年，选送多名优秀新兵入伍，组织退伍军人31人参加县民兵应急连训练，圆满完成征兵任务和民兵训练任务。民族宗教、青年、妇女、老龄、关心下一代、统计等各项事业稳步推进，总工会、残联、妇联、侨联、商会等发挥了重要作用。

平安建设 2014年，继续加强网络防控体系建设，建立健全矛盾纠纷调处机制，努力维护社会稳定。一是综治网格化管理健全。强化法制宣传和常态式群防群治巡逻活动，保持对违法犯罪活动的高压态势和主攻态势，努力提升“平安四率”。抓好综治网络延伸工作，创新完善“网格化管理”体系。根据农村新社区建设的新实际，调整和优化“定格、定人、定责、定流程”要求，将42个行政村划分为陡门、峙口、望江、城东等4个网格社区组，42个网格小区组、44个网格单元，分类分级组建服务团队40支430人。二是信访稳控工作成效明显。以“领导干部开门大接访”活动为契机，化被动为主动，变阻堵为疏导，变治标为治本，全力以赴抓好信访稳控，积极化解各类社会矛盾纠纷，加强劳动纠纷调处，预防和妥善处置群体性事件。据统计，全年共排查各类矛盾纠纷138件，成功调处138件，调处率达100%；共受理信访21件，已办理答复18件，成功化解历史遗留难题6件。三是禁毒工作稳步推进。东城街道共有在册涉毒人员288人，实际吸毒人员114人，复吸20人、新增10人、成瘾55人，帮教对象33人，社区康复总数31人，社区戒毒总数23人。第三季度社区康复应检18次，已检17次，总体尿检率94.4%，社区戒毒应检38人次，已检38人次，总体尿检率100%，对已检对象进行一次帮教谈话。新型帮教应帮教谈话73次，落实率87.7%。服用美沙酮任务数11个，已完成9个，维持三个月7个，完成率82%，维持率达64%，年度禁毒考核获全县第一名。四是安全生产形势好转。定期开展安全生产大检查，全面落实安全生产责任制，着力抓好“打非治违”专项大行动。全年出动116次396人，对185家工商贸企业开展全面大排查、大整治，查出安全隐患231处，取缔污染环境煤锅炉2家，查获无证无照加工企业10家，已整改231处，整改率达到100%，开具行政执法指令书22份，对2家未及时整改企业进行行政处罚。开展安全教育培训1027人次，召开安全生产专项会议12次，发放宣传资料3500多份。通过安全生产各大领域“打非治违”和隐患排查治理以及相关专项整治工作，事故防范能力逐步增强，重特大事故得到有效遏制。大力整治居住出租房，改变以往“重管理、轻服务”传统模式，努力掌握外来外出人员信息，提高流动人口管理水平。加强食品药品安全管理，积极做好“凤凰”台风等防灾减灾救灾工作，确保抗台防汛、森林防火工作总体平稳。

党建工作 2014年，街道党工委先后集中学习20次耗时15天，学习习近平总书记系列重要讲话精神和《党章》，学习中央八项规定、省委28条办法、《干在实处·走在前列》和《之江新语》等读本，组织开展为期2天的“三思三观”学习讨论。深入开展“坚定理想、增强党性观念、强化党的纪律、敢于担当克难”专题教育，安排领导干部上党课3次，举行先进事迹专题宣传和马克思主义宗教观讲座1次，组织观看“四风之害”警示教育片和《焦裕禄》《信仰》《三改一拆》等专题片，不断深化理想信念教育。还先后组织开展班子成员、机关干部、村两委会负责人到永嘉县革命历史纪念馆、红十三军成立旧址、芙蓉“清正园”廉政展馆等地参观学习，组织学习当代农村党员干部代表李成相先进事迹，学习焦裕禄、沈浩等感人事迹，在对照中找差距，激发领导干部自觉查问题改作风。针对群众路线教育中查摆出来的突出问题，召开民主生活会，开展批评与自我批评，落实督查整改机制，建立健全党政领导联系难点村、重点项目制度，实行党工委成员分片定点责任制，将任务落到实处，全力做好整改工作。2014年，积极开展走亲连心活动，领导干部、驻村干部走遍全街道42个村和社区、10家重点企业和60个重点困难户，掌握民情民意，解决了峙口造纸行业重组后土地审批问题。落实"五件宝"制度和"鱼水情"行动，街道干部联系村党员、村民代表、困难户1461户，设立联系干部阳光牌和周行程公示栏，接受群众监督，举行夜学活动28次。组织开展"点亮微心愿、共筑中国梦"活动，在嶂岙村党支部开展微心愿认领、星期六志愿者活动等试点，解决实际困难34个，尤其是村民的吃水难问题。充分发挥"民情E通"微信平台作用，共收集民情68件，办结60件，解决了66件困难群众申诉。2014年，共发展预备党员25名，预备党员转正55名，其中农村41名、"两新"组织12名、机关2名。全面开展五星党组织争创、"先锋指数"考评、党员民主评议和"两新结对驻企"等工作，成功创建7个五星级基层党组织，评出先锋党员38人次，教育引导"警示党员"4名，处置信教党员4名。采取领导包干、结对帮扶等方式，全力转化提升4个软弱涣散村级党组织，由县人大副主任胡明凯挂钩联系，街道党工委书记、片长、驻村干部直接联系，有针对性制定详细可行的整改转化方案，完成了4个后进村的整改工作。41个村按照要求建立后备干部人才库，严格监督落实村级组织"五议两公开"制度。有序推进村民中心建设，完成公路沿线的石介下等6个办公楼村民中心标识安装，完成峙口村民中心标准化建设，着力解决3个无活动场所村的实际问题。2014年，大力开展正风肃纪活动，效能检查常态化，严格执行"四条禁令"和"八项规定"。加大效能督查力度，给予通报批评处理2人，书面效能告诫处理1人，诫勉谈话1人，口头效能处理2人，批评教育6人。加大党员违纪处理力度，党内严重警告处分3人，党内警告处理1人，留党察看处理1人，严肃整治会风纪律通报批评8人。同时，加大对村级集体资金的监管，清理违规费用支出，通报批评警示谈心16人次。畅通监督渠道，加强社会监督，实行村级三务公开，及时纠正整改公开不到位，通报批评9个村，限期整改3个村。自觉接受党员和群众的民主评议，全面推行党务、政务、财务公开，"三公"经费支出大幅下降，从源头上预防腐败。启动并健全村级廉情预警机制，推进村监会规范化建设，实行村监会主任工作例会制度。

荣誉录 2014年，东城街道被命名为国家级生态街道、省气象防灾减灾标准乡镇（街道）。同时获县人口和计划生育目标管理三等奖、县文化礼堂建设工作先进集体、县"五水共治"建设美丽浙南水乡先进集体、县政法工作先进集体、县级先进团组织、县安全生产工作年度考核先进单位等荣誉称号。

（胡贤都）

南城街道

2014年街道数据库

项目	单位	合计
总面积	平方千米	64
耕地面积	公顷	573.2
农作物播种面积	公顷	942
粮食作物播种面积	公顷	596.6
建置村	个	31
居委会	个	2
总人口	人	54975
外来人口	人	7500
农业总产值	万元	5956
工业总产值	万元	206691
财税收入	万元	2354.8

经济发展概况 2014年，始终把粮食生产摆在突出位置，出台各种优惠政策，粮食作物喜获丰收。是年粮食作物播种面积596.6公顷，粮食总产量3636.7吨；油菜种植面积93.3公顷；蔬菜种植面积242.4公顷；发放病虫害情报15期；春秋两季共铲除加拿大一枝黄花约0.2公顷；下村农业技术服务83次。启动东华、栗一等7个村的高标准农田建设项目，为农业增产增收打下坚实基础。着力做好农补网工作，及时发放国家良种补贴，国家农资综合补贴18000户，接待农民农补网修改55人次。加强H7N9亚型流感的防控工作，及时组织畜牧员、防疫员到畜禽养殖场所，开展H7N9亚型流感疫情大排查。严格执行畜禽流感疫情日报制度，掌握每日排查情况，加强病死动物无害化处理。开展森林病虫害

2014年建置村（居委会）数据库

村（居）名	书记	主任	村（居）民小组	人口
前一	胡志强	缪 铙	12	1568
麻山	胡金祥	胡增海	13	821
外山	尤长光	尤长崇	8	594
中联	胡成周	胡理考	10	572
中兴	陈光武（副）	胡明九	10	1673
大了垟	胡忠平	胡国荣	10	924
应山	姚建新	胡明达	11	737
桥头	柯统建	胡建文	10	1094
龙翔	金信法（副）	胡忠建	12	1026
西前	吴振亮	李秀忠	9	1255
西后	张爱华	李海兵	8	1204

村（居）名	书记	主任	村（居）民小组	人口
李家村	李长恩	李建士	10	923
仁堂	李本良	李春光	16	1114
栗一	胡朝献	吴国锋	5	524
金平	胡恩仁	郑彩珠	6	323
李浦	陈德义	陈景权	16	2027
前二	周寿南	周孟猛	24	1662
前三	胡文平	胡玉兴	22	1778
中西	胡忠沾	钱云棣	10	1102
溪了头	施秀仁	施秀建	4	402
郭山	施云飞	施海勇	8	621
金塘		金吉祥	5	156

村（居）名	书记	主任	村（居）民小组	人口
下堡	南晓来	南存候	8	912
黄屿	厉秀坚	李景池	33	4184
屿门	何如亮	汤晓光	12	863
观前	何丐唐	何定康	12	680
新民	陈进友	陈敏开	24	2187
观下	李仁赖	李龙进	8	725
芦湾	陈明忠	郑芝林	6	460
东岸	陈仁忠	陈云芳	16	1636
东华	陈龙通	李小曼	10	902
城南★	黄天芬	黄建飞		7677
城西★	叶占一	柯海生		12649

调查，处理枯死苗木330多公顷，森林防火工作取得显著成效。建立森林防火指挥部，与各村签订森林消防责任书，组建2支森林消防扑救队伍，各村都建立了相应队伍。森林消防工作在考核中获全县第一名。

新农村建设 2014年，加强对中塘溪、下塘溪河道的治理，中塘110千伏变电站、三李公路、县两馆等工程进展顺利，启动上瓯公路、中塘片路网工程、环城北路联通工程前期工作，下塘片和中塘片安置房建设有序推进。积极推动“美丽乡村”“美丽浙南水乡”建设，以“五水共治”为突破口，结合“三改一拆”，持续开展清洁乡村行动和黑臭河治理，争创省级生态街道，改善和优化发展环境，增强综合竞争力，提高人民群众的生活品质。全年共拆违184处，面积60710平方米，完成规定任务的101.2%；拆除和整改宗教违法建筑24处；完成街道辖区内的下塘溪、屿门河、电大浦、永中浦、戈田浦、西巷河等6条“垃圾河”的整治，并顺利通过市、县验收；完成中联、新民、栗一、屿门、外山、金平等6个村的垃圾屋建设；李家村、栗一、东华、外山、麻山、郭山等6村生活污水治理工程已接近尾声。2014年，完成绿化造林33.1公顷，建成特色林产品种苗花卉基地51.1公顷、沿海防护林8.9公顷、平原片林0.7公顷，绿化村庄2个计1.9公顷，抚育森林42.9公顷，开展重点生态公益林林权调查，确认9个村703.9公顷。4个村共4条9千米的林区道路工程立项，已建成3条计5.4千米。

民生事业 2014年，积极开展残疾人培训、残疾人生活救助、残疾人和贫困户危房改造、农村医疗救助等工作。新增低保对象34户46人，全年发放城乡低保金295.2万元、医疗救助金50多万元，发放困难群众冬春救助款8.48万元、优抚补助金10.8万元。对辖区内7063位60岁以上老年人建立信息档案库；办理老年人优待证500多个。举办残疾人专职委员培训班和残疾人农村生产实用技术（铁皮石斛栽培技术）培训班，安排15名白内障患者到温州眼视光医院实施复明手术，并免除一切医疗费用。鼓励和扶持各村（社区）建立爱心驿站、居家养老服务中心和邻坊中心。

平安建设 2014年，切实加强安全生产督查和指导，完成对200多家企业的检查和十大重点领域的整治；对2022户出租房进行清理和整改，其中存在隐患281家，已整改278家，整改率达98.2%；对下堡、金塘、西后等村集中开展3个月的检查和整治，9月经温州市城中村安全综合整治领导小组验收达标；专题召开消防防控动员会议，签订消防责任书，做到安全生产零事故。2014年，紧紧围绕新农村建设的目标，以平安创建为主线，以平安村、平安单位、平安校园的创建为基础，以群防群治为重点，坚持“打、防、管、建、教、改”为一体，强化村（社区）基础性工作，狠抓综治、维稳、信访、禁毒等工作的贯彻落实，使各项工作齐头并进，为经济社会的快速发展提供了良好环境。

基层组织建设 2014年，高标准高质量开展党的群众路线教育实践活动，以贯彻落实中央八项规定为切入点，聚焦“四风”，落实专项整治，促进效能作风的改善。加强党员干部队伍建设，开展农村党员先锋指数考评，对评出的警示党员结对帮扶转化，对不合格的党员开展处置试点工作。2014年，共接收预备党员19名，党员转正33名，入党积极分子26名，党员队伍的结构比例进一步优化；健全党员先锋指数考评，共评出农村先锋党员121名，合格党员976名，警示党员3名。密切联系群众，继续推进干部联系群众“鱼水情”行动；以“民情E通”和“民情微圈”为平台，第一时间服务群众。以星级管理为载体，提高党组织战斗力。2014年，共评出五星党组织6个、四星党组织14个、三星党组织29个、二星党组织10个、无星党组织1个。对评星结果靠后的中兴、中西两个党支部班子进行调整。深入开展“红色细胞工程”，推进基层治理体系和治理能力现代化，不断巩固党的执政基础和执政成效，深入贯彻落实强基惠民的政策方针，其中城南社区构建的红色细胞“135”服务体系已取得较好的社会效益。

荣誉录 2014年，南城街道获省级生态街道、市级爱心街道、红十字工作先进单位、森林消防先进单位等荣誉称号。

（潘齐伦）

瓯北城市新区

2014年瓯北城市新区数据库

项 目	单 位	合 计
总面积	平方千米	55.8
建置村	个	35
社区居委会	个	11
户籍人口	人	93531
规模以上工业总产值	万元	1256000
限额以上固定资产投资	万元	343100
财税收入	万元	195700
外贸出口交货值	万元	66400
新产品产值	万元	527800
全社会用电量	万千瓦时	102200
居民生活用电量	万千瓦时	23000
工业用电量	万千瓦时	64800

经济总情 2014年，瓯北城市新区完成规模以上工业总产值125.6亿，同比增长1.8%，其中服装、皮鞋、泵阀机械产值分别达39.49亿元、45.32亿元、23.99亿元，同比分别增长4.1%、0.6%、0.5%；财政总收入19.57亿元，同比下降0.1%；完成限额以上固定资产投资34.31亿，同比下降28%；外贸出口交货值6.64亿，同比下降8.9%。2014年，完成工业性投资4.86亿元。促开工项目4家，上五、球豹、佳龙电子3家已开工，禾益在做总评调整。促竣工项目3家,大牛光学、豪华泡钉和罗浮美容均已结顶，续建1家，红蜻蜓物流中心已结顶。预备实施项目10家，其中登宝、金螳螂2家已挂牌；奥康物流、安得利正在制作施工图。完成珠岙小微园地块12.3万平方米的违法建筑拆除，出台小微园的实施办法，完成近期规划的委托编制和会审，完成控制性规划的委托和编制，确定各地块用地红线，完成设计方案和地质勘查招标，前期报批正紧锣密鼓进行中。2014年，积极开展驻企服务工作。坚持“一对一、一对多”的原则，抽调精干的机关干部94人结对问题较多且规模中等以上的企业56家，小微企业95家,为企业排忧解难，树立发展信心。开展政策宣讲工作，做好“加快促进电子商务发展”等新政策的传达落实。帮助企业申报各类荣誉称号和奖励项目。开展节能降耗宣传周活动和节能降耗“一月一主题”宣传活动。开展儿童服装产品质量专项整治工作。完成第三次经济普查工作并顺利通过国家、省、市、县级事后质量抽查验收。2014年，筛选浙江佳龙电子、浙江嘉隆机械设备等2家企业申请温州市知名商标；筛选佳龙电子申报市名牌产品；筛选康泰生物、牧雅阀门、铭泰阀门等3家企业申报县名牌商标。筛选浙江奥康鞋业股份申报省级企业研究院；筛选良精集团4个新产品申报省级新产品鉴定；筛选超达阀门高参数特种耐磨球阀、奥康鞋业股份新型复合抗菌剂及抗菌鞋材等两家的两个产品申请省级科学技术奖。6家企业获县科技发展计划项目指标及经费补助。

城市建设 2014年，新桥路南段、楠江北路、金穗路等工程竣工通车，王家坞路北实现半幅通车。瓯北大桥工程进展顺利，预计2015年6月竣工。阳光大道东向延伸（一期）工程已完成70%的工程量。完成双塔路与昌新路交叉口、罗浮北街与三塘线交叉口、龙桥路与104国道交叉口改造工程交通信号灯安装。完成阳光大道、双塔路中央护栏的更新和标线重新划线。完成104国道白水路口和黄田街道前优化改造，罗浮大街北段延伸二期工程完成路基施工，进入路面施工阶段。完成公共自行车系统一期建设，在江北街道建成14个站点，投放自行车300辆，总投资约100万元。瑞金北街桥梁、近民桥工程完成投标，将进场施工。建成停车位868个（专用车位668个、公共车位200个），超额完成年度任务。马岙农房改造集聚建设已完成工程桩检测、基坑检测招标、基坑围护专项施工方案专家论证，并进行地下室围护结构施工。瓯北便民服务大厅项目完成工程前期报批程序，于12月开工。12月5日，千石人行过街天桥完成工程招标，并于当月开工。县职工文化活动中心项目已完成全部审批程序，县政府已明确土地出让方案、面积分摊等工作。瓯北辖区中小学建设完成，固定资产投资4500万元。瓯北二中、瓯北五中、瓯北二小、黄田中学、千石小学等5所学校扩建建筑总面积33692.12平方米，正在有序施工中。黄田小学1号综合楼扩建工程建筑面积2076.67平方米，于3月19日开标，已进场施工。做好瓯北三小校园迁建、瓯北六小扩建等5个项目前期工作。2014年年初，瓯北城市新区借县新春招商大会，签约双塔地下人防工程开发利用项目，协议资金10.5亿元。新区已有10个招商选资项目，签约总金额79亿元，实际到位11.4亿元，完成县定目标任务（10亿元）的114%。首个五星级酒店铂尔曼酒店、国嘉超市顺利开业运营，创造了高效率的“铂尔曼”速度，部分签约项目处于选址、调整规划、土地征用等工作阶段，土地要素制约明显，存在项目落地难、推进难问题。2014年，完成年度计划预安排摸底并上报，共计38个项目，面积104.6公顷；完成温州国际商贸中心等5个项目用地23.9公顷的报征工作；做好瓯北龙桥路北段等6个项目拆迁安置工作；完成科信银行等出让地块政策处理以及奥康物流中心等3个工业地块进场工作。初步划定瓯北27块区块163.5公顷作为低效土地开发对象，是年低效再开发启动项目7个，涉及低效地块12块，共计26.7公顷。

环境整治 2014年，大力实施“五水共治”工程。制定《瓯北城市新区建设美丽浙南水乡实施方案》，下达每一项工程或工作的具体任务、责任单位、完成时限。完成辖区范围内“垃圾河”清理。浦西河河道治理、黄田万寿浦雅林浦河道治理一期工程已进场施工，其中浦西河河道治理完成年度投资473万元。后垟浦新桥段河道整治工程完成年度投资454万元。完成温州首个河道生态清淤试验段干化场地（占地0.33公顷）建设，先期开展罗浦礁河（后垟浦至罗浦河）清淤，完成年度投资226万元。完成龙新河（罗浦河至新华路）近900米长度的清淤疏浚。马岙河生态整治工程完成设计内审、专家会审。罗浦礁大河南岸整治工程龙桥路至江北街段已完成招投标工作，即将开工建设。江北白水浦和黄田大浦洋纵河治理工程先后立项，已组织县相关职能部门和水利专家完成实施方案会审。2014年，深化“三改一拆”工作。城中村改造完成户数552户，共计面积11.5万平方米，完成年度任务的143%；清水埠城中村改造项目06号地块有住户91户，已与其中的89户签订补偿协议，正进行阳光大道东段局部外移技术论证和06号、05号地块控规调整编制，已与工业企业进行征收补偿协议谈判。完成旧住宅区改造户数1797户，共计面积（折算后）16.9万平方米，完成年度任务的398%。完成旧厂房改造面积27.9万平方米，完成年度任务的932%。完成拆违面积29.2万平方米(江北街道166806平方米、黄田街道125292平方米)，完成年度任务的116.8%。2014年，继续加强城市管理工作。做好330余万平方米道路清扫保洁，其中市场化运作面积218万平方米，机扫率达60%以上，日均垃圾清运处置量达400余吨。加大环卫基础设施投入，购置垃圾桶3000只、卧式垃圾压缩设备1套，投建黄田垃圾中转场1座，罗浮垃圾中转站完成垃圾压缩站房建设，主体宿舍已结顶，预计2015年上半年竣工。加强各个路段的市容整治工作，办理立案并实施行政处罚的案件8起，发放《限期责令整改通知书》3000多份，受理占用、开挖、户外设施审批件15件，查扣并处罚乱倾倒废弃土车辆10辆（件）。共清理小广告10000余平方米、乱挂横幅9012条，违章灯箱2100余个，遮阳篷架515个。认真做好破损道路、人行道、窨井、路灯等日常巡查工作，修复沥青路面300余立方米，铺设人行道彩砖1000平方米，修复罗马城、商贸城、阳光景园、香港城等阳光路景观亮化工程，做好瓯北城市新区范围内的窨井和路灯统计工作，规划辖区内2949座窨井、地漏防坠网的试点安装及布点工作。认真做好日常绿化的养护管理，做好绿化带内树木的修剪、施肥、治虫、除草等一系列工作，完成滨江公园景观改造提升工程和白水漈森林公园入口建设。根据县政府统一部署，联合街道、公安、交警、城管、工商等部门人员组成整治联合执法组，共查获1549辆“四小车”。2014年，狠抓污染减排工作。加强瓯北污水处理厂、污水提升泵站的监管，是年共处理污水1475.1万吨，日均4万吨，COD减排1918吨，进水COD浓度154.33毫克/升，出水COD浓度24.26毫克/升，污水处理率达到88.5%。完成污水管网建设3538米，其中黄田金工路457米、楠江北路（永八路—新罗河）244米、罗浮大街北段延伸（二期）744米、黄田金穗路800米、新桥路南段（阳光大道）565米，康乐路310米，蜘蛛王等企业消防通道230米，王家圩路北段工程188米。阳光大道东向延伸工程污水管网1250米正在施工。启动瓯北地下管网普查工作，完善瓯北城市新区管网基础资料，项目已立项。启动王家圩路截污纳管工程，将国际华城、马岙、白水、珠岙等的污水引到瓯北污水处理厂，解决104国道以北没有污水管网系统、瓯北大道以北污水未接到污水处理厂的现实问题。

行政审批 2014年，按照“流程最优、环节最少、时间最短、服务最佳”的要求，完善审批程序，节省群众办事时间，提高办事效率。行政审批和公共资源交易中心总办件194496件，占全县业务量的50%；完成交易项目66宗，总成交额约6462万元（建设工程招标项目为51宗成交额约为5851万元，节约金额为573万元；出租项目1宗成交额410万元增收210万元）。规划审批坚持打造阳光规划，进一步简化审批手续。组织内审会议22次，发放内审纪要文件13个，会审纪要1个，审查项目67次，涉及重点项目4处。公建项目方面办理选址意见书12个，核发规划条件通知书18个，办理建设用地规划许可证27个，办理工程许可证16个。私建项目共发放建设用地规划许可证130个，发放工程许可证123个。发改审批完成技改备案11件，工业项目备案25个(其中江北和黄田街道仅9个项目)。立项、核准、初步设计批复等项目审批共34个。累计收取29个项目散装水泥资金53.84万元。牵头组织11个项目联合踏勘，开具11个项目企业服务联系单，共参加23个项目方案会审、初步设计审查及联合验收。建设审批办理工程初步设计批复2件，招投标备案3件、工程合同备案2件、施工图审查备案29件，建筑节能审查4项，建设工程施工许可15件；办理人防工程易地建设审批37项，收取人防易地建设费172.7万元，办理人防工程施工图设计审批6件，人防工程竣工验收6个项目。按时办结率达100%。

基层组织建设 2014年，严格按照建设“五个好”的目标要求，切实抓好党委的自身建设，提高基层工作的能力。通过“四抓”实现“四促进”：一是抓领导班子的学习，组织学习了十八届三中全会等17个专题，促进领导班子思想政治建设。二是抓思想、抓作风，促进领导班子适应新时期的需要。三是抓民主集中制，促进领导班子的团结。四是抓制度建设，健全完善领导班子会议、议事规则，严格执行党委民主生活会制度，促进监督激励机制的健全和落实。2014年，精心组织，开展党的群众路线教育实践活动。紧紧围绕“为民务实清廉”主题，制定党的群众路线教育实践活动实施方案，通过指定教材、网络学堂视频教学、各类专题学习报告会、参观历史教育基地、集中学习、自学夜学、知识竞赛等学习方式进一步坚定理想信念、增强党性观念、强化党的纪律。创新推行干部亮相台、每月新闻例会、学习身边的典型、正风肃纪例行行动、每季党建工作例会等系列制度。认真开展评议与谈话活动，广泛征求聚焦“四风”方面意见，共征集83条。大力推进调研走访活动，共走访群众860多人次，走访企业180多家，走访村居46个。加强“红色细胞工程”建设，征集微心愿50多个、微观点20多条、微承诺30多个、微故事8个。做好即知即改工作，达到了预期目的。2014年，优中选优，发展新党员1名。申报晋升主任科员1名，副主任科员2名。晋档增资100多人次，晋级增资30多人次。解聘规划局工作人员1名。完成对人大7件建议意见和政协18件提案建议（来信）的办理和答复。完成市审计局审计组提出的新区审计存在问题整改落实工作和国有资产清查工作。进一步完善瓯北城市新区考绩办法、内务管理制度等系列规章制度。

党风廉政建设 2014年，规定党委担负党风廉政建设主体责任、纪委担负监督责任，领导班子及中层科室负责人“一岗双责”履职到位。制订出台《关于建立健全惩治与预防腐败体系2013—2017年实施方案》等制度，努力构建和推进具有瓯北特色和惩防体系建设。开展第三个“5·10”思廉日活动和约谈工作。组织实施部门站所政风行风民主评议工作。巩固“三公”改革结果，严格实行“五单合一”公务接待制；强化公车管理，认真执行公车管理“三定”制；“三公”经费下降39.3%，其中公务接待费下降34.7%，公务用车费用下降39%。抓好干部作风效能建设。对部门站所开展9次协查协管，对新区机关开展18次明察暗访，共对部门站所落实现场整改15批次，发放部门站所整改函5份，予以通报批评3人次，口头效能告诫2人次；对机关干部内部通报2批次13人，个人检查材料16份，口头效能告诫1人，通报批评1人。加强信访举报和案件查处工作，党员违纪案件立案4件，开除党籍4人。

荣誉录　2014年，瓯北城市新区获省绿化模范单位、县土地清理工作先进单位、县经信工作先进单位、县老干部工作先进集体等荣誉称号。

（高锦梁）

2014年街道数据库

项目	单位	合计
总面积	平方千米	20.0
耕地面积	公顷	9
农作物播种面积	公顷	113
粮食作物播种面积	公顷	76
建置村	个	10
居委会	个	1
总人口	人	86120
外来人口	人	66949
农业总产值	万元	482
工业总产值	万元	2133600
财税收入	万元	82082
农民人均收入	元	21560

2014年建置村（居委会）数据库

村（居）名	书记	主任	村（居）民小组	人口
河田	许建新	许理善	12	1578
五星	翁建朝	翁时章	14	2425
堡一	王乐清	张林海	21	3125
堡二	张志聪	张雷云	16	1886
礁下	池温武	池银木	12	1600
安丰	杨臣标	杨少奇	9	677
林垟	林国林	林松定	8	1195
和一	叶正洲	杨疏亮	16	2550
和二	杨胜	朱显木	6	1535
和三	朱巧仁	周小荣	20	2005
东瓯★	陈陆杰	廖微琴		595

东瓯街道（工业园区）

经济建设　2014年，实体经济稳步增长，实现亿元以上产值企业46家，全社会工业总产值213.36亿元。其中，规模以上企业产值183亿元，同比增长1.95%；规模以下企业产值30.36亿元，同比增长6.1%。固定资产投资33.66亿元，完成率112%，其中工业性投资完成10.13亿元，完成率72.4%。限额以上贸易业14.3亿元，同比增长10.7%。外贸出口总额及出口交货值21.4亿元，同比增长4%。2014年，项目建设迅速推进，共安排工业建设项目73个。其中，转而未供项目29个、面积13公顷，促开工项目24家、面积11.6公顷，续建项目9家、面积3.5公顷，已经完工促投产11家、面积17.7公顷。80%以上工业项目已开工建设。2014年，招商引资成效明显，成功引进大自然滨江花园、浙江伟峰机械有限公司、上海肯特科技有限公司、中汽奥迪4S店等4个项目。其中，大自然滨江花园面积10.67公顷，浙江伟峰机械有限公司面积1.13公顷，中汽奥迪4S店面积0.76公顷已开工，上海肯特科技有限公司面积0.67公顷已供地。引进省外资金6.9亿元，完成率115%。2014年，小微创业园建设力度不断增强。5月8日，14家企业面积共8.6公顷举行集体开工仪式，12家企业已供地面积7.93公顷。引进在外永商企业——中华集团，对原来高能耗、高污染企业浙江科一合成革公司进行收购，关停科一生产线，并计划投资4亿元，改建永嘉时尚家纺小微创业园。引导企业加大设备投入，加快机器换人步伐。迦南集团用机器人代替人工进行操作、鲍斯高企业投资2000万元创建新生产线，减少操作工人2/3以上，产品质量也有了显著提高。鼓励企业在不改变用地性质和用途的前提下，对已建成投产或者新建工业项目通过规划调整，增加容积率，提高建筑密度，引导企业向“上”发展。鲍斯高通过规划调整，在0.53公顷的土地上建成高度达90米、建筑面积2万平方米的研发大楼。中华企业集团通过改造将原科一3万余平方米的厂区，提高到20余万平方米。2014年，园区电商企业飞速发展，园区年泵阀网上销售产值达到50亿元，销售在2亿元以上的企业就有红蜻蜓、红黄蓝等十余家企业。12月31日，浙江迦南科技股份有限公司A股首发上市，正式登陆深交所创业板。继续做好红蜻蜓、亚龙、红黄蓝、宣达等企业的上市培育工作。小微升规模企业，任务20家，已完成17家，总量全县排名第一；企业培育对象，任务40家，已完成46家，完成率115%。个转企工作，任务66家，已完成86家，完成率130.3%。其中，个体工商户转公司比例为60%。2014年，街道荣获“省小微企业培训监测工作优秀基层单位”称号。

城市管理 2014年，以“五水共治”为突破口，积极开展垃圾河、黑臭河整治。召开五水共治企业家座谈会，现场募集治水资金20余万元，多次开展联合拆违行动，拆除延河违章点31个，拆除面积38000多平方米，迁移重污染企业3家，关闭畜牧养殖场14个，共投入河道治理160万元。2014年，初步完成了张堡浦北、安丰溪的治理。深入开展两轮环境综合整治百日攻坚，全力推进“四边三化”“三改一拆”等专项行动，出台《城市管理专项整治工作方案》，召开城市环境综合治理动员大会，与有关部门合作，常态化开展执法行动，对所有摊主、车主、业主进行管理，保证定时、定点、有序进行经营和停放。出台《东瓯街道村级卫生保洁考核办法》，对各村居进行保洁周考核，强势推进城市综合整治工作。2014年，共拆除违章房11.045万平方米；旧厂区改造面积7.999万平方米；旧住宅改造2001户，面积20.9万平方米；城中村改造1507户，面积30.8万平方米；清理各类垃圾1605.5吨。抓好阳光大道西段、双塔路西段、瓯北西段标准堤，小微创业园周边、铁路桥下等一批重点路段地段景观带建设，新增绿化面积11.6万平方米。大力推进辖区截污纳管建设，建成收集管网5300米，其中五星大道1500米、周山路1300米、园区大道1700米、绕城8米规划路800米，切实提高了污水收集处理率，有效提升了园区的形象。

社会事业 2014年，东瓯街道人口出生率1.22%，性别比125：100，计划生育率85.08%。当年二孩及以上长效节育落实率91.14%，其中，孕前审批率88.37%，符合再生育对象孕情掌握率95.83%，优生检测率87.22%。当年社会扶养费征收率80.65%，县定高额征收完成率100%。打击“两非”2例，完成率133.33%。社会保障日趋完善，扎实做好各类困难群体、残疾人和优抚对象的社会救助工作，城乡医保参保率达到100%，全部由集体出资。农村低保人均月补差提高到214元，城镇低保人均月补差提高到320元，保障水平进一步提高。村集体经济用于养老保障能力进一步提升，每人月补200—700元。2014年，在省宣传系统网络交流平台发表信息40多条，《永嘉宣传》发表信息15条，《今日永嘉》发表信息34条等。开展了系列主题宣传文化活动。开展送电影下乡活动24场；新建成文化园1个、文化礼堂1个、文化产业园区1个、文化产业项目1个。在堡一文化礼堂开展了30多场活动。同时，开展“文艺下村”“文化进社区”，举办“树婚育新风、建幸福家庭”文艺晚会等活动。扎实做好侨情调查工作，登记输入华侨和港澳同胞1035人，侨眷750多人，完成率达115%。开展民族团结“三进”活动和“四微”建设，依托农工民主党同心服务基地，全力实施“同心”工程。2014年，东瓯农工民主党同心服务基地开展送医送教下乡活动2场次，惠及群众1500人次。开展新东瓯人慰问走访活动2场，发放慰问金1万多元。圆满完成民兵训练、整组、教育、参建、征兵等工作，为部队输送直招士官和普通义务兵多名。

平安建设 2014年，开展“除恶治乱”等专项行动，有效处置各类群体性事件50余起，辖区总接警量3672起，同比下降4.92%。移诉114人，侵财打击、毒品打击、假冒食品药品打击均排名全县前三位。收缴枪支17支，“缉枪治爆”排名全县第一。追捕逃犯21人，收戒吸毒人员82人。分发各种禁毒宣传资料10000多份，禁毒宣传稿件在国家级媒体发表19篇，省级媒体发表6篇，市级媒体发表21篇，县级媒体发表36篇。成功调处各类纠纷1104起，调处成功率100%，其中重大矛盾纠纷61起，调处率100%，成功率97%。接待群众信访15起，受理11件，按期结案率达100%，解服率为98%，4个疑难信访积案中已有3个成功办结息访。其中，堡二村安置房信访事件，在多方的努力调解下，已趋于平稳。开展安全生产、建筑消防等重点安全领域专项整治行动231次，发现安全隐患236条，整改隐患236条，发出安全生产监督执法书122份，立案调查企业3家，上报消防大队进行强制整改企业2家，实现重大群体性信访事件、重特大安全事故和到市进京上访案件零目标。发放“E居卡”59976张，新增流口发卡率99.75%，排摸掌握20人以上出租房703户，30人以上企业107家，安装门禁107家，上线率68.22%，刷卡率104.67%。

基层党建 2014年，深入开展党的群众路线教育实践活动。紧紧围绕“为民务实清廉”主题，认真贯彻“照镜子、正衣冠、洗洗澡、治治病”的总要求，超前谋划，精心组织，周密部署，高标准高质量推进活动开展，达到了预期目的。街道党工委敞开大门，广纳谏言，班子成员下基层累计达300多人次，共征集到各类意见与建议49条。其中，“园区有线电视未接通”“园区未开通公交车”“8米规划路整改停滞”“人才公寓分配方案”等20个突出问题已经整改到位；“园区集中供热”等29个群众反映强烈的突出问题正在整改。据统计，街道各级领导班子和领导干部累计整改“四风”问题800多个。在整治文山会海方面，街道层面普发类公文同比下降16.3%，全街道性会议同比减少18.7%；“三公”经费支出方面，同比下降24.04%，下降率创历史新高，其中车辆运行费同比下降27.46%，公务接待费和会议费支出同比下降17.6%和59.2%；专项清理方面，清理违规车辆4辆，清理超标用房800余平方米；规范干部管理方面，进一步完善了干部考勤、值班制度，严格落实干部反向计分、全员考绩等举措。刊出《路教简报》15期，报道街道教育实践活动情况280多篇。2014年，把推进“红色细胞工程”建设作为基层党建工作的主抓手，建立“民情E通”微信平台、驻村干部“五件宝”等制度，开展“五星争创”、党员“微心愿”认领等活动，继续深化鱼水情行动，进一步突出党群服务引领，密切党群关系，夯实基层党建工作基础。特别是落实班子领导“七联系”制度，要求班子成员联系重点工程等具体工作，并多次召开专题研讨会，集中研究处理重大民情难题。2014年，共走访重点企业148家、街道重点工程21个、工业项目16个，走访群众1500余户，慰问困难户132户。加强软弱涣散党组织整顿转化工作，针对和二村软弱涣散党组织，刘超军书记亲自把和二村作为路教活动的联系点，亲自制定整顿方案，落实工作措施，采取“街道书记包案、驻村干部蹲点、工作组进驻”的立体整治方法，和二村党支部完成了转化工作。已停工1年多的安置房项目于9月份重新动工，2012年9月村集体返还土地1号标准厂房已投标出租。开展信教党员、违法宗教场所处置工作。全面开展专题教育活动，经过排查核实，没有发现信教党员，与辖区1834名党员都签订了不信教协议书。全面开展涉及宗教和民间信仰场所违法建筑依法处置工作，共拆除违法宗教建筑4处计4200平方米。2014年，街道决定将“党员代表会议制度”进行延伸和拓展。要求组织办公室将街道党代表整合到张堡社区党代表工作室，实行县、街道党代表轮流驻室制度，履行党代表职责，把张堡社区党代表工作室打造成市级党代表工作室示范点。是年组织开展了现场接访、现场问询会、走访慰问等活动，共接待党员群众反映问题38个，已解决38个。张堡社区党代表与教育局名师工作室教师联合到界坑小学中信校区开展献爱心活动。同时，参与督导“三改一拆”“五水共治”“四边三化”等重点工作。精心打造两新组织党建品牌。以宣达集团为试点，探索“两新”组织党建工作。推行“两破两增一变”，创新党的组织制度，通过竞职演讲、现场提问、无记名投票、差额选举等方式，成功选出宣达第一届党委书记。宣达党委通过“红色征集令”等方式，梳理出最迫切需求的服务项目，设计出“红色特攻组”“红船引领”“羽动青春”等69个特色党建项目，形成“党建需求库”，并建立了宣达党委党建文化馆。成立以宣达实业集团党委为核心的街道党建联盟，联盟成员单位各党支部将需求项目纳入工作计划，实行党建项目开放，采用轮值方式，由轮值党支部“做菜”，联盟成员单位党员“点单”，开展针对性活动，满足职工需求，并建立党员积分管理、党建客户评估等运行机制。在宣达集团成功召开“党建需求库”现场会。全面落实基层基础保障工作，在全县率先建成堡二村民中心(党群服务中心)，并投入使用。成功举办了县委村民中心(党群服务中心)建设现场会。2014年，和一、五星、堡一等3个重点村均已亮出村民中心(党群服务中心)标识，其他6个村级组织活动场所面积均已达标。2014年，街道投入村级组织运转经费131.5万元，包括村级组织阵地建设、农村保洁、出租房整治经费等，平均每个村11.95万元。对村社干部进行管理考核，以工作好坏确定报酬发放额。

荣誉录 2014年，东瓯街道（工业园区）获“省小微企业培训监测工作优秀基层单位”“市工会职工服务站达标单位”“县工作绩效考核优秀单位”“县落实党风廉政建设责任制先进单位”“县人口和计划生育工作先进集体”“县安康杯安全生产知识竞赛一等奖”“县招商选资工作二等奖”“县人口和计划生育工作目标管理二等奖”等荣誉称号。

（鲍凌云）

江北街道

2014年街道数据库

项目	单位	合计
总面积	平方千米	30.3
耕地面积	公顷	167
农作物播种面积	公顷	293
粮食作物播种面积	公顷	53
建置村	个	17
居委会	个	1
社区	个	11
总人口	人	148982
外来人口	人	69857
农业总产值	万元	1898
工业总产值	万元	1456200
财税收入	万元	163100
生产总值	万元	689043
农民人均收入	元	15404

经济总情 2014年，江北街道完成全社会固定资产投资20.37亿元，工业总产值145.62亿元，财政收入16.31亿元，规模以上工业外贸出口6.35亿元，服务业增加值16.87亿元。工业企业规下升规上5家，商贸服务业企业限下转限上共6家，个体转企业276家。

城乡统筹 2014年，江北街道水稻播种面积42.47公顷，总产量303.5吨；油菜播种面积6.77公顷，总产量10.55吨；蔬菜播种面积125.07公顷，总产量2526.8吨。经济作物面积略有扩大，全街道茶园面积22.7公顷，杨梅面积13.3公顷，花卉苗木7.3公顷。加快精品农业发展，共有龙头企业8家，

2014年建置村（居委会）数据库

村(居)名	书记	主任	村(居)民小组	人口
罗浮	潘建达	金忠义	38	6375
花岙	苏志良（主持）	林成双	17	1618
龙桥	张大丰	余敬飞	28	2847
塘头	林胜伟	廖志超	20	2951
新桥	余承达	余新章	8	1172
蔡桥	李本福	葛卫国	8	1173
珠岙	余章龙	郑建武	12	1732
东方	唐建勇	施胜凯	7	936
江北岭	杨显林	朱家武	2	312
浦西	郑建康	林安孝	17	3091
马岙	朱松波	陈理统	18	1424
浦一	蒋建勇	郑建德	22	2103
浦二	陈希希	胡鹏飞	13	1519
白水	何锦国	陈旭义	15	2109
码道	周长江	吴耀星	16	1852
前牌	余显东		8	1022
王家圩	王金巧	王建仁	8	931
清水埠★	缪年生	陈小英		2090

其中市级3家、县级5家。农村集体资产实现股份经济合作社100%的账户转制，新增5年以上土地流转63.7公顷。

基础设施建设 2014年，金三角大酒店、温州商贸中心、县职工文化中心、红蜻蜓物流中心、巴菲特金融大厦、温州国嘉超市等一批建设项目先后落实到位并开工建设，奥嘉铂尔曼大酒店于10月1日正式营业；码道村占地4公顷的温州商贸中心及绿化广场征地问题已解决，即将进场施工；瓯北小微企业园征地工作涉及8个村的政策处理工作全部完成，实现历史性突破，已进入土质勘测和规划设计阶段。2014年，温州翔宇中学、中心卫生院、文化礼堂和休闲广场等一批文化教育卫生公益建设项目已经完工并投入使用。瓯北大桥、阳光大道东延、龙桥街北延、罗浮街北延、罗浮垃圾中转场等基础设施建设工程稳步推进，其中瓯北大桥将在年内全线完工。各建置村的三产安置房建设进展顺利，其中江北岭村安置房已竣工验收并顺利分配到位，新桥村安置房扫尾工程顺利启动。2014年，着重打好几个硬仗。一是“五水共治”、美丽乡村建设。强力推进后垟浦河道整治工程项目，突出抓好护岸工程和河道清淤。后垟浦新桥段河道全长505米，2月份完成招投标（合同价960万元）；投入资金526万元，分别对龙新河、陡门头河、珠岙浦、罗浮浦、罗浦礁河进行清淤疏浚，清淤总量2.43万立方米，黑臭现象得到明显改善；引入河道一体化清淤干化技术，进一步加快黑臭河治理力度；实现保洁工作全覆盖，采取承包方式对12条河道全部落实了专人保洁制度，保洁合同每3个月签1次，并对保洁效果进行考核，实行保洁员淘汰制，落实河道保洁的长效管理工作。全年共拆除河道两岸的违章建筑110处约45万平方米，共投入整治点资金18万元，对市、县整治点的违章建筑35处、乱堆放115处进行有效整治。完成了源头5户养猪场的搬迁、拆除工作，共处置生猪3466头，马岙浦、后垟浦等源头水质明显改善。完成6条垃圾河和6条黑臭河的整治验收工作，“两河”治理迈上新台阶。二是做好“三改一拆”工作。完成城中村改造407户，面积78027.91平方米，完成年度任务的135%；旧住宅区改造75户，面积147069平方米，完成年度任务的398%；旧厂

房改造164753平方米，完成年度任务的824%；拆除违法建筑166571平方米，完成年度任务的111%。其中6月份的1天半时间内一次性拆除珠岙小微企业园地块违法建筑13万平方米，创造了高效率的“珠岙速度”。三是推进“四边三化”工作。对公路边、铁路边、河边、山边的生活垃圾、建筑垃圾、堆积物、墙体广告、户外广告等进行彻底清理，共出动300多人次，拆除了3万多平方米的大型广告牌；绿化面积36630平方米，投入资金1000万元。四是整治市容市貌，统筹管理城市环境，104国道以南全面实行保洁工作市场化管理，由保洁公司总承包，定期定员开展保洁工作；在104国道以北实行精细化管理，在实行市场化承包的同时，牵头组织各村保洁队伍，突击性参与保洁工作，实时督促，定期考核，市容市貌得到显著提升。

社会事业 2014年，完成二胎审批239例，上报当年人口出生590人，符合率88.98%，当年加往年上报人口出生638人，上报出生率为9.8‰，计划内出生560例，计划外出生78例，计划生育率87.8%（含补报），出生婴儿性别比（含补报）122：64，共落实四项手术222例,综合避孕节育率53.2%。征收社会抚养费140例，征收金额11535528元，最高额征收26.5万元，决定书发放率100%。2014年，发放春荒救济款8000元，火灾慰问金8000元，发放13位支宁人员补助金317400元；新增城镇和农村低保对象16户、39人，新增城镇和农村重残补助对象6人，全年发放补助金1082828元；加强社会工作培训，培养中级社会工作师3人、助理社会工作师15人、社会工作员10人；新创建4个居家养老服务中心；推进城乡医疗保险，筹集资金4831710元，参保率95%以上；做好双拥优扶工作，发放慰问金14000元、抚恤补助金27897元，表彰优秀参军人员，发放奖金33000元；完成普及救护培训100余人，救护员取证率达80%以上；完成造血干细胞捐献采样入库2名，完成年度献血任务400余人；全力提升社区卫生服务中心业务工作能力，成功通过“浙江省五星级预防接种门诊”“浙江省示范社区卫生服务中心”“温州市二级乙等水平社区卫生服务中心”等创建验收，基层医疗机构服务能力得到显著提高。2014年，加强“三沿五区”视线范围内及部分地段回潮坟墓治理工作，签订了379份文明办丧承诺书，新完成生态化改造坟墓23座，启动罗浮生态公墓建设；组织专职巡逻队，全年承包费10万元，全天候巡逻辖区内每一处可能建坟、修坟的山地，一旦发现问题，及时进行处置。2014年，举办大型广场文艺会演4场，体育赛事7次；积极组队参加省、市、县各类演出比赛活动，荣获省级金奖1个，市级金奖1个，县级金奖2个、银奖2个、创作奖1个，荣获“全市10佳节目”称号1次。2014年，将上年秋季征兵改为夏季征兵，圆满完成民兵训练、整组、教育、参建、征兵等工作，为部队输送多名优质兵员，完成基干民兵、双37高炮连整组点验工作。装备器材库投入七万多元，人防应急指挥中心投入50多万元。

平安建设 2014年，“两抢一盗”刑事拘留43人；破黄赌刑事案件18起，涉黄赌拘留114人；禁毒打击15人，查处吸毒人员143人。深入开展火灾隐患“排查、整治、保安全”活动，全年入户排查出租屋19200多家，临街店面小场所2000多家，社会企业单位3200多家，排查出存在火灾安全隐患13200多家，整改11700多家。深入推进“网格化”管理工作，加强对村（社区）社情民意的采集，通过基础信息及时化解矛盾纷争613起，排除治安、安全隐患9700余处。抓好禁毒工作的各个薄弱环节，加强禁毒宣传和帮教力度。社区戒毒率98%、社区康复率91.7%、社区帮教率86.1%。全力推进安全生产网格化管理，强化企业主体责任，督促企业开展自查自报工作，完成自查自报1394家，自报率90.7%，完成隐患整改1365条，整改率97.9%。开展十大领域专项整治行动，完成油气化工输送管道排查整治1条，培训相关人员30人；危化品与烟花爆竹企业10家，查出隐患46条，完成整治46条，培训员工206人，督促相关企业投入整改资金19.82元；督促液氨制冷企业完成隐患自查自改；整治违法建筑，共拆除涉及安全隐患的违法建筑近13万平方米。大力推进城中村安全综合整治工作。排查整治无证无照经营单位41家，其中流动摊贩25家；存在安全隐患的有证生产加工厂24家；存在非法供用电单位10家；涉及食品安全的流动摊贩110处。拆除违法建筑面积2275平方米。大力开展安全生产宣传活动，悬挂宣传横幅370条，发放宣传海报1000份，宣传挂图150张，宣传手册4200份；张贴宣传画3665张，出黑板报30期，举办知识竞赛6场、演讲比赛2场、安全文艺宣传1场。实行信访案件包案调处稳控制度，从强化领导、明确任务、落实责任入手做好信访案件、重大矛盾纠纷调处稳控工作，落实主要领导亲自包案、亲自跟踪督办，化解疑难信访案件24件。

荣誉录 2014年，江北街道获省级文明街道、温州市社会管理综合治理先进单位、温州市征兵先进单位、温州市消防先进单位、温州市无邪教乡镇（街道）示范点、温州市先进学习党组织、永嘉县禁毒工作先进集体、永嘉县“十杯.十佳”竞赛平安志愿者服务工作先进集体、永嘉县第五届文化艺术节优秀组织奖等荣誉称号。此外，滨江社区获评省级文明社区，东方村获评浙江省气象防灾减灾标准化乡村，龙桥村农家书屋获评浙江省五星级农家书屋，阳光舞蹈队获浙江省第八届排舞大赛金奖。

（李碎秋）

黄田街道

2014年街道数据库

项目	单位	合计
总面积	平方千米	33.1
耕地面积	公顷	397.45
农作物播种面积	公顷	572.33
粮食作物播种面积	公顷	417
建置村	个	18
社区	个	3
总人口	人	28131
外来人口	人	20136
农业总产值	万元	3232
工业总产值	万元	600989

2014年建置村数据库

村名	书记	主任	村民小组	人口
千石	王圣亮	王振义	32	4473
外窑	柯益平	罗东	10	1384
下白岩	朱爱义	朱陈龙	12	1250
上白岩	夏晓忠	杨建东	19	1016
夹里	李昌道	李建	16	1651
新寿湾	李顺法	杨杰	18	1208
雅村	叶圣姆	包巨东	13	1521
浦边	陈楚	陈仁道	13	1315
江边	黄志隆	张文成	12	1166
雅林	金陈华	王小平	22	2678
池头	陈伟东	陈伯海	12	1269
岭下	李忠涛	吕建村	8	997
凤屿	郑田虎	郑春节	16	1582
东联	—	黄信仓	16	1891
黄田岙	李忠进	许周照	11	1191
埭下	—	包加兴	21	1436
珠江	项建仁	项洪光	10	1168
黄浦	戴艳红	李坚	12	935

经济总情 2014年，黄田街道实现工业总产值60.1亿元，农业总产值0.32亿元。工业转型升级初见成效，辖区内有生产性企业685家，其中规模上企业11家，年总产值35.06亿元，同比增长4.02%，在C类单位中增速排名第一；规模下企业433家，年总产值25.03亿元，同比增长6.5%，在C类单位中增速排名第三；限上社会消费品零售总额8.1亿元，同比增长31.2%，在C类单位中综合排名第一;限上批零住宿餐饮销售营业额41.6亿元，同比下降2.9%，在C类单位中综合排名第二。有效推进企业“四转”工作，完成“个转企”91家，完成率102%，完成二次转型（即个人独资转公司）64家，完成率118%。大力发展网络经济，其中奥康集团网络销售额2.93亿元，千石村被命名为“淘宝村”。

城乡统筹 2014年，切实加大环境整治力度，加快推进城乡建设步伐。一是全力推进“五水共治”。是年立案刑拘4人，关闭6家电镀厂，打击非法电镀。落实河道常态化保洁，制定城乡生活垃圾处理考核办法，村垃圾收集率达到100%，建成黄田垃圾中转场。完成瓯江治理工程建设政策处理，已投资1.3亿元，完成率达100%。万寿河、千东河治理通过验收。在完成大洋浦治理前期政策处理及应急便道建设的基础上，完成了岭下河道改造，完成黄田自来水厂建设并投入运营；完成黄田到三江的水管埋设政策处理工作；完成东联山塘除险加固任务，落实农田渠系改造工作。二是加大“三改一拆”力度。完成旧厂房改造10.23万平方米、完成率1000%，完成城中村改造76878平方米、完成率334%，完成旧村环境综合整治66269平方米、完成率283%，拆除违章建筑125130万平方米。三是全力整治“四边三化”。是年拆除违法建筑物98984平方米，清理拆后垃圾497.5吨；拆除大型广告牌104处，合计3365平方米；清理商店招牌、牛皮癣等443处，合计1559平方米。

社会事业 2014年，完成新寿湾村新农村建设，创成市级卫生强街道，完成千石社区居家养老服务照料中心扩建，得到市府领导的肯定。建成凤屿、下白岩等村体育设施和休闲娱乐健身广场。全面落实计生“三为主”方针，突出抓好生孕信息排查和加大“两非”打击力度，圆满完成计划生育年度工作任务。禁毒、食品药品安全、卫生、宗教、档案等工作取得了较好成绩。

平安建设 2014年，切实加强综治网络建设，严打整治成效明显，全年共受理各类矛盾纠纷25起，成功调处25件，成功率100%；受理信访件35件（其中重复件4件），已回复32件，正在查办3件。落实包案领导和责任干部，一批疑难信访问题得到了妥善处置。安全生产常抓不懈，深入开展“打非治违”和出租房整治专项行动，已排查生产经营单位205家，其中涉及粉尘举报的44处，核实37处，整改37处，整改率达到100%；到年底已立案调查6件，完成执法5件。排查出租房5681间，发现隐患3644处，完成整改3461处，督促整改183处。大力推进青山白化治理，积极做好森林消防，确保全年没有大的森林火灾事故发生。完成统计和经济普查工作，确保经济普查质量。全面部署、大力宣传，积极创建“无毒社区”，全年尿检率达90%。高度重视消防安全工作，针对“三合一”作坊、“三堆”隐患、简易出租房等重点部位、重点单位集中开展清剿整治，全年累计消除各类隐患325处。“六五”普法全面铺开，全年累计举办各类宣传活动25场次，分发禁毒、综治、消防等宣传资料12000余份，悬挂横幅62条。

基层党建 2014年，建立健全街道党风廉政和反腐败工作“一岗双责”制度，明确工作任务和责任分工。严格执行中央改进工作作风“八项规定”、省委28条办法、市委“1+8”实施细则和县委实施意见，建立健全领导干部下访约访接访和蹲点调研等直接联系群众制度。认真落实公务接待“三严四禁”及外出学习参观考察管理制度，进一步规范“三公”经费支出。严格执行《农村基层干部廉洁履行职责若干规定》，进一步完善“三资”管理，抓好街道村账代理中心建设。开展反腐倡廉宣传教育，组织开展“一把手”上廉政党课和“5·10”思廉日活动，推进廉政文化建设。严肃查处违纪违法案件，已查处党员干部违法违纪案件11人，其中辞退1人，开除党籍8人，党内严重警告1人，政纪警告1人。2014年，努力加强基层组织建设。一是抓机制，健全完善了《2014年度黄田街道党建工作目标责任书》，强化领导责任，坚持“书记抓、抓书记”，把“软任务”变成“硬指标”。强化各党支部负责人抓党建工作的责任，坚持组织领导先行，多次召开各类党建工作专题会议、工作推进会、座谈会，研究部署党建工作，听取各村党支部书记履行基层党建工作责任制情况汇报，现场提出评价意见和工作要求；实行“抓两头，带中间”的党建工作方式方法。将18个村党支部分“好”“一般”“后进”三档，对好或后进支部实行重点管理，好的充分发挥其示范带动作用，2个后进支部通过为期一年的整改提高，已取得明显进步。建立并落实“逐级负责、齐抓共管”的党建工作机制。坚持“前台后台都是舞台、一线二线都是火线”的工作模式，实施领导班子成员抓党建“三联系”制度，即每个班子成员挂钩联系1个村党支部、1个两新党组织、1名困难党员，与驻村干部捆绑落实党建工作，保障基层党建工作快速推进。二是抓载体，深入推进“红色细胞工程”建设。扎实开展党的群众路线教育实践活动。以严的标准、严的措施、严的纪律抓好作风建设，坚决反对“四风”，着力解决人民群众反映强烈的突出问题，发放征求意见表860余份，收到领导班子的意见和建议27条，班子成员个人意见建议256条，经梳理后，列出问题清单，并完成整改任务；扎实开展红色细胞工程建设。以“三联”措施为途径，打通服务群众“最后一千米”。以联村指导为途径，实行驻村干部“四负责”制度，即“负责提醒党支部开展学习，负责指导村级组织日常业务，负责规范村级组织日常运行，负责帮助村集体经济发展谋划”；以组织联项为途径，积极开展“五星争创”活动，各村党支部都设立了领导班子、党员队伍、工作机制、服务成效、集体经济等五大项目，实行建设成效动态亮晒；以党员联户为途径，深入开展群众走访活动，发放便民服务卡2300多张。以党的群众路线教育为契机，深入开展群众走访活动，落实干部“走村不漏户，户户见干部”等活动，走访群众6953户，走访率达到99.5%，帮助解决群众困难689件(次)。三是抓后进转化。雅林、江边等2村一度被认定为软弱涣散党支部。街道专门成立转化领导小组，制定转化方案，实施一村一策，按时完成了转化工作，软弱涣散党组织转化率达100%。四是抓党员队伍建设。进一步健全完善村干部评价机制，实行村党支部书记向街道党工委述职述廉。抓好党员的发展、教育和管理。全年共发展党员34名（其中农村党员12名、两新组织党员22名）；落实入党积极分子46名；落实“三会一课”制度，加强党员教育管理，提高党员的综合素质。五是抓“两新”党建。加强“两新”组织党支部书记、党建指导员的培训，开展“青春党建”活动。抓好“两新”组织党建品牌创建，推进“两新”组织标准化建设，创建了奥康、佳龙电子等3个企业的示范党建品牌。加强领导班子和领导干部队伍管理。健全完善领导班子会议、议事规则及内部管理制度，坚持民主集中制，班子内部团结协作。严格执行党委民主生活会制度和执行请销假制度。从制度建设着手，出台《街道机关全员绩效考核实施办法》《中层干部任期制》等一系列文件，有效促进了广大干部尤其是中层干部的工作积极性和责任感。落实全员绩效考核，全力推进街道干部联系群众“五件宝”、干群“鱼水情”和领导干部反向“计分预警、抄告提醒”等制度。全街道的宣传、统战、人民武装、工青妇等各项工作都扎实开展并取得了很好的成效。

荣誉录 2014年，黄田街道获温州市卫生强街道、温州市级文明街道、温州市维稳工作先进集体、县级治水先进集体、“三改一拆”工作先进集体、县计划生育先进集体、县人民调解工作先进集体、“平安家庭杯”先进集体、县关工委先进集体、温州市军分区先进人武部等荣誉称号。

（王晓丽）

三江街道（商务区）

经济总情 2014年，实现工业总产值82624万元，同比增加14.56%；固定资产投资331962万元，同比增长27.41%；工业性投资46416万元，同比增长28.40%，完成率103.15%，排名全县A类单位第一；完成省外回归到位资金16.99亿元，完成率130.69%，完成量居全县之首。辖区企业数459家，年产值超2000万元企业8家。企业经营范围涉及鞋业、阀门、机械设备、五金、油漆、石油产业、印刷等多个领域，规模普遍较小，但发展空间很大。2014年，实现第三产业增加值28973万元，财税收入10129万元。农作物播种面积1349.5公顷，其中粮食作物780.5公顷、总产量5038吨，油菜籽40.1公顷、总产量67.7吨，蔬菜492.7公顷、总产量12760.6吨；早稻191.8公顷、总产量1142.3吨，晚稻(包括单季晚稻和连作晚稻)460.8公顷、总产量3244.4吨；茶叶899.1公顷、总产量324.7吨。生猪存栏8240头，出栏10332头，猪肉产量1074.5吨；家禽存栏73550羽，出栏45400羽，禽肉产量68.1吨，蛋产量151.3吨。

2014年街道数据库

项　目	单 位	合 计
总面积	平方千米	55.3
耕地面积	公顷	520.8
农作物播种面积	公顷	1349.5
粮食作物播种面积	公顷	780.5
建置村	个	28
社区	个	3
总人口	人	29361
外来民工	人	3985
农业总产值	万元	11411
工业总产值	万元	82624
第三产业增加值	万元	28973
财税收入	万元	10129
镇企业个数	个	459
年产值超2000万元企业数	个	8

2014建置村数据库

村 名	书记	主任	村民小组	人口
江 头	黄瑞东	余建刻	12	2010
浦 东	杨志义	吴建福	16	1820
宁 浦	翁文良	戴蛟海	9	1212
后 江	林长林	金道聪	14	1702
仙 山	余承文	林建春	3	358
梅 园	翁显珍	胡林华	6	923
挂 彩	吴建敏	周守平	5	1002
开 垟	吴星昆	徐 洁	3	470
新 建	高德松	高星富	3	417
长 岙	吴陈杰	范晓和	6	717
箬岙底	梅建河	麻晓木	10	957
箬 隆	吴捷克	吴飞荣	43	3666
启 灶	全龙益	余建成	7	430
陈家坑	何长方	徐云义	3	216
芦 田	厉玉琴	徐陈生	24	3577
芦 黄	潘忠海	蒋 俊	13	838
龙 下	戴艳阳	夏瑞仁	6	308
龙 川	金宝元	金新岳	10	449
缪 北	缪相朋	缪彦策	16	716
龙 头	金林福	金松庭	12	830
仙 客	李永生	李新男	12	576
山 后	叶宝乐	叶荣杰	16	702
北 岙	吕秀莲	郑元明	30	1418
行 禅	金明聪	叶益周	22	1020
南 岙	程文西	李永滔	6	1018
半 岭	李仁超	黄新明	6	543
罗 溪	吕裕伍	吕裕勇	10	792
木 桥	缪云宝	李永生	15	674

城乡建设 2014年，坚持规划先行，加快三江控规调整，整体启动管线专项规划和道路网勘察设计招投标，确保招商项目的规划思路对接和项目及时落地。全力做好政策处理工作，确保重点项目建设顺利推进。三江生态立体城顺利开

工，永嘉世贸中心一期已完成填方和围墙圈建，三江标准堤塘工程进展顺利，农房集聚改造12号地块主体结构全部封顶，诸永高速延伸线温州段顺利竣工，三李公路正处扫尾阶段。2014年，深入推进“五水共治”，共投入资金1500多万元，完成14条垃圾河、2条黑臭河整治并通过市级验收，初步完成5个村农村生活污水处理工程，新建芦田村城镇生活污水管网3.5千米，新建9个垃圾收集点。全力抓好“三改一拆”，拆除违章建筑121011平方米，成功处置三江违法宗教建筑，维护了法律尊严、社会公平和公众利益。

社会事业 2014年，全力推进“平安三江”建设，深入开展“平安三率”走访宣传活动和消防安全隐患排查整治工作，妥善处置信访突出问题，积极开展“六打六治”打非治违、“十大重点领域安全生产专项整治行动”，认真落实责任主体，保障辖区生产安全。深入实施计划生育“强基创优工程”，突出重点工作，创新宣传载体，狠抓责任落实和基层基础，取得明显成效，在全县人口和计划生育动态排名稳居前三，得到市县领导的肯定。大力推进文体事业发展，建成三星级文化礼堂1座、三江文化中心1个、精神文明墙绘宣传阵地5处，举办各类大型晚会和比赛活动11次，营造了浓郁的宣传文化氛围。抓好社会保障服务工作，社会救助及时，社会保障体系不断健全。温州市首家老卫协医疗专家工作站落户三江社区卫生计生服务中心，为广大居民提供优质医疗服务。成立三江派出所，为三江的经济发展和人民的生命财产安全保驾护航。

基层党建 2014年，认真学习贯彻习近平总书记系列重要讲话精神，开展“坚定理想信念、增强党性观念、强化党的纪律、敢于担当克难”专题教育活动，切实加强马克思主义宗教观学习教育，妥善处置信仰宗教党员，把好理想信念“总开关”。高标准高质量开展党的群众路线教育实践活动，坚持领导带头，以贯彻落实中央八项规定为切入点，聚焦“四风”，狠抓“专项整治”落实，取得了良好效果，得到了省市赴永嘉县督导组的肯定。深入实施“红色细胞工程”，全力做好“民情E通”微信平台建设试点工作，实现干部联系服务群众全覆盖，确保群众诉求及时得到回应，形成了“干部沉下去、民情浮上来”的良好风气。全面深化“勤廉三江”建设，明确党委主体责任和纪委监督责任，始终保持正风肃纪高压态势，努力营造风清气正的良好环境。认真抓好宣传、统战、党管武装、两新等工作，全力保障基层组织均衡发展。

荣誉录 2014年，三江商务区（街道）获温州市“五水共治”工作先进集体、温州市电网建设先进集体、永嘉县“五水共治”工作先进集体、永嘉县政法工作先进集体、永嘉县信访工作先进集体、永嘉县计划生育工作先进集体、永嘉县统战工作先进集体、永嘉县文化礼堂建设工作先进集体、永嘉县土地清理工作先进集体、永嘉县森林消防考核第一名、招商选资工作一等奖等10多项荣誉称号。

（李建雷）

乌牛街道

2014年街道数据库

项　目	单　位	合　计
总面积	平方千米	76.6
耕地面积	公顷	929
农作物播种面积	公顷	1543
粮食作物播种面积	公顷	1265
建置村	个	37
居委会	个	1
社区	个	2
总人口	人	43128
外来人口	人	25589
农业总产值	万元	—
工业总产值	万元	388462
第三产业增加值	万元	58096
财税收入	万元	21207
农民人均收入	元	11095
企业数	个	557
产值超1亿元企业数	个	7
产值超2000万元企业数	个	34

经济发展概况 2014年，乌牛街道以党的群众路线教育实践活动为抓手，紧扣中心工作，提振信心，破难攻坚，积极推进各项工作，社会经济呈现平稳健康发展态势,全年实现工业总产值38.84亿元，同比增长2%；财政收入2.12亿元，同比增长6.78%。一是成立乌牛工业园区建设领导小组和岭下工业园区建设临时办公室，强力推进岭下工业园区四个省重大产业项目、吴岙村小微创业园、河口岙村电子元器件配件小微创业园建设。到年底，四个省重大产业项目均完成前期审批工作，其中浙江报喜鸟服饰股份有限公司年产380万套高档服装建设项目，已落实7.13公顷土地指标并被列为县招商选资倒逼提速项目。二是结合岭下工业区

2014年建置村（居委会）数据库

村(居)名	书记	主任	村(居)民小组	人口	村(居)名	书记	主任	村(居)民小组	人口
码道	郑小斌	金福弟	30	2991	项岙	潘建飞	陈明德	8	336
西湾	徐送国	杨时国	15	1244	杨家山	黄建新	黄荣新	8	738
祥池	李新旦	徐巧美	39	3930	岳田	吴永胜	黄育清	12	974
吴岙	林晓珍	吴和清	14	1440	仁家垟	林胜乐	黄银星	16	860
岭下	戴文国	戴志钦	17	1863	洪山	杨小龙	杨小龙	15	780
鸭鹅	管长增	周嘉良	12	1368	水对头	叶建光	陈建东	12	884
西垟	徐锦东	徐贤靖	18	1890	上叶	陈胜标	叶建明	8	619
王宅	郑正夫	王安泽	19	969	西岙	夏绍清	陈宋周	36	2620
孙宅	孙建南	孙国贤	8	1011	西叶	叶建秋	孙刚强	6	645
古塘	胡长光	陈云弟	12	1072	东嶂	陈珠玉	陈益银	14	1143
茅楼	潘胜锋	傅玉林	12	1013	乌岩	吴林益	吴恒千	6	678
新庄	何德宝	马明通	13	1045	青塘	钱志程	钱成富	8	651
横岚岙	蔡正畏	蔡正侃	8	729	十八垅	钱云海	钱柏成	8	999
大联	陈正浦	潘忠龙	9	663	横屿	黄祥龙	黄金良	18	1046
泰庄	周作森	周光禄	8	191	上三房	陈丽朋	陈德银	40	2753
荣庄	林献琴	何勤勤	15	1103	马岙	胡德国	胡增荣	16	1333
金合	马忠武	刘云魁	13	988	东坦头	黄仁川	黄洪宣	8	343
河口岙	张荣忠	陈礼业	7	708	大嶂	周长江	余国胜	10	640
河口埭	金孝善	金飞达	6	719	居委会				149

建设，强化招商引资和固定资产投资工作。通过亲情招商，吸引项目汇集乌牛，促进项目落地生根。全年招商引资到位资金1.228亿元；固定资产投资10.8431亿元，其中工业性投资2.7967亿元。到年底，招商选资促开工项目有乌牛同安医院、乌牛商贸中心；促挂牌项目有乌牛恒隆百货、永嘉华隆大酒店二期；促签约项目有乌牛商住广场、乌牛车站等工程，都已完成前期工作。三是围绕县工业发展战略目标，多举措力推东蒙工业区转型升级及个体工商户转企业、小微企业规范升级工作。2014年，园区实施技改企业6家，完成技改投入约2000余万元；完成小升规8家，个转企49家，股改试点企业2家；旧厂区改造面积33600平方米，完成全年任务336%。四是强化农业现代两区建设，推进农业生产再上新台阶。建立了浙江省级“百亩双季高产示范坊”1个，“千亩单季高产示范坊”4个，其中永嘉县益民农业专业合作社“百亩双季高产示范坊”通过市级专家实产验收，永嘉县周吴农业专业合作社“百亩单季高产示范坊”通过市级专家实产验收，亩产873.5千克，创温州市单季晚稻历史最高纪录。全面提升乌牛早茶制作工艺，增加无公害绿色有机茶叶产品。是年粮食生产再创纪录,粮食复种面积1528.76公顷，其中稻谷类播种面积1158.46公顷，总产量8822470千克。茶叶种植面积1120公顷，茶干产量约112000千克，产值7178万元。五是结合“五水共治”工作，推进生态农业建设。成立乌牛街道农业水环境治理领导小组，出台《关于加快推进现代生态循环农业建设，全面加强农业面源污染防治的实施意见》，将农业水环境整治分年度任务下达到各村（居），并纳入街道考核要求。积极引导农民科学种植与养殖，科学使用化肥和农药，科学使用农药与农业物理综合防治；引导养殖专业户充分利用有机肥灌溉农田、茶园。据统计，全年改造大型养殖户6家，改造沼液池3268立方米、氧化塘5300立方米、净化池4400立方米、无害化处理池5处，建设沼液输送管道10700米,沼液灌溉农田、茶园250.7公顷，促进了农业有机化生产。

城乡建设 2014年，突出城镇规划引领，加快基础设施建设，区域发展布局日臻完善。北部片区已成为现代农业发展示范区；中部片区为生活居住商业服务区，依托皮服城，利用城市路网框架形成的区位优势、交通优势，规划发展商贸服务中心；南部片区强化工业产业功能，加快东蒙工业区退二进三，产业转型，建设乌牛岭下工业区。中心城区以项目促发展，广安路、电力路、乌仁路等“三纵三横”的城市路网框架已初步形成，该区块汇集了教育、文化、卫生、民生工程、县招商引资、房地产开发等11个项目的建设，至年底，新安路、电力路东段、广安路东段等工程已竣工验收；乌仁大道一期工程完成道路、拆迁安置用地农转非和土地征用手续，正抓紧做好拆迁政策处理和项目报批；新宅路北段道路完成路基填方工程；乌牛文化中心进入附属工程建设阶段；乌牛商贸中心工程完成投资3600万元；华洲嘉

园完成总工程量35%。上述工程的建设，极大地促进了乌牛街道城镇品位的提升。2014年，集中抓好几项重点工作。一是“五水共治”工作，采取标本兼治，“水里”“岸上”双管齐下。通过深化“十百”工程，全力加快村级饮用水工程和牛角湾水库建设，解决群众吃水难问题。到年底，十八垄、大樟两村的饮用水工程完工，牛角湾水库开始试蓄水。完善清洁乡村的长效管理机制，新建9个垃圾收集站，垃圾无害化处理率达100%，做到垃圾日产日清，从严整治垃圾入河问题。结合乌牛溪（永乐河）治理工程，深化乌牛溪沿线及支流治理活动。全年共拆除河道沿线违法建筑物67处8190平方米；整治垃圾河3条，黑臭河4条，清理沿河垃圾 2877吨，从源头上切断了污水入河。启动乌牛溪沿线7个村的农村生活污水治理，投资近1200万元。启动城区污水管网建设，预埋管道电力路800米、新安路700米、新宅路200米，同时着手新104国道线至三江接口污水主管网的施工图设计，力争2015年完成建城区重要地段达到截污纳管。二是“三改一拆”工作， 借势借力，上下联动。全街道突出拆违“五大重点”，严格实行“六先拆”。全年拆除违法建筑52000多平方米；旧住宅改造126户35248平方米；旧厂区改造建筑面积33600平方米；城中村改造446户159240平方米。同时，注重拆违与“四边三化”相结合，加快已拆违闲置区块综合利用，城乡环境进一步美化。三是温州市监管中心工程建设，凝心聚力，全力推进。6月，市政府将温州市监管中心项目落实到辖区后，乌牛街道组织精干力量投入工作，多次召开协调会议，使工程加快落实。到年底，项目所在村居都召开村民代表大会，签订征地协议。温州市监管中心拆迁安置、乌牛电力路西段等二个配套项目都已完成用地预审、规划选址、立项等报批工作。其中，拆迁安置地块涉及的3.53公顷征用指标已下达，吴岙南湾自然村民房拆迁补偿安置原则初步确定，吴岙、王宅等村历史遗留问题基本得到解决，预计2015年6月可动工建设。

民生事业 2014年，积极践行群众路线，服务民生各项工作。人口计划生育工作实行动态管理，全面落实流动人口计划生育预约和上门无休日工作，各项主要指标完成情况良好。举办了5场大型宣传活动，发放礼品和宣传资料1万多份。慰问计生困难户33户，发放慰问金18500元。加强新居民管理，查验、发放《流动人口婚育证明》9025人次，流入已婚育龄妇女登记管理率、出租房屋登记备案率、出租房屋治安责任书签订率都达100%。调解新居民各类矛盾纠纷30起，涉及赔偿金额19万元。依托乌牛丰富而独特的人文底蕴，每月开展不同主题的文体活动，累计达20余次，丰富了群众业余生活。加强基层民兵规范化建设，先后落实活动经费10万余元，选送多名优秀青年入伍。积极开展党外联谊交友活动和宗教界“同心同行·共建和谐”活动，大力加强民族团结进步宣传和民族宗教政策法规宣传，营造民族宗教和谐氛围。加强弱势群体的帮扶救助，共发放低保、困难补助金、助学金等221万多元。成立殡改大队，共制止新建坟墓13座、拆除新建及翻新坟墓24座，辖区内火化率保持100%。

平安建设 2014年，以化解社会矛盾为主线，全力推进平安乌牛建设。一是建立“一案一档”制度，成立“三调联动”工作领导小组，为群众提供快捷、方便的纠纷解决渠道。2014年，全街道共发生民事纠纷80件，成功调处80件；发生信访件12件，办结12件，没有出现向中央、省、市上访的情况。排查出重大不稳定因素10起，均得以消除。二是认真组织开展各项整治行动，全年共发生各类刑事案件161起，比上年同期下降17.1%，乌牛派出所共破获各类刑事案件146起，同比上升5%。乌牛交警共查获醉酒驾驶21人，暂扣“四小车”287辆。创建“无毒社区”覆盖面达100%。帮助155名在册吸毒人员实现自主就业。三是认真执行安全生产“一岗双责”，确保安全监管责任落实到位。坚持预防监管、“打非治违”双结合，深化隐患排查整治，全力保障企业安全生产。与各单位共签订安全生产责任书300余份，形成一级抓一级，层层抓落实的良好格局。加强安全宣传，共发放安全知识宣传资料12000余份。开展重点领域安全生产专项整治行动，共打击各类无证无照36家，发出出租房隐患整改单1500余份。2014年，全街道无安全生产、交通、消防等方面重大事故发生。

基层党建 2014年，深入开展党的群众路线教育实践活动，坚持聚焦“四风”问题，边学边查边改，把改进作风和服务群众结合起来。通过深入开展“走亲连心”活动，街道班子成员和部门干部对37个行政村、41个专业合作社、168余户农户进行走访座谈，为群众解决实际问题30余个，收集意见建议53条，其中“四风”方面的意见建议19条，做到了即知即改。围绕省委“九项专项整治”行动和县委“六项集中行动”，整治衙门作风，治理文山会海，改进公务接待，加强公务用车管理，认真落实各项节约措施，切实降低行政成本。活动7个月，单位公务接待合计88987万元，同比下降50%以上；公车费用支出合计352156元，同比下降10%；落实“已经改”项目10项，梳理“马上改”项目2项；完善机关内部管理制度86条规定，严格实行指纹签到、考勤公示、临时外出登记等3项制度。2014年，基层组织干部队伍和阵地建设得到加强。针对群众反映的服务意识差、服务能力弱、群众意见大的基层党组织，街道严格按照上级要求，全力整顿落实，全年共转化提升基层党组织4个，撤并基层党组织11个。针对基层组织内部管理混乱、党组织负责人一言堂问题，强化“五议两公开”等民主管理制度，至年底， 37个行政村民主管理制度全部建立，制度管人得到落实。大力加强村级党组织带头人队伍建设，督促各村抓好三项承诺的兑现落实，建立了各村正职2备、副职1备共111人的后备人才库。积极开展三大“细胞工程”培育。一年中，共培育“五星”组织4个、“四星”组织5个，培育“三能邻长”710名。严把基层党员队伍出入口，健全每半年一次的农村党员“先锋指数”考评管理，要求支部书记亲自抓。同时，依照上级有关要求，共处置信教党员10人次，整治违纪干部5人。创新推进两新党建工作，以海鹰救援服务中心党支部为示范点，根据“党建需求库”的要求开展“红色行动”，得到了上级领导和社会各界人士的肯定，体现了乌牛人与人为善、助人为乐的人文关怀。全力保障基层基础建设，针对基层组织活动场所破、小、散的问题，全力推进村民中心建设，至年底已建成8个。2014年，街道基层党建专项经费预算达50余万元，比上年增加了10%，为强化基层党建工作提供了有力的资金保障。

党风廉政建设 2014年，认真贯彻落实党的十八届三中全会关于加强反腐败体制机制创新和制度保障的新部署，以及十八届中央纪委三次全会关于落实“两为主、两责任”的要求，共召开专题会议6次，专题学习讲座9次，提高认识，细化责任，强化意识。把“5·10”思廉日作为党风廉政建设重要宣传载体，努力营造“机关清廉、干部勤廉、社会崇廉”清廉氛围。制作专题廉政宣传窗口，张挂“干部勤廉”宣传标语，开展党员干部誓廉活动，发送廉政警示短信，组织党员干部撰写学习心得和工作体会，让党员干部知法规、懂业务，做到依法行政、不因公“负伤”。领导班子成员积极履行领导干部“一岗双责”，根据分工，对分管线上和联村的党风廉政建设和反腐败工作，开展定期和不定期的督导检查。认真落实“三书两报告”制度，向责任领导发放责任分工报告书，向牵头科室发放责任分工函告书。围绕中央、省、市、县重大决策部署及法律法规贯彻落实情况，加强监督检查，及时发现并纠正各类错误问题50余个，处理违纪党员5人次。2014年，严格机关内部管理制度，实行新的“会议纪律要求”“考勤和请销假制度”。认真开展整风肃纪行动，每周至少一次对机关科室、基层站所明察暗访。全年开展内部效能检查30余次，3人受到处理。严格实行公务接待、公车使用制度。接待来客严格落实上级关于厉行节约的相关要求，先审批，再确定接待标准。全年公务接待费用总额146530.8元，同比下降47.2%。公车费用支出合计518165元，同比下降17%，无违规用车现象。严格落实信访接待制度，实行包案负责制，变上访为下访，努力化解矛盾，确保社会和谐稳定。一年中，接到群众纪检信访件12起，办结率100%。严格落实便民、便企服务新机制，进一步强化便民服务中心建设，联网审批，提升为民办事效率，全年共办理便民事项2520项，疏理行政权力清单115条并向社会公开，派驻街道中层以上干部联系辖区内314家企业，开展帮扶行动。同时按照上级要求，认真开展机关干部经商、入股、信教等违规事项调查，切实纠正和解决损害人民群众利益的突出问题。2014年，围绕“清廉乌牛”建设，从严落实农村基层党风廉政建设工作，加强村务监督委员会的规范化建设，对村监会负责人进行岗位培训，上报市级示范村1个、县级示范村5个。加强规范村级工程招投标工作，成立招投标办公室，规范村级工程公开招投标流程，累计工程招标总额661万元，累计实际中标价565万元，节省资金14.5%。加强村级财务管理工作，下发村级财务管理新规定，全年纠正财务违规多起，处理3起。加强村级“三务”公开工作，每季开展一次村务公开，37个村的“三务”公开工作都能做到及时、规范。加强村级廉情指数考核工作，每半年开展一次村级廉情指数评定，对存在廉政风险的村实行预警、勤勉谈话，即时遏止廉政风险苗头，全年共约谈村干部20余人次。

荣誉录 2014年，乌牛街道获永嘉县社会主义新农村建设先进单位、永嘉县统战工作先进集体、永嘉县人民调解工作先进集体等荣誉称号。乌牛新居民服务管理所获永嘉县新居民服务管理先进单位荣誉称号。

（张　雷）

桥头镇

2014年镇情数据库

项　目	单　位	合　计
总面积	平方千米	90.6
耕地面积	公顷	718.14
农作物播种面积	公顷	1091.94
粮食作物播种面积	公顷	932.47
建置村	个	57
居委会	个	2
总人口	人	72710
外来人口	人	24000
农业总产值	万元	—
工业总产值	万元	501407
第三产业增加值	万元	—
财税收入	万元	33559
镇企业总数	个	858
年产值超2000万元企业数	个	42
农民人均收入	元	—

2014年建置村（居委会）数据库

村(居)名	书记	主任	村(居)民小组	人口
桥头	陈芝虎	陈胜	8	1366
桥一	叶正平	陈建国	12	1903
桥西	王德存	杨云飞	7	748
窑底	季仁海	金云参	15	1963
金窑	金信槐	金永寿	9	1565
溪西	陈芝平	项文华	4	687
宋坑	李岳松	金月平	4	341
店埠	单国仙（主持）	单青云	4	588
殿前	周良理	祁华林	4	1316
井大	周云飞	叶加象	7	1453
黄堡	王金生	沙定浪	30	3152
谷联	叶正春	林海滨	12	2700
坦头	郑可明	郑孟杰	10	2163
街头	陈明仲	陈光证	4	999
外新	邹德辉	邹永义	4	584
底新	邹　云	周恩文	4	739
前下	邹旭明	邹永贵	5	485
下近	邹祖善	邹伟光	6	930
溪心	黄大考	黄大仙	18	2517
新华	叶云贵	叶爱光	14	942
龙头	王良富	王昌清	5	788
詹岙	詹正群	詹廷新	11	1276
潘罗	李长锁	李长兵	4	727
广头	潘湘阳	邹金国	3	184
将山	叶守存	潘旭善	7	1014
梨村	陈其吹	陈其敏	18	3012
大沸下	邹广星	侯建亮	9	1296
金村	金建槐	金青和	13	1885
石埠头	陈少冬	徐建雷	8	1497
前堡	高良碎	魏光二	4	629
前庄	高元成	陈道银	6	1353
东行	戴明道	戴德理	6	646
连岙	唐成肖	唐建丰	4	465
念头	王建丕	王永毓	7	869
夏园	陈明金	陈云弟	4	457
凤山	罗进胜	罗进平	8	717
沈岗	王光松	叶清赞	16	1594
荷塘	王文灿	王章钻	8	791
董岙	王锡文	邹立忠	7	742
外岙	王其会	王锡重	5	551
黄坦	蔡钱桥	蔡必雷	8	1114
龙根	邹立松	唐洪海	6	671
白沙	董朝平	林宗本	23	3237
闹水坑	张献洪	周圣烈	9	995
林福	陈利生	单松华	25	3134
林下	陈云标	池群林	7	966
壬田	马洪康	陈永贵	10	2689
外垟头	王春贤	王胜华	7	889
石马岙	叶建荣	叶少武	8	1221
新浦	池云西	邹建华	4	482
朱涂	池虎	孙明云	10	1822
白垟	翁云雨（主持）	翁郑光	16	1591
胜丰	黄时银	曾步三	6	649
洛溪	潘献高	程光益	12	1510
四角石	吴孙坚	林晓峰	5	513
白下	叶胜亮	梁银聪	6	638
桃湾	全显新	林炳良	5	504
万象★	金爱珍	詹继勇		1628
桥东★	叶　凯	王琳		823

经济发展概况 2014年，桥头镇深化镇领导“九联系”和“驻企服务员”制度，深入开展“双百攻坚”活动。加快推进产业平台建设，镇级小微创业园（欣邦实业）工程结顶，省重大产业项目育才教育装备科技文化创意产业园进场填方，白垟、林福两个小微创业园前期工作有序开展。积极推进企业“四转”，新增2家规模以上企业、2家限额以上企业，完成企业股改1家，超额完成“个转企”98家。大力发展网络经济“一号新兴产业”，培育电商企业32家，引进现代物流企业入驻12家。圆满完成第三次全国经济普查工作。不断加大招商选资力度，维多利广场顺利竣工，实到资金3.92亿元，提前超

额完成全年3.5亿元的目标任务。引进外资300万美元，占全县外资完成数的81%。是年实现工业总产值50.14亿元，同比增长3.27%；财政总收入3.36亿元，增长10.52%；规模以上工业总产值24.64亿元，实现稳步增长；累计完成全社会固定资产投资23.11亿元，同比增长30.73%，其中工业性投资4.63亿元，同比增长23.25%。

环境整治 2014年，桥头镇以“五水共治”为抓手，积极打造美丽浙南水乡示范镇，菇溪河道综合治理二期完工，四期完成80%，五期顺利开工并完成20%，成为全省中小流域治理的典范；瓯江（桥头段）治理工程、连岙溪治理工程进展顺利；持续开展三轮“清三河”专项整治和黑臭河治理百日攻坚并通过市级验收，完成坦头溪水环境治理；完成7个村生活污水治理，成功运行污水处理厂，完成污水管网二期工程，同时启动三期工程建设。加快垃圾处理设施建设，建成外垟头垃圾中转站并投入运行，完成白垟垃圾中转站土建，建成16个村级垃圾收集点，布局38个村垃圾直运网络，实现垃圾无害化处理率100%。狠抓重污染行业整治提升，拆除、关停江河两岸21个违法排污小作坊，巩固提升电镀行业整治成果。扎实开展“三改一拆”，累计拆除违章建筑面积11.3万平方米，完成旧厂房改造15万平方米，均超额完成年度任务。统筹推进“四边三化”和美丽乡村建设，研究出台农村环境保洁工作方案和城区管理工作量化考核评比办法，建成并开放庵山、城东两个公园。

社会事业 2014年，优先发展教育事业，桥头实验小学、桥头中学操场及体育艺术馆等投入建设，桥头二小扩建、白沙小学教学楼加固装修、白云中学宿舍楼拆扩建等工程完工。积极发展文体事业，建成并全面开放桥头镇文体中心。不断完善道路交通基础设施建设，全面完成桥头大道改造、新城大道北段及外岙路建设、壬黄线翻修、电业路和建设路延伸段建设，完成5条镇区主干道路面维修。有序开展“两复评、两联创”工作，成功申报全国重点镇，顺利通过省级文明镇复评、市卫生强镇验收。进一步健全社会保障，圆满完成2014年度新农合筹资工作。集中开展丧葬陋习整治，大力推进殡改工作。

平安建设 2014年，进一步深化“平安桥头”建设，大力开展“拔钉清障、护航发展”专项行动，成功打击2个黑恶势力团伙；深入排查，化解矛盾纠纷，共排查及化解各类不稳定因素204件，成功调解各类矛盾纠纷159起，其中重大矛盾纠纷15起，化解率、调解率均达100%，刑事案件发案数、“两抢一盗”发案数实现双下降。采取“政府主导、交警联动、干部齐上、群众参与”的治堵模式，积极开展春节、清明等重要节假日“保畅通”工作，扎实推进交通拥堵治理，交通秩序进一步好转。狠抓安全生产和消防安全工作，安全事故零发生。深入实施计划生育“强基创优工程”，符合再生育对象温馨告知书制度获县政府肯定并大力推广。

党的建设 2014年，深入开展党的群众路线教育实践活动，坚持高标准、严要求，突出问题导向，聚焦四风问题，强化即知即改，征集意见262条，解决民生热点难点问题75个，完成整改项目194个。全力加强基层组织建设，扎实推进“五星争创”“红色细胞工程”等工作，健全完善村级组织活动场所，建成村民中心7个；狠抓“两新”组织建设和规范党员发展，培养入党积极分子30名，发展党员52名，预备党员转正68名，排查确定信教党员3名，劝退1名、限期改正2名。进一步加强机关作风效能建设，完善效能积分警示制、末位待岗管理办法等制度，建立领导班子“十大实事行事历”制度，开展惠民实事“五步承诺”，建立重点工程“月督月考”“流动红旗”制度，建立健全正风肃纪工作常态化机制，落实定期检查、纠正和通报制度，共对24名违纪人员进行了效能处理。继续深化“勤廉桥头”建设，认真贯彻党风廉政建设责任制，严格落实公务接待“三严四禁”规定，查处党员违法违纪案件12起，开除党籍10人、党内严重警告2人。全力支持人大、政府依法履行职能，不断加强统战、党管武装和老干部、关心下一代、工青妇、侨务、对台、民族宗教等工作，充分发挥各民主党派、工商联、无党派人士的作用，凝聚了干事创业的强大合力。

荣誉录 2014年，桥头镇获浙江省第三次经济普查先进集体、温州市先进基层党组织、温州市党管武装工作先进单位、温州市先进人民调解委员会、温州市禁毒工作先进单位、温州市综治工作先进单位、温州市“五水共治”建设美丽浙南水乡工作年度考核优秀乡镇（街道）、温州市“安全生产月”优秀活动单位、永嘉县2014年度扩大有效投资暨重点建设工作先进单位、永嘉县2014年度工业强镇、永嘉县2014年度“四边三化”行动先进集体、永嘉县经信工作先进单位、永嘉县安全生产工作考核先进单位、永嘉县人口和计划生育工作分类先进奖一等奖、永嘉县先进人民调解委员会、永嘉县“六五”普法中期先进集体、永嘉县统战工作先进集体、永嘉县先进团组织、永嘉县老干部工作先进集体、永嘉县志愿服务先进集体等荣誉称号。

（虞树立）

桥下镇

2014年镇情数据库

项　目	单　位	合　计
总面积	平方千米	276.6
耕地面积	公顷	3474
农作物播种面积	公顷	5666
粮食作物播种面积	公顷	4150.4
建置村	个	138
居委会	个	3
总人口	人	129581
外来人口	人	14820
农业总产值	万元	25936
工业总产值	万元	327159.8
财税收入	万元	22514.1
农民人均收入	元	9540

农　业　2014年，桥下镇农业经济“一镇多品”格局初显成效。畜牧业发展成果丰硕，方岙、徐岙两大生猪养殖基地发展势头良好，年内生猪出栏52197头，年末生猪存栏26728头。拥有西溪、昆阳、茗岙三大稻田养鱼基地，总面积1232.87公顷；西溪枇杷，茗岙茶叶、油料，徐岙、昆阳中草药等传统产业不断发展壮大。全镇农作物播种面积5666公顷，其中粮食作物播种面积4150.4公顷，总产量26651吨，油料作物播种面积583.8公顷，产量949吨。

工贸经济　2014年，依托“中国教玩具之都”金名片，全面推进教玩具产业转型升级。切实加大节能减排工作力度，保障有序用电；大力推进小微创业园建设，3个小微创业园正在筹建中，审批程序逐项推进完成。强化工业供地及项目管理，全镇工业供地8.47公顷，完成率77.9%，促开工项目19个，已开工6个，完成1个。完成工业性投资11.79亿元，投资完成率84.23%，占总投资额51.69%。优化招商选资环境，借茗岙“开犁节”之机，举行桥下镇农业招商选资大会，成功签订5大项目意向书。全年累计完成招商选资3.6亿元。有序开展商贸物流、旅游项目前期工作。完成工业企业规下转规上5家，个转企65家。

城乡统筹　2014年，农房集聚改造进展顺利。桥下镇方岙口新区农房集聚项目首期主体工程已经结顶，总建筑面积约17.9万平方米，总投资9.6亿元，已完成投资5亿多元，占总工程量的65%以上，预计2016年底全部竣工。2014年，农村新社区建设全面深化。原6个社区调整优化为8个，方岙口社区被评为全县唯一的市级示范社区，进而被评为“温州市四星级社区”。西溪、茗岙、方岙口等社区便民服务设施进一步完善，社区可办理事项累计110项，其中直接办理14项，全年共办理34758件。开展社区化党建“星期六志愿者”活动，共300余名在职党员参与各类服务项目。

环境整治　2014年，继续深化“美丽乡村”建设及环境综合整治。一是环境基础设施建设进一步加强，止驼山森林公园一期已完成招投标并进场施工，埠头山森林公园已竣工。全镇建成垃圾中转站44个，在建7个中转场，其中1个已完工。桥下段瓯江治理工程、桥下西溪防洪工程三期等水利工程加快实施，自来水厂胜利竣工，自来水管网已开始铺设，污水处理厂顺利筹建，污水管网一期开始投入施工。二是完善美丽乡村及双清长效机制，每月对138个村进行考核排名。动员全社会共同参与美丽桥下建设，村规民约、河长制、路长制等措施得到进一步巩固。三是“三改一拆”和“五水共治”等重点工作扎实推进。全年累计拆除违章建筑16.1万平方米，拆除违法建筑物154处，面积7.4万平方米；拆除广告牌（违法无序非公路标志）56处共2334平方米，清理垃圾、废弃物416处共336吨；栽种花木10千米，面积5000平方米。全面启动26个村的农村生活污水治理工程，完成河道保洁长度834 千米，河道整治298千米，出动人工6772人次。

城乡建设　2014年，进一步加大固定资产投资力度。到年底，完成全社会固定资产投资26.17亿元，同比增长34.27%。防洪工程一、二期，永临大道一期，文化中心，休闲广场，镇前街，垃圾填埋场和防浪墙等工程均已投入使用；防洪工程三期，“两厂两网”、瓯江堤塘治理、天然气管道工程，韩埠、方岙口桥梁工程进展顺利。永临大道已进场施工，昆阳小流域治理进展顺利。资金、土地、政策处理等要素保障得到强化，全年转而未供土地15.62公顷，完成率为107%，供而未用10.33公顷，完成

2014年建置村（居委会）数据库

村(居)名	书记	主任	村(居)民小组	人口
桥下一	戚永春	戚忠明	28	3979
京岸	戚旭财	任益巧	20	1995
垟湾	卢小忠	卢旭展	8	1752
八里	陈圣春	陈胜剑	14	2193
外湾	蔡建春	蔡标林	2	175
韩埠	葛建策	林 游	12	1173
方岙	章光国	卢永明	5	550
小京岙	邵建胜	章国权	11	1561
垟京	董通达	董连胜	5	498
西江	邵元成	董通义	5	527
桃山	卢忠贤	卢立银	8	809
陈山	章定克	章连国	4	420
上埄	谢绍春	谢建璋	5	389
泰山	姚宗长	姚文聪	7	574
山联	邵景慰	邵元祥	4	272
肖山	邵建胜	邵建新	10	582
金兰	吴志才	胡碎海	4	461
连村	林建策	郑久通	7	599
桥上	戚正荣	戚露加	6	629
西溪下	胡方仲	胡作明	22	2240
光华	阮益仓	施正建	10	908
小旦岙	李有超	陈良波	7	654
埠头	黄本聪	吴曼平	10	1485
西岙	吴国算	吴普兴	8	863
下斜	吴守权	吴向忠	7	855
上村	董显明	董显飞	8	1267
梅岙	徐建成	徐玉旺	11	1296
东山	尤长国	胡金桃	11	1082
六岙	林克仁	叶张芳	20	1920
浦石	肖金乐	陈 环	4	523
延寿	苏建平	林国忠	6	452
叶岙	叶大顺	叶建林	12	707
尤山	尤森孟	尤心泽	8	486
塘坑	唐建钰	朱仁弟	7	427
中央山	胡忠夫	胡贤林	9	604
霞岙	胡明拾	胡忠恩	8	660
徐山	徐伯治	徐德晓	13	607
麻坑	徐美贤	徐德勋	7	368
山根	邹时南	邹立强	8	769

村(居)名	书记	主任	村(居)民小组	人口
墩头	潘伟东	郑玉树	6	743
龙口	王定良	王忠宽	4	387
下徐	邹建平	邹恩光	19	2102
富垟	鲍秀晨	鲍秀书	4	430
六龙	李建珍	李光托	19	3000
龙头	郑庆通	李志曼	13	1596
坦头垟	邹步通	邹进龙	26	3063
吴宅	吴进潘	吴进坚	18	1649
潘宅	潘统友	潘继续	16	2207
下庄	李长伦	李 谊	14	1215
章一	章国兴	章寿永	7	661
呈岙	潘长江	潘光斌	6	768
罗徐	林长春	林嵩映	6	646
朱坑垟	潘崇林	潘光亮	5	569
前山	吴黎明	吴国和	17	1895
瓯山	吴伯琴	吴海勇	16	1391
瓯渠	吴 策	吴祖敢	17	1428
双进	吴建峰	吴洪标	10	991
洋观	吴进福	吴国伏	7	745
岭一	尤建勇	尤振谦	7	758
向阳	尤建敏	胡晓滔	6	465
娄川	陈佩施	潘长勇	4	335
金园	吴进春	吴光友	10	1003
陈岙	潘锦飞	潘松庭	7	835
湖庄	李松定	李光建	27	2232
大阳	李德仓	李乐毅	3	365
黄山	李云平	罗国忠	11	757
里村	陈永飞	陈克俭	14	1295
济根	赵世蒙	赵世南	5	455
黄村	李加行	李春益	8	730
双联	李长仕	赵大仗	8	596
周山	赵章平	赵建东	4	198
阮山	陈顺发	陈光晓	12	812
朱山	朱大海	朱文明	8	556
上朱山	赵长华	赵建明	4	526
茶一	季祥波	季益青	15	1693
茶二	赵德秀	赵大金	10	949
徐岙	胡理旺	陈美相	12	1116
桐园	季瑞周	陈志恩	12	1178
金加了	陈小花	徐呈亮	11	668

村(居)名	书记	主任	村(居)民小组	人口
宋岙	潘太平	陈继祥	12	862
大头岙	蔡景呈	白洪灯	7	630
岭根了	吴昌联	蔡福杰	6	443
黄麻垟	陈上武	陈上斌	6	307
朱硐坑	陈国华	周善榜	6	417
大平	林永登	潘教锁	8	495
殿后	季久勇	季建义	3	487
朱坑	朱千勇	朱启捷	24	1393
塘上	徐岩成	徐长正	10	1116
吴垟	郑九永	潘晓克	9	890
黄川	林希奎	吴建攀	4	279
蒲瓜墩	郑嘉享	潘世忠	5	368
樟岙	邵时忠	邵文士	17	1800
杨湾	杨大本	杨长安	3	300
廿四垄	邵伯云	吴顺敬	12	609
西尖	郭新真	黄加荣	10	650
银坑	张福权	孙美玉	10	649
吊坑	邵云克	邵 富	9	1027
梅坑	潘素玲	潘修仕	26	2420
郑山	郑节约	郑永武	21	1730
邵山	邵方省	邵玉平	4	634
下陇	邵连福	李昌仁	11	1119
吴山	潘永照	潘永西	3	270
昆岭	潘统国	潘统南	5	395
双垄	潘伯欢	潘统丰	5	310
东村	潘银德	潘太春	26	2073
南村	潘统理	潘旭川	11	1175
西村	潘云周	潘建仁	26	1977
里斜	全寿建	全岳相	5	503
双坑	刘文华	潘锦辉	11	615
赤岭	林忠相	林 渊	9	931
前山头	潘统调	潘伯臣	4	254
娄山	邹建平	潘教孟	5	699
金仓	麻谦军	陈孝枪	4	660
底砻	林显楚	林荣恩	6	605
外砻	林鹏	林胜益	8	746
塘下砻	林永平	林恩泽	8	723
茗下	陈建新	陈永朴	9	839
茗后	胡九灯	邵建义	8	829
茗中	胡银朝	胡东兴	18	1741

续 表

村(居)名	书记	主任	村(居)民小组	人口
茗上	胡伸奇	胡忠仕	18	1367
岩山	钱芹省	钱中贵	13	1264
平川	潘国海	潘建勇	14	999
南山	胡学林	胡立统	4	222
章岙	吴松华	胡林龙	9	1053
底岙	胡相云	胡祝龙	10	1015
麻岙	胡安忠	胡明招	6	505
石坑	汤娟娟	邱征西	4	197

村(居)名	书记	主任	村(居)民小组	人口
龙外	郑金文	郑金旁	4	358
乾口	郑建利	郑忠强	4	353
外徐	郑玉秋	郑锡方	4	537
徐宅	徐相忠	徐永南	7	748
剩庄	徐成丰	徐宗豹	8	716
马界山	胡耀谊	胡明千	5	562
石田坑	胡伯和	吴有千	4	389

村(居)名	书记	主任	村(居)民小组	人口
章当	潘泰合	潘成旦	8	1150
胜山	陈锡进	潘建静	6	479
光塘垟	郑九山	胡理迪	8	853
坐凳	王忠武	郑光荣	6	489
京岸★	潘瑞弟	潘瑞弟		1093
桥下★	陈贤文	陈贤文		960
金福景苑★	郑贤盛	金国华		

率为33.19%。

社会事业 2014年，教育、文化、卫生等各项事业稳步发展。中考、高考取得良好成绩，教育投入进一步加大。成功创成省级“文化强镇”、温州市学前教育达标镇、市级“卫生镇”“卫生强镇”“药品安全示范镇”，通过省级“体育强镇”复评，镇文化中心与文化大礼堂先后发挥作用。成功举办“第二届楠溪江茗岙开犁节”,来客达30000余人，有效提升了茗岙的知名度。协办第三届全国幼儿自制教玩具大奖赛活动，进一步打响桥下教玩具的品牌。继续保持计生高压态势，计生考核取得明显进步。共青团、老龄、红十字会、关心下一代、慈善和残疾人事业均得到较好较快发展。

平安建设 2014年，切实加强网格化管理，进一步强化社区社会治安综合治理职能；深化“平安桥下”建设，加强严打专项斗争；稳步提升新居民服务管理水平，全面掌握流动人口基础信息；有效开展消防安全工作，切实消除火灾隐患。进一步加大禁毒宣传力度，增加禁毒专项经费，落实禁毒长效机制，完成美沙酮维持治疗工作指标和收戒任务，全面推进“无毒社区”创建。加强各类信访、不稳定因素以及重点人员的稳控化解工作，全年共接待群众来访123批次，受理各类信访案件59件。稳步推进反邪教、社区矫正、流动人口管理等工作，加强劳动纠纷调处。深化安全生产工作和食品药品安全管理，定期开展大检查。

基层组织建设 2014年，紧紧围绕中央和省市县关于“党的群众路线教育实践活动”的安排部署，深入贯彻学习党的十八届四中全会精神，重点做好理论武装工作。一是加强干部队伍管理。在全镇范围内开展“四比四不比”活动；每月召开一次干部鱼水情问询会；开展民情日记定期检查、领导批阅；实行效能行风全员量化考评；健全干部待岗机制和干部待岗预警机制；严格落实驻社联村和住夜值班制度，积极开展“正风肃纪百日攻坚”大行动。创新推出桥下镇“正风肃纪”曝光台，对机关工作人员违纪情况、处理情况在镇政府大厅LED显示屏滚动播放，便于群众监督。二是推进基层组织建设。开展基层党组织星级动态和党员先锋指数考评管理工作，切实发挥基层组织战斗堡垒作用和党员先锋示范作用。三是加强党员发展与教育管理工作。以“严进宽出”为宗旨，重点把好党员入口关，全年新发展党员91人，转正76人，处理党员违法违纪案件25起，其中党员违反计生案件9起，党员违法案件16起。开除党籍11人，取消预备党员资格1人，党内严重警告13人。处置信教党员5人，其中2人劝退、3人限期整改。

荣誉录 2014年，桥下镇获浙江省教育装备生产基地、浙江省游乐设备专业出口基地、浙江省生态镇、温州市维护稳定工作先进集体、温州市学前教育达标镇、温州市第三次全国经济普查先进单位、温州市防范处理邪教工作先进集体、温州市基层文化年公共文化服务先进集体、温州市离退休干部先进集体、永嘉县2014年度考级优秀单位、永嘉县扩大有效投资暨重点建设工作先进单位、永嘉县人口和计划生育工作先进集体、永嘉县文化礼堂建设工作先进集体、永嘉县“三改一拆”工作先进单位、永嘉县“五水共治”工作先进集体、永嘉县安全生产先进单位、永嘉县信访工作先进集体、永嘉县调解工作先进集体、永嘉县先进团组织等荣誉称号。方岙口社区被评为“温州市四星级社区”。

（吴步云）

沙头镇

2014年镇情数据库

项 目	单 位	合 计
总面积	平方千米	184.0
耕地面积	公顷	1156.2
农作物播种面积	公顷	2429.6
粮食作物播种面积	公顷	1756.1
建置村	个	72
居委会	个	1
总人口	人	74264
外来人口	人	436
农业总产值	万元	7647
工业总产值	万元	91823.52
财税收入	万元	4805.89

发展概况 2014年，沙头镇继续开展“双百攻坚”大行动，全力推进经济发展，取得良好成效。深入开展工业项目“一联二挂四促”活动，加快推进三大工业园区建设。北山工业区6家安置企业顺利进场，其中2家已完工；响山工业区造纸业提升工程基本完工并开始投产，占地面积6公顷，总投资约2.5亿元，共创建3条流水线，实现总产值2亿元。建立健全“驻企服务员”制度，深入企业破解难题，全镇共有59名干部结对167家企业，共梳理难题98个，全部得到解决。启动粮食生产功能区和现代农业园区建设，推进古庙标准农田质量提升工程和“三位一体”合作体系建设，完成农产品快速检测室和畜牧站改造。紧紧围绕“环湖生态园”创建发展思路，加快推进旅游业发展，县级重点旅游项目永嘉书院于5月1日正式对外开放，泰石村特色民宿悦庭·楠舍于7月底试营业，楠溪山居酒店、九丈甸园二期、楠溪慢城等项目进展顺利。全年共接待游客59.26万人次，同比增长189.68%，实现旅游总收入5742万元，同比增长132.56%。

2014年建置村（居委会）数据库

村名	书记	主任	村民小组	人口
乌龙川	杨孔福	杨方智	9	990
东章	朱建华	朱家闹	13	1478
古一	刘衍政	刘志亮	12	858
古二	刘永泉	刘学芬	11	1539
罗川	朱可定	朱景忠	11	1404
新星	谢志强	谢选东	10	1441
上光	谢光洲	朱小诺	8	1025
中堡	陈三豹	陈环礼	10	1397
南川	朱忠浩	朱丐梨	11	1383
北山	金育伍	高文岳	11	1130
陈住起	陈时统	朱清闯	2	287
西垟	陈 剑	朱伯锋	8	1031
下浮林	李启标	李忠杰	2	285
上浮林	金丐送	金可显	6	958
古庙口	朱丐程	朱清平	4	525
龙益	金国林	朱清伦	6	405
响山	—	刘丐池	10	1522
阳岙	朱士际	朱 文	8	915
石埠	杨兴成	杨丐相	4	679
高浦	刘良德	林崇兴	11	1855
下浦	夏孝金	夏宗仁	6	686
龙潭下	谢用贵	叶 平	4	280
潮际	夏理尧	夏传平	7	866
渔田	叶德道	叶建善	12	989
庙活	夏南京	夏忠政	4	434
稠树	叶丐吾	林少梓	10	1102
珍溪	张松贤	张 佩	6	422
黄村	朱景桢	王兴泽	24	2109
珍岙	朱家相	夏理洲	3	432
东光	金立勇	金强有	12	1099
胡头	胡国平	胡建海	8	721
溪北	汪华川	汪德孟	12	1090
霞山	汪民业	汪小斌	17	2244
董岙底	董碎区	董治国	4	537
东川	董治国	—	21	2990
朱垟	邵敏敏	陈继宁	3	371
埄下	徐明林	王国飞	10	694
埄头山	李方平	李 忠	4	310
花一	朱景勇	潘丐送	11	798
花二	朱文星	朱启枢	8	1339
花三	朱丐多	朱景玉	7	1050
东升	朱清浩	朱送喜	10	756
繁荣	周光飞	朱利炯	12	941
廊一	朱清众	朱千明	12	1052
廊二	朱吕卓	朱则豹	7	1108
廊三	朱家熙	朱千元	10	1510
石公田	朱清爽	朱清忠	4	581
马田	袁建国	朱永华	10	745
樟树岛	陈丐云	陈继林	4	337
廿四墁	朱清勉	朱启杰	3	304
科竹	朱海顺	朱清期	6	325
高坑	朱丐进	陈继富	5	376
架牙山	赖玉昆	郑 芬	3	202
小溪	朱黎明	朱加有	6	307
双溪	朱家忠	杨国光	7	519
水岩	林其三	林林森	6	472
渠口	叶会豹	叶小李	25	3419
珠岸山	朱河南	陈建勇	7	770
珠岸	陈康斗	陈永乾	18	2732
豫樟	胡明南	胡洪进	8	1197
石柱	王定进	王剑锋	13	2079
岭垟	胡小龙	胡向楼	3	312
坦下	陈继孟	陈步豹	6	746
岭下	王丐南	王 宣	6	992
塘湾	郑丐分	郑希联	12	1701
九丈	郑端锋	郑英权	8	712
呈坑	潘统祥	潘伯华	4	328
泰石	潘未亮	潘石坚	21	2368
霞川	黄新周	黄新周	14	1458
码砖	金定理	金显臣	8	921
下城	宁忠敏	王贤望	4	277
福利	陈丐永	潘统宽	16	1867
沙头街★	—	—	—	1180

招商投入 2014年，沙头镇把招商选资作为沙头转型发展、赶超发展的重中之重与“生命线”来抓，并取得了显著成效。围绕招商选资“一号工程”，镇主要领导亲自挂帅，倒排时间节点，倒逼目标任务，全年共签约招商选资项目8个，完成招商选资1.61亿元，完成率达100.56%。固定资产投资大幅增加，全年共有投资项目47个，新增项目34个，已完成投资11.93亿元，完成率达101.23%，其中工业性投资2.55亿元。重点工程建设进展顺利。石埠至西垟公路工程已完成投资9932万元，第二合同段总体完成95%，桥梁完成95%，路基完成95%；省重点旅游项目楠溪慢城正处于前期规划选址审批阶段；县重点项目环湖生态园创建已完成方案设计；楠溪山居酒店完成投资5500万元，预计2015年可完成主体楼建设；九丈甸园二期工程正处于图纸设计和修改阶段。

环境综合治理 2014年，沙头镇以“五水共治”为突破口，深入开展环境综合治理，全力打造美丽浙南水乡。一是抓好农村生活污水治理，完成新建村3个、提升村6个，已投入资金1000多万元，豫章、岭下两个试点村基本完工，剩余7个村已完成工程量的80%。共投入约1500万元，完成永嘉书院、香樟花园、渔田等三处滨水公园建设。花坦溪治理已投入400多万元，完成工程量的50%，全面建立“河长制”，共治理“垃圾河”6条，治理河道147千米，清理河道垃圾约964吨。二是加快推进农村卫生保洁工作，完善垃圾收集网络体系，高浦、渠口两个垃圾中转站开始运行，花坦垃圾中转站完成选址和施工图纸设计等工作，响山污水处理厂正在政策处理，高浦污水管网完成图纸设计审查、立项等，即将进场施工。新增50个垃圾收集点，垃圾日清理37吨，垃圾无害化处理率达100%。进一步完善“户集、村收、镇运、县处理”模式，研究出台农村保洁工作考核办法，建立健全农村环境治理长效机制。三是全面开展“三改一拆”“四边三化”等专项行动，紧盯“无违建镇”创建目标，1月至11月，共开展集中拆违大行动30余次，常规性拆违90余次，拆除违章建筑113处，面积5.3万平方米，完成率达106%，其中拆改宗教违建45处，面积4600平方米。加快推进冬春绿化工程，完成花坦高速口绿化，石埠、豫章、黄村等绿化项目也基本完工，绿化面积1公顷多，此外完成高速沿线绿化18.7千米。

社会事业 2014年，沙头镇始终以保障和改善民生为根本，加快各项社会事业协调发展。全镇共有低保1097户1737人，其中新增低保65户80人，共发放低保金约565万元，大病医疗救助上报134户，已救助99例，发放救助金约78.6万元。全镇共有老年星光之家22家，居家养老服务照料中心7家，共发放补助资金40万元，其中高浦社区养老服务中心被评为温州市示范型养老中心。围绕“平安沙头”建设，结合“排查整治、强基促稳”专项活动，积极开展走访、宣传、排查、下访活动。共发放宣传资料8000余份，排查各类矛盾纠纷177起，已成功调解172起，全年共受理信访件124起，已成功化解112起，其中化解历史疑难积案6件。顺利完成泰石、岭下、黄村等3个村的农村文化礼堂建设，其中泰石、岭下等2个村文化礼堂获县四星评定，泰石村文化礼堂获三星评定。成功创建2个社区文化服务中心，举行“送戏下乡”等各类文艺演出共30多场。提前做好夏秋季征兵工作，全力以赴抓好计划生育，全镇各项社会事业和谐发展。

党风廉政建设 2014年，沙头镇深入开展“两提两争”主题实践活动，努力激发干部干事创业激情。首创“政策本、分工簿、民情册、意见本、反省帖”等“五件宝”服务群众制度，全力打造联系服务群众“最后一千米”， 活动开展以来，共收集到民情576条，已办结576条，办结率达100%，获得省市县领导的充分肯定，并在全县推广。通过远程“遥控”、就近“托管”、搭建“新家”等方式，确保全镇764名流动党员全部参加路教活动，实现活动全覆盖。整改提高环节，组织开展“整改攻坚月”行动，共整改完成42个“马上改”项目，并及时在政府网站公示，接受群众监督。结合“红色细胞工程”“民情E通”“民情微圈”等制度，进一步完善密切联系群众机制，全面深化“五星争创”活动，对全镇18个四、五星级党组织进行巩固提高，对4个无星党组织实现晋位升级。采取镇领导包干负责、派驻工作组、实行“一村一策”等办法，9月底就完成7个软弱涣散基层党组织的整转工作。扎实推进村民中心建设，全年任务数6个，已完成10个，超额完成任务，其中石柱村达到规范化建设要求，妥善解决珠岸村、岭垟村等村级组织活动场所问题。严格执行考勤、请销假、值班值夜等制度，落实全员绩效考核、干部反向计分管理、“积分警示制”，开展效能督查专项行动，全年效能处理11名违纪人员，发展党员39名。以“党性体验、民主评议”工作为契机，开展党员不信教承诺书签订和不合格党员处置等工作，党内除名1名信教党员和劝退1名不合格党员，取消中共预备党员9名，限期整改一批信教党员，全面推行“同心同行·共建和谐”试点工作。

（王欢欢）

岩头镇

2014年镇情数据库

项　目	单　位	合　计
总面积	平方千米	223.2
耕地面积	公顷	1264..7
农作物播种面积	公顷	2658.9
粮食作物播种面积	公顷	1597.5
建置村	个	83
居委会	个	1
总人口	万人	86000
外来人口	人	972
农业总产值	万元	16300
财政收入	万元	7299

经济发展概况　2014年，全面落实市、县振兴实体经济系列政策，经济总体形势稳中有升。是年固定资产投资12.4亿元，完成任务数的163.16%；“个转企”18个，超额完成年度任务；41省道南复线岩头至大若岩段工程完成98.5%，溪山大街工程完成70%，41省道九丈至福佑段改建工程顺利开工，横坑溪河道治理工程有序推进，完成渡头拦水堰水毁应急重建、农村联网公路拓宽、方大线钢护栏等工程项目建设。狠抓招商选资工作，到位资金1.7667亿元，完成年度任务的135.9%；楠溪江国际房车露营公园于6月10开园，芙蓉山庄完成主体工程建设，楠溪江龙溪度假村配套设施于10月开工；农业招商选资到位资金3160万元，共签约项目2个，其中永嘉县楠溪江泉水生态农业开发有限公司已投入生产。有效投资和招商选资工作名列全县前茅。

城乡建设　2014年，加快重点民生项目建设，鲤溪中心小学、镇影视文化会议中心、镇文化中心、镇中心幼儿园完成主体工程，镇农贸市场提升工程已进场施工，镇中学拆扩建工程、镇中心小学拆扩建工程前期工作顺利推进；创成水西、垟头文化礼堂各1个，在上美村和福佑村建成文化广场和文化大舞台，规范整顿无证幼儿园9所。开展全民运动会等群众性文体活动，顺利通过省级体育强镇复评，创成市级文化强镇。加强社会保障工作，足额发放低保金、高龄老人生活津贴等社会保障金，开展老退伍军人、伤残军人“八一”节慰问等活动；城乡居民医疗保险参保率达到92.4%；申报创建7处居家照料中心，新建西岸村和抱岙村2处残疾人康复点，通过市级“扶残助残爱心乡镇”创建验收。加强便民服务工作，镇行政审批服务中心一年中共受理行政服务审批事项1719项，办结率达到100%；镇农业综合服务中心通过省级标准化创建验收。

环境整治　2014年，全力抓好“五水共治”工作，镇污水处理站有序推进，被列为全省推进会考察点，镇城区污水管网工程超额完成任务；全县农村生活污水治理现场会在塆里村召开，完成农村生活污水治理新建13个村、提升12个村，该项工作在县考核中排名第一；建成农村垃圾收集点35个，镇压缩式垃圾中转站顺利推进；对辖区内主要河道实行常态化保洁，“五水共治”工作每月考核基本满分，得到省市考核组的好评。大力度推进“三改一拆”工作，完成旧住宅区改造1.5万平方米、城中村改造6.9万平方米，拆除违法建筑5.6万平方米，均超额完成全年任务；完成涉宗拆违整改31处。统筹推进“四边三化”和青山白化治理工作，完成坟墓生态化改造265座，上泛村生态公墓已办理审批手续，查处违规办丧2例。创成国家级生态镇和省级森林城镇，基层防汛防洪体系建设通过省级验收。

旅游开发　2014年，扎实做好历史文化村落整体延伸整治工作，完成历史文化名镇、苍坡古村规划修编工作，启动丽水街老街修缮综合整治详细规划修编工作；开展古村落环境综合整治行动，芙蓉古村3处国家级文保点基本完成修缮，启动红十三军军部旧址提升方案设计工作；屿根村和塆里村美丽乡村“一事一议”项目顺利推进。突出抓好配套设施建设，新开发精品民宿点8处、精品农家乐和餐馆21家，全镇旅游接待能力进一步提高。突出抓好特色品牌建设，国际房车露营高峰论坛系列活动、第十一届浙江山水旅游节、浙江省第三届运动休闲旅游节等大型活动在西岸村举行，芙蓉、苍坡2村入选中央电视台百集大型纪录片《记住乡愁》。全

2014年建置村（居委会）数据库

村(居)名	书记	主任	村(居)民小组	人口
岩头	金周灵	金晓可	20	3452
河三	李丹平	金中杰	17	1472
河二	金路德	金杰	15	1343
河一	金国光	金可兵	18	1337
协岙	郑法琴	郑庆船	8	463
塆里	陈理昭	陈可昆	6	529
芙蓉下	陈晓芙	陈久勇	12	982
小港	金崇星	周林勇	4	328
芙蓉	金彩眉	陈东京	16	1800
张大屋	张德科	张德强	24	1224
郑岙	徐贤丐	朱成春	4	449
下园	瞿海军	瞿海有	16	881
溪南	卢燕峰	卢建南	24	3357
屿根	张福海	周玉芬	12	728
里岙	陈进福	陈伟光	5	379
里户	王信领	王忠杰	8	518
港头	李修海	李苍平	21	2284
大岙降	吕克玖	吕壹强	12	766
垄翔	周理通	李玉松	13	668
大垟田	李建东	李兴强	8	597
陈家坪	李景荣	李孔狄	5	290
苍岙	叶元兴	叶祥松	2	217
潘家垟	滕青兰	李成亮	3	200
渡头	李雪鸟	李爱忠	8	1079
苍坡	李修欢	李修青	24	2746
周宅	周寿浩	周福永	12	1898
方岙	李世梅	李国强	14	2396
上美	滕世马	滕丐兴	16	1413
中美	滕福平	滕丰	14	970
下美	滕爱国	滕洪光	8	1080
上岙山	周星利	周望飞	4	142
岙底	陈冬梅	周顺有	14	1125
下日川	周朋	周丐忠	18	2406
西岸	金益新	金林俊	38	3835
上烘头	邵茂杰	叶华连	8	874
下烘头	邵长荣	胡儒凑	24	1868
下宅	胡秋妹	胡国秒	10	665
水西	郑明弟	郑英友	11	1365
西下	胡珍良	胡高寿	8	515
山结	金秀银	金可益	5	86
龙潭坑	刘成林	郑秀月	3	215
五上	胡方平	胡秀荣	10	1099
杨山	陈招忠	陈送来	6	460
五下	胡方连	胡海伟	10	1295
小茅垟	周寿池	周汉中	16	1023
水东	郑理忠	郑丐朋	9	1124
南垟	金春良	金成平	9	829
岭根	郑寿雪	郑岩友	8	1023
里湾潭	潘宝忠	潘秀松	6	401
西川	滕杰方	滕世朝	19	1576
下龙	郑海星	郑中华	3	186
藤垄根	项少容	金宁波	6	335
林山	林文有	林昌盛	6	525
鲤溪	李熙有	李海强	28	3021
福佑	鲍寿水	鲍寿林	6	1261
抱岙	蒋王龙	蒋林丰	10	1930
陈岙	陈鸣秀	陈巧和	18	1816
上泛	周陆平	周陆平	12	1274
杏岙	戴金飞	戴连国	13	1891
深固	陈中华	陈磊磊	8	786
垟头	金佰宗	金正光	9	1846
八沸垟	戴银友	戴成义	8	672
齐岙	谢选青	徐象勤	3	452
陈坪	王益忠	陈九波	4	363
四联	李永川	戴显会	12	1156
葵坑	金贤孟	戴荷柳	4	433
山背	戴天油	郑英忠	7	572
郑家庄	郑金利	李春怀	8	655
高山	徐贤环	徐顺连	2	267
表山	郑英铸	郑林娒	21	1688
季加山	金学行	金可滔	5	589
岭外	郑建龙	郑丐盛	6	764
岭里	郑炳陈	郑英松	5	754
张公平	郑寿贵	郑小余	4	326
麻家溪	林天金	林银国	3	333
外胡	张寿西	胡继新	2	153
内胡	胡方罗	胡丐盛	4	252
周山	范建国	潘泰顺	4	391
石匣	郑庆喜	郑志初	7	742
碎坑	刘世华	刘光棕	3	382
口上	郑建平	郑顺利	4	279
中岩	郑贤忠	胡方南	4	393
祖婆山	郑庆有	郑顺旺	4	320
丽水街★	林森珑	—	—	1868

镇主要景区门票收入853.52万元，同比增长50.47%；旅游接待71.62万人次，同比增长21.59%。

社会管理 2014年，全力推进“平安六连创”，妥善处置一批信访突出问题，信访件办结率达到99.4%，初信初访办结率达到100%；成功化解宗祠权属等一批矛盾纠纷，镇人民调解室被评为市级先进单位。加强全民禁毒预防教育，超额完成美沙酮维持治疗任务。狠抓安全生产、森林消防、防汛抗旱等工作，严格落实安全生产责任制，健全安全隐患排查治理常态机制，杜绝重特大事故发生。深入实施计划生育“强基创优工程”，保持计划生育工作高压态势，突破“两非”治理、市定高额征收两大工作难点，在全县“月预警”考核中名列前茅。

基层党建 2014年，认真开展党的群众路线教育实践活动，部署开展“坚定理想信念、增强党性观念、强化党的纪律、敢于担当克难”专题教育活动和马克思主义宗教观学习教育活动，引导广大党员干部把好理想信念“总开关”；认真开好镇领导班子专题民主生活会和基层党组织专题组织生活会，镇领导班子和个人的整改清单完成率均达到100%。全面加强村级组织管理，深入开展“五星争创”，共创成“三星”及以上党支部60个，8个软弱涣散党组织按期转化，对信教党员进行教育引导，取消预备党员资格1人，劝退2人。实施“红色细胞工程”，以“民情E通”微信平台为抓手畅通民情诉求渠道，苍坡村村民中心建设顺利推进，29个村安装了村民中心标识；创新开展“土话微型党课”比赛，解决年轻干部与群众交流“最后一千米”问题。深入推进党风廉政工作，明确党委主体责任和纪委监督责任，始终保持正风肃纪高压态势。加大违法违纪案件查处力度，全年处分违纪党员29人；推进“阳光信访”工作，解决一批疑难问题；中美村创成县级党风廉政建设示范村，下日川、四联、水西、石匣创成县级村监会规范化建设示范村；开展党员干部勤政廉政教育关爱工程，全年进行廉政谈话18人次。巩固发展爱国统一战线，商会、知联会、侨联等发挥了较好作用；积极开展“同心同行·共建和谐”活动，依法对宗教场所进行管理，整合改用宗教场所39个。深入推进党管武装工作，连续4年超额完成征兵工作，镇武装部先后被军分区、县人武部评为先进单位。老干部、关心下一代、工青妇等工作都得到进一步加强，镇团委被评为市级“五四红旗”团委。

荣誉录 2014年，岩头镇获温州市平安创建工作先进单位、温州市社会管理综合治理先进单位、温州市社会管理综合治理先进单位、市级先进人民调解委员会、市级扶残助残爱心镇、永嘉县考绩优秀单位、永嘉县统战工作先进集体、永嘉县公路养护先进集体、永嘉县“四边三化”行动先进集体、永嘉县文化礼堂建设工作先进集体、永嘉县落实党风廉政建设责任制先进集体、永嘉县人口和计划生育工作分类先进奖等荣誉称号。

（李　慧）

枫林镇

2014年镇情数据库

项 目	单 位	合 计
总面积	平方千米	73.6
耕地面积	公顷	735.13
农作物播种面积	公顷	1601
粮食作物播种面积	公顷	1029.2
建置村	个	45
居委会	个	1
总人口	人	43193
外来人口	人	169
农业总产值	万元	—
工业总产值	万元	898
财税收入	万元	283.54
农民人均收入	元	—

效益农业 2014年，全镇完成土地流转面积47.46公顷。共发放种粮补贴84.2万元。完成油菜播种面积114.46公顷，总产量265.1吨。粮食播种面积514.52公顷，总产量1168.6吨；蔬菜播种面积225.43公顷，总产量近5000吨。举办农药安全使用，杨梅、蔬菜生产等各类科技培训班7期，参加学员约300人次。坚持以科学发展观为指导，重点发展生态农业和特色农业，打造温州一线生态休闲观光农业基地。2014年，共有省、市科技示范户30余家，种植能手200余人，蔬菜专业合作社和农业企业18家，蔬菜营销大户20多人，德亨农业有限公司、绿枫果蔬专业合作社等一批休闲观光农家乐已投入运营，并取得较好收益。

城镇建设 2014年，全镇完成招商选资6316万元，包装项目12个。完成固定资产投资4.38亿，完成率128.8%。枫林中心小学扩建综合楼工程基本完工，消防综合训练基地项目、枫林便民服务中心、门前山公园、岩枫线亮灯工程、田寮至乐清岭底公路、长途汽车客运站、临江小庄主体工程等已完成，金山农业招商项目正式开工，枫一、枫二、包岙出让地块正在政策处理中，枫孤溪旅游度假区、东升生态休闲园、北坑休闲度假区等项目正与客户洽谈中，枫林文化旅游接待中心顺利签约并注册登记，正处于土地局部调整阶段。完成农村集中饮用水安全项目改造提升工程，购入更为先进的一体化净水设备，确保城区20个村用水安全。镇垃圾中转站完工并投入运行，垃圾无害化处理达100%。全力推进城镇污水管网及处理站工程建设（含圣旨门街路面修复）和13个村农村生活污水处理工程，预期2015年6月完工。贯彻执行《枫林镇村级卫生综合治理考核办法（试行）》，建城区保洁承包给专业公司，镇区环境进一步改善。全年拆除高速沿线、连接线和雁楠公路等两侧的违法建（构）筑物26处，总面积6530平方米；清理垃圾、废物180处，总重量98吨；开展对狮溪、枫孤溪、汤岙门前溪等河道溪流整治，清理两侧垃圾、废弃物389吨，清理淤泥3630吨；拆除河边违法建（构）筑物19处，总面积6910平方米。累计完成城中村改造5440户，总面积238872.6平方米；拆除旧房71户，计3877平方米；新建246户，计26252.6平方米；拆除68处违法违章建筑，共计27670平方米。

社会事业 2014年，完善基础设施建设，加快枫四村农房集聚点、客运中心等一批工程建设进度，启动镇前街延伸工程、岩枫线亮灯工程等一批项目的前期工作，枫林中学迁建工程、枫林中心小学扩建综合楼工程顺利完工，枫林便民服务中心、北坑森林公园等工程项目已完工即将投入使用；大木党村地质灾害治理正在编制，陈田村移民工程开始启动。深入开展国家基本公共卫生服务工作，提升公共卫生服务实效，改善医疗环境。建成湖西文化礼堂示范点。健全社会保障制度，整合城乡居民基本养老保险制度、基本医疗保险制度，健全残疾人社会保障和服务体系、城乡最低生活保障制度，社会医疗保险参保率达到95%。计划生育工作实现新突破，计划生育指标比上年同期有了较大的提高，决心早日摘除市级计生重点列管镇“帽子”。2014年，申请法院立案39个，累计送法院242个案本，其中已结案137个，结案率达到56.61%。

平安建设　2014年，通过建立健全领导干部接待群众来访机制，加强镇级领导包案化解工作责任，开展矛盾纠纷排查化解专项行动,矛盾纠纷调处率100%，受理信访件51件，已办结37件，化解信访积案3件，息访4件。其中在路教期间反馈信访案件11件，办结11件。认真做好宗教工作，依法开展违建宗教场所和民间信仰场所调查、整治，着力化解当前宗教领域存在的突出问题，建立完善依法管理宗教事务的长效机制，维护正常的宗教生态。强化安全生产宣传教育工作，进一步提高广大群众的安全意识和事故防范能力。

基层党建　2014年，围绕党的群众路线教育实践活动和深化“两提两争”主题实践活动，扎实转变工作作风。共建立村居走访联系点165个，征求干部群众意见建议57条。发现需解决的问题71个，当场帮助解决53个，需要县级层面解决的问题6个。整改27项反应较为强烈的问题，启动程序马上改5项。深入实施“五星争创”活动，实现创五星党支部4个、确定后进党支部4个，并完成4个软弱涣散党组织整顿工作。发展党员28名，其中大专以上文化程度14名，35岁以下14名，女性党员7名。进一步规范服务群众“五件宝”、“鱼水情”、夜访等制度，全镇党员干部参加调研走亲872人次，走访群众6274户，永嘉“民情E通”民情录入总数111条，已办理民情110条，办结率达99%。

党风廉政建设　2014年，以“干部清正、政府清廉、政治清明”建设廉洁政治为总目标，以深化“勤廉枫林”建设为总抓手，扎实做好党风廉政建设和反腐败各项

2014年建置村（居委会）数据库

村(居)名	书记	主任	村(居)民小组	人口
枫一	徐顺璞	徐建友	15	1793
枫二	徐献华	徐旭程	15	1860
枫三	徐成龙	徐光贤	6	891
枫四	徐益飞	徐志江	16	2350
枫五	徐岳楼	徐建针	7	1043
大门台	彭顺丏	徐贤中	12	877
后山	徐丏宝	徐丏亮	10	1130
狮溪	—	杨寿良	2	380
镜架山	徐昭	徐珍珠	8	1198
兑垟	李顺国	李丏勇	5	637
徐家湾	—	徐李送	6	676
镬炉	黄秋书	季荣海	10	1617
新坊	季进斌	季统余	12	1783
西优	董建亮	徐顺华	8	688
东升	董国强	季统茂	2	356
陈垟	潘教俊	潘修云	5	680
孤山	潘培敏	潘齐钦	6	1305
新强	潘修俭	潘建荣	10	1026
金山头	金书林（副）	金衍聪	12	870
金南	丁国有	柯　仁	8	450
大木党	徐象灯	徐统明	2	968
乌弄	郭丏锡	郭建国	5	529
田龙	徐定爽	徐象贵	6	1187
高塘	李火标（主持）	曾青英	10	488
里龙	徐洪福	徐仙川	12	240
新村	金小微	徐　标	8	205
老庵	徐永滔	戴成期	2	251
娄山	徐顺建	徐志号	5	268
陈田	吴　琼	徐顺周	6	362
福田	杨端雨	李丏景	10	592
凤岙	金志平	陈文云	4	551
包岙	陈忠俨	陈文云	32	2742
内档	徐传辉	徐建滔	24	1720
外档	李友谊	周　海	8	1148
外垟	金丏杰	金建芳	6	1028
朱山头	应青年	应巧亮	4	246
田东	周巧（主持）	柯帮联	5	865
汤岙	徐森元（副）	徐　香	12	2068
金山	金志亮	金李顺	4	483
垟山	丁其伍	丁建国	6	696
下港	周志明	郭益光	6	450
兆潭	王兴地	王雪林	4	701
湖西	周碎飞	周星辉	8	1018
垟山头	周国平	周中华	16	1391
龚埠	陈　飞	陈招统	4	630
居委会	丁圣云	徐象杰	3	700

工作。制定《2014年枫林镇党风廉政建设和反腐败工作的组织领导和责任分工》，与镇村和镇属部门单位签订了2014年度党风廉政建设责任书，并认真落实领导干部述职述廉工作、党风廉政建设责任制分工和一年两次责任制谈话，全年完成谈话35人次。大力推行政府权力清单制度，修订完善已有制度，建立健全新制度。2014年，共废止旧制度9条、修改9条、新建9条、拟新建3条。制定《枫林镇机关效能“积分警示制”》《枫林镇机关管理制度》等制度，通过建章立制增强对干部工作作风的约束力。启动22次正风肃纪专项行动，2个站所工作人员因违反相关规定，在行风评议中被扣分；8名镇干部因值夜和周行程公示不到位对其实行效能计分；查处违反有关作风规定11人，作风纪律约谈7人，4人受到效能通报批评处理。提高党员综合素质，优化党员队伍结构，开展不合格党员处置试点工作，开除党员2名。开展党员信仰专题教育和处理信教党员，党内除名1名，党内警告1名。规范公务接待工作，贯彻落实《枫林镇落实公务接待“三严四禁”规定实施办法》和《枫林镇实行“廉政灶”制度的实施意见》，公务接待费用同比下降32%。加强政府投资项目监管，进入招投标中心共22个项目，金额1905.4万元，节约资金率12.53%。加强农村基层党风廉政建设，明确村监会财务监督的职责，2014年共清退7个村12笔款项的发票，对违反非生产性开支有关规定的5个村相关人员进行诫勉谈话，对违反财经纪律的4人进行了党纪处理。

荣誉录 2014年，枫林镇获永嘉县“五水共治”建设美丽浙南水乡先进集体、永嘉县文化礼堂建设工作先进集体、永嘉县关心下一代工作先进集体、永嘉县动物防疫工作三等奖等荣誉称号。同时，沙定锚获评县信访工作先进个人，李春敏获评县文化礼堂建设工作先进个人，李益和获评县社会主义新农村建设工作先进个人，戚哲伟获评县扩大有效投资暨重点建设工作先进个人，郑建勇获评县“四边三化”行动先进个人，夏建明获评县二十佳计生干部，方智勇、周常翔获评优秀驻村干部。

（麻文广）

鹤盛镇

2014年镇情数据库

项目	单位	合计
总面积	平方千米	279.6
耕地面积	公顷	1320.7
农作物播种面积	公顷	2972.9
粮食作物播种面积	公顷	1903.5
建置村	个	58
总人口	人	56597
农业总产值	万元	18400
财税收入	万元	3781
农民人均收入	元	8493

产业发展 2014年，深入实施招商引资“一号工程”和鹤盛人经济回归工程，加大投资力度，全方位优化招商体制，加快产业平台建设，全面落实“双十条”“创新审批服务”等振兴实体经济举措，经济增速明显提升。2014年，完成有效投资额77212万元，完成率为175.5%；招商引资额7446.51万元，完成率为124.1%。全力推进土地整理和流转，低产林改造暨耕地开垦通过市县验收67.2公顷。2014年，以特色旅游文化产业推动鹤盛镇经济发展，完成西炉红柿基地、根雕、树雕等8个建设项目。大力发展农业观光及休闲采摘项目，拓宽农业精品园增收渠道，扎实推进特色民宿、特色饮食等地方产业的发展。

环境整治 2014年，以提高人民生活质量为出发点，努力改善全镇的生态环境。全面开展“四边三化”行动，加大绿化力度，完成鹤山公园建设，启动滨水公园建设项目，“四边三化”工作排名全县第二。大力推进拆违绿化工作，深入实施“违必拆、六先拆”行动。完成河流分段保洁460千米，河道整治2千米，处理河边垃圾106处共约58吨。加快鹤盛污水站建设，确保污水管网一期、二期工程如期推进。实行“一月一考核、一月一排名”，奖优罚劣，村容村貌明显改善。全面打造“美丽乡村”，完成国家级生态镇的创建工作。率全县之先，举行一月一次的保洁员分析大会暨保洁员颁奖大会，排名前六的村居授予“2014年度最美乡村”称号，排名后六的村居授予“2014年度最差乡村”称号，通过奖优罚劣,实现乡村环境再提升。

社会事业 2014年，完成鹤盛镇综合文化中心建设，加速筹建谢灵运纪念馆，成功举办上垮清明文化节和西炉红柿节。建立健全新型社会救助体系，不断完善全年低保、居家安养、救灾慰问等政策措施，完成镇中心敬老院提升工程，成功建成上垮、岭南等5个居家养老照料中心、填垟爱心驿站及西炉、炉山2个阳光庇护中心。加

2014年建置村数据库

村名	书记	主任	村民小组	人口
鹤盛	谢定聚	谢品元	17	2553
鹤垟	谢纯虎	谢永平	7	912
炉山	谢美华	谢道南	8	1137
上埠	谢寿和	谢清顺	5	857
下岙	周陈亲	周振洲	6	883
霞岭根	滕世岩	滕星全	9	978
谷庄	谷建胜	谷文龙	4	360
箬袅	谢招豹	谢志林	9	1193
岩峰	谷定华	谷海兵	9	1046
大砎	龚绍港	龚祖勉	6	704
郑源	叶宝元	汪建华	6	674
黄坑	盛从领	滕朝龙	11	1512
大山头	谢晓朋	谢定东	4	552
鹤泉	谢选春	吴纪社	7	597
岩上	谢纯益	谢新青	6	783
塘村	赵德月	赵章坤	7	603
罗川	金林云	金敲道	10	1219
东皋	周碎静	周星成	18	2772
上日川	周文卫	周送	19	1973
平龙山	郑松琴	周金林	3	238
上塆	周仁平	周志山	6	744
填垟	周新华	周友贤	20	2669
西炉	周益朋	周利法	6	621
东炉	周秀良	周仙琴	9	677
大山底	谢丐领	谢飞祥	9	525
下家岙	李福有（副）	李海舟	11	1890
蓬一	谢纯利	谢里一	8	1200
蓬二	谢裕众	谢修善	7	1121
蓬三	谢棒平	谢修乾	9	1219
藤家垄	李松峰	潘统勋	12	1111
梅坦	谷太昌	谷志法	19	2298
垟京	谷亨东	谷曲友	5	785
岩舟	谷建左	谷益明	6	754
西一	谷明聪	谷寿国	6	721
南岸山	王章满	周寿远	5	546
西源	谷小云	谷明林	19	1382
下庄垟	谢世杰	谢岩金	3	378
谷山	谷建新	谷建区	5	434
德岙	—	周福兴	7	693
齐山	谷岩玉	谷亨利	4	270
鹤塆	谢福德	谢定文	5	862
岭南	潘教清	潘文君	24	1928
岭北	潘荣进	潘修福	24	1549
山南	马锡宝	卓世衷	8	654
南坑	潘柏光	潘杨志寿	8	514
山根	谷文辉	谷　熙	8	501
英岙	潘统军	潘锦乾	8	513
中源	潘教华	潘善暖	13	1279
富源	潘瑞元	潘海军	15	1379
南陈	潘武杰	潘教军	15	1069
上港	潘云飞	潘统正	12	785
金墩	郑昌良	陈达米	6	343
鱼里	刘立香	刘仁云	5	486
蔡岙	潘太旺	陈夭法	12	750
半山	李永文	吴志千	11	820
红枫	谢玉萍	李苍斌	6	466
小陈	陈春花	陈林荣	11	611
黄家山	李晓兵	潘太成	6	507

强基础设施建设，完成鹤盛大桥、平龙山水库修复、炉山至乐清界联网等工程。打造平安稳定大环境，安全生产总体态势良好。加大治安整治力度，推广综治网格化管理，社会治安形势明显好转。深入开展积案化解活动，妥善处置霞岭根事件、箬袅安置房等一批历史遗留问题。国防建设再上新台阶，超额完成新兵征集任务，为部队输送多名优质兵员。妇女、儿童、红十字会等事业继续发展，民族、宗教、外事、统计、档案、地方志等工作取得新成绩。

党的建设　2014年，认真学习贯彻习近平总书记系列重要讲话精神，部署开展“坚定理想信念、增强党性观念、强化党的纪律、敢于担当克难”专题教育活动，妥善处置信仰宗教党员，把好理想信念“总开关”。高标准高质量开展党的群众路线教育实践活动，坚持镇党委带头，以贯彻落实中央八项规定为切入点，聚焦“四风”，狠抓落实。2014年，扎实推进“红色细胞工程”，成功塑造红色细胞典型人物——李成相，为基层干部树立了良好榜样。出台人、岗、责三位一体的内部管理机制，完善28项，新建6项，干事创业激情全面激发。创新推出“督绩办”、“导办”等，受到县领导的充分肯定。全面应用“民情V圈”微信平台，打通联系服务群众“最后一千米”。加强村级组织阵地建设，超计划完成11个村的村民中心安装任务，全面启动谷庄、箬袅、藤家垄三个村村办公楼建设，完成填垟村村民中心规范化建设，基层党建工作得到全面加强。严把党员入口关，对吸收36名党员中的8名进行入党程序二次调查。严肃党的纪律，查处违法违纪案件11件，处理违法违纪党员11名。

荣誉录　2014年，鹤盛镇获国家级生态镇、市级卫生镇、温州市“五水共治”先进单位、温州市党管武装先进单位、温州市关工委先进单位、温州市人民调解工作先进单位、永嘉县党风廉政建设先进单位、永嘉县固定资产投资先进单位、永嘉县“三改一拆”先进单位、永嘉县社会主义新农村建设先进单位、永嘉县“四边三化”先进单位、永嘉县防治动物疫病工作先进单位、永嘉县红十字会工作先进单位、永嘉县统战工作先进单位、永嘉县年度考绩优秀奖、永嘉县年度计划生育进步奖等荣誉称号。

（马斐斐）

岩坦镇

2014年镇情数据库

项目	单位	合计
总面积	平方千米	580．3
耕地面积	公顷	1506.3
农作物播种面积	公顷	2890.3
粮食作物播种面积	公顷	1932.3
建置村	个	92
居委会	个	1
总人口	人	70706
农业总产值	万元	14871
工业总产值	万元	3920
财税收入	万元	4457.5
农民人均收入	元	7500

发展概况 2014年，岩坦镇经济发展态势良好。全年实现财政收入4457.5万元；固定资产投资6.4亿元，同比增长73%。农业招商选资项目新签约2个，到位资金2.62亿元，完成目标任务数的534%，浙商回归项目新签约4个，到位资金2.94亿元，完成全年目标任务数的587%。

城乡统筹 2014年，大力推进城乡统筹建设。完成桧染至王山、黄二至仙居等联网路面硬化共16千米；镇区饮用水管理、镇区污水管网建设、三角休闲绿地景观、蛙蟆垄森林公园、潘塘村箬院旧村改造等多项工程顺利竣工。第一批农村道路改造、林区道路改造、防汛防洪水利改造、水毁公路改造等工程陆续完成。全镇实现标准电、移动信号、路灯、有线电视等基础设施的全覆盖。

旅游产业 2014年，接待游客达46万人次，主要旅游景点收入突破3000万元。着力推进黄南林坑、暨家寨等主要旅游景点民宿改造和提升工程，旅游基础设施和旅游接待能力明显改善，生态休闲游、古村落和宗教民族文化游等品牌逐步形成，“吃住行游购娱”旅游产业链逐渐显现，生态经济前景看好。

特色农业 2014年，注重农业产业结构调整，在继续完善“一村一品”产业发展格局的同时，重点扶持种养大户，已建立毛竹、迟熟杨梅、高山蔬菜、中药材、白茶等多个特色种养殖基地，成功打出岩坦索面、霄岭高山杨梅、黄南笋干、四海山铁皮石斛、楠江源白茶等品牌农副产品。注重生态农业和观光农业发展，有序推进楠溪江嘉纳农庄、四海山铁皮石斛原生态仿野生示范园区、田龙农业精品园区等项目建设。大力开展本地生态农业观光游、采摘游以及农耕文化体验游等农业旅游项目。

乡村建设 2014年，继续深入开展“四边三化”“三改一拆”工作。拆除违章建筑包括简易棚屋、脏乱点141处计44809平方米，拆除大小墙体广告牌100处，清运诸永高速、41省道沿线垃圾554处计1569.9吨。完成92个村居垃圾收集处理点建设，共建成垃圾收集点102处，生活垃圾无害化处理率达100%。全力抓好五水共治工作。将前溪村和黄南林坑村作为试点先行村，小长坑村、岩龙村作为一事一议村，以此带动其他村同步跟上。2014年在18个村建配置污水处理设备，力争3年内实现污水处理全覆盖。

社会事业 2014年，建立社区服务窗口无休日制度，实现便民服务无间隙延伸和全天候覆盖。新增前溪、张溪等7个日间老人照料服务中心。突出“建管用”并举，推进文化礼堂建设。做好屿北文化礼堂和佳溪文化礼堂的拓面提升工作，每月分主题安排各种文艺表演，并在眠牛山公园等公共休闲场所鼓励村民自发组织广场舞等健身活动。全年累计开展技术培训、戏曲表演、文艺晚会、知识讲座等群众喜闻乐见的活动３０场次。镇图书分馆每月外借图书２００多册。此外创建社区文化服务中心4个，举办大型文艺演出2场。

民生工作 2014年，新建成社保大厅并对外开放，新增低保对象140户、235人，累计发放低保资金911万元；下拨医疗救助资金45.5万元，解决医疗救助对象67名；及时足额发放居家安养补助资金和无固定收入残疾人生活补助金，并申报无障碍进家庭设施22例；组织率队参加永嘉县第二届残疾人运动会，并荣获体育道德风尚奖；完成困境儿童补贴申报百余例；超额完成“慈善一元捐”，并将10.8万元返回款落实到每位困难户手中；充分就业社区创建复评达标率100%，公益性岗位进村率达99%，劳资纠纷争议仲裁案件调解率100%

社会管理 2014年，建立和完善“党委领导、政府负责、社会协同、公众参与”的社会管理工作新机制，有效化解一般性矛盾纠纷137件，化解率达到100%。投入安全生产专项资金20多万元，新建专职消防队一支，开展安全生产、火灾、食品等各类安全排查260余次，整改完成率100%。开展禁毒宣传102次，查获涉毒人员19人，美沙酮维持治疗完成率100%，维持率100%。截至12月底，在社区

2014年建置村（居委会）数据库

村（居）名	书记	主任	村（居）民小组	人口
岩坦	戴显锋	戴金魁	18	2351
坦一	戴德兴	戴利民	12	1205
西塘	戴岩有	徐时光	5	462
叶坑	江国民	陈晓敏	2	223
三面山	李海亮	陈金吴	3	240
源头	戴本钗	戴秀光	8	1158
闪坑	张有德	戴智勇	16	1273
岩门	周金林	戴建敏	8	847
屿北	汪林峰	汪志义	20	1562
蛙蝶垄	戴东湖	李建勇	10	829
东岙	潘秀光	潘光琴	21	1401
庙下	戴春林	李金林	1	65
大岭	周地贵	徐贤芽	2	191
龙园	戴本定	戴成仲	4	440
张溪	张金兵	戴成平	18	2145
桧染	王建平	王苍东	1	345
金竹溪	林先方	周昌善	7	611
福山	叶建华	叶星良	5	376
深固坑	张岩青	张茂招	9	949
寺后	周兵法	周计林	5	383
石阵	李世顺	潘岩东	8	913
里上坑	陈小兵	陈绿富	4	279
毛竹	李世英	李岩连	2	181
南正	陈久荣	陈志林	9	879
黄界坑	陈明委	陈时满	2	251
小长坑	邬寿法	王祝光	3	452
上岙	徐志朝	张成松	7	822
林坑(张溪)	周文元	周福贵	7	798
江潭	陈时杰	陈有星	7	777
陈周	周海华	陈爱兵	5	568
水景	郑英平	戴王良	5	287
下潘	潘得兴	潘顺盛	5	509
黄南	潘成南	潘送福	3	381
道基	林寿岳	林西华	5	455
岭背	叶金龙	叶培海	3	254
碧岫坑	陈继恩	陈九通	4	409
西山	王周德	陈金寿	4	397
王山	王彩凤	王真华	4	428
岩门下	李海罗	陈文青	4	401
上坳	毛熙美	毛天海	6	385
李庄	王建文	李送有	6	533
潘塘	潘青聪	潘金国	8	736
深龙	赵松有	陈秀法	15	1554
霄岭	周星德	周少刚	10	970
大学	滕晓坚	戴寿银	9	1031
岙头	毛苍福	毛天东	6	312
山早	徐文海	徐建东	4	467
理只	李苍标	毛本国	2	216
林坑（黄南）	毛苍河	毛建平	4	453
潘坑	陈九安	张寅熹	15	1518
石鸟	暨建兵	戴顺道	6	314
岩龙	季春平	叶会富	9	842
佳溪	麻智荣	郑英余	16	1428
垟垟	周崇地	麻统苗	10	1049
周卫	陈光明	陈光毅	8	651
田龙	张翠娇	李寿龙	10	921
陈庄	陈佰义	麻云雨	15	1184
潘二	张龙新	郑佰金	6	766
金钟	金可勇	林建忠	16	1442
八亩	张武烈	张希灿	15	1276
白岩	张强锋	张文标	13	1461
溪一	戴建民	戴建余	17	1543
溪二	戴二品	戴本迪	17	1429
陈寮	徐顺尧	郑贤满	7	746
西鸟头	戴德朝	李海峰	8	745
横路下	李西玖	周吉聪	8	558
小舟垟	李中陆	李益丰	8	942
北山	戴德泽	徐时栋	17	1113
前山	周祝勇	周海瑞	9	508
上宅岸	金传永	金海光	5	683
下坑	戴盛滨	戴子生	12	819
南岸	周送爱	周晓勇	10	866
永坦	郑端汪	郑少忠	7	475
铁坑	戴疆宝	戴瑞峰	5	529
前溪	金衍义	金淡荣	16	1216
鸟头	郑英潘	郑英明	3	256
大谢	郑一统	郑良	14	1210
分水	郑贤聪	郑雪聪	21	1612
后坪	周海清	周官宝	4	208
到家山	李国献	李聪明	1	104
溪下	金磊	金连宝	13	1387
黄二	王威华	应必泽	10	741
黄一	金财福	应志灵	8	642
刘山	刘云海	刘树标	15	1524
茶山	麻官清	麻佰林	6	573
陈山头	麻慧君	麻演君	5	608
罗垟	麻付春	麻培方	6	514
马上山	麻岩火	麻洪年	4	448
金山	麻西祥	麻光福	5	444
麻村	麻云乾	麻云其	4	358
邵坑	麻福财	麻美定	5	390
陈坑	金国钒	金佰林	10	829
岩坦街★		陈春波		644

戒赌对象30人，社区康复对象26人，帮教对象61人。

自身建设 2014年，深入开展党的群众路线教育实践活动。切实抓好建章立制，出台内部考核、“三公”管理、工作纪律等系列规章制度，“三公”经费较上年同期下降30%。开展“学、清、立、改、停”，建立健全各项长效机制，强化制度刚性约束。以“红色细胞工程”建设为主载体，成立党群联组920组，搭建微博、微信、聊天室等网络“红色阵地”，弘扬正能量。调整提拔2名中层干部，深入开展“五星争创”活动、“5·10”思廉日活动，结合党的群众路线教育实践活动，以深入开展正风肃纪工作为有效抓手，着力解决“四风”问题。重视党的队伍建设，全年发展党员50名，转正13名。认真做好村级班子动态调整工作，调整了8个村的班子结构，增补6个村的党支部书记，增强了基层组织的战斗力。

荣誉录 2014年，岩坦镇获国家级生态镇、温州市文化强镇、温州市学前教育先进（达标）乡镇、温州市年度征兵工作先进基层单位、永嘉县勤廉镇街、县级文明镇、永嘉县文化礼堂建设工作先进单位、永嘉县统战工作先进集体、永嘉县招商选资年度考核一等奖等荣誉称号。

（董希豪）

大若岩镇

2014年镇情数据库

项目	单位	合计
总面积	平方千米	90.9
耕地面积	公顷	604.22
农作物播种面积	公顷	1325.33
粮食作物播种面积	公顷	835.13
建置村	个	36
居委会	个	1
总人口	人	30574
外来人口	人	523
农业总产值	万元	5304
工业总产值	万元	4586
第三产业产值	万元	13756
财税收入	万元	148.51
农民人均收入	元	7896

2014年建置村（居委会）数据库

村(居)名	书记	主任	村(居)民小组	人口
大箬	李干坛	陈贤平	10	744
黄潭	林寿青	陈丽容	5	606
李茅	陈继旦	叶忠臣	4	665
舟岙	陈文亮	陈怀逸	4	633
大元下	陈久定	陈久敢（副）	15	1375
陈岙	陈久好	陈 敏	4	281
蒋山	杨传马	杨学晓	7	842
田垟	钱忠建	胡长丰	8	1013
藤溪	陈久山	陈久和	8	981
水云	潘国新	陈建有	13	1484
双岙	陈光照	陈德朋	4	310
龙垟	陈建光	胡国建	10	782
白泉	陈光林	陈久逵	19	2045
黄岙	陈建军	陈久远	4	498
府岸	潘统祥	潘国好	4	240
涨岸垟	陈锦如	陈渊湖	5	357
玉泉	陈洪富	陈麟童	19	1952
银泉	陈荣光	陈进顺	17	1624
钱泉	徐 静	徐新华	5	348
上榴湾	李利省	李则煦	4	482
荆州	潘统爽	潘国平	17	2193
石岙	全培淼	全显清	5	309
下榴湾	李启龙	李长和	4	605
桐州	陈国平	陈北平	5	1066
寺前	汪金生	汪振光	5	587
垟坑	叶光海	李忠胜	6	765
里舍	李海莲	王新浩	2	255
梧涨	张文龙	杨笑秋	6	704
埭头	陈福林	陈新面	11	1271
九房	陈教亚	陈志标	4	530
小若口	陈云生	陈丏顺	12	1731
李大屋	陈 盛	李文旺	8	870
下岸	郑卿年	郑贤和	4	606
大东	陈 雷	陈双理	4	541
都溪	陈柏松	陈柏龙	3	444
都南	陈永兴	陈茂相	3	325
居委会	陈时银	陈德省	1	510

农业开发 2014年，继续加强粮食生产功能区与现代农业园区建设。玉泉、银泉等16个村面积291.7公顷的粮食生产功能区，通过县农业局、县财政局等有关单位实地验收。发展农业专业合作社9家，新增私营农场2家；发展农业开发有限公司1家，种植蓝莓13多公顷；发展蔬菜专业合作社2家，种植面积53多公顷。组织开展农业科技知识讲座5场，参加培训农民1300人次。以银泉村稻田养鱼示范基地为中心，带动荆州、上榴湾、下榴湾、黄岙、石岙等周边村，共发展稻田养鱼面积200公顷。2014年，全力打造现代休闲农业观光园区。总投资2亿元，成立了永嘉芸枫休闲农业观光园，引进优良蔬菜瓜果，园林花卉新品种，应用现代农业高新技术，采用管培、柱培、雾培、桶培等多种现代新型栽培模式，提高土地利用率，配套自动光、温等环境控制系统房间和会议室，形成集农业技术交流、产品展示、科普教育、休闲观光等多种功能于一体的现代农业科技综合体，正在办理土地承包流转和有关审批手续。其中规划投资建造“三生问科”创建楼1座，面积1.07公顷，投资金额3920万元。

旅游产业 2014年，以国家级生态旅游景观优美镇为平台，以“生态立镇、旅游兴镇、养生富镇”为战略举措，加大招商引资和项目建设力度，不断拓展旅游宣传营销渠道，不断完善旅游基础设施建设，全镇旅游业呈现良好发展态势。2014年，到属地观光游客达56.78万人次，旅游经济总收入4.36亿元。是年招商引资3.038亿元，完成任务数的303%，在全县名列第一。固定资产投资8.2亿元，完成率164%。投资约10亿元的“楠溪云岚”项目进展顺利，已完成大半工程量，投资约3亿元的五星潭省级森林公园完成景观改造并开始运营。投资约3亿元的百丈瀑景点已开始试运营。永嘉书院投入试运营后，反响热烈。新签约的投资2亿元的芸枫农业休闲观光项目已进入土地流转等实质性阶段。

乡村建设 2014年，继续以极大的热情投入美丽乡村建设。一是加强景区环线整治，美化村容村貌。在九房环线上，借力“拔钉破难”行动，及时清理违章建筑。同时将大元下、李大屋、埭头、大东、藤溪等6个村作为重点村，对主干道两旁的房屋进行墙立面改造，是年已投入资金2998万元。二是立足当地实际，全面改善环境卫生。结合“四边三化”“三改一拆”行动要求，组织开展房前、屋后、路边、河边环境卫生清理。完善“户集、村收、镇运”垃圾收集网格体系，聘请卫生保洁员20名，购置小垃圾桶500只、垃圾板车36辆，建设村级垃圾收集点15处，制订村规民约，与农户签订门前三包责任制。三是加强溪流整治，净化景观环境。首先抓好水云溪、水牛塘溪、寺藤溪等生态河道整治，提高防洪标准，新增沿溪绿化带，配合建设休闲步道，打造“生态、景观、休闲、安全”的水环境。

五水共治 2014年，把“五水共治”作为重点工作来抓。一是加强组织领导，明确责任分工。二是深入开展宣传，营造良好氛围。三是强化管理，将五水共治工作纳入村两委年终目标任务考核，与干部评优评先奖励挂钩，使五水共治工作日常化、持久化。2014年，逐个落实农村生活污水治理工作，其中新建6个，确定试点村2个。李大屋村共3个自然村、234户、812人，已接管194户，包括应岙、崖下库接入老管网，完成率82.9%；大东村168户、507人，已接管157户，完成率93.5%。藤溪村于8月底进场施工，已在年底前完成。此外，银泉村、九房村、白泉村、田垟村、玉泉村均在当年完成污水处理工程。投入河道治理工程2个，水云溪工程到年底已累计投资3000万元。荆州护堤坝工程到年底累计投资200万元，已进入扫尾阶段。桐州村和银泉村也在年内相继完成。全面开展河道保洁工作，制定镇河长制实施方案，对镇域4条县域1条、总长度约30千米的河道，确定专门保洁人员10多名，投入资金10多万元，签订河道保洁承包合同，同时落实河道保洁考核制度，每月组织考核打分。

无违建镇 2014年，大若岩镇作为全县“无违建镇”创建的试点镇，遵照县委、县政府的统一部署，坚定信心，迎难而上，深入开展各项基础工作。已基本完成存量违法建筑的调查，形成了新建违法建筑网格化管理体系，已拆除违法建筑200处2.8万平方米，超额完成2.5万平方米的预定任务。

平安建设 2014年，高度重视信访工作，落实领导包案制，对重要信访事项分别由镇三套班子领导包案负责化解，并切实做好各级“两会”、国庆和十八届四中全会、APEC会议期间的信访稳控工作。同时，深入开展民情接待活动，重视解决群众的初信初访，结合司法调解工作，有效遏制各类重复访、越级访、集体访事件的发生，是年共报结当年信访件18件，报结率100%，另化解信访积案9件。2014年，加强综治工作队伍和基层组织网络建设。切实做好矛盾纠纷排查工作，重点突出宣传教育转化，禁毒、反邪教工作取得显著成效。在禁毒宣传月期间，发动各村居、单位积极开展禁毒宣传，张挂宣传标语30条，发放宣传资料5000多份，分别举办禁毒图片展览和上街开展禁毒知识咨询5次。是年36个村居开展“无邪教社区（村）”创建，合格率100%。做好提升“群众安全感”工作,先后召开座谈会4次，下村召开宣传会10次，发放调查问卷100多份，开展电话调查36次共2000多户，针对群众提出的问题，及时归纳梳理，进行整改，明确整改时限、整改责任人，并向群众定期通报整改进度，使群众的满意度明显增强。2014年，按照“六五”普法要求，坚持“法律六进”，突出普法重点，丰富宣传形式，是年共开展宣传活动与讲座23次。在“新春普法”“浙江法制宣传月”“3·8”妇女维权周、“6·26”国际禁毒日、“12·4”国家宪法日暨全国法制宣传日等重要事件点开展专项主题宣传活动。针对几个矛盾纠纷较多的村，开展重点普法教育，引导村民通过诉讼、依法信访等途径，解决矛盾纠纷。设置法制园地和法制宣传栏，及时发放和张贴法制宣传挂图。与镇文化工作相结合，推进“送法进校园”“送法进村居”等活动，到镇内各中小学和农村文化礼堂开展法制宣传，开展与“三改一拆”“五水共治”“无违建镇”相关的《规划法》《土地法》《旅游法》知识宣传。按照大调解的格局，积极推进矛盾纠纷排查化解工作，将民间矛盾解决在萌芽阶段。是年，全镇各调解委员会共调解各类纠纷案件146起，其中村居调解委员会调解91起，镇调解委员会实行专职调解员坐班制度，全年共调处案件55起（非正常死亡案件2起），案件赔偿金额130多万元。2014年，坚持每季的第一个月对全镇所属企业单位进行一次安全生产大检查活动，全年共进行4次，每次检查历时2天，共动用检查组50余人次，发现安全隐患，当场责令整改，及时消除事故隐患。是年共开展2次烟花爆竹专项隐患排查，取缔了1家无证烟花爆竹销售点。4月份开始到年底，执法检查生产经营单位20家，未发现隐患。对发夹企业和建筑施工等行业进行了重点整治，共出动检查组10次，检查人员35人次，检查生产经营单位32家，发现隐患22处，已全部整改。开展安全生产月活动，下发宣传资料1200余份，利用村中大喇叭进行广播宣传，并在村中宣传栏张贴宣传画100张，同时在镇政府所在地及各企业等重要场所张贴宣传标语和悬挂横幅45条。

社会事业 2014年，扎实推进计划生育工作。领导高度重视，认真部署网格管理，落实计生工作责任，建立健全人口计生“网格化管理、组团式服务”责任体系；实现管理常态化，坚决执行“政治、经济、责任”三捆绑制度，制定、实施三级预警机制。加强利益引导，促进观念转变，集中整治与日常监管相结合，充分利用并落实好县委、县政府的计划生育利益导向政策，进一步提高依法自治水平。夯实强基创优基础，深入开展生育关怀，以“组团式服务，网格化管理”为主抓手，全力推进和夯实强基创优工作。全镇上报出生329例，其中计划内出生290例，计划生育率为88.15%，往年补报 26例；排摸当年生孕385例，孕情排摸完成率108.15%。全镇第二次孕环检应落实2421例，已落实2342例，落实率96.73%。当年二孩及以上长效措施应落实153例，已落实143例，落实率98.46%，二孩及以上违法生育应落实62人，已落实 59人，落实率95.16%。社会抚养费当年应征收78例，已征收57例，当年征收率73.08%，当年金额兑现率81.89%，优生检测率完成率100%。党员干部违法生育查处率达100%。2014年，十分重视民政工作。全镇共有农村低保357户648人，农村重残补助44人，第4季度发放低保金达542364元。同时，时刻注意对低保家庭进行动态调查，如发现不符合条件，坚决予以取消，是年共取消4户6人。及时掌握情况，给低保户、五保户家庭成员办理医疗救助，对其他因大病导致家庭生活困难的贫困户、边沿户也纳入救助范围，较好解决了低收入困难群众的就医问题，全年共上报救助44人。发放冬春荒救济款14000元，对因民房火灾造成的困难也给予救济，大元下村3户、大箬村9户连同其他社会救助共获救济款近2万元。加强对五保户的管理和供养，不定时对敬老院进行安全消防检查及安全消防教育，不足之处及时整改。积极推进殡葬改革、青山绿化。提倡移风易俗、丧事简办，确保火化率100%，骨灰入盒率85%以上。2014年，努力加强文体工作。在建成埭头村、白泉村文化礼堂的基础上，再建荆州村、大元下村两个文化礼堂；同时开辟白泉社区文体服务中心和大箬中心社区文体服务中心，以丰富群众文化生活。结合世界读书日，举办“书香四月”读书活动及相关联谊活动，并在大若岩镇小学举办道德讲堂观摩会和镇机关部门道德讲堂活动。成功举办了大若岩镇第二届“飞科杯”全民运动会。

基层组织建设 2014年，镇党委认真对照全年目标任务，改革创新、求真务实，抢进度、抓落实，各项工作都有了新的进展。一是把学习贯彻十八届四中全会精神作为首要任务，充分利用镇党校、远教平台以及互联网等阵地，采取召开会议、上党课等形式，按照“六个一”要求，开展十八届四中全会精神宣传教育活动，确保学习宣传全覆盖，取得了较好成绩，切实把全镇基层党组织和党员干部的思想和行动，统一到镇党委的决策和部署上来。二是坚持从严管理干部，努力打造高素质乡镇干部队伍。进一步加强机关干部的日常管理监督，完善镇机关内部管理制度，建立健全镇机关干部日常管理反向“计分预警、抄告提醒”制度。全面实施全员绩效考核，建立“千斤重担人人挑、人人身上有指标”的传导机制和工作格局。在镇机关、社区直接面对群众的办事窗口，推行“岗位赛诺”办事机制。三是深入农村走访，深化干部联系群众“鱼水情”行动。开展“民情走访”活动，全镇联系干部共走访2681户，对反映比较集中的热点难点问题召开民情分析会，梳理出问题196个，已经帮助解决182个，备案14个。全面开展党的群众路线教育实践活动。高度重视，深入部署，统一思想认识。成立了群众路线教育实践活动领导小组，设立以镇班子成员为组长的七个督导组、领导干部双联系制度和领导干部不定期督查制度，统筹全镇路线教育工作的有序推进，先后集中安排学习

17次共8天半的时间，落实“马上改”12个，专题民主生活会后及时制定板子整改方案，明确15个整改项目具体措施。以学习教育、听取意见为主，全面打牢思想根基。结合“五水共治”“三改一拆”、美丽乡村建设等重点工作，开展学习大讨论。三是建章立制，加大整改力度，以实际成效取信于民。针对查摆出来的“四风”问题，及群众关注的热点难点问题，有针对性地整改，进一步健全“镇街干部联系党员、党员联系群众”制度，深化“五农工作法”“镇会村开、村会户开”机制，最大限度地发挥“红色细胞工程”建设的成效。

荣誉录 2014年，大若岩镇获“省气象防灾减灾标准化乡镇”、“市级气象工作站”、县招商选资一等奖、县政法信访先进单位、县党风廉政建设责任制先进集体、人口和计划生育三等奖等荣誉称号。埭头村获“中国最美休闲乡村”荣誉称号。

（周　剑）

碧莲镇

效益农业 2014年，继续以打造农业强镇为目标，大力发展特色产业。立足小楠溪生态资源和特色农业优势，加强农业品牌整合，深入实施特色品牌市场化战略，推进碧莲早香柚产业示范区、稻鱼共生渔业产业示范区建设。全年农作物播种面积1739.7公顷，粮食产量6188.8吨；蔬菜种植面积305.4公顷，产量5945.5吨。生猪存栏6584头，出栏10667头；牛存栏1067头，出栏332头；羊存栏4469头，出栏3982头；家禽存栏63349羽，

2014年镇情数据库

项　目	单　位	合　计
总面积	平方千米	175.0
耕地面积	公顷	1092.6
农作物播种面积	公顷	1739.7
粮食作物播种面积	公顷	1233
建置村	个	43
居委会	个	1
总人口	人	45518
农业总产值	万元	6512
工业总产值	万元	8372.7
第三产业产值	万元	17050
财税收入	万元	5265.76
农民人均收入	元	8160

出栏142942羽；兔存栏351头，出栏337头。以工带农促增收为途径，充分发挥劳动力优势，大力发展发夹业和来料加工业，成立发夹行业协会，整合行业资源，努力推进地方经济的发展。

城镇建设 2014年，继续推进招商选资工作，深入实施碧莲人经济回归工程，签约有乔生态农业基地项目，共引进招商资金6108万元，完成年度任务的122.16%。积极推进秀江嘉园、澄田溪河道治理工程建设，做好政策处理，确保按期施工。做好碧莲农村居民保障房、镇中心幼儿园、沿溪路道路改造、小巨村地质灾害点治理、渡头街延伸等工程项目前期工作。全面启动碧莲镇污水处理站、碧莲镇城区主街道污水管网及路面改造项目、美丽乡村“一事一议”建设项目、12个村农村生活污水治理工程，加强项目监管，确保施工质量。碧莲法庭审判用房、碧莲中学扩建综合楼工程胜利竣工并投入使用。全年固定资产投资50200万元，完成率167.3%。

美丽乡村建设 2014年，以提升农民生活品质为核心，大力开展农村环境综合整治，不断推进美丽乡村建设。率先引入高负荷地下渗滤污水处理技术，投资500万元建成碧莲镇城镇污水处理站，解决了建成区3个村的污水处理问题。2个新建村、2个试点村、8个提升村的生活污水处理设施已进入收尾阶段。完成全年畜禽养殖污染整治配套消纳地共42公顷的合同签订，新增沼液利用量430吨，关停大型养殖场3家。完成邵园村内道路硬化和西山坑路建设；启动缸石大桥入口连接进村工程；做好石湖村大桥延伸、村内中心路、休闲亭等基础设施建设；后九埄村农村生活污水提升工程基本完成。加快打造后九埄村红色教育基地，开工建设缸窑村博物馆展示厅，大力弘扬缸窑村缸文化，启动邵园村文化设施和阅览室改造工程。

社会事业 2014年，完成了省级体育强镇复评工作，积极推动各项文体事业的发展。强化镇村两级文化阵地建设，完善文体基础设施设备。开展丰富多彩的群体性文化活动，组织举办“书香四月”读书活动、禁毒知识竞赛，举办了首届社区文艺团队展演、第二届全民运动会、第三届早香柚文化节，组织举办了华东地区越野车场地邀请赛。完成镇综合文化站、健身公园等基础设施建设，为群众休闲健身提供方便。深入实施教育优先发展战略，巩固省、市级教育强镇成果；扎实推进教育基础设施建设，加强校园周边环境治理和校园安全保护工作。加强国防教育，开展拥军优属活动，认真做好兵役登记，超额完成2014年县定的征兵任务。高度重视计生工作，狠抓重点指标

2014年建置村（居委会）数据库

村(居)名	书　记	主　任	村(居)民小组	人口	村(居)名	书　记	主　任	村(居)民小组	人口
上村	刘东村	刘建崇	15	2407	驮平	刘青聪	刘继哨	9	644
碧莲	徐郁群	徐林荷	20	3491	槎川		董碎英	8	825
石湖	邵三勇	邵高强	24	2643	汤店	陈秀仁	吕华蕊	10	1047
邵园	邵郑力	邵敬友	17	2295	大树垟	陈陈建	陈　龙	6	585
黄岗	王建鹏	王贤仕	10	1494	前九降	胡纯亮	刘良通	4	179
缸窑	刘锡中	董晓锦	8	792	后九降	郑九万	刘建鹏	4	232
东边	杨银丰	杨　鹏	4	449	应坑	陈建贺	陈永利	32	2068
东坑	刘智勇	林天国	5	389	应一	麻育兴	麻富南	23	1309
澄田	陈久培	徐志望	21	2267	应二	麻浙绍	麻泰略	16	919
新岙	刘世云	刘世同	12	1207	垅头	陈继国	陈久仟	5	385
石山	刘学相	刘建双	3	224	东庄	陈国连	陈国杰	14	1185
鱼仓	刘贤仕	刘建孝	5	470	半坑	陈洁丽	应付昌	4	330
地湊	廖国训	郑庆树	6	472	炉熊	金建波	金月桂	16	969
梧岙	潘光村	潘忠相	10	1133	章进岙	刘锡昌	叶飞玲	4	316
下岭根	潘明理	潘光晓	6	635	大岙	吕建巧	吕建林	27	2470
梧町	麻永西	潘忠仕	4	458	茶岙	陈　宽	陈　正	27	1849
山坑	胡寿基	汤光满	13	968	北溪	杨晓区	杨晓田	13	1189
小巨	汤海伦	汤裕多	20	1732	金益	张永设	张高龄	9	666
新宅	董玉媚	汤瑞南	6	532	大柏	周志相	周清判	11	929
巨川	王汉亮	王贤兴	3	320	应岙	麻云村	吕献亮	6	342
了烈	汤文武	郑庆山	7	496	孙山	麻玉听	麻荣胜	6	394
郑庄	徐德和	刘昌统	10	962	居委会	刘金华	徐宣民		913

落实，加大再生育过程管理、性别比综合治理、流动人口管理、社会抚养费征收等重点、难点工作力度。

民生工作　2014年，加强低保工作规范化管理。进一步扩大低保面，严格规范低保申请审查程序，确保把真正困难的群众全部纳入低保范围。对已有低保户严格进行核查，确保应保尽保，不能保的坚决取消。因生活改善和其他原因，共退出低保户22户。是年共有低保户1127户1186人，发放低保金251.56万元。全面落实优待抚恤政策，确保各类优抚对象的抚恤补助优待经费及时足额发放，切实保障优抚对象生活水平与居民生活水平同步提高。全镇共有重点优抚对象64人，全年发放优抚金3余万元。认真做好老龄工作，广泛深入开展老龄宣传教育活动，大力弘扬尊老、敬老、助老的优良传统，营造良好的社会氛围。共建成缸窑、石湖、邵园、驮平、巨川、应坑、应二、大岙8家居家养老照料服务中心，为在村老年人提供解决日常生活困难的社会化服务。

平安建设　2014年，深入开展平安创建活动，广泛开展“平安三率”宣传活动，进一步营造和谐稳定的社会环境。以“发展稳定两相宜、平安幸福双提升”为指导思想，加大对重点疑难信访案件的化解力度。全年发生信访案件35件，受理35件，办结27件。全年共调处各类矛盾纠纷228 件，其中疑难案件211件、简易案件17件，成功调处率达100%。采取多种形式在社区开展禁毒工作宣传教育，增强广大居民特别是青少年拒毒、防毒能力，营造社区良好的禁毒氛围。是年在册吸毒人员146人，社区康复10人，社区戒毒14人，实际吸毒56人。完成美沙酮任务数3个，完成率100%。吸毒人员有效安置率达到75%以上。累计接收社区矫正人员38人，解除矫正44人，在矫社区矫正人员34人，建立社区矫正档案并进行管理，其中缓刑18人、假释16人。

党的建设　2014年，加强基层组织建设，抓好村主要干部的培训，按照村支部书记、村委会主任、村监会主任、报账员四个层面，分层施教，开展党务村务知识、“五议两公开”、“三资”管理以及法律法规等方面的培训。开展组织换届回头看，对上年村支部换届中没有配备书记的7个村，开展专项评估，本着有利于大局稳定、有利于工作开展的原则，选精配强村支部书记人选。抓好村两委后备人才梯度建设，建立了132名的后备库。加强党员队伍建设，加大党员教育力度，从严管理党员队伍。抓好党员理想信念专题教育，全面推行党员不信教承诺，仔细排查、甄别信教党员，落实帮扶措施，开展面对面交心谈心，并限期整改，共劝退信教党员2名，教育转化党员10名。结合农村党员先锋指数考评，开展警示教育，对15名亲属有违法计划生育行为、政策处理中漫天要价、阻挠村级工程的党员，发放限期整改通知书，责令整改。

荣誉录 2014年，碧莲镇获永嘉县社会主义新农村建设工作优秀单位、统战工作先进集体、文化礼堂建设工作先进集体、关心下一代工作先进集体等荣誉称号。此外，碧莲离退休干部学习片获县老干部先进集体称号，碧莲镇团委获县级先进团组织称号，碧莲村、缸窑村获创建勤廉镇街、创建勤廉村居等荣誉称号。

（薛彬彬）

巽宅镇

2014年镇情数据库

项目	单位	合计
总面积	平方千米	254.2
耕地面积	公顷	1234
农作物播种面积	公顷	2089
粮食作物播种面积	公顷	1153
建置村	个	56
居委会	个	1
总人口	个	45192
农业总产值	万元	6651
工业总产值	万元	3510
财税收入	万元	2177

城乡建设 2014年，继续实施“班子领导包项目”战略，使项目的进度领导了解、项目的问题领导化解、优惠的政策领导讲解，确保项目落地进程畅通。投资约9500万元的“尚景苑”已完成主体建筑；投资1100余万元的坭坑口、坑口连接线工程和24个村的饮用水工程进展顺利。2014年，共完成道路修建80多千米，完成固定资产投资40463万元，完成率位居全县第一。2014年，围绕“永商回归”招商命题，以乡情引商、以环境动商、以效率留商。全年上报项目15个，联系在外巽宅商人10余次，洽谈项目5个，完成招商引资金额16183万元，完成率达323%。

效益农业 2014年，将生态优势转化为招商优势，农业招商工作效果显著，全年完成土地流转148公顷，杨庄、信岙二村整村流转。凭借村民丰富的种养殖经验和独特区位优势，成功引导岙李生态产业园、下嵊铁皮石斛专业基地等农业项目落地，独特农业产业园区超过10公顷。积极投入标准农田地力提升工程，已完成41个村34公顷多的农田地力提升。农业招商选资达6000余万元，完成率超过120%。

环境整治 2014年，按照省、市、县关于环境整治的工作部署，深入推进以“三改一拆”“四边三化”为首要目标的环境整治工作，共动员工作人员200余人次，发动专业拆违队伍超千人次，组织大型拆违活动30多次，拆除各类违法建筑130余处，非法宗教场所30多处，如期完成县定十大违建王共计40余处的拆违任务，总面积超3万平方米。2014年，将镇域内共计361千米的溪流纳入河道保洁范围，切实加强日常管理。共清运生活垃圾、河道垃圾1000多吨，完成干道周边墓改30座，建成绿色生态公墓4座，拆除新建坟墓18座。积极创新工作，努力推动保洁成效的不断提升，同时完成国家级生态镇创建申报工作。

“五水共治” 2014年，总投资约400万元的镇垃圾中转场开工建设；全长2.2千米的镇区污水管网一期工程已全面完成。惠及巽宅、麻埠、巽一等3个村共4000人口的污水管网设计完毕并通过审查，正在立项之中。镇区600吨污水处理站于5月份进场施工，预计于2015年6月底试运行。双坑溪治理工程进展顺利。2014年，全镇11个农村生活污水处理工程均完工，水头垟、麻庄、沙埠、上董、石染等村的溪流及山塘整治工程已开始前期准备，将于2015年动工。三是“清三河”工作方面。2014年，清理镇域范围内河道76.65千米，清运垃圾80余吨，投入资金50余万元，落实河道保洁人员10名，达到了“河水更优化”的良好效果。

社会事业 2014年，进一步深化“平安巽宅”建设，开展打黑除恶专项行动，全镇刑事案件发生率明显下降，“平安三率”知晓度位列全县前茅。发动社会力量参与信访调解，全年共调解矛盾纠纷77件，调解成功率100%；落实信访包案责任制，完善领导月接访制度，全年接访83人次；办结上级信访部门交办信访件32件，办结率100%；创新安全生产工作思路，严格按照安全生产网格化服务方案开展工作，安全生产事故发生率大大降低；大力推广全方位政策性保险体系，完成农村劳动力转移培训200余人次，全年医保参保率超过90%，政策性农村住房保险参保率超过85%，农村困难群众住房救助金到户119户；完善养老服务体系，新建居家养老照料中心7家，新增床位160个，积极向上级争取资金，为农村老龄人群安享晚年提供更好的条件。多方设法，丰富农村文化生活，成功创成小溪乱弹博物馆，成功举办巽宅镇全民运动

2014年建置村（居委会）数据库

村（居）名	书　记	主　任	村（居）民小组	人口
巽宅	孙春祥	孙　建	19	1823
巽一	孙进华	陈忠实	18	541
小溪	董如文	董时千	26	1997
下谢	李玉鸣	李建明	5	403
金溪	刘杏娥	陈时鑫	8	355
中山	叶松寿	叶海和	6	353
章三里	吴九全	尤长华	6	344
龟背	叶纪听	章志才	16	918
小坑	—	周吉林	6	556
沙埠	王九听	毛正和	6	389
进书	汤建委	汤永杰	6	487
龙前	吕建多	汤守雷	14	979
麻埠	麻天国	麻时村	12	950
岭东	章益芬	麻德华	23	1714
里山	汤启士	胡宗杰	4	250
麻庄	叶春雷	叶国芳	9	681
石垟	郑林好	郑艮溪	9	658
邵川	郑志才	郑建南	5	478
许头垟	张光山	张建川	10	560

村（居）名	书　记	主　任	村（居）民小组	人口
下一	陈光亲	陈仙保	16	1250
下二	陈建平	陈文彬	19	1096
山霞	胡长青	陈玉雷	15	1487
三里宅	章广东	—	13	793
外宕	胡晓吉	胡建满	6	474
石染	章长生	章胜标	16	1489
木坑口	赵珠定	赵胜龙	7	645
雷付	—	徐进国	10	765
云岩	章国通	章镇托	16	1315
茅山	林秀美	林章巢	7	760
下坑口	赵大华	董胜才	7	411
和平	汤笔听	俞剑鹏	4	592
上横	—	赵松呈	9	968
墨印	汤光荣	章国听	12	765
珠龙	陈时吉	季永楼	9	402
界坑	董　军	董文广	10	740
上董	董水通	董仕林	13	1357
界岛	杨贵益	杨进贤	5	503
盛山	应永泽	应光力	15	1457

村（居）名	书　记	主　任	村（居）民小组	人口
杨庄	杨利民	杨路桥	20	1615
黄岙	金水木	金李山	8	663
美岙	杨九弟	杨汉华	8	680
兴发	金明益	汤裕挑	7	958
坑口	麻国华	麻永士	5	462
饭盘尖	陈　浩	陈建图	10	802
信岙	吴长松	章少秋	13	1013
西岙	董时朴	董建理	12	794
垅坑	董章克	董银袍	11	962
横彭	吕俊微	章胜利	10	870
郭坑	麻九洪	麻仙平	10	684
垅坑口	吕永连	金锡忠	6	618
川岙	—	金　国	4	406
白石垅	麻梅法	徐海梯	6	431
柴皮	麻锡观	王丁基	15	1246
后坑	吴朱良	吴顺宇	4	359
谢山	章九树	章有明	2	228
野骨	麻海平	麻国云	2	153
居委会	—	胡永武		518

会、巽宅镇社区舞蹈大赛等活动，顺利完成小溪村文化礼堂建设，同时全面开放界坑、巽宅村文化礼堂，举办送戏下乡活动15次以上。扎实推进计划生育工作，深入实施“强基创优工程”，健全考核、奖惩等7大机制，保持计生工作高压态势。

自身建设　2014年，以转变干部作风为切入点，以科学理政、依法行政、从严治政、廉洁从政为自身建设的最终目标，不断加强和改进政府工作，自觉依法接受人大法律监督、工作监督，人大代表议案办结率达100%，深入推进政务公开，全年公开政府信息130条。扎实推进“中国梦”主题宣传教育、蹲点调研月、“百名干部激情创业”和镇干部联系群众“鱼水情”等专项活动，并根据活动基础印发《巽宅镇干部年度考勤考绩办法》《巽宅镇干部驻村工作办法》等一系列规章制度，有效营造干部干事创业氛围；注重对驻村干部的考核，根据重点工作的完成情况进行量化考核，体现差异化。根据省市县各级领导关于精简审批程序的要求，进一步规范和简化办事审批程序，提高审批服务效能，办事审批时限平均缩短1天。加强党风廉政建设，全面规范“三公”经费支出，严格执行公务用车制度，加大违法违纪案件查处力度，全年查处违法违纪案件3件、党员5名、通报3次。继续加强征兵和双拥优抚工作，民族团结，宗教和谐，人口计生、统计、侨务、对台、人防等工作不断拓展。

基层党建　2014年，围绕“为民务实清廉”主题，共召开学习会13次，覆盖党员350人。积极开展田间灶头调研法，切实解决“最后一千米”问题，共收集意见和建议220余条，坚持边学边查边改，注重活动效果，先后开展办公用房清理、“走读”问题治理等专项整改活动，突出“民有所需我有服务”原则，帮助解决包括镇农业龙头企业——霞嵊铁皮石斛专业合作社用地难在内的175项群众迫切需要解决的问题。已梳理出的87个需整改问题均整改到位，并在政府网站上进行公示。2014年，以“红色细胞工程”为主要着力点，结合民情微圈、民情E通，全面拓宽党员服务体系，镇机关党员走访农户3000余户，制定党员联系群众制度，确保每户均有党员联系，进一步加大党群联系深度和广度。深化村级党组织“五星争创”活动，采取镇领导包干负责、派驻工作组、实行“一村一策”等办法，成功转化包括雷付村在内的6个软弱涣散党组织，全镇“四星”以上党组织建成率创历史新高。2014年年初，镇党委集体审核了党员发展计划书，分3批次开展入党积极分子培训、考试，全年新发展党员33名，其中女党员8名、大专以上学历14名、35岁以下22名，各类村干部6名，党员素质较往年明显提高，结构得到全面优化。同时，认真开展理想信念专题教育，积极开展不合格党员处置工作。全年共开除党员4名，限期整改信教参教党员7名，已完成转化6名，除名党员1名，进一步纯洁了党员队伍，加强了基层党组织的凝聚力。2014年，以党建意识为引领，提前谋划做好年度征兵工作，征兵任务完成率居全县前列，抓好侨联侨胞工作，成功成立巽宅镇侨联。工、青、妇、人武、统战等党群工作取得新进展。

荣誉录　2014年，巽宅镇获评浙江省体育强镇、扩大有效投资暨重点建设工作先进单位、永嘉县信访工作先进单位、县五水共治先进单位、文化礼堂建设工作先进集体、老干部工作先进集体。同时，陈国忠获评永嘉县纪检监察先进个人，汤小巧获评扩大有效投资暨重点建设工作先进个人，张海鸥获评文化礼堂建设工作先进个人。

（杨　璐）

2014永嘉人物

永嘉县百岁老人连续增长攀升至124位 1月，据县民政局获最新统计，截至2014年底，永嘉县百岁以上老人攀升至124人，数量位居全市前列。其中最年长者是鹤盛镇西一村108岁的周领弟（女），两次入选市十大寿星榜名单。

根据数据分析，女性寿命明显高于男性，农村明显高于城市，呈现女多男少的特点。据悉，这与农村空气好、食物多为绿色天然食品有关，农村居民运动量大也有益健康。同时，女性温和的性格，喜欢找人倾诉的习惯，以及远离烟酒等刺激物，加上规律的生活作息，也使她们比男性更加健康长寿。

（汪华新）

厉育平捐资1000万元助家乡“五水共治” “我先捐1000万！等我企业日子更好了，我再捐！”2月8日，在首届温商回归先进表彰会上，出现感人一幕——永嘉籍上海温州商会会长厉育平当场认捐1000万元，用于家乡的“五水共治”。厉育平当天作为温商代表，上台宣读“五水共治”温商捐赠倡议书。在宣读之前，他自已先拿出1000万元。这是永嘉县“五水共治公益基金”迄今为止收到的最大单笔捐款。

厉育平在表彰会后接受采访时说，温州本来是美丽水乡，前些年河流水质遭到了污染，我们这些外地温商看在眼里痛在心里，感到十分可惜。帮助温州重新成为美丽水乡，我们义不容辞。根据捐赠人意愿，该资金主要用于东城街道峙口村“五水共治”、美丽浙南水乡建设工程项目。

（汪雪琼）

谢岩斌入选3月浙江好人榜 诚信永商谢岩斌入选3月“浙江好人”之诚实守信榜，成为我县继叶连海、李滢夫妇后第三位获此荣誉的人。

“浙江好人”评选活动由省委宣传部、省文明办举办，旨在深入推进社会主义核心价值体系建设，进一步推动最美浙江人和道德模范的推荐和评选工作，充分发挥先进典型示范带动作用。“浙江好人”分助人为乐、见义勇为、诚实守信、敬业奉献、孝老爱亲等5类，每月评选20名左右，入选者将作为“中国好人榜”及各级道德模范推荐评选优先考虑对象。

谢岩斌是鹤盛镇大山底村人，其“千里寻人，只为还债”的故事经央视《新闻联播》播出后，在社会各界引起广泛关注。

（柳苗苗）

董平西入选浙江“最美公路人” 4月，浙江“最美公路人”评选活动揭晓，县公路局职工董平西从全省20位参选人员中脱颖而出，荣获全省“最美公路人”称号。

15年来，身为县公路局岩头公路站站长的董平西严格要求自己，在实际工作中练就了一身真本领，并积极带领养护站全体人员加强技能学习。2012年12月，凭借扎实的工作技能，董平西获得了市第二届职能技能系列赛水泥混凝土路面接缝养护项目比赛第一名，被特授予“金燕奖”、“温州市技术能手”、温州市职业技能带头人等称号。

（范海国 叶迈峰）

瓯北消防中队群体荣膺“温州市十大杰出青年” 4月底，经过一番激烈角逐，第十三届“温州市十大杰出青年”评选结果新鲜出炉，作为首次出现在该评选活动候选人之列的群体——瓯北消防中队荣幸当选。

3月12日晚6时51分，位于瓯北五星工业区的浙江德利尔家具展示有限公司主厂房锯木车间发生火灾，起火部位为厂房锯木车间粉尘回收装置。接警后，瓯北消防中队调派3车17人赶赴现场，紧急疏散该厂员工。经侦查发现，装置内部火势已呈立体燃烧，一旦火势沿回收管道蔓延，必将造成主厂房全面燃烧，并危及整个公司以及仅一墙之隔的佳达鞋材有限公司的安全，情况万分危急。该中队副中队长夏刚立即带领徐浩挺等3名官兵作为攻坚组，迅速携带水枪等装置从粉尘回收装置底部扑灭火势，同时对回收装置外壁进行冷却处理。灭火过程中，因装置内部突然发生塌落，导致装置内着火的木屑瞬间扬起，形成灼热的气浪，造成正在装置前近攻作战的夏刚等4名官兵被气浪掀倒在地，英勇负伤。他们分别为30岁的副中队长夏刚，23岁的排长徐浩挺，21岁的上等兵通信员杜永浩和18岁的上等兵战斗员利华耿。其中两名干部是8%火焰Ⅱ度烧伤、两名战士是4%火焰Ⅱ度烧伤。

（孙逢乐）

“音乐诗人”凯歌原创音乐专辑《年代》火热发行 5月1日，一张由我县“音乐诗人”凯歌原创的音乐专辑《年代》，由浙江文艺音像出版社正式发行，并在各大音像店火爆销售。

凯歌原名洪凯，桥头人。该专辑收录了洪凯近年来创作的11首经典作品，其中主打歌《女人善变》等歌曲已在街头传唱。整张专辑由洪凯自己作词、作曲、演唱、录制、制作完成。歌曲合辑囊括了不同的音乐风格，包括流行、摇滚、民族、校园等。

洪凯的原创音乐作品抛去了商业的音乐浮躁，真正以自己的角度和故事去演绎音乐，演绎爱，演绎感动。该专辑得到了各界的肯定，并被广大歌迷和媒体称为“音乐诗人”。

（柳苗苗）

90后护士梁慧成功捐献造血干细胞 5月15日，碧莲镇卫生院90后护士梁慧在省中医院完成造血干细胞采集工作，为一位17岁的白血病患者带去生的希望。在县红十字会举办的梁慧赴杭参加造血干细胞捐献欢送仪式上，来自县文明办、县卫生局及碧莲卫生院等多名代表为这位90后姑娘加油鼓劲。

是日上午8点30分，在县红十字会工作人员的陪同下，梁慧开始正式采集造血干细胞，经过3个多小时，一袋202毫升的生命种子采集成功，并于下午6点送达北京。梁慧是于2013年加入中国造血干细胞捐献者资料库，仅仅过了一年，她就与一位白血病患者配型成功。她成为全省第180例全市第12例全县第2例造血干细胞捐献者。

（陈胜豪 胡艺罗）

80岁永嘉籍教授汤镇东撰写《温州鼓词道德篇》 5月，《温州鼓词道德篇》一书出版面世，其作者为现年80岁的永嘉人汤镇东，退休后，从事民间文学温州鼓词的搜集、整理和研究工作。

汤镇东是碧莲镇小渠村人，1958年毕业于北京大学西语系德语专业，同年分配至兰州大学外语系。汤镇东说，温州鼓词用温州方言演唱，而且历代口授相传，无书面唱词本发行，流行与影响局限于温州地区。但是温州鼓词是民间文化的一部分，对老百姓的道德价值观有直接的影响，将鼓词收集整理集结成书，希望可以将鼓词“教化世人”的作用面向全国。自2004年起，汤镇东先后编写出版《温州鼓词男女篇》《温州鼓词教化篇》《温州鼓词南游传》等。

（林 琦）

抗战老兵潘志山和失散70年的妻子七夕终团圆 8月2日，是中国的七夕情人节，年轻人不断地在秀浪漫，而鹤盛的老兵潘志山也过了一个别样情人节。当天，他跟失散70年的妻子林元苍再度相聚。

是日上午，潘志山老人早早起床，儿女们为他精心打扮一番。老人说，当女儿潘素珍告诉他今天要见远在福建的林元苍时，昨天一晚上没睡觉。由于老人年岁已高，女儿、女婿、孙子等5人也陪同老人一起前往福建尤溪。在儿女的搀扶下，潘志山走出了动车站口，在站口，福建的儿子、孙女、孙女婿、孙子四人拿着鲜花，举着“欢迎潘志山爷爷”的牌子迎接老人。刚出站口，孙女、儿子和潘志山老人就相拥哭泣，“这是在做梦吗?”老人一直在口中念叨着。由于林元苍老人身体欠佳，在家中等待着潘志山老人。孙女、儿子就带着潘志山老人坐车与林元苍老人相聚。“你怎么那么迟来？”刚进门口，林元苍老人就对潘志山说。没有任何怨言，两位老人用他们的拥抱诉说70年的思念，一直双手紧紧地握在一起。两家人互相问候，并拍了全家福。

（潘金花）

救火英雄麻顺祥立二等功 8月6日，市政府常务会议审定，对麻顺祥记二等功一次。

麻顺祥是永嘉县巽宅镇郭坑村人，65岁。2014年1月20日下午，同村村民麻祥媯在自家田地烧草时，不慎引发森林大火，麻顺祥系自发前往火灾现场救火，并不幸被严重烧伤。经鉴定，麻顺祥全身烧伤面积达72%，经过4个多月抢救治疗，麻顺祥出院。2月17日，根据《浙江省见义勇为奖励和保障条例》第二条和第九条第三款的规定，确认麻顺祥见义勇为的决定。

为弘扬社会正气，表彰先进，市公安局建议给麻顺祥记个人二等功一次，并按程序经过公示无异议，提请市政府常务会议审定通过。

（潘金花）

洪苗棋勇夺全国少儿游泳锦标赛四金　2014年全国少儿游泳锦标赛（大年龄组）于8月7日至10日在广西南宁举行。永嘉县选手洪苗棋代表浙江队参赛，一举夺得全国少儿游泳锦标赛男子12岁组四金。分别为自由泳400米、蝶泳100米、蝶泳50米、蝶泳全能四个项目冠军，成为本届全国少儿游泳锦标赛的明星。

洪苗棋是永嘉县桥头人，2002年出生，6岁开始学习游泳，在游泳上表现出惊人的天赋，曾两次参加市运会，获得游泳项目的多个金牌。在2014年的第34届“迎春杯”浙江省青少年（儿童）游泳锦标赛上曾获得男子12岁组蝶泳全能冠军。

（柳苗苗）

徐崇峰获全国象棋少年锦标赛冠军　8月10日，2014年“健身象棋杯”全国少年象棋锦标赛在深圳落下帷幕，永嘉县棋手徐崇峰蝉联男子甲组冠军，成为全国少年象棋历史上第一个蝉联男子甲组冠军的选手。

2013年，徐崇峰拿下全国少年象棋锦标赛冠军，这在温州历史上尚属首列。与此同时，徐崇峰也获得了下半年全国象棋个人锦标赛（成人）的参赛资格，如果能在全国个人赛上排名挤进前18，就有资格获得象棋大师称号。徐崇峰是永嘉县枫林人，16岁，师从永嘉著名象棋教练胡网英，5岁开始学棋。2014年7月30日，在安吉举办的第七届全国青年象棋锦标赛上，徐崇峰刚刚夺得亚军。

（厉定武　谷子）

朱启南获世锦赛个人首金　9月14日，2014年射击世锦赛在西班牙格拉纳达进行，中国射击队永嘉籍运动员朱启南问鼎世锦赛男子50米步枪三姿。这也是朱启南第一次摘得世锦赛个人桂冠，填补了其个人纪录的空白。

据了解，这是朱启南第三次参加世锦赛，2006年萨格勒布和2010年慕尼黑，他都是角逐气步枪，分别获得第三和第四名，而这次他只攻三姿。当天的资格赛，他打出1180环，接近了个人世界比赛的最好成绩，以第四跻身决赛。新规则之下，三姿决赛不再只打10发立射，而是跪射和卧射先各打15发，继而进入立射淘汰阶段。朱启南在前半程紧紧咬住，并在倒数第二发反超领先的俄罗斯选手卡曼斯基，最后一发稳稳命中10.3环，把金牌收入囊中。同时他为中国队拿到该项目的一张里约奥运会入场券。

在此前的淘汰赛中，朱启南和曹逸飞、康宏伟三人联手打出3497环，为中国队拿下团体冠军。

（楠江平）

蒋川勇夺全国象棋公开赛冠军　9月26日，2014年第六届“杨官璘杯”全国象棋公开赛落下帷幕，永嘉籍棋手蒋川以九战四胜五和积13分勇夺桂冠，这是他继2008年之后再次夺取“杨官璘杯”，也是他19个月来再次品尝到冠军的滋味。

比赛中，蒋川等五人均有理论上夺冠的可能，形势扑朔迷离。而蒋川在最后一轮比赛中，力克名将孟辰，终以不败战绩登顶，终结一年半的冠军荒。曾经的蒋川连续四年霸占国内等级分第一的宝座，创下一年九冠的“神纪录”。然而近几年他的状态有所下滑，等级分一度跌出前十。对此，蒋川表示，这真是一次久违的胜利，虽然有些重拾信心，但离巅峰状态还有差距，他正式比赛的冠军要追溯到2013年2月的财神杯全国电视快棋赛。

据了解，“杨官璘杯”是中国棋坛的传统大赛，系纪念一代象棋宗师杨官璘所设，本次比赛吸引了国内最顶尖的24名男棋手参加。

（楠江平）

尤梦曦获加拿大“青年歌剧大使”称号　11月，第二十一届国际青年歌剧大使庆典音乐会在加拿大蒙特利尔市举行，来自美欧亚12个国家的28名青年歌唱家同台献艺。永嘉县青年女高音歌唱家尤梦曦应邀参加，并荣获国际“青年歌剧大使”称号。

尤梦曦作为唯一应邀出席本届庆典音乐会的中国选手，在连续三场音乐会的演出中，以精湛的艺术素养和清新的舞台风格，成功演绎了莫扎特的《求爱神给我安慰》和启利亚的《我是上帝谦逊的使女》等著名曲目，博得广大观众的热烈掌声，表现出中国新生代青年歌唱家的艺术风采，最终荣获组委会颁发的“青年歌剧大使”称号及荣誉证书。首场演出结束后，尤梦曦受到前来观看演出的中国驻蒙特利尔总领事馆李意钢副总领事及领馆教育组官员的接见。

本届庆典音乐会由蒙特利尔20世纪歌剧院和青年歌剧大使计划项目组委会主办，旨在选拔、发现、培养当代国际青年歌剧演唱家。尤梦曦是瓯北人，24岁，小学就读于瓯北中心小学，2012年毕业于上海音乐学院声乐系，目前在加拿大西安大略大学攻读声乐硕士学位。

（柳苗苗）

潘瑞吉将军情系泰石将军图书馆 11月16日，泰石将军图书馆开馆典礼暨将军名家书画展开幕式在沙头镇泰石村隆重举行。

泰石将军图书馆集图书收藏阅览和书画创作展示为一体，是永嘉籍沈阳军区原副政治委员潘瑞吉中将在深入了解家乡人民所需求阅读的图书类型后，通过牵线搭桥来筹集善款，邀请企业家出资建设的公益文化项目，其一楼为图书馆和展示厅及附属设施，二楼为书画院创作基地及办公用房，北广场为群众体育锻炼休闲场所。图书馆建筑面积500余平方米，藏书1.6万余册，开馆后所有乡邻都可以前往借阅，而图书全部以爱国主义教育和军事文化为主要内容，还涉及医疗卫生、农业科学、文学艺术等内容。本次将军名家书画展共征集书画作品200余幅，其中100余幅作品由张震、张万年、迟浩田、向守志、方祖岐等老将军创作，以朴实大气、雄浑豪放的笔墨展现了共和国将军文武兼备、英勇豪迈的精神风貌。另一部分作品由宋玉麟、尉天池、言恭达、孙晓云、唐天源、谢少承等书画名家提供。

（雪　琼）

李伟衡捐献造血干细胞 12月18日，县公安刑察大队刑事科学技术室民警李伟衡赴温州捐献造血干细胞，永嘉县为李伟衡举行欢送仪式，副县长、县红十字会会长何莉平及来自县公安系统的70多名民警为李伟衡加油鼓劲。

30岁的李伟衡在工作岗位上七年多来，勘察各类案件现场2000多起，通过指纹、DNA分析犯罪嫌疑人200来名，多次被评为优秀公务员、优秀党员，在很多重大案件中发挥了关键作用。同时，他还热心于慈善事业，从2004年到2014年共献血12次，并于2013年县红十字会建立中华骨髓库采集样本时积极报名，成为一名光荣的志愿者。

李伟衡说，当得知与一名异地患者配对成功时，他义无反顾地要求捐献，并从初配成功至今的整整四个月时间里戒烟戒酒，目的是给患者一个健康的血液，并全力说服家人支持捐献。

（潘金花）

本土摄影家叶新人自办《菇溪桥头》摄影展 12月28日，永嘉县乡土摄影家叶新人自办的《菇溪桥头》摄影作品展览暨作品集发行仪式在桥头镇坦头村三进屋举行，展出的100余幅菇溪流域摄影作品引得上千人赞叹不已。

《桥头菇溪》摄影集是从2008年开始筹备拍摄，记录着菇溪流域的人文气息和山水风光，每一副作品都带有浓浓的情感，从上万幅图片中精选1000余幅入册。该摄影集分为菇溪风光、菇溪老手艺、菇溪古民居、菇溪风情、菇溪风物、菇溪人文、菇溪儿女、桥头纽扣、我们的母亲河等9个篇章，用摄影描绘出菇溪流域的时代变迁，人文特色，记录着每一个美丽的瞬间。叶新人系桥头镇人，中国摄影家协会会员，1954年出生于摄影世家。他的作品散发着浓郁乡土气息，从而赢得楠溪之子、乡土摄影家的美誉。

（陈胜豪）